묵시록 해설

―묵시록 1·2장 영해(靈解)―

예 수 인

묵시록 해설 [1]
―묵시록 1·2장 영해(靈解)―

E. 스베덴보리 지음
이영근·박예숙 옮김

예 수 인

THE APOCALYPSE EXPLAINED

by

EMANUEL SWEDENBORG

차 례

옮긴이의 머리말 · 9

묵시록 1장 ··· 15
    제 1장 본문(1장 1-20절) · 15
    제 1장 요약된 해설(1장 1-20절) · 17
    제 1장 상세한 영적인 해설(1장 1-20절) · 18

묵시록 2장 ·· 225
    제 2장 본문(2장 1-29절) · 225
    제 2장 요약된 해설(2장 1-29절) · 228
    제 2장 상세한 영적인 해설(2장 1-29절) · 230

이 책에 인용된 저자의 책명들

책명/영문/약자	책명/한글	비 고
Arcana Celestia (A.C.)	천계비의(天界秘義)	• 1749-1756년에 출간된 창세기와 출애굽기서의 영해서 • 현재 창세기서의 영해서, 총 18권(이영근 역)을 <예수인>에서 발간하였다
Heaven and Hell (H.H.)	천계와 지옥	• 1758년 출간 • 《천국과 지옥》의 명으로 강흥수·정인보·김은경 제씨의 번역이 있고 • 《천계와 지옥》의 명으로 <예수인>의 편집위원회 번역이 있다.
the White Horse (W.H.)	백마론	• 1758년 출간 • 윤숙현·오석제씨의 번역이 있다
the Last Judgment (L.J.)	최후심판	• 《최후심판과 말세》 명의 번역(이영근 역)이 있다
the Earth in the Universe (E.U.)	우주 안의 지구들	• 1758년 출간 • 김요안의 번역이 있다
the New Jerusalem and Its Heavenly Doctrine (H.D.)	새 예루살렘의 교리	• 1758년 출간 • 《새로운 교회·새로운 말씀》의 번역(이영근·최준호 역)이 있다

옮긴이의 머리말

작금의 기독교계에서 이해하기 가장 어려운 성경책이 있다면 아마도 ≪묵시록≫일 것입니다.
많은 교회들이나, 그 교회에 속한 사람들은 ≪묵시록≫이 성경의 편집 구조상 "마지막 책"이기 때문에, 앞서의 성경책의 내용의 결론처럼 생각하고 있습니다. 따라서 이른바 그들의 말세사상(末世思想)에 입각(立脚)해서 묵시록서를 이해하고, 해설하고 있습니다. 우리가 잘 알고 있듯이, 그들의 "말세사상" 또는 "말세론적인 가르침"은 한마디로 "이 세상이 끝이 나고, 새로운 세상이 도래(到來)한다"는 것입니다. 뿐만 아니라, 여기에다 말도 되지 않는 이른바 "세상창조 6,000년 설"을 꿰맞추어서 ≪묵시록≫의 말씀을 해석하기 때문에, 그들은 온갖 그릇된 교리(敎理)를 날조(捏造)하게 되었습니다.
이와 같이 날조된 허무맹랑(虛無孟浪)한 종지(宗旨)나 미망(迷妄)은 소위 사이비기독교(似而非基督敎) 또는 사이비교회(似而非敎會)를 양산(量産)하는데 일조(一助)하는 결과를 빚고 말았습니다. 이런 고약한 짓을 서슴치 않고 자행(恣行)하는 자들을 우리 주님께서는 "교회의 마지막 때"(=시대의 종말)에 창궐(猖獗)할 "거짓 그리스도들" "거짓 예언자들"이라고 말씀하셨습니다(마태 24 : 24).
저자 스베덴보리 선생님께서는 이 책 즉 ≪묵시록 해설≫에서 이런 것들이 야기(惹起)된 근본적인 원인들로 크게 "두 가지"를 지적하고 있는데, 그 첫째는 성경말씀(聖言)에 대한 그릇된 이해의 오류(誤謬)이고, 그 둘째는 교회에 대한 그릇된 신념(信念)이라고 하였습니다.
먼저 성경말씀에 대한 근본적인 이해의 오류에 관해서 말씀드리겠습니다. 저자는 그의 수많은 저서 곳곳에서 언급, 주장하고 있듯이, 성경말씀은, 그것의 겉뜻인 문자적인 뜻(文字意)과 그 문자 속에 숨겨져 있는 영적인 뜻(靈意)으로 이루어졌다는 것입니다. 이 두 뜻의 관계는 마치 우리 사람의 경우에 비교한다면, 바로 전자는 우리의 육체이고 후자는 우리의 영혼이다는 관계와 같다는 것입니다. 성경말씀(聖言)이 그와 같이 이루어져야만 하는 것은, 태초 전부터 존재한 말씀(聖言)이 이 세상, 즉 시간(時間)과 공간(空間) 안에 존재하기 위해서는 반드시 시공(時空)적인 매체(媒體)를 사용할 수밖에 없었는데, 그 매체가 바로 문자(文字)요, 문체(文體)이기 때문입니다. 이런 사실을 요한복음서는 "말씀이 육신이 되어 우리 가운데 사셨다"(요한 1 : 14)고 선포하고 있습니다. 그리고 저자는 이 책 여러 곳에서 주님께서는 "모든 것들 안에 존재하는 모든 것"이라고 하였고, 그리고 주님께서는 궁극적인 것 안에 존재하신다고 설파(說破)하였습니다.

이 책을 읽는 독자들께서는 저자가 이 책에 기술한 이른바 성언(聖言)의 문자적인 뜻과 영적인 뜻에 관해서 밝히 아시겠지만, 한마디로 성언의 영적인 뜻은 성경말씀의 문자들이나 문자적인 뜻 안에 숨겨져 있으며, 그리고 성언의 영적인 뜻은 시공(時空)을 초월(超越)한 이 세상 너머의 뜻으로, 영들(spirits)이나 천사들의 사회에서 통용되는 뜻이라고 하겠습니다.

또한 저자는 다른 책에서 이러한 뜻, 즉 영적인 뜻은 성경말씀에 속한 대응(對應)·표징(表徵)·표의(表意)의 지식이나, 그 어떤 낱말이 가지고 있는 고유의 뜻에 관한 지식에 의해서만 알 수 있다고 하였습니다(저자의 저서 ≪새로운 교회의 사대교리≫ 중 제 2편 "성경에 관한 새 예루살렘의 교리" 참조).

그럼에도 불구하고 작금의 기독교계는 성경말씀의 문자적인 뜻에만 매달려서, 그리고 그들의 잘못된 교리적인 신조(信條)에 얽매여서, 다시 말하면 그들의 그릇된 미망(迷妄)이나 종지(宗旨)에 사로잡힌 채 성경말씀을 이해하고, 해석하려고 하고 있습니다. 우리가 경험하였듯이, 그 결과는 무가치(無價値)한 것이고, 혹세무민(惑世誣民)적인 신기루(蜃氣樓)였습니다. 그 대표적인 예를 든다면 "붉은 용"(묵시록 12 : 3)이 소위 "공산당"이나 공산주의자들의 괴수인 "소련"이라는 것이고, 그리고 "666"(묵시록 13 : 18)을 마귀의 숫자로 규정하고, 그것을 이른바 '바·코드(bar code)화'해서, 그 칩을 사람의 머리에 삽입(揷入)시켜, 마귀들이 그 사람들을 자신들의 의도대로 이끌고 간다는 매체로서 해석한다는 것 등등이 되겠습니다.

밝히 말씀드리지만, 저자는 성경에 기록된 모든 것들은—그것이 낱말이든, 인물이든, 지명이나 나라이든, 심지어 금수(禽獸)에 이르기까지, 또는 그 어떤 역사적인 사건들까지도—높게는 주님에 관해서, 낮게는 주님의 나라 교회에 관해서, 아주 낮게는 우리 사람에 관해서 서술하고 있다는 것입니다. 그러므로 묵시록서에 서술된 것들도, 그것이 어떤 것이든, 바로 위에 언급된 것들에 관한 것입니다.

그리고 저자가 지적하고 있는 두 번째 원인인 "교회에 관한 그릇된 신념"에 관해서 말씀드리겠습니다. 우리가 잘 알고 있듯이 "교회"는 어떤 사람들이 정의하고 있듯이, 이른바 가시적인 "하나의 공동체"를 뜻하는 것은 아닙니다. 여기서 가시적인 것들이라고 하는 것은 교회의 건물을 비롯하여, 그 건물에서 행해지는 예배의 예전이나, 그 예배에 속한 사람들과 그 예전에 사용되는 수많은 집기(什器)들의 공동체를 가리키는데, 사실 이런 의미의 공동체가 교회일 수는 없습니다. 굳이 공동체라는 말을 한다면, 예배받는 주체인 우리 주님과 예배하는 객체인 우리 사람의 공동체입니다.

본질적으로 교회는, 주님께서 요한복음서에서 여러 차례 말씀하셨듯이, "주님께서 사람 안에, 사람이 주님 안에 존재할 때, 그 사람이 교회"인 것입니다. 이런 교회를 가리켜 우리 예수님은 자기 자신을 성전(聖殿)이라고 말씀하셨습니다(요한 2 : 19-22). 그리고 서간문은 여러 곳에서 우리 사람이 곧 하나님의 집, 또는 성전이라고 설파하였습니다(고린도 전서 3 : 9 ; 3 : 16 ; 6 : 19 ; 고린도 후서 6 : 16 ; 베드로 전서 2 : 5). 그리고 출애굽기서는 사람이 주님을 만나는 곳(會幕)이라고 하였습니다(출애굽기 33 : 7).

따라서 진정한 교회는, 단순한 예전적인 예배나, 그 예전이 집전되는 건물이 아니고, 우리 주님을 창조주요, 구원주로 고백하고, 예배하며, 그리고 그분의 말씀(=가르침・진리)에 순종하는 삶이 있을 때, 교회입니다. 이 두 초석—주님의 시인과 그의 말씀에 순종하는 삶—이 바로 묵시록서에서 언급된 "두 증인" 즉 "두 그루의 올리브 나무"요, "두 개의 촛대"가 뜻하는 것입니다.

그럼에도 불구하고 이 두 초석은 시간과 공간 속에서, 시간의 경과와 더불어 변절(變節)되었는데, 이것이 바로 저자가 말하는 "교회의 종말과 시작"입니다. 그리고 또한 교회의 종말과 시작의 연속적인 역사가 우리 주님의 인류구원의 대업(人類救援 大業)입니다.

저자가 기술하고 있는 내용은, 묵시록서에 기술된 모든 예언적인 사건들은—개별적인 것이든 전체적인 것이든—바로 우리 주님의 인류구원의 대업에 관한 것이다는 것입니다. 말세론적인 말로 표현된 것을 빌려서 말한다면 하나의 교회의 종말은 곧 새로운 교회의 시작으로 이어지고 있다는 것입니다. 왜냐하면 인류구원이 단절(斷絶)된다면, 주님나라는 존속될 수 없고, 그리고 주님나라가 계속해서 존재하지 않는다면, 주님께서는 주님 자신의 속성(屬性)이나 명분(名分)을 상실하는 것이기 때문입니다.

따라서 묵시록서는 크게 나누면 첫째는 교회의 본질적인 것에 관해서(1-3장),

둘째는 교회들의 심판에 관해서(4-7장), 셋째는 개혁교도, 또는 개혁교회에 대한 심판에 관해서(8-10・13・15・16장), 넷째는 로마 가톨릭 종파에 대한 심판에 관해서(17・18장), 그리고 마지막으로 그 심판들이 있은 뒤, 새롭게 세워질 새로운 교회에 관해서(3・11・12・14・19-22장) 기술하고 있습니다.

저자는 "묵시록 영해"에 관해서 두 책을 저술하였습니다. 그 하나는 ≪묵시록 계현≫(黙示錄 啓顯・the Apocalypse Revealed)이고, 다른 하나는 ≪묵시록 해설≫(黙示錄 解說・the Apocalypse Explained)입니다. 우리의 ≪묵시록 해설≫은 후자의 번역이 되겠습니다. 번역에 사용된 책은 미국 새교회 재단(Swedenborg Foundation)이 1968년도에 발간한 표준판(Standard Edition)입니다.

이 번역서가 나오기까지 격려와 조언을 아끼지 않은 예수교회 소속의 여러 목사님들과 남양주시에서 목회하시는 김 기표 목사님, 여러 면에서 재정적인 도움을 주신 논산시의 안 영기 집사 내외분과 자당 어른되시는 윤 순선 전도사님, 무척 어려운 가운데서도 헌신적으로 word processing에 수고하신 조 근휘 목사님, 그리고 경제적으로 작고, 크게 도움을 주신 여러분들에게 감사의 말씀을 드리고, 끝으로 번역에 참여해 주신 박 예숙 권사님에게 이 자리를 빌어서 감사의 말씀을 드립니다.

끝으로 와병(臥病) 중에 계신 <예수＋교회 동산 예배당>의 방 성찬 복음사의 쾌유를 두 손 모아 우리 주님에게 간절히 기도드립니다.

독자 여러분의 편달(鞭撻)과 지도(指導)를 거듭 말씀드립니다. 감사합니다.

2007년 11월 1일
예수＋교회 제일 예배당 서재에서
이 영근

제 1장 본   문(1장 1-20절)

1 이 책은 예수 그리스도께서 계시하신 일들을 기록한 책입니다. 이 계시는 곧 일어나야 할 일들을 그 종들에게 보이시려고, 하나님께서 그리스도에게 주신 것입니다. 그런데 그리스도께서는 자기의 천사를 보내셔서, 자기의 종 요한에게 이것을 알려 주셨습니다. 2 요한은, 하나님의 말씀과 예수 그리스도의 증거, 곧 자기가 본 것을 다 증언하였습니다. 3 이 예언의 말씀을 읽는 사람과 듣는 사람들과 그 안에 기록되어 있는 것을 지키는 사람들은 복이 있습니다. 그 때가 가까웠기 때문입니다. 4 나 요한은 아시아에 있는 일곱 교회에 이 편지를 씁니다. 지금도 계시고 전에도 계셨고 또 장차 오실 그분이 내려 주시고, 그의 보좌 앞에 있는 일곱 영이 내려 주시고, 5 또 신실한 증인이시요 죽은 사람의 첫 열매이시요 땅 위의 왕들의 지배자이신 예수 그리스도께서 내려 주시는 은혜와 평화가, 여러분에게 있기를 빕니다. 예수 그리스도께서 우리를 사랑하시며, 자기의 피로 우리의 죄에서 우리를 해방하여 주셨고, 6 우리로 나라를 이루셔서, 자기의 아버지 하나님을 섬기는 제사장으로 삼아 주셨습니다. 그에게 영광과 권세가 영원무궁 하도록 있기를 빕니다. 아멘.
7 "보아라, 그가 구름을 타고 오신다.
　눈이 있는 사람은 다 그를 볼 것이요,
　그를 찌른 사람들도 볼 것이다.
　땅 위의 모든 족속이 그분 때문에
　가슴을 칠 것이다."
꼭 그렇게 될 것입니다. 아멘.
8 지금도 계시고 전에도 계셨고 앞으로 오실 전능하신 주 하나님

께서 "나는 알파요 오메가다" 하고 말씀하십니다.

9 예수 안에서 여러분의 형제요 예수 안에서 환난과 그 나라와 인내에 여러분과 더불어 참여한 사람인 나 요한은, 하나님의 말씀과 예수를 증언한 탓으로, 밧모라는 섬에 갇혀 있었습니다.

10 주의 날에 내가 성령 안에서 내 뒤에서 나팔과 같이 울리는 큰 음성을 들었는데,

11 이르시기를 "네가 보는 것을 책에 기록하여, 일곱 교회, 곧 에베소와 서머나와 버가모와 두아디라와 사데와 빌라델비아와 라오디게아에 있는 교회로 보내어라" 하셨습니다.

12 그래서 나는 내게 들려 오는 그 음성을 알아 보려고 돌아섰습니다. 돌아서서 보니, 일곱 금 촛대가 있는데,

13 그 촛대 한가운데 '인자와 같은 이'가 계셨습니다. 그는 발에 끌리는 긴 옷을 입고, 가슴에는 금띠를 띠고 계셨습니다.

14 머리와 머리털은 흰 양털과 같이, 또 눈과 같이 희고, 눈은 불꽃과 같고,

15 발은 화덕에 달구어 낸 놋쇠와 같고, 음성은 큰 물소리와 같았습니다.

16 또 오른손에는 일곱 별을 쥐고, 입에서는 날카로운 양날 칼이 뻗어 나오고, 얼굴은 해가 세차게 비치는 것과 같았습니다.

17 그를 뵐 때에, 내가 그의 발 앞에 엎어져서 죽은 사람과 같이 되니, 그가 내게 오른손을 얹고 말씀하셨습니다. "두려워하지 말아라. 나는 처음이며 마지막이요,

18 살아 있는 자다. 나는 한 번은 죽었으나, 보아라, 영원무궁하도록 살아 있어서, 사망과 지옥의 열쇠를 가지고 있다.

19 그러므로 너는, 네가 본 것과 지금의 일들과 이 다음에 일어날 일들을 기록하여라.

20 네가 본 내 오른손의 일곱 별과 일곱 금 촛대의 비밀은 이러하다. 일곱 별은 일곱 교회의 천사요, 일곱 촛대는 일곱 교회다."

제 1장 요약된 해설(1장 1-20)

1. 수많은 사람들이 "묵시록"(黙示錄·啓示錄·Apocalypse)이라고 부르는 이 예언(預言)적인 책을 해석(解釋)하였지만, 그러나 해석자들 중 그 누구도 성언(聖言·the Word)의 속뜻(內意·the internal sense), 또는 영적인 뜻(靈意·the spiritual sense)을 이해하지 못하였습니다. 그러므로 그들은 이 책에 있는 개별적인 것들을 그들이 역사들(歷史·histories)에서 배운 교회에 속한 계속적인 상태에 적용하였습니다. 더욱이 수많은 개별적인 것들을 그들은 사회적인 사건들(civil affairs)에 적용하기도 하였습니다. 이런 이유 때문에 그들의 대부분의 해석들은, 진리들로서 긍정될 수 있는 진리의 빛 안에 결코 나타날 수 없는, 추측들(=짐작·推測·conjectures)에 지나지 않았습니다. 그러므로 우리가 그것들을 읽는 순간, 그것들은 사변적(思辨的·speculations)인 것들로 여겨, 변방으로 내몰렸습니다. 작금까지의 ≪묵시록 해설들≫(the Expositions of the Apocalypse)은 이런 성질에 속한 것들인데, 그 이유는, 앞에서 언급한 것과 같이, 그 저자들은 성언의 속뜻(the internal sense of the Word)이나, 또는 영적인 뜻(靈意·the spiritual sense)에 관한 지식을 전혀 가지고 있지 않았기 때문입니다. 그럼에도 불구하고 실제로, ≪묵시록≫에 기록된 모든 것들은, 구약(舊約)의 예언서들과 같은 문체(文體)로 기술되었고, 그리고 성경에 일반적으로 기술된 모든 것들의 문체에 유사하게 기술되었습니다. 문자(文字) 안에 있는 성언(聖言·the Word)은 자연적이지만, 그러나 그것의 내부에 있는 성언은 영적입니다. 그렇기 때문에 성언의 문자는 문자에는 전혀 나타나 보이지 않는 하나의 뜻

을 그것 안에 내포하고 있습니다. 문자적인 뜻과 영적인 뜻이 서로 얼마나 다른지는 ≪백마론≫(白馬論·the White Horse)이라는 작은 책자에 언급되어 있고, 그리고 ≪천계비의≫(天界秘義·the Arcana Celestia)에서 발췌한 부록(附錄·appendix)에서 볼 수 있습니다.

2. 이상에서 밝히 알 수 있는 것은, 만약에 성언의 영적인 뜻을 알지 못한다면, 그리고 그 뜻에 따라서 전 성언(全聖言·the whole Word)이 이해되는 곳인 천계로부터 계시(啓示·revelation)가 있다는 것을 알지 못한다면, 구약의 예언서들과 꼭 같이, ≪묵시록≫도 결코 이해될 수 없고, 거기에 있는 것도 어느 것 하나 이해될 수 있는 것은 없을 것입니다. 해설 자체가 그러하다는 것은 아래에 이어지는 것에서 확증될 것입니다.

3. 아래에 이어지는 수많은 쪽의 해설은 ≪천계비의≫(天界秘義·the Arcana Celestia)에서 인용한 것입니다. 그러므로 이 책의 해설의 내용들은 그 책에서 비롯된 것이다는 사실을 말씀드립니다.

제 1장 상세한 영적인 해설(1장 1-20절)

4. 1-3절. 이 책은 예수 그리스도께서 계시하신 일들을 기록한 책입니다. 이 계시는 곧 일어나야 할 일들을 그 종들에게 보이시려고, 하나님께서 그리스도에게 주신 것입니다. 그런데 그리스도께서는 자기의 천사를 보내셔서, 자기의 종 요한에게 이것들을 알려 주셨습니다. 요한은, 하나님의 말씀과 예수 그리스도의 증거, 곧 자기가 본 것을 다 증언하였습니다. 이 예언의 말씀을 읽는 사람들과 듣는 사람과 그 안에 기록되어 있는 것을 지키는 사람은 복이 있습니다. 그 때가 가까웠기 때문입니다.

[1절] :

"예수 그리스도의 계시"(=예수 그리스도께서 계시하신 일)는 주님에게서 비롯된 교회의 마지막 때들(the last times of the church)에 관한 예고들(豫告・predictions)을 뜻합니다(본서 5항 참조). "하나님께서 그 종들(=그의 종들)에게 보이시려고, 그리스도에게 주신 것"이라는 말씀은 선에서 비롯된 진리들 안에 있는 자들을 위한 것이다는 것을 뜻합니다(본서 6항 참조). "(이 계시는) 곧 일어나야 할 일들이다"는 말씀은 확실하게 있을 것이다는 것을 뜻합니다(본서 7항 참조). "그리스도께서는 자기의 천사를 보내셔서, 자기의 종 요한에게 이것들을 알려 주셨다"(=그의 천사를 그의 종 요한에게 보내어 알게 하셨다)는 말씀은 사랑에 속한 선 안에 있는 자들에게 천계에서 계시된 것을 뜻합니다(본서 8・9항 참조).

[2절] :
"(요한은) 하나님의 말씀과 예수 그리스도의 증거를 증언하였다"는 말씀은 마음 속에서 신령진리(神靈眞理・the Divine truth)와 그리고 주님의 인성(人性・His Human) 안에 존재하는 주님의 신성(神性・神靈存在・the Divine of the Lord)을 시인하는 자들에게 나타난 것을 뜻합니다(본서 10항 참조). "곧 자기가 본 것"(=요한이 본 모든 것)이라는 말씀은 그들이 조요(照耀)된 이해를 가지고 있다는 것을 뜻합니다(본서 11항 참조).

[3절] :
"(지키는 사람은) 복이 있다"는 말씀은 자신 안에 천계가 존재하는 사람들을 뜻합니다(본서 12항 참조). "(이 예언의 말씀을) 읽는 사람"은 그들이 지각을 가졌다는 것을 뜻합니다(본서 13항 참조). "이 예언의 말씀을 듣는 사람"은 그들이 천계에 속한 교리(the doctrine of the heaven)에 일치하여 사는 것을 뜻합니다(본서 14항 참조). "그 안에 기록되어 있는 것들을 지키는 (사람)"은 진리에 속한 사랑의 기쁨에서 비롯된 것을 뜻합니다(본서 15항 참조). "(그것은) 그 때가 가까웠기 때문이다"는 말씀은 그와 같은 내면적인 상태를 뜻합니다(본

서 16항 참조).

  5. 1절. **예수 그리스도의 계시**(=예수 그리스도께서 계시하신 일). 이 말씀은 교회의 마지막 때들(the last times of the church)에 관한 주님에게서 비롯된 예고들(豫告·predictions)을 뜻합니다. 이 뜻은 예고들을 가리키는 "계시"(啓示·revelation)의 뜻에서 명백합니다. 그리고 예고들은 오직 주님에게서만 오기 때문에, 우리의 본문과 같이, "예수 그리스도의 계시"(=예수 그리스도께서 계시하신 일)이다고 언급되었습니다. 이런 때들이 특별히 다루어지고 있기 때문에 계시, 또는 예고들이 교회의 마지막 "때들"에 관한 것입니다. 묵시록서는 시작부터 마지막까지 교회의 계속적인 상태들을 다루고 있다고 생각할 수 있지만, 그러나 이런 것들은 거기에서 다루어지지 않고, 오히려 최후의 심판(the Last Judgment)이 일어날 때, 따라서 마지막 때들이 일어날 때, 종말(終末·the end)에 가까이 이른 천계의 상태들이나, 교회의 상태들이 다루어졌습니다. 교회의 계속적인 상태들은, 마태복음서 24장과 25장에서, 그리고 마가복음서 13장에서, 주님께서 친히 말씀하셨습니다. 그럼에도 불구하고 거기에 주어진 것은 신령 예언적인 문체(神靈豫言的 文體·the Divine prophetic style)로 기술되었습니다. 다시 말하면 대응의 방법에 의하여 기술되었습니다. 결과적으로 그것은, 속뜻, 또는 영적인 뜻에 의하여 계시될 수 있고, 또 명확하게 될 수 있는 그런 성질에 속한 것입니다. 그러므로 주님에게서부터 나에게 창세기 26장 시작부터 40장의 이런 내용들을 ≪천계비의≫(天界秘義·Arcana Celestia)에서 밝히기 위하여 주시었는데, 그 해설들은 그것들의 순서에 따라서, 아래의 항수에서 볼 수 있습니다(3353-335·63486-3489·3650-3655·3751-3757·3897-3901·4056-4060·4229-4231·4332-4335·4422-4424·4635-4638·4661-4664·4807-4810·4954-4959·5063-5071항 참조).

  6. **하나님께서 그 종들에게 보이시려고, 그리스도에게 주신 것이다.** 이 말씀은 선에서 비롯된 진리들 안에 존재하는 자들을 위한 것을 뜻

합니다. 이러한 내용은, 예고들(豫告·predictions)을 선언한 것을 가리키는, 다시 말하면, 그들을 위한 예고들을 가리키는 "계시를 보이려고 그분(=그리스도)에게 주셨다"는 말의 뜻에서, 그리고 선에서 비롯된 진리들 안에 있는 자들을 가리키는 "그의 종들"(=그리스도의 종들·His servants)의 뜻에서, 잘 알 수 있습니다. 하나님의 종들(servants of God)이 이런 부류의 사람들을 뜻한다는 것은, 성경말씀에서 하나님에게 경청(傾聽)하고, 복종(服從)하는 자들을 "하나님의 종들"이라고 부르고 있기 때문입니다. 경청과 복종은 선에서 비롯된 진리들 안에 있는 자들에게서 일어나지만, 그러나 오직 진리들 안에만 있다든지, 또는 선이 결여(缺如)된 진리들 안에 있는 자들에게서는 일어나지 않습니다. 왜냐하면 이들은 오직 기억의 측면에서만 진리들을 가지고 있을 뿐, 삶의 측면에서는 진리를 가지고 있지 않기 때문입니다. 이에 반하여, 선에서 비롯된 진리들 안에 있는 사람들은 삶 안에서 마음으로부터 진리들을, 다시 말하면 사랑으로부터 그것들을 행하기 때문입니다. 주지하여야 할 것은, 만약에 사람이 선 안에 있지 않는다면, 어떠한 진리도 결코 사람의 생명(=삶) 속으로 들어가지 않는다는 것입니다. 왜냐하면 선은 사랑에 속한 것이고, 사랑은 그 사람 전체(the whole man)를 완성하기 때문입니다. 그러므로 사람은, 동의(同意)하는, 또는 삶에 일치하는 모든 진리들을 자신의 생명에 영접, 수용합니다. 이러한 사실은, 사람이 사랑하는 것을 자신의 것으로 전유(專有)한다는 사실에서, 충분히 이해될 수 있습니다. 그리고 그가 자신에게서 버리는 모든 것도, 사실인즉, 그는 그것까지도 혐오(嫌惡) 가운데 쥐고 있는 것 뿐이다는 사실에서도 잘 알 수 있습니다. 여기서 선은 주님사랑(love to the Lord)에 속한 선을 뜻하고, 그리고 또한 이웃을 향한 사랑(仁愛·charity)에 속한 선을 뜻합니다. 왜냐하면 이 선은 오직 영적인 선(the spiritual good)이기 때문이고, 그리고 이 선은 믿음에 속한 진리들과 일치하기 때문입니다.

7. (이 계시는) 곧 일어나야 할 일들이다.
이 말씀은 틀림없이, 확실하게 있을 것이다는 것을 뜻합니다. 이러한 사실은 반드시 있을 것들을 가리키는 "곧 일어나야 할 일들"(=반드시 일어나야 할 것들)의 뜻에서, 그리고 확실한 것이나 충분한 것을 뜻하는 "곧"(quickly)이라는 말의 뜻에서*(A.C. 5284・6783항 참조) 명확합니다. 문자적인 뜻에 따라서 성경의 모든 것들을 주목(注目)하는 자들은 "곧"(quickly)이라는 말을 곧, 또는 즉시라는 뜻 이외의 다른 것을 전혀 알지 못합니다. 따라서 여기, 묵시록에 예고되어 있는 것들이 "곧" 일어날 것들로만 알고 있습니다. 그럼에도 불구하고, 그런 사실들로 말미암아 최후심판(最後審判・the Last Judgment)이 일어나기 전, 아주 오랜 기간이 경과되었다는 것에 대하여 그들은 의심하기에 이르렀습니다. 그러나 성언의 속뜻을 알고 있는 사람들은 "곧"이라는 말을 그 말로 이해하지 않고, 오히려 "확실히"(=틀림없이・certainly)라는 뜻으로 이해합니다. 그들은 "곧"(=속히・quickly)이라는 말을 "확실한" 또는 "틀림없는" 뜻으로 이해합니다. 그 이유는 "곧"(=속히)이라는 말은 시간을 뜻하고, 그리고 시간이 자연에 속한 것이기 때문에, 따라서 "곧"이라는 말은 자연적인 표현이지, 영적인 표현은 아니기 때문입니다. 그리고 성경에 있는 모든 자연적인 것들은 그것들에 대응하는 영적인 것들을 뜻합니다. 왜냐하면 성경의 깊숙한 곳에 있는 성언(聖言)은 영적인 것이고, 이에 반하여 문자로 표현된 성언은 자연적인 것이기 때문입니다. 이상에서 알 수 있는 것은 "곧"(=속히・quickly)이라는 말은 확실한, 또는 틀림없는 것을 뜻합니다. 시간이 자연에 속한 것이고, 그리고 그것은 영계에서 삶의 상태(state of life)를 뜻한다는 것은 저서 ≪천계와 지옥≫(Heaven and Hell) '천계의 시간'(Time in Heaven)이라는 장에서

---

* A.C.는 저자의 저서 ≪Arcana Celestia≫(天界秘義)라는 책명의 약자이다. (역자 주)

읽을 수 있겠습니다(H.H. 162-169항 참조).

8. 그런데 그리스도께서는 자기의 천사를 보내셔서, 자기의 종 요한에게 이것들을 알려 주셨다(=그의 천사를 그의 종 요한에게 보내어 알게 하신 것이다).

이 말씀은 사랑에 속한 선 안에 있는 자들에게 천계에서 계시되었다는 것을 뜻합니다. 이러한 내용은, 문자적인 뜻 안에 내포된 것들, 따라서 속뜻 안에 있는 것들을 뜻하는 것들을 가리키는 "알려 주셨다"(=뜻한다 · signified · 알게 한다)는 말의 뜻에서 잘 알 수 있습니다. 왜냐하면 "(그 종들에게) 보이시려고, 그리고 이것들을 알려 주시려고 하나님께서 주신 계시"다고 언급되었기 때문입니다. 그리고 그분께서 알려 주신 것들은 문자적인 뜻 안에 있는 내용들을 뜻하는데, 그 이유는 이런 모든 것들은, 즉 뜻하는 바 모든 것들은 내적인 뜻(=속뜻 · 靈意) 안에 내포된 것들을 가리키기 때문입니다. 왜냐하면 성경에 있는 모든 것들은 영적인 것들에 속한 뜻을 가리키는데, 그것은 속뜻 안에 있기 때문입니다. 이러한 내용은, 천계에서 계시된 것을 가리키는 "그의 천사에 의하여 보내셨다"(=그리스도께서 자기의 천사를 보냈다)는 말의 뜻에서 잘 알 수 있습니다. 왜냐하면 "보낸다"(=파견한다 · to send)는 것은 계시하는 것(to reveal)을 가리키고, "천사에 의하여"라는 말은 천계에서 비롯되었다는 것을 가리키기 때문입니다. "보낸다"는 것이 계시하는 것을 뜻한다는 것은, 천계에서부터 나온 모든 것은 계시를 가리키기 때문입니다. 왜냐하면 거기에 있는 것은 계시된 것들이고, 그리고 이것은 교회와, 그리고 그 교회의 상태와 관계되는 영적인 것이기 때문입니다. 그러나 사람에게서 이것은, 묵시록에서, 그리고 성경의 다른 곳에서의 문자적인 뜻에 표현된, 그와 같은 자연적인 것으로 변하기 때문입니다. 천계에서 나오는 것은 그 이외의 다른 방법으로는 사람에게 드러내 보여질 수 없습니다. 왜냐하면 영적인 것은, 그것이 영계(靈界 · the spiritual world)에서 자연계(the natural world)에 내려올 때, 자연에 대한 그것의 대응에 관계되기 때문입니다. 이것이, 문자적인 뜻의 예언적인 성언(the prophetic word)이 그런 정도인 이유이고, 그리고 그런 것이기 때문에, 그것의 내부 깊숙한 곳에는 영적인 것이나 신령한 것이 내재해 있는 이유이기도 합니다. "천사"가 "천계에서 나온 것"(=천계에서 비롯된 것)을 뜻한다는 것은, 천사가 말한 것은 천계에서 나온 것이기 때문입니다. 왜냐하면 한 천사가 사람에게 천계나 교회에 속한 것들을 전할 때, 다른 사람이 그에게 말한 그의 기억에서 끄집어내어 말하는 것과 같이, 사람이 사람과 말하는 것처럼 천사는 말하지 않고, 오히려 천사가 말한 것은 계속해서 입류하지만, 그의 기억 속에 입류하지 않고, 직접적으로 그의 이해에 입류하고, 그것에서부터 낱말들에 입류하기 때문입니다. 이상에서 얻는 결론은, 천사들이 예언자들에게 말한 모든 것들은 신령한 것들이고, 그리고 천사들 자신에게서 비롯된 것은 아무것도 없다는 것입니다. 이런 계시들은 천계에서 비롯되었다고 말하든, 주님에게서 온 것이다고 말하든, 그것은 모두가 꼭 같은 말입니다. 그 이유는 천사들에게 있는 주님의 신령적인 것은 천계를 구성하는 것이기 때문이고, 천사의 고유속성(固有屬性・自我・자신의 것・*proprium*)에서 비롯된 것은 아무것도 천계를 이루지 못하기 때문입니다. 그러나 더 많은 이해와 그리고 바른 이해를 위해서는 ≪천계와 지옥≫의 2-12・254 항을 참조하십시오.

[2] 천계에서 계시된 것들은 사랑에 속한 선 안에 있는 자들을 위하여 언급된 것입니다. 그 이유는 "그분의 천사에 의하여 그분의 종 요한에게 보내졌다"고 언급되었기 때문인데, 그리고 "요한"은 사랑에 속한 선 안에 있는 자들을 표징하고, 뜻하기 때문입니다. 왜냐하면 열두(12) 사도들은 교회 안에 있는 선에서 비롯된 진리들 안에 있는 모든 자들을 표징하고 뜻하기 때문입니다. 결과적으로 교회의 원천인 선에서 비롯된 모든 진리들을 뜻합니다. 그리고 사도들 각각은 개별적으로 특별한 것을 표징합니다. 그러므로 "베드로"(Peter)는

믿음을, "야고보"(James)는 인애를, 그리고 "요한"(John)은 인애에 속한 선, 또는 사랑에 속한 선을, 각각 표징하고 뜻합니다. "요한"이 이 선을 표징하기 때문에, 그 계시는 그에게 계시되었습니다. 왜냐하면 천계에서 비롯된 계시는, 이와 같이, 인애에 속한 선이나, 사랑에 속한 선 안에 있는 사람들에게만 오직 이루어질 수 있기 때문입니다. 사실 다른 자들은 천계에서 비롯되는 것들을 들을 수는 있지만, 그러나 그들은 그것들이 무엇을 뜻하는지 깨달을 수는 없습니다. 사랑에 속한 선 안에 있는 자들만 오직 영적인 지각(靈的知覺·spiritual perception)을 가지고 있습니다. 그 이유는, 이들은 청각에 의하여 천계적인 것들을 영접할 뿐만 아니라, 그 사랑으로 그것을 영접, 수용하기 때문입니다. 사랑으로 영접, 수용한다는 것은 충분하게, 완전하게 영접하는 것을 가리킵니다. 그 이유는 그와 같이 영접된 것들은 무척 애지중지(愛之重之) 사랑하는 것들이기 때문입니다. 더욱이 이와 같이 영접, 수용한 사람들은 이런 것들을 그들의 내적인 시각(internal sight)에 속한 감관이 있는 그들 자신의 이해 안에서 밝히 볼 수 있습니다. 이것이 사실이다는 것은 수많은 경험을 통하여 나에게는 명료하게 입증(立證)되었습니다. 그리고 또한 그것은 합리적인 논증(論證)에 의하여 밝히 입증, 설명될 수 있지만, 그러나 그 주제를 여기에서 지금 널리 확대하여 설명할 수는 없겠습니다. 여기서 필수적으로 언급하여야 할 것은 성경에서 나오는 모든 이름들(all names)이 그 이름의 인물들을 뜻하지 않고, 사물들(事物·things)을 뜻한다는 것입니다. 예를 들면 "요한"은 사랑에 속한 선 안에 있는 그런 것들을 뜻한다는 것, 따라서 추상적으로는 사랑에 속한 선 자체를 뜻한다는 것입니다. 성경의 모든 이름들(人名)이 사물들(事物·things)을 뜻한다는 것은 ≪천계비의≫ 768·1888·4310·4442·10329항을 참조하십시오. 성경의 여러 인명(人名)들이나 지명(地名)들이 천계를 이해하고 알아차릴 수는 없지만, 그것들은 그것들이 뜻하는 것들로 변화한다는 것은, 전게서 1876·5225

・6516・10216・10282・10432항을 참조하십시오. 단순하게 이름만 거명된 곳에서도 성언의 속뜻(內意)이 얼마나 아름답고, 정교(精巧)한 것인지를 여러 예들로 예증하였습니다(전게서 1224・1264・1888항 참조). 주님의 열두(12) 제자들은, 이스라엘의 열두(12) 지파들과 마찬가지로, 총체적으로 믿음에 속한 모든 것들이나, 사랑에 속한 모든 것들을 표징한다는 것, 그리고 그것에서부터 그런 것들을 뜻한다는 것은 전게서 2129・3354・3488・3858・6397항을 참조하십시오. "베드로" "야고보" "요한"이, 그들의 순서대로, 믿음・인애・인애에 속한 선을 표징하고, 따라서 뜻한다는 것은 전게서 창세기 18장과 22장 해설 서문과, 전게서 3934・8581・10087항을 참조하십시오.

9. 성경의 모든 이름들이 사물(事物)들을 뜻한다는 것과, 야곱의 열두 아들들의 이름들이나, 열두 지파의 이름들이 총체적으로 교회에 속한 모든 진리들이나 선들을 뜻한다는 것, 그리고 마찬가지로 주님의 열두(12) 제자들의 이름들도 같은 내용을 뜻한다는 것, 그리고 "베드로" "야고보" "요한"도 믿음・인애・인애에 속한 선을 뜻한다는 것 등을 어느 누구가 안다면, 그는 성경에 내재해 있는 수많은 비의(秘義・秘密・arcana)를 잘 알고 이해할 수 있을 것입니다. 그 이유가 무엇인지 예를 들어 보겠습니다. 마가복음서의 말씀입니다.

> 예수께서 열둘을 임명하셨는데, 그들은, 베드로라고 이름을 지어 주신 시몬과, '천둥의 아들'을 뜻하는 보아너게라는 이름을 지어 주신 세베대의 아들 야고보와 그의 동생 요한과……
> (마가 3 : 16, 17)

왜냐하면 "바위"(盤石・rock)와 같이, "베드로"는 선에서 비롯된 진리의 측면에서, 또는 인애에서 비롯된 믿음의 측면에서 주님을 뜻하기 때문입니다. 그리고 "천둥의 아들"은, 사랑에 속한 정동으로 말미암아 천계에 속한 진리들을 영접, 수용한 자들을 뜻하기 때문입니다. "바위"(盤石·rock)가 선에서 비롯된 진리의 측면에서, 또는 인애에서 비롯된 믿음에 대하여 주님을 뜻한다는 것은 A.C. 8581·10580항을 참조하시고, 마찬가지로 "이스라엘의 반석"도 같은 내용을 뜻한다는 것은 전계서 6426항을 참조하십시오. "천둥들"(thunders)이 천계에서 비롯된 신령진리들을 뜻한다는 것은 전계서 7573·8914항을 참조하시고, 그리고 "번갯불"(電光·lightening)이 그것, 즉 신령진리의 광채(光彩·빛남·광영·光榮·splendors)들을 뜻한다는 것은 전계서 8813항을 참조하시고, 그것으로 말미암아 "천둥들"이 "음성들"(音聲·voices)이라고 불리웠습니다(A.C. 7573·8914항 참조). [2] 나는 여기서 "베드로"가 믿음을, "요한"이 인애에 속한 선(=선행·善行)을 뜻한다는 것을 잘 알고 있는 사람들이 이해할 수 있는 몇몇 비의(秘義)를 언급하려고 합니다. 첫째로 주님께서 베드로에게 말씀하신 이유입니다. 마태복음서에―.

> 나도 너에게 말한다. 너는 베드로다. 나는 이 반석 위에다가 내 교회를 세우겠다.……내가 너에게 하늘 나라의 열쇠를 주겠다.
> (마태 16 : 18, 19)

단순히 문자로만 보면, 마치 베드로에게 능력이나 권능이 주어진 것처럼 보이지만, 사실 그 때 베드로에게 준 능력이나 권능은 아무것도 없고, 오히려 그에게 그와 같이 언급된 것은, "베드로"가 주님에게서 온 선에서 비롯된 진리를 뜻하기 때문에, 그리고 주님으로 말미암아 존재하는 선에서 비롯된 진리는 모든 능력과 권능을 가지고 있기 때문에, 따라서 주님은 진리를 통하여 선에서 비롯된 모든 능력과 권능을 가지고 계십니다. 이러한 내용은 소책자 ≪최후심판≫(最後審判·the Last Judgment)의 해설에서 볼 수 있습니다(전계서 57항 참조). "베드로"가 믿음을 뜻한다는 것을 알게 되었을 때, 이해할 수 있는 두 번째 비의는 주님께서 베드로에게 말씀하신 이유입니다. 즉—.

> 예수께서 그에게 말씀하셨다.……"오늘 밤에 닭이 울기 전에, 네가 세 번 나를 모른다고 할 것이다."
> (마태 26 : 34, 그 이하)

이 말씀은, 인애가 전혀 존재하지 않기 때문에, 주님을 믿는 믿음이 전혀 존재하지 않게 될 교회의 마지막 때(the last time of the church)의 일들을 뜻합니다. 왜냐하면 "닭이 운다"는 말은, "여명"(黎明·twilight)과 꼭 같이, 교회의 마지막 때를 뜻하기 때문입니다(A.C. 10134항 참조). 그리고 "셋"(3)·"세 번"은 종말에 이른 완전한 것을 뜻하기 때문입니다(전게서 2788·4495·5159·9198·10127항 참조). 교회의 종말은, 인애가 존재하지 않기 때문에 교회에 믿음이 전혀 존재하지 않을 때를 가리킨다는 것은 소책자 《최후심판》 33-39항과 그 이하의 내용을 참조하십시오.
[3] 아래의 장절은 베드로와 요한에 관한 말씀이 뜻하는 내용이 무엇인지를 이해할 수 있는 세 번째 비의입니다. 요한복음서에—.

> 예수께서 시몬 베드로에게 물으셨다. "요한의 아들 시몬아, 네가 이 사람들보다 나를 더 사랑하느냐?" 베드로가 대답하였다. "주님, 그렇습니다. 내가 주님을 사랑하는 줄을 주께서 아십니다." 예수께서 그에게 "내 어린 양을 먹여라" 하고 말씀하셨다. 예수께서 두 번째로 물으셨다. "요한의 아들 시몬아, 네가 나를 사랑하느냐?" 베드로가 대답하였다. "주님, 그렇습니다. 내가 주님을 사랑하는 줄을 주께서 아십니다." 예수께서 그에게 말씀하셨다. "내 양을 쳐라." 예수께서 세 번째로 물으셨다. "요한의 아들 시몬아, 네가 나를 사랑하느냐?" 그 때에 베드로는 예수께서 '네가 나를 사랑하느냐?' 하고 세 번이나 물으시므로, 불안해서 "주님, 주님께서는 모든 것을 아십니다. 그러므로 내가 주님을 사랑

하는 줄을 주께서 아십니다" 하고 대답하였다. 예수께서 그에게 말씀하셨다. "내 양을 먹여라. 내가 진정으로 진정으로 네게 말한다. 네가 젊어서는 스스로 띠를 띠고 네가 가고 싶은 곳을 다녔으나, 네가 늙어서는 남들이 너의 팔을 벌릴 것이고, 너를 묶어서 네가 바라지 않는 곳으로 끌고 갈 것이다." 예수께서 이렇게 말씀하신 것은, 베드로가 어떤 죽음으로 하나님께 영광을 돌릴 것인가를 암시하신 것이다. 이 말씀을 하시고, 예수께서 베드로에게 "나를 따라오너라" 하고 말씀하셨다. 베드로가 돌아다보니, 예수께서 사랑하시던 제자가 따라오고 있었다. ………베드로가 이 제자를 보고, 예수께 "주님, 이 사람은 어떻게 되겠습니까?" 하고 물었다. 예수께서 말씀하셨다. "내가 올 때까지 그가 살아 있기를 바란다고 한들, 그것이 너와 무슨 상관이 있느냐? 너는 나를 따라 오너라."
(요한 21 : 15-22)

이러한 것들이 무엇을 뜻하는지는, 만약에 속뜻을 알지 못한다면, 그리고 "베드로"가 믿음을, "요한"이 인애에 속한 선을 뜻한다는 것을, 그리고 "베드로"가 교회 안에 있는 믿음 안에 있는 자들을 뜻하고, "요한"이 인애에 속한 선 안에 있는 자들을 뜻한다는 것 등등을 어느 누구도 알지 못합니다. 예수께서 베드로에게 "네가 나를 사랑하느냐?" 하고 세 번 말씀하셨다는 것, 그리고 베드로는 "주님께서는 내가 주님을 사랑하는 줄을 아십니다"라고 세 번 대답하였다는 것, 그리고 그 때 예수께서는 "내 어린 양을 먹여라" "내 양을 쳐라"라고 말씀하셨다는 것 등은, 사랑에서 비롯된 믿음 안에 있는 자들은 주님사랑(love to the Lord)에 속한 선 안에 있는 자들이나, 이웃을 향한 인애에 속한 선 안에 있는 자들을 반드시 가르쳐야만 한다는 것을 뜻합니다. 왜냐하면 사랑에서 비롯된 선 안에 있는 사람들은 역시 진리들 안에 있고, 그리고 이 사랑에서 비롯된 진리 안에 있는 사람들은 선에 관해서 가르치고, 그리고 선으로 인도하기 때문입니다. 왜냐하면 사람이 가지고 있는 모든 영적인 선은 진리들에 의하여 터득되고, 활착(活着)되기 때문입니다. "어린 양들"(lambs)이 이노센스에 속한 선이나, 주님사랑에 속한 선 안에 있는 자들을 뜻한다는 것은 A.C. 3994·10132항을 참조하시고, "양들"(sheep)이 이웃을 향한 인애에 속한 선 안에 있는 자들을 뜻한다는 것은 전게서 4169·4809항을 참조하시고, "친다"(=먹인다·기른다·to feed)는 말이 가르치는 것을 뜻한다는 것은 같은 책 5201·6078항을 참조하십시오.

[4] 이른바 교회의 처음 시기에 있었던 믿음과, 교회의 마지막 시기에 있었던 믿음이 그 때 주님에 의하여 기술되었습니다. 교회의 처음 시기(the first period of the church)는 "네가 젊었을 때"라는 말이 뜻하고, 교회의 마지막 시기(the last period of the church)는 "네가 늙었을 때"라는 말이 뜻합니다. 베드로에게 한 "네가 젊어서는 스스로 띠를 띠고, 네가 가고 싶은 곳을 다녔다"는 말은 교회의 처음 시기에 있는 사람들은 인애에 속한 선으로부터 진리들을 흡수(吸收)할 것이고, 자유로 말미암아 행동할 것이다는 것을 뜻합니다. 왜냐하면 자유로 말미암아 행동한다는 것은 선에서 비롯된 진리의 정동으로부터 행동하는 것이기 때문입니다. 그리고 "네가 늙어서는 남들이 너의 팔을 벌릴 것이고, 너를 묶어서 네가 바라지 않는 곳으로 끌고 갈 것이다"는 말씀은 교회의 마지막 시기에 있는 자들은 더 이상 인애에 속한 선으로 말미암아 진리들을 흡수하지 않을 것이고, 따라서 다른 자들이 선언한 것 이외의 방법으로는 그것들을 알지 못할 것이다는 것을 뜻합니다. 그러므로 그들이 노예의 상태에 있을 것을 뜻합니다. 왜냐하면 노예의 상태는 선이 인도되지 않는 시기가 뒤이어 일어나기 때문입니다. "옷들"(garments)이 진리들을 뜻한다는 것은 ≪천계비의≫ 1073·2576·5319·5954·9212·9216·9952·10536항을 참조하십시오. 그러므로 "스스로 띠를 띤다"는 말이 진리들을 흡수하고, 지각하는 것을 뜻한다는 것은 전게서 9952항을 참조하십시오. "걷는다"(=다닌다·walk)는 말이 행동하

는 것이나, 사는 것을 가리킨다는 것, 그리고 자유로부터 행동한다는 것은 사람이 사랑하는 것은 그가 자유스럽게 하는 것이기 때문에, 사랑이나, 또는 정동으로부터 행동하는 것을 가리킨다는 것은 천게서 2870・3158・8987・8990・9585・9591항을 참조하십시오. 그리고 모든 교회가 인애로부터 시작하지만, 그러나 시간의 경과에서 교회가 믿음의 곁길로 빠져들었고, 종국에는 오직 믿음에만 의존하게 되었다는 것은 천게서 1834・1835・2231・4683・8094항을 참조하십시오.

[5] 교회의 마지막 시기에서 믿음은 이런 성질의 것이 되었기 때문에, 오직 믿음만이 교회를 구성하고, 그리고 구원하며, 그리고 구원하는 것은 인애를 가리키는 삶에 속한 선(good of life)이 아니다는 것을 주장하면서, 인애에 속한 선을 배척(排斥), 거부(拒否)하기 때문에, 예수님께서는, 여기서 이런 믿음을 뜻하는 베드로에게 "너는 나를 따라 오너라"라고 말씀하셨고, 그리고 뒤를 돌아다 본 베드로는 예수님께서 사랑했던 제자가 뒤따라오는 것을 보았고, 그리고 "주님, 이 사람은 어떻게 되겠습니까?" 하고 물었다고 하였습니다. 이 말씀이 교회의 마지막 시기에 있는 믿음이 주님으로부터 멀리 떨어질 것이다는 것을 뜻합니다. 왜냐하면 이와 같은 믿음을 뜻하는 베드로에 관해서 "뒤돌아보았다"(turn about)고 언급하였고, 그리고 인애에 속한 선을 뜻하는, 예수님께서 사랑했던 제자, 즉 요한에 대해서 "이 사람은 어떻게 되겠습니까?"라고, 다시 말하면 그는 아무것도 아니다고 베드로가 언급하고 있기 때문입니다. 그러나 예수님께서는 그에게 "내가 올 때까지 그가 살아 있기를 내가 바란다고 한들, 그것이 너와 무슨 상관이 있느냐? 너는 나를 따라오너라"라고 말씀하셨습니다. 이 말씀은, 인애에 속한 선은 주님을 따를 것이고, 심지어 옛 교회(the old church)의 마지막 시기에까지, 그리고 새로운 교회의 처음 시기에 이르기까지 주님을 시인(是認)할 것이다는 것을 뜻합니다. 옛 교회(the old church)의 마지막 시기를 "시대의

종말"(時代終末·the consummation of the age)이라고 부르고, 새로운 교회의 시작(the beginning of the new church)을 "주님의 강림"(降臨·the coming of the Lord)이라고 부른다는 것은 A.C. 4535·10622항을 참조하십시오. 우리가 알 수 있는 네 번째 비의(祕義)는, 주님께서 나머지 제자들보다 더 요한을 사랑하셨던 이유, 결과적으로 요한이 주님의 가슴, 또는 주님의 품에 기대어 있었던(요한 13 : 21 ; 21 : 20) 이유가 되겠습니다. 다시 말하면, 주님께서 요한을 보셨을 때 그가 표징하고, 뜻하는 그 선이 바로 주님께서 보신 사랑에 속한 선이기 때문입니다. 그 이유는 그 선이 바로 천계를, 그리고 교회를 구성하는 것이기 때문입니다(H.H. 13-19항 참조). 다섯 번째 비의는, 요한이 사랑에 속한 선을 표징한다는 것을 알 때, 명확합니다. 어머니 마리아와 요한에게 하신 말씀입니다.

> 예수께서는 자기 어머니를 보시고, 또 그 곁에 자기가 사랑하는 제자가 서 있는 것을 보시고, 어머니에게 "여자여, 이 사람이 어머니의 아들입니다" 하고 말씀하시고, 그 다음에 제자에게는 "자, 이분이 네 어머니시다" 하고 말씀하셨다. 그 때로부터 그 제자는 그분을 자기 집으로 모셨다.
> (요한 19 : 26, 27)

이 말씀에서 "어머니"(母·mother)나, "여인"(woman)은 교회를 뜻합니다. 그리고 "요한"은 인애에 속한 선(the good of charity)을, 그리고 여기에 언급된 것들은 인애에 속한 선이 있는 곳에 교회가 있을 것이다는 것을 각각 뜻합니다. 성경말씀에서 "여인"(woman)이 교회를 뜻한다는 것은 ≪천계비의≫ 252·253·749·770·3160·6014·7337·8994항을 참조하시고, 그리고 마찬가지로 "어머니"(母·mother)도 교회를 뜻한다는 것은, 전게서 289·2691·2717·3703·4257·5581·8897·10490항을 참조하십시오. "그분을 자기 집으로 모셨다"는 말은 이것들이 함께 모여서 살아야 한다는 것이 명백합니다. 이상에서 밝히 알 수 있는 것은 성언에는 매우 큰 비의가 숨겨져 있다는 것입니다. 그리고 그 비의는, 성언의 속뜻, 또는 영적인 뜻(靈意)을 아는 사람들에게만, 개방(開放)된다는 것입니다. 이 뜻을 떠나서는 그 어떤 것도 알려질 수 없습니다. 더욱이 그와 같이 언급되었을 때, 그것이 뜻하는 것은 전혀 알 수가 없습니다.

> 예수께서 그들에게 말씀하셨다. "내가 진정으로 너희에게 말한다. 새 세상에서 인자가 자기의 영광스러운 보좌에 앉고 만물이 새롭게 될 때에, 나를 따라온 너희(=사도들)도 열두 보좌에 앉아서, 이스라엘의 열두 지파를 심판할 것이다."
> (마태 19 : 28 ; 누가 22 : 30)

이 말씀에서 "사도들"은 사도들을 뜻하지 않고, 오히려 주님에게서 온 선에서 비롯된 모든 진리들을 뜻합니다. 따라서 이 구절의 말씀은, 주님께서 홀로 선에서 비롯된 진리들로부터 모든 것들을 심판하실 것이다는 것을, 따라서 모든 사람은 이 진리들에 따라서 심판받을 것이다는 것을, 각각 뜻합니다.

10. 2절. (요한은) **하나님의 말씀과 예수 그리스도의 증거를 다 증언하였다.**
이 말씀은 마음 속에서 신령진리를 시인하고, 그리고 그분의 인성(人性・His Human) 안에 있는 주님의 신성(神性)을 시인하는 사람에 관한 것을 뜻합니다. 이러한 내용은, 뒤에 설명하겠지만, 마음에서 시인하는 것을 가리키는 "증거한다"(=증언한다)는 말의 뜻에서, 그리고 신령한 진리를 가리키는 "성언"(=말씀・the Word), 또는 하나님의 말(speech of God)의 뜻에서(≪천계비의≫ 4692・5075・9987항 참조), 그리고 그분의 인성 안에 있는 주님의 신성의 시인을 뜻하는 "예수 그리스도의 증거"의 뜻에서 잘 알 수 있습니다. "예수 그리스도의 증거"가 이런 것을 뜻한다는 것은 "증거하는 것"(to testify)이 마음에서 시인하는 것을 뜻하고, 그리고 마음에서 예수 그리스도를 시인하는 것은 그분의 인성 안에 있는 신령존재(神靈存在 · the Divine)를 시인하는 것을 가리키기 때문입니다. 왜냐하면 주님을 시인하지만, 동시에 그분의 인성 안에 있는 신령존재를 시인하지 않는 사람은 주님을 시인하지 않기 때문입니다. 그 이유는 신령존재는 그것의 인성 안에 존재하며, 그것 밖에는 존재하지 않기 때문입니다. 왜냐하면 신령존재는, 마치 영혼이 육체 안에 존재하는 것과 같이, 그것의 인성(Its Human) 안에 존재하기 때문입니다. 결과적으로 주님의 인성에 관해서 생각하면서 동시에 그분의 신성(His Divine)을 생각하지 않는다는 것은, 마치 사람의 영혼, 또는 생명으로부터 추상(抽象)적으로 생각하는 것과 같은데, 그것은 한 사람에 관해서 생각하지 않는 것과 같기 때문입니다.

[2] 주님의 신성(神性 · the Lord's Divine)은 그분의 인성(人性 · His Human) 안에 존재한다는 것, 그리고 그것들은 모두 함께 한 사람(人格 · one person)이다는 것 등은 기독교계에 보편적으로 수용된 교리가 가르치고 있습니다. 그 교리가 가르치는 것은 아래와 같습니다. "비록 그리스도께서는 하나님(神 · God)이고 사람(=원인간 · 原人間 · Man)이시지만, 그럼에도 불구하고 그들은 둘이 아니고, 한 분 그리스도(one Christ)이다"는 것입니다. 이 한 분 존재는 신령존재가 인성(人性 · the Human)으로의 변화가 아니고, 신령존재께서 자체에 대하여 인성을 취하셨습니다. 전적으로 한 분 존재(altogether one)는 둘의 성질들(the two natures)의 혼동(混同 · confusion)에 의한 것이 아니고, 인격의 일치(=단일성 · 單一性 · unity of person)에 의한 것입니다. 왜냐하면 영혼과 육체가 한 사람을 이루는 것과 같이, 하나님(神 · God)과 사람(=원인간 · Man)이 한 분 그리스도를 이루셨기 때문입니다(아타나시우스 신조 참조). 이상에서 명백한 사실은, 더욱이 신령존재(神靈存在 · the Divine)를 세 분 인격들(three person)로 분리하는 사람들은, 그들이 주님을 두 번째 인격(a second person)으로

생각할 때, 반드시 인성(人性・the Human)과 신성(神性・the Divine) 양자를 함께 생각하여야만 한다는 것입니다. 왜냐하면 그들은 단수 인격(a single person)이고, 그리고 마치 영혼과 육체와 같이 그들은 한 존재(one)라고 언급하고 있기 때문입니다. 그러므로 이와 다르게 생각하는 사람들은 주님을 생각하는 것이 아닙니다. 이런 식으로 주님을 생각하지 않는 사람들은 아버지의 것(the Father's)이라고 부르는 신령존재(=神靈存在・神性・the Divine)를 생각할 수 없습니다. 왜냐하면 주님께서 이렇게 말씀하셨기 때문입니다.

> (예수께서 대답하셨다.) "내가 곧 길이요, 진리요, 생명이다. 나로 말미암지 않고서는, 아무도 아버지께로 올 사람이 없다."
> (요한 14 : 6)

"예수 그리스도의 증거"가 이 시인을 뜻하기 때문에, 이렇게 언급되었습니다. 묵시록서의 말씀입니다.

> 예수의 증언(=예수께 대한 증거)은 곧 예언의 영이다.
> (묵시록 19 : 10)

"예언의 영"(the spirit of prophecy)은 교리에 속한 생명과 영혼을 가리킵니다. 성언의 속뜻으로 "영"(靈・spirit)은 생명, 또는 영혼을 뜻한다는 것은 A.C. 5222・9281・9818항을 참조하시고, "예언"(預言・prophecy)이 교리를 뜻한다는 것은 A.C. 2534・7269항을 참조하십시오. 주님의 시인은 교회에 있는 모든 교리의 생명이고, 영혼이며, 진수(眞髓)입니다. 그러나 이것에 관해서는 아래에서 더 자세하게 설명드리겠습니다.

[3] "증거한다"는 것은 마음으로부터 시인하는 것입니다. 그 이유는 영적인 것들을 다루고 있기 때문입니다. 다른 근원에서는 그것들이 사실이다는 것을 그가 지각하지 못하기 때문에, 마음에서 시인하

는 것을 제외하면 영적인 것들에 대하여 어느 누구도 증거할 수 없습니다. 이 세상에 존재하고 있는 것들을 증거한다는 것은 지식으로, 또는 기억이나, 생각으로 증거하는데, 그 이유는 사람이 그와 같이 보았고, 또한 그렇게 들었기 때문입니다. 그러나 영적인 것들의 경우는 이와는 다릅니다. 왜냐하면 영적인 것들은 온전한 생명으로 가득 채워졌고, 그리고 그 생명을 구성하기 때문입니다. 본래 그의 생명인 사람의 영(the spirit of man)은 그의 의지, 또는 그의 사랑과, 또는 그의 이해와 사랑에서 비롯된 믿음 이외의 아무것도 아닙니다. 그리고 성경에서 "마음"(heart)은 의지와 사랑을 뜻하고, 그리고 이해와 사랑에서 비롯된 믿음을 뜻합니다. 이상에서 명확한 것은, 영적인 뜻으로 "증거한다"는 말이 마음에서 시인한다는 것을 뜻한다는 내용이 어디에서 온 것인지 잘 알 수 있다는 것입니다. "마음"(heart)이 사랑에 속한 선을 뜻하고, 그리고 이 사랑에 속한 선만이 오직 신령한 진리를 시인하기 때문에, 그리고 그분의 인성 안에 있는 주님의 신령존재를 시인하기 때문에, 그리고 "요한"이 이 선을 뜻하기 때문에, "요한은 하나님의 말씀과 예수 그리스도의 증거"를 증언한다고 요한에 의하여 언급되고 있는 것입니다. 다른 구절에서도 그러합니다.

> 이 사실은 목격자가 본 대로 증언한 것이기 때문에 그의 증언은 참되다. 그는 자기의 말이 진실하다는 것을 알고 있으므로 여러분들도 믿게 하려고 증언하였다.
> (요한 19 : 35)

또 같은 책의 말씀입니다.

> 이 모든 일을 증언하고 또 이 사실을 기록한 사람이, 바로 이 제자이다. 우리는 그의 증언이 참되다는 것을 알고 있다.
> (요한 21 : 24)

1 : 1 - 20   37

11. (요한은) **자기가 본 것을 다** (증언하였다).
이 말씀은 조요(照耀)된 그들의 이해의 깨달음(their understanding enlightened)을 뜻합니다. 이러한 사실은, 이해하는 것을 가리키는 "본다"(seeing)는 말의 뜻에서(A.C. 2150 · 2325 · 2807 · 3764 · 3863 · 3869 · 4403-4421 · 10705항 참조), 그리고 여기서는 조요(照耀 · enlightenment)로부터 이해하는 것을 가리키는 "본다"(seeing)는 말의 뜻에서 잘 알 수 있습니다. 그 이유는, 여기서 다루고 있는 교회나 천계에 속한 것들은 조요에서 비롯된 것이 아니면, 이해되지도 않고, 지각되지도 않기 때문입니다. 왜냐하면 영적인 것들이라고 부르는 교회나 천계에 속한 것들은, 천계의 빛에 의하지 않고서는 사람의 이해의 영역에 들어오지 않기 때문입니다. 그리고 천계의 빛(the light of heaven)은 이해에 빛을 비추고 깨닫게 하기 때문입니다. 이런 이유 때문에, 교회나 천계에 속한 것들이 내재해 있는 성언(聖言 · the Word)은 천계의 빛에 의하여 조요된 사람이 아니면 이해될 수 없습니다. 그리고 선에서 비롯된 진리에 속한 정동 안에 있는 조요된 사람들만이, 따라서 주님사랑과 이웃사랑(仁愛) 안에 있는 사람들만이 이해할 수 있습니다. 이 선이 조요하는 천계의 빛이 가지고 있는 영적인 선이고, 그리고 그 빛에서 비롯된 영적인 선입니다.

12. 3절. **복이 있다**(=복받은 사람이다).
이 말씀은 천계에 있는 사람들을 뜻합니다. 이러한 내용은 영원히 행복한 사람들, 따라서 천계에 있는 자들을 뜻하는 "복받은 사람"(the blessed)의 뜻에서 명확합니다. 사실 축복이라고 부르기는 하지만, 영원한 것이 아닌 축복(=祝福 · 至福 · blessedness)은, 진정한 축복은 아닙니다. 왜냐하면 그것은 끝나버린 것이고, 끝나버린 것은, 끝나버리지 않는 것과 비교하면, 아무것도 아니기 때문입니다. "천계가 내재한 사람"이라고 언급하였는데, 그것은 천계가 사람 안에 존재하기 때문입니다. 사람 밖에 있는 천계가 사람 안에 있는 천계에 입류하는데, 그 천계는 거기에 있는 대응에 비례하여 영접, 수용됩니다. 천계가 사람 안에 존재한다는 것, 그리고 천계적인 사랑(heavenly love) 안에 있는 사람의 내적인 것이 가장 큰 천계(=최대 인간)에 대응하는 최소형태 안에 있는 천계이다는 것은 저서 ≪천계와 지옥≫ 51-58항을 참조하시고, 자기 자신 안에 천계를 가지고 있는 사람이 천계에 오를 수 있다는 것은 ≪새 예루살렘과 그것의 천적인 교리≫*(the New Jerusalem and Its Heavenly Doctrine) 232-236항을 참조하십시오(이 책은 이하에서 ≪새 예루살렘의 교리≫라고 표기되겠습니다).

13. (이 예언의 말씀을) 읽는 사람.
이 말씀은 그들이 지각(知覺·perception)을 가지고 있다는 것을 뜻합니다. 이러한 내용은 조요(照耀)로부터 이해하는 것, 따라서 지각(知覺)하는 것을 가리키는 "성언(聖言·the Word)을 읽는다"(reading the Word)는 말의 뜻에서 잘 알 수 있습니다. 왜냐하면 "읽는다"(to read)는 것은 "본다"(to see)는 것과 같은 뜻이기 때문입니다. 그리고 읽는(read) 사람은 보는(see) 사람이기 때문에, 그리고 "본다"(to see)는 것은, 바로 앞에서 설명한 것과 같이(본서 11항 참조), 조요에서 지각하는 것을 뜻하기 때문입니다.

14. 이 예언의 말씀을 듣는 사람.
이 말씀은 천계의 교리(the doctrine of heaven)에 일치하여 사는 사람들을 뜻합니다. 이 내용은, 지각하고, 복종(服從)하는 것을 가리키는 "듣는다"(hearing)는 말의 뜻에서(A.C. 2542·3869·4653·5017·7216·8361·8990·9311·9397·10061항 참조), 따라서 그 교리에 일치하여 사는 것을 가리키는 "듣는다"는 말의 뜻에서, 잘 알 수 있

---

* 도서출판 <예수인>에서는 이 책을 ≪새로운 교회 새로운 말씀≫이라는 제하로 출판하였다. (역자 주)

습니다. 왜냐하면 천계에 속한 가르침(敎理·the doctrine of heaven)을 지각하고, 그것에 복종하는 사람들은 그것에 일치하여 살기 때문입니다. 그리고 또한 그 내용은 천계의 가르침(敎理)에 속한 진리들을 가리키는 "예언의 말씀"(the words of the prophecy)의 뜻에서 잘 알 수 있습니다. 왜냐하면 그 "말씀"은 진리들이고(A.C. 4692·5075항 참조), 그리고 그 "예언"은 가르침(敎理)이기 때문입니다(A.C. 2534·7269항 참조). 여기서 그것은 천계에 속한 가르침(敎理·the doctrine of heaven)입니다(A.C. 2534·7629항 참조). 그 이유는, 그것은 성언(聖言·the Word)에 속한 예언이고, 그리고 천계에서 비롯된 성언(聖言·the Word)이기 때문입니다. "듣는다"(to hear)는 말이 복종하는 것이나, 사는 것을 가리키는데, 그 이유는 천적인 천사들(celestial angels)에게서 그들이 들은 것들은 삶에 들어오기 때문입니다. 그러나 이러한 사실을 모르고 있기 때문에, 여기서 그것에 관해서 간략하게 설명하는 것이 바람직하겠습니다. 사람에게는 두 가지 감각이 주어졌는데, 그것은 합리적인 것을 형성하는 것들을 수용하는 일을 하는 것이고, 또한 그것들에 의하여 사람이 개혁(改革·바로잡음)하는 것들을 수용하는 일을 하는 것입니다. 이것들이 바로 시각(視覺)과 청각(聽覺)입니다. 그 밖의 다른 감각들은 다른 선용(善用·쓸쓸이·uses)을 위한 것입니다. 시각을 통해서 들어온 것들은 사람의 이해의 영역에 들어오고, 그리고 이해를 조요합니다. 이런 이유 때문에 "시각"(視覺·sight)은 조요된 이해를 뜻합니다. 왜냐하면 이해는, 천계의 빛이 이 세상의 빛에 대응하듯이, 눈의 시각(the sight of the eye)에 대응하기 때문입니다. 그러나 청각을 통해서 들어온 것들은, 이해와 의지 양 영역에 들어옵니다. 그리고 이런 이유 때문에, "청각"(=듣는 일)은 지각과 복종을 뜻합니다. 결과적으로 사람의 언어생활에서 어느 누구의 말을 "듣는다는 것"이나, 어느 누구에게 "귀를 기울인다"는 것이나, 또는 어느 누구의 말을 "귀 담아 듣는 것"(to listen to)이나, "경청하는 것"(to hearken to) 등등은 일반적으로 통용되는 표현들입니다. "어느 누구의 말을 귀 담아 듣는다"(hearing any one)는 말이나, "귀를 기울인다"(giving to ear)는 말은 지각을 뜻하고, 그리고 "귀 담아 듣는다"(listening to)는 말은 복종하는 것을 뜻합니다. 이에 반하여 "경청한다"(hearkening to)는 말은 지각하는 것과 복종하는 양쪽을 뜻합니다. 이런 표현들은, 사람의 영이 존재해 있는 영계로부터 사람의 언어에 유입된 것입니다. 영계에 있는 그런 표현들의 근원(根源·origin) 역시 설명되어야만 하겠습니다.

[2] 영계에서 귀의 영역(the province of the ear)에 있는 자들은 지각에서 비롯된 복종들을 가리킵니다. 그것들이 서로 대응하고 있기 때문에, 영계에 있는 자들은 사람의 기관들·조직들·내장들에서 명명(命名)된 어떤 영역에 있다는 것은 저서 ≪천계와 지옥≫ 87-102항을 참조하십시오. 더욱이 귀의 영역은 천계의 추축(樞軸·the axis of heaven)에 존재합니다. 그러므로 거기에, 또는 그것의 영역에 들어온 자들은 "그것은 반드시 그렇게 행해져야 한다"는 지각을 가지고 전영계에 들어옵니다. 왜냐하면 이것이 바로 천계에서 지배하는 지각이기 때문입니다. 이상에서 알 수 있는 것은, 이 영역 안에 있는 자들은 지각에서 비롯된 복종들을 가리킨다는 것입니다. 청각을 통해서 들어온 것들이 이해를 통하여 직접 의지에 들어온다는 사실은, 가장 현명한 천적 왕국의 천사들이 가르침을 받는 교육의 방법에 의하여, 자세하게 설명될 수 있겠습니다. 이들 천사들은 그들의 모든 지혜를, 시각에 의하지 않고, 청각을 통하여 받습니다. 왜냐하면 그들이 신령한 것들에 관해서 들은 것은 무엇이나 그들은 존경(尊敬·veneration)과 사랑으로 말미암아 의지 안에서 받고, 그리고 그것을 그들의 삶(=생명)으로 만들기 때문입니다. 그들은 처음부터 이런 것들을 기억에서 받지 않고, 직접적으로 생명에서 받기 때문에, 그들은 믿음에 속한 것들에 관해서 말하지 않고, 오히려 다른 사람들에 의하여 이런 것들이 언급되면, 그들은 마태복음서 5장 37

절의 주님의 말씀에 따라서 "'예' 할 때에는 '예'라고, '아니오' 할 때에는 '아니오'라고" 대답합니다. 이상에서 명확한 것은 사람에게 청각은 주로 지혜의 수용을 목적으로 주어졌고, 시각은 총명의 수용을 목적으로 주어졌다는 것 등입니다. 지혜(智慧 · wisdom)는 지각하고 원하는 것(to will)이고, 그리고 행하는 것입니다. 그리고 총명(聰明 · intelligence)은 아는 것이고, 깨닫는 것입니다. 천적인 천사들이, 시각에 의하지 않고, 청각에 의하여 지혜를 흡수한다는 것은 ≪천계와 지옥≫ 270 · 271항에서 읽을 수 있고, 이들 천사들에 관한 더 자세한 것은 전게서 20-28항을 참조하십시오.

15. 그 안에 기록되어 있는 것을 지키는 (사람).
이 말씀은 진리에 속한 사랑에서 비롯되었다는 것을 뜻합니다. 이러한 것은, 여기서는 그것에 따라서 천계의 교리에 일치하여 지각하고, 원하고(to will), 행하는 것(to do)을 가리키는 "주시한다"(observing)나 "지킨다"(keeping)는 말의 뜻에서, 그리고 진리에 속한 사랑에서, 또는 그 사랑에서 기인한 기쁨에서 비롯된 것을 가리키는 "그 안에 기록되어 있는 것"의 뜻에서, 잘 알 수 있습니다. 왜냐하면 사랑으로 말미암아 행한 것은 기쁨이 원천이 되어 행한 것이고, 그리고 기쁨은 다른 근원에서 결코 오지 않기 때문입니다. 이 내용이 "그 안에 기록되어 있는 것들"이 뜻하는 것입니다. 그 이유는 천계의 가르침(敎理)에 내포된 것들은 마음(heart)에 기술되고, 따라서 생명에 각인(刻印)되기 때문입니다. 여기서는 이것에 관해서 기술되었습니다. 그리고 마음이나, 생명에 각인된 것들은 사랑에 각인됩니다. 왜냐하면 성경에서 "마음"(heart)은 사랑을 뜻하기 때문입니다(A.C. 7542 · 9050 · 10336항 참조). 뜻하는 바 진리에 속한 사랑은, 그것들이 천계의 가르침에 관해서 언급되었고, 그리고 천계의 가르침은 진리들에서 비롯되기 때문입니다. 성경에는 계율들 · 계명들 · 말씀들 · 율법을 주시하고(注視 · observing), 지킨다(keeping)는 말이 자주 언급되고 있는데, 거기에서의 주시나 준수(遵守)는 이해하고, 뜻하고(to will),

행하는 것을 뜻합니다. 마태복음서의 말씀입니다.

> 내가 너희에게 명한 모든 것을 그들에게 가르쳐 지키게 하여라.
> (마태 28 : 20)

누가복음서의 말씀입니다.

> 하나님의 말씀을 듣고 지키는 사람은 복이 있다.
> (누가 11 : 28)

요한복음서의 말씀입니다.

> "내가 진정으로 진정으로 너희에게 말한다. 나의 말을 지키는 사람은 영원히 죽음을 겪지 않을 것이다."
> (요한 8 : 51)

같은 책의 말씀입니다.

> 너희가 나를 사랑하면 내 계명을 지킬 것이다.······누구든지 나를 사랑하는 사람은 내 말을 지킬 것이다.······나를 사랑하지 않는 사람은 내 말을 지키지 않는다.
> (요한 14 : 15, 23, 24)

또 같은 책의 말씀입니다.

> 너희가 나의 계명을 지키면, 나의 사랑 안에 머물러 있을 것이다.······내가 너희에게 명한 것을 다 행하면 너희는 내 친구다.
> (요한 15 : 10, 14)

행하는 것(to do)은 원하고, 뜻하는 것(to will)이고, 원하고 뜻하는 것은 행하는 것입니다. 그 이유는 모든 행위들 안에는 의지에 속한 모든 것들이 내재해 있기 때문입니다.

16. 그 때가 가까웠기 때문이다.

이 말씀은 그와 같은 내면적인 상태를 뜻합니다. 이러한 내용은 상태(狀態·state)를 가리키는 "때"(time)의 뜻에서 잘 알 수 있습니다. "때"가 상태를 뜻한다는 것은 천계의 시간(Time in Heaven)이 다루어진 ≪천계와 지옥≫ 162-169항을 참조하십시오. 그리고 또한 내적인 것을 가리키는, "가깝다"(near)는 말의 뜻에서 잘 알 수 있습니다. 따라서 여기서 이 말은 상태에 관계하고 있기 때문에, 앞에서 언급한 것과 같이, 그것은 내면적인 상태를 뜻합니다. 상태는 정동(情動)의 상태를 뜻하고, 그리고 거기에서 비롯된 생각의 상태를 뜻합니다. 이 말씀을 읽으면서, 속뜻을 알지 못하는 사람은, "그 때가 가까웠다"는 말이 묵시록서에 내포된 것들이 성취될 때가 가까이 이른 것이라고 생각합니다. 그러나 이런 뜻이 아니라는 것은 그것들이 충분하게 채워지기 전 17세기라는 긴 세월이 경과하였다는 사실에서 잘 알 수 있습니다. 그러나 문자에 담긴 성언은 자연적이지만, 그 안에 있는 성언은 영적이기 때문에, 천계 안에 있는 내면적인 것들을 이해하기 위하여 "때가 가까웠다"라고 언급된 것입니다. 왜냐하면 만약에 영적인 뜻을 가리키는 "내면적인 상태"(the interior state)의 표현이 여기에 사용되지 않았다면, 그것은 천사들에 의하여서도 이해되지 않았을 것이기 때문입니다. 왜냐하면 천사들은 대응(對應·correspondence)에 따라서 성언에 속한 것들을 모두 지각하기 때문입니다. "가깝다"(near)는 말은 내면적(interior)인 것을 뜻합니다. 그 이유는 천계에서의 거리들(距離·distance)은 사랑에 속한 선의 차이에 전적으로 일치하기 때문입니다. 이런 이유 때문에, 같은 혈족(同質)의 선 안에 있는 자들은 서로 가까이 있습니다. 이러한 사실은, 지상에서도 서로 비슷한 관계(類似關係)의 자들을 가까운 친족(親族)이라고 부른다는 것에서 잘 알 수 있는데, 그와 같은 사실은 천계에서도 마찬가지이기 때문입니다. 천계에서도 마찬가지인 것은 사랑에 속한 선은 결합하기 때문에, 보다 더 내면적인 선은 보다 더 밀접하게 결합하기 때문입니다. 이상에서 얻는 결론은 천계는, 그가 보다 내면적으로 사랑에 속한 선 안에 있으면, 그 사람에게 가까이 있다는 것입니다. 그리고 이것의 근원은, 그들이 주님을 보다 내면적으로 사랑하면, 주님께서는 천사에게, 영에게, 사람에게 더욱 가까이 계신다는 바로 그것입니다. 주님을 내면적으로 사랑한다는 것은 그분의 계율들을 내면적으로 사랑한다는 것입니다. 다시 말하면 사랑에 속한 기쁨으로부터 그것들을 지각하는 것이고, 뜻하고 원하는 것이고, 행하는 것입니다. 이렇게 볼 때, 성경말씀에서 "가까움"(近似性·近接性·nearness)은 현존(現存·臨在·presence)과 결합(結合·conjunction)을 뜻합니다(A.C. 5911·9378·9997·10001항 참조). 따라서 이 가까움이 요한복음서에 이렇게 기술되었습니다.

> 예수께서 그들에게 대답하셨다. "누구든지 나를 사랑하는 사람은 내 말을 지킬 것이다. 그러면 내 아버지께서 그 사람을 사랑할 것이요, 우리는 아버지께로 가서 아버지와 함께 살 것이다."
> (요한 14 : 23)

같은 책의 말씀입니다.

> 그분은 진리의 영이시다.······그러나 너희는 그분을 안다. 그것은 그분이 너희와 함께 계시고 또 너희 안에 계시기 때문이다.
> (요한 14 : 17)

"보혜사, 진리의 영"(the Comforter, the Spirit of truth)은 주님에게서 발출한 신령 진리입니다. 그러므로 "그분이 너희와 함께(=너희 안에) 계신다"고 언급되었습니다.

17. 앞절들의 대략적인 설명들이나 일반적인 설명들은 뒤이어지

는 연속적인 것에 나타내지는 것이 아니기 때문에, 서로 연결된 것이 아닌 것처럼 보일 것입니다. 그러나 각각의 낱말이나 각각의 어구(語句)는 서로 분리되어 설명되는 경우에, 그리고 속뜻과는 전혀 다른 문자적인 뜻(the literal sense)에 속뜻으로 직접적으로 결합되어 있고, 그리고 그 각각의 것은 그것 자체에 의하여 고려되어야만 하는 경우에, 그것은 반드시 그렇게 보이는 것입니다. 그럼에도 불구하고 속뜻을 잘 알고 있는 천사들에게서는 이것은 그렇지가 않습니다. 그들은 문자에 속한 뜻을 알지 못하고, 그리고 또한 그들은 그것에 관해서 어떤 것도 알지 못하고, 다만 그들은 오직 속뜻(內意·the internal sense)만 알고 있습니다. 그리고 천사들은 이것을 천계의 빛 가운데서 보고 있기 때문에, 그들은 인간의 낱말들로는 표현될 수도 없고, 기술될 수도 없는, 하나의 연속적인 시리즈에서, 그리고 아주 넉넉한 것에서, 그리고 거기에서 비롯된 지혜 가운데서, 그것을 이해합니다. 영적인 것을 가리키는 천사들의 개념들은, 아주 놀라운 방법 가운데, 모든 것들을 결합시키고, 그리고 심지어 그것의 1천분의 1도 제대로 표현할 수 없는 자연적인 것인 사람의 개념들로 사람이 표현하고, 담고 있는 것에 비하여 보다 더 많은 것들을 파악합니다.

18. 4-6절. 나 요한은 아시아에 있는 일곱 교회에 이 편지를 씁니다. 지금도 계시고 전에도 계셨고, 또 장차 오실 그분이 내려 주시고, 그의 보좌 앞에 있는 일곱 영이 내려 주시고, 또 신실한 증인이시오 죽은 사람의 첫 열매이시오 땅 위의 왕들의 지배자이신 예수 그리스도께서 내려 주시는 은혜와 평화가, 여러분에게 있기를 빕니다. 예수 그리스도께서는 우리를 사랑하시며, 자기의 피로 우리의 죄에서 우리를 해방하여 주셨고, 우리로 나라를 이루셔서, 자기의 아버지 하나님을 섬기는 제사장으로 삼아 주셨습니다. 그에게 영광과 권세가 영원무궁하도록 있기를 빕니다. 아멘.

[4절] :

"요한"은 교회의 측면에서 주님을 뜻합니다(본서 19항 참조). "일곱 교회들에게"(보낸다)는 말씀은 선에서 비롯된 진리들 안에 모든 사람들에게, 또는 인애에서 비롯된 믿음 안에 있는 모두에게 보낸다는 것을 뜻합니다(본서 20항 참조). "아시아"는 총명의 빛 가운데 있는 자들을 뜻합니다(본서 21항 참조). "은혜와 평화가 여러분에게 있기를 빈다"는 말씀은 진리와 선에 속한 기쁨(喜悅·delight)을 뜻합니다(본서 22항 참조). "지금도 계시고, 전에도 계셨고, 장차 오실 그분에게서"(내려 주셨다)라는 말씀은 영원부터 영원까지 천계와, 그리고 교회에 속한 모든 것들 안에 계시는 모든 것(the All) 되시는 그분에게서 비롯되었다는 것을 뜻합니다(본서 23항 참조). "일곱 영"이 (내려 주셨다)라는 말씀은 천계에 존재하시는 신령존재(神靈存在·the Divine)를 뜻합니다(본서 24항 참조). "그의 보좌 앞에 있다"(=그분의 보좌에 속한 시각 안에 있다)는 말씀은 현존(現存·臨在·presence)과 섭리(攝理·providence)를 뜻합니다(본서 25항 참조).

[5절] :
"예수 그리스도께서" (내려 주셨다)라는 말씀은 신령인성(神靈人間·神靈人性·the Divine Human)의 측면에서의 주님을 뜻합니다(본서 26항 참조). "신실한 증인이다"는 말씀은 천계에 있는 모든 진리가 그분에게서 비롯되었다는 것을 뜻합니다(본서 27항 참조). "죽은 사람의 첫 열매이다"(=죽은 자들 가운데서 첫째로 나셨다·죽은 사람 가운데서 맨 먼저 살아나신 분이시다)는 말씀은 천계에 있는 모든 선이 그분에게서 비롯되었다는 것을 뜻합니다(본서 28항 참조). "땅 위의 왕들의 지배자"(=땅의 왕들의 통치자)라는 말씀은 교회에 있는 선에서 비롯된 모든 진리는 그분에게서 비롯되었다는 것을 뜻합니다(본서 29항 참조). "우리를 사랑하시며, 자기의 피로 우리의 죄에서 우리를 해방하여 주신 그분에게"(=씻어 주신 그분에게)라는 말씀은, 그분의 사랑과 그리고 그분에게서 비롯된 진리들을 통한 그분으로 말미암은 중생(重生·regeneration)을 뜻합니다(본서 30항 참조).

[6절] :
"우리를 왕들과 제사장들로 삼아 주셨다"는 말씀은 그분으로 말미암아 우리는 그분의 영적인 나라와 천적인 나라에 있다는 것을 뜻합니다(본서 31항 참조). "자기의 아버지 하나님"(=하나님 그의 아버지)이라는 말씀은 신령진리와 신령선에 의한 것을 뜻합니다(본서 32항 참조). "그에게 영광과 권세가 영원무궁하도록 있기를 빈다"(=그분께 영광과 권세가 영원무궁토록 있을지어다)는 말씀은 이러한 것들은 영원히 오직 그분에게서 비롯된다는 것을 뜻합니다(본서 33항 참조). "아멘"이라는 말씀은 신령한 확증(神驗確證 · Divine confirmation)을 뜻합니다(본서 34항 참조).

19. 4절. 나 요한······.
이 말씀은 교리적인 측면에서 주님을 뜻합니다. 이러한 뜻은 사랑에 속한 선을 가리키는 "요한"의 표징에서 잘 알 수 있습니다(본서 8항 참조). 그가 사랑에 속한 선을 뜻하기 때문에, 역시 그는, 최고의 뜻으로, 주님을 뜻합니다. 그 이유는 사랑에 속한 선은 모두가 주님에게서 비롯되기 때문입니다. 사람·영·천사는 모두가 다만 수용그릇들(recipients)에 불과하고, 수용그릇에 불과한 그들은 주님에게서 비롯된 것을 뜻한다(to signify)고 언급되었습니다. 성경의 수많은 다른 사람의 경우도 이와 같습니다. 예를 들면, 아브라함·이삭·야곱·다윗·엘리야·엘리사·세례 요한·베드로 그리고 다른 사도들도 마찬가지입니다. 이런 인물들 중의 하나하나는 천계나 천계에 속한 선이나 진리를 뜻합니다. 그럼에도 불구하고 그들의 모두는, 가장 높은 뜻으로는, 주님을 뜻합니다. 예를 들어 보겠습니다. 속뜻으로 "다윗"은, 주님의 왕권(the royalty of the Lord)이라고 부르는 영적인 나라에 있는 신령진리를 뜻합니다. 이런 이유 때문에 "다윗"은 최고의 뜻으로, 그 진리의 측면에서, 그리고 그 왕국의 측면에서 주님을 뜻합니다. 이런 이유 때문에 성경에서 다윗이 와서, 이스라엘의 자손들을 다스릴 것이다고 언급되었습니다(에스겔 37 : 24, 25 ;

호세아 3 : 5). 마찬가지로 속뜻으로 엘리야나, 엘리사는 성언을 뜻하기 때문에, 최고의 뜻으로 그들은 성언이 비롯된 주님을 뜻합니다. "엘리야"와 "엘리사"가 성언을 뜻하고. 따라서 성언의 측면에서 주님을 뜻한다는 것은 A.C. 2762 · 5247항을 참조하십시오. 그리고 "엘리야"라고 불리운 "세례자 요한"도 같은 내용을 뜻한다는 것은 A.C. 7643 · 9372항을 참조하십시오. "베드로"가 믿음을 뜻하고, 그러므로 믿음이 주님에게서 오기 때문에. 믿음의 측면에서 "베드로"가 주님을 뜻한다는 것은 앞서 설명한 9항을 참조하십시오. 이상에서, 왜 "요한"이 주님을 뜻하는지, 밝히 알 수 있겠습니다. 교리(敎理)의 측면에서 "요한"이 주님을 뜻한다는 것은 "요한이 일곱 교회들에게 이 편지를 쓴다"고 언급되어 있고, 그리고 "일곱 교회들"은 속뜻으로 선에서 비롯된 진리들 안에 있는 자들 모두를, 그리고 인애에서 비롯된 믿음 안에 있는 자들 모두를 뜻하기 때문입니다. 왜냐하면 이런 것들이 교회를 구성하는 것들이기 때문입니다. 그리고 교리는 이런 진리들을 가르치는 것이기 때문입니다. 이렇게 볼 때, 명확한 것은 주님께서 성언이시기 때문에, 따라서 주님께서는 교회에 속한 교리이다는 것입니다. 왜냐하면 모든 교리는 성언에서 존재하기 때문입니다. 주님께서는, 교리에 속한 모든 진리가 성언에서 비롯되고, 따라서 주님에게서 비롯되기 때문에, 교회에 속한 교리이시다는 것은 A.C. 2531 · 2859 · 3712항을 참조하십시오.

20. **일곱 교회들에게** (보낸다).
이 말씀은 선에서 비롯된 모든 진리들 안에 있는, 또는 인애에서 비롯된 믿음 안에 있는 모두를 뜻합니다. 이러한 내용은 모든 것들(또는 모든 인물들)을 가리키는 "일곱"(7)의 뜻에서 잘 알 수 있습니다. 왜냐하면 성경에서 "일곱"(7)은 처음부터 마지막(the beginning and end)을 뜻하고, 따라서 "일 주일"(a week)과 마찬가지로, 전 기간(全 期間)이나, 충분한 상태를 뜻하기 때문입니다(A.C. 728 · 6508 · 9228항 참조). 그리고 "일곱"(7)이 충분한 것을 뜻하기 때문에, 그것은 역시 모든 것들을 뜻합니다. 그 이유는 모든 것은 충분한 것을 이루기 때문입니다. 왜냐하면 충분함(fulness)은, 하나의 사회를, 여기서는 그 교회를 구성하는 것들에 관해서 살펴보면, 모든 것들을 뜻하기 때문입니다. 그러므로 성경에서 다량(多量)이나 광대함(廣大·magnitude)을 다룰 때에는 "일곱"(7)이 충분한 것을 뜻하지만, 그러나 다수(多數·multitude)가 다루어질 때에는, "일곱"(7)은 모두를 뜻하였습니다. 그리고 성경에서 "셋"(3) 역시 충분한 것이나, 모든 것들을 뜻합니다(A.C. 2788·4495·7715항 참조). 그러나 거룩한 것이 취급되었을 때 성경에서는 "일곱"(7)이 사용되었고, 그리고 다른 경우에는 "셋"(3)이 사용되었습니다(A.C. 10127항 참조). 그러므로 여기서는 "일곱"(7)이 사용되었는데, 그 이유는 교회에 속한 거룩한 것들을 가리키는 선에서 비롯된 진리들이 다루어지고 있기 때문입니다. 이러한 내용 역시 선에서 비롯된 진리들이나 인애에서 비롯된 믿음 안에 있는 자들을 가리키는 "교회들"(churches)의 뜻에서 잘 알 수 있습니다. "교회들"이 이러한 것들을 뜻하는데, 그 이유는 이런 진리들이 각각의 것으로 교회를 이루기 때문입니다. 왜냐하면 선에서 비롯된 진리들 안에 있지 않는 사람들은, 비록 그들이 교회 안에서 출생하였다고 해도, 아직은 교회에 속한 것이 아니기 때문입니다. 그 이유는 그들 안에 교회가 결코 존재하지 않기 때문입니다. 이상에서 얻는 결론은, 주님의 교회는, 그들이 어디에 있든, 하나의 교회를 가리키는 사람들로 이루어진다는 것입니다. 다시 말하면 선에서 비롯된 진리들 안에 있는 사람들로 이루어진다는 것입니다. 천계와 마찬가지로 교회도 사람 안에 존재하고, 사람 밖에는 존재하지 않는다는 것, 결과적으로 선에서 비롯된 진리들 안에 있는 사람이 곧 하나의 교회이다는 것입니다(A.C. 3884항·H.H. 53·54·57항 참조). "인애에서 비롯된 진리들 안에 있는 자들"이라고 언급한 것은 이와 비슷하기 때문입니다. 왜냐하면 진리는 믿음에 속한 것이고, 선은 인애에 속한 것이기 때문입니다. 왜냐하면 사실인즉슨, 사람이 믿는 모든 것은 진리라고 불리우고, 사람이 사랑하는 모든 것은 선이라고 호칭되기 때문입니다. 모든 진리는 선으로 말미암아 존재하고, 믿음에 속한 모든 것은 인애로 말미암아 존재한다는 것 등은 ≪새 예루살렘의 교리≫ 84-107·108-122항을, 그리고 ≪최후심판≫ (The Last Judgment)* 33-39항을, 그리고 H.H. 364·424·482·526항을, 각각 참조하십시오. 성언의 속뜻(內意·靈意)을 모르는 사람은, 그가 이런 것들을 읽을 때, 그는 "일곱 교회들"이 그 뒤에 명명된 일곱 교회들을 뜻한다는 것 이외는 다른 내용을 전혀 믿지 않습니다. 이에 반하여 "일곱 교회들"은 그 일곱 교회들을 뜻하지 않고, 오히려 교회에 속한 사람들 모두를 뜻합니다. 그 이유는 이것이 바로 성언(聖言)의 영적인 뜻(the spiritual sense of the Word)이기 때문입니다.

21. 아시아에 있는……
이 말씀은 총명의 빛 안에 있는 사람들을 뜻합니다. 이러한 내용은, 이 땅에 있는 여러 곳에 관해서 천사들이 가지고 있는 것과 같은, 영적인 개념에 의해서만 알 수 있습니다. 아시아가 언급되었을 경우, 천사들은 남쪽을 지각하고, 유럽이 명명되었을 경우에는 북쪽을, 그리고 아프리카가 거명되었을 경우에는 동쪽을, 각각 지각합니다. "남쪽"(南·the south)이 총명에 속한 보다 밝은 빛을 뜻하기 때문에, "아시아"는 그 빛을 뜻합니다. 이와 같은 지각은, 내가 자주 영적인 개념 가운데 있으면서 아시아에 관해서 깊이 생각할 때마다, 나에게 주어진 것입니다. 아시아에 속한 영적인 개념이 이러한 것은 교회가 고대에서 거기에 있었고, 그리고 그 때 교회가 거기의 수많은 지역으로 뻗어갔기 때문입니다. 그러므로 그 나라에서 온 천계에 있는 사람들은 총명에 속한 빛 가운데 있습니다. 이런 이유 때문에,

---

* The Last Judgment는 ≪최후심판과 말세≫라는 제하로 <예수인>에서 출간하였다. (역자 주)

아시아에 관해서 생각하게 되면, 천계의 남쪽에 있는 것과 같은 빛
이 유입하기 때문입니다. 고대(古代)에, 그리고 태고시대(太古時代·
the most ancient)에 아시아에 교회가 존재하였고, 거기에 있는 수많
은 왕국을 통해서 퍼져나갔다는 것은 ≪천계비의≫에서 발췌한
≪새 예루살렘의 교리≫ 247항과, 천계의 네 방위(四方位)를 다루고
있는 ≪천계와 지옥≫(Heaven and Hell) 141-153항을 각각 참조하
십시오. 그러나 여기서 "아시아"는 아시아에 사는 주민들을 뜻하지
않고, 오히려 그들이 어디에 있든 관계없이, 총명에 속한 영적인 빛
안에 있는 자들을 뜻하고, 또한 마찬가지로 선에서 비롯된 진리들
안에 있는 사람들을 모두 뜻합니다. 왜냐하면 선에서 비롯된 진리들
안에 있는 사람들은 총명에 속한 영적인 빛 안에 있기 때문입니다.
그리고 이런 부류의 사람들이 주님의 교회를 이루기 때문입니다. 주
님의 교회가 이방 사람들 가운데, 특히 주님을 잘 알고 있고, 성언
이 읽혀지고 있는 곳에 역시 존재한다는 것은 ≪천계와 지옥≫
318-328항과 ≪새 예루살렘의 교리≫ 244·246항을 각각 참조하
십시오.

22. 은혜와 평화가 여러분에게 있기를 빈다.
이 말씀은 진리와 선에 속한 기쁨(喜悅·delight)을 뜻합니다. 이러한
내용은 곧 설명하게 될 진리에 속한 기쁨을 가리키는 "은혜"(恩惠·
grace)의 뜻에서, 그리고 순진무구(純眞無垢·innocence)와 사랑에 속
한 선의 기쁨을 가리키는 "평화"(平和·peace)의 뜻에서 잘 알 수
있습니다. 이러한 내용은, 천계의 평화의 상태(the state of peace in
heaven)를 다루고 있는 ≪천계와 지옥≫ 284-290항을 참조하십시
오. "은혜"(恩惠)가 진리에 속한 기쁨을 뜻합니다. 그 이유는, 주님
에게서는 두 가지가 발출하는데, 그것들은 그들의 근원(根源)에서는
결합되어 있지만, 그것들을 받는 사람들에게는 분리되어서 받기 때
문입니다. 왜냐하면 신령선 보다는 신령진리를 더 많이 받는 사람들
이 있고, 그와 달리, 신령진리 보다는 신령선을 더 많이 받는 사람

들이 있기 때문입니다. 신령선 보다 신령진리를 더 많이 받는 사람들은 주님의 영적인 왕국(the Lord's spiritual kingdom)에 존재하고, 그러므로 그들을 영적인 존재라고 부릅니다. 그러나 신령진리 보다 신령선을 더 많이 받는 자들은 주님의 천적인 왕국(the Lord's celestial kingdom)에 존재하고, 따라서 천적인 존재라고 부릅니다. 천계나 교회에 있는 두 왕국(王國)에 관해서는 ≪천계와 지옥≫ 20-28항을 참조하십시오. 주님께서는 영적인 왕국에 있는 사람들에게는 진리를 목적한 진리의 정동 안에 있도록 부여(附與)하십니다. 이것이 바로 은혜라고 부르는 신령한 것입니다. 그러므로 어느 누구나 그 정동 안에 있는 것에 비례하여 주님의 신령은혜 가운데 있습니다. 사람·영·천사에게 진리에 의하여 감화 감동되는 것 이외의 다른 신령은혜는 없습니다. 그 이유는 그것이 진리이기 때문입니다. 그리고 그 정동 안에 있을 때 거기에 주님나라가 있고, 또 그들을 위한 축복이 있기 때문입니다(≪새 예루살렘의 교리≫ 232·236·238항 참조, 그리고 ≪천계와 지옥≫ 395-414항을 참조하십시오). 우리가 진리에 속한 정동이라고 말하든, 진리에 속한 기쁨이라고 말하든, 내용은 꼭 같습니다. 왜냐하면 기쁨이 없는 정동은 존재하지 않기 때문입니다.

[2] 성경에서 "은혜"가 개별적으로 무엇을 뜻하는지 요한복음서에서 잘 알 수 있습니다.

> 말씀이 육신이 되어 우리 가운데 사셨다. 우리는 그의 영광을 보았다. 그 영광은 아버지께서 주신 독생자의 영광이며, 그 안에는 은혜와 진리가 충만하였다.……우리는 모두 그의 충만한 데서 은혜 위에 은혜를 받았다. 율법은 모세에게서 받았고, 은혜와 진리는 예수 그리스도로 말미암아 생겨났다.
> (요한 1 : 14, 16, 17)

"은혜와 진리"라고 언급된 것은, 은혜는 진리에 속한 정동을 가리키고, 그리고 진리에 속한 기쁨을 가리키기 때문입니다. 주님께서 누가복음서에서 그분 자신에 관하여, 다시 말하면 이사야서의 예언을 회당에서 설명하신 뒤, 신령진리에 관하여 이렇게 언급되었습니다.

그의 입에서 나오는 그 은혜로운 말씀에 놀라워하였다.
(누가 4 : 22)

주님께서 말씀하신 신령진리들을 "그분의 입에서 나오는 은혜의 말씀"(words of grace proceeding out of His mouth)이라고 불렀는데, 그 이유는 그들이 받아들였고, 은혜로웠고, 기뻤기 때문입니다. 일반적으로 신령은혜(神籠恩惠·Divine grace)는 주님에게서 주어진 모든 것들을 가리킵니다. 그리고 그와 같이 주어진 것은 모두가 믿음과 사랑에 관계를 가지고 있기 때문에, 그리고 믿음은 선에서 비롯된 진리의 정동이고, 그리고 이것은 개별적으로는 신령은혜가 뜻하는 것이기 때문입니다. 왜냐하면 믿음이나 사랑이 부여되었다는 것은 천계가 주어졌다는 것이고, 따라서 영원한 지복(至福)이 주어졌다는 것을 뜻하기 때문입니다.

23. 지금도 계시고, 전에도 계셨고, 또 장차 오실 그분이 내려 주셨다.
이 말씀은, 영원 전부터 영원까지, 천계와 교회에 속한 모든 것들 안에 있는 모든 것(the All)이 되신 그분에게서 비롯되었다는 것을 뜻합니다. 이러한 내용은, 영원부터 영원까지를 가리키는, 그리고 또한 천계와 교회에 속한 모든 것들 가운데 있는 모든 것(the All)을 가리키는 "지금도 계시고, 전에도 계셨고, 또 장차 오실 그분"의 뜻에서 잘 알 수 있습니다. 영원부터 영원까지를 뜻한다는 것은, 성경 안에 있는 모든 시간들(all times·때들)은 시간을 뜻하지 않고, 생명의 상태들(states of life)을 뜻하기 때문입니다. 이러한 내용은 '천계의 시간'에 관해서 ≪천계와 지옥≫에서 설명한 162-169항에서 잘 읽을 수 있습니다. 모든 시간들(all times)이 생명의 상태들을 뜻하듯이. 따라서 주님에 대해서는 그것들은 무한한 상태(infinite state)를 뜻하고, 그리고 무한한 상태는, 시간의 측면에서 영원을 뜻합니다. 모든 시간들이 "지금도 계시고, 전에도 계셨고, 또 장차 오실 그분"에게 내포되었다는 것은 아주 명백합니다. 오직 주님에게만 속해 있는 영원에 관해서 수많은 것들이 언급될 수 있지만, 그러나 이러한 것들은 자연적인 사람에 의하여서는 이해되지 않습니다. 그 이유는 자연적인 사람의 생각들은 주로 시간·공간이나 그런 사안에 기초하고, 그리고 한편, 그럼에도 불구하고 영원은 본질적으로 이런 것들을 내포하고 있지 않기 때문입니다. 만약에 사실 사람이 천계에 속한 천사들과 같이, 영원에 관해서 생각할 수 있다면, 그는 그것에 속한 어떤 개념에 이를 수는 있겠지만, 그리고 그는, "전에도 계셨다"(who was)는 말이 뜻하는 "영원 전부터 존재한 것"을 파악할 수 있겠지. 또한 영원 전부터 가장 개별적인 것 안에 존재하는 것인 신령예견(神靈豫見·the Divine foresight)이 무엇인지도 파악할 수 있겠고. 영원까지 가장 개별적인 것들 안에 존재하는 신령섭리(神靈攝理·the Divine providence)가 무엇인지, 결과적으로 주님에게서 발출한 것은 무엇이나 영원부터 영원까지 존재한다는 것을 파악할 수 있겠습니다. 만약에 그렇지 않다면, 천계도, 우주도 존속할 수 없다는 것도 파악할 것입니다. 아직까지는 이 비의(秘義)에 더 나아갈 시간은 결코 없습니다. 그것에 관한 약간의 것은 ≪천계와 지옥≫ 167항을 참조하십시오. 잊지 않고 주지하여야 할 것은, "지금도 계시고, 전에도 계셨고, 또 장차 오실 그분"이 뜻하는 것이 "여호와"가 뜻하는 것과 동일하다는 것입니다. 그 이유는 "여호와"가 뜻하는 "현재"(現在·Is·지금도 계신 존재)는 선행(先行)하는 것, 다시 말하면 "과거에 있었던 존재"(who was)를 내포하고, 그리고 미래적인 것, 다시 말하면 "장차 오실 존재"를 내포하기 때문입니다. 따라서 영원부터 영원까지를 뜻하기 때문입니다.

[2] "현재 존재하는 것"(Is)이 영원부터를 뜻한다는 것은 다윗의 시편서로부터 기독교계에 역시 잘 알려져 있습니다. 거기에는 그것이 이렇게 언급되어 있습니다.

> 나 이제 주께서 내리신 칙령을 선포한다.
> 주께서 나에게 이르시기를
> "너는 내 아들,
> 내가 오늘 네 아버지가 되었다"(=너를 낳았다).
> (시편 2 : 7)

주지하여야 할 것은, 이 구절의 모두는 주님에 관해서 언급하고 있다는 것이고, 그리고 "오늘"(today)은 영원부터라는 것을 뜻한다는 것 등입니다. 성경에서 "내일"(來日 · tomorrow)이라는 말 역시 주님에 관한 것에서는 영원을 뜻합니다(A.C. 3998항 참조). "지금도 계시고, 전에도 계셨고, 장차 오실 그분"이라는 낱말들이, 천계와 교회 안에 있는 모든 것들 안에 있는 "모든 것"(the All)을 뜻한다는 것은 그것들이 영원을 뜻하기 때문입니다. 그리고 천계에서의 영원은 신령한 것 이외의 다른 낱말에 의해서는 결코 표현될 수 없기 때문입니다. 이런 이유 때문에, 무한한 것(無限 · infinite)은 천사적인 개념에 들어갈 수 없는데, 하물며 인간적인 개념에 어떻게 들어갈 수 있겠습니까! 영원은 무한한 존재(無限存在 · infinite *Esse*)에서 비롯된 무한한 실재(無限實在 · 無限顯現 · infinite *Existere*)입니다. 그러나 다만 이것은 그 개념, 즉 영원에 들어가는데, 그것은 무한실재의 측면에서 신령존재는 천계나 교회에 속한 모든 것들 안에 있는 모든 것(the All)이기 때문입니다. 왜냐하면 전천계(全天界 · the whole heaven)는 자아(自我)나 그들의 고유속성(固有屬性)을 가리키는 천사들의 고유속성(固有屬性 · 自我 · *proprium*)에서 비롯된 천계가 아니고, 오히려 주님의 신령존재(the Divine of the Lord)에서 비롯되었기 때문입니다. 그리고 교회는, 사람들의 고유속성에서 비롯된 교회가 아니고, 주님에 속한 신령존재에서 비롯됩니다. 왜냐하면 사랑에 속한 모든 선과 믿음에 속한 모든 진리는 주님으로 말미암아 존재하고, 그리고 천계와 교회를 이루는 것은 사랑에 속한 선이고, 믿음에 속한 진리이기 때문입니다. 천사들이나 사람들은 그것의 수용그릇들에 지나지 않으며, 그것들이 그것들을 영접, 수용하는 것에 비례하여 천계나 교회는 그들 안에 존재합니다. 이러한 내용들은 ≪천계와 지옥≫ 7-12항에서, 수많은 것들을 통하여 예증되었다는 것을 읽을 수 있습니다. 거기에서 입증된 것은, 주님에 속한 신령한 것들이 천계를 이루는 것과, 그리고 천계를 완성한 신령한 것은 신령존재(the Divine *Esse*)에서 비롯된 신령실재(the Divine *Existere*)를 가리키는 신령인간(神靈人間・the Divine Human)이다는 것입니다(H.H. 78-86항 참조).

24. 일곱 영으로부터 (내려 주셨다).
이 말씀은 천계에 있는 신령존재(神靈存在・the Divine)를 뜻합니다. 이런 내용은, 충분한 것, 그러므로 모든 것을 가리키는 "일곱"(7)의 뜻에서, 위에서 언급한 것과 같이(본서 20항 참조), 주님에게서 비롯된 거룩한 신령한 것들(the holy Divine things)에 관해서 기술하고 있는 것에서, 그리고 천계를 구성하는 그분에 속한 것들을 가리키는 "영들"의 뜻에서 잘 알 수 있습니다. 왜냐하면 이런 모든 것들은 "하나님의 영들"(spirits of God)이라고 불리우기 때문입니다. 그 이유는, 하나님의 영(the spirit of God)은 신령발출(神靈發出・the Divine proceeding)이고, 또한 천계나 교회 안에 존재하는 신령선에 결합한 신령진리이기 때문입니다(A.C. 9818항 참조). 그리고 신령발출, 또는 신령선에 결합된 신령진리는 천사들을 형성하고, 창조하고, 그것의 수용의 질과 양(質量)에 따라서 그가 어떤 존재인지를 완성하기 때문입니다(≪천계와 지옥≫ 7-12항 참조). 이상에서 볼 때, 그것에 관해서는 아래에서 더 설명하겠지만, "일곱 영들"은 일곱 영들을 뜻하지 않고, 천계에 있는 모두를 뜻한다는 것이 명확합니다. 그것은 "일곱 교회들"이 교회 일곱을 뜻하지 않고, 선에서 비롯된 진리들 안에 있는 사람들, 또는 교회에 속한 사람들을 뜻하는 것과 같습니다(본서 20항 참조). 이렇게 이해될 때, 비의(秘義)는 열릴 것입니다. 다시 말하면 성경의 "여호와 하나님"의 뜻, 즉 그것은 "여호와"는 천계에 있는 신령존재(the Divine Esse)를 뜻하고, "하나님"은 천계에 있는 신령실재(the Divine Existere)를 뜻한다는 것입니다. 그 이유는 천계에 존재하는 신령존재는 수많은 것들 안에 존재하기 때문입니다. 그러므로 히브리어에서 "하나님"은 복수(複數)로 "엘로힘"(Elohim)이라고 호칭되었습니다. 꼭 같은 이유 때문에 천사들도 하나님들(=신들·gods)이라고 되었는데, 그들은 하나님들(gods)이 아니고, 다만 그들 안에 "하나님"(God)이 뜻하는 주님의 신령한 것이 존재하기 때문입니다. 성경에서 주님이 존재(存在·Esse) 또는 본체(本體·Essence)로 말미암아 여호와(Jehovah)라고 호칭되었고, 실재(實在·Existere) 또는 실존(實存·Existence)으로 말미암아 하나님(God)이라고 호칭되었습니다(A.C. 300·3910·6905항 참조). 또한 신령존재(the Divine Esse)가 신령선이고, 신령실재(=神聖顯現·the Divine Existere)가 신령진리를 가리킨다는 것은 A.C. 3061·6280·6880·6905·10579항을 참조하십시오. 그리고 일반적으로는 선(good)이 존재이고, 진리(truth)가 그것에서 비롯된 실재입니다(A.C. 5002항 참조). 그리고 천사들이, 주님의 신령선에서 발출한 신령진리의 수용 그릇으로 말미암아, "하나님들"(gods)이라고 호칭되었다는 것은 A.C. 4295·4402·7268·7873·8301·8192항을 참조하시고, 천계에서 신령선에 결합한 신령진리를 하나의 말투로 신령진리라고 호칭되었다는 것은 H.H. 13·133·140항을 참조하십시오.

25. **그의 보좌 앞에 있다**(=그분의 보좌의 시각 안에 있는).
이 말씀은 현존(現存·臨在·presence)과 섭리(攝理·providence)를 뜻합니다. 이러한 내용은, 신령존재에 관해서 서술할 때, 현존(現存·臨

在)과, 그리고 아래에서 설명하게 될, 그것에서 비롯된 섭리(攝理)를 가리키는 "시각"(視覺·sight)의 뜻에서, 그리고 A.C. 5313·6397항에서 볼 수 있는 것과 같이, 그것이 그것의 수용그릇이기 때문에, 주님에게서 발출한, 따라서 천계에서 발출한 신령진리(the Divine truth)를 가리키는 "하나님의 보좌"(throne of God)의 뜻에서 잘 알 수 있습니다. 그리고 "본다"(look)는 말이 현존(現存·臨在)을 뜻하는데, 그것은 본다(look), 또는 시각이, 이해와 그것에서 비롯된 생각을 뜻하기 때문입니다. 이해 안에 있는 생각을 가리키는 모든 것은 현존(現存)을 의미하기 때문입니다. 이런 이유 때문에 영계에서 다른 사람과 이야기하기를 갈망하는 자들은, 만약에 그 세계에 있는 시각으로 말미암아 어떤 사람이 그것들의 개념을 가지고 있게 되면, 특히 만약에 양자의 것이 모두 참된 것이라면, 현존하는 존재로 나타납니다. 이것이 바로 거기에서 친구들을 만나는 원인입니다. 그 이유는 그것이 내적인 시각(internal sight)이기 때문인데, 이해를 가리키는 내적인 시각은, 하나의 영체(靈體·in a spirit)에 있는 그의 외적인 시각(his external sight), 즉 눈의 시각과 함께 한 몸으로 활동하기 때문입니다. 영계에 있는 공간(空間·spaces)들은 자연계의 공간(空間)들과 같지 않기 때문에, 그 세계에서 서로 보기를 갈망하는 것은 가까이 나타나고, 보기를 원하지 않는 것은 멀리 나타납니다. 이상에서 "본다"(look)는 것이 현존이나 임재를 뜻한다는 것을 잘 알 수 있겠습니다. "본다"(look)나 "시각"(視覺·sight)이 이해를 뜻한다는 것은 A.C. 2150·2325·2807·3764·3863·3869·10705항을 참조하십시오. 그러므로 현존이나 임재를 뜻한다는 것은 A.C. 4723항을 참조하시고, 천계의 공간은 이 세상의 공간과 같지 않다는 것은 H.H. 191-199항을 참조하십시오. 여기서와 같이, 주님에 대해서 "본다"(look)는 말은 그분의 신령임재(神靈臨在·His Divine presence)를 뜻하는데, 그 이유는 주님께서는 모든 것을 알고 계시고, 그리고 바꾸어서 말하면 주님사랑과 그분을 믿는 믿음 안에 있는 사람들은 역시 주님을 알기 때문입니다. 결과적으로 주님께서는 그분에게서 비롯된 것들 안에 있는 사랑에 속한 선들이나 믿음에 속한 진리들 안에 그런 사람들과 같이 현존하십니다. 왜냐하면 이런 것들, 즉 선들이나 진리들은 천계나 교회에 존재하는 주님을 가리키기 때문입니다. 그리고 주님에게서 발출한 이런 것들은 단순히 그분의 것(His)이 아니고, 오히려 그것들은 그분 자신(Himself)이기 때문입니다.
[2] 이상에서 명백한 것은, 어떻게 해서든지, 주님께서 사람 안에 존재한다는 것입니다. 다시 말하면 그분께서 요한에게 말씀하신 것을 얼마쯤 이해할 수 있다는 것입니다. 요한복음서의 말씀입니다.

> 언제나 내 안에 머물러 있어라. 그러면 나도 너희 안에 머물러 있겠다.……사람이 내 안에 머물러 있고, 내가 그 사람 안에 머물러 있으면. 그는 많은 열매를 맺는다. 너희는 나를 떠나서는 아무것도 할 수 없다.
> (요한 15 : 4, 5)

같은 책의 말씀입니다.

> 누구든지 나를 사랑하는 사람은 내 말을 지킬 것이다. 그러면 내 아버지께서 그를 사랑하실 것이요, 우리는 아버지께로 가서 아버지와 함께 살 것이다.
> (요한 14 : 23)

또 같은 책의 말씀입니다.

> (예수께서 그의 제자들에게 말씀하셨다.) 보혜사는 진리의 영이시다. 너희는 그분을 안다. 그것은 그분이 너희와 함께 계시고, 또 너희 안에 계시기 때문이다.
> (요한 14 : 17)

"진리의 영, 보혜사"는 주님에게서 발출하는 신령진리입니다. 같은 뜻이지만, 신령진리의 측면에서 그것은 주님이십니다. "제자들"은 선들 안에, 그리고 거기에서 파생된 진리들 안에 있는 사람들을 뜻합니다. 그러므로 "그분은 너희 안에 계신다"고 언급되었습니다. 또 같은 책의 말씀입니다.

말씀이 육신이 되어 우리 가운데 사셨다.
(요한 1 : 14)

역시 성언(=말씀·聖言·the Word)은 신령진리입니다. 그리고 성언이 주님이시다는 것은 명확합니다. 그 이유는 "말씀이 육신이 되었다"고 언급되었기 때문입니다. "성언"이 신령진리를 뜻하고, 그리고 주님을 뜻한다는 것은 A.C. 4692·5075·9987항을 참조하십시오. 여기서 "본다"(look·시각)는 말이 섭리(攝理·providence)를 뜻하는데, 그것은 주님에 속한 모든 현존이나 임재는 곧 섭리이기 때문입니다. 이러한 내용은 저서 ≪새 예루살렘의 교리≫ 267-279항에서, 그리고 H.H. 9·12·143·145항에서 설명한 내용에 잘 나타나 있습니다.

26. 5절. 예수그리스도께서 (내려 주신다).
이 말씀은 신령인간(=신령인성·the Divine Human)의 측면에서의 주님에게서 비롯된 것을 뜻합니다. 이러한 내용은, 이 낱말이 이 세상에서의 주님의 이름이었고, 따라서 그분의 인성의 이름(the name of His Human)이었다는 사실에서 잘 알 수 있습니다. 그러나 신령존재의 측면에서 그분의 이름은 "여호와"이셨고, "하나님"이셨습니다. 주님께서는 이 세상에 계실 때, 주님은 그분의 인성(His Human)을 신령하게 완성하셨기 때문에, 신령인간(神靈人間·神靈人性·the Divine Human)이라고 호칭됩니다. 왜냐하면 주님께서는 잉태(孕胎·conception)로 말미암아 그분 안에 있었던 그분의 신령존재(His Divine)에 그것을 합일하셨기 때문이고, 아버지(聖父·the Father)에게서 비롯된 영혼을 그분 자신에게 합일시키셨기 때문입니다. 따라서 그분의 생명 (His life)을 그분 자신에게 합일시키셨기 때문입니다. 왜냐하면 모든 각자의 영혼은 그의 생명이고, 그리고 그 인간적인 것을 가리키는 육체(肉體·body)는 그것으로 말미암아 살아가기 때문입니다. 그러므로 마치 영혼이 육체와 결합한 것과 같이, 신령존재가 주님 안에 있는 그 인간(the Human)에게 합일되었을 때, 그것을 신령인간(神靈人間·神靈人性·the Divine Human)이라고 부릅니다. 이와 같은 내용은, 영혼과 육체가 한 사람을 이루는 것과 같이, 신령존재와 인간존재가 한 분 그리스도를 이룬다는 교회의 교리에 일치합니다. 그리고 또한 그분의 신성(神性)과 그분의 인성(人性)이 한 인격(one person)을 이룬다는 것에도 역시 일치합니다(본서 10항 참조). 그러므로 주님의 인성은 생각하면서, 동시에 그분의 신성을 생각하지 않는 자들은 결코 신령인성이라는 표현조차도 용납(容納)되지 않습니다. 왜냐하면 그들은 인성과 신성에 관해서 분리하여 생각하기 때문입니다. 따라서 그들은, 말하자면, 사람을 그의 영혼과 그의 육체를 분리하여 생각하기 때문입니다. 그러나 이렇게 생각하는 것은 결코 사람에 관해서 생각하는 것이 아닙니다. 그런데 하물며 주님에 관해서 그와 같이 생각한다는 것은 언어도단(言語道斷)이라고 하겠습니다.

[2] 이와 같은 분리된 개념이 그들의 생각에 자리잡고 있기 때문에, 아버지(聖父·the Father)에게 아들(聖子·the Son)을 위한 동정심(同情心·confession)을 가져 주실 것을 기도합니다. 그럼에도 불구하고 그 때 주님께서 그분 안에 동정심을 가져 주실 것을 주님 그분에게 기도하여야 한다는 것이, 신령선은 아버지(=聖父)께서 가지고 있는 것이다는 교회의 보편적인 가르침에 일치합니다. 왜냐하면 그 교리는 이와 같이 가르치고 있기 때문입니다. 즉, 아버지(=성부)와 꼭 같이 아들(=성자)께서도 창조되지 않은 존재요, 그리고 무한존재요, 영원한 존재이고, 전능존재이며, 하나님(神)이시고 주님이시다는 것입

니다. 그리고 아들(=성자)께서는, 아타나시우스 신조(Athanasion Creed)에서 알 수 있는 것과 같이, 다른 존재에 비하여 앞서지도 않고, 뒤서지도 않으며, 더 크지도 않고, 더 작지도 않은 존재이시다는 것입니다. 이런 내용은, 주님께서 주신 교리와도 역시 일치합니다. 그 교리는, 그분과 아버지는 한 존재이다는 것, 그분을 본 사람은 아버지를 본다는 것입니다. 그 이유는 그분(He)은 아버지(the Father) 안에 계시고, 아버지(the Father)는 그분 안에 계시 때문이다는 것입니다. 그리고 그분은 길(道·way)이요, 진리(眞理·truth)요, 생명(生命·life)이시다는 것, 그리고 어느 누구도 그분에 의하지 않고서는 아버지에게 갈 사람이 없다는 것 등입니다. 이상에서 명확한 것은, 주님을 무시하고, 아버지에게 가까이 가는 얼마나 많은 자들이 길(道)에서, 그리고 진리에서, 곁길로 빠져나갔는지 모른다는 사실입니다. 그러나 나는 이 주제에 관해서 그들이, 이 세상에서 사람들로 살 때, 개혁교회나, 교황 종교에 속했던 자들인 천사들이나 영들과 수없이 대화를 하였기 때문에, 아래의 지면에서 이런 내용의 대화를 밝히 말한다는 것은 매우 기쁜 일입니다. 그 대화에서 명확한 것은, 만약에 교회가 주님의 신령인간을 믿고, 시인한다면, 교회에 속한 제일 으뜸 되고, 중요한 원칙들인 신령존재에 관한 어떤 빛 가운데 교회가 나타날 것이다는 것입니다.

27. 신실한 증인이시다.

이 말씀은 천계에 있는 모든 진리들이 그분에게서 비롯되었다는 것을 뜻합니다. 이러한 내용은, 아래에서 설명하겠지만, 주님에 관한 경우, 천계에 있는 모든 진리들이 그분에게서 비롯된 신령인간의 시인을 가리키는 "신실한 증인"이라는 말의 뜻에서 잘 알 수 있습니다. 천계에 존재한다고 언급한 것은, 주님의 신령선에서 발출하는 신령진리가 일반적으로 천계를 이루고, 그리고 거기에 있는 각각의 천사도 개별적으로 천계를 이루기 때문입니다. 이러한 내용은, H.H. 13·126-140항에서 읽을 수 있고, 그리고 이것이 주님의 신령인간에게서 비롯된 것이다는 것은 H.H. 7-12・78-86항을 참조하십시오. 주님께서 신령인간의 측면에서 "신실한 증인"(the faithful witness)이다고 하셨는데, 그것은 그분에게서 발출한 신령진리가 천계에서 그분에 관하여 입증(立證)하기 때문입니다. 이 증거는 천계에 있는 신령진리 안에 보편적으로 존재해 있습니다. 이상에서 밝히 알 수 있는 것은, 내면적인 천계의 천사들은, 인간적인 형태(a human form) 하에 있는 그 밖의 다른 방법으로, 따라서 신령인간 이외의 다른 방법으로 신령존재에 관해서 생각할 수 없다는 것입니다. 이런 이유 때문에 주님의 신령인성(神靈人性・신령인간・the Divine Human)은 보편적인 천계(the universal Heaven)를 채우고, 그것을 형성합니다. 그리고 천사들의 생각들은 천계의 형체에 일치하여 발출하고, 유입합니다(H.H. 59-102・200-212・265-275항을 참조). 이상에서 얻는 결론은, "예수 그리스도의 증거"는 그분의 인성(人性) 안에 있는 주님의 신령존재의 시인(是認)을 뜻한다는 것입니다(본서 10항 참조). [2] 이상에서 속뜻으로 "신실한 증인"이다는 말이나, 아래 인용 구절에서의 "증거"가 뜻하는 것이 무엇인지 밝히 알 수 있겠습니다. 요한복음서의 말씀입니다.

> 그 사람(=세례 요한)은 빛을 증언하러 왔다. 그 증언으로 모든 사람을 믿게 하려는 것이었다. 그 사람은 빛이 아니었다. 그는 빛을 증언하러 온 것뿐이다. 그 빛이 세상에 오셨으니, 모든 사람을 비추는 참 빛이시다.……"나는 그것(=증언)을 보았습니다. 그래서 나는, 이분이 하나님의 아들이라고 증언하였습니다."
> (요한 1 : 7-9, 34)

"빛"(light・光)은 신령진리를 뜻합니다. 그러므로 여기서 주님은, "모든 사람을 비추는 참 빛"이시다고 불리셨고, 그리고 "그 빛을 증언하는 것"은 신령진리가 발출한 원천인 그분의 신령인간의 시인을 뜻합니다. "빛"(光・light)이 주님에게서 발출하는 신령진리를 가리킨다는 것은 "천계의 빛"에 관한 장에 설명된 내용을 참조하십시오 (H.H. 126-140항 참조).
[3] 같은 책의 말씀입니다.

> 너희가 요한에게 사람을 보냈을 때에 요한은 이 진리에 대하여 증언하였다. 그러나 나는 사람으로부터 증거를 받지 못하였다.*
> (요한 5 : 33, 34)

또 같은 책의 말씀입니다.

> (예수께서 말씀하셨습니다.) "내가 진정으로 진정으로 너에게 말한다. 우리는, 우리가 아는 것을 말하고, 우리가 본 것을 증언하는데, 너희는 우리의 증언을 받아들이지 않는다"……위에서 오시는 이는 모든 것 위에 계신다……자기가 보고 들은 것을 증언하신다. 그러나 아무도 그의 증언을 받아들이지 않는다.
> (요한 3 : 11, 31, 32)

또 같은 책의 말씀입니다.

> 예수께서 그들에게 대답하셨다. "비록 내가 나 자신에 대하여 증언할지라도, 나의 증언은 참되다. 나는 내가 어디에서 와서 어디로 가는지를 알고 있기 때문이다."
> (요한 8 : 14)

이 말씀은 주님께서 자기 자신에 관해서 자기 자신으로부터 증언한다는 것을 뜻합니다. 그 이유는 그분께서 신령진리이셨기 때문입니다. 또 같은 책의 말씀입니다.

---

* 본문으로 삼고 있는 ≪표준 새번역 성경전서≫에는 이런 표현이 아니므로 저자의 인용구절을 따랐다. (역자 주)

> 내가 아버지께로부터 너희에게 보내려는 보혜사, 곧 아버지께로부터 오는 진리의 영이 오시면, 그 영이 나를 증언하실 것이다.
> (요한 15 : 26)

"보혜사, 진리의 영"(the Comforter, the Spirit of Truth)은 주님에게서 발출하는 신령진리입니다(A.C. 9818 · 9820 · 10330항과 본서 25항 참조).
[4] 또 같은 책의 말씀입니다.

> 빌라도가 예수께 "그러면 네가 왕이냐?" 하고 물으니, 예수께서 대답하셨다. "네가 말한 대로 나는 왕이다. 나는 진리를 증언하려고 태어났으며, 진리를 증언하려고 세상에 왔다. 진리에 속한 사람은, 누구나 내가 하는 말을 듣는다." 빌라도가 예수께 "진리가 무엇이냐?" 하고 물었다.
> (요한 18 : 37, 38)

주님께서 그로부터 왕인지에 대해서 질문을 받았을 때, 주님께서 이렇게 대답하신 것은, 왕으로서의 주님은 신령진리이시기 때문입니다. 왜냐하면 이것은 그분의 신령선이 천계에서 제사장직분을 가리키는 것과 같이, 천계에 있는 주님의 왕권이기 때문입니다. 이것이 바로 주님께서 자신이 왕이라고 말씀하신 이유이고, 그리고 이 목적 때문에 이 세상에 태어났고, 이 목적을 위해서 이 세상에 왔다고 말씀하신 이유이고, 그리고 자신은 이 진리를 증언하려고 한다고 말씀하신 이유입니다. 그리고 또한 이 진리에 속한 사람은 누구나 그분의 말을 듣는다고 말씀하신 이유입니다. 그러므로 빌라도는 그분에게 "진리가 무엇이냐?"고, 따라서 왕인지 여부를 물었던 것입니다. 신령진리가 천계에 있는 주님의 왕권을 가리킨다는 것은 A.C. 3009 · 5068항을 참조하시고, 그러므로 성경에서 "왕들"이 신령진리 안에 있는 자들을 뜻한다는 것, 또는 인물들에서 추상해서 신령진리들을 뜻한다는 것 등은 A.C. 1672・2015・2069・4575・4581・4966・5044항을 참조하십시오. "임금들"(kings)이 신령진리 안에 있는 자들을 뜻한다는 것은 임금들이 거명된 묵시록서의 바로 아래의 구절 설명에서 보다 명료하게 나타날 것입니다. 그 구절에는, "우리로 나라 (=임금들)를 이루셔서, 자기의 아버지 하나님을 섬기는 제사장으로 삼아 주셨습니다"(본문 6절)라고 언급되었습니다. 이상에서 "예수 그리스도께서 내려 주신 신실한 증인"이라는 말씀이, 천계에 있는 모든 진리의 근원인 그분의 신령인성의 시인(忠認)의 측면에서 주님을 뜻한다는 것을 잘 알 수 있겠습니다.

28. 죽은 사람의 첫 열매이다(=죽은 자들 가운데서 첫째로 나섰다). 이 말씀은 천계에 있는 모든 선이 그분에게서 비롯되었다는 것을 뜻합니다. 이러한 내용은, 주님과 관련해서는, 천계에 있는 신령선을 가리키는, 따라서 거기에 있는 모든 선을 가리키는 "첫 열매"(=첫째로 난 자・눉f・the firstborn)의 뜻에서 잘 알 수 있습니다. "첫 열매"(눉f・맏이・the firstborn)가 이런 내용을 뜻한다는 것은, 일반적이든 개별적이든, 출생들(出生・생식・generations)은 영적인 출생들(spiritual generations)을 뜻하기 때문입니다. 그것은 곧 선과 진리에 속한 출생들이고, 사랑과 믿음에 속한 출생들이기 때문입니다. 이런 내용에서부터 "아버지"・"어머니"・"아들들"・"딸들"・"사위들"・"며느리들" 그리고 "손자들"이 그들의 서열(序列)에 따라서 출생하고, 출생된 선들이나 진리들을 뜻한다는 것을 알 수 있습니다 (A.C. 10490항 참조). 왜냐하면 주님나라에는 이 이외의 다른 출생들은 결코 존재하지 않기 때문입니다. 이것이 사실이기 때문에, "장자"(눉f・맏이)는 장자를 뜻하지 않고, 천계나 교회에 속한 선을 뜻합니다. 그 이유는 이것이 으뜸의 자리(上席)에 존재하기 때문입니다. 그리고 천계에 있는 모든 선의 근원은 주님이시기 때문에, 그분은 "첫 열매"(눉f・the Firstborn)라고 불리웁니다. 그분께서 "죽은 사람의 첫 열매"(=죽은 자들 가운데서 첫째로 난 자)라고 불리운 것은,

그분께서 죽음에서 부활하셨을 때, 그분은 잉태에서부터 그분 안에 계신 신령존재와의 합일에 의하여 그분의 인성(His Human)을 신령선이 되는 것으로 완성하셨기 때문입니다.
[2] 이것이 바로 그분이 "죽은 사람의 첫 열매"라고 불리우신 이유입니다. 그리고 그분에 관하여 시편서에 이렇게 선포되었습니다.

> 나도 그를 맏아들로 삼아서,
> 세상의 왕들 가운데서
> 가장 높은 왕으로 삼겠다.
> (시편 89 : 27)

"세상의 왕들 가운데서 가장 높은 왕"이다는 말은 뒤에 이어지는 설명에서 잘 이해할 수 있을 것입니다. 주님께서 세상을 떠나셨을 때 주님께서 자신의 인성(His Human)을 신령선으로 완성하셨다는 것은 A.C. 3194・3210・6864・7499・8724・9199・10076항을 참조하십시오. 따라서 그분은 아버지에게서 왔지만, 다시 아버지에게로 되돌아가셨다는 것은 A.C. 3194・3210항을 참조하시고, 그리고 합일(合‥union)을 성취하신 뒤, "보혜사, 진리의 영"인 신령진리가 그분에게서 발출한다는 것은 A.C. 3704・3712・3969・4577・5704・7499・8127・8241・9199・9398・9407항을 참조하십시오. 그러나 이와 같은 비의는 저서 《새 예루살렘의 교리》 293-295항과, 그리고 거기에 인용된 A.C. 303-305항에서 보다 더 충분하게 이해할 수 있겠습니다. 주님께서는, 모든 선은 그분에게서 발출되기 때문에, 신령인간의 측면에서 "첫 열매"(エ・맏아들・the Firstborn)라고 불리시었기 때문에, 그러므로 이스라엘 교회에서 모든 맏아들은 여호와에게는 거룩한 존재였습니다. 그러므로 레위 사람은 이스라엘의 모든 맏아들을 대신해서 받아들여졌습니다. 왜냐하면 레위의 자손들은 인애에 속한 선 안에 있는 교회에 속한 자들을 표징하기

때문입니다. 그러므로 유산(遺産)의 두 배의 몫이 장자에게 할당(割當)되었습니다. 이와 같은 모든 이유 때문에, 장자는 주님에게서 비롯된 선을 뜻하고, 최고의 뜻으로는 모든 선의 근원을 가리키는 신령인성의 측면에서 주님 자신을 뜻합니다. 왜냐하면 이스라엘 교회에 명령된 모든 것들은 영적, 천적인 것들이나, 신령한 것들의 표징이기 때문입니다.

[3] 이스라엘 교회에서 모든 장자가 여호와에게 거룩한 것이다는 것은 아래의 인용구절인 모세에게서 잘 나타나고 있습니다. 출애굽기서의 말씀들입니다.

"이스라엘 자손 가운데서 태를 제일 먼저 열고 나온 것, 곧 처음 난 것은 모두 거룩하게 구별하여, 나에게 바쳐라. 사람이든지 짐승이든지, 처음 난 것은 모두 나의 것이다."
(출애굽기 13 : 2)
너희는 태를 처음 열고 나오는 것을 주께 바쳐라. 그리고 너희가 기르는 짐승이 처음 낳은 수컷은 다 주의 것이다.
(출애굽기 13 : 12)
너희는 너희의 익은 열매들의 첫 수확과 너희의 즙의 첫 수확을 바치는 데 지체하지 말며, 너희는 맏아들들을 나에게 바쳐야 한다. 너희 소나 양도 처음 난 것은 나에게 바쳐야 한다. 처음 난 것들은, 이레 동안 어미와 함께 있게 하고, 여드렛날에는 나에게 바쳐야 한다. 너희는 나를 섬기는 거룩한 백성이다.
(출애굽기 22 : 29-31)

그들이 짐승들의 맏배도 역시 바쳐야 했는데, 그 이유는 이것들 역시 표징적이었기 때문입니다. 그리고 그것들이 표징적이기 때문에, 그것들은 번제(燔祭·burnt-offerings)나 희생제물(犧牲祭物·sacrifices)로 사용되었습니다. 이런 제물들에 사용된 여러 종류의 짐승들이 표징하는 것이 무엇인지는 A.C. 1823·3519·9280·10042항을 참조하십시오. 레위 사람들이 이스라엘의 맏아들 대신에 받아들여진 그 이유는 민수기서 3장 12, 13, 41, 45절과 8장 15-20절을 참조하십시오. 위에서 언급한 것과 같이, 그 이유는 "레위의 아들들"은 인애에 속한 선을 표징하고, 따라서 뜻하기 때문이고, 그리고 최고의 뜻으로는, "레위"가 그 선의 측면에서 주님을 표징하기 때문입니다(A.C. 3875 · 3877 · 4497 · 4502 · 4503 · 10017항 참조). 장자에게 두 배의 몫을 주었다는 것(신명기 21 : 17)은 "두 배의 몫"(double portion)이 사랑에 속한 선을 뜻하기 때문입니다(A.C. 720 · 1686 · 5194 · 8423항 참조).

29. 땅 위의 왕들의 지배자이다(=땅의 왕들의 통치자이다).
이 말씀은, 교회에 있는 선에서 비롯된 모든 진리들이 그분에게서부터 왔다는 것을 뜻합니다. 이러한 내용은, 모든 진리가 비롯된 근원을 뜻하는 "왕의 지배자"(=왕들의 통치자)의 뜻에서 잘 알 수 있습니다. "지배자"(=통치자 · prince)는 중요한 것(primary)을 뜻하고, "왕들"은 진리들을 뜻하기 때문에, 여기서는 주님에게 관련되기 때문에, 주님은 "왕들의 지배자"라고 하였습니다. 그 뜻은 모든 진리들이 비롯된 근원되신 분을 뜻합니다("지배자"가 중요한 것을 뜻한다는 것은 A.C. 1482 · 2089 · 5044항을 참조하시고, "왕"이 진리들을 뜻한다는 것은 "우리로 나라(=왕)를 세우시고, 제사장으로 삼아 주셨다"고 언급된 아래의 구절의 설명인 본서 31항을 참조하십시오). 그리고 또한, 이것에 관해서는 아래에서 설명할, 교회를 뜻하는 "땅"(earth)의 뜻에서 잘 알 수 있습니다. 성언의 속뜻을 알지 못하는 사람은, 여기서의 온 땅의 왕들이 왕들을 뜻한다고 믿을 수밖에 없지만, 이에 반하여 "왕들"은 왕들을 뜻하지 않고, "땅"은 땅을 뜻하지 않습니다. 그러나 "왕들"(kings)은 선에서 비롯된 진리들 안에 있는 사람들을 뜻하고, "땅"(earth)은 교회를 뜻합니다. "땅"이 교회를 뜻한다는 것은 ≪천계비의≫의 수많은 곳에서 설명되었고, 그것에서부터 이와 같은 개별적인 것들은 잘 알 수 있겠습니다. 즉, "땅"이 주님의 나라나 주님의 교회를 뜻한다는 것은 A.C. 662 · 1066 · 1068 · 1262 · 1413 · 2928 · 3355 · 4447 · 4535 · 5577 · 8011 · 9325 · 9643항을 참조하십시오. 그와 같이 뜻하는 주된 이유는, "땅"이 가나안 땅을 뜻하고, 그리고 교회는 태고시대(the most ancient times)부터 거기에 존재하였기 때문입니다(A.C. 567 · 3686 · 4447 · 4454 · 4561 · 4517 · 5136 · 6516 · 9325 · 9327항 참조). 그리고 영적인 뜻으로, "땅"이 거기에 있는 민족을 뜻하고, 그리고 그들의 예배를 뜻하기 때문입니다 (A.C. 1262항 참조). "새로운 하늘과 새로운 땅"이 천계와 지상에 있는 교회를 뜻한다는 것은 A.C. 1733 · 1850 · 2117 · 2118 · 3355 · 4535 · 10373항을 참조하십시오. 창세기서 첫 부분들의 장에 있는 하늘과 땅(heaven and earth)의 창조가 속뜻으로 태고교회의 설시를 기술하고 있다는 것은 전계서 8891 · 9942 · 10545항을 참조하십시오. "창조한다"(to creat)는 말은 설시(設始)하는 것이나, 중생(重生)하는 것을 뜻합니다(A.C 10373항 참조). "땅"(土地 · ground) 역시 교회를 뜻하는데, "땅"(土地 · ground)이 진리들을 가리키는 씨들(種子 · seeds)을 받기 때문입니다. 그러나 거기에 살고 있는 민족으로부터, 그리고 그들의 예배로부터 "땅"(earth)은 교회를 뜻합니다 (566 · 1068 · 10570항 참조). 더욱이 그것이 교회를 뜻하기 때문에 "땅"(earth)은 종교적인 원칙을 뜻하고, 결과적으로는 우상숭배적인 원칙들을 뜻하기도 합니다. 예를 들면 이집트 땅 · 팔레스타 사람의 땅 · 갈대아 사람의 땅 · 바벨로니아의 땅이나 그 밖의 여러 것들이 있겠습니다. "땅"(earth)이 교회를 뜻한다는 것은 《최후심판》 3 · 4항에도 간략하게 설명되었습니다.

30. 예수 그리스도께서는 우리를 사랑하시며, 자기의 피로 우리의 죄에서 우리를 해방하여 주셨다(=우리를 씻어 주셨다).
이 말씀은 그분의 사랑과, 그분에게서 비롯된 진리들에 의한 중생을 뜻합니다. 이러한 내용은 중생하는 것을 뜻하는 "죄에서 씻는다"는 말의 뜻에서(《새 예루살렘의 교리》 202-209항 참조), 그리고 그분에게서 비롯된 진리들에 의한 것을 뜻하는 "그분의 피"(=자기의 피)의 뜻에서(전게서 210-213·217·219·222항 참조), 잘 알 수 있습니다. "주님의 피"(the Lord's blood)가 선에서 비롯된 진리를, 따라서 주님에게서 비롯된 진리들을 뜻한다는 것은 성언의 속뜻을 전혀 알지 못하는 사람에게는 어려움을 가지고 이해될 수 있고, 또한 힘들게 믿을 수 있겠습니다. 더욱이 그것은 "그분의 피" 대신에 주님에게서 비롯된 진리들로 이해한다는 것은 억설(臆說)같이 보이겠지만, 그럼에도 불구하고 천계에서는 주님의 피가 이외의 다른 뜻으로 이해되는 것은 전무(全無)합니다. 이것은 거기에서 주님은 신령선에 합일한 신령진리이기 때문이고, 결과적으로는 거기에서 그것은 그분의 살과 피(His flesh and blood)로 생각하는 사람은 아무도 없기 때문입니다. 이런 것들에 관한 생각을 그들은 물질적인 생각(material thought)이라고 하는데, 이러한 생각을 가지고 있는 사람은 거기에 아무도 없습니다. 더욱이 성경에 언급된 살(肉)이나 피(血)를 자신들은 전혀 알지 못한다고 고백하였습니다. 왜냐하면 그들에게서 성언의 문자적인 뜻에 속한 것들은 영적인 개념으로 바뀌기 때문입니다. 그 이유는 그들 자신이 자연적인 존재가 아니고, 영적인 존재이기 때문이고, 따라서 주님에 속한 것으로 생각할 때, "살"(flesh)은 신령선으로 바뀌고, "피"(blood)는 신령진리로 바뀌기 때문입니다. 그리고 이것은 모두가 주님에게서 발출한 것이기 때문입니다.

[2] "살"(肉·flesh)과 "피"(血·blood)는 천계에서 대응하는 영적인 것들을 이해하기 위하여 성언의 문자적인 뜻으로 언급되었습니다. 왜냐하면 모든 영적인 것들은 자연적인 것들에서 종결(終結)되기 때문입니다. 그리고 그것들은 자연적인 것들 안에서 그들 자신의 가장 외적인 국면을 가지기 때문입니다. 그러므로 천계들을 통과한 신령한 것은 그 국면에서 종결되고, 그리고 거기에서 존속합니다. 그것은 하나의 집(家屋)이 그것의 터전 위에, 그리고 그 때 그것의 완전한 상태에 있는 것에 비교할 수 있겠습니다. 이것이 바로 이와 같이

변변치 않은 문자 안에 성언이 존재하는 이유입니다. 그리고 또한 "살과 피"가 거기에 거론된 이유입니다. 그러나 성언으로 말미암아 영적인 것이 될 수 있다고 여기는 교회에 속한 사람이 문자적인 뜻 이상으로 자신이 고양되는 것을 허락하지 않고, 그리고 주님에 관해서 영적으로 생각하지 않고, 오히려 물질적으로 생각할 뿐, 영적으로 생각하지 않는다는 것에 대하여 천사들은 매우 놀라워합니다. 그러나 그들이 이와 같이 이상하게 생각했기 때문에, 그리고 그들에게 일러진 것은, 수많은 사람들, 특히 소박한 사람(the simple)은 이런 것들에 관해서 영적으로 생각한다고 하기 때문에, 그들은, 그것이 사실인지, 검색하였습니다. 그들이 찾아낸 것은, 많은 사람들, 그리고 소박한 사람은 거의 대부분 그들이 성만찬(啤晚餐·the holy supper)에 임할 때, 그들은 물질적인 살이나 피에 관해서는 전혀 생각하지 않고, 다만, 그들이 그 때 주님으로부터 취하는 거룩한 것에 관해서만 생각한다는 것이었습니다. 천사들이 지각한 것은, 이런 일은 교회에 속한 사람이 그 때 물질적인 개념이 아니고, 영적인 개념 안에 있게 하기 위하여, 주님에 의하여 계속적으로 장만된다는 것입니다.

[3] 교리에서 물질적인 먹는 일(material eating)로 이해되고, 적용되는 이유는, 사람들이 주님의 인성(the Human of the Lord)에 대해서도 다른 사람의 인간적인 것(the human of anther man)과 같은 것으로 생각하기 때문이고, 그리고 "신령인성"(Divine Human)이라는 표현을 배척하면서, 그분의 인성(His Human) 안에 존재하는 신령존재에 관해서는 그 때 동시에 생각하지 않기 때문입니다. 그리고 주님의 인성에 관해서 그와 같이 생각하는 사람들은 "그분의 살이나 피"에 관해서 물질적으로 생각하는 것 이상으로 달리 생각할 수 없기 때문입니다. 만약에 교회의 보편적인 교리에 따라서 그들이 주님에 관하여 생각한다면, 다시 말하면 그분의 신성과 인성(His Divine and Human)은, 마치 영혼과 육체가 하나이듯이, 두 존재가 결합된

한 존재이기 때문에, 한 인격(one Person)이다는 교회의 보편적인 교리에 따라서 생각한다면, 그것은 전혀 다른 사안(事案)이 될 것입니다(본서 10·26항 참조). 더욱이 성경의 여러 장절에 언급된 "피"(血·blood)도 마찬가지이고, 묵시록서의 여러 곳에서도 마찬가지입니다. 예를 들면 묵시록서 6 : 12 ; 7 : 14 ; 8 : 7, 8 ; 11 : 6 ; 12 : 11 ; 14 : 20 ; 15 : 3, 4, 6, ; 18 : 24 ; 19 : 2, 13 등이 되겠습니다. 그러므로 아래의 설명들에서 "피"(血·blood)가, 주님에게서 비롯된 진리를 뜻하고, 반대의 뜻으로는 그 진리에 대하여 폭행(暴行·violence)을 가하는 거짓을 뜻한다는 것을 충분하게 확증할 생각입니다.

31[A]. 6절. 우리로 나라를 이루셔서(=우리를 왕들로 삼으시고), 자기의 아버지 하나님을 섬기는 제사장으로 삼아 주셨다.
이 말씀은 우리들이 그분에게서 비롯된 그분의 영적인 왕국이나 천적인 왕국에 있다는 것을 뜻합니다. 이러한 내용은, 선에서 비롯된 진리들 안에 있는 사람들을 뜻하는, 그리고 그들이 주님의 영적인 왕국(the Lord's spiritual kingdom)을 이루기 때문에, 주님의 영적인 왕국에 있는 사람들을 뜻하는 "왕들"(kings)의 뜻에서 잘 알 수 있습니다. 성경에서 "왕들"이 이런 사람들을 뜻한다는 것은 아래의 장절들에 잘 나타나 있습니다. 그리고 위의 내용, 즉 주님의 천적인 왕국에 있는 사람들을 뜻한다는 것은, 사랑에 속한 선 안에 있는 사람들을 뜻하는, 그리고 이들이 주님의 천적인 왕국(the Lord's celestial kingdom)을 이루기 때문에, 그들이 주님의 천적인 왕국에 있는 사람들이다는 것을 뜻하는, "제사장들"(祭司長·priests)의 뜻에서 잘 알 수 있습니다. 천계에는 일반적으로 천계가 둘로 나뉘는 두 왕국(王國·two kingdom)이 있다는 것은 H.H. 20-28항을 참조하시고, 그리고 그 영적인 왕국을 주님의 왕권의 나라(the Lord's regal kingdom)라고 부르고, 천적인 왕국을 "그분의 제사장적인 나라"(His priestly kingdom)라고 부른다는 것은 H.H. 24항을 참조하십시오. 예언서의 수많은 장절에 왕들이 거론되었는데, 성언의 속뜻을 알지 못하는 사람은 거기의 "왕들"이 왕들을 뜻한다고 믿을 것입니다. 그러나 그 왕들은 왕들을 뜻하지 않고, 오히려 선에서 비롯된 진리들 안에 있는 사람들을 뜻하거나, 또는 주님에게서 온 인애에서 비롯된 믿음 안에 있는 사람을 뜻한다는 것입니다. 이와 같은 이유는, 주님만이 홀로 왕이시고, 그리고 주님에게서 온 선에서 비롯된 진리들 안에 있는 사람들은 "그분의 아들들"(His sons)이라고 호칭되기 때문입니다. 이런 이유 때문에, "왕자들"(princes)·"왕국의 아들들"(sons of the kingdom)·"왕들의 아들들"(sons of kings)·"왕들"(kings)도 같은 뜻을 뜻합니다. 그리고 그런 사람들의 개념에서 비롯된 추상적인 뜻으로 그것이 천계에 있기 때문에, 선에서 비롯된 진리들을 뜻합니다. 또한, 같은 뜻이지만, 인애에서 비롯된 믿음을 뜻합니다. 그 이유는 진리는 믿음에 속한 것이고, 선은 인애에 속한 것이기 때문입니다.

[2] 왕들이 왕들을 뜻하지 않는다는 것은, 예수 그리스도가 "우리를 왕들로 세우시고, 제사장들로 삼으셨다"고 언급된 여기의 말에서 쉽게 이해될 수 있겠습니다. 그리고 그 뒤에는 이렇게 언급되었습니다.

> 주께서 그들에게
> 우리 하나님 앞에서 나라를 이루게 하시고(=우리를 왕들로 삼으시고),
> 제사장이 되게 하셔서,
> 땅 위에서 다스리게 하실 것입니다.
> (묵시록 5 : 10)

그리고 마태복음서의 말씀입니다.

> 밭에 뿌려진 좋은 씨는 그 나라의 자녀들이다.*
> (마태 13 : 38)

"밭의 씨"(the seed of the field)는 사람에게 있는 주님에게서 온 선에서 비롯된 진리들을 가리킵니다(A.C. 3373 · 10248 · 10249항 참조). 더욱이 누구나 알 수 있는 것은, 주님께서 여기서 다루고 있는 자들을 모두 왕들로 삼지 않으실 것이고, 오히려 주님께서는, 주님에게서 온 선에서 비롯된 진리들 안에 있는 사람들이 가지는 능력이나 광영으로 말미암아 그들을 왕들이라고 부른다는 것입니다. 이상에서 우리가 밝히 알 수 있는 것은 예언서의 "왕들"이 신령진리의 측면에서 주님을 뜻하고, "왕들"이나 "왕자들"은 주님에게서 온 선에서 비롯된 진리들 안에 있는 사람들을 뜻한다는 것입니다. 그리고 성경에 있는 대부분의 것들이 반대의 뜻을 가지고 있기 때문에, "왕들"은 반대의 뜻으로, 악에서 비롯된 거짓들 안에 있는 자들을 뜻한다는 것도 잘 알 수 있겠습니다.

[3] 성경에서 "왕"이 신령진리에 대하여 주님을 뜻한다는 것은 주님 자신이 빌라도에게 한 말씀에서 아주 명료합니다. 요한복음서의 말씀입니다.

> 빌라도가 예수께 "그러면 네가 왕이냐" 하고 물으니, 예수께서 대답하셨다. "네가 말한 대로 나는 왕이다. 나는 진리를 증언하려고 태어났으며, 진리를 증언하려고 세상에 왔다. 진리에 속한 사람은, 누구나 내가 하는 말을 듣는다." 빌라도가 예수께 "진리가 무엇이냐?" 하고 물었다. (요한 18 : 37, 38)

우리가 "진리가 무엇이냐?"고 묻는 빌라도의 물음에서 명확하게 알 수 있는 것은, 진리가 주님에 의하여 "왕"이라고 불리웠다고 그가 이해하였다는 것입니다. 그러나 그는 이방 사람이었기 때문에, 그리고 성언에서 비롯된 것을 전혀 알고 있지 못하기 때문에, 신령진리

---

* 저자의 인용구절을 직역하였다. (역자 주)

가 주님에게서 비롯된다는 것이나, 그분, 즉 주님께서 신령진리이시다는 것을 그는 배울 수 없었습니다. 그러므로 그가 질문한 뒤에 곧 이어서—.

> 그 때에 빌라도가 다시 바깥으로 나와서, 유대 사람들에게 말하였다.……"보시오, 나는 그에게서 아무 죄도 찾지 못하였소"……그 뒤 빌라도는 또한 명패를 써서 십자가 위에 붙였다. 명패에다가 "유대 사람의 왕 나사렛 예수"라고 썼다.……유대 사람의 대제사장들이 빌라도에게 "'유대 사람의 왕'이라고 쓰지 말고, '자칭 유대 사람의 왕'이라고 쓰십시오" 하고 말하였으나, 빌라도는 "나는 쓸 것을 썼다" 하고 대답하였다.
> (요한 19 : 4, 19-22)

[4] 이런 것들이 이해되었을 때, 묵시록서의 아래의 장절들의 "왕들"이 뜻하는 바가 무엇인지 알 수 있겠습니다.

> 여섯째 천사가 그 대접을 큰 강 유프라테스에 쏟으니, 강물이 말라 버려서, 해 돋는 곳에서 오는 왕들의 길이 마련되었다.
> (묵시록 16 : 12)
> 대접 일곱 개를 가진 그 일곱 천사 가운데 하나가 와서, 나에게 "이리로 오너라. 큰 바다 물 위에 앉은 큰 창녀가 받을 심판을 보여 주겠다. 세상의 왕들이 그 여자로 더불어 음행을 하였고, 땅에 사는 사람들이 그 여자의 음행의 포도주에 취하였다" 하고 말하였습니다.
> (묵시록 17 : 1, 2)
> 머리 일곱은 그 여자가 타고 앉은 일곱 산이요, 또한 일곱 왕이다. 그 가운데 다섯은 이미 망하고, 하나는 있고, 또 다른 하나는 아직 나타나지 않았다.……네가 본 열 뿔은 열 왕이다. 그들은 아직 나라를 차지하지 못하였지만, 그 짐승과 함께 한 동안 왕권을 차지할 것이다.……그들이 어린 양에게 싸움을 걸 터인데, 어린 양이 그들을 이길 것이다. 그것은, 어린 양이 만주의 주요, 만왕의 왕이기 때문이다.
> (묵시록 17 : 9, 10, 12, 14)

네가 본 그 여자는 세상의 임금들을 다스리는 통치권을 가진 큰 도시를 가리킨다.
(묵시록 17 : 18)
이는, 모든 민족이
그 여자의 음행에서 비롯된
분노의 포도주를 마시고,
세상의 왕들이 그 여자로 더불어 음행하고……….
(묵시록 18 : 3)
나는 짐승과 세상의 왕들과 그 군대들이, 흰 말을 타신 분과 그분의 군대에 대항해서 싸우려고 모여 있는 것을 보았습니다.
(묵시록 19 : 19)
구원받은 민족들이 그 빛 가운데로 다닐 것이요, 땅의 왕들이 그들의 영광을 그 도시로 들여올 것입니다.
(묵시록 21 : 24)

이 장절들에서 "왕들"은 왕들을 뜻하지 않고, 앞에서 언급한 것과 같이, 선에서 비롯된 진리들 안에 있는 자들 모두나, 또는 악에서 비롯된 거짓들 안에 있는 자들 모두를 뜻합니다. 다니엘서의 말씀도 마찬가지입니다.

남쪽 왕이 크게 격분하여, 나아가서 북쪽 왕과 싸울 것이다.
(다니엘 11 : 11)

이 말씀에서 "남쪽 왕"은 선에서 비롯된 진리의 빛 안에 있는 사람들을 뜻하고, "북쪽 왕"은 악에서 비롯된 거짓의 어둠 안에 빠져 있는 자들을 뜻합니다. 성경에서 "남쪽"(南·south)이 선에서 비롯된 진리의 빛 안에 있는 사람들을 뜻한다는 것은 A.C. 1458·3708·3195·5672·9642항을 참조하시고, 그리고 "북쪽"(北·north)이 악에서 비롯된 거짓의 어둠에 빠져 있는 자들을 뜻한다는 것은 A.C. 3708항을 참조하십시오. 그리고 일반적으로는 천계의 네 방위(四方

(ⅳ)를 다룬 ≪천계와 지옥≫ 141-153항을 참조하십시오.
[5] "왕들"이 구약에서 예언자들에 의하여 아주 자주 언급되었습니다. 거기에서도 마찬가지로 주님에게서 온 선에서 비롯된 진리들 안에 있는 사람들을 뜻합니다. 그리고 그 반대의 뜻으로는 악에서 비롯된 거짓들 안에 빠져 있는 자들을 뜻합니다. 이사야서의 말씀입니다.

> 이제는 그가 많은 이방 나라를
> 놀라게 할 것이며,
> 왕들은 그 앞에서 입을 다물 것이다.
> 왕들은 이제까지 듣지도 못한 일들을
> 볼 것이며,
> 아무도 말하여 주지 않은 일들을
> 볼 것이다.
> (이사야 52 : 15)

같은 책의 말씀입니다.

> 너를 "주의 도성"이라고 부르고,
> "이스라엘의 거룩하신 분의 시온"이라고
> 부를 것이다.……
> 네가 이방 나라들의 젖을 빨며,
> 뭇 왕의 젖을 빨아먹을 것이다.
> (이사야 60 : 14, 16)

또 같은 책의 말씀입니다.

> 왕들이 네 아버지처럼 될 것이며,
> 왕비들이 네 어머니처럼 될 것이다.
> 그들이 얼굴을 땅에 대고
> 네게 엎드릴 것이며,

네 발의 먼지를 닦아 줄 것이다.
(이사야 49 : 23)

이 밖의 여러 장절들이 있는데, 예를 들면 이사야 14 : 9 ; 24 : 21 ; 60 : 10 ; 예레미야 2 : 26 ; 4 : 9 ; 49 : 38 ; 애가 2 : 6, 9 ; 에스겔 7 : 26, 27 ; 호세아 3 : 4 ; 스바냐 1 : 8 ; 시편 2 : 10 ; 110 : 5 등이 있고, 거짓들을 뜻하는 것은 창세기 49 : 20이 되겠습니다.

31[B]. [6] "왕들"이 주님에게서 온 선에서 비롯된 진리들 안에 있는 사람들을 뜻하기 때문에, 고대에서부터 내려온 하나의 관습(慣習·custom)이 있습니다. 그것은, 그들이 대관식(戴冠式) 때, 선에서 비롯된 진리들을 뜻하는 하나의 증표(證票·insignia)를 받는 것이었습니다. 즉, 예를 들면 왕은 기름을 발라서 성별(聖別)하였고, 금관을 대관(戴冠)하였고, 오른손에는 홀(笏·scepter)을 들었고, 자색 외투를 입혔고, 은으로 된 보좌에 앉았고, 왕권의 증표가 부착된 백마(白馬)를 타는 것 등등 입니다. 왜냐하면 "기름"(oil)은 진리가 비롯된 선을 뜻하고(A.C. 886·4638·9780·9954·10011·10261·10268·10269항 참조), 그 머리에 대관한 "금관"(金冠·crown of gold)은 같은 뜻을 가지고 있고(A.C. 9930항 참조), 지휘봉이나 직장(職杖)을 가리키는 "홀"(笏·scepter)은 선에서 비롯된 진리에 속한 힘이나 능력(能力)을 뜻하고(A.C. 4581·4876·4966항 참조), "외투"나 "관복"(官服·robe)은 영적인 왕국에 있는 신령진리를 뜻하고(A.C. 9825·10005항 참조), "자주색"(purple)은 선에 속한 영적인 사랑을 뜻하고(A.C. 9467항 참조), "보좌"(王座·throne)는 선에서 비롯된 진리에 속한 왕권(王權)을 뜻하고(A.C. 5313·6397·8625항 참조), "은"(銀)은 진리 자체를 뜻하고(A.C. 1551·1552·2954·5658항 참조), "백마"(白馬·white horse)는 진리들에서 조요(照耀)된 이해를 뜻합니다(≪백마론≫ 1-5항 참조). 왕들의 대관식에서 거행되는 의식들(儀式)은

이러한 내용들을 포함하고 있지만, 그러나 그런 의식에 속한 지식은 오늘날 다 잃어버렸습니다(A.C. 4581·4966항 참조).
[7] 성경에서 "왕"이 뜻하는 것이 무엇인지 이러한 것들에서 잘 알 수 있기 때문에, 나는 앞에서 인용된 장절들에 아래의 장절을 더 부연하고자 합니다. 복음서들의 말씀입니다.

> 제자들이 가서, 예수께서 지시하신 대로, 나귀와 새끼 나귀를 끌어다가, 그 위에 겉옷을 얹으니, 예수께서 올라 타셨다. 큰 무리가 자기들의 겉옷을 길에다가 폈으며, 다른 사람들은 나뭇가지를 꺾어다가 길에다 깔았다. 그 때 큰 무리가 그분께서 왕이신 것을 선포하였다.
> (마태 21 : 1-8 ; 마가 11 : 1-11 ; 누가 19 : 28-40 ; 요한 12 : 14-16)

이 사실은 스가랴서에 이렇게 기록되었습니다.

> 도성 시온아, 크게 기뻐하여라.
> 도성 예루살렘아, 환성을 올려라.
> 네 왕이 네게로 오신다.
> 그는 공의로우신 왕,
> 구원을 베푸시는 왕이시다.
> 그는 온순하셔서,
> 나귀 곧 나귀새끼인
> 어린 나귀를 타고 오신다.
> (스가랴 9 : 9 ; 마태 21 : 5 ; 요한 12 : 15)

"나귀 곧 어린 나귀 새끼에 탄다"는 것은 왕이나 사사들(士師·judge)의 특별한 증표(證票)였기 때문입니다. 이러한 사실은 아래의 장절에서 잘 알 수 있습니다. 사시기서와 창세기서의 말씀입니다.

> 나의 마음이

이스라엘의 지휘관들에게 쏟렸다.……
   흰 나귀를 타고 다니는 사람들아…….
   (사사기 5 : 9, 10)
   임금의 지휘봉이 유다를 떠나지 않고,
   통치자의 지휘봉이
   자손 만대에까지 이를 것이다.
   그가 실로에 오기까지(=그가 홀을 쥔 자에게 오기까지)
   만민이 그에게 순종할 것이다.
   그는 나귀를 포도나무에 매며,
   그 암나귀 새끼를
   가장 좋은 포도나무 가지에 맬 것이다.
   (창세기 49 : 10, 11)

이 말씀에서 나귀와 나귀 새끼에 앉는다는 것은 이와 같은 특별한 증표를 가리킵니다.

   사사들이 흰 나귀를 탔다(사사기 5 : 9, 10).
   그의 아들들이 당나귀 새끼들을 타고 다녔다(사사기 10 : 4 ; 12 : 14).
   대관식 때 왕 자신은 노새를 탔다(열왕기 상 1 : 33).
   왕자들은 자기 노새를 타고 달아났다(사무엘 하 13 : 29).

표징적인 뜻으로 "말" "노새"나 "나귀의 새끼"의 뜻을 모르는 사람은 주님께서 나귀 새끼를 타신 것은 단순히 비참이나 궁상(窮狀), 또는 겸비(謙卑)의 뜻이라고 생각할 것입니다. 그러나 그것은 왕권의 장대(壯大)함을 뜻합니다. 이런 이유 때문에 그 때 백성들은 주님을 왕으로 선포하였고, 그들의 겉옷을 그분께서 가시는 길에 깔아드렸습니다. 이런 일은, 예수님께서 예루살렘에 입성(入城)하실 때 행해졌는데, 그것은 "예루살렘"이 교회를 뜻하기 때문입니다. 이러한 내용은 ≪새 예루살렘의 교리≫ 6항을 참조하시고, "겉옷"이 옷 입혀진 진리나, 선을 섬기는 진리를 뜻한다는 것은 A.C. 1073 · 2576 ·

5248 · 5319 · 5954 · 9212 · 9215 · 9216 · 9952 · 10536항과, 그리고 H.H. 177-182항을 참조하십시오.

[8] 이상에서 우리는 성경의 "왕"이나 "왕들"이 뜻하는 것이 무엇인지, 그리고 "기름부은 자"(the Anointed) · "메시아" · "그리스도"가 뜻하는 것이 무엇인지 잘 알 수 있겠습니다. 왜냐하면 "기름부은 자" "메시아" "그리스도"는, "왕"과 같이, 그분의 신령선에서 발출한 신령진리의 측면에서 주님을 뜻하기 때문입니다. 왜냐하면 왕은 기름부은 자라고 하였고, 히브리 말로는 "기름부은 자"는 "메시아"를 가리키고, 그리스 말로는 "그리스도"를 가리키기 때문입니다. 그러나 신령인성의 측면에서 주님께서는, 오직 그분 안에는 수태로부터 신령사랑에 속한 신령선(the Divine good of Divine love)이 내재해 있었기 때문에, "여호와의 기름부은 자"(the Anointed of Jehovah)이셨습니다. 왜냐하면 그분은 여호와로 수태되었고, 기름 부어진 모든 것들은 다만 그분의 표징이었기 때문입니다(A.C. 9954 · 10011 · 10268∶10269항 참조). 그러나 "제사장들"(祭司長 · priests)은 천적 왕국에 존재해 있는 그와 같은 선을 뜻합니다. 다시 말하면, 제사장들은 신령선의 측면에서 주님을 표징하고(A.C. 2015 · 6148항 참조), 제사장 직분은 구원의 대업의 측면에서 주님을 표징합니다. 그 이유는 그 일이 그분의 신령사랑(His Divine Love)에 속한 신령선(Divine good)에서 비롯되었기 때문입니다(A.C. 9809항 참조). 그리고 아론 · 아론의 아들들이나 또는 레위 사람의 제사장 직분은 계속적으로 이어지는 구원의 대업(救援大業 · the work of salvation)의 표징들입니다 (A.C. 10017항 참조). 이렇게 볼 때 성경에서 "제사장"이나 "제사장 직분"은 주님에게서 온 사랑에 속한 선을 뜻합니다(A.C. 9806 · 9809항 참조). 그리고 이름들, 즉 "예수"와 "그리스도"는 그분의 제사장 직분과 그분의 왕권을 뜻합니다. 다시 말하면, "예수"는 신령선을 뜻하고, "그리스도"는 신령진리를 뜻합니다(A.C. 3004 · 3005 · 3009항 참조). 주님을 시인하지 않는 제사장들이나 왕들은, 반대의 뜻,

다시 말하면 악이나, 악에서 비롯된 거짓을 뜻합니다(A.C. 3670항 참조).

32. 하나님 그의 아버지를 위하여(=자기의 아버지 하나님을 섬기는). 이 말씀은 신령진리와 신령선에 의한 것을 뜻합니다. 이러한 내용은, "하나님"(God)이 신령진리이고, "여호와"(Jehovah)가 신령선을 가리킨다는 사실에서 잘 알 수 있습니다. 그러므로 성경에서 주님은, 신령진리가 다루어지는 경우에는 "하나님"(God)이라고 불리웠고, 신령선이 다루어지는 때에는 "여호와"(Jehovah)라고 불리웠습니다(A.C. 2586 · 2769 · 2807 · 2822 · 3921 · 4287 · 4402 · 7010 · 9167항 참조). 그러나 여기서는 여호와 대신에 "아버지"(Father)가 언급되었는데, 그 이유는 주님의 아버지는 여호와이시기 때문이고, 그리고 "아버지"(Father)는 "여호와"가 뜻하는 것과 꼭 같은 내용을 뜻하기 때문입니다. "하나님"과 "아버지" 양자는 오직 주님만을 뜻합니다. 왜냐하면 아버지는, 마치 영혼이 그의 육체 안에 존재하는 것과 같이, 그분 안에 계시기 때문입니다(본서 10·26항 참조). 그분, 즉 주님은 여호와로 말미암아 잉태되셨기 때문에, 그리고 그분의 영혼은 그분을 잉태시킨 그분에게서 비롯되었기 때문에, 결과적으로 주님께서 아버지에 관해서 말씀하셨을 때, 주님은 자신 안에 있는 그의 신성(His Divine)을 뜻하십니다. 이것이 주님께서 이렇게 말씀하신 이유입니다. 요한복음서의 말씀입니다.

> 내가 그 일을 하거든, 나를 믿지는 않더라도 그 일은 믿어라. 그러면 너희는, 아버지께서 내 안에 계시고, 또 내가 아버지 안에 있다는 것을, 깨달아 알게 될 것이다.
> (요한 10 : 38 ; 14 : 10, 11)
> 나와 아버지는 하나다.
> (요한 10 : 30)
> 아버지께서 나와 함께 계시니, 나는 혼자 있는 것이 아니다.
> (요한 16 : 32)

주님께서는, 잉태에서부터 그분 안에 계신 여호와의 신성(the Divine of Jehovah)을, 그리고 그분의 인성 안에 있는 그분의 생명의 존재(the *esse* of His life in His Human)이신 여호와의 신성(the Divine of Jehovah・여호와의 신령존재)을 "아버지"(Father)라고 부르셨고, 그리고 신령선에서 비롯된 신령진리를 "아들"(the Son)이라고 부르셨습니다(A.C. 2803・3704・7499・8328・8897항 참조). 그리고 "사람의 아들"(人子・the Son of man)은 신령진리를 가리키고, "아버지"(the Father)는 신령선을 가리킵니다(A.C. 1729・1733・2159・2628・2803・2813・3255・3704・7499・8897・9807항 참조). 그리고 ≪천계비의≫에서 인용된 것들인 ≪새 예루살렘의 교리≫ 304항을 참조하십시오. 여기에서는 "여호와" 또는 "아버지"라고 호칭된 신령존재와 주님의 신령인성과의 합일(合・・union)에 관해서 설명되었습니다.

33. **그에게 영광과 권세가 영원무궁 하도록 있기를 빈다**(=그분께 광영과 권세가 세세토록 있을지어다).

이 말씀은 이러한 것들, 다시 말하면 신령선이나 신령진리가 영원토록 오직 주님에게서만 비롯된다는 것을 뜻합니다. 이러한 내용은 천계에 있는 신령진리를 뜻하는 "영광"(=광영・光榮・glory)의 뜻에서(A.C. 4809・5922・8267・8427・9429항 참조), 그리고 신령진리를 통한 신령선을 뜻하는 "권세"(權勢・might)의 뜻에서, 잘 알 수 있습니다. 그 이유는 신령선은 신령진리를 통하여 모든 권세와 모든 능력(=힘・能力・power)을 가지기 때문입니다(A.C. 3091・3563・6344・6423・8304・9643・10019・10182항 참조). 이러한 내용은 주님에게서 비롯된 천사들의 능력에 관해서 언급된 ≪천계와 지옥≫ 228-233항을 참조하십시오. "영원무궁 하도록"(=세세토록・the ages of the ages)이라는 말이 영원까지를 뜻한다는 것은 부연설명 없이도 명료합니다. "영광"(=광영)이 천계에 있는 신령진리를 뜻한다는 것은, 신령진리는 거기에 있는 빛이고, 그리고 천계의 빛으로 말미암아 존재를 갖는 것들을 "광영"이라고 부르기 때문입니다. 그리고 그것들이 주님으로 말미암아 존재하고, 그리고 그분에게서 비롯된 신령진리를 표징하고, 그리고 주님의 광영을 선포하고, 특히 총명이나 지혜에 속한 것들인 천사 안에 있는 것들을 밝히 드러내기 때문입니다. 천계의 빛이 신령진리이다는 것, 천사 안에 있든 천사 밖에 있든, 천계에 있는 모든 것들은 거기에 있는 그 빛으로 말미암아 존재한다는 것 등은 ≪천계와 지옥≫ 126-140·172·173·176항을 참조하십시오. 이 세상에서는 "하나님에게 광영을 돌린다"(=하나님에게 광영이 영원무궁하기를 빈다)는 말이, 하나님이 자기 자신의 목적을 위해서 사람에게서 광영을 구하는 것이라고 믿고, 그리고 하나님은 그것에 의하여 마음을 움직이시며, 그리고 그것에 대한 보답으로 축복을 내리신다고 믿고 있습니다. 그러나 이와 같은 생각은 아주 큰 과오입니다. 하나님은 사람의 목적(man's sake)을 위해서 사람에게서 광영을 구하시는 것입니다. 왜냐하면 따라서 모든 것들을 자신의 공으로 돌릴 것은 사람에게 전무(全無)하고, 오직 신령존재의 은공(恩功)으로 돌리고, 그리고 사람이 이렇게 할 때 신령존재는 신령진리와 함께 입류하시고, 신령존재께서는 총명과 지혜를 그 사람에게 주시기 때문입니다. 이와 같은 것을 통해서만, 그리고 그 밖의 것으로는, 주님은 사람 안에서 광영을 받을 수 없습니다. 왜냐하면 주님은, 모두를 사랑하시고, 그리고 그 사랑으로 말미암아 그분의 광영, 다시 말하면 신령진리가 사람 안에 있기를 원하시기 때문입니다. 더욱이 주님께서 이것을 요한복음서에서 가르치셨습니다.

> 너희가 내 안에 머물러 있고, 나의 말이 너희 안에 머물러 있으면, 너희가 무엇을 구하든지 다 그대로 이루어질 것이다. 너희가 열매를 많이 맺어서 나의 제자가 되면, 이것으로 나의 아버지께서 영광을 받으실 것이다.
> (요한 15 : 7, 8)

인류의 구원 대업이 주님의 광영이다는 것은 A.C. 4347·4593·
5957·7550·8263·10646항을 참조하십시오.
　34. 아멘.
　이 말씀은 신령확증(神靈確證·Divine confirmation)을 뜻합니다. 이러
한 내용은 진리를 뜻하는 "아멘"(Amen)의 뜻에서 명확합니다. 왜냐
하면 이것이 히브리 말의 아멘(Amen)의 뜻이기 때문입니다. 진리라
고 하는 모든 진리는 신령하기 때문에, 성경에서 "아멘"이라는 말이
언급되었을 경우, 그것은 신령확증을 뜻합니다. 왜냐하면 진리는 모
든 것들을 확증하고, 그리고 신령진리는 자기 자체를 확증하기 때문
입니다. 그것은, 주님께서 이 세상에 계실 때 주님은 신령진리 자체
이셨기 때문이고, 그리고 주님께서 아주 자주, 일상적으로는 "진실
로 진실로"(verily)라고 번역된 "Amen"을 말씀하셨기 때문입니다.
　35. 7, 8절. "보아라, 그가 구름을 타고 오신다.
　　눈이 있는 사람은 다 그를 볼 것이요,
　　그를 찌른 사람들도 볼 것이다.
　　땅 위의 모든 족속이 그분 때문에
　　가슴을 칠 것이다."
꼭 그렇게 될 것입니다. 아멘.
지금도 계시고 전에도 계셨고 앞으로 오실 전능하신 주 하나님께서
"나는 알파와 오메가다" 하고 말씀하십니다.
[7절] :
"보아라, 그가 구름을 타고 온다"(=보라, 그가 구름들과 함께 온다)는
말씀은 주님께서 성언의 속뜻(內意)을 통하여 자기 자신을 계시하실
것이다는 것을 뜻합니다(본서 36항 참조). "눈이 있는 사람은 다 그
를 볼 것이다"(=모든 눈이 그를 볼 것이다)는 말씀은 선에서 비롯된
진리들 안에 있는 사람은 모두 그분을 시인할 것이다는 것을 뜻합
니다(본서 37항 참조). "그를 찌른 사람들도 볼 것이다"는 말씀은 악

에서 비롯된 거짓들 안에 빠져 있는 사람들도 역시 그분을 볼 것이다는 것을 뜻합니다(본서 38항 참조). "땅 위의 모든 족속이 그분 때문에 가슴을 칠 것이다"(=그로 인하여 애곡할 것이다)는 말씀은 교회에 속한 거짓들은 반대할 것이다는 것을 뜻합니다(39항 참조). "꼭 그렇게 될 것이다. 아멘"(=그대로 되리로다. 아멘)이라는 말씀은 그와 같이 될 것이다는 것을 뜻합니다(본서 40항 참조).

[8절] :
"나는 알파와 오메가, 시작과 끝이다"는 말씀은 그분께서 처음 것들로부터 궁극적인 것들을 통하여 모든 것들을 다스리신다는 것과, 따라서 천계에 속한 모든 것들을 영원히 다스리신다는 것을 뜻합니다(본서 41항 참조). "지금도 계시고, 전에도 계셨고, 앞으로 오실 주님께서 말씀하신다"는 말씀은 천계와 교회에 속한 모든 것들 안에 있는 모든 것(the All)이 비롯된 그분은 영원부터 영원하신다는 것과, 그리고 여호와이시다는 것을 뜻합니다(본서 42항 참조). "전능하신 분"(=전능하신 주 하나님)은 오직 그분으로 말미암는다는 것을 뜻합니다(본서 43항 참조).

36. 7절. "보아라, 그가 구름을 타고 오신다"(=보라, 그가 구름들과 함께 온다).
이 말씀은 주님께서 성언의 속뜻을 통하여 성언 안에서 당신 자신을 계시하실 것이다는 것을 뜻합니다. 이러한 내용은, 주님과 관련해서는 당신 자신을 계시하시는 것을 가리키는 "온다"(coming)는 말의 뜻에서, 그리고 궁극적인 것들 안에 있는 신령진리들을 가리키는, 따라서 문자 안에 존재하는 성언(聖言·the Word)을 가리키는 "구름들"(clouds)의 뜻에서, 잘 알 수 있습니다. 왜냐하면 문자적인 뜻의 측면에서 성언은 궁극적인 것들 안에 존재하는 신령진리이기 때문입니다. 거기에 내재해 있는 각각의 모든 것은 내적인 뜻, 또는 영적인 뜻을 내포하고 있기 때문에 "구름들과 함께 온다"(=구름을 타고 온다)는 말은 그 뜻을 통해서 당신 자신을 계시하시는 것

(revealing)을 뜻합니다. "구름들"(clouds)이 궁극적인 것들 안에 있는 신령진리들을 뜻한다는 것은 영계에 있는 외현(外現·顯現)에서 그러합니다. 거기에서 구름들은 여러 종류의 빛 가운데 나타납니다. 극내적 천계, 또는 삼층천(三層天)에서는 타고 있는 불꽃의 빛으로 나타나고, 중간천계, 또는 이층천에서는 밝은 흰색의 빛으로 나타나고, 극외적 천계, 또는 일층천에서는 매우 밝은 빛으로 나타납니다. 그리고 거기에 있는 사람들은 모두가 그 빛들이 주님에게서부터 천사들을 통하여 온 신령진리를 뜻한다는 것을 잘 알고 있습니다. 왜냐하면, 주님에게서 발출한 신령진리는 천계의 빛 자체인데, 그것이 천사들을 통하여 나타날 때에, 그것은 그들의 총명에 따라서 보다 순수하고, 보다 밝은 하나의 구름으로 나타나기 때문입니다. 이와 같은 구름들은 자주 나에게도 나타났는데, 그래서 나는 그것들이 뜻하는 것이 무엇인지 지각하였습니다. 이것이 세상에 있는 사람들의 목전(目前)에 나타난 이런 종류의 "구름들"이 궁극적인 것 안에 있는 신령진리를 뜻하는 이유입니다. 문자 안에 존재하는 성언이 궁극적인 것 안에 있는 신령진리이기 때문에, 그것은 바로 "구름들"이 뜻하는 것입니다.

[2] "구름들"이 이러한 뜻을 가지고 있다는 것을 알지 못하는 사람은, 주님께서는 최후심판(最後審判·the Last Judgment)을 위해서 구름들 가운데 올 것이고, 그리고 복음서의 기자들의 말에 따라서 광영 가운데 나타날 것이라고 생각할 것입니다. 복음서에서 주님께서 이렇게 말씀하십니다.

> 그 때에 인자가 올 징조가 하늘에서 나타날 터인데, 그 때에는 땅에 있는 모든 민족이 가슴을 치며, 인자가 큰 권능과 광영으로 하늘 구름을 타고 오는 것을 볼 것이다.
> (마태 24 : 30 ; 마가 13 : 26 ; 누가 21 : 27)

여기서 다루고 있는 "시대의 마지막 때"(the consummation of the age)는 교회의 마지막 때(the last time of the church)를 가리킵니다. 그리고 그 때의 주님의 강림은, 성언의 속뜻을 통하여 성경말씀 안에서 당신 자기 자신(Himself)과, 자신에게서 비롯된 신령진리에 속한 계시(降示·revelation)입니다. 성경말씀 이외의 어떤 곳에서도 주님께서는 당신 자신을 계시하시지 않고, 그리고 거기에서도 속뜻을 통하는 것을 제외하고서는 주님께서는 당신 자신을 계시하시지 않습니다. 속뜻 안에 있는 성언(聖言)은 "권능"(權能·power)과 광영(光榮·glory)에 의하여 뜻을 드러냅니다. 이와 같은 일은 오늘날 충분하게 이루어졌습니다. 다시 말하면 시대의 종말에 이르렀고, 그리고 최후심판이 성취되었습니다. 그리고 주님께서 하늘 구름들 가운데 오신다는 것, 다시 말하면 주님께서 성언의 속뜻(the internal sense of the Word)을 계시하셨다는 것은, 시작부터 마지막까지를 ≪최후심판≫에서, 그리고 ≪천계와 지옥≫의 1항에서, 그리고 또한 ≪새 예루살렘의 교리≫ 249-266항에서, 각각 읽을 수 있습니다. "시대의 종말"(the consummation of the age)이 교회의 마지막 때를 뜻한다는 것은 A.C. 4535·10622항을 참조하시고, "주님의 강림"(the coming of the Lord)이 성언의 속뜻을 통한 신령진리의 계시를 뜻한다는 것은 A.C. 3900·4060항을 참조하시고, "구름들"(clouds)이 성언의 문자적인 뜻(the sense of the letter of the Word)을 뜻한다는 것은 A.C. 4060·4391·5922·6343·6752·8106·8781·9430·10551·10574항을 참조하시고, "광영"(光榮·glory)이 천계에 있는 신령진리를, 따라서 성언의 속뜻을 뜻하는데, 그 이유는 신령진리는 천계에 있기 때문이다는 것은 A.C. 5922·9429·10574항을 참조하십시오. 주님께서 "권능 가운데 오실 것이다"고 언급되었는데, 그 이유는 주님에게서 비롯된 신령진리가 모든 권능이나 능력을 가지고 있기 때문이다는 것은 ≪천계와 지옥≫ 228-233·539항을 참조하십시오. 대제사장에게 하신 주님의 말씀도 같은 뜻을 뜻합니다. 즉-.

> 예수께서 대제사장에게 대답하셨다. "당신이 말하였소. 내가 당신들에게 다시 말하오. 이제로부터 당신들은, 인자가 권능의 보좌 오른쪽에 앉아 있는 것과 하늘 구름을 타고 오는 것을 보게 될 것이오."
> (마태 26 : 64 ; 마가 14 : 62)

"인자"(人子·사람의 아들·the Son of man)는 신령진리의 측면에서 주님을 뜻하고, "권능의 보좌 오른쪽에 앉는다"는 말은 그분의 전능(全能·His omnipotence)을 뜻하고, "하늘 구름을 타고 온다"(=하늘 구름 가운데 온다)는 말은 성언 안에 계신 주님에 관한 신령진리의 계시를 뜻합니다. 왜냐하면 주님께서 당신 자신을 계시하셨고, 그리고 주님께서는 특히 그분의 인성의 광영화(the glorification of His Human)를 다루는 속뜻에 내포된 모든 것들을 성취하셨기 때문입니다. [3] 아래 장절의 "구름들"도 같은 내용을 뜻합니다. 다니엘서의 말씀입니다.

> 내가 밤에 이러한 환상을 보고 있을 때에
> 인자 같은 이가 오는데,
> 하늘 구름을 타고 와서,······
> (다니엘 7 : 13)

묵시록의 말씀입니다.

> 내가 보니, 흰 구름이 있고, 그 구름 위에는 '인자 같은 이'가 앉아 있었습니다. 그는 머리에 금 면류관을 쓰고······
> (묵시록 14 : 14, 16)

이사야서의 말씀입니다.

> 주께서 빠른 구름을 타고
> 이집트로 가실 것이니,……(=보라, 주가 빠른 구름을 타고 이집트로 오시리라).
> (이사야 19 : 1)

시편서의 말씀입니다.

> 하나님을 찬양하여라.
> 그의 이름을 노래하여라.
> 광야에서 수레를 타고 오시는 분에게(=구름을 타고 오시는 분에게),
> 길을 열어 드려라.
> 주의 이름을 찬양하여라.
> (시편 68 : 4)

같은 책의 말씀입니다.

> 주님은……
> 구름으로 병거를 삼으시며,
> 바람 날개를 타고 다니십니다.
> (시편 104 : 3)

문자적인 뜻에 따라서는 이해되지 않는다는 것들을 어느 누구가 이해할 수 없겠습니까? 다시 말하면 주님께서 구름 위에 앉으시고, 구름을 타고 다니시고, 구름들을 병거(兵車・戰車)를 삼으신다는 것을 어느 누구가 이해할 수 있겠습니까? 영적으로 생각하는 사람은 여호와(=주님)께서는 그분의 신령진리(His Divine truth) 안에 현존(現存)하신다는 것을 잘 알 것입니다. 왜냐하면 신령진리는 그분에게서 발출하기 때문입니다. 결과적으로 이것이 "거기에 있는 구름들"이 뜻하는 것이기 때문입니다. 그러므로 여호와(=주님)께서 "구름들로 병거를 삼으셨다"고 언급되었습니다. 그 이유는 "병거"(兵車・戰車・

chariot)가 진리에 속한 교리를 뜻하기 때문입니다(A.C. 2762·5321·
8215항 참조).
[4] 아래의 장절에서도 마찬가지입니다. 이사야서의 말씀입니다.

    너 하늘아, 위에서부터 의를 내리되,
    비처럼 쏟아지게 하여라.
    (이사야 45 : 8)

나훔서의 말씀입니다.

    회오리바람과 폭풍은
    당신이 다니시는 길이요,
    구름은 발 밑에서 이는 먼지이다.
    (나훔 1 : 3)

시편서의 말씀입니다.

    너희는 하나님의 능력을 선포하여라.
    그의 위엄은 이스라엘을 덮고,
    그의 힘은 구름 위로 뻗는다.
    (시편 68 : 34)

신명기서의 말씀입니다.

    이스라엘 백성아,
    너희의 하나님과 같은 신은 달리 없다.
    하나님이 너희를 도우시려고,
    하늘에서 구름을 타시고 위엄 있게 오신다.
    (신명기 33 : 26)

시편서의 말씀입니다.

> 하늘에 있는 진실한 증인(=구름들 안에 있는 진실한 증인)
> (시편 89 : 37)

이상에서 우리는 그것이 뜻하는 것이 무엇인지 이해할 수 있겠습니다.

> 안뜰에 가득 차 있는 구름.
> (에스겔 10 : 3, 4)

그리고 모세의 글에서 반복되는 성막 위에 머문 "구름"이 있습니다. 그 밖의 장절입니다.

> 예수께서는, 그분이 변화 산에서 변화하셨을 때, 세 제자들에게 광영 가운데 나타나셨고, 빛나는 구름이 그들을 뒤덮었다. 그리고 구름 속에서 "이는 내 사랑하는 아들이다. 내가 그를 좋아한다. 너희는 그의 말을 들어라" 하는 소리가 들려왔다.
> (마태 17 : 1-10 ; 마가 9 : 1-11 ; 누가 9 : 28-36)

천사들 가운데 있는 구름 안에 주님께서 계시는 것에 관해서 언급한 ≪우주 안의 지구들≫(the Earths in the Universe) 171항을 참조하십시오.

37. **"눈이 있는 사람은 다 그를 볼 것이다"**(=모든 눈이 그를 볼 것이다).

이 말씀은 선에서 비롯된 진리들 안에 있는 사람은 모두 주님을 시인할 것이다는 것을 뜻합니다. 이러한 내용은, 이해한다(to understand), 지각한다(to perceive), 시인한다(to acknowledge)는 것을 가리키는 "본다"(seeing)는 말의 뜻에서(A.C. 2150・2325・2807・3764・3863・3869・4723・10705항 참조), 그리고 이해(理解)나 믿음을 가리키는

"눈"(11 · eye)의 뜻에서(A.C. 2701 · 4403-4421 · 4523-4534 · 9051 · 10569항 참조), 따라서 선에서 비롯된 진리들 안에 있는 것들을 가리키는 "눈"(11 · eye)의 뜻에서 잘 알 수 있습니다. 왜냐하면 이런 것들은 믿음 안에 존재하고, 그리고 거기에서 파생된 이해 안에 존재하기 때문입니다. "눈"(11)이 이해나 믿음을 가리킨다는 것은 대응(對應)에서 비롯된 것입니다. 왜냐하면 이해(理解)는 내적인 시각(internal sight)이고, 눈을 수단으로 해서 보는 것은 바로 내적인 시각이기 때문입니다. 왜냐하면 내적인 시각은 대상물들에 대하여 눈에 종결하고, 그리고 수용을 목적해서 수많은 것들인 그것의 내면적인 부분들을 정리, 배열하기 때문입니다. 이것의 결과는 안구(眼球)의 홍채(虹彩)나 눈동자(瞳孔)는 이해의 바람이나 결핍(缺乏)에 전적으로 일치하여, 팽창(膨脹)하기도 하고, 수축(收縮)하기도 하고, 희미하기도 하고, 밝히기도 하고, 어떤 때는 섬광(閃光)을 내는 것처럼 보이기도 합니다. 그러므로 어느 정도까지는 생각에 속한 정동을 눈들에서 볼 수 있습니다. 그것은 눈이 이해를 뜻한다는 대응에서 비롯됩니다. 눈(11)은 또한 믿음을 뜻합니다. 그 이유는 믿음에 속한 진리는 이해 이외의 다른 거처(居處)를 가질 수 없기 때문이고, 거기에서 살 수 없는 진리는 사람 안에 결코 존재하지 않기 때문입니다(≪새 예루살렘의 교리≫ 28-36항 참조). 영적인 뜻으로 "눈"이 믿음을 뜻한다는 것은, 주님을 향한 천사들의 성향(性向 · looking) 때문입니다. 왜냐하면 천사들은 변함없이 자신들의 얼굴을 주님을 향하고 있기 때문입니다. 그들이 주님을 향하는 그들의 방향 전환(轉向 · turning)에 관해서는 H.H. 123 · 142 · 143 · 145 · 151 · 153 · 255 · 272 · 510항을 참조하십시오.

38. "그를 찌른 사람들도 (볼 것이다)."
이 말씀은 악에서 비롯된 거짓들 안에 빠져 있는 사람들도 역시 주님을 볼 것이다는 것을 뜻합니다. 이러한 내용은, 주님을 철저하게 부인(否認)하고, 배척하는 자들을 가리키는 "찌른다"는 말의 뜻에서 잘 알 수 있습니다. 왜냐하면 이들은 자신들 가운데서 주님을 죽이고, 토막내기 때문입니다. 왜냐하면 주님의 옆구리를 창으로 찌른 병정들이 이런 작자들을 뜻하기 때문입니다(요한 19 : 34-37). "군인"이나 "군인들"은 교회에 속한 사람들을 뜻하고, 주님을 위하여 싸우는 사람들을 뜻합니다. 여기서 특별하게는 유대 교회에 속한 자들을 뜻합니다. 그리고 일반적으로는 악에서 비롯된 거짓들 안에 빠져 있는 교회에 속한 모두를 뜻합니다. "군인들"이 이런 인물들이나 작자들을 뜻하기 때문에, 그 군인들은 주님의 겉옷(the Lord's garments)을 찢어 나누었고, 주님의 속옷(His coat)은 제비를 뽑아서 취하였는데, 이와 같은 짓거리는 유대 교회가 성언의 문자적인 뜻 안에 있는 신령진리들을 분산(分散)시키고, 소멸(掃滅)시켰다는 것을 뜻합니다. 그러나 그들은 내면적인 진리들, 또는 속뜻에 속한 신령진리들은 그렇게 하지 못하였습니다. 왜냐하면 "겉옷"은 궁극적인 것 안에 있는 진리들을 뜻하고(A.C. 2576 · 5248 · 6918 · 9158 · 9212항 참조), 그리고 "나눈다"(to divide)는 것은 소멸하는 것이나 분산시키는 것을 뜻하고(A.C. 4424 · 6360 · 6361 · 9093항 참조), 그리고 "속옷"은 내면적인 진리들을 뜻하기(A.C. 9048 · 9212 · 9216 · 9826항 참조) 때문입니다.

39. "**땅 위의 모든 족속들이 그분 때문에 가슴을 칠 것이다**"(=땅의 모든 족속이 그분 때문에 애곡하리라).
이 말씀은 교회에 속한 거짓들이 반대할 것이다는 것을 뜻합니다. 이러한 내용은, 비탄에 잠기는 것, 슬퍼하는 것, 불쾌하게 되는 것, 분노하는 것, 싫어하는 것, 따라서 반대하는 것을 가리키는 "애곡"(哀哭)한다(=가슴을 친다 · 슬퍼한다 · lamenting)는 말의 뜻에서, 총체적으로 모든 진리들과 선들을 가리키는, 그리고 아래에서 설명하게 될 반대의 뜻으로 총체적인 모든 거짓들과 악들을 가리키는 "족속"의 뜻에서, 그리고 교회를 가리키는 "땅"(earth)의 뜻에서(본서 29항 참조), 잘 알 수 있습니다. "땅 위의 모든 족속"이 그 때 온 교회를 뜻하고, "그분 때문에 생긴 그들의 애곡"은 선과 진리가 더 이상 없다는 것을 뜻하는데, 그 이유는 온갖 거짓들이나 악들이 지배하고, 반대할 것이기 때문입니다. 왜냐하면, 우리의 본문은 일반적으로 그 것의 종말에 이르게 될 교회의 상태가 어떠한 것인지를 다루고 있기 때문입니다. 교회가 종말에 이르게 되면, 거기에 인애가 존재하지 않기 때문에 더 이상 믿음이 존재하지 않을 것입니다. 다시 말하면 그 때 주님께서는 당신 자신을 계시할 것이고, 그리고 선에서 비롯된 진리들 안에 있는 사람들은 주님을 시인할 것이고, 그리고 또한 악에서 비롯된 거짓들에 빠져 있는 자들도 주님을 볼 것이지만, 그러나 교회에 속한 거짓들은 반대하고, 대립할 것입니다. 묵시록서가 교회의 계속적인 상태들을 다루지 않고, 그것의 종말에 이르렀을 때 교회의 마지막 상태에 관해서 다루고 있다는 것은 본서 5항을 참조하십시오. 그리고 교회의 종말은, 인애가 없기 때문에, 거기에 믿음이 없는 때를 가리킨다는 것은 ≪최후심판≫ 33-39항과 그 아래의 것들을 참조하십시오. 인애가 없기 때문에 거기에 믿음이 존재하지 않을 때, 악에서 비롯된 온갖 거짓들이 지배하고, 선에서 비롯된 진리를 반대, 대항합니다.

[2] 이스라엘 백성이 열두(12) 지파로 나뉘었기 때문에, 성경에 "족속들"(=지파들)이라는 말이 자주 언급되는데, 성언의 속뜻을 알지 못하는 사람은, "족속들"이 이스라엘의 지파들을 뜻한다고 여길 것입니다. 그러나 "족속들"(=지파들)은 이스라엘의 지파들을 뜻하지 않고, "이스라엘" 역시 이스라엘을 뜻하지 않고, 오히려 "족속들"은 선에서 비롯된 진리들 안에 있는 사람들을 뜻하고, 그리고 "이스라엘"은 주님의 교회를 뜻합니다. 이런 것에 무지(無知)한 사람은, 이스라엘의 자손들이 땅 위에 있는 다른 사람들보다는 오히려 선택되었다는 것과, 그리고 그들은 종국에 가나안 땅으로 옮겨질 것이다는 것과, 틀림없이 하늘나라도 주로 그들로부터 형성될 것이다는 등등의 통속적인 신념(the common belief)에 쉽게 적용할 것입니다. 그러

나 그 때 사실은, 그들의 이름들은 그들을 뜻하지 않고, 오히려 선에서 비롯된 진리들 안에 있는 사람들을, 따라서 교회에 속한 사람들을 뜻합니다. 열두 지파는 이런 모두를 뜻하고, 개별적인 지파는, 교회에 속한 사람들에게 속해 있는 어떤 개별적인 진리나 선을 뜻합니다.
[3] 이런 사실이 이해되었을 때 묵시록서의 이와 같은 말씀들이 뜻하는 것이 무엇인지 이해될 것입니다. 묵시록서의 말씀입니다.

> 내가 들은 바로는 도장을 받은 사람의 수가 십사만사천 명이었습니다. 이와 같이 이마에 도장을 받은 사람들은 이스라엘 자손의 각 지파에서 나온 사람들이었습니다.
> 도장을 받은 자는,
> 유다 지파에서 일만이천 명이요
> 르우벤 지파에서 일만이천 명이요,
> 갓 지파에서 일만이천 명이요,
> 아셀 지파에서 일만이천 명이요,
> 납달리 지파에서 일만이천 명이요,
> 므낫세 지파에서 일만이천 명이요,
> 시므온 지파에서 일만이천 명이요,
> 레위 지파에서 일만이천 명이요,
> 잇사갈 지파에서 일만이천 명이요,
> 스불론 지파에서 일만이천 명이요,
> 요셉 지파에서 일만이천 명이요,
> 베냐민 지파에서 일만이천 명이었습니다.
> 이들이 모두 도장을 받은 자들이었습니다.
> (묵시록 7 : 4-8)

여기서 이들이 이스라엘 민족에 속한 사람들을 뜻하지 않고, 오히려 그보다 아무리 훨씬 더 많다고 해도, 선에서 비롯된 진리들 안에 있는 사람들 모두를 뜻합니다. 왜냐하면 이들 모두는 천계를 위해서

도장을 받았기 때문입니다. 더욱이 숫자 "십사만 사천"(144,000)과 "일만 이천"(12,000)은 모든 것을 뜻하고, 각각의 지파는 그 이름들이 뜻하는 진리나 선 안에 있는 모두를 뜻합니다. 그러한 내용은 ≪천계비의≫에 설명된 내용에 잘 나타나 있습니다. 예를 들면, "유다"가 뜻하는 선과 진리는 A.C. 3881·6363항을 참조하시고, "르우벤"이 뜻하는 것은 A.C. 3861·3866·4605·4731·4734·4761·6342-6345항을, "갓"이 뜻하는 것은 A.C. 3934·3935항을, "아셀"이 뜻하는 것은 A.C. 3938·3939·6408항을, "납달리"가 뜻하는 것은 A.C. 3927·3928항을, "므낫세"가 뜻하는 것은 A.C. 3969·5351·5354·6222·6234·6238·6267·6296항을, "시므온"이 뜻하는 것은 A.C. 3869-3872·4497·4502·4503·5482·5626·5630항을, "레위"가 뜻하는 것은 A.C. 3957항을, "잇사갈"이 뜻하는 것은 A.C. 3956·3957항을, "스불론"이 뜻하는 것은 A.C. 3960·3961·6383항을, "요셉"이 뜻하는 것은 A.C. 3969·3971·4669·6417항을, 그리고 "베냐민"이 뜻하는 것은 A.C. 3969·4592·5411·5413·5443·5639·5686·5688·5689·6440항을, 각각 참조하십시오. 성경의 모든 숫자들이 사물들(事物·things)을 뜻한다는 것은 A.C. 482·487·647·648·755·813·1963·2075·2252·3252·4264·4495·4670·5265·6175·9488·9659·10217·10253항을 참조하십시오. 그리고 "열둘"(12)이 모든 것들이나, 그리고 선에서 비롯된 진리들에 관한 모든 것들을 뜻한다는 것은 A.C. 577·2089·2129·2130·3272·3858·3913항을 참조하시고, 그리고 숫자 "칠십이"(72)·"백사십사"(144)·"천이백"(1200)·"십사만사천"(144,000)도 같은 뜻입니다. 그 이유는 이들 숫자들은 숫자 "십이"(12)의 곱셈에 의하여 생겨났기 때문입니다(A.C. 7973항 참조). 복합된 숫자들이, 그것들이 곱셈에 의하여 생긴 것이므로 그것들에서 비롯된 단수(單數)가 지니고 있는 동일한 뜻을 가지고 있다는 것은 A.C. 5291·5335·5708·7973

항을 참조하십시오.

[4] 숫자들이 사물들을 뜻한다는 것이나, 그리고 숫자 "열둘"(12)・"백사십사"(144)・"일만이천"(12,000)이 뜻하는 것이 무엇인지 알지 못하는 사람은, 마찬가지로 "지파들"이나 "사도들"이 뜻하는 것을 알지 못하는 사람은 묵시록서의 아래의 장절의 낱말들이 뜻하는 것이 무엇인지 알 수 없습니다. 즉―.

> 거룩한 도시 새 예루살렘에는 높고 큰 성벽이 있고, 거기에는 열두 대문이 달려있었습니다. 그 열두 대문에는 열두 천사가 지키고 있고, 이스라엘 자손 열두 지파의 이름이 적혀 있었습니다.……그 도시의 성벽에는 주춧돌이 열두 개가 있고, 그 위에는, 어린 양의 열두 사도의 열두 이름이 적혀 있었습니다.……그 도시는 네 모가 반듯하고, 가로와 세로가 같았습니다. 그가 자막대기로 그 도시를 재어 보니, 가로와 세로와 높이가 서로 꼭 같이 만이천 스타디온이었습니다. 또 그가 성벽을 재어 보니, 사람의 치수로 백사십사 규빗이었는데, 그것은 천사의 치수이기도 합니다.
> (묵시록 21 : 12, 14, 16, 17)

이런 모든 것들이 뜻하는 것이 무엇인지는 ≪새 예루살렘의 교리≫에 설명된 것을 볼 수 있을 것입니다(전게서 1항 참조). 다시 말하면 "예루살렘"은 교리의 측면에서 교회를 뜻하고, "예루살렘 성벽"은 보호하는 진리들을 뜻하고, "대문들"은 서론격인 진리들을 뜻하고, "주춧돌들"은 교리가 기초하고 있는 지식들을 뜻하고, "열두 천사들"이나 "열두 지파들"은 총체적인 모든 진리들이나 선들을 뜻하고, "열두 사도들"은 위와 같은 것들을 뜻하고, 숫자 "열둘"(12)・"백사십사"(144)・"일만이천"(12,000)은 모든 사물들이나 모든 사람들을 뜻합니다.

[5] 더욱이, "열두 지파들"이 뜻하는 이런 것들을 아는 사람은 아래의 장절에 있는 비의(秘義)를 이해할 수 있습니다. 출애굽기서의

말씀입니다. 우림과 둠밈에 이스라엘의 아들의 수 대로 보석 열두 개를 새겨 넣은 이유와 마찬가지로 가슴받이(胸牌)가 뜻하는 것이 무엇인지 알 수 있겠습니다(출애굽기 28 : 21 ; 39 : 10-15). 이 비의는 설명된 A.C. 3858・6335・6640・9863・9865・9873・9874・9905항에서 읽을 수 있습니다. 또 그 사람은 이것이 뜻하는 것도 이해할 수 있습니다. 즉―.

> 새 세상에서 인자가 자기의 영광스러운 보좌에 앉고, 만물이 새롭게 될 때에, 나를 따라온 너희(=열두 사도들)도 열두 보좌에 앉아서, 이스라엘 열두 지파를 심판할 것이다.
> (마태 19 : 28)

다시 말하면, 주님만이 홀로 선에서 비롯된 진리들에 의하여 모두를 심판할 것이다(A.C. 2129・6397항 참조)는 것을 알 수 있겠습니다. 그리고 또한 아래의 내용이 뜻하는 것도 알 수 있을 것입니다. 즉, 창세기 49장의 그의 아들들에 대한 아버지 이스라엘의 유언(=예고)의 말씀입니다. 그 밖의 성경의 수많은 곳에 거론된 지파들도 마찬가지 내용을 뜻합니다(예를 들면, 이사야 19 : 13 ; 49 : 6 ; 63 : 17 ; 예레미야 10 : 16 ; 에스겔 48 : 1 ; 시편 122 : 3-5 ; 신명기 32 : 8 ; 민수기 24 : 2 ; 묵시록 5 : 9 ; 7 : 4-9 ; 11 : 9 ; 13 : 7 ; 14 : 6이나 그 밖의 여러 장절들이 있다).

[6] 또다시 시대의 종말과 주님의 강림(=再臨)에 관한 주님의 말씀이 무엇을 뜻하는지 살펴보겠습니다. 마태복음서의 말씀입니다.

> 그 환난의 날들이 지난 뒤에,
> 곧 해는 어두워지고,
> 달은 빛을 내지 않고,
> 별들은 하늘에서 떨어지고,
> 하늘의 세력들은 흔들릴 것이다.

그 때에 인자가 올 징조가 하늘에서 나타날 터인데, 그 때에는 땅에 있는 모든 민족이 가슴을 치며, 인자가 큰 권능과 영광으로 하늘 구름을 타고 오는 것을 볼 것이다.
(마태 24 : 29, 30)

이 말씀들은 저서 ≪천계와 지옥≫ 1항에 자세하게 설명된 것을 읽을 수 있을 것입니다. 그리고 ≪천계비의≫에 기록된 아래의 구절에서도 읽을 수 있을 것입니다. 다시 말하면 이스라엘의 열두 지파들은 총체적으로 모든 진리들과 선들을 표징하고, 그것에서부터 믿음이나, 사랑에 속한 모든 것들을 뜻한다는 것 역시 읽을 수 있습니다(A.C. 3858·3926·4060·6335항 참조). "열두 사도들"도 같은 것을 뜻합니다(A.C. 2129·3354·3488·3858·6397항 참조). 그리고 그들의 뜻은 그들이 명명된 순서에 따라서 다양하게 변합니다(A.C. 3862·3926·3939·4603·6337·6640·10335항 참조).

40. 꼭 그렇게 될 것이다. 아멘.

이 말씀은 그것이 그러할 것이다는 신령확증을 뜻합니다. 이러한 내용은, 그러할 것이다는 것은 앞에서 언급한 것들의 확증을 가리키는 "꼭 그렇게 될 것이다"(even so)는 말의 뜻에서, 그리고 신령확증을 가리키는 "아멘"의 뜻에서(본서 34항 참조), 잘 알 수 있습니다.

41. 8절. "나는 알파와 오메가이다."

이 말씀은 그분께서 궁극적인 것들을 통하여 처음 것들로부터 모든 것들을 다스리신다는 것, 따라서 영원히 천계에 속한 모든 것들을 다스리신다는 것을 뜻합니다. 이러한 내용은 시작과 끝을 가리키는 "알파와 오메가"의 뜻에서, 또한 처음 것들 안이나, 궁극적인 것들 안에 있다는 것을 가리키는 "알파와 오메가"의 뜻에서 명확합니다. 처음 것들(the firsts) 안에, 그리고 궁극적인 것들(the ultimates) 안에 존재하는 그분은 역시 매개적인 것들, 따라서 모든 것들을 다스리십니다. 이러한 내용들은 주님의 신령인성(the Lord's Divine

Human)에 관해서 언급된 것들입니다. 왜냐하면 그런 것들은 예수 그리스도에 관해서 언급되었고, 그리고 그 이름이 그분의 신령인성 (=신령인간·His Divine Human)을 뜻하기 때문입니다(본서 26항 참조). 이것에 의하여 주님께서는 처음 것들이나, 궁극적인 것들 안에 계십니다. 그러나 그분께서 궁극적인 것들을 통하여 처음 것들로 인하여 모든 것들을 다스리신다는 것은, 아직까지는 사람이 지각할 수 없는 비의(秘義)입니다. 왜냐하면 사람은, 천계들이 나뉘어지는 계속적인 계도(階度)에 관해서, 그리고 사람의 내면적인 것들이 나뉘어지는 계속적인 계도에 관해서, 아무것도 모르기 때문입니다. 사람은, 살이나 뼈의 측면에서 그의 궁극적인 것 안에 있다는 것을, 거의 알지 못합니다. 그리고 사람은 매개적인 것들이 궁극적인 것들을 통하여 처음 것들로 인하여, 어떻게 다스려지고 있는지도 깨닫지 못하고 있습니다. 그럼에도 불구하고 모든 것들을 다스리시기 위하여 주님께서는 궁극적인 것에 이르는, 다시 말하면 살이나 뼈에까지 이르는, 이 세상에 오셔서 주님은 인성을 입으셨고, 그것을 영화시키었습니다. 다시 말하면 인성을 신령한 것으로 완성하셨습니다. 주님께서 이와 같은 인성을 입으셨다는 것, 그리고 그것을 그분과 함께 천계에 가지고 가셨다는 것 등은 이런 사실에서, 즉, 그분께서 무덤에는 그분의 몸에 속한 것은 아무것도 남겨 놓으시지 않았다는 사실에서 교회에는 잘 알려져 있습니다. 그리고 그분의 제자들에게 하신 말씀에서도 역시 잘 알려져 있습니다. 누가복음서의 말씀입니다.

"내 손과 내 발을 보아라. 바로 나다. 나를 만져 보아라. 유령은 살과 **뼈**가 없지만, 너희가 보다시피, 나는 살과 **뼈**가 있지 않느냐?"
(누가 24 : 39)

그러므로 이 인성은 궁극적인 것 안에 주님이 계신다는 것을 뜻하고, 그리고 주님께서는 이런 궁극적인 것도 신령한 것으로 완성하시는 것에 의하여, 주님께서는 궁극적인 것들을 통하여 처음 것들로부터 모든 것들을 다스리시는 능력을 신령존재에게 나타내셨습니다. 만약에 주님께서 이 일을 하시지 않았다면, 이 지상의 온 인류는 영원한 죽음 가운데 멸망하였을 것입니다. 그러나 이 비의는 이 이상 더 상세하게 밝힐 수는 없겠습니다. 그 이유는 궁극적인 것들을 통하여 처음 것들로부터 모든 것들을 다스리신다는 신령통치에 속한 개념에 의하여 형성하여야 하고, 또 터득하여야 할 필히 주지하여야 할 더 많은 것들이 있기 때문입니다. 그럼에도 불구하고 몇 가지 것들은 ≪천계비의≫에 설명된 것에서 이해의 상태에 들어오기는 합니다. 다시 말하면, 내면적인 것이 계속해서 외적인 것들에 입류한다는 것, 심지어 가장 외적인 것이나, 궁극적인 것에까지 입류한다는 것, 그리고 그것들은 거기에 존재하고, 존속된다는 것 등입니다(A.C. 634·6239·6465·9216·9217항 참조). 내면적인 것들이 계속해서 입류할 뿐만 아니라, 그것들은 또한 궁극적인 것 안에 동시적인 것을 형성한다는 것입니다. 그리고 어떤 질서 가운데 있는지는 A.C. 5897·6451·8603·10099항을 참조하십시오. 그러므로 모든 내면적인 것들은 궁극적인 것에 의하여 처음 것들에서 비롯된 모든 관련 가운데 있습니다(A.C. 9828항 참조). 그리고 ≪천계와 지옥≫ 297항을 참조하십시오. 이것에서 알 수 있는 것은 궁극적인 것 안에는 힘(strength)과 능력(power)이 존재한다는 것입니다(A.C. 9836항 참조). 그리고 이것에서 알 수 있는 것은 궁극적인 것은 내면적인 것보다 더 거룩하다는 것입니다(A.C. 9824항 참조). 그리고 이것에서 알 수 있는 것은 "처음과 끝(=또는 궁극적인 것)"은 모든 것들을 뜻한다는 것입니다(A.C. 10044·10329·10335항 참조). 분할되는 천계에 유입하는, 그리고 분할(分割)되는 사람의 내면적인 것들에 유입하는 계속적인 계도들(the successive degrees)에 관해서는 ≪천계와 지옥≫ 38항을 참조하십시오. 주님이 "처음이요, 마지막이다"는 것이 언급되었는데, 이 말은 주님께서 주님이 영원부터 영원까지이다는 것을 뜻합니다. 그러나 우리가 볼 수 있는 것은 앞에서 설명한 것(본서 23항 참조) 이상 자세하게 이해력에 설명할 수는 없겠습니다.

42. 지금도 계시고, 전에도 계셨고, 앞으로 오실 주 하나님께서 말씀하셨다.
이 말씀은 영원부터 영원까지 천계에 속한, 그리고 교회에 속한, 모든 것 안에 있는 모든 것(the All) 되시는 주님에게서 비롯되었다는 것을 뜻하고, 그리고 그분이 여호와이시다는 것을 뜻합니다. 이러한 내용은, 동일한 말이 등장하는 앞서의 설명에서(본서 23항 참조), 명확합니다.

43. 전능하신 주 하나님(全能者 · the Almighty).
이 말씀은 당신 자신으로 말미암는다는 것을 뜻합니다. 이러한 내용은, 천계에서 주님 이외에는 어느 누구도 어떤 능력을 가질 수 없다는 사실에서 잘 알 수 있습니다. 그러므로 천사들은 온갖 능력을 가리키고, 또한 천사들은 주님에게서 비롯된 그들의 수용의 정도에 따라서 매우 유능합니다. 그리고 그들은, 신령진리와 결합된 신령선 안에 있는 정도에 따라서, 능력을 받습니다. 왜냐하면 이것이 천계에 계신 주님이시기 때문입니다. 이상에서 명확히 알 수 있는 것은 오직 주님만이 능력이시다는 것, 그리고 주님에게서 비롯된 것을 제외하면 천계에는 어느 누구도 유능할 수 없다는 것입니다. 그 이유는, 주님의 신령존재는 천계에 있는 모든 것들 안에 있는 모든 것(the All)이기 때문입니다. 왜냐하면 이것은 일반적으로는 천계를 이루는 것이고, 개별적으로는 각자에게 있는 천계를 이루는 것이기 때문입니다. 더욱이 창조된 모든 것들은 주님에 의하여 창조되었고, 따라서 하늘과 땅도 주님에 의하여 창조되었다는 것입니다. 이런 사실은 요한복음서에서 주님 친히 가르치셨습니다.

태초에 말씀이 계셨다. 그 말씀은 하나님과 함께 계셨다. 그 말씀은 하

나님이셨다.……모든 것이 그로 말미암아 생겨났으니, 그가 없이 생겨
난 것은 하나도 없다. 그의 안에서 생겨난 것은 생명이었으니, 그 생명
은 모든 사람의 빛이었다.……말씀이 육신이 되어 우리 가운데 사셨다.
(요한 1 : 1, 3, 4, 14)

"말씀"(뿍,i · the Word)은 천계에 있는 신령진리를 뜻하고, 거기에 있는 모든 것들은 그것으로 말미암아 존재합니다. 이것이 신령인성의 측면에서 주님이시다는 것은 명확합니다. 왜냐하면 "말씀이 육신이 되어 우리 가운데 사셨다"고 언급되고 있기 때문입니다. 천사의 모든 생명이 그것에서 비롯되었기 때문에, 마찬가지로 천계에 있는 모든 빛이 그것에서 비롯되었기 때문에, "그의 안에 생명이 있었다, 그 생명은 모든 사람의 빛이었다"고 언급하고 있습니다. 그럼에도 불구하고 이런 모든 것들은 ≪천계와 지옥≫에 충분하게 설명된 것에서 이해할 수 있습니다. 다시 말하면 주님의 신령존재가 천계를 완성하셨다는 것은 전게서 7-12항을 참조하시고, 이것이 또한 그분의 신령인성이시다는 것은 전게서 78-86항을 참조하시고, 천사들의 모든 생명이 그것에서 비롯되었다는 것은 전게서 9항을 참조하시고, 천계에 있는 모든 빛 역시 그것에서 비롯되었다는 것은 전게서 126-140항을 참조하시고, 천사들은 주님으로부터 자신들의 능력을 취하며 자기 자신에게서는 전혀 아무것도 취할 수 없다는 것은 전게서 228-233항을 참조하십시오. 이상에서 명확한 것은, "전능하다"(全能 · Almighty)는 것은 주님으로 말미암아 존재한다는 것, 산다는 것, 능력을 갖는다는 것 등을 뜻한다는 것입니다. 주님의 신령인성(the Lord's Divine Human)은, 아버지(the Father)라고 부르는 당신 자신 안에 있는 그의 신성(His Divine)과 동등하게 그것 자체로 말미암아 존재하고, 생명을 가지고, 능력을 취한다는 것입니다. 주님께서 이렇게 가르치십니다.

아버지께서 자기 안에 생명이 있는 것처럼, 아들에게도 생명을 주셔서, 그 안에 생명이 있게 하여 주셨기 때문이다.
(요한 5 : 26)

자신 스스로 생명을 가진 사람은 아무도 없다고 예수님은 선언하십니다. 즉—.

너희는 나를 떠나서는 아무것도 할 수 없다.
(요한 15 : 5)

44. 9-11절. 예수 안에서 여러분의 형제요 예수 안에서 환난과 그 나라와 인내에 여러분과 더불어 참여한 사람인 나 요한은, 하나님의 말씀과 예수를 증언한 탓으로, 밧모라는 섬에 갇혀 있었습니다. 주의 날에 내가 성령 안에서 내 뒤에서 나팔과 같이 울리는 큰 음성을 들었는데, 이르시기를 "네가 보는 것을 책에 기록하여, 일곱 교회, 곧 에베소와 서머나와 버가모와 두아디라와 사데와 빌라델비아와 라오디게아에 있는 교회로 보내어라" 하셨습니다.

[9절] :
"나, 요한"이라는 말씀은 주님에 관한 교리(敎理 · doctrine)를 뜻합니다(본서 45항 참조). "여러분의 형제"라는 말씀은 주님사랑에 속한 선과 그것에 관한 것을 뜻합니다(본서 46항 참조). "환난에 참여한 사람"(=동참자)이라는 말씀은 온갖 거짓들에 의하여 괴롭힘을 당한 믿음에 속한 진리를 뜻합니다(본서 47항 참조). "그 나라"라는 말씀은 진리가 존재해 있는 교회를 뜻합니다(본서 48항 참조). "예수 그리스도의 인내에 동참한다"는 말씀은 그분의 인성 안에 있는 신령 존재에 속한 지식이 있는 곳을 뜻합니다(본서 49항 참조). "밧모라는 섬에 갇혀 있었다"는 말씀은 이방 사람들에게 주어진 계시를 뜻합니다(본서 50항 참조). "하나님의 말씀의 탓으로"라는 말씀은 신령진

리가 영접, 수용될 것이다는 것을 뜻합니다(본서 51항 참조). "예수 그리스고의 증언의 탓으로"라는 말씀은 주님의 신령인성을 뜻하고, 주님의 신령인성이 시인될 것이다는 것을 뜻합니다(52항 참조).

[10절] :

"내가 성령 안에 있었다"는 말씀은 계시가 있었을 때의 영적인 상태를 뜻합니다(본서53항 참조). "주의 날"(=주님의 날)이라는 말씀은 그 때의 신령입류를 뜻합니다(본서54항 참조). "나는 내 뒤에서 나팔과 같이 울리는 큰 음성을 들었다"는 말씀은 천계에서 계시된 신령 진리에 대한 명료한 지각을 뜻합니다(본서55항 참조).

[11절] :

"이르시기를, 나는 알파와 오메가, 처음과 나중이시다"는 말씀은 궁극적인 것들을 통하여 처음 것들로부터 모든 것들을 다스리는 분, 따라서 천계의 모든 것들을 영원히 다스리는 분을 뜻합니다(본서 56항 참조). "네가 본 것을 책에 기록하여라"는 말씀은 계시된 것들은 후손들을 위한 것이 될 것이다는 것을 뜻합니다(본서 57항 참조). "아시아에 있는 교회들에게 보내어라"는 말씀은 총명의 빛 안에 있는 모두를 뜻하고, 모두에게 보낸다는 것을 뜻합니다(본서 58항 참조). "에베소·서머나·버가모·두아디라·사데·빌라델비아·라오디게아(에 있는 교회)"라는 말씀은 수용에 일치하는 각각의 경우를 뜻합니다(본서 59항 참조).

45. 9절. 나 요한……

이 말씀은 주님에 관한 교리를 뜻합니다. 이러한 내용은, 최고의 뜻으로는 교리의 측면에서 주님을 뜻하는 "요한"의 표징에서(본서 19항 참조), 그러므로 "요한"이 주님에 대한 교리(敎理·doctrine)를 뜻한다는 그의 표징에서, 잘 알 수 있습니다. 왜냐하면 주님을 안다는 것은 교회에 속한 모든 것들에 속한 가장 중요한 것이고, 그것의 첫째 것이고, 마지막 것이기 때문입니다. 교회에 속한 중요한 기본적인 것은 주님의 신성을 알고, 시인하는 것이기 때문입니다. 왜냐하면 그것은, 시인과 믿음에 의하여 그것의 신성과 결합하기 때문이고, 신성(=신령존재)과의 결합이 없다면, 교리에 속한 모든 것들은 아무런 가치(價値・account)가 없기 때문입니다. 더욱이 이 사실이 신령존재께서 당신 자체를 계시하는 이유이기도 하기 때문입니다. 당신 자체를 계시한 신령존재께서는 신령인성(神靈人性・人間・the Divine Human)이십니다. 주님의 인성 안에 존재하는 신령존재의 시인이 없다면, 거기에 구원이 없다는 내용은 ≪새 예루살렘의 교리≫ 280-310항을 참조하십시오. 이상에서 밝히 알 수 있는 것은 "요한"은, 그가 교리의 측면에서 주님을 표징하기 때문에, 역시 주님에 대한 교리를 표징한다는 것입니다.

46. 여러분의 형제이다.

이 말씀은 주님사랑에 속한 선을 뜻하고, 그것에 관한 것을 뜻합니다. 이러한 내용은 사랑에 속한 선을 가리키는 "형제"(兄弟・brother)의 뜻에서 확실합니다. "형제"가 사랑에 속한 선(the good of love)을 뜻한다는 것은, 천계에는 영적인 친족관계 이외의 다른 관계는 없기 때문입니다. 따라서 또다른 형제관계 역시 없기 때문입니다. 왜냐하면 거기에 있는 사람들은 출생에 의하여 동기간들이 되는 것이 아니고, 더욱이 이 세상에서의 동기간이었던 그들은 거기에서 서로 알지도 못하지만, 그러나 각자는 사랑에 속한 선으로 말미암아 상대방을 존경하기 때문입니다. 그리고 이들은 형제들로서 가장 밀접하게 서로 결합되어 있고, 선에 의한 그들의 결합에 따라서 서로가 친척들로, 친구들로 존경하고 있습니다. 이것이 성경에서 "형제"가 사랑에 속한 선을 뜻하는 이유입니다. 더욱이 주님께서는 이런 말씀을 하시는 것으로 이 사실을 가르치셨습니다. 마태복음서의 말씀입니다.

어떤 사람이 예수께 와서 "보십시오, 선생님의 어머니와 형제들이 선생님과 말을 하겠다고 바깥에 서 있습니다" 하고 말하였다. 예수께서 그 말을 전해 준 사람에게 "누가 나의 어머니며, 누가 나의 형제들이냐?" 하고 말씀하셨다.……"보아라, 내 어머니와 형제들이다. 하늘에 계신 내 아버지의 뜻을 행하는 사람이 곧 내 형제요, 자매요 어머니다" 하고 말씀하셨다.
(마태 12 : 47-50)

누가 복음서의 말씀입니다.

예수께서 그들에게 말씀하셨다. "하나님의 말씀을 듣고 행하는 이 사람들이 나의 어머니요, 나의 형제다."
(누가 8 : 19-21)

또 다른 곳의 말씀입니다.

너희의 선생은 한 분 뿐이요, 너희는 모두 형제들(=학생)이다.
(마태 23 : 8)

이렇게 볼 때, "주님 안에서 형제들이다"는 말이 무슨 뜻인지 확실하게 알 수 있겠습니다. 그러나 이것에 관해서는 앞서의 설명들을 참조하십시오. 천계에서는 사랑에 속한 선의 친척관계나 믿음에 속한 선의 친척관계를 가리키는 영적인 친척관계에 일치하여 모두가 제휴(提携)되어 있기 때문에, 그리고 이런 부류의 사람들은, 친족으로서 서로를 인지하기 때문에(H.H. 205항・A.C. 685・917・2739・3612・3815・4121항 참조), 결과적으로 성경에서 "형제들"은 선에 의하여 결합된 사람들을 뜻합니다(A.C. 2360・3303・3803・3815・4121・4191・4267・5409・6756・10490항 참조). 그리고 주님께서는 주님에게서 비롯된 사랑에 속한 선이나, 믿음에 속한 선 안에 있는 사람들을 "형제들"이라고 불렀고(A.C. 4191・5686・5692・6756항 참조), 그들은 역시 영적인 친척관계로 말미암아 "형제들"이라고 호칭되었습니다(A.C. 6756항 참조). 그리고 어떤 관점에서 인애와 믿음이, 따라서 선과 진리가 형제인지는 A.C. 367·3160·9806항을 참조하시고, 그리고 어떤 관점에서 선과 진리가 역시 형제요, 자매라고 하였는지는 A.C. 2508·2524·3160항을 참조하시고, 그리고 어떤 관점에서 선과 진리가 혼인한 배우자들인지는 A.C. 3160항을 참조하십시오. "형제로서의 남자"는 선으로서의 진리를 뜻합니다(A.C. 3459·4725항 참조).

47. 환난에 참여한 사람(=동참자).
이 말씀은 거짓들에 의하여 괴롭힘을 당한 믿음에 속한 진리를 뜻합니다. 이러한 내용은, 아래에 설명하게 될, 믿음에 속한 진리를 가리키는 "동참자"(同參者·partaker)의 뜻에서, 그리고 온갖 거짓들에 의한 괴롭힘(=역경·infestation)을 가리키는 "환난"(患難·affliction)의 뜻에서(A.C. 6663·6851·9196항 참조), 잘 알 수 있습니다. 성경에는 "형제"나 "동참자" 또는 "동료"(companion)라는 낱말이 자주 등장하는데, 이런 낱말들은 선이나 진리를 뜻합니다. 더욱이 고대(古代)에서는, 선 안에 있는 사람들을 "형제들"이라고 불렀고, 진리들 안에 있는 사람들을 "동참자들" 또는 "동료들"이라고 불렀습니다. 이런 이유 때문에 진리는 반드시 선과 함께 있어야만 하고, 그리고 그것이 함께 있을 때 그것은 하나의 형제가 됩니다. 결과적으로 여기서 "동참자"는 믿음에 속한 진리를 뜻합니다. 성경에서 "형제"나 "동료"(=벗·companion)가 선과 진리를 뜻한다는 것은 A.C. 6756·10490항을 참조하십시오. "환난"이 거짓들에 의한 괴롭힘을 겪는 것을 뜻한다는 것은, 진리들 안에 있는 사람의 마음은 거짓들에 의하여 들볶이기 때문입니다. 그리고 그 때 이들 둘은 서로 충돌과 싸움의 상태에 있습니다. 그리고 영적인 환난은 결코 다른 근원에서 오는 것이 아닙니다. 그러므로 성경에서의 "환난"은 이러한 내용을 뜻합니다. 마태복음서의 말씀입니다.

돌짝 밭에 뿌린 씨는 이런 사람이다. 그는 말씀을 듣고, 곧 기쁘게 받아들이기는 하지만, 그 속에 뿌리가 없어서 오래 가지 못하고, 그 말씀 때문에 환난이나 박해가 일어나면, 곧 걸려 넘어진다.
(마태 13 : 20, 21)

같은 책의 말씀입니다.

그 때(=시대의 종말)에 사람들이 너희를 환난에 넘겨 줄 것이며, 너희를 죽일 것이다.……그 때에 큰 환난이 닥칠 것인데, 그런 환난은 세상 처음부터 이제까지 없었고, 앞으로도 없을 것이다.……그 환난의 날들이 지난 뒤에, 해는 곧 어두워지겠다.
(마태 24 : 9, 21, 29 ; 마가 13 : 19, 24).

"시대의 종말"(마지막 때·the consummation of the age)은 교회의 마지막 때를 뜻합니다. 그 때 거짓들이 창궐(猖獗), 진리들에 대항하여 싸우기 때문에, "그들은, 세상 처음부터 이제까지 없었던 큰 환난에 있을 것이다"라고 언급되었습니다. 이런 환난이 "동참자"라고 언급된 요한이 처해 있었던 환난을 뜻합니다. 여기서 "요한"은 주님에 관한 교리를 뜻합니다. 왜냐하면 묵시록에서는 교회의 마지막 때 (the last time of the church)가 다루어지고 있기 때문입니다(본서 5항 참조).

48. 그 나라에 참여한 사람(=동참자).

이 말씀은 진리들이 존재해 있는 교회 안에 있다는 것을 뜻합니다. 이러한 내용은, 천계나 교회를 가리키는 성경에서의 "나라"(=왕국·kingdom)의 뜻에서 명확합니다. 그것은 진리의 측면에서 교회를 뜻하고, 또는 진리들이 있는 곳을 뜻합니다. 그 이유는 주님의 왕권(王權)은 주님에게서 발출한 신령진리를 뜻하고, 그러므로 "왕"(king)은 진리들을 뜻하기 때문입니다(본서 31항 참조). 진리의 측면에서 교회라고 언급하였는데, 그 말은 선에서 비롯된 진리들의 측면에서의 교회를 뜻합니다. 이런 이유 때문에 선이 결여된 진리는 결코 존재하지 않습니다. 왜냐하면 진리들은 자신들의 생명을 선에서부터 취하기 때문입니다. 선 안에 있지 않는 사람과 함께 하는 진리들은 사실은 그것 자체는 진리들을 가리키지만, 그러나 그 사람 안에 있는 것들은 진리들이 아닙니다(≪새 예루살렘의 교리≫ 11-27항 참조).
[2] 성경에서 "왕국"(=나라・kingdom)은 진리의 측면에서 천계나 교회를 뜻한다는 것은, 아래에 인용된, 성경의 많은 장절들에서 명확합니다. 마태복음서의 말씀입니다.

> 이 나라의 아들들은 바깥 어두운 데로 쫓겨나서, 거기에서 울며 이를 갈 것이다.
> (마태 8 : 12)

여기서 "나라의 아들들"(the sons of the kingdom)은 진리들이 아니고 거짓들이 만연(蔓延), 창궐(猖獗)한 교회에 속한 사람들을 뜻합니다. 같은 책의 말씀입니다.

> 누구든지 하늘 나라를 두고 하는 말을 듣고도 깨닫지 못하면, 악한 자가 와서, 그 마음에 뿌려진 것을 빼앗아 간다. 길가에 뿌린 씨는 그런 사람을 두고 하는 말이다.……밭은 세상이다. 좋은 씨는 그 나라의 자녀들이요, 가라지는 악한 자의 자녀들이다.
> (마태 13 : 19, 38)

여기서 "하늘 나라의 말씀(the Word of the kingdom)을 듣는다"는 것은 교회에 속한 진리들을 듣는 것을 가리키고, 그리고 "씨"가 진리들을 뜻하기 때문에, 진리들을 영접, 수용한 사람들은 "그 나라의 자녀들"이라고 하였습니다. "씨"가 교회에 속한 진리들을 가리킨다는 것은 A.C. 3038・3373・3671・10248・10249항을 참조하십시오. 또 같은 책의 말씀입니다.

> 그러므로 나는 너희에게 말한다. 하나님께서는 너희에게서 하나님의 나라를 **빼앗아서**, 그 나라의 열매를 맺는 민족에게 주실 것이다.
> (마태 21 : 43)

여기서 "하나님의 나라"(the kingdom of God)가 진리의 측면에서 교리를 뜻한다는 것, 따라서 교회에 속한 진리들을 뜻한다는 것은, "그것들이 그들에게서 빼앗겨지고, 그 나라의 열매를 맺는 민족에게 줄 것이다"고 언급된 것에서 명백합니다. 여기서 "열매"(fruit)는 선을 가리킵니다. 다시 또 같은 책의 말씀입니다.

> 세상 끝 날에는,……민족이 민족을 거슬러 일어나고, 나라가 나라를 거슬러 일어날 것이며, 곳곳에 기근과 지진이 있을 것이다.
> (마태 24 : 3, 7)

"세상 끝 날"(=시대의 종말)은 교회의 마지막 때를 가리키고, "민족이 민족을 거스른다"는 것은 악이 선에 대항하는 것을 뜻하고, "나라가 나라를 거스른다"는 것은 거짓이 진리에 대항하는 것을 뜻합니다(A.C. 1059・1159・1258-1260・1416・1849・6005항 참조).

[3] 이상에서 우리는 주님의 기도문의 "나라"가 뜻하는 것이 무엇인지도, 잘 알 수 있겠습니다. 주님의 기도문입니다.

> 나라가 임하게 하시오며,
> 뜻이 하늘에서 이루어진 것 같이
> 땅에서도 이루어지게 하시옵소서.……
> 나라와 권세와 영광이
> 영원히 아버지의 것이옵나이다.
> (마태 6 : 10, 13)

"나라가 임한다"는 것은 진리들이 영접, 수용되기를 바란다는 기도입니다. "당신의 뜻이 이루어진다"는 것은, 진리가 하나님의 뜻(God's will)을 행하는 사람들에 의하여 영접, 수용되기를 바란다는 기도이고, "나라와 권세와 영광이 영원히 아버지의 것이다"는 말은 오직 하나님에게서 비롯된 신령진리를 뜻합니다. 신령진리가 모든 능력이나 권세를, 그리고 광영을 가지고 있기 때문에(본서 33항 참조), "권세와 광영"이 언급되었습니다. 이상에서 성경의 수많은 장절에서 "하나님의 나라"(the kingdom of God)가 뜻하는 내용이 무엇인지 밝히 이해할 수 있겠습니다. 다시 말하면 진리의 측면에서 교회를 뜻하고, 그리고 역시 천계를 뜻한다는 것이고, 최고의 뜻으로는 신령인성의 측면에서 주님을 뜻한다는 것을 잘 이해할 수 있겠습니다. 최고의 뜻으로 "나라"(國)는 신령인성의 측면에서 주님을 뜻합니다. 그 이유는 모든 신령진리가 그분에게서 비롯되기 때문입니다. 그리고 "나라"가 천계를 뜻한다는 것은, 천사들에게 있는 천계는 주님의 신령인간에게서 발출하는 신령진리 이외의 다른 근원으로 말미암아서는 존재하지 않기 때문입니다(H.H. 7-12・78-86・120-140항 참조).

49. 예수 그리스도의 인내에 참여한 사람(=예수 그리스도의 기대되는 인내에 동참한 사람).

이 말씀은 주님의 인성 안에 있는 주님의 신성에 속한 지식이 있는 곳을 뜻합니다. 이러한 내용은, 교회가 주님을 알기 시작할 때가 온다는 것을 가리키는, 그리고 주님의 인성 안에 있는 신성을 시인할 때 교회는 주님을 안다는 것을 가리키는 "예수 그리스도의 기대"(the expectation of Jesus Christ)의 뜻에서 명백합니다. "예수 그리스도"(Jesus Christ)가 그분의 인성 안에 있는 신령존재의 측면에서 주님을 뜻합니다(본서 26항 참조). 이런 뜻의 교회가 현재의 교회 뒤에 오게 될 교회이다는 것을 언급하고 있습니다. 왜냐하면 그것은 "기대 가운데"라고 언급하고 있기 때문입니다. 작금의 교회는, 사실 신령존재가 주님의 인성(the Human of the Lord) 안에 존재한다는 것을 알고 있습니다. 왜냐하면 그것은, 신성과 인성은 둘이 아니고 한 인격(one person)이다는 수용된 교리에 일치한다는 것을 알기 때문이고, 또한 그 둘은 사람 안에 있는 영혼과 육체와 같다는 것(본서 10·26항 참조)을 알고 있기 때문입니다. 그럼에도 불구하고 주님의 인성이 신령하다는 것을 알지 못합니다. 왜냐하면 그것은 전자를 후자에게서 분리시키기 때문입니다. 이러한 것은, 이런 사실에서, 다시 말하면 교회에 속한 사람들은 신령인성(Divine Human)의 표현을 용납하지 않기 때문이고, 그들은 아버지(聖父·the Father)에게 가까이 나아가고, 그리고 여전히 천계에 계신 신령존재 자체는 신령인성이다는 아들(聖子·the Son)의 목적을 위해서 그분은 자비심(慈悲心·同情心·compassion)을 갖는다는 것 등의 표현을 용납하지 않는다는 사실에서 명백합니다(H.H. 78-86항 참조). 이 지식이나 시인이 소멸하기 때문에, 그럼에도 불구하고 그것은 교회에 속한 모든 것들 중에서 으뜸 되는 것이기 때문에, 다시 말하면 천계에 있는 모든 것들 중에서 으뜸적인 것이기 때문에, 그러므로 알지 못할 뿐만 아니라 시인되지 않는 여러 민족들 가운데 새로운 교회(a new church)가 주님에 의하여 설시될 것이다는 것입니다. 그 때의 이러한 내용이 "예수 그리스도의 기대"가 뜻하는 것입니다.

50. 밧모라는 섬에 갇혀 있었다.

이 말씀은 여러 민족들에게 준 계시를 뜻합니다. 이러한 내용은 묵시록서에 담겨 있는 계시를 가리키는 "밧모 섬"의 뜻에서 잘 알 수 있습니다. 왜냐하면 성경에 언급된 모든 장소들은 사물들을 뜻하고, 그것들이 뜻하는 사물들은 거기에 있는 예배로 인하여 존재하고, 또는 거기에서 발생한 어떤 놀라운 사건들(事件·memorial event)에서 비롯되고, 그리고 그 민족의 종교적인 원칙이 뜻하는 그들의 위치(location)나, 또는 가까이에 있는 나라들로 인하여 존재하기 때문입니다. 여기서 "밧모"는 요한에게 주어진 계시가 놀라운 것이다는 사실에서 존재한 계시를 뜻합니다. 그 계시는 섬에서 행해졌습니다.

그 이유는 "섬"은 참된 예배에서 떨어져 있는 민족을 뜻하지만, 그러나 여전히 조요되기를 원하는 민족을 뜻하기 때문입니다. "섬들"이 이러한 내용을 뜻한다는 것은 아래의 설명에서 명료하겠습니다. 우선 성경에서 장소들의 이름들(地名)이 사물(事物)들을 뜻한다는 것에 관해서 설명하겠습니다. 성경에 거명된 모든 사람들이나, 성경말씀을 기술한 모든 사람들은, 모든 것들이 영적인 것들의 뜻을 의미하기 위하여 특별한 의미를 지니고 있는 장소들로 안내된다는 것입니다. 심지어 주님 당신께서도 이런 꼭 같은 이유 때문에 이와 같은 특별한 의미의 장소들을 찾아가셨습니다. 예를 들면, 갈릴리·두로·시돈·예루살렘, 그리고 거기에 있는 올리브 산 등이 되겠고, 유아 시절에는 애굽으로 가셔야 했습니다. 예언자들이나, 역사서에 등장하는 많은 사람들도 꼭 같습니다. 이러한 사실은 충분하게 설명될 수 있겠습니다. 이런 이유 때문에 요한 역시 스스로 "밧모 섬"에 갈 것이 명령되었는데, 그것은 교회의 마지막 때에 있을 일들을 거기에서 계시받기 위한 것이었습니다. 그 이유는 "섬"이 교리에 속한 진리들을 받으려는 한 민족을 뜻하기 때문입니다. 더욱이 이 섬은, 수많은 다른 섬들이 있는 군도(群島)에 있었습니다. 이런 것에서부터 성경의 "그리스"(Greece)는 이런 민족들을 뜻하고 있습니다. 이러한 사실은 다니엘서 8장 21 ; 10장 20 ; 21장 2 ; 요한 12장 20, 21 ; 마가 7장 26절이 되겠습니다. 그리고 성경에 거명된 장소들의 이름들(地名)이 사물들을 뜻한다는 것은 A.C. 1224·1264·1876·1888·4310·4442·10329항을 참조하십시오.

[2] "섬들"이 하나님의 참된 예배에 승복(承服)하려는 민족들을 뜻한다는 것은 아래의 여러 장절들에서 명확합니다. 이사야서의 말씀입니다.

동쪽에서는 사람들이
주께 영광을 돌릴 것이다.

바다의 모든 섬에서는 사람들이
주 이스라엘의 하나님의 이름을
찬양할 것이다.
(이사야 24 : 15)

같은 책의 말씀입니다.

"그(=주님)는 쇠하지 않으며,
낙담하지 않으며,
끝내 세상에 공의를 세울 것이니,
먼 나라(=섬들)에서도 그의 가르침 받기를
간절히 기다릴 것이다."……
새 노래로 주를 찬송하여라.
땅 끝에서부터 그를 찬양하여라.
항해하는 자들아,
바다 속에 사는 피조물들아,
섬들아, 거기에 사는 주민들아,……
주께 영광을 돌려라.
주를 찬양하는 소리가
섬에까지 울려 퍼지게 하여라.
(이사야 42 : 4, 10, 12)

또 같은 책의 말씀입니다.

너희 섬들아,
내가 하는 말을 들어라.
너희 먼 곳에 사는 민족들아,
귀를 기울여라.
(이사야 49 : 1)

역시 같은 책의 말씀입니다.

> 섬들이 나를 우러러 바라보며
> 나의 능력을 의지할 것이다.
> (이사야 51 : 5)

또 같은 책의 말씀입니다.

> 섬들이 나를 사모하며,
> 다시스의 배들이 맨 먼저
> 먼 곳에 있는 너의 자녀들을 데리고 온다.
> (이사야 60 : 9)

예레미야서의 말씀입니다.

> 뭇 민족들아, 너희는 나 주의 말을 듣고,
> 먼 해안지역 사람들에게 이 말을 전하여라.
> (예레미야 31 : 10)

스바냐서의 말씀입니다.

> 주께서 땅의 모든 신을 파멸하실 때에, 사람들은, 주님이 무서운 분이심을 알게 될 것이다. 이방의 모든 섬 사람이 저마다 제 고장에서 주를 섬길 것이다.
> (스바냐 2 : 11)

이 밖에도 여러 장절들이 있는데, 예를 들면, 이사야 23장 2, 6 ; 41장 1, 5 ; 42장 15 ; 46장 19 ; 예레미야 2장 10 ; 25장 22 ; 에스겔 27장 3, 7, 15, 35 등이 되겠습니다. 이런 장절들이나, 그 밖의 다른 장절들에서 밝히 알 수 있는 것은, "섬들"이 민족들, 특히 진리에 속한 교리의 측면에서 민족들을 뜻하고, 어떤 곳에서는 거짓에 속한 가르침의 측면에서 민족들을 뜻한다는 것입니다. 왜냐하면 성경의 모든 것들은 역시 좋은 뜻에 대한 반대의 뜻도 가지고 있기 때문입니다.

51. 하나님의 말씀(을 증언한 탓으로……).
이 말씀은 받아들여야만 하는 신령진리를 뜻합니다. 이러한 내용은, 신령진리를 가리키는 "하나님의 말씀"(the Word of God)의 뜻에서 잘 알 수 있습니다(A.C. 4692・5075・9987항 참조).

52. 예수를 증언(한 탓으로……).
이 말씀은 주님의 신령인성(=신령인간・the Lord's Divine Human)이 시인되어야만 한다는 것을 뜻합니다. 이러한 내용은, 마음에서 시인하는 것을 가리키는 "증언"(=증거・證言・證據・testimony)의 뜻에서 (본서 10・27항 참조), 그리고 그분의 신령인성의 측면에서 주님을 가리키는 "예수"(Jesus)나 "그리스도"(Christ)의 이름의 뜻에서(본서 26항 참조), 잘 알 수 있습니다. 이러한 내용들은, 장차 신령진리를 영접하고, 주님의 신령인성(the Lord's Divine Human)을 시인할 이방 사람들의 교회(the church of the Gentiles)에 관해서 언급된 것들입니다. 이러한 내용들이 이방 사람들의 교회에 관한 언급이라는 것은 본서 50항을 참조하십시오. 사실 그리스도 교회(the Christian church)는 주님의 신성(the Lord's Divine)을 시인하지만, 그러나 그의 신령인성(His Divine Human)은 시인하지 않습니다. 그러므로 그들이 교리에 따라서 주님에 관해서 생각하거나, 말을 할 때, 그들은 신성존재(the Divine)에서부터 그분의 인성을 분리시킵니다. 그리고 그분의 인성(His Human)을 다른 사람의 인간적인 것과 같은 것으로 만듭니다. 그럼에도 불구하고 그 때 신령존재는, 마치 영혼이 육체 안에 존재하듯이, 그분의 인성 안에 존재하십니다. 이러한 것은 이런 부류의 사람들이 신령존재에 관해서 아무런 개념도 가질 수 없기 때문입니다. 생각은 결합하기 때문에 결합하는 것이 하나의 개념이기는 합니다. 더욱이 생각이나 정동을 통한, 같은 뜻이지만, 믿음이나 사랑을 통한 신령존재와의 결합이 없다면, 거기에 구원(救援·salvation) 따위는 결코 없습니다. 생각과 정동을 통한 결합이 믿음과 사랑을 통한 결과와 동일한 것이다고 언급하였는데, 내가 믿는 것을 나는 생각하는 것이고, 내가 사랑하는 그것에 의하여 나는 감화 감동되기 때문입니다. 보이지 않는 존재(the invisible)를 믿는다는 것은 자연에 속한 극내적인 것(the inmost of nature)을 믿는 것과 매우 동일합니다. 마음이 마음 자체의 환상들에 빠져 있을 때, 그 마음이 쉽게 빠져 드는 것은 하나의 과오입니다. 그럼에도 불구하고 모든 것에게는, 천계로 말미암아 생긴 활착(活着)이 있는데, 이러한 일은 거기에서 비롯되는 계속적인 입류에 의하여 활착됩니다. 다시 말하면, 사실은 사람이 인간적인 모습 하에서 신령존재로 여기는 것을 보려고 하는 소망이 천계에서의 끊임없는 입류에 의하여 활착됩니다.

[2] 이러한 소망이나 소원이 소박한 사람(the simple-minded) 안에, 그리고 좋은 성품의 이방 사람들(well-disposed Gentiles) 안에 활착된다는 것은 《천계와 지옥》 82항을 참조하십시오. 그러므로 만약에 그들이 인애에 속한 삶을 살았다면, 이런 부류의 사람들은 모두 주님께서 영접하실 것이고, 그리고 그들에게는 주님의 나라가 주어질 것입니다. 그 밖의 다른 사람들은 결코 주님께서 영접하실 수 없는데, 그 이유는 그들이 주님과 결합할 수 없기 때문입니다. 천계에 있는 모든 천사들이나, 고대의 가장 지혜로운 사람들이나, 영적인 믿음을 가졌던 사람들, 다시 말하면 우리의 지구나, 우주에 있는 다른 지구들에서 살아 있는 믿음을 가졌던 사람들은, 그들이 신령인성을 시인하였기 때문에, 그들은 사상에서 그들의 신령존재를 볼 수 있었고, 그러므로 그들은 주님에 의하여 영접되었다는 것 등은 《새 예루살렘의 교리》 280-310항과, 《천계와 지옥》 79-86·316·321항과, 그리고 《우주 안의 지구들》(the Earths in the Universe) 7·40·41·65·68·91·98·99·107·121·141·154·158·

159·169항을 각각 참조하십시오. 천계로 말미암아 모든 사람 안에 존재해 있는 이와 같이 활착된 소망이나 바람은 이 세상의 유식한 사람에게서는 거의 모두가 배척되었기 때문에, 그리고 그것에 의하여 신령존재에 가까이 가는 것까지도 방해를 받기 때문에, 새로운 교회(a new church)는, 그와 같은 개념을 멸절시키지 않고, 그리고 그것과 함께 믿음을 멸절시키지 않았던 이방 사람들 가운데, 주님에 의하여 설시되고 있습니다. 이와 같이 활착된 소망의 기독교계로부터의 멸절은 바빌로니아의 집단들에게서 그것의 처음 시작은 있었는데, 그 집단은, 그들의 우두머리가 주님의 신령인성의 대리자(代理者·vicar)로서 시인되기 위하여, 따라서 주님의 신령능력(the Lord's Divine power)을 자기 자신에게 전가(轉嫁)시키기 위하여, 주님의 인성(the Lord's Human)을 주님의 신성(His Divine)에서 분리(分離)시켰습니다. 그들은 주님에게서 그 능력을 아버지(聖父·the Father)에게서 받는다고 말은 하고 있지만, 사실은 그 때 그것은 주님 자신에게서 비롯되는데, 그 이유는 그것이 그분의 신성으로 말미암아 존재하기 때문입니다. 따라서 그들은 신령인성에 관해서 어떤 것도 들으려고 하지 않습니다(A.C. 4738항 참조). 그러나 이 주제에 관해서는, 그것이 교회에 있는 모든 것들 중에서 중요한 것이기 때문에, 뒤에 더 자세하게 언급되겠습니다.

53. 10절. **내가 성령 안에 있었다.**

이 말씀은 거기에 계시가 있을 때의 영적인 상태를 뜻합니다. 이러한 내용은, 영적인 상태를 가리키는, 영들이나 천사들이 있는 그 상태에 들어가는 것을 가리키는 "성령 안에 있다"는 말의 뜻에서 잘 알 수 있습니다. 사람은, 그가 그의 영의 상태에 들어갈 때, 이와 같은 영적인 상태에 들어가는 것입니다. 왜냐하면 사람은, 그의 내면적인 것들에서 하나의 영이기 때문입니다(H.H. 432-444항 참조). 사람이 이 상태에 있을 때, 영계(靈界)에 있는 모든 것들은, 마치 자연계에서 시각의 대상물이 명료하게 나타나는 것과 같이, 그 사람에게 나타납니다. 그러나 그와 같이 나타난 것들은, 그것들이 영적인 근원에 속한 것이기 때문에, 본질적으로 영적인 것입니다. 천계적인 지혜에 속한 이와 같은 것들은, 말하자면, 자연적인 형상(a natural image) 안에 나타나는 것입니다. 이런 방법으로 신령한 것들은, 가시(可視)적인 형태로 영들이나 천사들의 눈 앞에 모습을 드러냅니다. 이상에서 얻는 것은, 천계에서 눈에 보여지는 것들은 모두가 표징(表徵)적이고, 표의(表意)적이라는 것입니다. 묵시록서에 기술되어 있는 것과 같이, 요한에 의하여 보여진 것들은 역시 표징적이고, 표의적입니다. 이런 것들의 성질은 ≪천계와 지옥≫ 170-176항에 천계의 표징들과 외현들(外現·appearances)에 관해서 언급하고 설명된 것에서 많은 것들을 배울 수 있겠습니다.

[2] 사람이 육신을 입고 있는 한, 만약에 그의 영의 시각이 열려 있지 않다면, 그는 천계에 있는 그와 같은 것들을 보지 못합니다. 영의 시각이 열렸을 때 그는 능히 그런 것들을 봅니다. 이런 식으로 요한은 묵시록서에 기술된 것들을 보았습니다. 이와 마찬가지로 예언자들도 보았습니다. 그러므로 그들은 예언자들(預言者·先覺者·Seers)이라고 불리웠고, 그리고 그들의 눈이 열렸다고 언급되고 있습니다. 천사들은 고대에 이런 식으로 나타나 보였습니다. 그리고 역시 부활하신 뒤 주님께서는 제자들에게 보이셨습니다. 이 시각이 바로 영적인 사람의 시각입니다. 모든 것들이 이 상태에서 표징적으로 나타났기 때문에 요한 역시 그 상태 안에 있었습니다. 이 시각에 관해서 아무 것도 알지 못하는 사람은, 천사들이 사람에 의하여 보여질 경우, 한 사람의 형태(a human form)를 취한다고 믿고, 그리고 천사들이 그들의 시각에서 사라질 경우, 천사들은 그것을 버린다고 믿지만, 그러나 이것은 사실이 아닙니다. 그 때, 사람의 형태인 자신들의 형태로 나타난 천사들은 사람의 육체적인 시각에 나타난 것이 아니고, 그들의 영의 시각에 나타난 것인데, 그 때 영의 시각이 열린 것입니다. 이러한 사실은 부활 후 제자들에게 나타나신 주님의

나타나심에서 명확합니다. 그 때 주님께서 당신 자신을 그들에게 보이셨는데, 주님은, 완전한 형태로서, 한 사람이었습니다(누가 24 : 39 ; 요한 20 : 20-28). 그럼에도 불구하고 주님께서는 육안으로는 비가시적 존재였습니다. 그들의 영의 눈들이 열렸을 때 그들은 주님을 보았지만, 그러나 주님이 보이시지 않는다면 그들의 눈은 닫혀진 것입니다. 사람이 이와 같은 시각을 가지고 있다는 것은 나에게는 수많은 경험들을 통하여 아주 명확합니다. 왜냐하면 내가 본 것들은 영의 시각에 의하여 천계에서 보여지는 것들이기 때문입니다. 이런 경험의 때에, 그것들이 육의 눈으로 보이지 않을 때와 꼭 같이, 나는 완전히 깨어 있는 상태에 있었습니다. 그러나 오늘날은, 수많은 이유들 때문에 그 시각은 주님에 의하여 어떤 누구에게나 흔히 있는 일은 아닙니다.

54. 주의 날에……

이 말씀은 그 때의 신령입류(神靈入流 · Divine influx)를 뜻합니다. 이러한 내용은, 주님께서 사람을 가르치시는 때, 따라서 주님께서 입류하시는 때를 가리키는 "주님의 날"(the Lord's day)의 뜻에서 잘 알 수 있습니다. 주님의 날은 안식일(安息日 · the day of the Sabbath)이고, 그리고 표징적 교회인 고대 교회들에서 인식일(安息日 · the Sabbath)은 예배에 속한 가장 거룩한 것을 뜻합니다. 그 이유는 안식이 주님 안에서의 신성과 인성의 합일(合 ·· union)을 뜻하고, 그리고 거기에서부터 천계와 주님의 신령인성의 결합을 뜻하기 때문입니다(A.C. 8494 · 8395 · 10356 · 10360 · 10370 · 10374 · 10668항 참조). 그러나 주님께서 그분의 인성과 그분의 신성을 합일하셨을 때 그 거룩한 표징은 소멸하였고, 그리고 그 날은 교육의 날(a day of instruction)이 되었습니다(A.C 10360항 참조). 이런 이유 때문에 주님의 날에 요한에게 계시가 있었던 것입니다. 여기서 계시(降示 · revelation)는 교회의 상태에 관한 가르침(敎育)입니다.

55. 내가 내 뒤에서 나팔과 같이 울리는 큰 음성을 들었다.

이 말씀은 천계에서부터 계시되려고 하는 명확한 신령진리의 지각을 뜻합니다. 이러한 내용은 지각하는 것이나, 복종하는 것을 가리키는 "듣는다"(hearing)는 말의 뜻에서(A.C. 2542·3869·4653·5017·7216·8361·8990·9311·9397항 참조), 그리고 이것에 관해서는 아래에 설명하겠지만, 분명한 것, 또는 명확한 것을 가리키는 "내 뒤에"라는 말의 뜻에서, 그리고 천계의 소리(=하늘에서 나오는 소리)를 들었을 때는 신령진리를 가리키는 "음성"(音聲·voice)의 뜻에서(A.C. 219·220·3563·6971·8813·8914항 참조), 그리고 이것에 관해서도 뒤에 설명하겠지만, 천계에서 계시되는 진리를 가리키는 "나팔"(trumpet)의 뜻에서, 잘 알 수 있습니다. "내 뒤에"(behind me)라는 말이 명확한 것이나, 분명한 것을 뜻하는데, 그것은 천계로부터 사람의 정동(man's affection)에 입류하는 것들은 후두부의 영역(後頭部領域·the occipital region)에 입류하고, 그리고 그의 명확한 지각(知覺·his manifest perception)에 들어오기 때문입니다. 왜냐하면 정동에 들어온 것은 무엇이든지 명확하게 지각되기 때문입니다. 왜냐하면 지각에 속한 전생명(the whole life of perception)은 바로 정동(情動·affection)이기 때문입니다. 그러나 천계에서 흘러나와 생각에 입류하는 것은 무엇이나 이마(forehead) 위의 영역에 입류합니다(이 입류에 관해서는 H.H. 251항을 참조하십시오). 이상에서 볼 때, 요한이 "그의 뒤에서" 들었다는 것이나, 그리고 아래에 가서는, "나는 내게 들려오는 그 음성을 알아보려고 돌아섰다"(12절)는 말이 뜻하는 것이 무엇인지 잘 알 수 있습니다. "나팔"(trumpet)이나 "뿔피리"(=호른·horn)가 천계에서 계시되려고 하는 신령진리를 뜻합니다. 그 이유는 때때로 신령진리는, 그것이 주님으로부터 천계를 통하여 사람에게 유입할 때, 이런 식으로 들려지기 때문입니다. 왜냐하면 음성이 내려오는 중에 점점 증대되기 때문입니다. 그리고 그것은 이와 같이 입류하기 때문입니다. 그러나 그 음성은, 내면적인 것들의 표징적인 것을 가리키는 사람의 궁극적인 감관(the ultimate sense)

을 통해서 신령진리도 그 사람에게는 다만 처음에는 그와 같이 들립니다. 그러나 뒤에 그것은 사람의 음성(a human voice)으로 들립니다. 이상에서 "나팔 소리"나 "뿔 나팔 소리"가 천계로부터 계시되려고 하는 신령진리를 뜻하는 이유를 잘 알 수 있겠습니다.

[2] "나팔"이나 "뿔 나팔"이 천계에서 흘러나오는 신령진리를 뜻한다는 것을 아는 사람은 그런 것들이 언급되고 있는 성경의 수많은 장절들을 이해할 수 있습니다. 마태복음서의 말씀입니다.

> 그는 자기 천사들을 큰 나팔 소리와 함께 보낼 것인데, 그들은 하늘 이 끝에서 저 끝까지, 사방에서 선택된 사람들을 모을 것이다.
> (마태 24 : 31)

이사야서의 말씀입니다.

> 이 세상 사람들아,
> 땅에 사는 주민들아,
> 산 위에 깃발이 세워지면
> 너희가 보게 되고,
> 또 나팔 소리가 나면
> 너희가 듣게 될 것이다.
> (이사야 18 : 3)

예레미야서의 말씀입니다.

> 너희는 이 땅 방방곡곡에
> 나팔을 불어서 알리고,
> 큰소리로 외쳐서 알려라.……
> 시온으로 가는 길에 깃발을 세우며……
> 저 전쟁 깃발을
> 언제까지 더 바라보고 있어야 합니까?

저 나팔 소리를
언제까지 더 듣고 있어야만 합니까?
"나의 백성은 참으로 어리석구나.
그들은 나를 알지 못한다.
그들은 모두 어리석은 자식들이요,
전혀 깨달을 줄 모르는 자식들이다.
악한 일을 하는 데에는 슬기로우면서도,
좋은 일을 할 줄 모른다."
(예레미야 4 : 5, 6, 21, 22)

같은 책의 말씀입니다.

나는 또 너희를 지키려고
파수꾼들을 세워 놓고,
나팔 소리가 나거든
귀담아 들으라고 가르쳐 주었으나,
너희는 귀담아 듣지 않겠다고 하였다.
뭇 민족아 들어라.
온 회중아, 똑똑히 알아 두어라.
(예레미야 6 : 17, 18)

에스겔서의 말씀입니다.

그는 나팔 소리를 듣고서도 그 경고를 무시하였으니, 죽어도 자기 탓인 것이다. 그러나 파수꾼의 나팔 소리를 듣고서 경고를 받아들인 사람은 자기 목숨을 건질 것이다.
(에스겔 33 : 5)

호세아서의 말씀입니다.

나팔을 불어서 비상 경보를 알려라!

> 이스라엘 백성이
> 나의 언약을 깨뜨리고,
> 내가 가르쳐 준 율법을 어겼으므로…….
> (호세아 8 : 1)

스가랴서의 말씀입니다.

> 주 하나님이 나팔을 부시며,
> 남쪽에서 회리바람을 일으키며 진군하신다.
> (스가랴 9 : 14)

시편서의 말씀입니다.

> 주님이 보좌에 오르신다.
> 나팔 소리 크게 울려 퍼진다.
> (시편 47 : 5)

이 밖에도 묵시록서의 여러 곳의 구절이 있습니다(묵시록 4 : 1 ; 8 : 2, 7, 8, 13 ; 9 : 1, 13, 14 ; 10 : 7 ; 18 : 22). "나팔"(trumpet)이 신령진리를 뜻하기 때문에, 그러므로 신령진리가 이스라엘 백성 앞에 계시되려고 할 때, 먼저 이런 말씀이 있었습니다.

> 산양 뿔나팔 소리가 우렁차게 울려퍼지자, 진에 있는 모든 백성이 두려워서 떨었다(=나팔 소리들이 시내 산에서 들려왔다).
> (출애굽기 19 : 16)

이런 이유 때문에 나팔을 부는 것은 그들에게 표징적인 것이 되었습니다.

회중을 불렀을 때, 진을 출발시킬 때, 경축일과, 매달 초하루와, 번제와

화목제물을 드릴 때, 나팔을 불었다.
(민수기 10 : 1-10)
미디안 사람들과 싸우러 나갈 때 그들은 나팔을 불었다.
(민수기 31 : 6)
여리고 성을 취하였을 그들은 나팔을 불었다.
(여호수아 6 : 4-20)

왜냐하면 전쟁들이나, 싸움들은 영적인 전투를 뜻하기 때문입니다. 영적인 전투는 거짓에 대항하는 진리의 싸움이고, 진리에 대항하는 거짓의 싸움입니다.

56. 11절. 이르시기를, "나는 알파와 오메가, 처음과 나중이다"*
이 말씀은 궁극적인 것들을 통해서 첫째 원칙들로부터 모든 것들을 다스리시는 분, 따라서 천계의 모든 것들을 영원히 다스리시는 분을 뜻합니다. 이러한 내용은 위에서 언급, 설명한 내용에서 잘 알 수 있습니다(본서 41항 참조).

57. "네가 본 것을 책에 기록하여라."
이 말씀은, 부연설명이 없이도, 계시된 것들은 후손을 위한 것이다는 것을 뜻합니다.

58. "아시아에 있는 교회들(=일곱 교회들)에게 보내어라."
이 말씀은 총명의 빛 안에 있는 모두에게 보내어라는 것을 뜻합니다. 이러한 내용은 선에서 비롯된 진리들 안에 있는, 또는 인애에서 비롯된 믿음 안에 있는 사람들을 가리키는, 따라서 교회에 속한 사람들을 가리키는 "일곱 교회들"의 뜻에서(본서 20항 참조), 그리고 총명의 빛 안에 있는 사람들을 가리키는 "아시아"의 뜻에서(본서 21항 참조), 잘 알 수 있습니다.

59. "에베소와 서머나와 버가모와 두아디라와 사데와 빌라델비아

---

* 교본으로 사용하는 성경에는 이 말씀이 없지만, 저자의 원문을 따라서, 직역하였다. (역자 주)

와 라오디게아에 있는 교회로 보내어라."
이 말씀은 각각의 경우 수용에 일치한다는 것을 뜻합니다. 이러한 내용은, 이들 교회들이 상세하게 다루어지는, 아래에 이어지는 것에서 잘 알 수 있습니다. "수용에 일치하는 것"이라고 언급하였는데, 그것은 총명의 빛은 사람에게 있는 교회를 구성하지 못하고, 오히려 별(熱·heat) 가운데 있는 빛, 다시 말하면 선 안에 있는 진리의 수용이 교회를 이루기 때문입니다. 그리고 "별 안에 있는 빛의 수용"이라고 언급하였는데, 그것은 영적인 빛은 신령진리를 가리키고, 영적인 별은 신령선을 가리키고, 영계에서 이들 양자는 자연계에 있는 '빛과 별'처럼 존재하기 때문입니다. 왜냐하면 봄(春)이나 여름(夏)의 별이 그 빛에 부가(附加)되는 것에 비례하여 모든 것들은 발아(發芽)하고, 성장하지만, 그러나 별이 빛에 부가되지 않는 것에 비례하여 모든 것들은 굳뜨고, 종국에 죽기 때문입니다. 영계에서 빛은 신령진리를 가리키고, 거기에서 별은 신령선을 가리킨다는 것, 그리고 그것들이 자연계에 있는 빛과 별과 같다는 것은 ≪천계와 지옥≫ 126-140항을 참조하십시오.

60. 12-16절. 그래서 나는 내게 들려 오는 그 음성을 알아 보려고 돌아섰습니다. 돌아서서 보니, 일곱 금 촛대가 있는데, 그 촛대 한가운데 '인자와 같은 이'가 계셨습니다. 그는 발에 끌리는 긴 옷을 입고, 가슴에는 금띠를 띠고 계셨습니다. 머리와 머리털은 흰 양털과 같이, 또 눈과 같이 희고, 눈은 불꽃과 같고, 발은 화덕에 달구어 낸 놋쇠와 같고, 음성은 큰 물소리와 같았습니다. 또 오른손에는 일곱 별을 쥐고, 입에서는 날카로운 양날 칼이 나오고, 얼굴은 해가 세차게 비치는 것과 같았습니다.
[12절]:
"나는 내게 들려 오는 그 음성을 알아 보려고 돌아섰다"(=나에게 말씀하신 그 음성을 보려고 돌아섰다)는 말씀은 분명하게 깨달은 이해를 뜻합니다(본서 61항 참조). "돌아서서 보니, 일곱 금 촛대가 있었다"

(=일곱 금 촛대가 보였다)는 말씀은, 사랑에 속한 선 안에 있는 새로운 천계(a new heaven)와 새로운 교회(a new church)를 뜻합니다(본서 62항 참조).

[13절] :

"그 촛대 한가운데 '인자와 같은 이'가 계셨다"(=서 있었다)는 말씀은, 천계에 속한 모든 것(the All in heaven)과 교회에 속한 모든 것(the All in church)의 원천인 주님을 뜻합니다(본서 63항 참조). "그는 발에 끌리는 긴 옷을 입었다"는 말씀은 그분에게서 발출하는 신령진리를 뜻합니다(본서 64항 참조). "가슴에는 금띠를 띠고 계셨다"(=가슴에는 금으로 만든 띠를 둘렀다)는 말씀은 마찬가지의 신령선을 뜻합니다(본서 65항 참조).

[14절] :

"머리와 머리털은 희었다"는 말씀은 최초의 것들이나, 궁극적인 것 안에 있는 그분의 신성(His Divine)을 뜻합니다(본서 66항 참조). "흰 양털과 같이, 눈과 같이" (희었다)는 말씀은 그것 안에 있는 선과 진리에 관한 것을 뜻합니다(본서 67항 참조). "눈(=그의 눈)은 불꽃과 같다"는 말씀은 그분의 신령사랑(His Divine Love)에서 비롯된 신령섭리(神嚴攝理)를 뜻합니다(본서 68항 참조).

[15절] :

"발(=그분의 발)은 화덕에서 달구어 낸 놋쇠와 같았다"는 말씀은 신령사랑으로 가득 찬 자연적인 것을 가리키는 신령질서에 속한 궁극적인 것을 뜻합니다(본서 69·70항 참조). "(그의) 음성은 큰 물소리와 같았다"는 말씀은 궁극적인 것들 안에 있는 신령진리를 뜻합니다(본서 71항 참조).

[16절] :

"오른손에는 일곱 별을 쥐었다"는 말씀은 그분에게서 비롯된 선과 진리에 속한 모든 지식들을 뜻합니다(본서 72항 참조). "입에서는 날카로운 양날 칼이 뻗어 나왔다"는 말씀은 성언에 의한 모든 거짓들의 흩어져 사라짐(消散 · dispersion)을 뜻합니다(본서 73항 참조). "얼굴은 해가 세차게 비치는 것과 같았다"는 말씀은 천계의 모든 것들의 원천인 주님의 신령사랑을 뜻합니다(본서 74항 참조).

61. 12절. 나는 내게 들려 오는 그 음성을 알아 보려고 돌아섰다 (=나에게 말씀하신 그 음성을 보려고 돌아섰다).

이 말씀은 분명하게 깨달은 이해(the understanding illustrated)를 뜻합니다. 이러한 내용은, 요한이 자기 뒤에서 들려오는 음성을 들었다는 구절이 뜻하는 설명에 언급된 내용에서(본서 55항 참조) 어느 정도는 잘 알 수 있습니다. 명확한 사실은, 천계에서 나오는 신령한 것이 사람에게 어떻게 입류하는지를 알지 못한다면, 결코 알 수 없는 비의(祕義 · 祕密 · arcanum)가 있다는 것입니다. 왜냐하면 요한이 그의 뒤에서 나는 큰 음성을 들었다(10절)는 것이나, 그 뒤에는 그 음성을 알아 보려고 돌아섰다는 것과, 그는 아래에 이어지는 것들을 보았다는 것 등은 입류에서 비롯되었기 때문입니다. 천계에서 나온 신령입류(神靈人流 · Divine influx)는 사람의 의지에 입류하고, 그리고 그것을 통해서 그의 이해에 유입합니다. 의지에 유입한 입류는 후두영역(後頭領域 · the occipital region)에 유입하는데, 그 이유는 그것은 소뇌(小腦)에 유입하고, 이것에서부터 전면을 통과해서 이해가 존재하는 대뇌(大腦)에 유입합니다. 이런 식으로 입류가 이해에 유입되면, 그 때 그것은 시각(視覺)에 유입합니다. 왜냐하면 사람은 이해로 말미암아 보기 때문입니다. 입류가 이런 것이다는 것은 수많은 경험을 통해서 나로서는 명확히 알고 있습니다. 우리는 입류가 의지에, 또는 사랑에 유입한다고 꼭 같이 말할 수 있는데, 그 이유는 의지는 사랑의 수용그릇이기 때문입니다. 그리고 이해가 믿음의 수용그릇이기 때문에(이것에 관해서는 《새 예루살렘의 교리》 28-35항 참조), 우리가 입류는 이해에 유입한다고 말하든, 또는 믿음에 유입한다고 말하든, 마찬가지입니다. 그러나 이런 주제들에 관해서 더 이상 부연하는 것은 허락되지 않았습니다. 그 이유는 지금까지 그 주제들은 알려지지 않았기 때문입니다. 다시 말하면 다만 몇 가지 내용들이 언급된 것은, 요한이 그의 뒤에서 나는 소리를 들었다는 말이나, 그것을 알아 보려고 그가 돌아섰다는 말이 뜻하는 것이 무엇인지, 그리고 이것이 밝히 깨달은 이해를 뜻한다는 그 이유를 알게 하기 위한 것뿐입니다. 의지를 통하여 이해에 유입한 것, 또는 사랑을 통해서 믿음에 들어온 것은 매우 명료한 설명이나 예증(例證)에 들어오기 때문입니다. 그것은, 사람이 뜻하고, 사랑하는 것은 그가 명확하게 지각하기 때문입니다. 그러나 만약에 오직 이해의 길을 통해서만 들어온다면 상황은 전혀 다릅니다. "그 음성을 알아 보려고 한다"고 언급된 것은, 영적인 것들을 서술할 경우, "본다"(seeing)는 말은 예증에서 비롯된 이해하는 것을 뜻하기 때문입니다(본서 11항 참조). 만약에 "본다"(seeing)는 말이 이해하는 것을 뜻하지 않는다면 "그 음성을 알아 본다"고 언급될 수는 없을 것이기 때문입니다.

62. 돌아서서 보니, 일곱 금 촛대가 있었다(=돌아서니, 일곱 금 촛대가 보였다).

이 말씀은 사랑에 속한 선 안에 있는 새로운 천계(a new heaven)와 새로운 교회(a new church)를 뜻합니다. 이러한 내용은 예증이나 설명에서 비롯된 이해하는 것을 가리키는 "보기 위해서 돌아선다"는 말의 뜻에서(본서 61항 참조), 그리고 충분한 것이나, 모든 것을 가리키는, 그리고 앞에서 언급한 것과 같이(본서 20 · 24항 참조), 여기서 다루고 있는 새로운 천계나, 새로운 교회에 속한 거룩한 것들의 충분한 것이나 모든 것들을 가리키는 "일곱"(7)의 뜻에서, 그리고 아래에 설명하게 될, 새로운 천계(a new heaven)나 새로운 교회(a new church)를 가리키는 "촛대들"(lampstands)의 뜻에서, 그리고 사랑에 속한 선을 가리키는 "금"(金 · gold)의 뜻에서(A.C. 113 · 1551 · 1552 · 5658 · 6914 · 6917 · 9510 · 9874 · 9881참조), 잘 알 수 있습니다. "일곱 촛대"(seven lamp stands)가 천계와 교회를 뜻한다는 것은, "네가 본 일곱 촛대는 일곱 교회이다"고 언급한 우리의 본문장의 마지막 절에서 잘 알 수 있습니다. "일곱 교회들"이 주님의 교회에 속한 모든 사람들을 뜻한다는 것, 따라서 일반적으로 교회를 뜻한다는 것은 앞서의 설명에서 알 수 있습니다(본서 20항 참조). 역시 그것들은 천계를 뜻합니다. 그 이유는 천계와 교회는 하나를 이루기 때문이고, 더욱이 자신들 안에서 그 교회를 가지고 있는 사람들은 자신들 안에 천계를 가지고 있기 때문입니다. 이런 이유 때문에 사랑에 속한 선이나, 믿음에 속한 선은 사람에게서 하나의 교회를 이루고, 그리고 그 사람에게서 천계를 이룹니다. 그것은 천사들에게서도 꼭 같습니다. 결과적으로 교회를 가지고 있는 사람들은, 다시 말하면 이 세상에서 자신들 안에 교회에 속한 선들이나 진리들을 가지고 있는 사람들은 사후에 천계에 들어간다는 것입니다. 이러한 내용은 ≪새 예루살렘의 교리≫ 12항과 ≪천계와 지옥≫ 57・221-227항을 참조하십시오. 여기서 "일곱 촛대들"은 새로운 천계와 새로운 교회를 뜻합니다. 왜냐하면 이것들이 묵시록의 마지막(묵시록 21장)에서 다루어지고 있기 때문입니다. 그리고 또한 묵시록서에 있는 모든 것들의 결론이기 때문입니다. 그 이유는 마지막이 처음이기 때문에, 이런 것들에 대한 예고(豫告)가 처음에 드러났습니다. 더욱이 성경의 관행은 나중에 일어날 것들을 처음에 언급하고 있기 때문입니다. 왜냐하면 영적인 뜻으로 처음의 것은 그것의 목적 때문에, 나중의 것이 되기 때문입니다. 양자는 처음이고, 나중이기 때문에 다른 모든 것들은 그것을 우러릅니다(≪새 예루살렘의 교리≫ 98항 참조).

[2] "촛대"가 천계와 교회를 뜻한다는 것은 성막(聖幕)에서 있었던 촛대의 기록에서 잘 알 수 있습니다. 왜냐하면 성막은 총체적으로 전 천계(全 天界)를 표의하기 때문입니다. 그리고 거기에 있는 "촛대"는 둘째 천계(二層天)인 영적인 천계를 뜻합니다(A.C. 3478・9457・9481・9485・9548-9577・9783항 참조). 이것이 그러하다는 것은 "일곱 촛대 한가운데 '인자와 같은 이'가 있다"는 것을 요한이 보았다는 것에서 명백합니다. "인자"(人子・the Son of man)는 신령진리

가 비롯되는 신령인성의 측면에서 주님을 뜻합니다. 그리고 신령인성은 천계나, 교회에 속한 모든 것들 안에 있는 모든 것(the All)입니다. 영계에서 역시 촛대들은 매우 장엄하고, 화려하게 나타납니다. 이것들에 의하여 그 천계는 표의됩니다. 이런 내용은 내가 알도록 주어진 것들입니다. 이상에서, 영적인 뜻으로 아래의 장절에서 "촛대들"이나 "등들"(燈·lamps)이 무엇을 뜻하는지 알 수 있다는 것입니다. 묵시록서의 말씀입니다.

> 네가 회개하지 않으면, 내가 가서 네 촛대를 그 자리에서 옮기겠다.
> (묵시록 2 : 5)

이 말씀에서 "촛대를 옮긴다"는 것은 그들에게서 천계, 또는 교회를 제거(除去)하는 것을 가리킵니다. 스가랴서의 말씀입니다.

> 천사가 예언자에게 무엇을 보느냐고 묻기에, 내가 대답하였다. "순금으로 만든 등잔대를 봅니다. 등잔대 꼭대기에는 기름을 담는 그릇이 있고, 그 그릇 가장자리에는 일곱 대롱에 연결된 등잔 일곱 개가 놓여 있습니다. 등잔대 곁에는 올리브 나무 두 그루가 서 있는데, 하나는 등잔대 오른쪽에 있고 다른 하나는 등잔대 왼쪽에 있습니다."
> (스가랴 4 : 2, 3)

여기서 이 말씀은, "하나님의 집"(=성전)의 기초를 놓고, 그리고 그 일을 마칠 스룹바벨(스가랴 4 : 9)에 관해서 언급된 것입니다. 그리고 스룹바벨은 장차 오셔서 천계와 교회를 회복하실 주님을 표징합니다. "촛대들"은 천계나 교회이고, 거기의 "일곱 등"은 거룩한 진리들을 가리킵니다.

[3] 촛대는 등(燈)에서부터 자신의 표징적인 뜻을 취하고, 그리고 등은 천계에서 신령진리를 가리키는 빛에서 자신의 표징적인 뜻을 취하기 때문에, 그러므로 주님께서는 "하나의 등"(a lamp)이라고 호

칭되었습니다. 묵시록서의 말씀입니다.

> 그 도시(=새 예루살렘)에는, 해나 달이 빛을 비출 필요가 없습니다. 그 것은, 하나님의 광영이 그 도성을 밝혀 주며, 어린 양이 그 도성의 등불이시기 때문입니다.
> (묵시록 21 : 23 ; 22 : 5)

이러한 것은 다윗의 부하들이 다윗을 그렇게 부른 것에서도 명확합니다.

> 임금님은 이스라엘의 등불이십니다. 우리는, 우리의 등불이 꺼지지 않도록 지키고자 합니다.
> (사무엘 하 21 : 17 ; 열왕기 상 11 : 36 ; 15 : 4 ; 열왕기 하 8 : 19)

왜냐하면 "다윗"은 왕권의 측면에서 주님을 표징하기 때문이고, 마찬가지로 유다나 이스라엘의 왕들도 왕권의 측면에서 주님을 표징하기 때문입니다. "다윗"이 표징하고 있는 것은 A.C. 1888・9954항을 참조하시고, "왕들"이 표징하는 것에 관해서는 본서 31항을 참조하십시오. 금으로 만들어진 촛대들이 보여졌는데, 그것은 "금"이 사랑에 속한 선을 뜻하고, 주님에게서 발출하는 모든 것들은 신령사랑에서 비롯되기 때문입니다. 결과적으로 천계에 존재하는 주님의 신령한 것은 주님사랑이고, 인애를 가리키는 이웃사랑입니다 (H.H. 13-19항 참조). 이것이 성막에 있는 촛대와 꼭 같이, 여기서 촛대가 금으로 만들어졌다고 한 이유입니다.

63. 13절. 그 촛대 한가운데 '인자와 같은 이'가 계셨다.

이 말씀은 천계의 모든 것들이나, 교회의 모든 것들의 원천이 되시는 주님을 뜻합니다. 이러한 내용은, 극내적인 것 안에 있는 것을 가리키는 "한가운데"(in the midst)라는 말의 뜻에서(A.C 1074・2940

・2973항 참조), 잘 알 수 있습니다. 마치 빛이 중심(中心)에서 주변으로 발산하는 것과 같이, 모든 것들은 극내적인 것(the inmost)에서 발출된 것이기 때문에, 따라서 "한가운데"라는 말은 그분에게서 비롯된 것이다는 뜻이 되겠습니다. 그리고 위에서 언급한 것과 같이(본서 62항 참조), 새로운 천계나, 새로운 교회를 가리키는 "일곱 촛대들"의 뜻에서, 그리고 신령진리가 주님의 신령인성(His Divine Human)에서 발출하기 때문에, 신령인성의 측면에서, 또한 신령진리의 측면에서 주님을 가리키는 "인자"(人子・사람의 아들・the Son of man)의 뜻에서 잘 알 수 있습니다. 이상에서 주님께서 "일곱 촛대들 한가운데" 나타나신 이유를 잘 알겠습니다. 다시 말하면 천계나, 교회에 속한 모든 것들이 그분에게서 비롯되었기 때문입니다. 왜냐하면 천계나 교회를 이루는 것은, 사랑에 속한 선이나 믿음에 속한 선이기 때문입니다. 그리고 이 선은 신령존재로 말미암아 존재한다는 것은 기독교계에 두루 알려져 있습니다. 그리고 그것이 신령존재로 말미암아 존재하기 때문에 그것은 역시 주님으로 말미암아 존재합니다. 왜냐하면 주님은 천계의 하나님(the God of heaven)이시고, 그리고 주님의 신령존재가 천계를 만들기 때문입니다(H.H. 2-6・7-12항 참조). 이것이 바로 주님의 신령인성(His Divine Human)이십니다(H.H. 78-86항 참조).

[2] 신령진리가 주님의 신령인성에서 발출하기 때문에, 인자(人子)가 신령인성의 측면에서 주님이시다는 것은, "인자"(=사람의 아들)가 언급된 성경의 여러 장절들에서 잘 알 수 있습니다. 따라서 요한복음서의 말씀입니다.

그 때에 무리가 예수께 말하였다. "우리는 율법에서 그리스도(=메시아)는 영원히 살아 계시다는 것을 배웠습니다. 그런데 어떻게 당신은 인자가 들려야 한다고 말씀하십니까? 인자가 누구입니까?" 예수께서 그들에게 대답하셨다. "아직 얼마 동안은 빛이 너희 가운데 있을 것이다. 빛이 있는 동안에 다녀라. 어둠이 너희를 이기지 못하게 하여라. 어둠 속을 다니는 사람은, 자기가 어디를 가는지를 모른다. 너희는 빛이 있는 동안에 그 빛을 믿어서, 빛의 자녀가 되어라."
(요한 12 : 34-36)

이 장절에서 밝히 알 수 있는 것은 "인자"(人 f · 사람의 아들)와 "빛"(Light)은 꼭 같은 뜻을 가지고 있다는 것입니다. 왜냐하면 사람들이 "인자가 누구이냐?"고 물었을 때, 주님께서는 당신 자신이, 그들이 믿어야만 할, 빛이다고 대답하셨기 때문입니다. "빛"이 주님의 신령인성(the Lord's Divine Human)에서 발출하는 신령진리이다는 것, 따라서 "인자"이다는 것은 H.H. 126-140항과 ≪새 예루살렘의 교리≫ 49항을 참조하십시오.
[3] 누가복음서의 말씀입니다.

사람들이 너희를 미워하고, 인자 때문에 너희를 배척하고, 욕하고, 누명을 씌울 때에 너희는 복이 있다.
(누가 6 : 22)

"인자 때문에"(=사람의 아들 때문에) 라는 말은 주님에게서 발출한 신령진리 때문이다는 것을 가리킵니다. 신령진리는 주님을 믿는 믿음에 속한 모든 것과, 주님사랑에 속한 모든 것을 가리킵니다. 악한 사람은 이런 것들을 전적으로 부인, 배척하기 때문에, 그리고 그와 같은 짓을 하는 자들은 역시 그것들을 미워하고, 증오하기 때문에, 그리고 이에 반하여 선한 사람은 이런 것들을 시인하기 때문에, 그러므로 선한 사람은 축복받은 사람이라고 언급되었습니다.
[4] 또 같은 책의 말씀입니다.

제자들에게 말씀하셨다. "너희가 인자의 날들 가운데서 단 하루라도 보고 싶어 할 때가 오겠으나, 보지 못할 것이다. 사람들이 너희더러 말하

> 기를 '보아라, 저기에 있다' 또는 '보아라, 여기에 있다' 할 것이다. 그러나 너희는 따라 나서지도 말고, 찾아다니지도 말아라."
> (누가 17 : 22, 23)

"인자의 날들 가운데서 단 하루라도 보고 싶어 한다"는 말은, 그것의 어떤 측면에서는 순수한 진리를 가리키는, 신령진리를 갈망(渴望)하는 것을 뜻합니다. 여기서는 교회의 종말(the end of the church)을 뜻하는데, 그 때에 교회에는 더 이상 어떤 믿음도 없습니다. 그 이유는 그 때 교회에는 인애(仁愛)가 존재하지 않을 것이기 때문이고, 그리고 그 때에는 모든 신령진리가 소멸할 것이기 때문입니다. 그리고 또한 "인자"(人子·사람의 아들·the Son of man)가 신령진리를 뜻하기 때문에, "그 때 그들은 '보아라, 저기에 있다, 또는 보아라, 여기에 있다' 할 것이다. 그러나 따라다니지 말하라"라고 언급되었습니다.

[5] 또 같은 책의 말씀입니다.

> 내가 너희에게 말한다. "인자가 올 때에, 세상에서 믿음을 찾아볼 수 있겠느냐?"
> (누가 18 : 8)

이 말씀은, 신령진리가 천계로부터 계시될 때, 그것이 믿겨지지 않을 것이다는 것을 뜻합니다. 따라서 여기서 "인자"(=사람의 아들·人子·the Son of man)는 신령진리의 측면에서 주님을 가리키고, 그리고 주님의 오심(the coming of the Lord)은 교회의 마지막 때의 신령진리의 계시(啓示·the revelation of Divine truth)를 가리킵니다(A.C. 3900·4060항 참조).

[6] 마태복음서의 말씀입니다.

> 번개가 동쪽에서 나서, 서쪽에까지 번쩍이듯이, 인자도 그렇게 올 것이다.……그 때에 인자가 올 징조가 하늘에서 나타날 터인데, 그 때에는 땅에 있는 모든 민족이 가슴을 치며, 인자가 큰 권능과 광영으로 하늘 구름을 타고 오는 것을 볼 것이다.
> (마태 24 : 27, 30)

"하늘 구름을 타고 오는 주님의 강림"은 여기서는, 위에서 설명한 것과 같이(본서 36항 참조), 교회의 마지막 때의 신령진리의 계시를 뜻합니다.

[7] 또 같은 책의 말씀입니다.

> 예수께서 그에게 대답하셨다.……"이제로부터 당신들은, 인자가 권능의 보좌 오른쪽에 앉아 있는 것과 하늘 구름을 타고 오는 것을 보게 될 것이오."
> (마태 26 : 64)

누가복음서의 말씀입니다.

> 이제부터 인자가 전능하신 하나님의 오른쪽에 앉게 될 것이다.
> (누가 22 : 69)

이 구절들에서 "인자"(=사람의 아들・人子・the Son of man)는 신령인 성(神爲人性・神爲人間・the Divine Human)의 측면에서, 그리고 그분에게서 발출하는 신령진리의 측면에서 주님을 뜻합니다. "권능의 보좌 오른쪽에 앉는다"는 것은 그분께서 전능(全能・omnipotence)을 가지셨다는 것을 뜻하고, 이와 같이 언급하고 있는 것은, 주님께서 이 세상에서 지옥을 정복하시고, 지옥이나 천계에 있는 모든 것들을 질서 정연하게 질서를 회복하셨을 때, 신령진리는 그것의 전능 안에 있었다는 것을 뜻하고, 그리고 따라서 그분을 믿는 믿음과 그분을 사랑하는 사랑 안에서 그분을 영접한 사람들은 구원받을 수 있다는 것을 뜻하기 때문입니다(A.C. 9715항 참조). "오른쪽에 앉는다"는 말은 전능(全能·omnipotence)을 뜻하고(A.C. 3387·4592·4933·7518 ·8281·9193항 참조), 신령진리는 선에 속한 모든 권능을 뜻합니다 (A.C. 6344·6423·8304·9327·9410·9639·9643항 참조). 신령권능 자체는 주님의 신령인성에서 발출하는 신령진리에 의하여 존재합니다(A.C. 6948항 참조). 그리고 인자께서 타고 오시는 "구름들"(clouds)은, 질서에 속한 궁극적인 것들 안에 있는 신령진리를 가리키는, 문자 안에 있는 성언(聖言·the Word)을 뜻합니다(창세기 18장 서문 ; A.C. 4060·4391·5922·6343·6752·8443·8781항 참조). 그리고 "광영"(=영광·glory)은 신령진리 자체를 뜻하는데, 이러한 사실은 성언의 속뜻 가운데 있습니다(A.C. 4809·5922·8267·9429항 참조). [8] 이상에서 우리는, 묵시록서에 있는 구절이 무엇을 뜻하는지도, 지금은 이해할 수 있겠습니다. 묵시록서의 말씀입니다.

> 또 내가 보니, 흰 구름이 있고, 구름 위에는 "인자 같은 이"가 앉아 있었습니다. 그는 머리에 금 면류관을 쓰고 있었습니다.
> (묵시록 14 : 14)

다니엘서의 말씀입니다.

> 내가 밤에 이러한 환상을 보고 있을 때에,
> 인자 같은 이가 오는데,
> 하늘 구름을 타고 와서,
> 옛적부터 계신 분에게로 나아가,
> 그 앞에 섰다.
> (다니엘 7 : 13)

모든 심판은 진리에 따라서 행해지기 때문에, 그러므로 심판이 주님에게 주어졌다고 언급되었습니다. 즉—.

> 아버지께서는 아들에게 심판하는 권한을 주셨다. 그것은, 아들이 인자(人子)이기 때문이다.
> (요한 5 : 27)

그리고 또한—.

> 인자가 자기 아버지의 광영에 쌓여, 자기 천사들을 거느리고, 올 터인데, 그 때에 그는 각 사람에게 그 행실대로 갚아줄 것이다.
> (마태 16 : 27)

그리고 또한—.

> 인자가 모든 천사와 더불어 광영에 둘러싸여서 올 때에, 그는 자기의 광영스러운 보좌에 앉을 것이다.
> (마태 25 : 31)

[9] 또 마태복음서의 말씀입니다.

> 좋은 씨를 뿌리는 이는 인자요, 밭은 세상이다. 좋은 씨는 그 나라의 자녀들이요, 가라지는 악한 자의 자녀들이다.
> (마태 13 : 37, 38)

이 구절에서 "좋은 씨"(good seed)는 신령진리를 가리킵니다. 그러므로 "인자"가 그것을 뿌린다고 언급되었습니다. "그 나라의 자녀들"은 천계나, 교회에 있는 신령진리들을 가리킵니다. 왜냐하면 "자녀"(=아들·son)가 진리를 뜻하기 때문입니다(A.C. 489·491·533·1147·2623항 참조). 그리고 나쁜 뜻으로는, "악한 자의 자녀들"인 거짓을 가리킵니다.
[10] 또 같은 책의 말씀입니다.

"여우도 굴이 있고, 하늘을 나는 새도 보금자리가 있으나, 인자는 머리 둘 곳이 없다."
(마태 8 : 20)

이 구절은 어느 곳에서도 결코 신령진리가 존재하지 않는다는 것을 뜻합니다. 다시 말하면 그 때에 어느 누구에게도 신령진리가 존재하지 않는다는 것을 뜻합니다. "인자"가 고통을 받을 것이고, 죽음으로 괴롭힘을 당할 것이다는(마태 17 : 12, 22, 23 ; 26 : 2, 24, 45 ; 마가 8 : 31 ; 9 : 12, 13) 말은 그들이 신령진리를 그와 같이 홀대할 것이다는 것, 결과적으로 신령진리 자체이신 주님을 홀대할 것이다는 것을 뜻합니다. 이러한 사실을 주님께서는 누가복음서에서 가르치셨습니다.

그는 먼저 많은 고난을 겪어야 하고, 이 세대에게 버림을 받아야 한다.
(누가 17 : 25)

[11] 예레미야서의 말씀입니다.

(소돔과 고모라와 그 이웃 성읍들이 멸망하였을 때와 마찬가지로), 더 이상 이 땅에 자리잡고 사는 사람(*vir*)이 없을 것이며, 그 땅에 머무는 사람(=사람의 아들・a son of man・*hominis*)도 없을 것이다.
(예레미야 49 : 18, 33)

또 같은 책의 말씀입니다.

성읍들이 황무지로 변하여
메마르고 삭막한 땅이 되었구나.

아무도 살 수 없고,
지나다니는 사람(=인자 · *hominis*)도 없는 땅이 되었구나.
(예레미야 51 : 43)

성언의 영적인 뜻을 알지 못하는 사람은 이 구절에서 "성읍들"은 성읍들을 뜻하고, "사람"이나 "인자"는 사람이나 사람의 아들을 뜻한다고 믿을 것이고, 그리고 거기에 사람이 전혀 없을 정도로 주민이 전혀 없을 것이다고 믿을 것입니다. 그러나 그것은, 이런 낱말들로 기술된, 진리에 속한 교리의 측면에서의 교회의 상태를 가리킵니다. 왜냐하면 "성읍들"(cities)은 교회에 속한 교리적인 것들을 뜻하기 때문입니다(A.C. 402 · 2449 · 3216 · 4492 · 4493항 참조). 그리고 "사람"은 선과 결합된 선에 속한 진리 자체를 뜻합니다(A.C. 3134 · 7716 · 9007항 참조). 그러므로 "사람의 아들"(人 ſ · a son of man · *hominis*)은 진리를 뜻합니다.

[12] "사람의 아들"(人 ſ · the San of man)이 주님에게서 발출하는 신령진리를 뜻하기 때문에, 그러므로 그들에 의하여 그것을 계시한 예언자들이 "사람의 아들들"(sons of man)이라고 호칭되었습니다(다니엘 8 : 17 ; 에스겔 2 : 1, 3, 6, 8 ; 3 : 1, 3, 4, 10, 17, 25 ; 4 : 1, 16 ; 8 : 5, 6, 8, 12, 15 ; 12 : 2, 3, 9, 18, 22, 27). 그리고 성경에 있는 대부분의 것들은 반대의 뜻을 가지고 있기 때문에, 역시 "사람의 아들"은, 진리에 반대되는 거짓을 가리키는 반대의 뜻을 가지고 있습니다. 따라서 이사야서의 말씀입니다.

"너희를 위로하는 이는 나,
바로 내가 아니냐?
그런데 죽을 인간을 두려워하며,
한갓 풀에 지나지 않는
사람의 아들을 두려워하는,
너는 누구냐?"

(이사야 51 : 12)

시편서의 말씀입니다.

너희는 힘있는 고관을 의지하지 말며,
구원할 능력이 없는 사람(the son of man)을
의지하지 말아라.
(시편 146 : 3)

"고관"(高官・princes)은 중요하고, 으뜸 되는 진리들을 가리킵니다 (A.C. 2098・5044항 참조). 그러므로 반대의 뜻으로는 으뜸 되고 중요한 거짓들을 뜻합니다. 그리고 여기서 "사람의 아들"은 거짓 자체를 가리킵니다.

64. 그는 발에 끌리는 긴 옷을 입었다.

이 말씀은 그분, 즉 주님에게서 발출하는 신령진리를 뜻합니다. 이러한 내용은, 선을 감싸고 있는 진리들을 가리키는 "긴 옷"(garments)의 뜻에서 잘 알 수 있습니다(A.C 1073・2576・5248・5319・5954・9212・9216・9952・10536항 참조). 여기서는 일반적인 덮개(a general covering)를 가리키는 "발에 끌리는 긴 옷"이라고 언급되었습니다. 주님에 관해서 다루어지고 있기 때문에 그것은 일반적인 모든 신령진리를 뜻합니다. 여기서는 신령인성의 측면에서 주님이 기술되었기 때문에, 신령인성은 바로 "촛대 한가운데에서 보이는 인자와 같은 이"(人子・the Son of man)가 뜻합니다. 그리고 "그는 발에 끌리는 긴 옷을 입고, 가슴에는 금띠를 띠고 계셨다"고 언급되었고, 그리고 그 뒤에는 "얼굴은 해가 세차게 비치는 것과 같이 빛났다"(1 : 16)고 하였습니다. 따라서 나는, 주님께서 변모하셨을 때, 즉 현성용(顯聖容)하셨을 때, 여러 곳에서 사용된 표현들과 같이, 주님에 관하여 복음서들에 언급된 것에 관해서 설명을 하고자 합니다. 그리고 그 뒤에는 주님의 겉옷을 찢은 군졸들에 관해서, 그리고

주님의 속옷은 제비를 뽑았다는 말의 뜻에 관해서 설명하겠습니다.
[2] 주님의 현성용(顯聖容·the Lord's transfiguration)에 관해서 이렇게 기술되고 있습니다. 복음서의 말씀입니다.

> 예수께서는 베드로와 야고보와 그의 동생 요한을 데리시고, 따로 높은 산으로 가셨다. 그런데 그들이 보는 앞에서 그의 모습이 변하였다. 그의 얼굴은 해와 같이 빛나고, 옷은 빛과 같이 희게 되었다. 그리고 마침 모세와 엘리야가 그들에게 나타나더니, 예수와 더불어 말을 나누었다.……베드로가 아직도 말을 채 끝내지 않았는데, 갑자기 빛나는 구름이 그들을 뒤덮었다. 그리고 구름 속에서 "이는 내 사랑하는 아들이다. 내가 그를 좋아한다. 너희는 그의 말을 들어라" 하는 소리가 들려왔다. (마태 17 : 1-5 ; 마가 9 : 2-8 ; 누가 9 : 28-36)

주님께서 베드로·야고보·요한을 데리고 가셨다는 것은, 그들이 믿음·인애·인애에 속한 선행(善行)의 측면에서 교회를 표징하기 때문입니다. 그리고 주님께서 그들을 데리고, 높은 산에 올라가셨다는 것은 "산"(山·mountain)이 천계를 뜻하기 때문입니다. "그의 얼굴은 해와 같이 빛났다"는 것은 "얼굴"(face)이 내면적인 것들을 뜻하기 때문이고, 그리고 그것이 해와 같이 빛났다는 것은 그의 내면적인 것들이 신령하기 때문입니다. 왜냐하면 "해"(太陽·sun)는 신령사랑을 뜻하기 때문입니다. 그리고 "그분의 옷은 빛과 같이 희게 되었다"는 것은 "옷"(garments)이 그분에게서 발출하는 신령진리를 뜻하기 때문입니다. 그리고 "빛"(light)도 역시 같은 것을 뜻합니다. "모세와 엘리야"가 나타났는데, 이 두 분은 성언(聖言·the Word)을 뜻하는데, "모세"는 역사적인 성언(the historical Word)을 뜻하고, "엘리야"는 예언적인 성언(the prophetical Word)을 뜻하기 때문입니다. "빛나는 구름"(a bright cloud)은 속뜻이 안에 내재해 있는 문자 안에 있는 성언을 뜻합니다. "구름 속에서, '이는 내 사랑하는 아들이다. 내가 그를 좋아한다. 너희는 그의 말을 들어라' 하는 소리가 들려왔다"는 말씀은 "구름 속에서 나오는 소리"는 성언에서 비롯된 신령진리를 뜻하기 때문입니다. 그리고 "내 사랑하는 아들이다"는 주님의 신령인간(神靈人間・神靈人性・the Lord's Divine Human)을 뜻합니다. 신령진리가 그분에게서 발출되고, 그리고 거기에서부터 교회에 속한 모든 진리들이 오기 때문에, 구름 속에서, "내가 그를 좋아한다. 너희는 그의 말을 들어라"라고 언급되었습니다.

[3] 이러한 사실은 거기에 나타나 보인 주님의 신령인성에서 잘 알 수 있습니다. 왜냐하면 신령존재 자체는 신령인성을 통하지 않고서는 그 누구에게도 나타나실 수 없기 때문입니다. 이러한 것을 주님께서는 요한복음서에서 가르치시고 있습니다.

> 일찍이 하나님을 본 사람이 없으나, 아버지의 품 속에 계시는 독생자이신 하나님이 그분을 나타내 보이셨다.
> (요한 1 : 18)

그리고 다른 곳에서는―.

> 나를 보내신 아버지께서는 친히 나를 위하여 증언해 주신다. 너희는 그의 음성을 들은 일도 없고, 그의 모습을 본 일도 없다.
> (요한 5 : 37)

복음서의 이러한 말씀들이 이러한 내용들을 뜻하고 있다는 것은 ≪천계비의≫(the Arcana Celestia)에서 볼 수 있는데, 그 각각은 개별적인 것들을, 다시 말하면 "베드로・야고보・요한"이 성경에서 믿음・인애・인애에 속한 선행들을 뜻한다는 것은 A.C. 3750항이나, 본서 8・9항을 참조하십시오. 그리고 "높은 산"은 천계를 뜻한다는 것은 A.C. 8327・8805・9420・9422・9434・10608항을 참조하시고, "얼굴"(face)이 마음에 속한 내면적인 것들을 뜻한다는 것은 A.C. 1999・2434・3527・4066・4796・5102・9306・9546항을 참조하시고, "주님의 얼굴"(聖顔)이 자비·평화·모든 선을 뜻한다는 것은 A.C. 222·223·5585·9306·9546·9888항을 참조하십시오. "해"(太陽)는 신령사랑을 뜻하고(A.C. 2495·4060·7083항과 H.H. 116-125항 참조), 주님이 언급될 때 "겉옷"(garments)은 신령진리를 뜻하고(A.C. 9212·9216항 참조), "빛"(light)도 같은 것을 뜻합니다(A.C. 3195·3222·5400·8644·9399·9548·9684항과 H.H. 126-140항 참조). "모세와 엘리야"가 성언을 뜻하고, 그리고 "모세"에 관해서는 A.C. 5922·6723·6752·6771·6827·7010·7014·7089·7382·9372·10234항을 참조하시고, "엘리야"에 관새서는 A.C. 2762·5247항을 참조하십시오. "구름"이 문자로 표현된 성언을 뜻한다는 것은 본서 36항을 참조하시고, "사랑하는 아들"이 주님의 신령인성이다는 것도 명확합니다. "주님의 겉옷"(the Lord's garments)이 신령진리를 뜻한다는 사실에서, 그들 가운데서 주님의 겉옷을 네 몫으로 나눈 군인들의 찢음과, 주님의 속옷은 제비 뽑았다는 말이 뜻하는 것이 무엇인지 잘 알 수 있겠습니다. 이것에 관해서 요한복음서에는 이렇게 기술되어 있습니다.

> 군인들이 예수를 십자가에 못박은 뒤에, 그의 옷을 가져다가 네 몫으로 나누어서, 한 사람이 한 몫씩 차지하였다. 그리고 속옷은 이음새 없이 위로부터 아래까지 통째로 짠 것이므로, '이것은 찢지 말고, 누구의 것이 될지 제비를 뽑자' 하고 그들이 서로 말하였다. 이는
> '그들이 내 겉옷을 서로 나누어 가지고,
> 내 속옷을 놓고서는 제비를 뽑았다'
> 하는 성경말씀이 이루어지게 하려는 것이었다. 군인들은 이런 일을 하였다.
> (요한 19 : 23, 24)

[4] 성경의 모든 개별적인 것 안에는 영적인 속뜻이 있다는 것을 알지 못하는 사람은 이런 것들 안에 있는 비의(秘義)를 전혀 볼 수

가 없습니다. 그 사람은 또한 군인들이 겉옷을 나누었고, 속옷을 나누지 않았다고만 알 것이고, 이 말 뒤에 숨어 있는 것은 아무것도 알지 못합니다. 그 때 이 사실에는 신령비의가 있을 뿐만 아니라, 모든 개별적인 것 안에는 주님의 고난(the passion of the Lord)에 관해서 기록된 것이 내재해 있습니다. 이 사실 안에 있는 비의는, 주님의 겉옷은 신령진리를 뜻한다는 것, 따라서 성언을 뜻한다는 것입니다. 그 이유는 성언이 곧 신령진리이기 때문입니다. 그리고 그들이 나눈 "겉옷"은 바로 문자 안에 있는 성언입니다. 그리고 "속옷"(tunic)은 속뜻 안에 있는 성언입니다. "그것들을 나눈다"는 것은 분산(分散)시키고 소멸(消滅)시키는 것이나, 위화(僞化)하는 것을 뜻합니다. 그리고 "군인들"(soldiers)은, 신령진리를 위하여 싸워야 할, 교회에 속한 사람들을 뜻합니다. 이것이 바로, "그러므로 군인들은 이런 일을 하였다"고 언급한 이유입니다. 이상에서, 영적인 뜻으로 이런 것들이 뜻하는 것은, 유대교회(the Jewish church)는 문자적인 뜻 안에 있는 신령진리를 분산시키고, 소멸시켰지만, 그러나 속뜻 안에 있는 신령진리는 그렇게 할 수 없었다는 것을 뜻한다는 것을 명확하게 알 수 있겠습니다. "주님의 겉옷"(the garments of the Lord)이 신령진리, 따라서 성언을 뜻한다는 것과, 그분의 "속옷"은 신령진리, 즉 속뜻 안에 있는 성언을 뜻한다는 것은 A.C. 9826·9942항을 참조하십시오. 그리고 "나누는 것"(to divide)이 소멸시키는 것이나, 선과 진리를 분산시키고, 따라서 위화(僞化)하는 것을 뜻한다는 것은 A.C. 4424·6360·6361·9094항을 참조하십시오. 그리고 "군인들"이 교회에 속한 사람들, 여기서는 신령진리를 위하여 싸워야 할 유대교회에 속한 사람들을 뜻한다는 것은 "전쟁"이나 "싸움"의 영적인 뜻에서 잘 알 수 있습니다. "싸움"(war)은 거짓의 도전(挑戰)에 대항하여 싸우는 진리에 속한 다툼을 뜻합니다(A.C. 1659·1664·8295·10455항 참조). 그러므로 레위 지파 사람들에 관해서, 그들의 책무는 교회에 속한 이런 것들에 관계된다고 언급되었습니다. 따라서 그들이 군사적인 임무에 종사하고, 전쟁에 종사할 때, 그들은 회막(會幕)에 있는 그들의 사역(使役)을 실천하는 것이다고 언급하고 있습니다(민수기 4 : 23, 35, 39, 43, 47 ; 8 : 23, 24).

65. 가슴에는 금띠를 띠고 계셨다.

이 말씀은 마찬가지로 신령선을 뜻합니다. 이러한 내용은 가슴을 에워싸는 것을 가리키는 "젖가슴을 띠로 감싼다"는 말의 뜻에서 잘 알 수 있습니다. "젖가슴"(pap)이나 "띠"가 언급된 것은 "젖가슴"(pap)은 가슴에서 튀어나왔고, "띠"는 에워싸고 감싸기 때문입니다. 주님에게서 발출하는 신령선이 여기서 이와 같이 의미되는 것은, 일반적으로는 "가슴"이, 개별적으로는 "젖가슴"이, 뜻하기 때문입니다. 발출하는 선이 뜻하는 것은 모든 겉옷들이 발출하는 것들을 뜻하기 때문입니다. 왜냐하면 그것들이 몸 밖에 있고, 그리고 몸을 감싸고 있기 때문입니다. 발출하는 것들도 몸 밖에 있고, 그리고 그것을 옷 입히고 있기 때문입니다. 이것이 사실이다는 내용은 천사들을 감싸고 있는 옷들에 관해 언급한 ≪천계와 지옥≫ 177-182항을 참조하십시오. 다시 말하면 천사는 누구나 총명스럽고 지혜롭게 되기 위하여 자신들의 정동에 일치하는 옷들로 입혀진다는 것과, 그리고 이 정동이 그것들에게서 발출한다는 것에서 잘 알 수 있겠습니다. 왜냐하면 모든 천사나 영에게서 발출하는 영기(靈氣·sphere)가 있는데, 이것은 바로 정동의 영기(a sphere of affection)이고, 그의 생명의 영기라고 부르기 때문입니다. 그리고 그들의 옷들은 이 영기에 일치하기 때문입니다. 이것이 그와 같다는 것은 그들의 눈에는 나타나지 않지만, 그럼에도 불구하고 그들은 그것이 사실이다는 것을 잘 알고 있습니다. 이 영기(靈氣·sphere)에 관해서는 A.C. 2489 · 4464 · 5179 · 7454 · 8630항을 참조하십시오.

[2] 이상에서 밝히 알 수 있는 것은, "주님의 옷"(the Lord's garments)은 신령선에 결합한 신령진리인 신령발출(the proceeding Divine)을 뜻한다는 것입니다. 그리고 그것은 보편적인 천계(the

universal heaven)를 가득 채우고, 마음의 내면적인 것들에 들어오고, 그것을 영접한 사람에게 총명이나 지혜를 줍니다. 이러한 내용이 "흰옷을 입었다"는 말이 뜻하는 것입니다. 발출하는 신령선(the proceeding Divine good)이 주님께서 띤 "띠"(the girdle)가 뜻하기 때문에, 그러므로 그 띠는 금으로 나타났습니다. 왜냐하면 "금"(金·gold)이 사랑에 속한 선을 뜻하기 때문입니다(A.C. 113·1551·1552·5658·6914·6917·9510·9874·9881항 참조). "젖"(=젖가슴·pap)이 띠가 감싸고 있는 가슴 대신에 언급되었는데, 그 이유는, "젖가슴"(pap)이 영적인 사랑을, 그리고 "가슴"(breast)은 그 사랑에 속한 선 자체를 뜻하기 때문입니다. 이사야서에서 "젖가슴"은 이 사랑을 뜻하고 있습니다.

> "비록 네가 전에는
> 버림을 받고 미움을 받아서,
> 너의 옆으로 오는 사람이 없었으나,
> 이제는 내가 길이길이 너를 높이고,
> 너를 오고오는 세대 사람들에게
> 기쁨이 되게 하겠다.
> 네가 이방 나라들의 젖을 빨며,
> 뭇 왕의 젖을 빨아먹을 것이니,
> 이것으로써, 너는 나 주가 너의 구원자이며,
> 너의 속량자요,
> 야곱의 전능자임을 알게 될 것이다."
> (이사야 60 : 15, 16)

"뭇 왕들"이 주님에게서 비롯된 선에서 나온 진리를 가리키고(본서 31항 참조), "젖"이나 "가슴"이 영적인 사랑에 속한 선인 그 선을 가리킵니다.

[3] "가슴"이 영적인 사랑에 속한 선을 뜻한다는 것은 천계와의 대

응에서 비롯된 것입니다. 왜냐하면 전 천계(全 天界)는 사람에 속한 모든 것들에 대응하기 때문이고, 극내적인 천계, 또는 삼층천은 머리에 대응하고, 중간천계, 또는 이층천은 가슴에 대응하고, 극외적인 천계, 또는 일층천은 발에 대응하기 때문입니다. 거기에 이와 같은 대응이 있기 때문에 천계(天界·heaven)는 최대인간(最大人間·the Greatest Man·the Grand Man)이라고 호칭됩니다. 극내적 천계, 또는 삼층천이 머리에 대응하기 때문에, "머리"는 주님사랑에 속한 선을 가리키는 천적인 사랑에 속한 선(the good of celestial love)을 뜻합니다. 그 이유는 그 선이 천계를 다스리고, 천계를 완성하기 때문입니다. 중간천계, 또는 이층천은 가슴에 대응하기 때문에, "가슴"(breast)은 이웃사랑에 속한 선인 영적인 사랑에 속한 선을 뜻합니다. 그 이유는 그 선이 그 천계를 다스리고, 완성하기 때문입니다. 극외적 천계, 또는 일층천이 발에 대응하기 때문에, "발"(feet)은, 믿음에 속한 선인 영적인 사랑에서 비롯된 자연적인 사랑에 속한 선을 뜻합니다. 그 이유는 그 선이 그 천계를 다스리고, 완성하기 때문입니다. 이상에서 밝히 알 수 있는 것은, "젖"(=젖가슴)이 영적인 사랑을 뜻하는 이유와, 그리고 왜 "가슴"이 그 사랑의 선을 뜻하는지 알 수 있다는 것입니다. 보다 더 상세한 것을 이해하기 위해서는 ≪천계와 지옥≫에 설명된 아래의 장들에서 잘 볼 수 있습니다. 그것들은, 제 5장 삼층의 천계가 있다(H.H. 29-39항 참조), 그리고 제 3장 천계에서 주님의 신령존재는 주님사랑이고, 동시에 이웃사랑(仁愛)이다(H.H. 13-19항 참조), 그리고 제 8장 총체적으로 한 사람으로 보인다(H.H. 59-67항 참조), 제 12장 천계의 모든 것들과 사람의 모든 것들 사이에는 대응이 있다(H.H. 87-102항 참조)는 등등이 되겠습니다. 그리고 ≪천계비의≫ 4938·4939·10087항을 참조하십시오. 예증의 방법에 의하여 앞서의 저서의 내용들을 인용하는 것이 더 좋겠습니다. "가슴"이 영적인 사랑에 속한 선을 뜻하는 더 자세한 이유는, 가슴 안에는 심장과 폐장이 있고, 그리고 "심장"(heart)

은 대응으로 말미암아 천적인 사랑(celestial love)을 뜻하고, 이에 대하여 "폐장"(lungs)은 영적인 사랑(spiritual love)을 뜻하지만, 그러나 폐장이 가슴을 가득 채우고 있기 때문입니다. 거기에 이와 같은 대응이 존재한다는 것은 A.C. 3883-3896 · 9280 · 9300항을 참조하십시오. 천적인 사랑이나, 영적인 사랑이 무엇인지는 H.H. 23항을 참조하십시오.

66. 14절. **머리와 머리털은** (흰 양털과 같이, 또 눈과 같이) **희었다.** 이 말씀은 처음 것들(firsts)이나, 궁극적인 것들(ultimates) 안에 있는 신령존재를 뜻합니다. 이러한 내용은, 그것이 주님에게 관계될 때, 아래에 곧 설명하게 될, 처음 것들(firsts) 안에 있는 신령존재를 가리키는 언급된 것들이 주님에게 속한 것을 가리키는 "머리"(head)의 뜻에서, 그리고 그것에 관해서도 곧 설명할, 궁극적인 것 안에 있는 신령존재를 가리키는 "머리털"(=머리카락 · hairs)의 뜻에서, 그리고 순수하다는 것을 가리키는 "희다"(I'Ifs · white)는 말의 뜻에서 잘 알 수 있습니다. "희다"(white · *album*)는 말이나, "매우 밝다"(bright white · *candidum*)가 순수한 것이나, 순결한 것을 뜻한다는 것은 A.C. 3301 · 3993 · 4007 · 5319항을 참조하십시오. 주님에 관해서, "머리"(head)는 처음 것들 안에 있는 신령한 것을 가리킵니다. 그 이유는 머리가 사람의 가장 높은 부위이고, 그것 안에는 시작들(beginnings)이라고 부르는 것들인 그 사람의 첫째 것들(his firsts)이 존재하고, 그리고 그것에서부터 그의 몸 안에 자리를 잡고 있는 모든 것들이 파생되었기 때문입니다. 왜냐하면 머리 안에는 이해와 의지가 존재하고, 그것에서부터 그들의 처음 것들이나 시작들이 비롯되듯이, 언어나 모든 행위들 같은, 사람의 외적인 삶(man's outer life)에 관계되는 나머지 모든 것들은 그것들에서 흘러나오기 때문입니다. 그러나 주님에게 관련된 "머리카락"은 궁극적인 것들 안에 있는 신령존재를 뜻합니다. 그 이유는 머리카락이 궁극적인 것들을 가리키기 때문입니다. 왜냐하면 그것들은 사람의 가장 외적인

것에서 자라나오기 때문이고, 그리고 처음 것들은 그것들 안에서 종결되기 때문입니다. 그러므로 "머리"나 "머리카락"이 언급되었을 때, 그것들은 처음 것들이나 궁극적인 것들을 뜻합니다.

[2] 본서 41항에서 언급한 것과 같이, "머리"가 영적인 것들 안에 있는 처음 것들을 뜻하고, "머리카락"이 영적인 것들 안에 있는 궁극적인 것들을 뜻한다는 것과, 그리고 처음 것들이나 궁극적인 것들이 모든 것들을 뜻한다는 것을 아는 사람은 "머리"나 "머리카락"이 언급된 장절에서 속뜻에 속한 많은 비의를 알 수 있습니다. 그 장절들이 되겠습니다.

> 나실 사람으로 서원하고 헌신하는 모든 기간에는, 자기 머리를 삭도로 밀어서는 안 된다. 주께 헌신하는 그 기간이 다 찰 때까지 거룩한 몸이므로, 머리털이 길게 자라도록 그대로 두어야 한다.
> (민수기 6 : 1-21)

같은 책의 말씀입니다.

> 삼손의 힘은 그의 머리털(=머리의 타래)에 있었다. 머리카락이 깎이었을 때 그의 엄청난 힘은 이미 그에게서 사라졌다. 머리카락이 다시 자랐을 때, 그는 자신의 힘에 다시 있었다.
> (사사기 16 : 13-마지막 절)

다른 곳의 말씀입니다.

> 엘리사가 그 곳을 떠나 베델로 올라갔다.……올라가는 길에, 어린 아이들이 성읍에서 나와서 그를 보고 "대머리야, 꺼져라. 대머리야, 꺼져라" 하고 놀려댔다. 엘리사가……주의 이름으로 저주하였다. 그러자 곧 두 마리의 곰이 숲에서 나와서, 마흔 두 명이나 되는 아이들을 찢어 죽였다.
> (열왕기 하 2 : 23, 24)

또 다른 곳의 말씀입니다.

> 엘리야는 머리카락으로 만든 옷을 입었다.
> (열왕기 하 1 : 8)
> 세례 요한은 낙타 털 옷을 입었다.
> (마가 1 : 6)

더욱이, 성경 어디에서나 언급된 "머리" "머리카락" "수염" "대머리"가 뜻하는 것이 무엇인지 잘 알 수 있겠습니다.
[3] 나실 사람이 그의 머리카락을 삭도하면 안 된다는 것은, 언급하고 있듯이, 이것이 그의 머리에 있는 하나님의 나실 사람의 성품의 증표이기 때문입니다. 그리고 그 기간을 다 마치게 되면 그는 그것을 깎고, 그것을 지켜야 한다는 것은 나실 사람이 처음 것들이나, 궁극적인 것들 안에 있는 주님을 표징하기 때문입니다. 그리고 궁극적인 것들 안에 있는 그분의 신성은 그분의 인성으로, 주님께서는 그것을 심지어 궁극적인 것들인 살이나 뼈까지 신령한 것으로 완성하셨습니다. 주님께서 심지어 살이나 뼈까지 신령하게 완성하셨다는 것은 주님께서 무덤에 아무것도 남기시지 않았다는 사실에서 잘 알 수 있습니다. 즉—.

> 예수께서 그들에게 말씀하셨다.……"나를 만져 보아라. 유령은 살과 뼈가 없지만, 너희가 보다시피, 나는 살과 뼈가 있지 않느냐?" 이렇게 말씀시고, 손과 발을 그들에게 보이셨다.
> (누가 24 : 39, 40)

신령존재 자체가 궁극적인 것 안에서 존재하는 신령한 것일 때, 그것은, 궁극적인 것들에 의하여 처음 것들에서 비롯된 모든 것들을 다스립니다. 이러한 내용은 본서 41항에서 읽을 수 있습니다. 특히

≪천계비의≫에서 인용한 것들에서, 다시 말하면 내면적인 것들이 외면적인 것들에 계속해서 입류하고, 그리고 외적이나, 가장 외적인 것들에 입류하고, 그리고 거기에 존재하고, 존속하는 것에서 잘 알 수 있습니다(A.C. 634 · 6239 · 6465 · 9215 · 9216항 참조). 그리고 그것들, 즉 내면적인 것들은 계속해서 입류할 뿐만 아니라, 궁극적인 것 안에서 동시적인 것으로 형태를 취한다는 것은 A.C. 5897 · 6451 · 8603 · 10099항을 참조하십시오. 그러므로 모든 내면적인 것들은 궁극적인 것에 의하여 처음 것에서부터 관계를 가지고 있다는 것은 A.C. 9828항을 참조하시고, 그리고 H.H. 297항을 참조하십시오. 이것에서 알 수 있는 것은 궁극적인 것은 내면적인 것들에 비하여 보다 거룩하다는 것입니다(A.C. 9824항 참조). 그 때 이런 것들이 나실 사람이 임직될 때 세워진 이유들입니다. 나실 사람은 종국에 그의 머리카락을 제단의 불(the fire of the altar)에 던져 넣어야 하는데, 그 이유는 그것이 신령 거룩함을 뜻하기 때문이고, 그리고 제단의 불이 그 거룩함을 뜻하기 때문입니다(A.C. 934 · 6314 · 6832항 참조).

[4] 이상에서 삼손의 힘이 그의 머리카락에 있다는 이유를 더욱 더 잘 이해할 수 있겠습니다(사사기 16 : 13-31). 왜냐하면 이렇게 언급되고 있기 때문입니다.

> 그 아이는 모태에서부터 죽는 날까지 주께 바쳐진 나실 사람으로 살아야 하기 때문이다.
> (사사기 13 : 7)

더욱이 꼭 같은 이유 때문입니다.

> 그대들은 머리를 풀거나 옷을 찢어서는 안 된다.
> (레위기 10 : 6)
> 제사장은 머리털을 깎아 대머리같이 하거나, 구레나룻을 밀거나, 제 몸

에 칼자국을 내서는 안 된다.
(레위기 21 : 5)
형제 제사장들 가운데서 으뜸되는 대제사장은······머리를 풀거나 옷을 찢으며 애도해서는 안 된다.
(레위기 21 : 10 ; 에스겔 44 : 20)

또 마찬가지의 말씀입니다.

하눈은 다윗의 신하들을 붙잡아서, 그들의 한쪽 수염을 깎고, 입은 옷 가운데를 도려내어, 양쪽 엉덩이가 드러나게 해서 돌려보냈다.······조문 사절이 너무나도 수치스러운 일을 당하였다.
(사무엘 하 10 : 4, 5)

아런 아이들이 엘리사를 "대머리야, 꺼져라"라고 놀렸기 때문에 두 마리 곰에 의하여 마흔두 명의 아이들이 찢겨 죽었는데, 그것은 엘리야나, 엘리사가 신령진리를 가리키는 성언의 측면에서 주님을 표징하기 때문이고, 그리고 위에서 언급한 것과 같이 성언의 신성(神聖)이나 힘은 처음 것들에서부터 궁극적인 것들 안에 존재하기 때문입니다. "대머리"(baldness)가 이런 것들의 박탈(剝奪)을 뜻하기 때문에, 이런 일이 일어났던 것입니다. 더욱이 "곰들"(bears)은 궁극적인 것 안에 있는 진리를 뜻합니다. "엘리야"나 "엘리사"가 성언의 측면에서 주님을 표징한다는 것은 A.C. 2762·5247항을 참조하십시오. 이상에서 "엘리야"가 털옷(a hairy garment)을 입고, "세례 요한"이 낙타 털옷을 입은 이유를 잘 알 수 있겠습니다. 왜냐하면 엘리야와 꼭 같이, 세례 요한도 성언의 측면에서 주님을 표징하기 때문입니다. 이런 이유 때문에 그는 엘리야라고 호칭되었습니다(A.C. 7643·9372항 참조).

[5] 이런 내용들이 이해될 때, 성경에서 "머리" "머리카락" "수염" "대머리"가 뜻하는 것이 무엇인지 이해될 수 있겠습니다. 이사야서

의 말씀입니다.

> 그 날에, 주께서……앗시리아 왕을 시켜서 너희의 머리털과 발털을 밀 것이요, 또한 수염도 밀어 버리실 것이다.
> (이사야 7 : 20)

또 같은 책의 말씀입니다.

> 모두 머리를 밀고,
> 수염을 깎는다.
> (이사야 15 : 2)

예레미야서의 말씀입니다.

> 그들의 입에서 진실이 사라진지 이미 오래다.……
> "예루살렘아,
> 너는 긴 머리채를 잘라서 던져라."
> (예레미야 7 : 28, 29)

에스겔서의 말씀입니다.

> 너 사람아, 너는 날카로운 칼을 한 자루 가져 와서, 그 칼을 삭도로 삼아 네 머리카락과 수염을 깎아라.
> (에스겔 5 : 1)

같은 책의 말씀입니다.

> 모든 얼굴에는 부끄러움이 가득할 것이요,
> 모든 머리는 대머리가 될 것이다.
> (에스겔 7 : 18)

또 같은 책의 말씀입니다.

> 무리한 작전으로 그의 군인들은 머리털이 다 빠져서 대머리가 되고……
> (에스겔 29 : 18)

아모스의 말씀입니다.

> 내가 모든 사람에게 굵은 베옷을 입히고,
> 머리를 모두 밀어서 대머리가 되게 하겠다.
> (아모스 8 : 10)

시편서의 말씀입니다.

> 진실로 하나님이
> 원수들의 머리를 치시니,
> 죄를 짓고 다니는 자들의
> 정수리를 치신다.
> (시편 68 : 21)

위에 인용한 구절이나, 그 밖의 다른 장절에서, "머리의 머리털을 깎는다" "수염을 자른다" 그리고 "대머리가 되게 하는 것" 등은 모든 진리나 선을 박탈하는 것을 뜻합니다. 그것은 궁극적인 것을 박탈당한 사람은 선재적인 것들 역시 빼앗긴다는 것입니다. 왜냐하면 선재적인 것들(prior things)은, 위에서 언급한 것과 같이, 궁극적인 것들 안에서 존재하고, 지속하기 때문입니다. 더욱이 영들의 세계(the world of spirits)에서는 더러 대머리들이 보이는데, 내게 일러진 것은 그들은 성언을 모욕하고, 비방한 그런 작자들이고, 그리고 그들은 고약한 목적들에 궁극적인 것들 안에 있는 신령진리인 성언의 문자적인 뜻을 적용한 자들이고, 따라서 모든 진리들을 빼앗긴 그런 작자들이다는 것이었습니다. 이런 부류의 인물들은 매우 사악한 악의적인 작자들입니다. 그들 중의 대부분은 바벨론 단체에 속해 있습니다. 이와는 반대로 천사들은 아름다운 머리카락을 지니고 나타납니다.

67. (머리와 머리털은) **양 털과 같이, 또 눈과 같이 희었다.**
이 말씀은 거기에 있는 선과 진리에 관한 것을 뜻합니다. 이러한 내용은, 아래에 설명하게 될 궁극적인 것들 안에 있는 선을 가리키는 "흰 양털"(white wool)의 뜻에서, 그리고 궁극적인 것들 안에 있는 진리를 가리키는 "흰 눈"(snow)의 뜻에서 잘 알 수 있습니다. "눈"(snow)은, 그것이 물(water)로 이루어졌고, 그리고 그것의 흰색과 밝음 때문에, 궁극적인 것들 안에 있는 진리를 뜻합니다. "물"(water)이 진리를 뜻한다는 것은 아래의 본서 71항을 참조하시고, "흰 것"이나 "밝음"이 투명한 빛에서 비롯된 진리를 뜻한다는 것은 A.C. 3301·3993·4007·5319·8459항을 참조하십시오. "흰 양털"(white wool)이 궁극적인 것들 안에 있는 선을 뜻하는데, 그것은 어린 양이나 양의 털이 사람이 가지고 있는 털과 같은 뜻을 가지고 있기 때문이고, 그리고 "어린 양"이나 "양"은 선을 뜻하고, 특히 "어린 양"은 천적인 선을 뜻하기 때문이고(A.C. 3519·3994·10132항 참조), 그리고 "양"은 영적인 선을 뜻하기 때문입니다(A.C. 4169·4809항 참조). 이상에서 볼 때, 궁극적인 것들 안에 있는 신령 진리를 뜻하는 "머리카락"이 "양털과 같이 희고, 또 눈과 같이 희다"고 언급된 것을 잘 알 수 있습니다. 그러므로 주님께서 현성용(顯聖容)되셨을 때, 주님에 관해서 이렇게 기술되고 있습니다. 마가복음서의 말씀입니다.

그 옷은 세상의 어떤 빨래꾼이라도 그렇게 할 수 없을 만큼, 새하얗게 빛났다.

(마가 9 : 3)

다니엘서에는 "옛적부터 계신 분"(the Ancient of Days)에 관해서 이 렇게 기술되고 있습니다.

> 내가 바로 보니,
> 옥좌들이 놓이고
> 한 옥좌에 옛적부터 계신 분(the Ancient of Days)이 앉으셨는데,
> 옷은 눈과 같이 희고,
> 머리카락은 양 털과 같이 깨끗하였다.
> (다니엘 7 : 9)

이 말씀에서 "옷"(=의상·raiment)은 궁극적인 것 안에 있는 신령존 재를 뜻합니다(본서 64항 참조). 그리고 "옛적부터 계신 분"(the Ancient of Days)은 영원부터 계신 주님을 뜻합니다.
[2] "양털"(羊毛·wool)이 궁극적인 것들 안에 있는 선을 뜻하기 때문에, 선은 성경에서 "양털"로 묘사되었고, 진리는 "세마포"(細麻布·linen)나 "눈"(雪·snow)에 의하여 자주 기술되었습니다. 호세아서에서의 말씀입니다.

> 그는 자랑하기를
> "나는 나의 정부들을 따라가겠다.
> 그들이 나에게 먹을 것과 마실 것을 대고,
> 내가 입을 털옷과 모시옷과,
> 내가 쓸 기름과
> 내가 마실 술을 댄다" 하는구나.············
> 그러므로 곡식이 익을 때에는
> 내가 준 그 곡식을 빼앗고,
> 포도주에 맛이 들 무렵에는
> 그 포도주를 빼앗겠다.

또 벗은 몸을 가리라고 준
양털과 모시도 빼앗겠다.
(호세아 2 : 5, 9)

에스겔서의 말씀입니다.

너희는 살진 양을 잡아 기름진 것을 먹고, 양털로 옷을 해 입기는 하면
서도, 양 떼를 먹이지는 않았다.
(에스겔 34 : 3)

시편서의 말씀입니다.

주님이 이 땅에 명만 내리시면,
그 말씀 순식간에 퍼져 나간다.
양털 같은 눈을 내리시며,……
(시편 147 : 15, 16)

이사야서의 말씀입니다.

주께서 말씀하신다.
"오너라! 우리가 서로 변론하자.
너희의 죄가 주홍빛과 같다 하여도
눈과 같이 희어질 것이며,
진홍빛과 같이 붉어도
양털과 같이 희어질 것이다."
(이사야 1 : 18)

이 말씀들에서 "눈"은 주홍빛과 같은 죄들에 관해서 서술하고, "양
털"은 진홍빛(purple)과 같이 붉은 죄들에 관해서 서술하고 있는데,
그 이유는 "주홍빛"(scarlet)은 선에서 비롯된 진리를 뜻하고, 반대

의 뜻으로는 악에서 비롯된 거짓을 뜻하기 때문입니다(A.C. 4922·9468항 참조). 그리고 "붉다"나 "진홍빛"은 선을 뜻하고, 반대의 뜻으로는 모든 종류의 악을 뜻하기 때문입니다(A.C. 3300·9467·9865항 참조).

68. 눈은 불꽃과 같았다.

이 말씀은 주님의 신령사랑에서 비롯된 신령섭리(神靈攝理·Divine Providence)를 뜻합니다. 이러한 내용은 이해(理解·understanding)를 가리키는 "눈"(目·eyes)의 뜻에서(본서 37항 참조), 그리고 주님과 관련해서는 임재(臨在·現存·presence)를, 따라서 섭리를 가리키는 "눈"의 뜻에서(A.C. 3869·10569항 참조) 잘 알 수 있습니다. 눈이 섭리, 즉 신령섭리를 뜻한다는 것은 아래에서 설명되겠습니다. 그리고 주님과 관련해서는 신령사랑을 가리키는 "불꽃"(a flame of fire)의 뜻에서 잘 알 수 있습니다. "불꽃"(a flame of fire)은 신령사랑을 뜻하는데, 그 이유는 주님께서는 천계에서 태양으로 나타나시고, 그리고 그분에게서 발출하는 신령한 것은 빛(光·light)으로 나타나기 때문이고, 그리고 극내적인 천계, 즉 삼층천에서는 불꽃의 빛(=타오르는 빛)으로, 그리고 중간천계, 즉 이층천에서는 밝은 흰 빛으로 나타나기 때문입니다. 신령사랑 자체는 이와 같이 나타나고 있습니다. 이상에서 알 수 있는 것은, 성경에서 "불"(火·fire)이나 "불꽃"(flame)은, ≪천계비의≫에서 볼 수 있는 것과 같이, 사랑을 뜻합니다(A.C. 934·4906·5215항 참조). 신성한 불이나 천적인 불은 신령사랑을 가리키고, 그리고 그 사랑에 속한 모든 정동을 뜻하기도 합니다(A.C. 934·6314·6832항 참조). 열(=별·熱·heat)에는 두 근원이 있는데, 하나는 이 세상의 태양인데, 땅 위의 모든 것들은 이 태양으로 말미암아 증식(增殖)합니다. 다른 하나는 주님이신 천계의 태양인데, 천사들이나, 사람들은 이 태양에서 생명에 속한 모든 것들을 얻습니다(A.C. 3338·5215·7324항 참조). 그 사랑은 생명에 속한 불(the fire of life)이고, 그 생명 자체는 실제적으로 그것으로 말미암아 존재합니다(A.C. 4906·5071·6032·6314항 참조). 그 불꽃(flame)은 극내적인 천계에 속한 선에서 비롯된 진리이고, 그리고 그 빛은 중간천계, 즉 이층천에 속한 선에서 비롯된 진리입니다(A.C. 3222·6832항 참조). 그 이유는, 극내적인 천계에서 빛은 타오르는 불꽃(flaming)으로 나타나고, 중간천계에서는 밝은 흰 빛으로 나타나기 때문입니다(A.C. 9570항 ; H.H. 116-140항 참조). 주님과 관련하여 "눈"(11·eyes)은 신령섭리를 뜻하는데, 그 이유는, 사람에 관련하여 "눈"은 이해를 뜻하기 때문입니다. 그리고 신령이해(the Divine understanding)는 곧 신령섭리를 가리키는데, 그 이유는 그것은 무한(無限)하기 때문입니다. 이사야서의 "여호와의 눈"(the eyes of Jehovah)은 그 밖의 다른 것을 뜻하지 않습니다. 즉—.

주님, 귀를 기울여 들어주십시오(=오 주여, 주의 귀를 기울여 들으소서).
주님, 눈여겨 보아 주십시오(=오 주여, 주의 눈을 열어 보소서).
(이사야 37 : 17)

예레미야서의 말씀입니다.

내가 그들을 지켜 보면서 잘 되게 하고, 다시 이 땅으로 데려오겠다. 내가 그들을 세우고 헐지 않겠다(=내가 내 눈을 그들에게 영원히 두며, 내가 그들을 다시 이 땅으로 인도할 것이다. 또 내가 그들을 세우고, 넘어뜨리지 않겠다).
(예레미야 24 : 6)

시편서의 말씀입니다.

주의 눈은
주님을 경외하는 사람을 살펴보시며,
한결같은 사랑을 사모하는 사람을

살펴보신다.
(시편 33 : 18)

같은 책의 말씀입니다.

주께서 성전에 계신다.
주님은 하늘 보좌에 앉아 계신다.
주님은
불꽃처럼 날카로운 눈으로 굽어보시고,
사람을 살펴보신다.
(시편 11 : 4)

그 밖에 여러 장절들이 있습니다. 신령섭리에 관해서는 ≪새 예루살렘의 교리≫ 267-279항을 참조하십시오.

69. 15절. 발은 화덕에 달구어 낸 놋쇠와 같았다.
이 말씀은, 신령사랑으로 충만한 자연적인 것인 신령질서에 속한 궁극적인 것을 뜻합니다 이러한 내용은, 자연적인 것을 가리키는 "발"(足·feet)의 뜻에서(A.C. 2162·3147·3761·3986·4280·4938-4952항 참조), 그것이 자연적인 것이기 때문에, 그러므로 주님과 관련해서는, 신령질서에 속한 궁극적인 것을 뜻하는 "발"의 뜻에서, 그리고 곧 설명하게 될, 자연적인 선을 가리키는 "광택 나는 놋쇠"(burnished brass), 즉 세련된 놋쇠(brass polished)의 뜻에서, 그리고 주님과 관련해서는 신령사랑에서 비롯된 것을 가리키는 "달군다"(glowing)는 말의 뜻에서(A.C. 10055항 참조), 잘 알 수 있습니다. 신령사랑이 최대의 계도에 있고, 그리고 충만한 상태에 있다는 것을 나타내기 위하여 "마치 화덕에 달구어 낸 놋쇠 같다"(=마치 용광로에 달군 듯한 놋쇠 같다)고 언급되었습니다. 왜냐하면 신령한 것은, 그것이 그것의 궁극적인 것 안에 있을 때 충분한 상태에 있기 때문입니다. 그리고 궁극적인 것은 자연적인 것이기 때문입니다(본서 66항 참조). 이상에서 명확한 것은 "그의 발은 화덕에 달구어 낸 놋쇠와 같다"(=그의 발은 용광로에 달군 듯한 빛나는 놋쇠와 같다)는 말이 자연적인 것이고, 신령사랑으로 가득 찬 신령질서에 속한 궁극적인 것을 뜻한다는 것입니다. 이러한 내용들은, 앞에서와 꼭 같이, 비유에 의하여 기술된 것입니다. 예를 들면, "그의 머리와 머리털은 흰 양털과 같이, 또 눈과 같이 희다"고 한 것이나, "그의 발은 용광로에 달군 듯한 빛나는 놋쇠 같다"는 말이 되겠는데, 그러나 여기서 주지하여야 할 것은, 성경의 모든 비유들은 표의(表意·signification)적이다는 것입니다. 왜냐하면 그 비유들은, 그것들 자체들과 마찬가지로 대응들(對應·correspondences)로 말미암아 존재하기 때문입니다 (A.C. 3579·4599·8989항 참조).

[2] 주님에 관련해서, "발"(足·feet)은 신령질서에 속한 궁극적인 것을 뜻하는데, 이것은 자연적입니다. 그 이유는 천계는 주님의 신령인성(the Lord's Divine Human)으로 말미암아 천계이기 때문이고, 그리고 이것으로 말미암아 전체적인 총체로서 천계는 한 사람을 표징하고, 나타내기 때문입니다. 세 천계들(three heavens)이 있기 때문에, 가장 높은 천계(三世天)는 머리를 뜻하고, 중간천계(三世天)는 몸통을 뜻하고, 가장 아래 천계(三世天)는 발을 뜻합니다. 가장 높은 천계를 이루는 신령한 것은 천적인 신령한 것(the celestial Divine)이라고 부르지만, 그러나 중간천계를 이루는 신령한 것은 영적인 신령한 것(the spiritual Divine)이라고 부릅니다. 그리고 가장 낮은 천계를 이루는 신령한 것은 영적인 신령존재나 천적인 신령존재로 말미암아 자연적인 신령한 것(the natural Divine)이라고 부릅니다. 이러한 사실은, 주님의 옷뿐만 아니라, 그분의 머리·가슴·발에 관해서 촛대들 한가운데 보이는 인자(=사람의 아들·the Son of man)인 주님의 신령인성의 측면에서 주님이 여기에 기술된 이유에서, 명백합니다. "인자"(人子·사람의 아들)가 주님의 신령인성(=신령인간·His Divine Human)의 측면에서 주님이시다는 것은 본서 63항을 참조하

시고, "촛대들"이 천계를 가리킨다는 것은 본서 62항을 참조하십시오. 그러나 이러한 내용들은 지금까지 알려지지 않은 비의들(秘義 · arcana)이기 때문에, 그리고 그럼에도 불구하고 이 말씀의 속뜻이나 아래의 인용되는 예언서의 장절들을 이해하기 위하여 비의들은 반드시 이해하여야 하겠습니다. 특히 개별적인 비의들은 ≪천계와 지옥≫의 제2장 천계를 만드는 존재는 주님이신 신령존재이다와 제11장 전체로나 부분으로도 천계가 사람을 반영한다는 것은 주님의 신령인간 때문이다에 설명되었고(전게서 7-12 · 78-86항 참조), 이런 이유 때문에 제 8장 총체적으로 천계는 한 사람으로 보인다, 제 9장 천계 안의 각 사회는 한 사람으로 보인다, 제 10장 천사는 하나의 완전한 인간형체를 하고 있다(전게서 59-77항 참조)는 것이 기술되었습니다. 그리고 제 5장 삼층의 천계가 있다는 장에서는 가장 높은 천계는 머리와 관계되고, 중간천계는 몸통과 관계되고, 가장 낮은 천계는 발과 관계된다는 것도 기술하였습니다(전게서 29- 40항 참조). 이런 사실들이 이해될 때, 성경에서 "여호와의 발" 또는 "주님의 발"이 뜻하는 것이 무엇인지, 다시 말하면 그것이 신령질서에 속한 궁극적인 것이나, 또는 자연적인 것을 뜻한다는 것을 알 수 있을 것입니다. 교회에 속한 외적인 것이나, 예배에 속한, 또는 성언에 속한 외적인 것들은 교회에 존재하는 신령질서에 속한 궁극적인 것이고, 그리고 자연적인 것이기 때문에 특히 이러한 내용이 "여호와의 발" 또는 "주님의 발"이 뜻합니다.
[3] "여호와의 발"이나 "주님의 발"의 이와 같은 뜻 때문에, 따라서 예언서의 곳곳에 예언자들에게 주님께서 하나의 천사로 나타나셨을 때 이런 식으로 주님은 나타나셨습니다. 다니엘서에 의하여 보여진 모습입니다.

    그 때에 내가 눈을 떠서 보니, 한 사람이 모시 옷을 입고 우바스의 금으로 만든 띠로 허리를 동이고 있었다. 그의 몸은 녹주석 같이 빛나고,

그의 얼굴은 번개불 같이 환하고, 눈은 횃불 같이 이글거리고, 팔과 발은 빛나는 놋쇠처럼 번쩍였으며, 목소리는 큰 무리가 지르는 소리와도 같았다.
(다니엘 10 : 5, 6)

섭리와 보호의 측면에서 주님을 뜻하는, 에스겔이 본 "그룹"(cherubs)도 마찬가지입니다(A.C. 9277 · 9509 · 9673항 참조). 에스겔서의 말씀입니다.

그들의 다리는……광낸 놋과 같이 반짝거렸다.
(에스겔 1 : 7)

주님께서는, 묵시록서에 자세하게 기술된 것과 같이, 하나의 천사처럼 보이셨습니다. 묵시록서의 말씀입니다.

나는 힘센 다른 천사 하나가 구름에 싸여서 하늘에서 내려오는 것을 보았습니다. 그의 머리 위에는 무지개가 둘려 있고, 그의 얼굴은 해와 같고, 발은 불기둥과 같았습니다.
(묵시록 10 : 1)

그의 발의 측면에서 주님께서 이와 같은 방법으로 나타나셨기 때문에, 그러므로 그분의 발 아래에는 이스라엘의 자손들 몇몇이 보였습니다. 출애굽기서의 말씀입니다.

거기에서, 그들이 이스라엘의 하나님을 보니, 그 발 아래에는 청옥을 깔아 놓은 것 같으며, 그 맑기가 하늘과 꼭 같았다.
(출애굽기 24 : 10)

주님에 대한 그들의 환상은 발에 관한 것이 아니고, "발 아래에 있는 것"이었습니다. 그 이유는 그들이 교회의 외적인 것이나, 예배

또는 성언 안에 있지 않고, 그것들 아래에 있었기 때문입니다(≪새 예루살렘의 교리≫ 248항 참조).

[4] "여호와의 발"(the feet of Jehovah) 또는 "주님의 발"(the feet of the Lord)이 신령질서에 속한 궁극적인 것을 뜻하기 때문에, 특히 교회나, 예배, 그리고 성언에 속한 외적인 것들인 궁극적인 것을 뜻하기 때문에, 그러므로 이와 같은 외적인 것이 성경에서 "그의 발등상"(His footstool)이라고 불리웠습니다. 이사야서의 말씀입니다.

"레바논의 자랑인
잣나무와 소나무와 회양목이
함께 너에게로 올 것이다.
그 나무가
나의 성전 터를 아름답게 꾸밀 것이니,
이렇게 하여서
내가 나의 발 둘 곳을 영화롭게 하겠다."
너를 괴롭히던 자들의 자손이……
너를 멸시하던 자들이
모두 너의 발 아래에 엎드리리라.
(이사야 60 : 13, 14)

같은 책의 말씀입니다.

하늘은 나의 보좌요,
땅은 나의 발 받침대다.
(이사야 66 : 1)

예레미야 애가서의 말씀입니다.

주께서 그의 진노의 날에 그의 발판(=성전)조차도 기억하시지 않았다.
(애가 2 : 1)

시편서의 말씀입니다.

> 우리의 주 하나님을 찬양하여라.
> 그분의 발 등상 아래에 엎드려라(=그의 발판에서 경배하여라).
> (시편 99 : 5).

같은 책의 말씀입니다.

> 그분 계신 곳으로 가자.
> 그 발 아래에 엎드려 경배하자.
> (시편 132 : 7)

나훔서의 말씀입니다.

> 구름은 주님의 발 밑에 이는 먼지이다.
> (나훔 1 : 3)

"구름"(cloud)은, 문자적인 측면에서 성언의 외적인 것이고, 또한 성언을 가리킵니다(본서 36항 참조). "구름"이 성언의 외적인 것이기 때문에, 그것은 또한 교회의 외적인 것이나, 예배의 외적인 것을 가리킵니다. 왜냐하면 교회나 예배는 성언으로 말미암아 존재하기 때문입니다. "구름들"이 주님의 발의 "먼지"라고 하였는데, 그것은, 성언의 문자의 뜻 안에 있는 자연적인 것들은 산산이 흩어져서 보이기 때문입니다.

70. "발"이 용광로에 달구어 낸 놋쇠 같다고 언급되고 있는데, 그것은 단련된 놋쇠는 불꽃 같이 빛을 내는 광택 나는 놋쇠와 같기 때문입니다. 성경에서 "놋쇠"(brass)는 자연적인 선을 뜻합니다. 성경에서 금속들은, 다른 것과 꼭 같이, 표의적입니다. 성경에서 "금"

(金·gold)은 가장 내적인 선인 천적인 선을 뜻하고, "은"(銀·silver)은 영적인 선인 그것에 속한 진리를 뜻합니다. 그리고 "놋쇠"(brass)는 가장 외적인 선인 자연적인 선을 뜻합니다. "철"(鐵·iron)은 자연적인 진리인 그것에 속한 진리를 뜻합니다. 금속들은 대응으로 말미암아 이런 뜻들을 가지고 있습니다. 왜냐하면 천계에 있는 많은 것들은 마치 금이나 은에서 빛나는 것과 같이 보이고, 그리고 많은 것들은 마치 놋쇠나 철에서 빛나는 것과 같이 보입니다. 거기에서 알 수 있는 것은, 이런 것들이 위에 언급하고 있는 선들이나 진리들을 뜻한다는 것입니다. 이런 사실에서 얻는 결론은, 대응의 지식을 가지고 있었던 고대 사람들은 이들 금속에 따라서 세대들(世代·the ages)을 명명(命名)하였습니다. 즉 첫 번째 시대를 "황금시대"(黃金時代·the golden age)라고 불렀는데, 그것은, 이노센스와 사랑, 그리고 거기에서 비롯된 지혜가 그 때 다스렸기 때문입니다. 그리고 둘 째 시대는 "은시대"(銀時代·the silver age)라고 불렀는데, 그것은 그 선에서, 즉 영적인 선에서 비롯된 진리와, 거기에서 비롯된 총명이 그 때 다스렸기 때문입니다. 세 번째 시대는 "놋쇠시대"(the brazen age), 또는 "동시대"(銅時代·the copper age)라고 불렀는데, 그것은 도덕적인 삶에 속한 정의(正義)나 진실인 자연적인 선이 그 때 다스렸기 때문입니다. 그러나 마지막 시대를 그들은 "철시대"(鐵時代·the iron age)라고 불렀는데, 그것은 선이 결여된 단순한 진리(mere truth)가 다스렸기 때문입니다. 그 진리가 다스릴 때 역시 거짓도 다스렸습니다. 이런 모든 내용은 이들 금속의 영적인 뜻에서 비롯된 것입니다.

[2] 이상에서 느브갓네살이 꿈에 본 형상이 뜻하는 것이 무엇인지 알 수 있겠습니다. 다니엘서의 말씀입니다.

> 임금님은 어떤 거대한 신상을 보셨습니다.……그 신상의 머리는 순금이고, 가슴과 팔은 은이고, 배와 넓적다리는 놋쇠이고, 그 무릎 아래는 쇠

이고, 발은 일부는 쇠이고, 일부는 진흙이었습니다.
(다니엘 2 : 31-33)

다시 말하면 이 구절은 그것의 처음 시대로부터 마지막 시대까지 선과 진리의 측면에서의 교회의 상태를 뜻합니다. 교회의 마지막 때는 주님께서 이 세상에 강림하셨던 때입니다. 그리고 "금"이 천적인 선을, "은"이 영적인 선을, "놋쇠"가 자연적인 선을, "철"이 자연적인 진리를, 각각 뜻한다는 것을 알게 되면, 이런 금속들이 등장하는 성경에서 수많은 비의(祕義)들을 이해할 수 있을 것입니다. 따라서 이사야서의 이런 낱말들이 뜻하는 것도 알 수 있겠습니다. 이사야서의 말씀입니다.

> 내가 놋쇠 대신 금을 가져 오며,
> 철 대신 은을 가져 오며,
> 나무 대신 놋쇠를 가져 오며,
> 돌 대신에 철을 가져 오겠다.
> (이사야 60 : 17)

[3] 그러나 자연적인 선을 뜻하는 "놋쇠"의 뜻이 여기서 다루어지고 있기 때문에, 그 선을 뜻하는 "놋쇠"가 언급된 성경의 장절들 몇 몇을 인용하겠습니다. 신명기서의 말씀입니다.

> "아셀 지파는 다른 어느 지파보다
> 복을 더 많이 받은 지파다.……
> 그들의 땅은 올리브 나무로 가득히 찬다(=그의 발은 기름에 잠겼다).
> 쇠와 놋으로 만든 문빗장으로
> 너희의 성문을 채웠으니,
> 너희는 안전하게 산다"(=네 신은 철과 놋이 될 것이요, 네 날들처럼 네 힘도 그렇게 될 것이다).
> (신명기 33 : 24, 25)

지파들 중의 하나이기 때문에 "아셀"은 삶에 속한 축복이나 정동에 속한 기쁨을 뜻합니다(A.C. 3938·3939·6408항 참조). "발이 기름에 잠긴다"는 말은 자연적인 기쁨을 뜻하고, 그리고 "기름"(oil)이 기쁨을 뜻한다는 것은 A.C. 9954항을 참조하십시오. 그리고 "발"은 자연적인 것을 뜻하고(본서 69항 참조), "철"이나 "놋"으로 만든 신발(=문빗장)은 진리나 선에서 비롯된 가장 낮은 것을 뜻하고, "신발"은 가장 낮은 자연적인 것을 뜻합니다(A.C. 1748·1860·6844항 참조). 그리고 "철"은 그것의 진리를, "놋"은 그것의 선을 각각 뜻합니다(A.C. 1748·1860·6844항 참조). 또 같은 책의 말씀입니다.

> 주 너희의 하나님이 너희를 데리고 가시는 땅은 좋은 땅이다.……먹을 것이 모자라지 않고, 아무것도 부족함이 없는 땅이며, 들에서는 쇠를 얻고, 산에서는 구리를 캐낼 수 있는 땅이다.
> (신명기 8 : 7, 9)

예레미야서의 말씀입니다.

> 내가 너를 튼튼한 놋쇠 성벽으로 만들어서
> 이 백성과 맞서게 하겠다.
> 그들이 너에게 맞서서 덤벼들겠지만,
> 너를 이기지 못할 것이다.
> (예레미야 15 : 20)

에스겔서의 말씀입니다.

> 야완과 두발과 메섹이 바로 너와 거래한 사람들이다. 그들이 노예(=사람의 영혼)와 놋그릇들을 가지고 와서, 네 상품들과 바꾸어 갔다.
> (에스겔 27 : 13)

이 장(에스겔 27장)에서는 두로의 무역에 관해서 다루어지고 있는데, 두로는 선이나 진리에 속한 지식들을 뜻합니다. 이름들, "야완" "두발" "메섹"은 선이나 진리에 속한 것들을 뜻하고, 그리고 그것에 속한 지식들이 다루어졌습니다. "사람의 영혼"(the soul of man)은 삶에 속한 진리를 뜻하고, "놋그릇들"은 자연적인 선에 속한 과학적인 것을 뜻합니다. "두로"가 뜻하는 것이 무엇인지는 A.C. 1201항을 참조하시고, "무역"(貿易·traffickings)이 무엇을 뜻하는지는 A.C. 2967·4453항을 참조하십시오. "두발"과 "메섹"이 뜻하는 것이 무엇인지는 A.C. 1151항을 참조하시고, "야완"이 뜻하는 것은 A.C. 1152·1153·1155항을 참조하십시오. "사람의 영혼"(the soul of man)이 뜻하는 것은 A.C. 2930·9050·9281항을 참조하시고, "그릇들"이 뜻하는 것은 A.C. 3068·3079·3316·3318항을 참조하십시오. 같은 책의 말씀입니다.

> 그룹(=네 생물)의 다리는……광낸 놋과 같이 반짝거렸다.
> (에스겔 1 : 7)

"그룹"(cherubs)과 "발"이 무엇을 뜻하는지는 본서 69항을 참조하십시오.

[4] 또 같은 책의 말씀입니다.

> 그 곳에는 어떤 사람이 있었다. 그는 놋쇠와 같이 빛나는 모습이었고, 그의 손에는 삼으로 꼰 줄과 측량하는 막대기가 있었다. 그는 대문에 서 있었다.
> (에스겔 40 : 3)

이 말씀은, 이 천사가 교회의 외적인 것을 가리키는 하나님의 집과 벽과 대문들을 측량하기 때문에, 그의 모습은 놋쇠의 외현과 같이 보였다고 하였습니다. "놋쇠"가 본질적으로 자연적인 것인, 교회에 속한 외적인 것을 뜻한다는 것을 아는 사람은 어느 정도 아래 구절의 이유들을 알 것입니다. 출애굽기서의 말씀입니다.

> 번제단은 놋쇠를 입혀야 한다.……이 모든 기구는 놋쇠로 만들어야 한다. 제단에 쓸 그물 모양의 석쇠는 놋쇠로 만들고, 그 놋 석쇠의 네 모퉁이에 놋쇠 고리 넷을 만들어 붙여라.
> (출애굽기 27 : 1-4)

또 같은 이유입니다. 열왕기 상서의 말씀입니다.

> 받침대 열 개와 받침대 위에 놓을 대야 열 개와, 바다 모양 물통 한 개와, 그 바다 모양 물통 아래에 받쳐 놓은 황소 모양 열두 개와.……솔로몬 왕의 주의 성전의 모든 기구는 모두 광택나는 놋쇠로 만든 것이다.
> (열왕기 상 7 : 43-47)

[5] "놋쇠"가 뜻하는 것이 무엇인지를 아는 사람은, 백성들을 위하여 쳐다보도록 구리 뱀을 만들어 세울 것을 명령한 이유인 비의를 알 수 있습니다. 그것에 관해서는 이렇게 기술되었습니다. 민수기서의 말씀입니다.

> 주께서 백성들에게 불뱀을 보내셨다. 그것들이 사람을 무니, 이스라엘 백성이 많이 죽었다.……주께서 모세에게 말씀하셨다. "너는 불뱀을 만들어 기둥 위에 달아 놓아라. 물린 사람은 누구든지 그것을 보면 살 것이다." 그리하여 모세는 구리로 뱀을 만들어서 그것을 기둥 위에 달아 놓았다. 뱀이 사람을 물었을 때에, 물린 사람은 구리로 만든 그 뱀을 쳐다보면 살아났다.
> (민수기 21 : 6, 8, 9)

여기서 이 "뱀"(=구리 뱀)은 주님을 가리킨다는 것을 주님께서 친히 요한복음서에서 가르치셨습니다.

모세가 광야에서 뱀을 든 것과 같이, 인자도 들려야 한다. 그것은 그를 믿는 사람마다 영원한 생명을 얻게 하여는 것이다.
(요한 3 : 14, 15)

"뱀"은 사람에게 있는 생명의 궁극적인 것을 뜻하는데, 그것은 자연적인 것으로 외적인 감관적인 것이라고 불리웠습니다. 주님 안에 있는 궁극적인 것이 신령한 것이기 때문에, 구리 뱀(a serpent of brass)이 이스라엘 자손들 가운데 만들어졌는데, 그것은 모든 것들이 그들에게는 표징적이었기 때문입니다. 이것은, 만약에 그들이 주님의 신령인성을 우러른다면, 그들이 다시 살 것이다는 것, 다시 말하면, 주님께서 친히 가르치신 것과 같이, 만약에 그들이 주님을 믿는다면 그들은 영생을 가질 것이다는 것을 뜻합니다. "본다"(to see)는 말이 영적인 뜻으로 믿는다는 것을 뜻한다는 것은 본서 37·68항을 참조하시고, "뱀"(serpent)이, 사람의 생명의 궁극적인 것인 외적인 감관적인 것(the external sensual)을 뜻한다는 것은 A.C. 195-197·6398·6949·10313항을 참조하십시오. 성경에서 "놋쇠"나 "철"(=쇠)(이사야 48 : 4 ; 다니엘 7 : 19와 그 밖의 것들)이 단단한 것, 또는 굳은 것을 뜻한다는 것은 아래의 설명에서 읽을 수 있겠습니다.

71. 음성은 큰 물소리와 같았다.
이 말씀은 궁극적인 것들 안에 있는 신령진리를 뜻합니다. 이러한 내용은, 그것이 주님에게서 온 것이므로, 신령진리를 가리키는 "음성"(音聲·voice)의 뜻에서(A.C. 219·220·3563·6971·8813·8914항과 본서 55항 참조), 그리고 믿음에 속한 진리들, 또는 진리에 속한 지식들을 가리키는 "물들"(waters)의 뜻에서(A.C. 2702·3058·5668·8568·10238항 참조) 잘 알 수 있습니다. 그리고 진리들에 속한 지식들이 궁극적인 것들 안에 있기 때문에, "음성은 큰 물소리(=많은 물소리)와 같았다"는 말은, 궁극적인 것들 안에 있는 신령진리들을 뜻합니다. 그것은 이 말이 주님에 관해서 언급하고 있기 때문입니다. 지식들이나, 과학적인 것들은 겉사람, 또는 자연적인 사람에 속한 것들인데, 그것은, 그것들이 이 세상의 빛 안에, 따라서 궁극적인 것 안에 존재하기 때문입니다(A.C. 5212항 참조 ; ≪새 예루살렘의 교리≫ 51항 참조). 그럼에도 불구하고, 성경말씀의 "물들"(waters)이 믿음에 속한 진리들이나, 진리에 속한 지식들을 뜻한다는 것을 아직까지 알지 못하고 있기 때문에, 이 뜻이 가능한한 멀리 나타나고 있기 때문에, 성경에서 "물들"이 뜻하는 것이 무엇인지를 여기서 간략하게 설명하고자 합니다. 더욱이 이것은 꼭 필요한 것인데, 그 이유는 "물들"이 뜻하는 지식이 없다면, "세례"(洗禮 · baptism)가 뜻하는 것이 무엇인지 알 수 없을 것이고, 또한 이스라엘 교회에서 매우 자주 언급되고 있는 "씻음들"(washings)이 뜻하는 것도 알 수 없기 때문입니다. "빵"이 사랑에 속한 선을 뜻하듯이, "물들"은 믿음에 속한 진리들을 뜻합니다. "물들"과 "빵"이 이런 뜻을 가지는 것은 영적인 영양분에 관계되는 것들이, 문자적인 뜻으로 자연적인 영양분에 속한 그런 것들에 의하여 표현되고 있기 때문입니다. 왜냐하면 일반적으로 모든 먹는 것이나 마시는 것을 뜻하는 "빵과 물"은 사람의 몸에 영양을 공급하기 때문입니다. 이에 반하여 믿음에 속한 진리들이나, 사랑에 속한 선은 사람의 영혼에 영양을 공급하고 있기 때문입니다. 이것은 역시 대응에서 비롯된 것입니다. 왜냐하면 성경에서 "빵"과 "물"이 읽혀질 때, 천사들은, 그것들이 영적이기 때문에, 그것들이 그것에 의하여 영양을 공급하는 그런 것들로 이해하기 때문입니다. 그것들은 바로 사랑에 속한 선들이고, 믿음에 속한 진리들입니다.
[2] 그러나 나는, "물"이 믿음에 속한 진리들을, 마찬가지로 진리에 속한 지식들을 뜻한다는 것을 알게 하기 위하여, 몇몇 장절들을 인용하고자 합니다. 이사야서의 말씀입니다.

> 물이 바다를 채우듯,
> 주님을 아는 지식이
> 땅에 가득하기 때문이다.
> (이사야 11 : 9)

같은 책의 말씀입니다.

> 너희가 구원의 우물에서
> 기쁨으로 물을 길을 것이다.
> (이사야 12 : 3)

또 같은 책의 말씀입니다.

> 의롭게 사는 사람,
> 정직하게 말하는 사람,……
> 먹을거리가 끊어지지 않고,
> 마실 물도 떨어지지 않는다.
> (이사야 33 : 15, 16)

또 같은 책의 말씀입니다.

> 가련하고 빈궁한 사람들이
> 물을 찾지 못하여
> 갈증으로 그들의 혀가 탈 때에,
> 나 주가 그들의 기도에 응답하겠고,
> 나 이스라엘의 하나님이
> 그들을 버리지 않겠다.
> 내가 메마른 산(=높은 곳)에서
> 강물이 터져 나오게 하며,
> 골짜기 가운데서 샘물이 솟아나게 하겠다.

내가 광야를 못으로 바꿀 것이며,
마른 땅을 샘 근원으로 만들겠다.……
사람들이 이것을 보고,
주께서 이 일을 몸소 하셨다는 것을
알게 될 것이다.
(이사야 41 : 17, 18, 20)

또 같은 책의 말씀입니다.

네가 너의 정성을 굶주린 사람에게 쏟으며,
불쌍한 자의 소원을 충족시켜 주면,
너의 빛이 어둠 가운데서 나타나며,
캄캄한 밤이 오히려 대낮같이 될 것이다.
주께서 너를 늘 인도하시고……
너는 마치 물 댄 동산처럼 되고,
물이 끊어지지 않는 샘처럼 될 것이다.
(이사야 58 : 10, 11)

예레미야서의 말씀입니다.

참으로 나의 백성이
두 가지 악을 저질렀다.
하나는,
그들이 생수의 근원인 나를 버린 것이고,
또 하나는,
그들이 전혀 물이 고이지 않는,
물이 새는 웅덩이를 파서,
그들의 샘으로 삼은 것이다.
(예레미야 2 : 13)

같은 책의 말씀입니다.

귀족들이 물을 구하려고 종들을 보내지만,
우물에 가도 물이 없어서
종들은 빈 그릇만 가지고 돌아온다.
종들이 애태우며 어찌할 바를 모른다.
(예레미야 14 : 3)

또 같은 책의 말씀입니다.

생수의 근원이신 주님을
버리고 떠나간 것이다.
(예레미야 17 : 13)

또 같은 책의 말씀입니다.

그들이 눈물을 흘리면서 돌아올 것이며,
그들이 간구할 때에
내가 그들을 인도하겠다.
그들이 넘어지지 않게
평탄한 길로 인도하여,
물이 많은 시냇가로 가게 하겠다.
(예레미야 31 : 9)

에스겔서의 말씀입니다.

주께서 또 나에게 말씀하셨다. "사람아, 내가 예루살렘에서 사람들이 의지하는 빵(=빵의 지팡이)을 끊어 버리겠다. 그들이 빵을 달아서 걱정에 싸인 채 먹고, 물을 되어서 벌벌 떨며 마실 것이다. 그들은 빵과 물이 부족하여 누구나 절망에 빠질 것이며, 마침내 자기들의 죄악 속에서 말라 죽을 것이다.
(에스겔 4 : 16, 17 ; 12 : 18, 19 ; 이사야 51 : 14)

아모스서의 말씀입니다.

    그 날이 온다.……
    내가 이 땅에 기근을 보내겠다.
    사람들이 배고파 하겠지만,
    그것은 밥이 없어서 겪는 배고픔이 아니다.
    사람들이 목말라 하겠지만,
    그것은 물이 없어서 겪는 목마름이 아니다.
    주의 말씀을 듣지 못하여서,
    사람들이 굶주리고 목말라 할 것이다.
    그 때에 사람들이
    주의 말씀을 찾으려고
    이 바다에서 저 바다로 헤매고,
    북쪽에서 동쪽으로 떠돌아다녀도,
    그 말씀을 찾지 못할 것이다.
    그 날에는
    아름다운 처녀들과 총각들이
    목이 말라서 지쳐 쓰러질 것이다.
    (아모스 8 : 11-13)

스가랴서의 말씀입니다.

    그 날이 오면,
    예루살렘에서 생수가 솟아나서…….
    (스가랴 14 : 8)

시편서의 말씀입니다.

    주님은 나의 목자시니,
    내게 아쉬움이 없어라.……

나를,
쉴 만한 물 가로 인도하신다.
(시편 23 : 1, 2)

이사야서의 말씀입니다.

주께서 그들을 사막으로 인도하셨으나,
그들이 전혀 목마르지 않았다.
주께서는 바위에서 물을 내셔서
그들로 마시게 하셨고,
바위를 쪼개셔서 물이 솟아나게 하셨다.
(이사야 48 : 21)

시편서의 말씀입니다.

하나님,
주님은 나의 하나님,
물기 없이 메말라 황폐한 땅에서
목마른 사람이 물을 찾듯이,
내가 주님을 찾습니다.
내 영혼이 주님을 찾아 목이 마릅니다.
(시편 63 : 1)

같은 책의 말씀입니다.

주님은
말씀을 보내셔서 그것들을 녹이시고,
바람을 불게 하시니,
얼음이 녹아서, 물이 되어 흐른다.
(시편 147 : 18)

또 같은 책의 말씀입니다.

> 하늘 위의 하늘아,
> 주님을 찬양하여라.
> 하늘 위에 있는 물아,
> 주님을 찬양하여라.
> (시편 148 : 4)

요한복음서의 말씀입니다.

> 사마리아 여자 하나가 물을 길으러 나왔다. 예수께서 그 여자에게 물을 좀 달라고 말씀하셨다.……예수께서 그 여자에게 대답하셨다. "네가 하나님의 은사를 알고, 또 너에게 물을 달라는 사람이 누구인지를 알았더라면, 도리어 네가 그에게 청하였을 것이며, 그는 너에게 생수를 주었을 것이다." 여자가 말하였다. "선생님,……어떻게 나에게 생수를 구해 주시겠습니까?"……예수께서 말씀하셨다. "이 물을 마시는 사람은 다시 목마를 것이다. 그러나 내가 주는 물을 마시는 사람은, 영원히 목마르지 않을 것이다. 내가 주는 물은 그 사람 속에서 영생에 이르게 하는 샘물이 될 것이다."
> (요한 4 : 7-15)

같은 책의 말씀입니다.

> 예수께서 일어서서 큰소리로 말씀하셨다. "목마른 사람은 다 내게로 와서 마셔라. 나를 믿는 사람은, 성경에 이른 것과 같이, 그의 배에서 생수가 강처럼 흘러 나올 것이다."
> (요한 7 : 37, 38)

묵시록서의 말씀입니다.

> 목마른 사람에게는 내가 생명수 샘물을 거저 마시게 하겠다.
> (묵시록 21 : 6)

같은 책의 말씀입니다.

> 천사는 또, 수정과 같이 빛나는 생명수의 강을 내게 보여 주었습니다. 그 강은 하나님의 보좌와 어린 양의 보좌로부터 흘러 나왔습니다.
> (묵시록 22 : 1)

또 같은 책의 말씀입니다.

> 성령과 신부가 "오십시오!"
> 하고 말씀하십니다.
> 이 말을 듣는 사람도 또한 "오십시오!"
> 하고 외치십시오.
> 목이 마른 사람도 오십시오.
> 생명의 물을 원하는 사람은
> 거저 마시십시오.
> (묵시록 22 : 17)

[3] 인용된 여러 장절들은, 성경에서 "물"이 믿음에 속한 진리들을 뜻한다는 것을 알게 하기 위한 것입니다. 결과적으로 "세례의 물"이 뜻하는 것이 무엇인지 알게 하기 위한 것인데, 이것에 관해서 주님 께서는 요한복음서에서 이렇게 가르치시고 있습니다.

> 누구든지 물과 성령으로 나지 않으면, 하나님 나라에 들어갈 수 없다.
> (요한 3 : 5)

여기서 "물"은 믿음에 속한 진리들을 가리키고, "성령"(=영·spirit) 은 그것들에 일치하는 삶을 뜻합니다(≪새 예루살렘의 교리≫ 202-209

항 참조). "물"이 믿음에 속한 진리들을 뜻한다는 것과, 이스라엘의 자손들 가운데 제정된 모든 것들이 영적인 것들의 표징이라는 것을 알지 못하기 때문에, 그들을 위하여 처방(處方)한 세척(洗滌·씻음·washing)이 그들의 온갖 죄악들이 씻기워 없어지는 것으로 믿었습니다. 그럼에도 불구하고 이것은 전혀 경우가 아니었습니다. 이런 세척의 뜻은 믿음에 속한 진리들이나, 그리고 그것들에 일치하는 삶에 의하여 온갖 악들이나, 거짓들에서부터의 정화(淨化·purification)를 표징한다는 것뿐입니다(A.C. 3147·5954·10237·10240항 참조). 이상에서 명확하게 알 수 있는 것은 "큰 물소리와 같다"고 한 "음성"(音聲·voice)은 신령진리를 뜻한다는 것입니다. 에스겔서에서도 마찬가지입니다.

> 놀랍게도 이스라엘 하나님의 광영이 동쪽에서부터 오는데, 그의 음성은 많은 물이 흐르는 소리와도 같고, 땅은 그의 광영의 광채로 환해졌다.
> (에스겔 43 : 2)

시편서의 말씀입니다.

> 주님의 음성이 물 위에 울려 퍼진다.……
> 주께서 큰 물 위에 나타나신다.
> (시편 29 : 3)

묵시록서에 이어지는 말씀입니다.

> 나는 많은 물이 흐르는 소리와도 같고, 큰 천둥소리와도 같은 음성이 하늘로부터 울려오는 것을 들었습니다.
> (묵시록 14 : 2)

[4] 성경말씀은 사람의 영적인 삶에 관해서 사람을 가르치려고 하

는 것이기 때문에, 어째서 성경에 "물"은 언급되고 있으면서 '믿음에 속한 진리들'이라고 언급되지 않고 있는가, 그리고 만약에 '믿음에 속한 진리들'이라는 표현이 "물" 대신에 사용되었다면, 아마도 사람은 "세례의 물"이나 "정화의 물"이 온갖 악들이나 거짓들의 정화(淨化)에 아무런 도움이 되지 않았을 것이다는 것을 의심하는 사람들이 있다는 것도 나는 잘 알고 있습니다. 그러나 주지하여야 할 사실은, 신령하게 존재하기 위해서, 그리고 동시에 천계나 교회에 유용하기 위해서 성언(聖言)은 반드시 문자 안에 존재하는 완전히 자연적이어야 한다는 것입니다. 왜냐하면 만약에 그것이 문자 안에 존재하는 자연적인 것이 아니라면 거기에는 그것에 의한 천계와 교회의 결합(結合·conjunction)은 결코 있을 수 없기 때문입니다. 왜냐하면 그것은 기초(基礎)가 없는 집과 같을 것이고, 몸이 없는 영혼과 같을 것이기 때문입니다. 왜냐하면 궁극적인 것들은 모든 내면적인 것들을 봉해 놓고 있고, 그리고 궁극적인 것들은 그것들을 위한 하나의 초석이 되기 때문입니다(본서 41항 참조). 사람 역시 궁극적인 것들 안에 존재합니다. 그리고 그 사람 안에 있는 교회 위에 천계는 자신의 기초들을 갖습니다. 이런 이유 때문에 성경의 문체(聖經文體·the style of the Word)는 바로 현재와 같은 그런 것입니다. 하나의 결과로서 사람은 성경의 문자의 뜻 안에 있는 자연적인 것들로부터 영적으로 생각하게 될 때, 그 사람은 천계와 결합하고, 그리고 결코 이 방법 이외의 다른 방법으로는 사람은 천계와 결합할 수 없습니다.

72. 16절. **또 오른손에는 일곱 별을 쥐고 있었다.**
이 말씀은 그분에게서 비롯된 선과 진리의 모든 지식들을 뜻합니다. 이러한 내용은, 그분에게서 비롯되었다는 것을 가리키는 "오른손에 쥐고 있다"는 말의 뜻에서, 잘 알 수 있습니다. 왜냐하면 "손"(hand)은 능력(能力·power)을 뜻하고, 따라서 "쥐고 있다"는 말은 어느 누구에게 속한 것을 뜻하고, 그러므로 그에게서 비롯된 것을 뜻하기 때문입니다. "오른손"이라고 언급되고 있는데, 그 이유는 "오른손"
(右手·right hand)이 진리를 통한 선의 능력을 뜻하기 때문입니다.
"손"이 능력을 뜻한다는 것은 A.C. 878·3091·4931-4937·
6947·10019항을 참조하시고, 결과적으로 그것이 누구에게 속한
것이다는 것, 따라서 누구에게서 비롯된 것을 뜻한다는 것은 A.C.
9133·10019·10405항을 참조하십시오. "오른손"(the right hand)
이 진리를 통한 선의 능력을 뜻한다는 것은 A.C. 9604·9736·
10061항을 참조하시고, "여호와의 오른손"(the right hand of
Jehovah)이 주님의 신령능력(the Lord's Divine power)을, 따라서 전
능(全能·omnipotence)을 뜻한다는 것은 A.C. 3387·4592·4933·
7518·7673·8281·9133·10019항을 참조하십시오. 이러한 내용
들은, 그것에 관해서 아래에서 더 자세하게 설명할 것이지만, 선과
진리에 속한 지식들을 가리키는 "별들"(stars)의 뜻에서, 그리고 모
든 것들을 가리키는 "일곱"(7)의 뜻에서(본서 20·24항 참조), 잘 알
수 있습니다.
[2] "별들"(stars)이 선과 진리에 속한 지식들을 뜻한다는 것, 따라
서 선들이나, 진리들을 뜻한다는 것은 영계에 있는 외현(外現·
appearance)에서 잘 알 수 있습니다. 왜냐하면 영계에서 주님께서는
하나의 태양(太陽·a sun)으로 나타나시고, 천사들은 멀리 떨어져 있
는 별들로 나타나기 때문입니다. 천사들은 태양이신 주님에게서 발
하는 빛의 수용(受容)으로 말미암아 이와 같이 나타나고, 따라서 주
님으로 말미암아 존재하는 신령진리에 대한 그들의 수용으로 말미
암아 그와 같이 나타나는 것입니다. 왜냐하면 이 신령진리가 천계의
빛이기 때문입니다. 이것으로 말미암아 다니엘서에 이와 같이 언급
되었습니다.

> 지혜 있는 사람은 하늘의 밝은 빛처럼 빛날 것이요, 많은 사람을 옳은
> 길로 인도한 사람은 별처럼 영원히 빛날 것이다.

(다니엘 12 : 3)

"지혜 있는 사람"(=총명한 사람·the intelligent)은 진리들 안에 있는 사람들을 뜻하고, "옳은 길로 인도한 사람"(justify many)은 선 안에 있는 사람들을 뜻합니다(H.H. 346-348항 참조).
[3] "해"(太陽·the sun)가 신령사랑의 측면에서 주님을, 따라서 주님에게서 비롯된 신령사랑을 뜻한다는 것이나, "별들"(stars)이 교회에 속한 진리들이나, 그것에 속한 지식들을 뜻한다는 것을 어느 누구나 알게 된다면, 그들은, 성경말씀에 언급된 "해가 어두워지고" "별들이 빛을 내지 않고" 그리고 "그것들이 하늘에서 떨어질 것이다"는 말이 뜻하는 것이 무엇인지 알 수 있을 것입니다. 그리고 또한 성경 여러 곳에 아래의 장절들과 같이 언급된 "별들"이 뜻하는 것도 알 수 있을 것입니다. 이사야서의 말씀입니다.

주의 날이 온다.……
땅을 황폐하게 하고
그 땅에서 죄인들을 멸절시키는,
주의 날이 온다.
하늘의 별들과 그 성좌들이
빛을 내지 못하며,
해가 떠도 어둡고,
달 또한 그 빛을 비치지 못할 것이다.
(이사야 13 : 9, 10)

여기서 이 말씀은 교회의 황폐(=교회의 흔들림·the vastation of the church)를 다루고 있는데, 그것은 거기에 더 이상 사랑에 속한 선이 존재하지 않고, 또한 믿음에 속한 진리들 역시 존재하지 않을 때를 가리킵니다. 황폐하게 될 "땅"(land)은 교회를 가리킵니다. 그리고 "땅"이 교회를 뜻한다는 것은 본서 29항을 참조하십시오.

[4] 에스겔서의 말씀입니다.

> 내가 네 빛을 꺼지게 할 때에,
> 하늘을 가려 별들을 어둡게 하고,
> 구름으로 태양을 가리고,
> 달도 빛을 내지 못하게 하겠다.
> 하늘에서 빛나는 광채들을
> 모두 어둡게 하고,
> 네 땅을 어둠으로 뒤덮어 놓겠다.
> 나 주 하나님의 말이다.
> (에스겔 32 : 7, 8)

이 말씀에서 "땅을 뒤덮은 어둠"(darkness upon the land)은 교회 안에 있는 거짓들을 뜻합니다. 요엘서의 말씀입니다.

> 해와 달이 어두워지고,
> 별들이 빛을 잃는다.
> (요엘 2 : 10 ; 3 : 15)

마태복음서의 말씀입니다.

> 그 환난의 날들이 지난 뒤에,
> 곧 해는 어두워지고,
> 달은 빛을 내지 않고,
> 별들은 하늘에서 떨어지고,
> 하늘의 세력들은 흔들릴 것이다.
> (마태 24 : 29 ; 마가 13 : 24)

다니엘서의 말씀입니다.

> 그 가운데의 하나에서 또 다른 뿔 하나가 작게 돋기 시작하였으나 남쪽과 동쪽과 영광스러운 땅 쪽으로 크게 뻗어 나갔다. 그것이 하늘 군대에 비칠 만큼 강해지더니, 그 군대와 별 가운데서 몇을 땅에 떨어뜨리고 짓밟았다. 그것이 마치 하늘 군대를 주관하시는 분만큼이나 강해진 듯하더니, 그분에게 매일 드리는 제사마저 없애 버리고, 그분의 성전도 파괴하였다.
> (다니엘 8 : 9-11)

"하늘의 군대"(the host of heavens)가 총체적으로 교회에 속한 선들이나 진리들을 뜻합니다(A.C. 3448·7236·7988·8019항 참조). 개별적으로는 거짓들에 대항해서 싸우는 것들을 뜻합니다(A.C. 7277항 참조). 이상에서 볼 때 여호와는 "만군의 여호와"(Jehovah Zebaoth)라고 호칭되었고, 다시 말하면 "하늘 군대를 주관하는 분"(=Jehovah of Hosts)이라고 불리웠습니다(A.C. 3448·7988항 참조).

[5] 묵시록서의 말씀입니다.

> 그 용은 그 꼬리로 하늘의 별 삼분의 일을 휩쓸어서, 땅으로 내던졌습니다.
> (묵시록 12 : 4)

여기서 "별들"은 교회에 속한 선들이나 진리들을, 그리고 그것들의 지식들을 가리킵니다. "삼분의 일"은 대부분을 뜻합니다. 그러나 "용"(龍·dragon)이 뜻하는 것은 아래에서 설명되겠습니다. 같은 책의 말씀입니다.

> 하늘의 별들이……떨어졌습니다.
> (묵시록 6 : 13)

또 같은 책의 말씀입니다.

하늘에서 땅에 떨어진 별이 하나 있었다.
(묵시록 9 : 1)

또 같은 책의 말씀입니다.

큰 별 하나가 횃불처럼 타면서 하늘에서 떨어져서, 강들의 삼분의 일과 샘물들 위를 덮치면서 내렸습니다.
(묵시록 8 : 10)

"별들"이 교회의 선들이나 진리들, 그리고 그것들의 지식들을 뜻하기 때문에, 그러므로 "하늘에서 그것들의 떨어짐"은 이런 것들이 소멸하는 것을 뜻합니다. 시편서의 말씀입니다.

(주님은) 별들의 수효를 헤아리시고,
그 하나하나에 이름을 붙여 주신다.
(시편 147 : 4)

같은 책의 말씀입니다.

해와 달아, 주님을 찬양하여라.
빛나는 별들아, 모두 주님을 찬양하여라.
(시편 148 : 3)

사사기서의 말씀입니다.

여러 왕들이 와서,······
별들이 하늘에서
그 다니는 길에서 그와 싸웠다.
(사사기 5 : 19, 20)

영계에 있는 천사들은 별들과 같이 빛을 비추기 때문에, 그리고 천사들에게 있는 모든 진리들과 선들은 주님에게서 온 것들이기 때문에, 따라서 그분께서 하나의 "천사"(an Angel)라고 불리웠듯이, 주님은 마찬가지로 하나의 "별"(a Star)이라고 호칭되었습니다. 민수기서의 말씀입니다.

> 한 별이 야곱에게서 나올 것이다.
> 한 홀이 이스라엘에서 일어설 것이다.
> (민수기 24 : 17)

묵시록서의 말씀입니다.

> 나 예수는,······빛나는 새벽별이다.
> (묵시록 22 : 16)

이상에서 그 내용을 잘 알 수 있겠습니다. 마태복음서의 말씀입니다.

> 동방으로부터 박사들이 예루살렘에 와서, 말하기를 "유대인의 왕으로 나신 이가 어디에 계십니까? 우리가 동방에서 그의 별을 보고, 그에게 경배하러 왔습니다" 하였다.······마침 동방에서 본 그 별이 그들 앞에 나타나 그들을 인도해 가다가, 아기가 있는 곳에 이르러서, 그 위에 멈추었다.
> (마태 2 : 1, 2, 9)

이상에서 신령인성의 측면에서 주님이신 "인자의 오른손에 있는 일곱 별들"이 뜻하는 것이 무엇인지 밝히 잘 알 수 있겠습니다(본서 63항 참조).

73. (그의) 입에서는 날카로운 양날 칼이 뻗어 나왔다.
이 말씀은 성언에 의한 거짓들의 흩어짐(消散)을 뜻합니다. 이러한 내용은, 주님과 관련해서는 신령진리, 따라서 성언(聖言)을 가리키는 "입에서 뻗어 나온다"는 말의 뜻에서 잘 알 수 있습니다. 왜냐하면 성언은 주님의 입에서 나오기 때문입니다. 이러한 뜻은 역시 투쟁하는 진리를 가리키는 "긴 칼"(長劍·the long sword)이나 또는 "칼"(短劍·sword)의 뜻에서 잘 알 수 있습니다. 그것이 싸울 때, 진리는 거짓들을 소산, 소멸시키기 때문에, 그러므로 "긴 칼"(長劍·long sword) 역시 거짓들의 소산을 뜻합니다. "긴 칼"이 여기서 "날카로운 양날 칼"이라고 불리웠는데, 그 이유는 진리가 거짓들을 완전히 소멸시키기 때문입니다. "장검"이나 "칼"(劍)이 거짓들에 대항하여 싸우고, 그것들을 섬멸(殲滅)시키는 투쟁하는 진리(truth combating)를 뜻한다는 것은 A.C. 2799·6353·8294항을 참조하십시오. "장검"(a long sword)이 아래의 여러 장절에 언급되고 있기 때문에(묵시록 2:12, 16 ; 6:4, 8 ; 13:10, 14 ; 19:15, 21), 성경의 여러 장절들에서 그것이 거짓들을 대항해서 투쟁하는 진리를 뜻하고, 거짓들을 섬멸하는 진리를 뜻한다는 것을 예증하여, 설명하는 것은 여기서 생략하겠습니다. 그러한 내용은 그것의 각각의 장절이 언급된 곳에서 설명하겠습니다.

74. (그의) 얼굴은 해가 세차게 비치는 것과 같았다.
이 말씀은 천계의 모든 것들의 원천이요, 근원인 주님의 신령사랑을 뜻합니다. 이러한 내용은 주님에 관해서 언급할 경우, 주님의 신령사랑을 가리키는 "얼굴"(face)의 뜻에서 잘 알 수 있습니다. 그리고 모든 선, 따라서 천계의 모든 것들은 이 사랑에서 비롯되었습니다(A.C. 5585·9306·9546·9888항 참조). 성경에서 주님은, 신령인성(=신령인간·the Divine Human)의 측면에서 "여호와의 얼굴"이라고 호칭되었습니다(A.C. 10579항 참조). 주님께서는 신령사랑으로 말미암아 천계에서 찬란하게 빛나는 태양으로 나타나신다는 것, 그리고 태양이신 그분으로 말미암아 천계의 모든 것들은 존재하고, 존속한다는 것은 H.H. 116-125항과 아래의 설명을 참조하십시오.

75. 17-20절. 그를 뵐 때에, 내가 그의 발 앞에 엎어져서 죽은 사람과 같이 되니, 그가 내게 오른손을 얹고 말씀하셨습니다. "두려워하지 말아라. 나는 처음이며 마지막이요, 살아 있는 자다. 나는 한 번은 죽었으나, 보아라, 영원무궁하도록 살아 있어서, 사망과 지옥의 열쇠를 가지고 있다. 그러므로 너는, 네가 본 것과 지금의 일들과 이 다음에 일어날 일들을 기록하여라. 네가 본 내 오른손의 일곱 별과 일곱 금 촛대의 비밀은 이러하다. 일곱 별은 일곱 교회의 천사요, 일곱 촛대는 일곱 교회다."

[17절] :

"내가 그를 뵐 때"라는 말씀은 신령위엄(神靈威嚴·the Divine majesty)의 현존(現存)을 뜻합니다(본서 76항 참조). "내가 그의 발 앞에 엎어졌다"는 말씀은 신령존재의 현존의 상태에 있는 마음의 겸비(謙卑)에서 우러나온 경배(敬拜·崇拜·adoration)를 뜻합니다(본서 77항 참조). "죽은 사람과 같이 되었다"는 말씀은, 자아적인 생명의 마비(痲痺·failure of self-life)를 뜻합니다(본서 78항 참조). "그가 내게 오른손을 얹었다"는 말씀은 그분에게서 비롯된 생명(=삶·life)을 뜻합니다(본서 79항 참조). "말씀하셨습니다. '두려워하지 말아라'"는 말씀은 다시 사는 것(蘇生·revival)을 뜻합니다(본서 80항 참조). "나는 처음이며 마지막이다"는 말씀은 궁극적인 것들을 통해서 처음 것들에서 비롯된 모든 것들을 다스리는 분, 따라서 천계의 모든 것들을 다스리는 분을 뜻합니다(본서 81항 참조).

[18절] :

"나는 살아 있는 자다"는 말씀은 영원부터 계신 존재를 뜻합니다(본서 82항 참조). "나는 한 번은 죽었다"는 말씀은 그분은 배척당하였다는 것을 뜻합니다(본서 83항 참조). "보아라, 나는 영원무궁하도록 살아 있다"는 말씀은 영원한 생명은 그분으로 말미암아 존재한다는 것을 뜻합니다(본서 84항 참조). "아멘"이라는 말씀은 신령확증을 뜻합니다(본서 85항 참조). "나는 사망과 지옥의 열쇠를 가지고 있다"

는 말씀은 그분은 구원하는 능력을 가지셨다는 것을 뜻합니다(본서 86항 참조).

[19절] :

"그러므로 너는, 네가 본 것과 지금의 일들과 이 다음에 일어날 일들을 기록하여라"는 말씀은 이런 모든 것들은, 신령하기 때문에, 후손들을 위한 것이다는 것을 뜻합니다(본서 87항 참조).

[20절] :

"네가 본 내 오른손의 일곱 별의 비밀은 이러하다"는 말씀은 그분에게서 비롯된 모든 것들인 선들이나 진리들에 관한 계시(降示·revelation)를 뜻합니다(본서 88항 참조). "일곱 금 촛대의 비밀은 이러하다"는 말씀은 새로운 하늘과 새로운 땅에 있는 것들에 관한 계시를 뜻합니다(본서 89항 참조). "일곱 별은 일곱 교회의 천사들이다"는 말씀은 주님에게서 비롯된 선들이나 진리들을 영접, 수용한 사람들을 뜻합니다(본서 90항 참조). "네가 본 일곱 촛대들은 일곱 교회들이다"는 말씀은 그러한 것들은 새로운 하늘과 새로운 땅에 존재한다는 것을 뜻합니다(본서 91항 참조).

76. 17절. (내가) **그를 볼 때에……**(=내가 그를 보았을 때).

이 말씀은 신령위엄(神靈威嚴·the Divine majesty)의 현존(現存·臨在·presence)을 뜻합니다. 이러한 내용은, 신령위엄에 속한 모든 것들을 가리키는 앞서의 "인자"(=사람의 아들·人子·the Son of man)에 관하여 설명한 것들에서 잘 알 수 있습니다. 이러한 사실은 속뜻으로 그것들의 설명에서 명확합니다. 예를 들면 "인자 같은 그분은 발에 끌리는 긴 옷을 입고, 가슴에는 금띠를 띠고 계셨다"는 말이 신령진리와 신령선은 그분에게서 발출한다는 것을 뜻한다는 것이나, "그분의 머리와 머리털은 흰 양털과 같이, 또 눈과 같이 희다"는 말이 처음 것들이나, 궁극적인 것들 안에 계신 신령존재를 뜻한다는 것이나, "그분의 발은 화덕에 달구어 낸 놋쇠와 같다"는 말이 그분의 신령인성은 궁극적인 것들 안에도 신령사랑으로 충만하다는 것을 뜻하는 것이나, "그의 음성은 큰 물소리와 같았다"는 말이 모든 신령진리는 그분으로 말미암아 존재한다는 것을 뜻한다는 것이나, "그분은 오른손에는 일곱 별을 쥐고 있다"는 말이 천계나 교회에 속한 선들이나 진리들은 그것으로부터 비롯되었다는 것을 뜻한다는 것이나, "입에서는 날카로운 양날 칼이 뻗어 나왔다"는 말이 그분에 의하여 모든 거짓들이 소멸, 소산될 것이다는 것을 뜻한다는 것이나, "그분의 얼굴은 해가 세차게 비치는 것과 같았다"는 말이 천계의 모든 것들은 그분의 신령사랑에서 비롯된다는 것을 뜻한다는 것 등등이 되겠습니다. 이러한 것은, 이러한 것들이 신령하다는 사실에서, 그리고 그것들은 신령위엄으로 가득 찬 모습으로 나타났다는 사실에서, 명확합니다. "본다"(to see)는 말이 여기서는 가장 내면적인 것의 현존을, 그리고 이런 것들의 현존을 뜻한다는 것은, 이것, 즉 요한이 그것들을 본 것에 관해서 앞에서 언급한 것에서(12절), 그리고 본 것에 일치하여 그것들이 기술되었다는 것에서 잘 알 수 있습니다. 지금 여기서 "내가 그를 볼 때"라고 다시 언급하고 있는 것은, 요한이 다시 보는 것으로 인하여 그가 죽은 사람과 같이, 그의 발 앞에 엎어졌기 때문입니다. 그러므로 여기서 "본다"(seeing)는 것은 신령위엄의 현존을 뜻합니다. 이런 현존이 요한에게 일어난 것은 "그분의 얼굴이 해가 세차게 비치는 것과 같은 것"을 보았기 때문입니다. 왜냐하면 이런 일로 인해서 그는, 신령존재의 현존 안에 있는 경외(敬畏・awe)와 두려움으로 느끼었고, 또 확증되었기 때문입니다. 왜냐하면 모든 신령한 빛은 태양이신 주님으로 말미암아 존재하고, 그리고 신령빛은 내면적인 것들을 통과하기 때문입니다. 그와 같은 현존이나 경외의 느낌은 이런 일에서 비롯됩니다. 태양이신 주님에 관한 것은 H.H. 116-125항을 참조하시고, 천계에 있는 빛과 볕(Light and Heat)에 관한 것은 전게서 126-140항을 참조하시고, 그분에게 향하는 방위에 관해서는 전게서 17・123・144・145・151・255・272・510・548・561항을 참조하십시오. 더욱이 주지하여야 할 것은 사람은 두 종류의 시각을 가지고 있는데, 그 하나는 숙고적인 믿음(熟考·cogitative faith)에서 비롯되는 것이고, 다른 하나는 사랑에서 비롯되는 것입니다. 만약에 사람이 오직 숙고적인 믿음에서 비롯된 시각을 가지게 되면, 그의 시각은 주님의 신령위엄 앞에서 경외(敬畏)의 마음이 생기지 않지만, 그러나 사랑에서 비롯된 시각을 가지게 되면, 그의 시각은 신령위엄으로 생긴 경외의 마음이 따르게 됩니다. 이러한 일은, 그 때 사람은 주님을 향해 우러르기 때문입니다. 왜냐하면 사랑은 그 사람을 주님에게 향하게 하지만, 사랑에서 떨어진 숙고적인 믿음은 그와 같이 하지 않기 때문입니다 (이러한 내용은 ≪천계와 지옥≫ 여러 곳에 기술된 '주님을 향한 방향전환이나 방위의 변화'에서 잘 읽을 수 있습니다). 이런 내용이 사실이다는 것은 영계에는 잘 알려져 있습니다. 그러므로 두 번씩이나 언급된 "내가 그분을 보았다"는 말은 신령위엄의 현존을 뜻합니다.

77. 내가 그의 발 앞에 엎어졌다(=그의 발 앞에 엎드러졌다).
이 말씀은 신령존재의 현존 안에 있는 마음의 겸비(謙卑·humiliation of heart)에서 비롯된 경배(敬拜·崇拜·adoration)를 뜻합니다. 이러한 내용은 겸비에서 비롯된 경배를 가리키는 "발 앞에 엎어졌다"(falling at the feet)는 말의 뜻에서 잘 알 수 있습니다. 마음의 겸비를 뜻한다고 한 것은, 신령존재의 현존 안에 있는 마음에서 우러나온 겸비는 부복(俯伏·머리를 조아림·prostration)을 낳기 때문입니다. 그것이 어떤 것이든, 모든 정동들은 몸에서 일어나는 동작에 대응합니다. 사람이 내면적으로 정동 안에 있게 되면, 몸은 저절로 이와 같은 동작들이나 자세들을 드러내고, 이런 상태에 빠지게 됩니다. 사람 면전에서의 겸비(謙卑·humiliation·몸을 낮추는 것)는 그 사람에 대한 평가(評價)에 따라서 몸을 낮추는 것(a bowing down)이 생겨납니다. 그러나 신령존재의 현존에서 그것은 절대적인 부복(=조아림·俯伏·total prostration)을 낳고, 특히 사람이, 능력이나 지혜의 측면에서 신령존재는 전부(全部·everything)이시고, 그분에 비교하여 사람은 티끌 같은 존재(nothing)이다고, 또는 신령존재에게서는 모든 선이 비롯되지만, 사람에게서는 악 이외에는 아무것도 비롯되지 않는다고 생각한다면, 그것은 절대적인 부복만을 낳을 뿐입니다. 사람이 마음 속에서 비롯된 이와 같은 시인(是認) 안에 있을 때 그는 말하자면 자기 자신의 됨됨이에서 탈출할 수 있고, 그리고 그것으로부터 그는 자신의 얼굴을 낮추게 됩니다. 그리고 이와 같은 자기 자신에게서 탈출하였을 때 역시 그는 자신의 고유속성인 자아(自我・proprium)에서, 다시 말하면 본질적으로 악 자체인 자신의 성품에서 벗어날 수 있습니다. 이 자아가 제거되었을 때, 신령존재는 그 사람에게 충만하고, 그리고 그를 일으켜 세웁니다. 그리고 신령존재가 그 자신의 이유 때문에 이와 같은 겸비를 원하는 것이 아니고, 다만 그 때 악이 옮겨지고, 그리고 악이 옮겨지는 것에 비례하여 사람에게는 신령존재가 유입하기 때문입니다. 왜냐하면 악은 이런 식으로 버티기 때문입니다. 이런 겸비에 관한 예는 ≪우주 안의 지구들≫ 91항에서 볼 수 있습니다. 그 사람에게서 신령존재의 현존이, 그의 고유속성인 자아(自我・proprium)를 추방시키고, 그런 뒤 그 사람을 가득 채웠을 때, 그 사람의 상태가 우리의 본문절에, 즉 "내가 그분을 보았을 때에 내가 그의 발 앞에 엎어져서 죽은 사람과 같이 되니, 그분이 내게 오른손을 얹고, '두려워하지 말아라' 라고 말씀하셨다"와 같이 기술되고 있습니다. 이러한 상태는 다니엘서에 더 상세하게 기술되었습니다.

> 그 때에 내가 눈을 떠서 보니, 한 사람이 모시 옷을 입고……그의 얼굴은 번갯불 같이 환하고, 눈은 횃불 같이 이글거리고, 팔과 발은 빛나는 놋쇠처럼 번쩍였으며,……나 다니엘만 이 환상을 보고, 나와 같이 있는 사람들은 그 환상을 보지 못하였다. 그들은 두려워하며, 도망쳐서 숨었으므로, 나 혼자만 남아서, 그 큰 환상을 보았다. 그 때에 나는 힘이 빠지고, 얼굴이 죽은 것처럼 변하였으며, 힘을 쓸 수 없었다.……나는 정신을 잃고 땅에 쓰러졌다. 그런데 갑자기 한 손이 나를 어루만지면서,

> 떨리는 손과 무릎을 일으켰다.……그가 내게 말하였다. "다니엘아, 두려
> 워하지 말아라."
> (다니엘 10 : 5-12)

그가 그룹을 보았을 때 그 상태가 에스겔서에도 기술되었는데, 그것
은 섭리(攝理 · Providence)의 측면에서 주님을 뜻합니다. 에스겔서의
말씀입니다.

> 내가 여호와의 광영을 보고, 나의 얼굴을 땅에 대고 엎드렸다. 그 때에
> 말씀하시는 이의 음성을 내가 들었다. 그가 나에게 말씀하셨다. "사람
> 아(=사람의 아들아), 일어서라. 내가 너에게 할 말이 있다." 그가 나에
> 게 이 말씀을 하실 때에, 한 영이 내 속으로 들어와서, 나를 일으켜 세
> 웠다. 나는 그가 나에게 하시는 말씀을 계속 듣고 있었다.
> (에스겔 1 : 28-2 : 2 ; 3 : 24)

역시 마찬가지로, 주님께서 베드로 · 야고보 · 요한 앞에서 현성용(顯
聖容) 하셨을 때, 그것에 관해서 마태복음서에는 이와 같이 기술되
었습니다.

> 베드로가 아직도 말을 채 끝내지 않았는데, 갑자기 빛나는 구름이 그들
> 을 뒤덮었다. 그리고 구름 속에서 "이는 내 사랑하는 아들이다. 내가
> 그를 좋아한다. 너희는 그의 말을 들어라" 하는 소리가 들려왔다. 제자
> 들은 이 말을 듣고, 얼굴을 땅에 대고 엎드려, 몹시 두려워하였다. 예수
> 께서 가까이 오셔서, 그들에게 손을 대시고서, "일어나거라. 두려워하지
> 말아라" 하고 말씀하셨다. 그들이 눈을 들어보니, 예수 밖에는 아무도
> 없었다.
> (마태 17 : 5-8)

이상에서 볼 때, 사람이 마음에서 우러나는 겸비의 상태에 있는 경
우, 다시 말하면 사람이 자신의 얼굴을 땅에 대고 엎드릴 때 주님의

손이 어루만져 그를 일으켜 세우는 경우, 그 사람에게 있어서의 주님의 신령인성의 현존이 어떤 성질의 모습으로 나타나는지 잘 알 수 있겠습니다. 그것은, 즉 요한의 안전에 이런 식으로 나타난 촛대들 가운데 계신 분이 "인자"(人子·사람의 아들·the Son of man)이기 때문이고, 신령인성의 측면에서 주님의 현존인 것은 명백합니다. 그리고 "인자"(=사람의 아들)는 신령인성의 측면에서 주님이시다는 것은 본서 63항을 참조하십시오. 주님께서 현성용(顯聖容) 하셨을 때, 제자들의 경우도 마찬가지였습니다. 그러므로 "그들이 눈을 들어보니, 예수 밖에는 아무도 없었다"고 언급된 것입니다. 다니엘 선지나 에스겔 선지에게 나타난 분도 신령인성의 측면에서 주님이시다는 것은 주님 자신에 관한 말씀에서 아주 명백합니다. 즉—.

너희는 아버지의 음성을 들은 일도 없고, 아버지의 모습을 본 일도 없다.
(요한 5 : 37 ; 1 : 18)

더욱이, 주님께서 세상에 계실 때 사람들은 그분의 발에 얼굴을 대고 엎드러져 주님을 예배하였다는 사실을 복음서 여러 곳에서 볼 수 있습니다(마태 28 : 9 ; 마가 7 : 25, 26 ; 누가 8 : 41 ; 17 : 15, 16, 18 ; 요한 11 : 32).

78. 죽은 사람과 같이 되었다.

이 말씀은 자아적인 생명의 마비(痲痺·failure of self-life)를 뜻합니다. 이러한 내용은 사람에게서의 신령현존과 관련해서는 생명의 마비를 뜻하는 "죽은 사람 같다"(as dead)는 말의 뜻에서 잘 알 수 있습니다. 왜냐하면 사람의 생명은 사람이 거기에 태어나는 것으로, 본질적으로 악 이외의 아무것도 아니기 때문입니다. 왜냐하면 그것은 전적으로 뒤바뀐 것(顚倒)이기 때문입니다. 왜냐하면 그것은 자기 자신이나 이 세상만을 중요하게 여기고, 따라서 하나님이나 천계에 대해서는 언제나 등을 돌리기 때문입니다. 사람 자신의 것이 아닌 생명은, 사람이 주님에 의하여 중생할 때 사람이 인도받아 거기에 들어가는 것입니다. 그 사람이 그 생명에 들어갈 때 사람은 첫째 자리에서 하나님과 주님나라를 으뜸으로 여기고, 자신이나 이 세상은 둘째로 생각합니다. 그 생명은, 주님이 사람에게 임재하실 때, 그 사람에게 입류합니다. 결과적으로 그 생명이 입류하는 것에 비례하여 생명의 전향(=변화·轉向·a turning of life)은 이루어지는 것입니다. 이 전향이 갑자기 이루어지게 되면, 이 전향은 사람으로 하여금 죽은 사람과 같이 자신에게 나타나게 됩니다. 여기에서 "죽은 사람과 같다"는 말이 여기서 자아적인 생명의 마비를 뜻한다는 것이 비롯된 것입니다. 그러나 이와 같은 두 생명의 상태를 쉽게 이해할 수 있을 만큼 기술한다는 것은 불가능합니다. 더욱이 그것들은 사람에게나, 영에게는 서로 꼭 같지 않고, 그리고 그것들은 악한 사람이나 선한 사람에게는 전적으로 다르기 때문입니다. 사람은, 신령존재의 현존 상태에서는 육신으로는 살 수 없습니다. 실제로 사는 사람들은, 신령입류(神靈入流·the Divine influx)를 조절(調節)하는 천사적인 무리(an angel column)에 의하여 둘러싸여 있는 것입니다. 왜냐하면 사람의 육체는 신령존재를 수용할 수 있는 그릇이 아니고, 결과적으로 그것은 죽은 것이고, 벗겨져야만 할 그런 것이기 때문입니다. 사람이 신령존재의 현존에서 육신으로 살 수 없다는 것은 모세에게 하신 주님의 말씀에서 잘 알 수 있습니다. 출애굽기서의 말씀입니다.

> 주께서 다시 말씀하셨다. "그러나 내가 너에게 나의 얼굴을 보이지 않겠다. 나를 본 사람은 아무도 살 수 없기 때문이다."
> (출애굽기 33 : 20)

그러므로 모세가 주님 보기를 갈망하였기 때문에, 주님께서 지나가실 때까지 모세는 바위틈에 있어야 했고, 가리워져 있어야만 했습니다. 더욱이 사람이 하나님을 볼 수 없고, 그리고 살 수 없다는 것은 고대 사람에게는 주지의 사실입니다. 이러한 사실은 사사기서에서 잘 알 수 있습니다.

> 마노아는 아내에게 말하였다. "우리가 하나님을 보았으니, 우리는 틀림없이 죽을 것이오."
> (사사기 13 : 22)

이러한 사실은, 주님께서 시내 산에서 나타나셨을 때에, 이스라엘 자손에게 입증되었습니다. 그것에 관해서 출애굽기서에 이렇게 기술되고 있습니다.

> 셋째 날을 맞이할 준비를 하게 하여라. 바로 이 셋째 날에, 나 주가, 온 백성이 보는 가운데서 시내 산에 내려가겠다. 그러므로 너는 산 주위로 경계선을 정해 주어 백성이 접근하지 못하게 하고, 백성에게는 산에 오르지도 말고, 가까이 오지도 말라고 경고하여라. 산에 들어서면, 누구든지 죽음을 면하지 못할 것이다.……그들은 모세에게 말하였다. "어른께서 우리에게 말씀하십시오. 우리가 듣겠습니다. 하나님이 직접 우리에게 말씀하시면, 우리는 죽습니다."
> (출애굽기 19 : 11, 12 ; 20 : 19)

이 말씀에서 "시내 산"은 주님이 계시는 천계를 뜻합니다. "산에 가까이 간다"(touching)는 말은 교류하고, 전달하고, 수용하는 것을 뜻합니다. 이런 이유 때문에 그 산의 산자락의 근접을 금하고 있는데, 이것에 관해서는 ≪천계비의≫에서 해당되는 성경의 각 장들의 설명을 참조하십시오. 성경에 기록된 것과 같이, 여호와께서는 수많은 사람들에게 나타나 보이셨습니다. 그러나 이것은, 위에서 언급한 것과 같이, 그 때 영들의 무리(a column of spirits)에 의하여 에워싸였기 때문에, 따라서 그들은 보호되었습니다. 이와 같은 방법으로 주님께서 나에게 여러 차례 보이셨습니다. 그러나 신령현존 안에 있는 영들의 상태는 사람들의 상태와는 전혀 다릅니다. 영들은 죽을 수가 없습니다. 결과적으로 만약에 그들이 악한 존재라면 그들은 신령현존 안에서의 영적인 죽음(a spiritual death)을 죽는 것입니다. 그것의 성질에 관해서는 바로 언급하겠습니다. 그러나 선한 사람은, 신령현존에 속한 영기(靈氣·the sphere of the Divine presence)가 수용(受容)에 알맞게 조율되고, 조절되는 여러 사회들에 옮겨집니다. 이런 이유 때문에, 세 천계들(three heavens)이 있는 것이고, 그리고 각각의 천계에는 수많은 사회들이 있는 것입니다. 그리고 보다 높은 천계에 있는 자들은 주님에게 보다 가까이 있고, 낮은 천계에 있는 자들은 주님에게서 보다 멀리 떨어져 있습니다(H.H. 20-28·29-40·41-50·206-209항 참조). 악한 영들이 신령현존 안에서 죽는 것이 영적인 죽음이라는 것이 무엇인지 간략하게 설명하겠습니다. 영적인 죽음(spiritual death)은 주님을 등지고, 주님에게서 멀리 떠나버리는 것입니다. 그러나 아직 벗겨짐의 과정*을 겪지 않은 영들, 다시 말하면 자신들의 지배애(支配愛·主導愛·ruling love)에 밀접하게 빠져 있지 않은 영들이 어떤 천사적인 사회에 들어가게 되면, 그 때 거기에 있는 주님의 신령존재 때문에 그들은 매우 무섭고, 비참한 고통을 겪게 되어, 거기에서 도망을 치든가, 아니면 그들 스스로 천계에서 비롯된 빛이 전혀 들어오지 않는 깊은 곳으로 몸을 던져 버릴 것입니다. 어떤 자들은 어두운 바위들의 동굴들 속으로 들어가기도 합니다. 한마디로 자신들의 지옥들 속으로 던져질 것입니다(H.H. 54·400·410·510·525·527항 참조). 주님으로부터의 도망이나 떨어지는 이 일이 바로 영적인 죽음입니다. 이런 부류의 사람들에게 천

---

* 벗겨짐의 과정(剝奪·vastation)에 관한 것은 H.H. 513항의 각주를 참조하십시오. (역자 주)

계에 속한 영적인 것은 곧 죽음입니다.

79. 그가 내게 오른손을 얹었다.

이 말씀은 생명이 그분으로 말미암아 존재한다는 것을 뜻합니다. 이러한 내용은, 주님과 관련해서는 생명이 그분으로 말미암아 존재하는 것을 가리키는 "오른손"(右手·right hand)의 뜻에서(본서 72항 참조) 잘 알 수 있습니다. 그것이 그분으로 말미암아 존재하는 생명을 뜻한다는 것은, 즉시 아래의 구절, 즉 "나는 그의 발 앞에 엎어져서 죽은 사람 같이 되었다"(=나는 죽은 사람 같이 그의 발 앞에 엎드렸다)는 말이 이어지기 때문입니다. 더욱이 "손으로 어루만진다"는 말은 자신에게 속한 것을 다른 사람에게 교류하고, 전달하고, 수용하는 것을 뜻하기 때문입니다. 여기서와 같이 주님과 관련하여 자신의 것을 다른 사람에게 교류(交流)하고, 전달(傳達)한다는 것은 예증의 상태(例證狀態·a state of illustration)에 있고, 그리고 천계에 있는 이와 같은 것들을 보고, 들은 사람들이 가지고 있는 생명을 교류하고, 전달하는 것을 가리킵니다. 이와 같은 일이 요한에게 일어났습니다. 왜냐하면 그는, 묵시록서에 기록된 것들을 보고, 들었을 때, 이와 같은 예증의 상태에 있었기 때문입니다. "손으로 어루만진다"는 말은 다른 사람에게 교류하고, 전달하는 것을 가리키는데, 그 이유는 사람의 온 능력(全 能力)이 몸에서 손들에게 전달되었고, 결과적으로 몸이 실행하여야 할, 다시 말하면 팔이나 손이 행하여야 할 마음이 원하는 것이 손들에게 전달되었기 때문입니다. 그것은 성경에서 "팔들"이나 "손들"이 능력(能力·power)을 뜻한다는 것에서 잘 알 수 있습니다(A.C. 878·3091·4931-4937·6947·7673·10019항 참조). 그러나 이 힘(=능력)은 자연적인 능력이고, 그것에 의한 교류는 육신적인 힘의 행사(行事)나 발휘(發揮)에 지나지 않습니다. 그러나 영적인 능력은 다른 사람의 선을 원하는 것이고, 가능한 한 자기 자신이 가지고 있는 것을 다른 사람에게 전달하기를 원하는 것입니다. 이 능력이 영적인 뜻으로 "손"(hand)이 뜻하는 것이고, 그리고 그것의 교류나 전달은 "손으로 어루만진다"는 말이 뜻합니다. 이상에서 밝히 알 수 있는 것은, 이 말씀, 즉 여기서 "인자"(人子·사람의 아들)라고 불린 주님께서, 요한이 죽은 사람 같이 엎드러졌을 때, 그분의 오른손을 요한에게 얹었다는 말이 뜻하는 것이 무엇인지 알 수 있다는 것입니다. 다시 말하면, 위에서 설명한 것과 같이, 주님께서는 자신으로 말미암아 존재하는 생명을 그와 교류하고, 그에게 전달한다는 것을 뜻한다는 것입니다. "만진다"(觸子·to touch)나 "손으로 어루만진다"는 말은, 아래의 장절에서와 같이, 성경의 수많은 장절에서 모두 비슷한 뜻을 뜻합니다. 다니엘서의 말씀입니다.

> 모시 옷을 입고, 나타난 그의 얼굴은 번갯불 같이 환하고, 눈은 횃불 같이 이글거리고, 팔과 발은 빛나는 놋쇠 같은 그분의 모습으로 그에게 나타난 주님께서 그를 어루만졌고, 일어설 수 있도록 원기를 주었고, 손과 무릎을 일으키셨고, 나의 입술을 어루만졌고, 입을 열었고, 다시 어루만져, 강하게 하셨다.
> (다니엘 10 : 4-마지막 절까지)

예레미야서의 말씀입니다.

> 주께서 손을 내밀어 내 입에 대시고(=내 입을 어루만지시고), 내게 말씀하셨다.
> "내가 내 말을 네 입에 맡긴다."
> (예레미야 1 : 9)

마태복음서의 말씀입니다.

> 예수께서 손을 내밀어 나병 환자에게 대시고, "그렇게 해주마. 깨끗하게 되어라" 하고 말씀하시니, 곧 그의 병이 나았다.
> (마태 8 : 3)

같은 책의 말씀입니다.

> 예수께서 베드로의 집에 들어가셔서, 그의 장모가 열병으로 앓아 누운 것을 보셨다. 예수께서 그 여자의 손에 손을 대시니 열병이 떠났다.
> (마태 8 : 14, 15)

또 같은 책의 말씀입니다.

> 그 때에 예수께서 그들(=두 소경)의 눈에 손을 대어 주시고, "너희 믿음대로 되어라" 하고 말씀하셨다. 그러자 그들의 눈이 열렸다.
> (마태 9 : 29, 30)

또 같은 책의 말씀입니다.

> 베드로가 아직도 말을 채 끝내지 않았는데, 갑자기 빛나는 구름이 그들을 뒤덮었다. 그리고 구름 속에서 "이는 내 사랑하는 아들이다. 내가 그를 좋아한다. 너희는 그의 말을 들어라" 하는 소리가 들려왔다. 제자들은 이 말을 듣고, 얼굴을 땅에 대고 엎드려, 몹시 두려워하였다. 예수께서 가까이 오셔서, 그들에게 손을 대시고서 "일어나거라. 두려워하지 말아라" 하고 말씀하셨다. 그들이 눈을 들어 보니, 예수 밖에는 아무도 없었다.
> (마태 17 : 5-8)

누가복음서의 말씀입니다.

> 그리고 예수께서 앞으로 나아가서, 관에 손을 대시니,……예수께서 말씀하시기를 "젊은이야, 내가 네게 말한다. 일어나거라" 하셨다. 그러자 죽은 사람이 이러나 앉아서, 말을 하기 시작하였다.
> (누가 7 : 14, 15)

같은 책의 말씀입니다.

> 예수께서는……그 사람(=귀머거리)의 귀를 만져서 고쳐 주셨다.
> (누가 22 : 51)

마가복음서의 말씀입니다.

> 사람들이 어린이들을 예수께 데리고 와서,……예수께서는 어린이들을 껴안으시고, 그들에게 손을 얹어서 축복하여 주셨다.
> (마가 10 : 13, 16)

같은 책의 말씀입니다.

> 사람들이 병자들을 장터거리에 데려다 놓고, 예수께 그 옷술만에라도 손을 대게 해달라고 간청하였다. 그리고 손을 댄 사람은 모두 병이 나았다.
> (마가 6 : 56 ; 마태 14 : 35, 36)

누가복음서의 말씀입니다.

> 무리 가운데 열두 해 동안 혈루증으로 앓는 여자가 있었다.……그 여자가 뒤에서 다가와서는 예수의 옷술에 손을 대니, 곧 출혈이 그쳤다. 예수께서는 "내게 손을 댄 사람이 누구냐?" 하고 물으셨다.……예수께서 말씀하셨다. "누군가가 내게 손을 댔다. 내게서 능력이 빠져 나간 것을, 나는 알고 있다."
> (누가 8 : 43-46)

"어루만짐"(touching)이나 "손을 얹는다"(laying on of hands)는 것이 자신에게 속한 것을 다른 사람에게 교류하고, 전달하는 것을 뜻하기 때문에, 그러므로 고대로부터 취임하는 사람이나, 축복받는 사람의 머리에 손을 얹는 것이 교회 안에 있었던 관습이었습니다. 모세의 글에 나오는 구절입니다.

> 주께서 모세에게 말씀하셨다.······"너는 그(=여호수아)에게 손을 얹어라."······모세는 주께서 말씀하신 대로 자기의 손을 여호수아에게 얹어서, 그를 후계자로 임명하였다.
> (민수기 27 : 18-23 ; 신명기 34 : 9)

이스라엘 자손들 가운데 있는 모든 것들은 영적인 것들에 속한 표징이고 표의이기 때문에, 손으로 어루만지는 것 역시 표징적이고, 표의적입니다. 그러므로 거룩한 것을 만진 사람들은 성별(聖別·to be sanctified)되고, 그리고 불결한 것을 만진 사람은 더럽혀졌습니다 (polluted). 왜냐하면 "만지는 것"(觸下·touch)은 다른 사람에게의 교류와 전달을 뜻하고, 그리고 다른 사람으로부터의 수용(受容·reception)을 뜻하기 때문입니다. 이러한 사실은 모세의 글인 아래의 장절들에서 잘 알 수 있습니다.

> 너는 이것을 회막과 증거궤에 바르고, 상과 그 모든 기구와 등잔대와 그 기구의 분향단과 번제단과 그 모든 기구와 물두멍과 그 받침에 발라서, 이 모든 것을 거룩하게 하여라. 그러면 그것들이 가장 거룩한 것이 되며, 거기에 닿는 모든 것이 거룩하게 될 것이다.
> (출애굽기 30 : 26-29)
> 제단을 거룩하게 하여라.······그 제단에 닿는 것은 모두 거룩하게 될 것이다.
> (출애굽기 29 : 37)
> 이 제물을 만지는 사람은 누구든지 거룩하게 될 것이다.
> (레위기 6 : 18, 27)
> 어느 누구의 주검이든, 사람의 주검에 몸이 닿은 사람은······부정하다.······누구든지 주검, 곧 죽은 사람의 몸에 닿고도 스스로 정결하게 하지 않은 사람은, 주의 성막을 더럽히는 사람이다. 그 사람은 반드시

이스라엘에서 끊어져야 한다.……들판에 있다가 칼에 맞아 죽은 사람이나, 그냥 죽은 사람이나, 그 죽은 사람의 뼈나, 아니면 그 무덤에라도 몸이 닿은 사람은, 누구나 이레 동안 부정하다.……부정한 사람이 닿은 것은 무엇이든지 부정하며, 그것에 몸이 닿은 사람도 저녁까지 부정하다. (민수기 19 : 11, 13, 16, 22)
이것들이 죽었을 때에, 그것들을 만지는 사람은 누구나 저녁때까지 부정하다. 이것들이 죽었을 때에, 나무로 만든 어떤 그릇에나, 옷에나, 가죽에나, 자루에나, 여러 가지로 쓰이는 각종 그릇에나, 이런 것들에 떨어져서 닿으면, 그 그릇들은 모두 부정을 탄다. 이렇게 부정을 탄 것은 물에 담가야 한다. 그것은 저녁때까지 부정하다, 저녁이 지나고 나면, 그것은 정하게 된다.……그렇지만 샘과 물웅덩이와 물이 고인 곳은, 정한 채로 있다. 그러나 그것들의 주검을 만지면, 누구나 부정을 탄다.
(레위기 11 : 31-36 ; 5 : 2, 3 ; 7 : 21 ; 11 : 37, 38 ; 15 : 1-마지막 절 ; 22 : 4 ; 민수기 16 : 26 ; 이사야 52 : 11 ; 애가 4 : 14, 15 ; 호세아 4 : 2, 3 ; 학개 2 : 12-14).

80. 말씀하셨다. "두려워하지 말아라."

이 말씀은 생명의 회복(恢復・更新・renewal of life)을 뜻합니다. 이러한 내용은 속뜻으로 이어지는 일련의 것들에서 잘 알 수 있습니다. 왜냐하면 요한은 죽은 사람 같이 엎어져 있고, 그리고 인자와 같이 보이는 주님께서 그의 오른손을 그에게 얹고, 그에게 "두려워하지 말아라"라고 말씀하셨기 때문입니다. "죽은 사람 같이 엎어져 있는 것"은 자아적인 생명의 마비(痲痺)를 뜻합니다. "그에게 주님의 오른손을 얹었다"는 것은 그분에게서 비롯된 생명을 뜻합니다. 그러므로 "그에게 말하기를 '두려워하지 말아라'라고 말한 주님의 말씀"은 생명의 회복(=소생)을 뜻합니다. 왜냐하면 자아적인 삶(self-life)에서부터 갑자기 영적인 삶으로 들어온 사람은 처음에는 몹시 두려운 상태에 있지만, 그러나 그들의 삶은 주님에 의하여 새롭게 갱신되고, 즉 중생되었기 때문입니다. 신령현존이나 그것에 대한 두려움에 의한 방법으로 성취된 이와 같은 갱신이나 회복은 수용(受容)에 맞게 조절됩니다. 사실 주님께서는 우주 안에 있는 모든 것들과 더불어 현존하십니다. 그러나 주님께서는 주님으로 말미암아 그들에게 있는 진리들에 의한 선의 수용에 따라서 멀리, 또는 가깝게 계십니다. 왜냐하면 선은 주님께서 천사·영·사람과 같이 하는 현존 안에 존재하기 때문입니다. 그러므로 그들이 가지고 있는 주님에게서 비롯된 선의 크기나 질(質)은 주님의 현존의 크기나 성질을 결정하는 바로 그것들을 가리킵니다. 그런데 만약에 그 현존이 그것의 크기(=범위)나 성질을 넘어서게 되면 거기에는 고통이나 공포 따위가 있게 마련입니다. 그러나 수용의 조절에 의하여, 바로 위에서 설명한 내용에서 알 수 있듯이(본서 78항 참조), 생명의 갱신(=회복)이 있습니다. 이 갱신이 바로 여기서 "두려워하지 말아라"는 말이 뜻하는 것이고, 또한 다른 곳에서도 역시 주님이나 주님의 천사들에 의하여 언급된 그 말의 뜻입니다. "두려워하지 말아라"는 말은 성경 여러 장절에서 볼 수 있습니다. 예를 들면 다니엘서 10장 12, 19절, 누가복음서 1장 12, 13절, 2장 8-10절, 마태복음서 28장 5, 9, 10절 등이 되겠습니다. 수용의 조절(accomodation of reception)을 통해서 이루어지는 생명의 갱신(=회복·renewal of life)은 영계에서 잘 나타나는데, 그 때 그것은, 구름처럼, 시각에 나타납니다. 거기에 있는 모든 사회들은 수용에 따라서, 짙은, 또는 옅은, 그와 같은 구름에 에워싸여 있습니다. 천사들은, 그들이 보다 가까운 주님의 신령입류에 의하여 해를 입지 않게 하기 위하여, 대응적인 옅은 구름(a thin cloud)에 에워싸여 나타납니다(A.C. 6849항 참조). 그리고 영계에서 "구름"이 무엇을 가리키고, 영적인 뜻으로 "구름"이 무엇을 뜻하는 지는 본서 36항을 참조하십시오.

81. "나는 처음이며 마지막이다."

이 말씀은 궁극적인 것들을 통하여 처음 것들(the firsts)에서 비롯된 것, 따라서 천계에 속한 모든 것들을 다스리는 분을 뜻합니다. 이러한 내용은 위에서 한 설명의 내용에서 잘 알 수 있습니다(본서 41항 참조).

82. 18절. "(나는) 살아 있는 자(the Living One)다."
이 말씀은 영원부터 존재하는 분을 뜻합니다. 이러한 내용은 영원부터 존재하신 분은 오직 살아 있는 분(the only Living One)이다는 것, 영원부터 존재하지 않은 다른 존재들은 그 존재에 의하여 창조되었다, 또는 지음받았다는 것, 따라서 창조된 존재는 그분에게서 비롯되는 생명의 수용그릇들(recipients of life)로 만들어졌다는 것에서 명확합니다. 그러므로 영원부터 유일하게 존재하신 그분은 그분 자신 안에 생명을 가지고 있습니다. 그분 외에는 생명을 가진 존재는 결코 존재하지 않습니다. 신령존재와 신령인성의 측면에서의 주님께서 그분 안에 생명을 가지고 있다는 것은 요한복음서에 언급된 것에서 아주 명백합니다. 즉—.

> 그(=말씀)는 태초에 하나님과 함께 계셨다. 모든 것이 그로 말미암아 생겨났으니, 그가 없이 생겨난 것은 하나도 없다. 그의 안에서 생겨난 것은 생명이었으니, 그 생명은 모든 사람의 빛이었다(=그의 안에 생명이 있었다. 그 생명이 사람의 빛이었다).……말씀이 육신이 되어 우리 가운데 사셨다.
> (요한 1 : 2-4, 14)

여기서 "말씀"(լδղօ · the Word)이 주님을 뜻한다는 것은 아주 명료합니다. 왜냐하면 "말씀이 육신이 되어 우리 가운데 사셨다"고 언급하고 있기 때문입니다. 같은 책의 말씀입니다.

> 그것은, 아버지께서 자기 안에 생명이 있는 것처럼, 아들에게도 생명을 주셔서, 그 안에 생명이 있게 하여 주셨기 때문이다.
> (요한 5 : 26)

또 같은 책의 말씀입니다.

> 예수께서 말씀하셨다. "나는 부활이요, 생명이니,……."
> (요한 11 : 25)

또 같은 책에……

> 예수께서 말씀하셨다. "내가 곧 길이요 진리요 생명이다."
> (요한 14 : 6)

이 세상에서 믿고, 가르쳐지는 것은, 사람은 자신 안에 심어진 생명(life implanted)을 가지고 있다는 것과, 그러므로 그것은 그분 안에 유일하게 생명을 가지신 분에게서, 따라서 유일한 생명을 가지신 분에게서 연속적으로(unceasingly) 입류하는 것은 아니다는 것 등입니다. 그러나 이러한 가르침은 거짓 안에 있는 신념입니다(H.H. 9항 참조).

83. "나는 한 번은 죽었다(=나는 죽은 자였다)."

이 말씀은 주님께서 배척(排斥)되었다는 것을 뜻합니다. 이러한 내용은, 주님께서, 그분을 믿는 믿음이나, 그분을 향한 사랑이 더 이상 존재하지 않을 때, "죽었다"고 말씀하시고 있기 때문입니다. 왜냐하면 주님을 사랑하고, 주님을 믿는 사람들과는 주님께서 함께 사시지만, 그러나 주님을 사랑하지 않고, 또 믿지 않는 사람과는 함께 사시지 않기 때문입니다. 주님께서는, 주님께서 그들에 의하여 배척되었기 때문에, 이런 부류의 사람에게서는 "죽은 존재"(to be dead)라고 언급된 것입니다. 이러한 내용이 본문에서 "나는 죽은 자였다"는 말씀이 속뜻으로 뜻하지만, 문자적인 뜻으로는 주님께서 십자가에 처형된 것을 뜻합니다. 주님의 십자가의 죽으심(=처형)은 속뜻으로 꼭 같은 뜻을 가지고 있습니다. 다시 말하면 유대 사람에 의하여 이와 같이 배척되고, 다루어졌다는 꼭 같은 뜻을 가지고 있습니다.

왜냐하면 주님께서 이 세상에 계실 때 주님께서는 신령진리 자체셨고, 그리고 유대 사람에 의하여 신령진리는 전적으로 부인, 배척되었기 때문에, 그러므로 신령진리이셨던 주님은 스스로 십자가의 처형을 당하셨습니다. 이러한 내용들이 주님의 고난(the Lord's passion)에 관해서 언급된 모든 것들이 뜻하고 있습니다. 그리고 지극히 작은 개별적인 것에 이르기까지 모든 개별적인 것들도 이런 내용을 뜻하는 것입니다. 그러므로 언제든지 주님께서는, 주님이 자기 자신을 사람의 아들(人ſ・the Son of man)이라고 부르는, 다시 말하면 신령진리라고 부른 자신의 고난에 관해서 말씀하고 있습니다(본서 63항 참조). 유대 사람에 의하여 신령진리가 전적으로 배척되었다는 것은 주지의 사실입니다. 왜냐하면 그들은 주님께서 말씀하신 것, 심지어 주님이 하나님의 아들(the Son of God)이시다는 것까지 부인, 배척하고, 받아들이지 않았기 때문입니다. 이런 사실에서 우리가 주지하여야 할 것은 주님에 대한 유대 사람의 배척에 관해서 제자들에게 주님께서 말씀하신 것들에 대해서 얼마나 이해될 수 있겠느냐는 것입니다. 이런 것에 대한 누가복음서의 말씀입니다.

> 인자(=사람의 아들)가 반드시 많은 고난을 받고, 장로들과 대제사장들과 율법학자들에게 배척을 받아 죽임을 당하고서……
> (누가 9 : 22)

같은 복음서의 말씀입니다.

> 그(=인자・사람의 아들)는 먼저 많은 고난을 겪어야 하고, 이 세대에게 버림을 받아야 한다.
> (누가 17 : 25)

마가복음서의 말씀입니다.

> 예수께서 그들에게 말씀하셨다. "확실히 엘리야가 먼저 와서, 모든 것을 회복한다. 그런데, 인자가 많은 고난을 받고 멸시를 당할 것이라고 기록한 것은, 어찌 된 일이냐?"
> (누가 9 : 12)

또 누가복음서의 말씀입니다.

> 예수께서 열두 제자를 곁에 불러 놓으시고, 그들에게 말씀하셨다. "보아라, 우리는 예루살렘으로 올라가고 있다. 인자에 관하여 예언자들이 기록한 모든 일이 이루어질 것이다. 인자가 이방 사람들에게 넘어가고, 조롱을 받고, 모욕을 당하고, 침뱉음을 당할 것이다. 그들은 채찍질한 뒤에, 그를 죽일 것이다. 그러나 그는 사흘 째 되는 날에 살아날 것이다."
> (누가 18 : 31-33)

성언에서 비롯된 신령진리는 유대 사람의 다른 방법이, 이와 같은 세밀한 개별적인 것에 의하여 뜻하여졌습니다. 여기서 "예루살렘"은 유대교회(the Jewish Church)를 가리키고, "이방 사람에게 넘겨지고, 조롱을 받고, 모욕을 당하고, 침뱉음을 당하고, 채찍질을 당하고, 죽을 것이다"는 것들은 유대 사람이 신령진리를 취급한 아주 못된 사악한 방법들을 가리킵니다. 주님께서는, 그분이 성언이시기 때문에, 신령진리 자체이십니다(요한 1 : 14). 그리고 신령진리가 교회의 마지막 때(the end of the church)에 그와 같이 다루어질 것이다는 것은 예언서들에 이미 예언되었기 때문에, 그러므로 "인자에 관하여 예언자들이 기록한 모든 일(=예언한 모든 일)이 이루어질 것이다"라고 언급되었습니다. 같은 복음서의 말씀도 역시 그러합니다.

> 예수께서 그들에게 말씀하셨다. "내가 전에 너희와 함께 있을 때에 너희에게 말하기를, 모세의 율법과, 예언자의 글과 시편에 나를 두고 기록한 모든 일이 반드시 이루어져야 한다고 하였다."
> (누가 24 : 44)

예수께서 십자가에서 처형당하실 때, 그리고 주님께서 십자가 상에서, 모든 것들이 다 이루어졌다는 것을 주님 친히 말씀하셨습니다. 요한복음서의 말씀입니다.

> 그 뒤에 예수께서는 모든 일이 이루어졌음을 아시고, 성경 말씀을 이루시려고, "목마르다" 하고 말씀하셨다.
> (요한 19 : 28)

그 때 주님께서 "목마르다"고 말씀하신 것은, 주님을 시인할 새로운 교회(a new church)를 주님께서 열망하셨기 때문입니다. 영적인 뜻으로 "목마르다"는 말은 갈망하는 것을 뜻하고, 그것은 교회에 속한 진리들에 관한 서술입니다(A.C. 4958・4976・8568항 참조). 이러한 내용들이 황폐와 폐허에 관해서 다니엘에 의하여 예언된 것들입니다. 다니엘서의 말씀입니다.

> 예순 두 이레가 지난 다음에, 기름을 부어서 세운 왕(=메시아)이 부당하게 살해되고, 아무도 그의 임무를 이어받지 못할 것이다. 한 통치자의 군대가 침략해 들어와서, 성읍과 성전을 파괴할 것이다. 홍수에 침몰되듯 성읍이 종말을 맞을 것이다. 피할 수 없는 전쟁이 끝까지 계속되어, 성읍이 황폐하게 될 것이다.
> (다니엘 9 : 26, 27)

"황폐"(desolation) "박탈"(=파괴・devastation)은 교회에 속한 사람들에게 있는 신령진리에 대한 거부(拒否)와 배척(排斥)을 뜻합니다(A.C. 5360・5376항 참조). 성언을 가리키는 신령진리는 유대 사람에 의하여 거부되었다는 것은 마태복음서의 이 말씀이 뜻하고 있습니다.

> "내가 너희에게 말한다. 엘리야는 이미 왔다. 그러나 사람들이 그를 알

지 못하고, 그를 함부로 대하였다. 인자도 이와 같이, 그들에게 고난을 받을 것이다."
(마태 17 : 12)

이 말씀에서 "엘리야"는 성언을 뜻하고(A.C. 창세기 18장 서문 ; 2762 · 5247항 참조), 그러므로 "세례자 요한"도 역시 성언을 뜻합니다. 그러므로 그는 "엘리야"라고 불리웠습니다(A.C. 7643 · 9372항 참조). 이상에서 "엘리야가 이미 왔다"는 말이 뜻하는 것이 무엇인지, 그리고 "그러나 그들은 그를 알지 못하고, 그를 함부로 대하였다"는 말이나, "인자도 이와 같이, 그들에게 고난을 받을 것이다"는 말이 뜻하는 것이 무엇인지 잘 알 수 있겠습니다. 유대 사람들이 성언을 어떻게 해석하고, 따라서 얼마나 배척하였는지는, 주님께서 친히 이 사실을 밝히신 복음서의 여러 장절들에서 명백하게 알 수 있습니다. 이상의 설명에서 "나는 한 번은 죽었다"(=나는 죽은 자이다)는 말씀이 주님께서 배척당하셨다는 것을 뜻한다는 것을 잘 알 수 있겠습니다. 더욱이 주님께서는 십자가의 고난을 통하여 그의 인성을 영화시키셨습니다. 다시 말하면 인성을 신령하게 완성하셨습니다(≪새 예루살렘의 교리≫ 294 · 295 · 302 · 305항 참조).

84. "보아라, (나는) 영원무궁하도록 살아 있다."
이 말씀은 영생(永生 · eternal life)이 그분으로 말미암아 존재한다는 것을 뜻합니다. 이러한 내용은, 영원부터 존재한다는 것을 뜻하는, 그리고 오직 그분 안에는 그분에게서 비롯된 생명(生命 · life)이 존재한다는 것을 뜻하는 "나는 살아 있다"는 말의 뜻에서 잘 알 수 있습니다(본서 82항 참조). 그러나 여기서는 다른 존재들 안에 있는 생명을 뜻하고, 그리고 다른 존재들 안에 있는 생명은 영원한 생명이다는 것을 뜻합니다. 왜냐하면 바로 앞에서 "나는 죽은 자이다"(=나는 한 번은 죽었다)라고 언급되었는데, 그 말은 믿음이나 사랑 안에 영접, 수용되지 않았기 때문에, 주님께서 배척당하셨다는 것을 뜻하기 때문입니다. 그러므로 여기서 "나는 살아 있다"는 말씀은 그분의 생명 안에 있는 사람들에 의하여 주님께서 영접, 수용되었다는 것을 뜻합니다. 그 생명은 사람에게서는 믿음과 사랑 안에 존재하고, 그리고 그 생명은 영원한 생명(永生)입니다. "영원무궁하도록"(=세세토록)이라는 말이 영원을 뜻한다는 것은 부연설명이 없이도 잘 알 수 있습니다. 주님의 생명이 그분을 믿는 믿음에 속한 생명이고, 그리고 그분을 사랑하는 사랑에 속한 생명이다는 것은, 수많은 성경의 장절에서 잘 알 수 있습니다. 요한복음서의 말씀입니다.

> 모세가 광야에서 뱀을 든 것과 같이, 인자도 들려야 한다. 그것은 그를 믿는 사람마다 영원한 생명을 얻게 하려고 하는 것이다.……아들을 믿는 사람에게는 영원한 생명이 있다. 아들에게 순종하지 않는 사람은 영생을 얻지 못한다.
> (요한 3 : 14-16, 36)

같은 책의 말씀입니다.

> 내가 주는 물은 그 사람 속에서, 영생에 이르게 하는 샘물이 될 것이다.
> (요한 4 : 10, 11, 14)

"물"은 믿음에 속한 진리입니다(본서 71항 참조). 또 같은 책의 말씀입니다.

> 아들을 보고 그를 믿는 사람이면 누구나 영원한 생명을 얻게 하시는 것이 아버지의 뜻이다.……내가 너희에게 한 그 말은 영이요, 생명이다.
> (요한 6 : 40, 63)

주님께서 하신 말은 믿음에 속한 진리들을 가리킵니다. 또 같은 책의 말씀입니다.

나는 부활이요 생명이니, 나를 믿는 사람은 죽어서도 살고, 살아서 믿는 사람은 영원히 죽지 않을 것이다.
(요한 11 : 25, 26)

또 같은 책의 말씀입니다.

영원한 생명에 이르게 하는 양식을 위해 일하여라. 그 양식은, 인자가 너희에게 줄 것이다.
(요한 6 : 27)

주님께서 주시는 "양식"(food)은 역시 진리요, 믿음에 속한 선입니다. 그 이유는 그것이 영적인 양식을 뜻하기 때문입니다(A.C. 3114 · 4459 · 4792 · 5147 · 5293 · 5340 · 5342 · 5410 · 5426 · 8562 · 9003항 참조). 주님에 속한 생명이 사람에게서는 주님을 믿는 믿음 안에, 그리고 그분을 사랑하는 사랑 안에 존재한다고 언급하였습니다. 이것은 믿음이나, 사랑에 속한 모든 것들은 그분으로 말미암아 존재하기 때문입니다. 그리고 그분으로 말미암아 존재하는 것은 역시 그분 자신(Himself)이기 때문입니다. 왜냐하면 이것이 바로 "진리의 영"(the Spirit of Truth)이나 "성령"(the Holy Spirit)이라고 부르는 주님의 신령발출(His Divine proceeding)이기 때문입니다. 주님께서 그 안에 계시기 때문에, 그리고 그것이 그분 자신이시기 때문에, 그러므로 그들은 주님 안에 살 것이다고 언급되었습니다. 이 말은 주님으로 말미암아 주님을 믿는 믿음이나, 그분을 사랑하는 사랑을 뜻합니다. 요한복음서의 말씀입니다.

(예수께서 말씀하셨다.) "언제나 내 안에 머물러 있어라. 그러면 나도 너희 안에 머물러 있겠다.……너희가 내 안에 머물러 있고 나의 말이 너희 안에 머물러 있으면, 너희가 무엇을 구하든지 다 그대로 이루어질

> 것이다.……너희는 내 사랑 안에 머물러 있어라. 너희가 나의 계명을
> 지키면, 나의 사랑 안에 머물러 있을 것이다. 사람이 내 안에 머물러
> 있고, 내가 그 사람 안에 머물러 있으면, 그는 많은 열매를 맺는다. 너
> 희는 나를 떠나서는 아무것도 할 수 없다."
> (요한 15 : 4-10)

이상에서 요한복음서의 이런 말씀들이 뜻하는 것이 무엇인지 잘 알 수 있겠습니다.

> 너희는 나를 보게 될 것이다. 그것은 내가 살아 있고, 너희도 살아 있
> 을 것이기 때문이다.
> (요한 14 : 19)

이 말씀에서 주님을 "본다"(to see)는 말은 주님을 믿는 것을 가리킵니다(본서 14・25・37항 참조). 그리고 "믿음을 갖는다"는 것 또는 주님을 "믿는다"는 것은 사랑이나 인애 안에 있는 것을 가리킵니다 (《최후심판》 33-39항, 《새 예루살렘의 교리》 108-142항 참조).

85. "아멘."

이 말씀은, 위에서 볼 수 있듯이, 신령확증(神靈確證・the Divine confirmation)을 뜻합니다(본서 34항 참조).

86. "(나는) 사망과 지옥의 열쇠를 가지고 있다."

이 말씀은 그분께서 구원하는 능력을 가지고 계시다는 것을 뜻합니다. 이러한 내용은, 열고, 닫는 능력을 가리키는 "열쇠"(key)의 뜻에서(A.C. 9410항 참조), 그리고 온갖 악들을 가리키는 "지옥"(hell)의 뜻에서 잘 알 수 있습니다. 왜냐하면 모든 악들은 지옥에서 오고, 그리고 지옥에 속해 있기 때문입니다. 그리고 또한 영적인 사망이라고 하는 저주를 가리키는 "사망"(=죽음)의 뜻에서(A.C. 5407・6119・9008항 참조) 잘 알 수 있습니다. "지옥과 사망의 열쇠를 가지고 있다"는 말은 구원하는 능력을 가지고 있다는 것을 뜻합니다. 그 이유

는 오직 주님만이 사람에게 있는 지옥을 옮길 수 있고, 그리고 그것에 의하여 저주의 상태를 제거하실 수 있기 때문입니다. 지옥이 옮겨졌을 때 사람은 구원을 받습니다. 왜냐하면 그들의 처지에 천계와 영생이 입류하기 때문입니다. 왜냐하면 주님께서는 변함없이 사람과 항존(tiiff)하시기 때문입니다. 그리고 천계를 그에게 채우시기를 열망하시기 때문입니다. 그러나 온갖 악들은 그 입류하는 것을 받는 것을 방해하기 때문입니다. 그러므로 지옥이 멀리 옮겨지는 것에 비례하여, 다시 말하면 사람이 온갖 악들을 삼가게 되는 것에 비례하여, 주님께서는 천계와 더불어 입류하십니다. 주님께서 여기서 "나는 지옥과 사망의 열쇠를 가지고 있다"고 말씀하신 것은, 바로 앞에서 "나는 영원무궁하도록 살아 있다"고 말씀하셨기 때문입니다. 그 말은 영생은 그분으로 말미암아 존재한다는 것을 뜻합니다. 주님께서 믿음 안에, 그리고 사랑 안에 영접되는 것에 비례하여 주님께서는 사람 안에 계시고, 그리고 주님께서 사람 안에 존재하시는 것에 비례하여 주님께서는 온갖 악들을 제거하시고, 따라서 지옥과 영원한 사망을 제거하십니다. 주님께서는 홀로 이 일을 하십니다. 이런 이유 때문에 주님께서는 반드시 영접되셔야만 합니다. 이러한 사실은 앞에 인용된(본서 83항 참조) 성경에서 발췌한 많은 장절들에서 아주 명백합니다. "지옥"은 온갖 종류의 악들을 뜻합니다. 그 이유는 모든 악들은 지옥에서 오기 때문입니다. 사람이 생각하는 것이나, 뜻하는 것은 무엇이나 지옥 아니면, 천계에서 옵니다. 만약에 사람이 악을 생각하고, 뜻한다면 그것은 지옥에서 비롯된 것이고, 그러나 만약에 사람이 선을 생각하고 뜻한다면, 그것은 천계에서 온 것입니다. 다른 근원에서 비롯된 사람 안에 있는 생각이나 뜻은 결코 존재하지 않습니다. 자기 스스로 생각하고, 뜻한다고 여기는 사람은 이런 사실을 알지 못합니다. 그러나 나는, 사람이 생각하고, 의도하는 모든 것들은 이와 같은 근원, 즉 천계, 아니면 지옥에서 비롯된다는 이 주제에 관해서 모든 경험에서 주장할 수 있습니다.

더욱이 이런 이유 때문에 악을 생각하고 의도하는 사람은 실제적으로 지옥 안에 있으며, 그리고 이 세상에 사는 동안 실제적인 곳이 사후에는 그 곳에 가게 됩니다. 사람의 영은, 그가 생각하고, 의도한 것들로 형성되고, 구성되기 때문에, 결코 다른 곳에 갈 수가 없습니다. 그러므로 사람이 악을 생각하고, 의도할 때, 그러므로 형태적으로는 그 사람은 자신 악 바로 그것입니다. 이상에서 얻는 결론은 지옥적인 영들은 전적으로 자신들의 악의 형상들(images)이고, 그리고 그들은 모든 종류의 악에 일치하는 괴물들이고, 공포를 야기하는 그런 것들입니다. 더 자세하게 말하면, 하나의 영이 주님나라를 형성하고 구성하는 유일한 방법은 믿음이나 사랑에서 주님을 영접, 수용한다는 것뿐입니다. 왜냐하면 사람에게 있는 믿음이나 사랑 안에 있는 그분의 현존에 의하여 주님께서는 홀로 온갖 악들을 멀리 옮기시고, 그리고 천사가 가리키는 사람을 주님나라의 형상으로 완성하실 수 있기 때문입니다. 이상에서 "지옥과 사망의 열쇠를 가지고 있다"는 말이 뜻하는 것이 무엇인지 밝히 알 수 있겠습니다. 낱말 "열쇠들"(keys)은, 지옥들을 닫기 때문에, 그리고 악령들이 지옥으로 쫓겨났을 때, 그리고 어느 누구가 지옥에서 건져내어졌을 때, 이런 일은 악들이 사람들로 말미암아 크게 증대할 때 일어나는 일이지만, 지옥이 열리기 때문에, 사용되었습니다. 그 때 만들어진 틈새나 통로들을 "대문"(gates)이라고 부르고, 그리고 그들이 그것을 "대문들"이라고 부르기 때문에, 낱말 "열쇠들"이 언급되었습니다. 그리고 이런 사실은 닫고, 여는 능력을 뜻합니다. 그 이유는 대문들을 개방하고 폐쇄하는 일은 열쇠들에 의하여 행해지기 때문입니다. 베드로에게 준 열쇠들(마태 16 : 18, 19)은 이와 꼭 같은 뜻을 가지고 있습니다. 왜냐하면 거기서 "베드로"는 주님으로 말미암아 존재하는 선에서 비롯된 진리를 뜻하기 때문입니다. 따라서 베드로에게 열쇠를 주었다는 것은, 믿음에 속한 모든 진리나, 사랑에 속한 모든 선의 근원되시는 주님만이 홀로 그 능력이나 권한을 가지고 있다는 것을 뜻합니다 (≪최후심판≫ 57항 참조).

87. 19절. "그러므로 너는, 네가 본 것과 지금의 일들과 이 다음에 일어날 일들을 기록하여라."
이 말씀은, 이런 것들이 신령한 것이기 때문에, 후손들을 위한 것들을 뜻합니다. 이러한 내용은, 그것이 기억을 위한 것이라는 것을 가리키는 "기록한다"(writing)는 말의 뜻에서(A.C. 8620항 참조), 따라서 후손을 위한 것들을 가리키는 "기록한다"는 말의 뜻에서, 그리고 모든 것들을 뜻하는 것을 가리키는 "네가 본 것" "지금의 것" "이 다음에 일어날 것"의 뜻에서 잘 알 수 있습니다. 왜냐하면 세 시대를, 다시 말하면 과거·현재·미래는 모든 것들을 뜻하기 때문입니다. 그리고 그가 기록하려고 하는 것들은 주님에게서 온 것들이기 때문에, 그러므로 그것들은 신령한 것들을 뜻하고, 그리고 신령한 것을 제외하면, 주님에게서 온 것을 제외하면, 주님에게서 발출한 것은 전무(全無)하기 때문입니다. 더욱이, 예언서에 있는 개별적인 모든 것과 꼭 같이, 묵시록에 기록된 모든 개별적인 것은 성언의 속뜻을 가지고 있고, 그리고 그 속뜻은, 주님에게서 발출한 신령진리인 천계의 빛 안에 존재합니다. 여기서는 "네가 본 것"과 "지금의 것들"과 "이 다음에 일어날 것들"이라고 언급되었는데, 그것은 앞에서 주님에 관련하여 "지금도 계시고, 과거에도 계셨고 장차 오실 분"이라고 언급되었기 때문입니다. 거기에서 다루어진 것은 주님 자신이십니다. 그러나 여기에서는 사람에게 있는 주님에게서 비롯된 신령한 것들이 다루어지고 있습니다. 그러한 내용은 앞에 있는 것들이나, 연속해서 다루어지고 있는 것들에서 잘 알 수 있습니다.

88. 20절. "네가 본 내 오른손의 일곱 별의 비밀은 이러하다."
이 말씀은, 주님으로 말미암아 존재하는 모든 것들인 선들이나, 진리들에 관한 계시를 뜻합니다. 이러한 내용은, 요한이 본 환상 안에 감추어져 있는, 그러나 여기서는 계시된 환상 안에 감추어진 것을 가리키는 "비밀"의 뜻에서 잘 알 수 있습니다. 그 이유는 아래에 이어지는 것에서는 "일곱 별들"이나 "일곱 촛대들"이 뜻하는 내용이 일러졌기 때문입니다. 이러한 사실은, 선이나 진리에 속한 모든 것들의 지식들을 가리키는, 그리고 그것에서부터 선들이나 진리들을 가리키는 "일곱 별들"의 뜻에서(본서 72항 참조), 그리고 주님에 관련한 것에서는 그분에게서 비롯된 것을 뜻하는(본서 72항 참조) "내 오른손에 있다"는 말의 뜻에서, 잘 알 수 있습니다. 이상에서 볼 때, "네가 본 일곱 별의 비밀"이, 그분에게서 비롯된 모든 것들인, 선들이나, 진리들의 계시를 뜻한다는 것은 아주 명백합니다.

89. **"네가 본 일곱 금 촛대의 비밀은 이러하다."**
이 말씀은 "새 하늘과 새 땅"에 있는 모든 것들을 뜻합니다. 이러한 내용은, 새로운 천계와 새로운 교회를 가리키는 "일곱 촛대"의 뜻에서 잘 알 수 있습니다(본서 62항 참조). 그것들은 새로운 천계나, 새로운 교회 안에 있는 사람들을 위한 선들이고, 진리들입니다. 그 이유는, 속뜻으로, 그것들은 바로 앞에 기록한 것과 밀접하게 일치하고 있기 때문입니다. 왜냐하면 나타난 것들은 문자적인 뜻으로는 관련이 되지 않은 것 같지만, 속뜻으로는 연속해서 관련되어 있기 때문입니다(본서 17항 참조).

90. **"일곱 별은 일곱 교회의 천사이다."**
이 말씀은 주님에게서 비롯된 선들이나 진리들을 영접, 수용한 사람들을 뜻합니다. 이러한 내용은 주님에게서 비롯된 모든 것들인, 선들이나 진리들을 가리키는 "별들"(stars)의 뜻에서(본서 72항 참조), 그리고 아래에서 상세하게 설명될, 교회 안에 있는 사람들이 가지고 있는 대응되는 선이나 진리 안에 있는 천계에 있는 사람들을 가리키는 천사들의 뜻에서, 그리고 선에서 비롯된 진리들 안에, 또는 인애에서 비롯된 믿음 안에 있는 모든 사람들을, 따라서 교회에 속한 모든 사람들을 가리키는 "일곱 교회들"의 뜻에서(본서 20항 참조) 잘 알 수 있습니다. 모두 종합해서 얻는 결론은 "일곱 별은 일곱 교회의 천사이다"는 말씀은 주님에게서 비롯된 선들이나 진리들을 영접,

수용한 모든 사람들을 뜻한다는 것입니다. 여기서 "천사들"은 교회 안에 있는 사람들이 대응하는 꼭 같은 선이나 진리 안에 있는 천계에 있는 자들을 뜻합니다. 그 이유는 보편적인 천계는 수많은 사회들로, 일반적으로, 또는 개별적으로 선이나 진리에 속한 정동들에 일치하여 정리 정돈된 수많은 사회들로 나누어지기 때문입니다. 이와 같은 사회들은, 선이나 진리들의 꼭 같은 정동들 안에 나누어지고, 그리고 지상의 사람들과 대응합니다. 이와 같은 모든 사회들이 "천사들"이라고 호칭됩니다. 그리고 그 각각의 한 사회는 하나의 "천사"라고 호칭되고, 그리고 먼 거리에서 떨어져 보여질 때, 하나의 천사로 나타납니다(H.H. 62·68-72항 참조). 더욱이 거기에는 천계와 교회의 완전한 대응이 존재하고, 또한 천계의 천사들과 교회의 사람들과의 완전한 대응이 존재합니다. 이 대응을 통해서 천계는 교회와 하나를 이룹니다. 이상에서 볼 때 "일곱 교회들의 천사들이다"는 말이나, 아래에 이어지는 장에서, "에베소 교회의 천사에게" "서머나 교회의 천사에게" "버가모 교회의 천사에게" "두아디라 교회의 천사에게" "사데 교회의 천사에게" "빌라델비아 교회의 천사에게" "라오디게아 교회의 천사에게" 각각 써서 보내라고 한 "천사"가 뜻하는 것이 무엇인지 명확하게 알 수 있겠습니다. 명확하게 그 명령은 천사에게 써 보내는 것이 아니고, 교회들에게 써서 보내는 것이었습니다. 다시 말하면 주님에게서 비롯된 이와 같은 선이나 진리 안에 있는 사람들에게, 그리고 아래에서 다루어질 각 교회에 의하여 기술된 사람들에게 써서 보내는 것이었습니다. 성경에서 "천사"는 천사나 사람에게 있는 주님에게서 비롯된 선이나 진리 이외의 아무것도 뜻하지 않는다는 것은 아래에서 충분하게 설명되겠습니다. 그렇기까지는 ≪천계와 지옥≫에 기술된 천계들(the heavens)이나 천사적인 사회들에 관해서 설명된 내용을 참조하십시오. 그 근원에서 비롯된 것들에 관한 지식이 없으면 아래에 이어지는 천사들에 관해서 언급된 것은 거의 이해할 수 없겠습니다. 왜냐하면 이해가 분명하게 깨달으려고 한다면, 지식을 먼저 필수적으로 갖추어야 하기 때문입니다.

91. "네가 본 일곱 촛대는 일곱 교회이다."

이 말씀은 새로운 천계나 새로운 교회 안에 있는 모든 자들을 뜻합니다. 이러한 내용은, 위에서 언급한 것과 같이(본서 62항 참조), 새로운 천계(a new heaven)와 새로운 교회(a new church)를 가리키는 "일곱 촛대들"(seven lampstands)의 뜻에서, 그리고 선에서 비롯된 진리들 안에, 또는 인애에서 비롯된 믿음 안에 있는 자들을 가리키는 "일곱 교회들"의 뜻에서(본서 20항 참조), 잘 알 수 있습니다. 이상에서 볼 때, "일곱 촛대들은 일곱 교회들이다"는 말이 새로운 천계와 새로운 교회 안에 있는 자들을 뜻한다는 것을 명확하게 알 수 있겠습니다.

묵시록서에 있는 모든 것들은 "일곱 금 촛대들"(the seven golden lampstands)이 뜻하는 것에, 다시 말하면 그것들의 목적이나 결론에 대한 새로운 천계와 새로운 교회에, 관계를 가지고 있습니다. 결과적으로 이런 내용들은 묵시록서의 마지막 부분의 장절들에서 다루어지고 있습니다. 그 중간에 있는 나머지 것들은, 예를 들면 "용"(龍·dragon)이나, "바빌론의 짐승"이라고 언급된 것들은 방해가 되는 것들이고, 또한 제거되어야 할 것들입니다. 이러한 것들이 더 이상 대립되지 않을 때, 또는 그것들이 제거되었을 때, 새로운 천계와 새로운 교회는 출현하고, 밝혀지게 될 것입니다.

제 2장 본   문 (2장 1-29절)

1 "에베소 교회의 천사에게 이렇게 써 보내어라. '오른손에 일곱 별을 쥐시고, 일곱 금 촛대 사이를 거니시는 이가 말씀하신다.

2 나는 네가 한 일과 네 수고와 인내를 알고 있다. 또 나는, 네가 악한 자들을 참고 내버려 둘 수 없던 것과, 사도가 아니면서 사도라고 자칭하는 자들을 시험하여 그들이 거짓말쟁이임을 밝혀 낸 것도, 알고 있다.

3 너는 참고, 내 이름을 위하여 고난을 견디어 내고, 낙심한 적이 없다.

4 그러나 너에게 나무랄 것이 있다. 그것은 네가 처음 사랑을 버린 것이다.

5 그러므로 네가 어디에서 떨어졌는지를 생각해 내서 회개하고, 처음에 하던 일을 하여라. 네가 그렇게 하지 않고, 회개하지 않으면, 내가 가서 네 촛대를 그 자리에서 옮기겠다.

6 그런데 네게는 잘 하는 일이 있다. 너는 니골라 당이 하는 일을 미워한다. 나도 그것을 미워한다.

7 귀가 있는 사람은, 성령이 교회들에게 하시는 말씀을 들어라. 이기는 사람에게는, 내가 하나님의 낙원에 있는 생명 나무의 열매를 주어서 먹게 하겠다.'"

8 "서머나 교회의 천사에게 이렇게 써 보내어라. '처음이며 마지막이요, 죽으셨다가 살아나신 분이 이렇게 말씀하신다.

9 나는 네가 당한 환난과 궁핍을 알고 있다. 그런데 사실 너는 부요하다. 또 자칭 유대 사람이라는 자들에게서 네가 비방을 당하고 있는 것도, 나는 알고 있다. 그러나 사실 그들은 유대 사람이 아니라 사탄의 무리다.

10 네가 장차 받을 고난을 두려워하지 말아라. 보아라, 악마가 너희를 시험하여 넘어뜨리고, 너희 가운데서 몇 사람을 감옥에다 집어

넣으려고 한다. 너희는 열흘 동안 환난을 당할 것이다. 죽도록 충성하여라. 그러면 내가 생명의 면류관을 너에게 주겠다.

11. 귀가 있는 사람은, 성령이 교회들에게 하시는 말씀을 들어라. 이기는 사람은 둘째 사망의 해를 받지 않을 것이다.'"

12 "버가모 교회의 천사에게 이렇게 써 보내어라. '날카로운 양날 칼을 가지신 분이 이렇게 말씀하신다.

13 나는 네가 어디에 거주하는지를 알고 있다. 그 곳은 사탄의 왕좌가 있는 곳이다. 그렇지만 너는 내 이름을 굳게 붙잡고, 또 내 신실한 증인인 안디바가 너희 곁, 곧 사탄이 살고 있는 그 곳에서 죽임을 당할 때에도, 나를 믿는 믿음을 저버리지 않았다.

14 그러나 나는 네게 몇 가지 나무랄 것이 있다. 너희 가운데는 발람의 가르침을 따르는 자들이 있다. 발람은 발락을 시켜서, 이스라엘 자손 앞에 올무를 놓게 하고, 우상의 제물을 먹게 하고, 음란한 일을 하게 한 자다.

15 이와 같이, 네게도 니골라 당의 가르침을 따르는 자들이 있다.

16 그러니 회개하여라. 만일 회개하지 않으면, 내가 속히 너에게로 가서, 내 입에서 나오는 칼을 가지고 그들과 싸우겠다.

17 귀가 있는 사람은, 성령이 교회들에게 하시는 말씀을 들어라. 이기는 사람에게는, 내가 감추어 둔 만나를 주겠고, 흰 돌도 주겠다. 그 돌 위에는 새 이름이 적혀 있는데, 그 돌을 받는 사람 밖에는 아무도 그것을 알지 못한다.'"

18 "두아디라 교회의 천사에게 이렇게 써 보내어라. '그 눈이 불꽃과 같고, 그 발이 놋쇠와 같으신 분, 곧 하나님의 아들이 이렇게 말씀하신다.

19 나는 네 행위와 네 사랑과 믿음과 섬김과 오래 참음을 알고, 또 네 나중 행위가 처음 행위보다 더 훌륭하다는 것을 안다.

20 그러나 네게 나무랄 것이 있다. 너는 이세벨이라는 여자를 용납하고 있다. 그는 스스로를 예언자로 자처하면서, 내 종들을 가르

치고, 그들을 미혹시켜서 간음하게 하고, 우상의 제물을 먹게 하는 자다.

21 내가 그에게 회개할 기회를 주었으나, 그는 자기 음행을 회개하려 하지 않았다.

22 보아라, 나는 그를 병상에다가 던지겠다. 그와 더불어 간음하는 자들도, 그와의 행위를 회개하지 않으면, 큰 환난을 당하게 하겠다.

23 그리고 나는 그의 자녀들을 반드시 죽게 하겠다. 그러면 모든 교회는 내가 사람의 생각과 마음을 살피는 이라는 것을 알게 될 것이다. 나는 너희 각 사람에게 그 행위대로 갚아 주겠다.

24 그러나 두아디라에 있는 사람들 가운데서 그의 가르침을 받아들이지 않은 사람들, 곧 사탄의 깊은 흉계에 물들지 않은 사람들인 너희 남은 사람들에게 내가 말한다. 나는 너희에게 다른 짐을 지우지 않겠다.

25 다만 내가 올 때까지, 너희가 가지고 있는 그것을 굳게 붙잡고 있어라.

26 이기는 사람, 곧 내 일을 끝까지 지키는 사람에게는, 민족들을 다스리는 권세를 주겠다.

27 「그는 쇠막대기로 그들을 다스릴 것이고, 민족들은 마치 질그릇이 부수어지듯 할 것이다.」

28 이것은 마치, 내가 나의 아버지께로부터 권세를 받아서 다스리는 것과 같다. 나는 그 사람에게 샛별을 주겠다.

29 귀가 있는 사람은, 성령이 교회들에게 하시는 말씀을 들어라.'"

제 2장 요약된 해설(2장 1-29절)

92. 앞에서는 "일곱 교회들"이나 그 교회에 속한 "천사들"이 뜻하는 내용이 언급되었습니다. 다시 말하면, "일곱 교회들"은 선에서 비롯된 진리들 안에 있는 모든 사람들을 뜻하고, 그리고 "일곱 천사들"은 그것들에 대응하는 천계에 있는 모든 사람들을 뜻한다는 것이 언급되었습니다(본서 20·90항 참조). 그리고 대응에 의하여 천계와 교회가 하나를 이루기 때문에, 아래와 같이 언급되었습니다. "교회의 천사에게 써 보내라"고 하고 있지, "교회에 써 보내라"고 하지 않고 있습니다. 그와 같이 언급된 이유는 이 때문입니다. 즉, 교회가 사람과 더불어 하나의 교회가 되기 위해서는 반드시 거기에 대응이 있어야 합니다. 만약에 대응이 없다면, 거기에 천계와의 교류는 있을 수 없으며, 따라서 사람에게 천계 역시 존재하지 않을 것입니다. 만약에 천계가 사람과 함께 존재하지 않는다면, 역시 교회도 그 사람과 함께 존재하지 않을 것입니다(≪새 예루살렘의 교리≫ 241-248항 참조). 천계와 함께 하는 교회에 속한 사람의 대응이 무엇인지는 몇 마디 말로 언급될 수는 없고, 다만 배우기를 갈망하는 사람은 누구나 ≪천계와 지옥≫ 87-115항과 291-310항에 언급되고 설명된 것에서 배울 수 있겠습니다. 한마디로, 사람이 영적인 존재가 되었을 때, 거기에 대응이 있고, 그리고 그가 신령존재, 특히 주님을 시인할 때, 사람은 영적인 것이 되고, 그리고 성경 안에 있는 계율들에 따라서 사는 것을 애지중지(愛之重之)할 때 그 사람은 영적인 것이 됩니다. 왜냐하면 그가 이것을 행할 때 그는 천계와 결합하기 때문입니다. 그 때 영적인 것은 그 사람에게 있는 자연적인 것과 대응하기 때문입니다. 이러한 것들은 수많은 사람에게 그들의 이해를 뛰어넘는 것이 보일 것이다는 것을 나는 잘 알고 있습니다. 그러나 그 이유는, 그것이 그런 것들을 알려고 하는 그들의 사랑에 속한 기쁨이 아니기 때문입니다. 만약에 그것이 그들의 사랑에 속한

기쁨이라면, 그들은 그것들을 명확하게 지각할 뿐만 아니라, 그들은 이런 것들에 관해서 더 많은 것을 몹시 배우고 싶어 할 것입니다. 왜냐하면 사람은 자기가 사랑하는 것을 열망하고, 그리고 자신이 사랑하는 것이 그의 기쁨이기 때문입니다. 더욱이 사랑받는 것은 즐거움과 빛과 함께 마음에 속한 개념 안에 들어가기 때문입니다.

93. 에베소 교회의 천사는 여기서 써 보낸 첫 번째 존재입니다. 그리고 그 교회의 천사는, 그 교회 안에 있는 진리나 선에 속한 지식들 안에 있는 모든 자들을 뜻합니다. 그럼에도 불구하고 그들은 그 지식들에 일치하는 삶 안에는 여전히 있지 않고, 아직까지도 있지 않습니다. 이런 지식들은, 특히 교리적인 것들을 뜻하지만, 그러나 오직 교리적인 것들이나, 또는 오직 진리나 선에 속한 지식들은, 사람을 영적인 존재로 만들지는 못하지만, 그러나 그것들에 일치하는 삶은 사람을 영적인 존재로 만듭니다. 왜냐하면 교리적인 것들이나, 지식들에 일치하는 삶이 없다면 교리적인 것들이나 지식들은 다만 기억 안에, 그리고 그것에서 비롯된 생각 안에 머물러 있고, 그리고 거기에 머물러 있는 모든 것들은 자연적인 사람 안에 머물러 있기 때문입니다. 결과적으로 이런 것들이 삶에 들어오기 전까지는 사람은 영적인 존재가 되지 않기 때문입니다. 그리고 그것들은, 사람이 그가 생각한 것들을 원하고 의도할 때, 결과적으로 그것들을 행할 때, 삶 속에 들어오기 때문입니다. 이것이 그러하다는 것은 어느 누구나 이런 사실에서 잘 이해할 수 있습니다. 즉, 만약에 어느 누구가 도덕률이나 시민법적인 생활의 모든 것을 알지 못하고, 그리고 그것들에 일치하는 삶을 살지 않는다면, 그 사람은 여전히 도덕적인 사람도, 시민법적인 사람도 아닙니다. 그리고 그 사람이 다른 사람들에 비하여 그것들에 관해서 유식하게 말한다고 해도 여전히 그는 배척된 존재입니다. 그것은 십계명의 열 계율들을 알고 있는 사람에게도 꼭 같습니다. 그러므로 총명을 가지고 그것들에 관해서 설명하고, 밝힐 수 있다고 해도, 그것들에 일치하는 삶을 살지 않는

사람과도 꼭 같습니다. 그러므로 교회에 속한 이런 것들의 지식들 안에 있는 교회 안에 있는 자들, 다시 말하면 성언에서 비롯된 진리나 선에 속한 지식들 안에 있지만, 그러나 그것들에 일치하는 삶 안에 있지 않고, 그리고 아직까지 그 삶에 있지 않는 사람들이 여기서 처음에 다루어졌고, 그리고 이런 내용들이 에베소 교회의 천사에게 써 보낸 것들에 의하여 기술되었습니다.

제 2장 상세한 영적인 해설(2장 1-29절)

94. 1-7절. "에베소 교회의 천사들에게 이렇게 써 보내어라. '오른손에 일곱 별을 쥐시고, 일곱 금 촛대 사이를 거니시는 이가 말씀하신다. 나는 네가 한 일과 네 수고와 인내를 알고 있다. 또 나는, 네가 악한 자들을 참고 내버려둘 수 없던 것과, 사도가 아니면서 사도라고 자칭하는 자들을 시험하여 그들이 거짓말쟁이임을 밝혀 낸 것도, 알고 있다. 너는 참고, 내 이름을 위하여 고난을 견디어 내고, 낙심한 적이 없다. 그러나 너에게 나무랄 것이 있다. 그것은 네가 처음 사랑을 버린 것이다. 그러므로 네가 어디에서 떨어졌는지를 생각해 내서 회개하고, 처음에 하던 일을 하여라. 네가 그렇게 하지 않고, 회개하지 않으면, 내가 가서 네 촛대를 그 자리에서 옮기겠다. 그런데 네게는 잘 하는 일이 있다. 너는 니골라 당이 하는 일을 미워한다. 나도 그것을 미워한다. 귀가 있는 사람은, 성령이 교회들에게 하시는 말씀을 들어라. 이기는 사람에게는, 내가 하나님의 낙원에 있는 생명 나무의 열매를 주어서 먹게 하겠다.'"

[1절] :
"에베소교회의 천사에게 써 보낸다"는 말씀은 교회 안에 있으면서, 성언에서 비롯된 진리나 선에 속한 지식들 안에 있는 자들에게 기

억을 위하여 보내는 것을 뜻합니다(본서 95항 참조). "오른손에 일곱 별을 쥐시고 계신 분이 말씀한 것들이다"는 말씀은 선이나 진리에 속한 모든 지식들은 그분에게서 비롯되었다는 것을 뜻합니다(본서 96항 참조). "일곱 금 촛대 사이를 거니시는 이가 말씀하신다"는 말씀은 그분으로 말미암아 새로운 천계나 새로운 교회 안에 있는 모두에게 생명이 존재한다는 것을 뜻합니다(본서 97항 참조).

[2절] :
"나는 네가 한 일과 네 수고와 인내를 알고 있다"는 말씀은, 그들이 생각하고, 의도하고, 행한 모든 것들, 따라서 영적인 사람이나, 자연적인 사람 안에 있는 사랑이나 믿음에 속한 모든 것들을 뜻합니다(본서 98항 참조). "나는 네가 악한 자들을 참고 내버려둘 수 없었던 것을 알고 있다"는 말씀은 그들이 악들을 배척하였다는 것을 뜻합니다(본서 99항 참조). "나는 네가 사도가 아니면서 사도라고 자칭하는 자들을 시험하여 그들이 거짓말쟁이임을 밝혀 낸 것도 알고 있다"는 말씀은, 그들이 그것들을 찾아내는 정도까지의 거짓들을 뜻합니다(본서 100항 참조).

[3절] :
"너는 참고, 견디어 낸 것도 알고 있다"는 말씀은 믿음에 속한 진리들을 공격하는 자들에 대한 반항(反抗·resistance)이나 가르치는 일에서의 근면(勤勉)을 뜻합니다(본서 101항 참조). "내 이름을 위하여 참았다"는 말씀은 주님의 시인과, 그분과 관계되는 진리의 지식에 대한 시인을 뜻합니다(본서 102항 참조). "낙심한 적이 없다"는 말씀은 그들이 할 수 있는 데까지 하였다는 것을 뜻합니다(본서 103항 참조).

[4절] :
"그러나 너에게 나무랄 것이 있다. 그것은 네가 처음 사랑을 버린 것이다"는 말씀은 교회의 시작에 교회 안에 있었던 자들이 살았던 지식들에 속한 본질적인 것으로 삶을 이루지 못하였다는 것을 뜻합

니다(본서 104항 참조).
[5절] :
"그러므로 네가 어디에서 떨어졌는지를 생각해 내서 회개하고, 처음에 하던 일을 하여라"는 말씀은 종전의 것들에 관한 기억을 뜻하고, 따라서 진리에서 이탈한 기억을 뜻하는데, 이것은 교회의 시작에 교회에 속한 삶의 선이 마음에 들어오기 위한 것이다는 것을 뜻합니다(본서 105항 참조). "네가 그렇게 하지 않고, 회개하지 않으면 내가 즉시 가서 네 촛대를 그 자리에서 옮기겠다"는 말씀은 만약에 그렇게 하지 않으면, 천계가 주어질 수 없다는 것이 확실하다는 것을 뜻합니다(본서 106항 참조).
[6절] :
"그런데 네게는 잘 하는 일이 있다. 너는 니골라 당이 하는 일을 미워한다. 나도 그것을 미워한다"는 말씀은, 진리에서 선을 분리시키는, 또는 믿음에서 인애를 분리시키는 자들에 대한 신령존재에서 파생된 미움(嫌惡·aversion)을 뜻합니다. 그것에서의 분리는 생명이 결코 존재하지 않습니다(본서 107항 참조).
[7절] :
"귀가 있는 사람은 성령이 교회들에게 하시는 말씀을 들어라"는 말씀은 이해한 사람은 자신의 교회에 속한 자들에게 말씀하시고, 가르치신 주님에게서 발출한 신령진리에 대하여 반드시 경청(忸聽)하여야 한다는 것을 뜻합니다(본서 108항 참조). "이기는 사람에게는 내가 생명 나무의 열매를 주어서 먹게 하겠다"는 말씀은 마음으로 영접한 사람은 사랑에 속한 선으로, 그리고 거기에서 비롯된 천계적인 기쁨으로 가득 채워질 것이다는 것을 뜻합니다(본서 109항 참조). "하나님의 낙원에 있다"는 말씀은 천계나, 교회 안에 있는 선이나 진리의 모든 지식들을 주시하고, 그것이 거기에서 발출한다는 것을 뜻합니다(본서 110항 참조).

95. 1절. "에베소 교회의 천사에게 이렇게 써 보낸다."

이 말씀은 교회 안에 있는 성언에서 비롯된 진리와 선의 지식들 안에 있는 자들에 대한 기억을 위한 것을 뜻합니다. 이러한 내용은 기억을 위한 것을 가리키는 "쓴다"(writing)는 말의 뜻에서(A.C. 8620항 참조), 잘 알 수 있습니다. 이 낱말이 성언에서 비롯된 진리와 선의 지식들 안에 있는 교회 안에 있는 자들에 대한 것을 뜻하는데, 그 이유는 이런 내용들은 "에베소 교회의 천사"가 뜻하기 때문입니다. 이런 내용들을 뜻한다는 것은, 그 교회의 천사에게 써 보낸 것들에서 잘 알 수 있습니다. 그 각각의 교회의 천사가 뜻하는 것은 각각의 교회에 써 보낸 것들의 속뜻에서만 오직 알 수 있습니다. '속뜻에서' 알 수 있다고 언급하였는데, 그것은 묵시록서에 기술된 모든 것들은 예언적이고, 그리고 예언적인 것들은 오직 속뜻에 의해서만 설명될 수 있기 때문입니다. '속뜻에 의해서만'이라고 하였는데, 그것은 묵시록서에 수록된 모든 것들은 모두가 예언적이고, 그리고 예언적인 모든 것들은 속뜻에 의해서만 설명될 수 있기 때문입니다. 예언서들을 읽는 사람은 어느 누구가 문자의 명확한 뜻 이상으로 깊이 숨겨진 비의(秘義)가 거기에 있다는 것을 모르겠습니까? 이와 같은 비의가 단순한 자연적인 사람에 의해서는 보이지 않기 때문에, 성언을 거룩한 것이라고 간주(看做)하는 사람은 그것에 의하여 그들이 이해하지 못하는 것들을 지나쳐 버리면서, 그들은 거기에 숨겨진 뜻은 자신들에게는 알 수 없는 것이고, 그리고 또한 어떤 사람들은 신비적인 것이라고 말하기도 합니다. 이런 것이 바로 어떤 사람에 의해서만 알 수 있는 성언의 영적인 뜻인데, 그 이유는, 그것이 신령하다는 이유 때문에 그것 속에 영적인 것이 있는 것으로 성언을 생각하기 때문입니다. 뿐만 아니라, 지금까지 알려지지 않은 것은, 이것이 성언의 영적인 뜻이다는 것과, 그리고 성언은 이 뜻으로 천사들에 의하여 이해된다는 것과, 이 뜻에 의하여 천계와 교회에 속한 사람과의 결합이 있다는 것 등입니다(H.H. 303-310항 참조). '성언으로 말미암아' 진리나 선에 속한 지식들 안에 있는 사람들이 "에베소 교회의 천사"가 뜻하는 사람들입니다. 그 이유는 진리나 선에 속한 지식들이 그 교회의 교리들을 뜻하기 때문이고, 그리고 교리적인 것들은 오직 성언에서만 얻을 수 있기 때문입니다. "그 교회에"라고 말하지 않고, "그 교회의 천사에게 써서 보내라"고 언급된 이유에 대해서는 앞서의 설명에서 알 수 있겠습니다(본서 92항 참조).

96. "이 말들은 오른손에 일곱 별을 쥐신 이가 말씀하였다."
이 말씀은 선과 진리에 속한 모든 지식들이 그분에게서 비롯되었다는 것을 뜻합니다. 이러한 내용은 선과 진리의 모든 지식들을 뜻하는 "일곱 별들"(seven stars)의 뜻에서(본서 72항 참조), 주님과 관련해서는 그분에게서 비롯된 것을 가리키는 "오른손"의 뜻에서(본서 72·79항 참조) 잘 알 수 있습니다. 그러므로 "오른손에 일곱 별을 쥐셨다"는 말은 선과 진리의 모든 지식들이 주님으로 말미암아 존재한다는 것을 뜻합니다. "오른손에 일곱 별을 쥐시고, 일곱 금 촛대 사이를 거니시는 이"가 말씀하신다고 언급하였는데, 그 이유는 "별들"(stars)이 선과 진리에 속한 지식들을 뜻하기 때문이고, 그리고 "금 촛대"(golden lampstands)는 새로운 천계와 새로운 교회를 뜻하기 때문입니다. 이와 같이 다루고 있는 주제를 암시하는 신령한 특성(a Divine characteristic)이 교회의 각각의 설명에 부가되었습니다. 아래에 이어지는 교회들의 설명에 관해서는 묵시록 2장 8, 12, 18절과 3장 1, 7, 14절이 되겠습니다. 이와 같이 덧붙여졌는데, 그것은 교회에 속한 모든 것은 주님으로 말미암아 존재하기 때문입니다. 이상에서 볼 때, 그분의 신령인성의 측면에서 주님에 관하여 요한에 의하여 보여진 표징들이 첫 장에 기술된 이유가 무엇인지 잘 알 수 있겠습니다. 다시 말하면 이와 같이 취해진 표징적인 것들에서 각 교회의 설명에 부가된 것이 무엇인지 잘 알 수 있겠습니다. 그것은 교회에 속한 모든 것들은 주님으로 말미암아 존재한다는, 사실은 주님의 신령인성으로 말미암아 존재한다는, 증거와 기록을 위해서 입니다. 왜냐하면 주님의 신령존재로부터 모든 사랑에 속한 선이나, 모든 믿음에 속한 진리는 발출하고 있기 때문이고, 그리고 이것들이 교회를 형성하기 때문입니다. 주님의 신령 자체에서 직접적으로 발출한 것은 무엇이든지 사람에게 미치지 못하는데(not reach), 그 이유는 주님의 신령 자체는 비가시적(非可視的)이고, 따라서 생각에 들어올 수 없기 때문입니다. 그리고 생각 안에 들어오지 못하는 것은 믿음 안에도 들어오지 못하기 때문입니다. 요한에 의하여 보여진, 표징에 의하여 1장에 기술된 "사람의 아들"(人子·the Son of man)은 신령인성의 측면에서 주님이시고, 그리고 그분에게서 발출한 신령진리이다는 것은 본서 63항을 참조하십시오. 여기서는 먼저 진리와 선에 속한 지식들이 다루어지고 있는데, 그 이유는 그것들이 교회에 속한 첫째 되는 것들이기 때문입니다. 왜냐하면 교회에 속한 성언에서 비롯된 지식들에 의하지 않고서는 어느 누구도, 형성하는 믿음이나, 인애에 도입될 수 없기 때문입니다(≪천계비의≫에서 인용한 H.H. 356항 참조).

97. "이 일들은 일곱 금 촛대 사이를 거니시는 이가 말씀하셨다." 이 말씀은 새로운 천계나, 새로운 교회 안에 있는 모두에게 있는 생명은 그분에게서 비롯된다는 것을 뜻합니다. 이러한 내용은, 산다는 것을 가리키는, 그리고 아래에서 자세하게 설명하겠지만, 주님과 관련해서는, 생명 자체를 가리키는 "걷는다"(walking)는 말의 뜻에서, 그리고 새로운 천계나 새로운 교회에 있는 모든 것을 가리키는 "일곱 금 촛대"의 뜻에서(본서 62항 참조), 잘 알 수 있습니다. 이상에서 명확한 것은, 주님께서 "촛대들 가운데"에 보이셨다는 것은 "가운데"(=사이에)가 극내(極內)를 뜻하고, "촛대들"이 천계와 교회를 뜻하고, "걷는다"(walking)는 말이 삶을 뜻한다는 것입니다. "가운데 있다"(=사이에 있다)는 말은 주님과 관련해서는, 그분 주위에 있는 모든 것 안에 있다는 것을 뜻합니다(본서 84항 참조). "가운데"(midst)라는 말이 극내적인 것을 가리키고, 그리고 그것에서 비롯된 중앙

(中央·中心· the center)을 뜻한다는 것은 A.C. 1074·2940·2973·7777항을 참조하십시오. 주님께서는 공통적인 중심(the common center)이 되시고, 주님으로부터 천계의 모든 방향(方向· direction)과 종결(終結· determination)이 존재한다는 것은 H.H. 123·124항을 참조하십시오. 천사들이 취하는 총명이나 지혜의 근원인 주님에게서 발출한 신령진리를 가리키는 천계의 빛의 확장(擴張·뻗침· extension)은 중앙(=극내적인 것)에서부터 주위에 있는 자들에게서 이루어진다는 것은 H.H. 43·50·189항을 참조하십시오. "걷는다"(=거닌다· walking)는 말이 산다는 것(living)을 뜻하고, 주님과 관련해서는 생명 자체를 뜻한다는 것은 영계에 있는 외현(外現)에서 알 수 있는데, 거기에 있는 모든 걸음은 그들의 삶에 일치합니다. 그리고 악한 사람은 지옥으로 뻗어 있는 이외의 다른 길에 있지 않지만, 선한 사람은 천계로 인도하는 길 이외의 다른 길에 있지 않습니다. 결과적으로 모든 영들의 성품은 그들이 걷고 있는 길에서부터 잘 알 수 있습니다. 더욱이 그들이 가는 길들은 실제적으로 거기에 나타납니다. 그러나 악한 사람에게는 지옥을 향해 있는 길들만 나타나 보이고, 선한 사람에게는 오직 천계를 향해 있는 길들만 보입니다. 따라서 각자는 자기 자신의 사회에 옮겨질 수밖에 없습니다. 이상에서 볼 때 "걷는다"는 말이 사는 것(living)을 뜻한다는 것은 아주 명백합니다. 이와 같이 영계에서의 길들(道· ways)이나 거기에서의 "걷는다"(walking)는 말이 무엇을 뜻하는지는 H.H. 195·479·534·590항과, ≪최후심판≫ 48항을 참조하십시오. 성경말씀에서 "길들"(道· ways)은 진리들이나, 또는 거짓들을 뜻한다는 것과, "걷는다"(walking·步行)는 말이 산다는 것(living)을 뜻한다는 것은 성경의 수많은 장절들에서 잘 알 수 있습니다. 나는 그것의 확증을 위해서 여기에 몇몇 장절들을 인용하고자 합니다. 이사야서의 말씀입니다.

　　백성이 주의 길로 걸으려 하지 않았으며,

그의 법을 순종하려 하지 않았다.
(이사야 42 : 24)

신명기서의 말씀입니다.

너희가, 내가 너희에게 명한 이 모든 명령을 정성껏 지키며, 주 너희의 하나님을 사랑하고, 그의 모든 길을 따르며, 그에게 충성하면, 주께서 이 모든 민족을 너희 앞에서 다 쫓아내실 것이다. 그리고 너희는 너희보다 강대한 나라들을 차지할 것이다.
(신명기 11 : 22, 23)

같은 책의 말씀입니다.

내가 오늘 너희에게 명하는 이 모든 명령을 너희가 성심껏 지키고, 주 너희의 하나님을 사랑하며, 그가 가르쳐 주신 길을 잘 따라갈 때에……
(신명기 19 : 9 ; 26 : 17)

레위기서의 말씀입니다.

너희가 사는 곳에서 나도 같이 살겠다(=내가 내 성막을 너희 가운데 세우며,)……나는 너희 사이에서 거닐겠다. 나는 너희의 하나님이 되고, 너희는 나의 백성이 될 것이다.
(레위기 26 : 11, 12)

신명기서의 말씀입니다.

주 너희의 하나님은,……너희의 진 안을 두루 다니시기 때문에 너희의 진은 깨끗하게 유지되어야 한다.
(신명기 23 : 14)

이사야서의 말씀입니다.

"주님,……제가 주님 앞에서 진실하게 살아온 것을……기억하여 주십시오.
(이사야 38 : 3)

같은 책의 말씀입니다.

그는 평화로운 곳으로 들어가는 것이다.
바른 길을 걷는 사람은
자기 침상 위에 편히 누울 것이다.
(이사야 57 : 2)

말라기서의 말씀입니다.

그가 화평과 공평 안에서 나와 함께 걸으며…….
(말라기 2 : 6)*

시편서의 말씀입니다.

내가 생명의 빛을 받으면서,
하나님 앞에서 거닐 수 있게,
내 발을 지켜 주셨기 때문입니다.
(시편 56 : 13)

요한복음서의 말씀입니다.

예수께서 다시 그들에게 말씀하셨다. "나는 세상의 빛이다. 나를 따르는 사람은 어둠 속에 다니지 않고, 생명의 빛을 얻을 것이다."
(요한 8 : 12)

---

* 저자의 인용구절을 직역하였다. (역자 주)

같은 책의 말씀입니다.

"아직 얼마 동안은 빛이 너희 가운데 있을 것이다. 빛이 있는 동안에 다녀라. 어둠이 너희를 이기지 못하게 하여라. 어둠 속을 다니는 사람은, 자기가 어디로 가는지를 모른다. 너희는 빛이 있는 동안에 그 빛을 믿어서, 빛의 자녀가 되어라."
(요한 12 : 35, 36)

마가복음서의 말씀입니다.

바리새파 사람들과 율법학자들이 예수께 물었다. "왜 당신의 제자들은 장로들이 전하여 준 관습을 따르지 않고(=전통을 따라 행하지 아니하고 ; 걷지 아니하고)……."
(마가 7 : 5)

레위기서의 말씀입니다.

너희가 나를 거역하여, 나의 말에 순종하지 않으면,……나도 너희를 거역할 수밖에 없다.
(레위기 26 : 21, 23, 24, 27, 28)

이사야서의 말씀입니다.

어둠 속에서 헤매던 백성이
큰 빛을 보았고,
죽음의 그림자(=어둠의 땅)가 드리운
땅에 사는 사람들에게 빛이 비쳤다.
(이사야 9 : 2)

미가서의 말씀입니다.

다른 모든 민족은
각기 자기 신들을 섬기고 순종할 것이다.
그러나 우리는 언제까지나,
주 우리의 하나님만을 섬기고,
그분에게만 순종할 것이다.
(미가 4 : 5)

이사야서의 말씀입니다.

너희 가운데 누가 주를 경외하며……
어둠 속을 걷는, 빛을 모르는 사람이라도,
주의 이름을 신뢰하며,
하나님께 의지하여라.
(이사야 50 : 10)

이 밖에도 여러 장절들이 있습니다(예레미야 26 : 4 ; 에스겔 5 : 6 ; 20 : 13, 16 ; 스가랴 10 : 12 ; 누가 1 : 6). 이상의 여러 장절들에서 밝히 알 수 있는 것은 "걷는다"(walking)는 말이 영적인 뜻으로 산다(living)는 것을 뜻합니다. 그리고 그것이 산다는 것을 뜻하기 때문에, 이 구절에서와 같이, 주님과 관련해서는 그것은 생명 자체를 뜻합니다. 왜냐하면 주님께서는 생명 자체이시고, 나머지 존재는 그분에게서 비롯된 생명을 받는 수용그릇이기 때문입니다(본서 82·84항 참조).

98. 2절. "나는 네가 한 일과 네 수고와 인내를 알고 있다."
이 말씀은 그들이 의도하고, 생각하고, 행한 모든 것들, 따라서 영적인 사람이나 자연적인 사람 안에 있는 사랑에 속한 모든 것들이나, 믿음에 속한 모든 것들을 뜻합니다. 이러한 내용은, 아래에서 설명할, 의지나 사랑에 속한 것들을 가리키는 "일들"(works)의 뜻에서, 그리고 역시 아래에 설명할, 생각이나 믿음에 속한 것들을 가리키는 "수고"(勞役·다툼·toil)의 뜻에서, 그리고 의지와 생각으로 말미암아 행한 것들을 가리키는, 또는 이런 것들이 행한 것들을 가리키는 "인내"(忍耐·endurance)의 뜻에서, 잘 알 수 있습니다. 그러나 만약에 사람이 행한 모든 것들은 그의 마음에 속하고 있는 내면적인 것들에서 흘러나온 것이다는 것과, 그리고 사람의 마음은 그 사람이 행한 모든 것들 안에 있는 전체(全體·the all)라는 것과, 그리고 그 사람의 몸(肉體·body)은, 마음이 의도하고 생각한 것을 눈 앞에 보이는 하나의 가시적인 형체로 그것을 통해서 드러내 보여주는(實演) 단순한 복종(服從)에 불과하다는 것 등등을 알지 못하면 이런 말들이 뜻하는 것이 쉽게 이해되거나, 파악될 수 없습니다. 이것은 여기서 외적인 것들이 언급된 "일들" "수고" "인내"가 의도하고, 생각하고 결과적으로 행한다는 것을 뜻하는, 그리고 같은 말이지만, 사랑하고, 믿고, 결과적으로 행동으로 나타낸다는 것을 뜻하는 이유입니다. 그러나 여전히 이런 것들은, 만약에 사람이, 의지와 이해라고 부르는, 두 기능(機能·faculty)을 가지고 있다는 것과, 그리고 이 두 기능이 하나의 낱말로 "마음"(mind)이라고 부르는 것이고, 또한 빛 안에 있는 내적인 것과 자연계의 빛 안에 있는 외적인 것을 가리키는, 내적인 것과 외적인 것을 가지고 있다는 것 등등을 알지 못한다면, 이해되지 않습니다. 의지(意志·will)와 이해(理解·understanding)는 ≪새 예루살렘의 교리≫ 28-35항에서 다루었고, 속사람(the internal man)과 겉사람(the external man)은 같은 책 36-52항에서 다루었습니다. 이것이 이해될 때, "일들"(works)이 영적인 뜻으로 사람이 의도하고 사랑하는 모든 것들을 뜻한다는 것과, 그리고 "수고"(toil)가 사람이 생각하는 것이나 믿는 모든 것들을 뜻한다는 것과, 그리고 "인내"가 사람이 이런 것들로부터 행한 모든 것들을 뜻한다는 것 등등을 알 수 있을 것입니다.

[2] 아마도 이런 것들에 관해서 너무나도 아는 것이 없고, 따라서 이러한 것들을 이해하기에는 너무나 불영명함으로, 이런 사안들은 잠시 내버려 두고, 단순히 이와 같은 관점에 대하여 생각해 보기로 하겠습니다. 다시 말하면 영적인 뜻으로 "일들"(works)은 사람의 의지, 또는 사랑에 속한 모든 것들을 뜻한다는 것입니다. 이것이 아래에 일곱 교회들에 관해서 언급된 이유입니다. 아래에 보면 어디에서나 제일 먼저 "나는 네가 행한 일들을 잘 안다"고, 아래와 같이 언급되었습니다. 먼저 8, 9절의 말씀입니다.

"서머나 교회의 천사에게 이렇게 써 보내어라. '처음이며 마지막이요, 죽으셨다가 살아나신 분이 이렇게 말씀하신다. 나는 네가 당한 환난과 궁핍(=나는 너의 행위와 환난과 궁핍)을 알고 있다.'"
(묵시록 2 : 8, 9)

그리고 또한─.

"버가모 교회의 천사에게 이렇게 써 보내어라. '날카로운 양날 칼을 가지신 분이 이렇게 말씀하신다. 나는 네가 어디에 거주하는지를 알고 있다'"(=나는 너의 행위와 네가 사는 곳을 안다).
(묵시록 2 : 12, 13)

그리고 또한─.

"두아디라 교회의 천사에게 이렇게 써 보내어라.……하나님의 아들이 이렇게 말씀하신다. '나는 네 행위와 네 사랑(=인애)과 믿음과 섬김을……안다.'"
(묵시록 2 : 18, 19)

묵시록서 3장 1절의 말씀입니다.

"사데 교회의 천사에게 이렇게 써 보내어라. '하나님의 일곱 영을……
가지신 분이 말씀하신다.' '나는 네 행위를 안다.'"
(묵시록 3 : 1)

그리고 또한—.

"빌라델비아 교회의 천사에게 이렇게 써 보내어라.
'거룩하신 분, 참 되신 분,……
그분이 말씀하신다.
나는 네 행위를 안다.'"
(묵시록 3 : 7, 8)

그리고 또한—.

"라오디게아 교회의 천사에게 이렇게 써 보내어라. '아멘이신 분이시오, 신실하고 참되신 증인이신 분이……말씀하신다. 나는 네 행위를 안다.'"
(묵시록 3 : 14, 15)

[3] 여기서는 어디서나 "나는 네 행위를 안다"고 언급하고 있기 때문에, 명확한 것은, "행위"(works)가 일반적으로 교회에 속한 모든 것들을 뜻한다는 것입니다. 그리고 교회에 속한 모든 것들은 사랑과 믿음에 관계를 가지고 있기 때문에, 그러므로 "행위"(=일들·works)가 영적인 뜻으로 뜻하는 것이 이런 것들이다는 것도 명확합니다. 이런 것들이 영적인 뜻으로 "행위"(=일들)가 뜻하는 내용입니다. 모든 일(works), 또는 행동(deed), 행위(act)가 외현에 대해서는 몸으로 말미암아 행한 것 같지만, 육신으로부터 행한 것이 아니고, 사람의 의지나 생각에서부터 육신을 수단으로 하여 행해진 것입니다. 왜냐하면 육체에 속한 편린(片鱗)도, 의지나 생각에서 기인한 것이 아니면, 그 자체를 움직이지 못하기 때문입니다. 이상에서 알 수 있는

것은 "행위"(=일들)가 외형(外形) 안에 나타난 것을 뜻하지 않고, 의지나 생각에 속한 것을 뜻한다는 것입니다. 이러한 사실은 깊이 생각하는 사람에게는 누구에게나 잘 알 수 있습니다. 현명한 사람이라면, 오직 자신의 행위에서만 생각하고, 그의 의지에서부터 생각하지 않는 사람이 있을까? 만약에 의지가 선하면 그는 행위들을 애지중지하겠지만, 그러나 그의 의지가 악하다면, 그는 그 행위들을 중하게 여기지 않을 것입니다. 그는 그가 그 행위를 본다고 해도, 그는 그 행위들을 의지의 의도에 따라서 해석할 것입니다. 더욱이 영적인 사람은 그 행위들을 예의 주시할 것이지만, 그러나 그 의지를 예의 탐색할 것입니다. 이미 주어진 이유 때문인데, 자신 안에 있는 행위들은 아무것도 아니지만, 그러나 그것들을 가리키는 모든 것들은 의지로 말미암아 존재하기 때문입니다. 왜냐하면 행위들은 실제 행동 안에 존재하는 의지이기 때문입니다. "의지"라고 언급하였지만, 그러나 영적인 뜻으로는 사랑을 뜻합니다. 왜냐하면 사람은 자신이 사랑하는 것을 원하고, 의도하고, 그리고 사람은 그가 의도하고 원하는 것을 사랑하기 때문입니다. 사람의 의지는 자신의 사랑의 수용그릇입니다. 설명된 것은, ≪새 예루살렘의 교리≫에서 '사람의 기능'에 관해서 다룬 28-35항을 참조하시고, 그리고 H.H. 358 · 470-484항을 참조하십시오.

[4] 성경에서 "일들"이나 또는 "행위"가 특별히 사람의 사랑, 또는 의지에서 발출하는 모든 것들을 뜻하기 때문에, 성경에서 자주 언급하고 있는 것은 그의 일들(=행위들 · works)에 따라서 심판받을 것이다는 것이고, 그리고 이 뜻은, 외적인 형태가 아니고, 내적인 형태 안에 있는 "일들"(=행위들)에 일치합니다. 이러한 내용은 아래의 장절들에 내재해 있습니다.

  인자가 자기 아버지의 영광에 싸여, 자기 천사들을 거느리고 올 터인데, 그 때에 그는 각 사람에게 그 행실(his works)대로 갚아 줄 것이다.

(마태 16 : 27)

"기록하여라. 이제부터 주님 안에서 죽는 사람들은 복이 있다." 그러나 성령이 말씀하셨습니다. "그렇다. 그들은 수고를 그치고 쉬게 될 것이다. 그들의 업적(works)이 언제나 그들 뒤에 남아 있기 때문이다."
(묵시록 14 : 13)

나는 너희 각 사람에게 그 행위대로 갚아 주겠다.
(묵시록 2 : 23)

나는 또, 죽은 사람들이 큰 자나 작은 자나 할 것 없이, 다 그 보좌 앞에 서 있는 것을 보았습니다. 그리고……다른 책 하나를 펴놓았는데,…… 죽은 사람들은 그 책에 기록되어 있는 대로, 자기들의 행위대로 심판을 받았습니다. 바다가 그 속에 있는 죽은 사람들을 내놓고, 사망과 지옥도 그 속에 있는 죽은 사람들을 내놓았습니다. 그들은 각각 자기들의 행위대로 심판을 받았습니다.
(묵시록 20 : 12, 13)

"보아라, 내가 곧 가겠다. 나는 너희 각 사람에게 그 행위대로 갚아 주려고 상을 가지고 가겠다."
(묵시록 22 : 12)

예레미야서의 말씀입니다.

이와 같이 나는 바빌로니아 사람들이 직접 행하고 저지른 일을 그대로 갚아 주겠다.
(예레미야 25 : 14)

주께서는……사람들의 모든 삶을 감찰하시고, 각자의 행동과 행실의 결실에 따라서 갚아 주신다.
(예레미야 32 : 19)

그 밖에 다른 장절들입니다.

그러므로 백성이나 제사장이
똑같이 심판을 받을 것이다.

> 내가 그 행실대로 벌하고,
> 한 일을 따라서 갚을 것이다.
> (호세아 4 : 9)
> 만군의 주께서는 우리가 살아온 것과 우리가 행동한 것을 보시고서……
> 우리가 마땅히 받아야 할 벌을 내리셨다고 하였다.
> (스가랴 1 : 6)

여기서는 주님께서 최후의 심판(最後審判)에 관해서 예언하셨는데, 주님께서는 오직 행위들(=일들·works)에 관해서만 언급하시고 있습니다. 주님께서는 이렇게 천명(闡明)하셨습니다.

> 좋은 일을 한 사람들은 영원한 삶으로 들어가고, 악한 일들을 한 사람들은 영원한 형벌로 들어갈 것이다.
> (마태 25 : 31-46)

[5] "일들"(=행위들)이 사랑이나 믿음에 속한 것들을 뜻한다는 것을 주님께서 역시 이런 말씀으로 밝히셨습니다. 즉—.

> 그들이 예수께 물었다. "우리가 무엇을 하여야 하나님의 일을 하는 것이 됩니까?" 예수께서 그들에게 대답하셨다. "하나님께서 보내신 이를 믿는 것이 곧 하나님의 일이다."
> (요한 6 : 28, 29)

또 다른 곳의 말씀입니다.

> 아무도 일할 수 없는 밤이 곧 온다.
> (요한 9 : 4)

"밤"(night)은 교회의 마지막 때를 뜻하는데, 그 때에 교회에는 전혀 믿음이 존재하지 않습니다. 그 이유는 거기에 결코 인애가 존재하지

않기 때문입니다. "밤"이 이 때를 뜻한다는 것은 A.C. 2353·6000
항을 참조하십시오. "일들"(=행위들·업적들·works)이 성경에 매우
자주 언급되고 있는데, 그것은 성경말씀의 문자적인 뜻이, 자연 안
에 있는, 그리고 눈 앞에 보이는, 외적인 것들로 오직 이루어졌기
때문입니다. 이러한 사실은, 마치 영혼이 몸(肉體) 안에 존재하듯이,
그것의 개별적인 것들 안에 영적인 뜻이 담겨 있게 하기 위한 것입
니다. 왜냐하면 그렇지 않으면, 성언은 천사들과 교류하는 의사소통
(意思疏通)의 수단이 되지 않기 때문입니다. 그것은 또한 기초(基礎)
가 없는 건물과 같기 때문입니다(본서 8·16항 참조). 이상에서 얻는
것은 "일들"(=행위)이 언급되었을 때, 천사들은 영적인 존재이기 때
문에 단순히 일들로 이해하지 않고, 오히려 그 "일들"이 비롯된 원
천들로, 다시 말하면 앞에서 언급한 것과 같이, 의지 또는 사랑과,
그리고 믿음에 속한 것들의 원천인 생각들로 이해한다는 것입니다.
여러분은 이 주제에 관해서는 H.H. 470-483항에서 상세하게 설명
된 것을 찾을 수 있는데, 거기에서 밝혀진 내용은, 사람은 사후(死
後)에도 이 세상에 있었던 그의 생명과 같은 존재이다는 것입니다.
영적인 뜻으로 "수고"(toil)는 사람이 생각하는 모든 것들을 뜻하는
데, 그 이유는 영적인 수고(=다툼·spiritual toiling)는 곧 생각하는
것(thinking)을 가리키기 때문입니다. 그리고 "인내"(忍耐)는 사람이
행한 모든 것을 뜻합니다. 그 이유는 여기서 "참는다는 것"(to
endure)은 헌신(獻身)적이고, 근면한 것을 뜻하고, 그리고 계속해서
야기(惹起)하고, 그리고 방해(妨害)하는 자연적인 사람 안에 있는 온
갖 장애물(障碍物)들을 제거하는 것을 뜻하기 때문입니다.

**99. "나는, 네가 악한 자들을 참고 내버려둘 수 없던 것도, 알고
있다."**
이 말씀은, 그들이 온갖 악들을 배척하였다는 것을 뜻합니다. 이러
한 내용은 배척하는 것을 가리키는 "참고 견딜 수 없다"(=참고 내버
려둘 수 없다)는 말의 뜻에서 잘 알 수 있습니다. 왜냐하면 사람이

참고 견딜 수 없는 것은 그가 배척하기 때문입니다. "악한 사람"(the evil)은 온갖 악들(evils)을 뜻하는데, 그 이유는 천사들에게 속한 생각은 그 사람들로부터 떠나서 추상적으로 생각하기 때문입니다. 그러므로 문자적인 뜻으로 "악한 사람"(惡人)이라고 언급되었을 때 천사들은 온갖 악들에 관해서 생각합니다. 왜냐하면 "악인"은 악한 사람들, 따라서 그와 같은 인물들을 뜻하기 때문입니다. 천사들의 생각은 이런 성질인데, 그것은 그들이 천계적인 지혜 안에 존재하기 때문이고, 그리고 그 지혜는 보편적인 천계에까지 범위를 확장, 뻗쳐 있기 때문입니다. 그러므로 만약에 천사들이 그런 인물들에 한정된 생각들을 생각한다면, 그 확장은 사멸(死滅)할 것이고, 그것과 함께 그들의 지혜 역시 사멸할 것입니다. 이와 같이 영적인 것은 자연적인 것과 차이가 있습니다. 이것이 바로 "악한 자"가 온갖 악들을 뜻한다는 이유입니다. 천사들의 지혜에 관해서 그들의 생각이 공간·시간·물질 등에서 떠나 추상적인 것이 되었다는 것은 H.H. 169·191-199·265-275항을 참조하시고, 그리고 그들의 생각 또한 인물들에서 추상적인 것이다는 것은 A.C. 8343·8985·9007항을 참조하십시오.

100. "나는, 네가 사도가 아니면서 사도라고 자칭하는 자들을 시험하여 그들이 거짓말쟁이임을 밝혀 낸 것도, 알고 있다."

이 말씀은 역시 그들이 그런 것들을 찾아낼 수 있는 정도까지의 온갖 거짓들을 뜻합니다. 이러한 내용은 조사(調査)한다, 또는 찾아낸다는 것을 가리키는 "시험한다"(=가리다·to try)는 말의 뜻에서, 그리고 교회에 속한 진리들을 가르치는 자들을 가리키는 "사도들"(使徒·apostles)의 뜻에서, 그리고 인물로부터 추상된 뜻으로는, 아래에 설명하겠지만, 그들이 가르치고 있는 진리들을 가리키는 "사도들"의 뜻에서, 그리고 또한 진리들이 아니고 거짓들을 가리키는 "사도가 아니고 거짓말쟁이임을 밝혀 냈다"는 말의 뜻에서 잘 알 수 있습니다. 왜냐하면 "거짓말" "거짓말쟁이"가 거짓을 뜻하기 때문입니다

(A.C. 8908·9248항 참조). 이런 내용에서, 그리고 앞서에 설명된 것에서 밝히 알 수 있는 것은 우리의 본문말씀 즉 "나는 네가 악한 자들을 참고 내버려둘 수 없던 것과, 사도가 아니면서 사도라고 자칭하는 자들을 시험하여 그들이 거짓말쟁이임을 밝혀 낸 것도 알고 있다"는 말은 그들이 온갖 악들을 배척하고, 그리고 그들이 그것들을 찾아낼 수 있는 정도까지 거짓들을 배척했다는 것을 뜻한다는 것입니다. 왜냐하면 이 교회에 써 보낸 것들 안에는, 진리와 선에 속한 지식들 안에 있고, 따라서 천계나 교회에 속한 이런 것들의 지식들 안에 있는 사람들이 다루어지고 있기 때문입니다(본서 93항 참조). 그러므로 여기서, 그들이 온갖 악들을 쫓아내고, 그리고 거짓들을 찾아낼 정도까지의 온갖 거짓들을 쫓아낸 그들에 관해서 제일 먼저 언급되었습니다. 왜냐하면 교회에 속한 거룩한 것들에 속한 지식들 안에 있는 사람들은, 일반적으로 선이 무엇이고, 진리가 무엇인지를, 그리고 악이 무엇이고 거짓이 무엇인지 반드시 먼저 알아야 하기 때문입니다. 그 이유는 다른 여타의 지식들은 모두가 이 지식 위에 세워지기 때문입니다. 이런 이유 때문에 ≪새 예루살렘의 교리≫는 제일 먼저 선들과 진리를 다루었고(상게서 11-27항 참조), 그리고 또한 이런 지식들에서부터 악이 무엇이고, 거짓이 무엇인지 알 수 있었습니다.

[2] "사도들"(使徒·apostles)은 교회에 속한 진리들을 가르치는 사람들을 뜻합니다. 그 이유는 사도들(=보내진 자·파견된 자)이 주님에 관해서, 그리고 주님을 통해서 하나님의 나라의 가까운 임재에 관해서 복음을 가르치고, 전파하기 위하여 보내진 그들의 파견(派遣)에서 그와 같이 호칭되기 때문입니다. 따라서 교회에 속한 진리들을 가르치는 것을 뜻하고, 그것에 의하여 주님이 알려지고, 그리고 하나님 나라의 가까운 임재 또한 알려집니다. 이 지상의 하나님의 나라는 교회입니다. 이상에서 성언의 영적인 뜻으로 "사도들"이 뜻하는 바가 무엇인지 밝히 알 수 있겠습니다. 다시 말하면 "사도들"이 주님

께서 주님과 주님의 나라에 관해서 가르치기 위하여 파견된 열두 사도들을 뜻하지 않고, 교회에 속한 온갖 진리들 안에 있는 사람들을 뜻하고, 인물들을 떠난 추상적인 뜻으로는, 진리들 자체를 뜻한다는 것입니다. 왜냐하면 성경에서는 사람들에 관해서 말하는 것이 하나의 관습이지만, 그러나 천사들과 같이, 영적인 뜻 안에 있는 자들은 인물들에 관해서는 전혀 생각하지 않고, 그 인물들에게서 추상화된 그들의 사상을, 따라서 오직 사물들에 관계된 그들의 사상을 생각하기 때문입니다. 그 이유는, 인물들에 관해서 생각하는 것은 물질적이지만, 그 인물을 떠나 그 인물들에 속한 개념으로 생각한다는 것은 영적이기 때문입니다. 예를 들어 보겠습니다. 성경 어디에서나 언급된 "제자들" "예언자들" "제사장들" "왕들" "유대 사람" "이스라엘 사람" "시온의 주민들" "예루살렘의 주민들" 그 밖의 등등이 되겠습니다. 더욱이 인물들의 이름들 자체나, 지명들은 천사들에게서는 사물들로 바뀐다는 것은 A.C. 768 · 1224 · 1264 · 1876 · 1888 · 4310 · 4442 · 5095 · 5225 · 6516 · 10216 · 10282 · 10329 · 10432항을 참조하십시오. 그리고 천사들의 생각은 인물들에게서는 떨어진 것입니다(A.C. 8343 · 8985 · 9007항 참조).
[3] 주님의 제자들이 주님과 주님의 나라에 관하여 가르치기 위하여 파견된 그들의 파견에서 "사도들"이라고 호칭되었다는 것은 누가복음서의 말씀에서 아주 명료합니다.

> 예수께서 그 열둘을 불러모으시고,……하나님의 나라를 선포하라고 보내셨다.……사도들이 돌아와서, 자기들이 한 모든 일을 예수께 말씀드렸다.……예수께서는……그들에게 하나님의 나라를 말씀해 주셨다.
> (누가 9 : 1, 2, 10, 11)

또 같은 책의 말씀입니다.

날이 밝을 때에, 예수께서 자기의 제자들을 부르시고, 그 가운데서 열둘을 뽑으셨다. 그들을 사도라고도 부르셨다.
(누가 6 : 13)

또 같은 책의 말씀입니다.

"내가 예언자들과 사도들을 그들에게 보내겠는데, 그들은 그 가운데서 더러는 죽이고, 더러는 박해할 것이다."
(누가 11 : 49)

그들이 "예언자들"이나 "사도들"이라고 불리웠는데, 그 이유는, "사도들"과 꼭 같이, "예언자들"이 진리들을 가르치기 위하여 파견된 자들을 뜻하기 때문입니다. 그러나 "예언자들"은 구약에 속한 사람들을 뜻하고, "사도들"은 신약에 속한 자들을 뜻합니다. 성경에서 "예언자들"이 진리들을 가르치는 자들을 뜻하고, 인물들을 떠난 추상적인 뜻으로는 진리들 자체를 뜻한다는 것은 A.C. 2534항을 참조하십시오. "열두 사도들"이 교회에 속한 진리들 자체를 뜻하기 때문에, 묵시록서에서는 이렇게 언급하고 있습니다.

그 도시의 성벽에는 주춧돌이 열두 개가 있고, 그 위에는, 어린 양의 열두 사도의 열두 이름이 적혀 있었습니다.
(묵시록 21 : 14)

"새 예루살렘"이 교리의 측면에서 교회를 뜻한다는 것은 ≪새 예루살렘의 교리≫ 6항을 참조하시고, 그리고 그것의 "성벽"이 방어를 목적한 교리에 속한 진리들을 뜻한다는 것은, A.C. 6419항을 참조하시고, "그 성벽의 주춧돌"이 그것 위에 교리가 세워진 진리에 속한 지식들을 뜻한다는 것은 A.C. 9643항을 참조하십시오. 그리고 "열둘"(12 · twelve)이 총체적으로 모든 진리들을 뜻한다는 것은 A.C. 577 · 2089 · 2129 · 2130 · 3272 · 3858 · 3913항을 참조하십시오. 이상에서 명확하게 알 수 있는 것은, 성벽의 주춧돌들에 "어린 양의 열두 사도의 이름이 적혀 있다"고 언급된 이유가 되겠습니다.

101. 3절. **"너는 참고, (내 이름을 위하여) 고난을 견디어 냈다."**
이 말씀은 믿음에 속한 진리들을 공격하는 자들에 대한 저항이나, 가르치는 일에의 근면에 대한 저항을 뜻합니다. 이러한 내용은, 진리나 선에 속한 지식들 안에 있는 자들에 관해서는, 믿음에 속한 진리들을 공격하는 사람들에 대한 저항(抵抗)을 가리키는 "참는다"(bearing)는 말의 뜻에서 잘 알 수 있습니다. 왜냐하면 지식들 안에 있는 자들은 이런 진리들을 수호하고, 진리들에 거스르는 자들에게는 저항하기 때문입니다. 그리고 또한 가르치는 일에 근면을 가리키는 "고난을 견디어 냈다" 또는 "인내"가 가지고 있는 뜻에서 잘 알 수 있습니다.

102[A]. **"내 이름을 위하여 고난을 겪는다."**
이 말씀은 주님에 대한 시인과, 그리고 그분에 관한 진리에 속한 지식들에 대한 시인을 각각 뜻합니다. 이러한 내용은, 가장 높은 뜻으로 그분의 신령인성(His Divine Human)을 가리키는 여호와, 또는 주님의 "이름"의 뜻에서(A.C. 2628 · 6887항 참조), 그리고 상대적인 뜻으로는, 이런 것들은 그분의 신령인성에서 발출하기 때문에 주님을 예배하는 수단들을 가리키는 사랑이나 믿음에 속한 모든 것들을 뜻합니다(A.C. 2724 · 3006 · 6674 · 9310항 참조). 그리고 이런 것들이 주지되고, 시인되기 위해서는 마음과 열정으로 애쓰고, 고생하는 것을 가리키는 "고난을 겪는다"(toiling)는 말의 뜻에서 잘 알 수 있습니다. 왜냐하면 이러한 뜻이 진리나 선에 속한 지식들에 자기 자신을 적용시키는 자들에 관해서 언급할 때 "고난을 겪는다"는 말이 뜻한다는 것이기 때문입니다. 이상에서 얻는 결론은, "내 이름을 위하여 고난을 겪는다"는 말은 주님에 대하여 시인하는 것을, 그리고 주님과 관계되는 지식들의 시인을 뜻한다고 하겠습니다. 주님과 관계되는 지식들은 사랑이나 믿음에 속한 모든 것들을 가리킵니다. 성경의 수많은 장절에는 "여호와의 이름을 위하여" "주님의 이름을 위하여" "예수 그리스도의 이름을 위하여"라는 말이 언급되고 있는데, 그것은 "하나님의 이름"은 반드시 숭앙(崇仰)되어야만 한다는 것이나 이와 동일한 것을 뜻합니다. 문자의 뜻을 넘어가지 않는다는 생각들을 가지고 있는 사람들은 이름이 단순히 그저 이름을 뜻한다고 생각하겠지만, 그러나 이름이 뜻하는 것은 단순한 그 이름 자체가 아니라, 그것들에 의해서 주님께서 예배 받는 모든 것들을 뜻합니다. 이런 것에 속한 모든 것은 사랑이나 믿음과 관계를 가지고 있습니다. 그러므로 성경에서 "주님의 이름"(the Lord's name)은, 그것을 통해서 주님께서 예배 받는 사랑이나 믿음에 속한 모든 것들을 뜻합니다. 여기서는 주님에 대한 시인과, 주님과 관계를 가지고 있는 진리의 지식들에 대한 시인을 뜻하는데, 그 이유는, 지식들에 관해서 매우 열정적인 사람들에 대해서 언급하고 있기 때문입니다.

[2] "여호와의 이름" 또는 "주님의 이름"(the Lord's name)은 이름 그 자체를 뜻하지 않고, 사랑이나, 믿음에 속한 모든 것들을 뜻한다는 것은 영계(靈界)에서 비롯된 사실입니다. 거기에서는 지상에서 사용된 이름들은 전혀 입 밖에 발설하지 않습니다. 오히려 언급된 인물들의 이름들은, 단 하나의 낱말에 결합된 그들에 관하여 알려진 모든 것들의 개념으로부터 형성되고 있습니다. 영계에서는 이런 식으로 이름들은 표현되고 있습니다. 결과적으로 거기에서의 이름들은, 다른 모든 것들과 같이, 영적입니다. "주님"이나 "예수 그리스도"라는 이름들은 전혀, 이 지상에서와 같이, 거기에서는 발설되지 않지만, 다만 이들 이름들 대신에, 주님에 관해서 알려지고, 또 믿고 있는 모든 것들에 속한 개념으로 형성된 하나의 이름이 있을 뿐입니다. 이 개념은 주님을 사랑하는 사랑에 속한 모든 것들이나, 그분을 믿는 믿음에 속한 모든 것들로 이루어졌습니다. 이것은 총체적인 것 안에 있는 이런 것들이 그런 것들 안에 존재하는 주님을 가리키기 때문입니다. 왜냐하면 주님께서는, 주님에게서 비롯된 사랑

에 속한 선들이나, 믿음에 속한 선들 안에 있는 모든 사람 안에 존재하시기 때문입니다. 이것이 사실이기 때문에, 주님에 대한 사랑이나, 주님을 믿는 믿음의 측면에서 거기에 있는 모든 사람의 성품은, 영적인 표현에 의하여, 또는 영적인 이름에 의하여 "주님" 또는 "예수 그리스도"라고 그가 만약에 발설한다면, 즉시 알려집니다. 그리고 꼭같은 이유 때문에, 주님을 사랑하는 사랑 안에 있지 않은 자들은 그분의 이름을 부를 수 없습니다. 다시 말하면 그분의 영적인 뜻의 이름을 형성한다는 것은 불가능합니다. 이상에서 볼 때, 여호와의 "이름", 또는 주님이나, 예수 그리스도의 "이름"이 성경에서 그 이름을 뜻하지 않고, 그것을 통해서 주님께서 예배 받으시는 사랑이나, 믿음에 속한 모든 것을 뜻한다는 그 이유를 밝히 알 수 있겠습니다.

[3] 그러므로 수많은 사람들이 가지고 있는, 다시 말하면 주님에 대한 사랑이나, 그분을 믿는 믿음이 없이, 따라서 그것에 의하여 사랑이나 믿음이 존재하는 지식들이 없는 단순한 예수 그리스도의 이름이 구원에 대하여 공헌한다는 소견이 널리 지배하지 못하도록 나는 "주님의 이름을 위하여" "주님의 이름으로" 라는 표현에 사용된 여러 장절들을 성경에서 소개하고자 합니다. 보다 깊이 생각하는 사람들은 그 장절들에서 이름이 단순히 이름을 뜻하지 않는다는 사실을 알 수 있을 것입니다. 복음서의 말씀입니다.

　　예수께서 말씀하셨습니다. "너희는 내 이름 때문에 모든 사람에게 미움을 받을 것이다. 그러나 끝까지 견디는 사람은 구원을 받을 것이다."
　　(마태 10 : 22 ; 24 : 9, 10)
　　두 세 사람이 내 이름으로 모이는 자리에는, 내가 그들과 함께 있다.
　　(마태 18 : 20)
　　그를 맞이하는 사람들, 곧 그 이름을 믿는 사람들에게는, 하나님의 자녀가 되는 특권을 주셨다.
　　(요한 1 : 12)

예수께서 예루살렘에 계시는 동안에, 많은 사람이……그 이름을 믿었다.
(요한 2 : 23)
아들을 믿는 사람은 심판을 받지 않는다. 그것은 하나님의 독생자의 이름을 믿었기 때문이다.
(요한 3 : 17, 18)
여기에 이것이나마 기록한 목적은, 여러분으로 하여금, 예수가 그리스도요, 하나님의 아들이심을 믿게 하고, 또 그렇게 믿어서 그의 이름으로 생명을 얻게 하려는 것이다.
(요한 20 : 31)
"복 되시다, 주의 이름으로 오시는 분!"
(마태 21 : 9 ; 23 : 39 ; 누가 13 : 35 ; 19 : 38)
내 이름을 위하여 집이나 형제나 자매나 부모나 자녀나 논밭을 버린 사람은 백 배나 받을 것이요, 또 영생을 상속받을 것이다.
(마태 19 : 29)

여기서 "집ㆍ형제ㆍ자매ㆍ부모ㆍ아내ㆍ논밭"이 뜻하는 것이 무엇이고, 그리고 주님의 이름을 위하여 버린다는 말이 무엇을 뜻하는지는 A.C. 10490항을 참조하십시오.

너희가 내 이름으로 구하는 것은, 내가 무엇이든지 다 이루어 주겠다.
(요한 14 : 13, 14)

"내 이름으로 구한다"는 것은 사랑이나 믿음으로부터 구하는 것을 가리킵니다.

예수께서 대답하셨다. "많은 사람이 내 이름으로 와서는 '내가 그리스도다' 하거나, '때가 가까이 왔다' 할 것이다. 그러나 그들을 따라가지 말아라."
(누가 21 : 8 ; 마가 13 : 6)

"내 이름으로 왔다" "내가 그(=그리스도)이다 라고 말한다"는 것은 거짓들을 공포(公佈)하는 것이고, 그리고 그것들이 진리들이다고 말한다는 것, 따라서 타락(墮落)의 길로 끌고 가는 것을 가리킵니다. 이와 같은 내용이, 그들이 아니면서도, 자신들이 그리스도라고 말한다는 것이 뜻하는 바입니다. 마태복음서의 말씀입니다.

> 많은 사람이 내 이름으로 와서는 "내가 그리스도다" 하면서, 많은 사람을 속일 것이다.……또 거짓 예언자들이 많이 일어나서, 많은 사람을 홀릴 것이다.
> (마태 24 : 5, 11, 23-27)

왜냐하면 "예수"는 신령선의 측면에서 주님을 뜻하고, "그리스도"는 신령진리의 측면에서 주님을 뜻하기 때문입니다(A.C. 3004・3005・3009・5502항 참조). 그리스도가 아니다는 것은 진령진리가 아니라, 거짓을 뜻합니다.

[4] 신약에서 "주님의 이름"(the name of the Lord)은 구약에서 "여호와의 이름"(the name of Jehovah)과 꼭같은 내용을 뜻합니다. 그 이유는 거기에서 주님은 여호와이시기 때문입니다. 따라서 이사야서의 말씀입니다.

> 그 날이 오면,
> 너희는 또 이렇게 찬송할 것이다.
> "주께 감사하여라.
> 그의 이름을 불러라.
> 그가 하신 일을 만민에게 알리며,
> 그의 높은 이름을 선포하여라."
> (이사야 12 : 4)

같은 책의 말씀입니다.

> 주님, 우리는 주님의 율법을 따르며
> 주님께 우리의 희망을 걸겠습니다.
> 우리가 주의 이름을 사모하겠습니다.……
> 앞으로는 우리가 오직
> 주의 이름만을 기억하겠습니다.
> (이사야 26 : 8, 13)

또 같은 책의 말씀입니다.

> 나의 이름을 부르는 그 사람을
> 해 뜨는 곳에서 오게 하겠다.
> (이사야 41 : 25)

말라기서의 말씀입니다.

> 해가 뜨는 곳으로부터 해가 지는 곳까지, 내 이름이 이방 민족들 가운데서 높임을 받을 것이다. 곳곳마다, 사람들이 내 이름으로 분향하며, 깨끗한 제물을 바칠 것이다. 내 이름이 이방 민족들 가운데서 높임을 받을 것이기 때문이다.
> (말라기 1 : 11)

또 이사야서의 말씀입니다.

> 나의 이름을 부르는 나의 백성,
> 나에게 영광을 돌리라고 창조한 사람들,
> 내가 빚어 만든 사람들을 모두 오게 하겠다.
> (이사야 43 : 7)

미가서의 말씀입니다.

다른 모든 민족은
각기 자기 신들을 섬기고 순종할 것이다.
그러나 우리는 언제까지나,
주 우리의 하나님만을 섬기고,
그분에게만 순종할 것이다.
(=모든 사람이 각자 자기 신의 이름으로 행할 것이나, 우리는 주 우리의 하나님의 이름으로 영원무궁토록 행할 것이다.)
(미가 4 : 5)

신명기서의 말씀입니다.

너희는 너희 하나님의 이름을 함부로 부르지 못한다. 주는 자기 이름을 함부로 일컫는 사람을 죄 없다고 하지 않는다.
(신명기 5 : 11)

같은 책의 말씀입니다.

그 때에 주께서 레위 지파를 지명하셔서,······주 앞에 서서 주를 섬기며, 주의 이름으로 축복하는 일을 하게 하셨다.
(신명기 10 : 8)

또 같은 책의 말씀입니다.

너희는, 주 너희의 하나님이 당신의 이름을 두려고 거처로 삼으신, 너희 모든 지파 가운데서 택하신 그 곳으로 찾아가서 예배를 드려야 한다.
(신명기 12 : 5, 11, 13, 14, 18, 26 ; 16 : 2, 6, 11, 15, 16)

"주님께서 당신의 이름을 두신 거처"는 사랑에 속한 선과, 믿음에 속한 진리들로 인하여 예배드려지는 곳을 뜻합니다. 이 일은 예루살렘에서 행해졌습니다. 그러므로 "예루살렘"은 교리의 측면에서 교회를 뜻하고, 그리고 예배를 뜻합니다(≪새 예루살렘의 교리≫ 6항 참조).

102[B]. [5] "여호와의 이름" 또는 "주님의 이름"이 영적인 뜻으로 사랑에 속한 선이나, 믿음에 속한 진리들에서 비롯된 모든 예배를 뜻하기 때문에, 그러므로 최고의 뜻으로 "여호와의 이름"은 신령인성의 측면에서 주님을 뜻합니다. 이 이유 때문에 그분의 신령인성으로부터 사랑에 속한 모든 것이나, 믿음에 속한 모든 것이 발출합니다. 최고의 뜻으로 "여호와의 이름"이 주님을 뜻한다는 것은 요한복음서에서 명확합니다.

> 예수께서 말씀하셨다. "아버지, 아버지의 이름을 영광되게 하여 주십시오." 그 때에 하늘에서 소리가 들려왔다. "내가 이미 영광되게 하였고, 앞으로도 영광되게 하겠다."
> (요한 12 : 28)

이사야서의 말씀입니다.

> 너를 백성의 언약과 이방의 빛이
> 되게 할 것이니.……
> 나는 주다. 이것이 나의 이름이다.
> 절대로 다른 사람에게 넘겨주지 않고.……
> (이사야 42 : 6, 8)

여기서는 주님의 강림이 다루어지고 있습니다. 예레미야서의 말씀입니다.

> 내가 다윗에게서 의로운 가지가 하나 돋아나게 할 그 날이 오고 있다.……그는 왕이 되어 슬기롭게 통치하면서, 세상에 공평과 정의를 실

현할 것이다.……사람들이 그 이름을 '우리를 공의로 다스리시는 주' 라
고 부를 것이다.
(예레미야 23 : 5, 6)

이상에서 명확한 것은, 주님의 기도문의 이 말이 무엇을 뜻하는지
알 수 있다는 것입니다.

하늘에 계신 우리 아버지,
이름을 거룩하게 하시오며,…….
(마태 6 : 9)

다시 말하면 주님의 신령인성(the Divine Human of Lord)은 거룩하
게 여겨진다는 것이고, 예배 받으셔야 한다는 것입니다.
[6] 이러한 내용이 "주님의 이름"(the name of the Lord)이 뜻하는
것이기 때문에, 아래의 장절들의 뜻을 잘 알 수 있겠습니다. 요한복
음서의 말씀입니다.

목자는 자기 양의 이름을 하나하나 불러서 이끌고 나간다.
(요한 10 : 3)

누가복음서의 말씀입니다.

너희의 이름이 하늘에 기록된 것을 기뻐하여라.
(누가 10 : 20)

묵시록서의 말씀입니다.

사데에는 사람 몇이 있다(=사데에는 몇 이름들이 있다).
(묵시록 3 : 4)

성경에서 "이름"이 무엇을 뜻하는지 알지 못하는 사람은, 아래의 말씀이 어떻게 이해되어야 하는지를 도저히 알 수 없습니다. 마태복음서의 말씀입니다.

> 예언자를 예언자(=예언자의 이름)로 맞아들이는 사람은, 예언자가 받을 상을 받을 것이요, 의인을 의인이라고 해서(=의인의 이름으로) 맞아들이는 사람은, 의인이 받을 상을 받을 것이다. 내가 진정으로 너희에게 말한다. 이 작은 사람 가운데 하나에게 내 제자라고 해서(=내 제자의 이름으로) 냉수 한 그릇이라도 주는 사람은, 절대로 자기가 받을 상을 잃지 않을 것이다.
> (마태 10 : 41, 42)

"예언자의 이름으로 예언자를 맞아들인다"는 것, "의인의 이름으로 의인을 맞아들인다"는 것, 그리고 "제자의 이름으로 냉수 한 그릇이라도 준다"는 것 등등의 말씀은 진리의 목적 때문에 진리를 사랑하는 것, 선의 목적 때문에 선을 사랑하는 것을 뜻하고, 진리에 속한 믿음으로 말미암아 인애를 실천하는 것을 뜻합니다. 왜냐하면 "예언자"는 진리를 뜻하고, "의인"(義人)은 선을 뜻하고, "제자"는 진리에서 비롯된 선을 뜻하기 때문입니다. 그리고 "먹을 냉수 한 그릇을 준다"는 것은 순종에서 비롯된 인애를 실천하는 것을 가리킵니다. 이와 같은 "이름으로" 라는 말은 그들 성품의 목적을, 따라서 그들의 목적을 뜻합니다. "이름"이 뜻하는 것을 알지 못한다면, 어느 누구가 이런 내용들을 이해할 수 있겠습니까?
[7] 진리의 목적 때문에 진리를 사랑하고, 실천한다는 것, 그리고 선의 목적 때문에 선을 사랑하고 실천한다는 것은 진리에 대한 정동을 가지는 것이고, 그것들의 목적을 위해서 선에 대한 정동을 가지는 것이지, 자기 자신의 명성·영예·재물을 목적해서 정동을 가지지는 것은 아닙니다. 진리나 선에 속한 이와 같은 정동은 참된 영적인 정동이지만, 그러나 자신의 명성·영예·재물을 목적해서 진리

나 선에 속한 정동은 단순한 자연적인 정동에 불과합니다. 진리나 선을 목적해서 진리나 선을 아는 사람은, 또는 그것들이 진리이고, 선이기 때문에 진리나 선을 사랑하는 사람은 진리나 선에 속한 영적인 정동 안에 있기 때문에, 그러므로 그들은 "예언자의 상"을, "의인의 상"을, 받을 것이라고 언급되었습니다. 이 말이 뜻하는 것은 그들은 진리나 선에 속한 영적인 정동에 있다는 것을 뜻하고, 그리고 이 정동은, 그것이 본질적으로 주님나라를 가지고 있기 때문에, 본질적으로 상을 받는다는 것을 뜻합니다. 주님나라의 행복이, 목적으로 보상을 고려하지 않고, 따라서 오로지 진리나 선 때문에, 진리를 사랑하고 실천하는, 정동 안에 있다는 것은 A.C. 6388·6478·9174·9984항을 참조하십시오. "예언자"가 진리를 가르치는 사람을, 따라서 또한 추상적으로는 가르쳐진 진리를 뜻한다는 것은 A.C. 2534·7269항을 참조하십시오. "의인"(義人·righteous one)이 주님사랑에 속한 선을 뜻한다는 것은 A.C. 2235·9857항을 참조하십시오. "제자"가 인애에 속한 선을 가리키는, 진리에서 비롯된 선을 뜻한다는 것은 A.C. 2129·3354·3488·3858·6397항을 참조하십시오. "마실 것을 준다"는 말이 선들이나, 믿음에 속한 진리들을 가르치는 것, 따라서 인애를 실천하는 것을 가리킨다는 것은 A.C. 3069·3772·4017·4018·8562·9412항을 참조하십시오. 그리고 "이름"이 한 사물의 성질(=성품·quality)을 뜻한다는 것은 A.C. 144·145·1754·1896·2009·3237항을 참조하십시오. 그러므로 "여호와의 이름" 또는 "주님의 이름"은 주님을 예배하는 수단들의 모든 성질을 뜻한다는 것은 A.C. 2724·3006·6674·9310항을 참조하십시오.

 103. **"낙심한 적이 없다"**(=지치지 않았다·실패하지 않았다).
이 말씀은 그들이 할 수 있는 최상의 정도까지를 뜻합니다. 이러한 내용은, 진리나 선에 속한 지식들에 대한 열렬한 사람들에 관련해서 그들이 할 수 있는 정도까지를 가리키는 "낙심하지 않는다"(=실패하지 않는다)는 말의 뜻에서, 잘 알 수 있습니다. 왜냐하면 아래에 이어지는 것에는, 이런 지식들에 일치하는 삶이 다루어지고 있기 때문입니다. 이런 지식들에 일치하는 삶 안에 있는 자들은 앞으로 전진해 나가지만, 실패하지 않습니다. 그러나 오직 지식들 안에만 있는 사람들은, 그들이 할 수 있는 정도까지 앞으로 나아가지만, 그럼에도 불구하고 활력의 원천을 가리키는, 그들은 삶에 속한 빛을 얻지 못하고 있습니다.

104. 4절. **"그러나 너에게 나무랄 것이 있다. 그것은 네가 처음 사랑을 버린 것이다."**
이 말씀은, 그들이 지식들의 본질인, 교회의 초기에 있었던 교회 안에 있는 자들이 살았던 그와 같은 삶을 살지 않았다는 것을 뜻합니다. 이러한 내용은, 그것에 관해서 곧 아래에 설명할, 교회의 초기에 교회 안에 있는 사람들이 살았던 것과 같은 선이나 진리에 속한 지식들에 일치하는 삶을 가리키는 "처음 사랑"(=첫사랑·으뜸 되는 인애·first charity)의 뜻에서, 그리고 그것을 지식들에 속한 본질적인 것으로 완성하지 못했다는 것을 가리키는 "처음 사랑(=처음 인애)을 버렸다"는 말의 뜻에서, 잘 알 수 있습니다. 왜냐하면 진리나 선에 속한 지식들을 열망하는 사람들은, 그리고 그것들에 의하여 자신들이 구원받는다고 믿는 사람들은, 그 지식들에 일치하는 삶이 본질적인 것이지만, 지식들을 본질적인 것으로 만들기는 하지만, 아직 삶을 본질적인 것으로 이루지 못하기 때문입니다. 그러나 교회나 구원에 속한 이와 같은 본질적인 것이 아래에서 다루어지고 있기 때문에, 그것에 관해서 거기에서 상세하게 설명하겠습니다. 인애는 삶 그것입니다. 그 이유는 성경에 있는 주님의 계율에 일치하는 모든 삶을 "인애"(仁愛·charity)라고 부르기 때문입니다. 그러므로 인애를 실천한다는 것은 그와 같은 계율들에 일치하는 삶을 사는 것입니다. 이것이 사실이다는 것은 ≪새 예루살렘의 교리≫ '이웃에 대한 사랑' 즉 인애에 관한 장의 84-106항이나, ≪최후심판≫ 33-39항을 참조하십시오. 우리의 본문에서 "처음 사랑"(=첫 사랑·first charity)은 교회의 초기에 교회에 속한 삶을 뜻합니다. 왜냐하면 모든 교회는 인애로부터 시작하고, 그리고 계속해서는 그것에서부터 오직 믿음만이라는, 또는 공로사상의 신앙(meritorious works·功勞思想 信仰)으로 빠지기 때문입니다. 이런 주제나, 또는 인애에 관해서는 ≪천계비의≫에 설명된 내용을 참조하십시오. 다시 말하면 모든 교회는 인애에서 시작하지만, 그러나 시간이 경과하면서 그것에서부터 이탈(離脫)한다는 것은 A.C. 494·501·1327·3773·4689항을 참조하십시오. 따라서 악에서 비롯된 거짓들에게로 빠져든다는 것, 그리고 종국에는 악들에 빠진다는 것은 A.C. 1834·1835·2910·4683·4689항을 참조하시고, 일반적으로는 의유신득의(依唯信得義·faith alone)신조에 빠진다는 것은 A.C. 1834·1835·2231·4683·8094항을 참조하십시오. 교회의 시작과 그것의 쇠퇴(衰退)는 태양의 일출(日出)과 일몰(日沒)에 비유될 수 있겠습니다(A.C. 1837항 참조). 그리고 사람의 유아기나 노년기에 비유되겠습니다(A.C. 10134항 참조). 그리고 선이나 진리에 속한 지식들이 삶 속에 활착(活着)되기까지는 사람에게 교회가 존재하지 않는다는 것은 A.C. 3310항을 참조하시고, 그리고 인애(仁愛)가 교회를 완성한다는 것은 A.C. 809·916·1798·1799·1844·1894항을 참조하시고, 교회의 내적인 것은 바로 인애이다는 것은 A.C. 4766·5826항을 참조하십시오, 그리고 비록 교회들이 믿음에 속한 교리나, 예배에 속한 예전들의 측면에서 서로 상이하다고 할지라도 교회들이 인애에서 평가되고, 존중된다면, 오늘날과 같이 수많은 교회가 존재하지 않고, 하나의 교회(one church)가 존재할 것이다는 것은 A.C. 1268·1316·1798·1799·1834·1844·2385·2982·3267·3451항을 참조하십시오. 주님예배는 인애의 삶 안에 존재한다는 것은 A.C. 8254·8256항을 참조하시고, 예배의 올바른 내용은 인애의 성질과 일치한다는 것은 A.C. 2190항을 참조하십시오.

105. 5절. "그러므로 네가 어디에서 떨어졌는지를 생각해 내서 회개하고, 처음에 하던 일을 하여라."
이 말씀은 종전의 것들에 속한 기억과, 진리에서 이탈(離脫·deviated)한 기억을 뜻합니다. 그리고 이것은 교회의 초기에는 교회에 속한 삶의 선이 마음에 생각나기 위한 것입니다. 이러한 내용은, 여기서는 종전의 것들에 대한 기억을 가리키는 "생각하라"(be mindful)는 말의 뜻에서, 그리고 거기로부터 이탈을 가리키는, 따라서 진리로부터의 이탈을 가리키는 "어디에서 떨어졌다"는 말의 뜻에서, 그리고 그것이 마음에 떠올랐다는 것을 가리키는 "회개한다"는 말의 뜻에서, 그리고 교회의 초기에 있었던 교회에 속한 삶의 선을 가리키는 "처음에 하던 일을 행한다"(=처음 일들을 행한다)는 말의 뜻에서, 잘 알 수 있습니다. "일들"(=업적·선행들·works)이, 사랑이나 믿음에서 발출한 삶에 속한 모든 것들을 뜻한다는 것은 본서 98항을 참조하시고, 인애에 속한 것인, "처음에 하던 일들"(=처음 일들·first works)이 교회의 초기에 있었던 교회에 속한 그런 것들을 가리킨다는 것은 본서 104항을 참조하십시오. 지식들과 일치하는 삶이 교회에 속한 본질이다는 것과, 이와 같은 삶에서 이탈한 지식은 올바른 것이 아니다는 것은, 그것에 관해서 깊이 생각하는 사람이면 누구나 이해될 수 있습니다. 왜냐하면 지식들에 일치하지 않는 삶이 존재하는 한, 지식들은 오직 기억에만 머물러 있기 때문이고, 그리고 그것들이 오직 기억에만 머물러 있는 한, 그것들은 사람의 내면적인 것들은 전혀 감동시키지 못하기 때문입니다. 왜냐하면 사람에게 주어진 지식들은 하나의 그릇(a receptacle)에 불과하고, 삶에 이바지 하는 것은 그것에서 취하기 때문입니다. 그리고 사람이 그것들을 원하고, 그리고 그것들을 행할 때 거기에서 취한 모든 것들은 삶에 이바지 하는 것이고, 봉사하는 것입니다.

[2] 온전한 사람의 영(靈·spirit)은 그의 의지 이외에 아무것도 아닙니다. 그러므로 사람이 하나의 온전한 영이 되었을 때, 그는 자신

의 의지가 선호(選好)하고, 찬성한 것을 어느 것 하나 거부, 배척할 수 없습니다. 왜냐하면 사람은 전체가 그것을 실현시키려고 무척 애를 쓰기 때문입니다. 이것이 사실이다는 것은 영계(靈界)에서는 잘 알려져 있습니다. 그리고 나는, 하나의 영이, 자신이 그것으로 말미암아 존재한, 자신의 의지에 반대되는 것을 행할 수 있는지 여부에 대하여, 시험되었고, 그리고 그가 할 수 없다는 것을 알게 된 그 시도(試圖)를 가끔 보아왔기 때문입니다. 이상에서 얻는 결론은 사람의 의지(man's will)는 그의 영에게 주는 형태(形態·form)이다고 하겠습니다. 그리고 사람의 영(man's spirit)은, 그것이 그의 육체를 떠난 뒤에는, 그의 의지이다는 것 역시 분명합니다. 여러분이 의지를 언급하든, 또는 사랑을 말하든, 그것은 동일합니다. 왜냐하면 사람이 사랑하는 것은 그가 원하고, 의도하기 때문입니다. 그러므로 여러분들이 사람의 영은 자신의 의지를 배척, 저항할 수 없다고 말하든, 또한 그것이 그의 사랑을 배척할 수 없다고 말하든, 그것은 모두가 동일한 뜻이고, 동일한 내용입니다. 선이나 진리에 속한 지식들이 사람의 의지에, 또는 사랑에 들어오기 전에는, 그 지식들은 자신의 구원에 대하여 아무것도 보탬(添與)이 되지 않습니다. 그 이유는 그 지식들이 그 사람 안에 좌정(坐定)해 있지 않고, 밖에 있는 존재이기 때문입니다. 그럼에도 불구하고, 그 지식들은 필수적입니다. 왜냐하면 그 지식들이 없다면 사람은 영적인 생명이나, 삶에 관해서 전혀 아무것도 알 수 없기 때문입니다. 그리고 영적인 생명이나, 삶에 관해서 무지(無知)한 사람은 영적인 존재가 될 수 없기 때문입니다. 왜냐하면 사람이 알고 있는 것을 사람은 생각할 수 있고, 그리고 원하고, 행할 수 있기 때문입니다. 그러나 사람이 알지 못하는 것은 생각할 수도 없고, 원하고, 행할 수도 없기 때문입니다. 그럼에도 불구하고 만약에 그 지식들이 기억에 보다 깊이 들어오지는 못하고, 그리고 그것에서부터 생각 속에 깊이 들어오지 못한다면, 그 지식들은 그 사람을 감동시키지 못하고, 결과적으로 그 사람을 구원하지 못하기 때문입니다.

[3] 오늘날 이 세상에서 수많은 사람들이 믿는 것, 특히 오직 믿음만(依唯信得義의 가르침)이 교회의 본질적인 것이다고 주장하는 사람들이 믿는 것은, 교리적인 것들을 아는 것이고, 그리고 그 단순한 앎에서 그것들이 참이다고 믿는 것이고, 사람이 어떻게 사느냐 하는 것과는 관계없이 그것이 사람을 구원하는 것이라고 하지만, 그러나 내가 주장할 수 있는 것은 이런 것들에 의해서는 어느 누구도 구원받지 못한다는 것입니다. 나는, 많은 사람들이, 심지어 많은 공부를 한 유식한 사람들도 지옥에 던져지는 것을 목도(目睹)하였습니다. 다른 한편 성경에서 비롯된 진리나 선에 속한 지식들에 일치하는 삶을 산 사람들이 주님나라에 올리워지는 것도 역시 보았습니다. 이상에서 밝히 알 수 있는 것은, 지식들은 별로 가치가 없고, 소용이 되지 않지만, 그것들에 일치하는 삶은 중요하고, 값이 있다는 것이고, 그리고 지식들은 단순하게 사람이 어떻게 살아야 하는지를 가르쳐 준다는 것 등입니다. 진리나 선에 속한 지식들에 일치하여 산다는 것은, 그것이 성경에서 주님께서 명령한 것이기 때문에, 사람은 누구나 이와 같이 행하여야 하고, 그 외의 것은 값어치 있는 것이 아니라는 것입니다. 사람이 이와 같이 생각하고 믿을 때, 그리고 이와 같이 원하고 행할 때, 그는 영적인 존재가 됩니다. 그럼에도 불구하고 주님을 믿는다는 것은 교회 안에 있는 사람들에게 필수적입니다. 그리고 그들이 주님에 관해서 생각할 때, 그분의 신성(神性)은 그분의 인성(人性) 안에 존재한다고 생각하고 믿는 것 역시 필수적입니다. 그 이유는 그분의 신령인성(His Divine Human)으로부터 인애나 믿음에 속한 모든 것들이 발출되었기 때문입니다.

106. "네가 그렇게 하지 않고, 회개하지 않으면, 내가 빨리 가서 네 촛대를 그 자리에서 옮기겠다."

이 말씀은, 만약에 그렇게 하지 않으면, 천계가 주어지지 않을 것이다는 것이 확실하다는 것을 뜻합니다. 이러한 내용은 확실한 것을 가리키는 "속히 온다"(=빨리 온다·coming quickly)는 말의 뜻에서 ("속히"가 확실한 것을 뜻한다는 것은 본서 7항을 참조하십시오), 그리고 또한 위에서 설명한 것과 같이(본서 62항 참조), 교회와 주님나라(天界)를 가리키는 "촛대"(lampstand)의 뜻에서, 잘 알 수 있습니다. 그러므로 "그 자리에서 촛대를 옮긴다"는 것은 교회나 주님나라로부터의 분리를 뜻하고, 또한 다른 말로는, 천계가 그들에게 주어지지 않는다는 것을 뜻합니다. 그 지식들에 일치하는 삶을 살지 않고, 단순히 그 지식들 안에 있는 사람들에게 주님나라가 허락되지 않는다는 것은 위의 설명을 참조하십시오(본서 104항 참조).

107. 6절. "그런데 네게는 잘 하는 일이 있다. 너는 니골라 당이 하는 일을 미워한다. 나도 그것을 미워한다."
이 말씀은 진리에서 선을 분리하는, 또는 믿음에서 인애를 분리시키는 자들에 대한 신령존재에게서 비롯된 반감(反感·嫌惡·aversion)을 뜻하는데, 그 분리로 말미암아 삶이 존재하지 않기 때문입니다. 이러한 내용은, 이것은, "나도 그것을 미워한다"고 언급하고 있기 때문에 신령존재에게서 비롯된 것인, 반감이나 혐오를 가리키는 "네가 미워하는 일은 잘 하는 일이다"는 말의 뜻에서 잘 알 수 있고, 그리고 또한, 위에서 언급한 것과 같이(본서 98항 참조), 그 일들(=행위들·works)이 생겨난 근원인 마음에 속한 것들을 가리키는 "일들"(works)의 뜻에서, 그리고 이런 짓을 하는 자들은 삶 밖에 (without life) 있는 자들인데, 진리에서 선을 분리하고 믿음에서 인애를 분리하는 자들을 가리키는 "니골라 당"의 뜻에서 잘 알 수 있습니다. 이런 부류의 작자들이 삶을 가질 수 없는 것은, 모든 영적인 생명은 인애로 말미암아 존재하는데, 인애에서 분리된 믿음에서는 결코 삶이 있을 수 없기 때문입니다. 왜냐하면 알고, 생각한다는 것은 믿음에 속한 것이지만, 의도하고, 행한다는 것은 인애에 속한 것이기 때문입니다. 인애에서 믿음을 분리시키는 자들은, 사람에게서 천계나 교회를 이루는 것이 무엇인지 전혀 알 수 없습니다. 따라서 영적인 삶을 이루는 것이 무엇인지 알 수 없습니다. 왜냐하면 그들은 자신 안에서 생각하지 않고, 자기 자신 밖에서 생각하기 때문입니다. 자기 자신의 바깥 것을 생각한다는 것은 오직 기억(記憶)으로 생각하는 것입니다. 왜냐하면 기억은, 예컨대, 집안이나, 침실에 들어올 때 입구를 통과하는 뜰과 같은, 사람의 외부일 뿐입니다. 그리고 사람의 외부인 생각 속에 천계는 입유(入流)할 수 없는데, 그 이유는 천계는 사람 내부에 있는 것들에 입유하고, 이런 것들을 통하여 사람의 외부에 있는 것들에 입유하기 때문입니다. 그러므로 이런 부류의 사람들은 천계나 교회를 형성하는 것을, 또는 영원한 생명을 이루는 것의 가르침을 받을 수 없습니다. 왜냐하면 누구나 모두는 천계로부터 가르침을 받기 때문입니다. 다시 말하면, 영원한 생명에 속한 것들에 관해서는 주님으로부터 천계를 통하여 가르침을 받기 때문입니다. 따라서 그 사람은 그의 영혼이나 마음에 속한 방법인 자신의 삶의 방법에 의하여 가르침을 받습니다. 만약에, 믿음에서 인애를 분리시키는 자들이 진리에 속한 지식들 안에 있을 수 있다고 생각한다면, 그 자신은 크게 속고 있는 것입니다. 왜냐하면 이런 부류의 사람들은 자기 자신을 중심해서 모든 사물을 파악하고, 천계로부터는 아무것도 파악하지 않기 때문입니다. 자아 중심으로 사람이 사물들을 파악하고, 그리고 천계로부터는 이해하지 않는 모든 것들은 모두가 거짓들입니다. 그 이유는 그 때 그는, 빛 가운데 있지 않고, 흑암(黑暗) 속에 빠져 있기 때문입니다. 교회에 속한 이런 것들 안에 있는 모든 빛은 반드시 천계에서 와야만 합니다.
[2] 교회의 수많은 사람들이 인애가 교회에 속한 본질적인 것이고, 인애에서 분리된 믿음은 본질적인 것이 아니다고 말하는 것은 진실이고, 사실입니다. 그러나 이렇게 말도 하고, 그리고 그것을 믿기는 하지만, 인애에 속한 삶을 살지 않는다는 것은 그것을 본질적인 것으로 만드는 것이 아니고, 다만 그것이 사실이다고 말하는 것에 불과할 뿐입니다. 그러므로 이런 부류의 사람들은 믿음이 본질적인 것

이다고 주장하는 사람과 꼭 같은 입장(立場)에 있는 것입니다. 왜냐하면 그들에게 인애는 오직 믿음만이라는 사안(事案)이고, 삶에 속한 사안이 아니기 때문입니다. 결과적으로 그들은 확증될 수 없기 때문입니다. 영계에서 이런 부류의 사람에 관해서 보면, 마치 빛 같은, 즉 눈빛(眼光) 같은 것이 나타나는데, 이와 같은 눈빛(眼光) 같은 빛이 나온 근원은 자연적인 빛입니다. 그리고 이 빛은, 천계에서 비롯된 영적인 빛이 흘러들어오게 되면, 흑암으로 바뀌는 그런 성질의 빛입니다. 이런 부류의 사람들은, 북쪽과 서쪽의 모서리에 대부분 사는데, 왼쪽을 향해 있습니다. 이런 사람들은 진리나 선에 속한 지식을 삶에 적용하기에는 어느 정도까지는 총명스럽습니다.

[3] 진리나 선의 지식들 안에는 있지만, 이런 것들에 확증적으로 삶에 속한 선 안에 있지 않는 부류의 사람들은 이런 지식들 안에, 그리고 이런 것들을 통한 삶의 선 안에 있는 자들과 같은 도덕적인 삶(a moral life)은 살 수 있습니다. 그럼에도 불구하고 그들의 도덕적인 삶은 영적인 것이 아니고, 자연적인 삶일 뿐입니다. 그 이유는 그들의 삶에서 보면, 그들은 종교에서 비롯된 신실하게, 정의롭게, 선하게 살지 않기 때문입니다. 그리고 종교로 말미암아 선하게 살지 않는 사람들은 천계와 결합할 수 없기 때문입니다. 왜냐하면 사람을 영적인 존재로 변화시키고, 그 사람을 매우 순결한 영적 존재인 천사들과 결합시키는 것은 종교(宗教·religion)이기 때문입니다. 종교로 말미암아 선하게 사는 것은, 성경말씀 안에 그것이 그와 같이 엄명(嚴命)하고, 그리고 주님께서 그것을 엄명하고 있기 때문에 생각하고, 의도하고, 실천하는 것입니다. 그러나 단순히 시민법이나 도덕률과의 관계에서만 생각하고, 의도하고, 실천한다는 것은 종교로 말미암아 살지 않는 것입니다. 이러한 사람들은, 그들이 오직 이와 같은 법률, 즉 시민법이나 도덕률 따위에만 관심을 가지고 있기 때문에, 자기 자신을 오직 이 세상과만 결합시킵니다. 왜냐하면 이와 같은 법률들은 이 세상을 위해서 존재하기 때문입니다. 그러나 전자는

주님에 대한 관심과 존경을 가지고 있고, 그리고 그것에 의하여 자기 자신을 주님에게 결합시키기 때문입니다. 이방 사람들도 오직 이것에 의하여 구원을 받습니다. 다시 말하면 그들의 삶에서 그들이, 반드시 이와 같이 행하지만, 그와 달리 행하지 말라고 생각하고, 말하는 종교에 대하여 관계를 가지고 있는 것에 의하여 구원을 받습니다. 그 이유는 그와 달리 행하는 것은 그들의 종교법에 어긋나는 것이고, 따라서 신령존재에 반항하는 짓이기 때문입니다. 그들이 이와 같이 생각하고, 그리고 그것에 일치하여 행동할 때, 그들은 영적인 생명을 부여받는데, 그들에게서 그 생명은, 훗날 영계에서, 성경말씀에 대하여, 그리고 성경말씀에서 비롯된 교회에 속한 교리에 대하여 생각하지도 않고, 실천하지도 않는 이른바 기독교들보다 매우 신속하게 진리들을 영접, 수용하는 그런 성질의 것입니다.

[4] 종교로 말미암아 생각하지 않는 자들은 양심(良心·conscience)을 가지고 있지 않는데, 그 이유는 그들이 영적인 존재가 아니기 때문입니다. 결과적으로, 만약에 명성(名聲)이나 법률에 대한 온갖 두려움이나 공포(恐怖) 따위를 가리키는 그들의 외적인 구속들(external bonds)이 자신들에게서 느슨하게 풀리게 되면, 그들은 모든 사악(邪惡)에 저돌(猪突)적으로 돌진(突進)할 것입니다. 이와 반대로 법률이나 명성 따위의 공포를 가리키는 외적인 구속들이, 만약에 종교로 말미암아 생각하는 사람들에게서 제거된다면, 그들은 여전히 신실하게, 의롭게, 선하게 행동할 것입니다. 왜냐하면 그들은 하나님을 경외(敬畏)하고, 그리고 그들은 그들이 결합하게 될 주님으로부터 천계를 통하여 온 복종의 삶이나, 인애의 삶에 있기 때문입니다. 믿음에서 인애를 분리시킨 사람들은 우리의 본문에서 천계에서 들려온 소리에서 "니골라 당"이라고 호칭되었습니다. 왜냐하면 그 소리는 진리나 믿음에서 온 것이지, 선이나 인애에서 비롯된 것이 아니기 때문입니다. 성경에 있는 이와 같은 표현들에서 우리는 그것들이 선인지 진리인지 필히 알아야 합니다. 그리고 또한 그것들이 다

른 쪽에서 분리된 한쪽을 뜻하는 것인지도 알아야 합니다. 이러한 내용은 H.H. 241항을 참조하십시오.

108. 7절. **"귀가 있는 사람은, 성령이 교회들에게 하시는 말씀을 들어라."**
이 말씀은, 이해하는 사람은 주님에게서 발출한 신령진리가 주님의 교회에 속한 사람들에게 가르치고, 엄명하는 것에 반드시 경청(恬聽)하여야 한다는 것을 뜻합니다. 이러한 내용은 이해한 사람이 반드시 경청하고, 순종하여야 한다는 것("듣는 것"이 이해하고, 행하는 것, 다시 말하면 경청한다는 것을 뜻한다는 것은 본서 14항 참조)을 가리키는, "귀 있는 사람은 들어야 한다"고 하신 말씀의 뜻에서, 그리고 주님에게서 발출한 신령진리를 가리키는, 여기서는 하나님의 영(the Spirit of God)인 "성령"(the Spirit)의 뜻에서(A.C. 3704·5307·6788 ·6982·6993·7004·7499·8302·9199·9228·9229·9303·9407· 9818·9820·10330항 참조), 그리고 선에서 비롯된 진리들 안에 있는 사람들, 또는 인애에서 비롯된 믿음 안에 있는 자들, 다시 말하면, 교회에 속한 사람들 이외의 다른 자들은 없기 때문에, 교회에 속한 사람들을 가리키는, "교회들"(churches)의 뜻에서, 잘 알 수 있습니다. 이런 말들, 다시 말하면, "귀가 있는 사람은, 성령이 교회들에게 하시는 말씀을 들어라"는 말이 교회들에게 속한 각자에게 말하고 있는 것[여기서는 에베소 교회에, 그 뒤에는 서머나 교회에(11절), 버가모 교회에(17절), 두아디라 교회에(29절), 사데 교회에(3 : 6), 빌라델리아 교회에(3 : 13), 라오디게아 교회에(3 : 22)]은 그 교회에 속한 모두가 진리들이나, 믿음에 속한 선들, 교리적인 것들, 심지어 성경말씀까지도 알지도 못하고, 이해하지도 못한다는 것을 필히 알게 하기 위해서 이고, 그리고 그뿐만 아니라, 경청하게 하기 위해서, 다시 말하면 이해하고, 실천하게 하기 위해서 입니다. 왜냐하면 이러한 내용이 "귀가 있는 사람은, 성령이 교회들에게 하시는 말씀을 들어라" 한 본문말씀이 뜻하는 것이기 때문입니다. 이것이 사람에게서 교회를 이루고, 천계를 형성하지만, 실천하는 것에서 떠난 아는 것이나, 이해하는 것은 교회도, 천계도 이루지 못하기 때문에, 그러므로 주님께서는 다른 여러 장절에서 이와 꼭 같은 말씀을 반복해서 사용하셨습니다. 예를 들면 아래의 장절이 되겠습니다. 즉—.

　　들을 귀가 있는 사람은 들어라.
　　(마태 11 : 15 ; 13 : 43 ; 마가 4 : 9, 23 ; 7 : 16 ; 누가 8 : 8 ;
　　14 : 35)

묵시록서에서는 "성령이 교회들에게 하는 말"이라는 말이 부연되었는데, 그것은 신령진리가 교회에 속한 사람들에게 가르치고 말하는 것, 꼭 같은 뜻이지만, 주님께서 그들에게, 가르치시고, 말씀하시는 것을 뜻하기 때문입니다. 왜냐하면 모든 신령진리는 주님에게서 발출하기 때문입니다(H.H. 13 · 133 · 137 · 139항 참조). 이런 이유 때문에 주님께는 "성령이 말씀한다"고 말씀하시지 않았습니다. 그 이유는 말씀하시는 그분이 신령진리이시기 때문입니다.

[2] 신령한 진리들을 아는 것이나, 이해하는 것이 사람에게서 교회나, 천계를 만드는 것이 아니고, 그것들을 알고, 이해하고, 그리고 행하는 것이 교회도, 천계도 이루는 것이다는 사실은 주님께서 친히 성경의 여러 장절에서 명확하게 가르치셨습니다. 마태복음서의 말씀입니다.

　　"내 말을 듣고 그대로 하는 사람은, 반석 위에다 자기 집을 지은, 슬기로운 사람과 같다고 할 것이다.……그러나 내 말을 듣고서도 그대로 행하지 않는 사람은, 모래 위에 집을 지은, 어리석은 사람과 같다고 할 것이다.
　　(마태 7 : 24, 26)

같은 책의 말씀입니다.

> 좋은 땅에 뿌린 씨는 말씀을 듣고서 깨닫는 사람을 두고 하는 말인데, 그 사람이야말로 많은 열매를 맺는다.
> (마태 13 : 23)

누가복음서의 말씀입니다.

> 내게 와서 내 말을 듣고 그대로 하는 사람이 어떤 사람과 같은지를, 너희에게 보여주겠다. 그는 땅을 깊이 파고, 반석 위에다가 기초를 놓고 집을 짓는 사람과 같다.……그러나 내 말을 듣고서도 그대로 행하지 않는 사람은, 기초 없이 맨 흙 위에다가 집을 짓는 사람과 같다.
> (누가 6 : 47-49)

또 같은 책의 말씀입니다.

> "하나님의 말씀을 듣고 행하는 이 사람들이 나의 어머니요, 나의 형제다."
> (누가 8 : 21)

이 밖에도 여러 장절들이 있습니다. 이런 장절들에서 "듣는다"(hearing)는 말은, 알고(knowing), 이해하는(understanding) 것을 가리키는 뜻의 듣는다는 말입니다. 일상의 대화에서 "듣는다"는 것은 어느 누구가 사물을 "듣는다"고 말할 때 이 뜻을 가집니다. 그러나 그것은 "귀를 준다" "경청한다" "귀를 기울이고 듣는다"는 것을 언급할 때에도 이해하고, 행하는 것을 뜻합니다. 더욱이 믿음에서 삶을 분리시키는 사람들은 주님께서 마태복음서에서 언급하신 그런 사람과 같습니다. 즉—.

> 그들은 보아도 보지 못하고, 들어도 듣지 못하고, 깨닫지도 못한다.
> (마태 13 : 13-15 ; 에스겔 12 : 2)

109. "이기는 사람에게는, 내가 하나님의 낙원에 있는 생명 나무의 열매를 주어서 먹게 하겠다."

이 말씀은 마음 속으로 영접, 수용한 사람은 사랑에 속한 선과, 그것에서 비롯된 천계적인 즐거움(heavenly joy)으로 가득 채워질 것이다는 것을 뜻합니다. 이러한 내용은, 이것에 관해서 아래에 설명하겠지만, 마음 속으로 영접, 수용하는 것을 가리키는 "이긴다"(overcoming)는 말의 뜻에서, 그리고 전유(專有)하는 것이나, 결합하는 것을 가리키는 "먹는다"(eating)는 말의 뜻에서(A.C. 2187· 2343·3168·3813·5643항 참조), 그리고 아래에 설명하게 될, 사랑에 속한 선과, 그것에서 비롯된 천계적인 즐거움을 가리키는 "생명 나무"(the tree of life)의 뜻에서, 잘 알 수 있습니다. "이기는 것"(to overcome)이 마음 속으로 영접, 수용한다는 것을 가리킨다는 것은, 영적인 생명을 영접, 수용한 사람은 누구나 그의 자연적인 생명(his natural life)에 속한 악들이나 거짓들을 대항해서 반드시 싸워야 하기 때문입니다. 그리고 그가 이런 것들을 정복하였을 때, 그는 마음 속으로 영적인 생명에 속한 온갖 선들이나, 온갖 진리들을 영접, 수용하기 때문입니다. "마음 속으로 영접, 수용한다"는 것은 의지와 사랑 안에 수용하는 것을 가리킵니다. 왜냐하면 "마음"(心臟·heart)은 성경에서 의지나, 사랑을 뜻하기 때문입니다(A.C. 2930·3313· 7542·8910·9050·9113·10336항 참조). 그 때 마음 속에 영접, 수용한다는 것은 의지에서, 그리고 사랑으로 말미암아 그런 것들—선들이나 진리들—을 행하는 것을 가리킵니다. 이러한 내용이 바로 "이긴다"(=정복한다·overcoming)는 말이 뜻하는 것입니다.

[2] "생명 나무"(the tree of life)가 사랑에 속한 선(the good of love)이나 그것에서 비롯된 천계적인 즐거움을 뜻하는데, 그 이유는 "나무들"(trees)은, 그의 마음(mind·mens)에, 또는 성품(性稟· disposition·animus)에 속한 것들인 그의 내면적인 것들 안에 있는 그 사람에게 있는 그와 같은 것들을 뜻하기 때문입니다. 나무의 "가

지들"(boughs)이나 "잎들"(leaves)은 진리나 선에 속한 지식들에 관한 그런 것들을 뜻하고, "열매들"(fruits)은 삶에 속한 선들 자체를 뜻하기 때문입니다. 이와 같은 나무의 일련의 뜻은 영계(靈界)로부터 그것의 근원을 취하고 있습니다. 왜냐하면 거기에서 온갖 종류의 나무들이 보이고, 그리고 보이는 나무들은 그들의 마음에 속한 천사들이나 영들의 내면적인 것들에 대응하기 때문입니다. 그리고 가장 아름답고, 열매를 튼실하게 맺는 나무들은 사랑에 속한 선이나, 그것에서 비롯된 지혜 안에 존재하는 사람들의 내면적인 것들에 대응하기 때문입니다. 그리고 상대적으로 비교적 덜 아름답고, 덜 튼실한 열매를 맺는 나무들은 믿음에 속한 선(the good of faith) 안에 있는 사람들에게 대응합니다. 그러나 열매들이 없이 잎들만 무성한 나무들은 오직 진리에 속한 지식들 안에 있는 자들에게 대응합니다. 그리고 유해(有害)한 열매들을 지니고, 보기에 끔찍한 나무들(horrible trees)은 온갖 지식들이나, 악한 삶 안에 있는 자들에 대응합니다. 그러나 지식들 안에도 있지 않고, 그리고 악한 삶 안에 있는 자들은, 나무는 전혀 보이지 않고, 그 대신 돌짝밭이나, 모래밭에 대응합니다. 영계에서 이런 모습의 외현들은 진정으로 대응들(對應・correspondences)에서 비롯된 것입니다. 왜냐하면 거기에 있는 그런 부류의 사람들의 마음의 내면적인 것들은 그들의 안전(眼前)에서는 실제적으로 그런 모습(形像)들로 나타나기 때문입니다. 이런 내용들은 《천계와 지옥》의 두 장들에서 잘 알 수 있습니다. 첫째 장에서는 천계와 지상의 모든 것들과의 대응에서 다루어졌으며(H.H. 103-115항 참조), 다른 하나는 천계에 있는 표징(表徵・representatives)에서 다루어졌습니다(H.H. 170-176・177-190항 참조).

[3] 이상에서 얻는 결론은, 성경에는 매우 자주 "나무들"이 언급되었고, 그리고 나무들은 사람의 마음에 속한 것들인 사람들에게 있는 것들을 뜻한다는 것입니다. 그리고 이 결론에서 얻는 것은, 창세기서의 초반의 장들에는 에덴 동산(the garden of Eden)에 심어진 두

나무들(two trees)이 언급되었다는 것입니다. 거기에서 하나는 "생명의 나무"(the tree of life)라고 불렸고, 다른 하나는 "지식의 나무"(the tree of knowledge)라고 불렸습니다. 거기에 있는 "생명의 나무"는 주님을 사랑하는 그 사랑에 속한 선과, 거기에서 비롯된 천계적인 즐거움을 뜻하는데, 그것들은, 그 때 그 교회에 속한 자들이 가지고 있는 것들을 가리킵니다. 그리고 교회에 속한 자들은 바로 "남편"(=사람·the man)과 그의 "아내"가 뜻합니다. 그리고 "지식의 나무"(tree of knowledge)는, 유식하다고 평가받고, 그리고 영예나 재물의 목적만을 위한 박식(博識)의 세평(世評)을 취하고자 하는 것 이외의 그 어떤 선용에서 분리된 지식들의 쾌락(the delight of knowledge)을 뜻합니다. 그러나 "생명의 나무"는 천계적인 즐거움(heavenly joy)을 뜻하는데, 그 이유는, 특별히 그 나무가 뜻하는, 주님을 사랑하는 사랑에 속한 선이 그것 안에 천계적인 즐거움을 지니고 있기 때문입니다(H.H. 395-414항 참조 ; ≪새 예루살렘의 교리≫ 230-239항 참조).

[4] 성경에 매우 자주 거명되고 있는 "나무들"이 사람의 마음이나 성품에 속한 그의 내면적인 것들을 뜻한다는 것, 그리고 잎들이나 열매들과 같이, 나무에 있는 것들은 이런 내면적인 것들에서 비롯된 것들을 뜻한다는 것 등등은 아래의 장절들에서 잘 알 수 있겠습니다. 이사야서의 말씀입니다.

"내가 광야에는 백향목과 아카시아와
화석류와 돌올리브 나무를 심고,
사막에는 잣나무와 소나무와 회양목을
함께 심겠다."
(이사야 41 : 19)

여기서는 교회의 설시가 다루어졌습니다.

"레바논의 자랑인
잣나무와 소나무와 회양목이
함께 너에게로 올 것이다.
그 나무가
나의 성전 터를 아름답게 꾸밀 것이니,
이렇게 하여서
내가 나의 발 둘 곳을 영화롭게 하겠다."
(이사야 60 : 13)
그 때에야 들의 모든 나무가,
나 주가,
높은 나무는 낮추고
낮은 나무는 높이고
푸른 나무는 시들게 하고
마른 나무는 무성하게 하는 줄을,
알게 될 것이다.
(에스겔 17 : 24)
(너는 네겝의 숲에 말하여라.) "너는 주의 말을 들어라.……내가 숲 속에 불을 지르겠다. 그 불은 숲 속에 있는 모든 푸른 나무와 모든 마른 나무를 태울 것이다."
(에스겔 20 : 47)
포도나무가 마르고,
무화과나무도 시들었다.
석류나무, 종려나무, 사과나무 할 것 없이,
밭에 있는 나무가 모두 말라 죽었다.
백성의 기쁨이 모두 사라졌다.
(요엘 1 : 12)
첫째 천사가 나팔을 부니, 우박과 불이 피에 섞여서 땅에 떨어졌습니다. 그래서 땅의 삼분의 일이 타버리고, 나무의 삼분의 일이 타버리고, 푸른 풀이 다 타버렸습니다.
(묵시록 8 : 7)
벨드사살이 침대에 누워 있을 때에,……나타난 환상은 이러하다. 내가 보

니, 땅의 한가운데 아주 높고 큰 나무가 하나 있는데,⋯⋯나무는 잎이 무
성하여 아름답고, 열매는 온 세상이 먹고도 남을 만큼 무성하였다.
(다니엘 4 : 10-12)

일반적으로 "나무들"이 사람이 가지고 있는 것들이나, 그의 마음을 구성하는 것들을 뜻하기 때문에, 그러므로 교회에 속한 영적인 것들을 뜻합니다. 그리고 이 양자는 여러 종류들이 있기 때문에, 그러므로 수많은 종류의 나무들이 언급되는데, 이러한 각각의 것은 서로 상이한 내용을 뜻하고 있습니다. 다양한 종류의 것들이 무엇을 뜻하는지는 ≪천계비의≫(天界秘義·Arcana Celestia)에서 상세하게 설명되었는데, 예를 들면, "올리브나무"(the oil tree)가 무엇을 뜻하는지는 A.C. 9277·10261항을 참조하시고, "회양목"(the cedar)이 뜻하는 것이 무엇인지는 A.C. 9472·9486·9528·9715·10178항을 참조하시고, "포도나무"(the vine)가 무엇을 뜻하는지는 A.C. 1069·5113·6375·6378·9277항을 참조하시고, "무화과나무"(the fig)가 무엇을 뜻하는지는 A.C. 217·4231·5113항을 참조하십시오.
[5] 더욱이, 잎들이나 열매들과 같이, 나무에 달린 것들은 사람이 가지고 있는 것들을 뜻합니다. "잎들"은 그 사람이 가지고 있는 진리들을 뜻하고, "열매들"은 선들을 뜻합니다. 이러한 사실은 아래의 장절들에서 잘 볼 수 있습니다.

　　그는 물가에 심은 나무와 같아서
　　뿌리를 개울가로 뻗으니,
　　잎이 언제나 푸르므로,
　　무더위가 닥쳐와도 걱정이 없고,
　　가뭄이 심해도, 걱정이 없다.
　　그 나무는 언제나 열매를 맺는다.
　　(예레미야 17 : 8)
　　그 강가에는 이쪽이나 저쪽 언덕에 똑같이 온갖 종류의 먹을 과일 나무가

자라고, 그 모든 잎도 시들지 않고, 그 열매도 끊이지 않을 것이다. 나무들은 날마다 새로운 열매를 맺을 것인데, 그것은 그 강물이 성소에서부터 흘러 나오기 때문이다. 그 과일은 사람들이 먹고, 그 잎은 약재로 쓰일 것이다.
(에스겔 47 : 12)
그 강은 하나님의 보좌와 어린 양의 보좌로부터 흘러 나와서, 도시의 넓은 거리 한가운데를 흘렀습니다. 강 양쪽에는 열두 종류의 열매를 맺는 생명 나무가 있어서, 달마다 열매를 내고, 그 나뭇잎은 민족들을 치료하는데 쓰입니다.
(묵시록 22 : 1, 2)
그는
시냇가에 심은 나무가
철따라 열매를 맺으며,
그 잎이 시들지 아니함 같으니,
하는 일마다 잘 될 것이다.
(시편 1 : 3)
두려워하지 말아라.······
나무마다 열매를 맺고,
무화과나무와 포도나무도
저마다 열매를 맺을 것이다.
(요엘 2 : 22)
주께서 심으신 나무들과
레바논의 백향목들이
물을 양껏 마시니(=여호와의 나무들이 만족하고, 레바논의 백향목도 주께서 심으신 것이다),
(시편 104 : 16)
온 땅아, 주님을 찬양하여라.······
모든 산과 언덕들,
모든 과일 나무와 백향목들아,·········
(시편 148 : 7, 9)

[6] "과일들"(=열매들·fruits)이 사람에게 있는 삶에 속한 선들을 뜻하기 때문에, 그러므로 표징적 교회(a representative church)인 이스라엘 교회에 엄명된 것은, 사람들과 꼭 같이, 나무들의 열매들(the fruits of trees)도 반드시 할례를 받으라는 것입니다. 그런 엄명에 관해서는 이렇게 기술되었습니다.

> 너희가 그 땅(=가나안 땅)으로 들어가 온갖 과일 나무를 심었을 때에, 너희는 그 나무의 과일을 따서는 안 된다(=할례 받지 못한 것으로 여겨라). 과일이 달리는 처음 세 해 동안은 그 과일을 따지 말아라(=할례 받지 못한 것으로 여겨라). 넷째 해의 과일은 거룩하게 여겨, 그 달린 모든 과일을 주를 찬양하는 제물로 바쳐야 한다. 그러나 과일을 맺기 시작하여 다섯째 해가 되는 때부터는, 너희가 그 과일을 먹어도 된다.
> (레위기 19 : 23-25)

"나무들의 열매들"이 삶에 속한 선들을 뜻하기 때문에, 역시 이렇게 엄명되었습니다. 같은 책의 말씀입니다.

> (초막절에……) 첫날 너희는 좋은 나무에서 딴 열매를 가져 오고,……또 종려나무 가지와 무성한 나뭇가지와 갯버들을 꺾어 들고, 주 너희의 하나님 앞에서 이레 동안 절기를 즐겨라. 너희는 해마다 이렇게 이레 동안 주에게 절기(=초막절)를 지켜야 한다.
> (레위기 23 : 40, 41)

왜냐하면 "초막"(=성막·tabernacles)은 천계적인 사랑에 속한 선들을, 그리고 거기에서 비롯된 거룩한 예배를 뜻하기 때문입니다(A.C. 414·1102·2145·2152·3312·4391·10545항 참조). 그리고 "초막절"(the feast of tabernacles)이 그 선이나, 또는 사랑의 심기(=이식·주입·implantation)를 뜻하기 때문입니다(A.C. 9296항 참조). 그렇기 때문에 "열매들"(fruits)은 삶에 속한 선들을 가리키는 사랑에 속한 선들을 뜻합니다. 레위기서의 말씀입니다.

> 나는 철 따라 너희에게 비를 내리겠다. 땅은 소출을 내고, 들의 나무들은 열매를 맺을 것이다.……(내가 세워 준 법도를 싫어하며, 나의 모든 계명을 그대로 실천하지 않고, 내가 세운 언약을 어기면, 저주 가운데 있을 것이어서……) 너희의 땅은 소출을 내지 못할 것이며, 땅에 심은 나무도 열매를 맺지 못할 것이다.
> (레위기 26 : 4, 20)

그러므로 어느 도성이 포위되었을 때, 역시 이렇게 엄명되었습니다. 신명기서의 말씀입니다.

> 너희가 한 성읍을 점령하려고 둘러싸서 공격할 때에,……거기에 있는 과일나무를 도끼로 마구 찍어서는 안 된다. 과일은 따서 먹어라. 그러나 나무를 찍어 버리지는 말아라.……다만, 먹을 열매를 맺지 못하는 나무는 너희가 알고 있으니, 그런 나무는 찍어도 좋다.
> (신명기 20 : 19, 20)

이상에서 밝히 알 수 있는 것은 "열매들"(fruits)이 사랑에 속한 온갖 선들을, 꼭 같은 뜻이지만, "일들"(=선행들·업적들·works)이라고 부르는 삶에 속한 선들(the goods of life)을 뜻합니다. 이러한 내용은 복음서의 여러 장절들에서 잘 알 수 있습니다.

> 도끼가 이미 나무 뿌리에 놓였으니, 좋은 열매를 맺지 않는 나무는 다 찍혀서, 불 속에 던져진다.
> (마태 3 : 10 ; 7 : 16-20)
> 나무가 좋으면 그 열매도 좋고, 나무가 나쁘면 그 열매도 나쁘다. 그 열매로 그 나무를 안다.
> (마태 12 : 33 ; 누가 6 : 43, 44)
> 열매를 맺지 못하는 가지는, 아버지께서 다 찍어 버리시고, 열매를 맺는

가지는 열매를 더 많이 맺게 하려고 손질하신다.
(요한 15 : 2-8)
"어떤 사람이 자기 포도원에다가 무화과나무를 한 그루 심어 놓고, 그 나무에서 열매를 얻을까 해서 왔으나, 찾지 못하였다. 그래서 그는 포도원지기에게 말하였다. '보아라, 내가 세 해나 이 무화과나무에서 열매를 얻을까 해서 왔으나, 찾지 못하였다. 찍어 버려라. 무엇 때문에, 땅만 버리겠느냐?'"
(누가 13 : 6-9)
마침 길 가에 있는 무화과나무 한 그루를 보시고, 그 나무로 가셨으나, 잎사귀 밖에는 아무것도 없으므로, 그 나무에게 "이제부터, 너는 영원히 열매를 맺지 못할 것이다" 하고 말씀하셨다. 그러자 무화과나무가 곧 말라 버렸다.
(마태 21 : 19 ; 마가 11 : 13, 14, 20)

"무화과나무"는 자연적인 사람과 그의 내면적인 것들을 뜻하고, 그리고 "그 열매들"은 그의 선들을 뜻합니다(A.C. 217 · 4231 · 5113항 참조). 그러나 "그 잎들"은 지식들을 뜻합니다(A.C. 885항 참조). 이상에서 주님께서 그 나무에서 오직 잎들만 보고, 열매를 찾지 못하였기 때문에, 말라 죽은(枯死) 무화과나무가 뜻하는 것이 무엇인지 명확하다는 것입니다. 인용된 모든 장절들은 "하나님의 낙원"(the paradise of God)의 가운데에 있는 생명나무(the tree of life)가 뜻하는 것이 무엇인지 알게 하기 위한 것입니다. 다시 말하면 "생명나무"가 주님에게서 발출하는 사랑에 속한 선을, 그리고 거기에서 비롯된 천계적인 즐거움을 뜻한다는 것을 알게 하기 위한 것입니다.

110. "하나님의 낙원 가운데 있는 (생명나무)······."
이 말씀은 천계나, 교회 안에 있는 선과 진리에 속한 모든 지식들이 거기를 목적하고 있다는 것과, 그리고 그것들이 거기에서부터 발출한다는 것을 뜻합니다. 이러한 내용은, 그 주위에 있는 모든 것들이 중앙(中央)을 향해 우러르고 있다는 것을 가리키는, 그리고 위에서 언급한 것과 같이(본서 97항 참조), 그것들이 중앙에서부터 발출한 것을 가리키는, "가운데"(the midst)라는 말의 뜻에서, 그리고 진리나 선에 속한 지식들을 가리키고, 그리고 그것에서 비롯된 총명을 가리키는 "낙원"(paradise)의 뜻에서(A.C. 100·108·1588·2702·3220항 참조), 잘 알 수 있습니다. 그리고 "낙원"이 이런 내용들을 뜻하기 때문에, 그러므로 "하나님의 낙원"(the paradise of God)은 천계, 즉 주님나라를 뜻합니다. 천계를 뜻하기 때문에, 그것들은 역시 교회를 뜻합니다. 왜냐하면 교회가 지상에 있는 주님의 나라를 뜻하기 때문입니다. 천계와 교회가 "하나님의 낙원"이라고 불리운 것은, 주님께서 그것들의 한가운데(며앗)에 계시고, 그분에게서 모든 총명과 지혜가 존재하기 때문입니다. 성경에 있는 모든 것들은 대응(對應)에 의하여 기술되었고, 결과적으로 거기에 언급된 모든 개별적인 것들 안에는 영적인 것들이 내재해 있다는 것이 지금까지 알려지지 않고 있기 때문에, 창세기서 둘째 장에 다루어진 "낙원"(樂園·paradise)이 하나의 동산 낙원(a paradise garden)을 뜻한다고 믿고 있습니다. 그러나 지상적인 낙원(earthly paradise)이 거기에 의미된 것은 결코 아니고, 다만 천계적인 낙원(the heavenly paradise)을 뜻하는데, 그것은 선과 진리의 지식들로 말미암아 총명이나, 지혜 안에 있는 사람들이 소유하고 있는 것을 가리킵니다(본서 109항 참조; H.H. 176·185항 참조).

[2] 이상에서 볼 때, 우리는 "낙원" 또는 "에덴 동산"이 뜻하는 내용뿐만 아니라, 성경 어디에서나 등장하는 "낙원들" 또는 "하나님의 동산들"(gardens of God)이 뜻하는 내용도 잘 알 수 있겠습니다. 이사야서의 말씀입니다.

    주께서 시온을 위로하신다!
    그 모든 황폐한 곳을 위로하신다.
    주께서 그 광야를 에덴처럼 만드시고,

> 그 사막을 주의 동산처럼 만드실 때에,
> 그 안에 기쁨과 즐거움이 깃들며,
> 감사의 찬송과 기쁜 노랫소리가
> 깃들 것이다.
> (이사야 51 : 3)

에스겔서의 말씀입니다.

> 너는 옛날에
> 하나님의 동산 에덴에서 살았다.
> 너는 온갖 보석으로 네 몸을 치장하였다.
> (에스겔 28 : 13)

언급된 것들은 두로에 관한 것입니다. 그 이유는 성경에서 "두로"는 진리와 선에 속한 지식들 안에, 그리고 그것에서 비롯된 총명 안에 있는 하나의 교회를 뜻하기 때문입니다(A.C. 1201항 참조). 그것에서 비롯된 교회의 총명은 "하나님의 동산 에덴"을 가리키고, 마찬가지로 그것의 몸을 장식한(=몸을 덮고 있는) "보석들"이 가리킵니다(A.C. 114・9863・9865・9868・9873항 참조). 또 같은 책의 말씀입니다.

> 앗시리아는 한 때
> 레바논의 백향목이었다.……
> 그 나무의 키가 크고,
> 그 꼭대기는 구름 속으로 뻗어 있었다.……
> 하나님의 동산에 있는 백향목들도
> 너에 비하면 아무것도 아니다.……
> 하나님의 동산에 있는 어떤 나무도
> 너처럼 아름답지는 못하였다.
> 내가 네 가지들을 많게 하고,
> 너를 아름답게 키웠더니

하나님의 동산에 있는 에덴의 나무들이
모두 너를 부러워하였다.
(에스겔 31 : 3, 8, 9)

이 구절에서 "앗시리아"는 선과 진리에 속한 지식들에 의하여 합리적이 된 사람들을 뜻하고, 따라서 그들의 마음이 천계로 말미암아 조요(照耀)되고, 교화(敎化)된 사람들을 뜻합니다. "앗시리아"가 사람의 합리성을 뜻한다는 것은 A.C. 119・1186항을 참조하십시오.
[3] 선과 진리에 속한 모든 지식들이 주님사랑에 속한 선을 우러르고 있고, 그리고 그것들이 그것에서 비롯되었다는 것을 바르게 이해하기 위하여 몇 가지 내용들을 설명하고자 합니다. 그러한 내용은 이런 말씀들, 즉 "이기는 사람에게는, 내가 하나님의 낙원에 있는 생명 나무의 열매를 주어서 먹게 하겠다"는 말씀이 뜻하는 내용입니다. 주님사랑에 속한 선은 주님 자신을 가리킵니다. 그 이유는 주님께서는, 사람・영・천사가 가지고 있는 주님사랑에 속한 선 안에 계시기 때문입니다. 선과 진리에 속한 모든 지식들이 주님을 우러르고, 목적한다는 것은 기독교회에는 잘 알려져 있습니다. 왜냐하면 교회에 속한 교리는 주님을 떠나서는 거기에 구원(救援・salvation)이 전혀 없다는 것과, 그리고 모든 구원은 주님 안에 있다는 것 등을 가르치고 있기 때문입니다. 선과 진리에 속한 지식들, 또는 성언에서 비롯된 교리적인 것들은 사람이 어떻게 하면 하나님에게 갈 수 있는지를, 그리고 어떻게 하면 그분과 결합할 수 있는지를 가르치고 있습니다. 주님으로 말미암지 않으면, 그리고 주님 안에 있지 않으면, 어느 누구도 구원받을 수 없다는 내용은 《새 예루살렘의 교리》 283・296항을 참조하십시오. 이상에서 우리가 밝히 알 수 있는 것은, 교회가 성언으로부터 가르치는 모든 것들은, 그것에 대한 목적으로서, 주님을 우러르는 것이고, 그리고 그분만을 사랑하는 것이다는 사실입니다. 선과 진리에 속한 모든 지식들, 또는 성언에서 비롯

된 모든 교리적인 것들이 주님에게서 비롯된 것이다는 것은 역시 교회에 주지된 사실입니다. 왜냐하면 거기에서 가르쳐지고 있는 것은, 사랑에 속한 모든 것이나, 믿음에 속한 모든 것은 천계로 말미암아 존재한다는 것이고, 그리고 사람으로부터 존재하는 것은 아무 것도 없다는 것이고, 그리고 어느 누구도 사람 자신으로 말미암아서는 하나님을 사랑할 수도 없고, 그리고 그분을 믿을 수도 없다는 것이기 때문입니다. 하나님을 사랑한다는 것이나, 그분을 믿는다는 것은, 교회가 가르치는 모든 것들을 뜻하고, 그리고 이것은 교리적인 것들이나, 지식들이라고 부르는 것들입니다. 왜냐하면 이런 모든 것들로 말미암아 하나님을 사랑하고, 그리고 그분을 믿어야만 하기 때문입니다. 이와 같은 선결(先決)적인 지식들이 없다면 거기에 사랑도, 믿음도 모두 존재하지 않기 때문입니다. 왜냐하면 이와 같은 지식들이 없다면 사람은 텅 빈 허깨비일 것이기 때문입니다.

[4] 여기에서 뒤이어지는 것은, 사랑에 속한 모든 것이나, 믿음에 속한 모든 것이 주님에게서부터 발출하기 때문에, 그러므로 사랑과 믿음을 형성하고, 완성하는 선과 진리에 속한 모든 지식들을 실천하여야 한다는 것입니다. 선과 진리에 속한 모든 지식들이 주님을 우러르고, 그리고 주님에게서 발출하기 때문에, 그리고 또한 이것이 바로 "하나님의 낙원 가운데 있는 생명 나무"가 뜻하는 것이기 때문에, 그러므로 낙원 안에 있는 모든 나무들을 "생명 나무들"(trees of life)이라고, 그리고 "여호와의 나무들"(=주님의 나무들 · the trees of Jehovah)이라고 불렀습니다. 그리고 묵시록서에서는 "생명 나무"(trees of life)라고 하였습니다. 묵시록서의 말씀입니다.

> 도시의 넓은 거리 한가운데에 있는 (생명수의 강)이 하나님의 보좌와 어린 양의 보좌로부터 흘러 나와서, 도시의 넓은 한가운데를 흘렀습니다. 강 양쪽에는 열두 종류의 열매를 맺는 생명 나무가 있어서……
> (묵시록 22 : 2)

시편서에서는 그것들이 "여호와의 나무들"(trees of Jehovah)이라고 불렸습니다. 시편서의 말씀입니다.

> 주께서 심으신 나무들(=여호와의 나무들·trees of Jehovah)과
> 레바논의 백향목들이
> 물을 양껏 마시니……(=수액으로 가득 찼다).
> (시편 104 : 16)

이상에서 밝히 알 수 있는 것은 "낙원 가운데 있는 생명 나무"가 거기에 있는 모든 나무를 뜻한다는 것입니다. 다른 말로는 그 사람의 중심에, 다시 말하면 주님께서 그의 중심에 계시는 모든 사람을 뜻한다는 것입니다. 여기에 설명한 것에서, 그리고 앞절의 설명에서, "이기는 사람에게는 주님께서 하나님의 낙원 가운데 있는 생명 나무의 열매를 주어서 먹게 하겠다"는 말씀이 뜻하는 내용을 능히 배울 수 있겠습니다.

111. 8-11절. "서머나 교회의 천사에게 이렇게 써 보내어라. '처음이요, 마지막이요, 죽으셨다가 살아나신 분이 이렇게 말씀하신다. 나는 네가 당한 환난과 궁핍을 알고 있다. 그런데 사실 너는 부요하다. 또 자칭 유대 사람이라는 자들에게서 네가 비방을 당하고 있는 것도, 나는 알고 있다. 그러나 사실 그들은 유대 사람이 아니라 사탄의 무리다. 네가 장차 받을 고난을 두려워하지 말아라. 보아라, 악마가 너희를 시험하여 넘어뜨리려고, 너희 가운데서 몇 사람을 감옥에다 집어 넣으려고 한다. 너희는 열흘 동안 환난을 당할 것이다. 죽도록 충성하여라. 그러면 내가 생명의 면류관을 너에게 주겠다. 귀가 있는 사람은, 성령이 교회들에게 하시는 말씀을 들어라. 이기는 사람은 둘째 사망의 해를 받지 않을 것이다.'"

[8절] :

"서머나 교회의 천사에게 이렇게 써 보내어라"는 말씀은 성언을 이해하기를 원하지만, 아직 이해하지 못하였고, 그리고 그러므로 아직은 진리나 선에 속한 지식들 안에 거의 있지 못하지만, 그럼에도 불구하고 그들이 마음 속에서 그것들을 열망하는 교회 안에 있는 자들을 위한 기억을 뜻합니다(본서 112항 참조). 이런 것들을 말씀하신 "처음이며 마지막이신 분"은 신령인성으로부터 모든 것들을 다스리시고, 그리고 처음 것들로부터 궁극적인 것에 의하여 모든 것들을 다스리시는 주님을 뜻합니다(본서 113항 참조). "죽으셨다가 살아나신 분"은, 그분께서 배척을 당하셨지만, 그럼에도 불구하고 영원한 생명(永生)은 그분으로 말미암아 존재한다는 것을 뜻합니다(본서 114·115항 참조).

[9절] :
"나는 네가 당한 일들을 알고 있다"는 말씀은 사랑을 뜻합니다(본서 116항 참조). "(네가 당한) 환난"은 진리들을 알고자 하는 열망에서 비롯된 불안이나 근심 따위를 뜻합니다(본서 117항 참조). "궁핍을 알고 있다. 그런데 사실 너는 부요하다"는 말씀은, 그들은 자기 자신들로 인해서는 아무것도 알 수 없다는 것을 안다는 시인을 뜻합니다(본서 118항 참조). "자칭 유대 사람이라는 자들에게서 네가 비방을 당하고 있는 것도, 나는 알고 있다. 그러나 사실 그들은 유대 사람이 아니다"는 말씀은, 자신들이 성언을 가지고 있기 때문에 선과 진리에 속한 지식들 안에 자신들이 있다고 생각하지만, 사실은 그렇지 않은 사람들에 의한 고발(告發)이나 비난(非難)을 뜻합니다(본서 119항 참조). "그러나 사실 그들은 사탄의 무리이다"는 말씀은 그들이 가지고 있는 모든 거짓들에 속한 교리를 뜻합니다(본서 120항 참조).

[10절] :
"네가 장차 받을 고난을 두려워하지 말아라"는 말씀은, 이런 부류의 사람들이 그들을 박해하기 때문에 그들이 슬퍼하거나, 고뇌(苦惱)하

지 않을 것이다는 것을 뜻합니다(본서 121항 참조). "보아라, 악마가 (너희를 시험하여 넘어뜨리려고) 너희 가운데서 몇 사람을 감옥에다 집어 넣으려고 한다"는 말씀은, 악에서 비롯된 거짓들 안에 있는 자들이 성언에서 비롯된 진리들을 모두 그들에게서 박탈하려고 애쓴다는 것을 뜻합니다(본서 122항 참조). "너희를 시험하려고 한다"는 말씀은 결과적으로 진리에 대한 열망의 증대를 뜻합니다(본서 123항 참조). "너희는 열흘 동안 환난을 당할 것이다"는 말씀은, 내습(來襲)이나 횡행(橫行·infestation), 그리고 거기에서 비롯된 시험이 한 동안 지속될 것이다는 것을 뜻합니다(본서 124항 참조). "죽도록 충성하여라"(=죽기까지 신실하여라)는 말씀은 마지막에 이를 때까지 진리들 안에 있는 불변(不變·확고부동·確固不動·steadfastness)을 뜻합니다(본서 125항 참조). "그러면 내가 생명의 면류관을 너에게 주겠다"는 말씀은 지혜와 그리고 거기에서 비롯된 영원한 행복을 뜻합니다(본서 126항 참조).

[11절] :
"귀가 있는 사람은, 성령이 교회들에게 하시는 말씀을 들어라"는 말씀은 이해하는 사람은 주님에게서 발출한 신령진리가 주님의 교회에 속한 사람들에게 가르치고, 말하는 것에 경청(傾聽)할 것이다는 것을 뜻합니다(본서 127항 참조). "이기는 사람은 둘째 사망의 해를 받지 않을 것이다"는 말씀은 이 세상에서 그의 생애의 마지막까지 진리에 속한 본연의 정동 안에 확고부동(確固不動)하게 있는 사람은 새로운 천계에 들어갈 것이다는 것을 뜻합니다(본서 128항 참조).

112. 8절. 서머나 교회의 천사에게 이렇게 써 보내어라.
이 말씀은 성언을 이해하려고 원하지만, 아직 이해하지 못하고 있는, 그리고 그러므로 진리나 선에 속한 지식들 안에 거의 있지 않지만, 그럼에도 불구하고 그들이 마음에서 열망하는, 교회 안에 있는 자들을 위한 기억을 뜻합니다. 이러한 내용은, 기억을 위한 것을 가리키는 "쓴다"(writing)는 말의 뜻에서(본서 95항 참조), 그리고 성언을 이해하기를 원하지만, 아직은 이해하지 못한, 그리고 그러므로 진리나 선에 속한 지식들 안에는 있지 못하지만, 그들이 마음으로 열망하는 교회 안에 있는 사람들을 가리키는 "서머나 교회의 천사" 의 뜻에서, 잘 알 수 있습니다. 이런 성품의 사람들을 "서머나 교회의 천사"가 뜻한다는 것은 아래에 이어지는 천사에게 써 보낸 내용들에서 아주 명확합니다. 왜냐하면 이 각각의 교회의 천사가 뜻하는 사람이 누구인지를 그에게 써 보낸 것들의 속뜻으로 잘 알 수 있기 때문입니다.

[2] 바로 위에서 설명한 바 있는 에베소 교회의 천사에게 써 보낸 내용들에는, 진리나 선에 속한 지식들 안에는 있지만, 그러나 여전히 그것들에 일치하는 삶에는 있지 않는, 또는 여전히 있지 않는 사람들에 대해서 기술되었습니다. 지금 여기서는 진리나 선에 속한 지식들 안에 있고, 그리고 동시에 그것들에 일치하는 삶 안에 있는 사람들에 대해서 기술되었습니다. 그러므로 이들은 영적인 근원에서 비롯된 진리에 속한 정동 안에 있습니다. 그러나 전자는 자연적인 근원에서 비롯된 진리에 속한 정동 안에 있는 자들을 가리킵니다. 일반적으로 진리에 속한 정동들은 두 근원에서 비롯되는데, 다시 말하면 하나는 자연적인 근원(a natural source)에서 비롯되고, 다른 하나는 영적인 근원(a spiritual source)에서 비롯됩니다. 자연적인 근원에서 비롯된 진리의 정동 안에 있는 사람들은 우선 자기 자신(自我)이나, 이 세상을 우러르고, 보살피고, 그리고 그것으로 인하여 자연적이라고 합니다. 그러나 영적인 근원에서 비롯된 진리에 속한 정동 안에 있는 사람들은 제일 먼저 주님과 주님나라를 우러르고, 보살피고, 그리고 그것으로 인하여 영적이라고 합니다. 사람의 정동, 또는 사람의 사랑은 아래를 보살피거나, 위를 우러릅니다. 자아나 이 세상을 우러르는 사람들은 아래를 보살피지만, 주님과 주님의 나라를 우러르는 사람들은 위를 보살핍니다. 그의 마음에 속한 것을 가리키는 사람의 내면적인 것들은 실제적으로 그의 사랑이나, 또는 그의

정동이 지향하는 것과 꼭 같은 방향에서 우러르고 있습니다. 왜냐하면 사랑은 내면적인 것들을 결정하기 때문입니다. 그리고 이런 것들이, 그의 마음에 속한 것들을 가리키는 사람의 내면적인 것들에 속한 결정이고, 종결이고, 그리고 이런 것들이 사후(死後) 그 사람이 영원히 남는 것이기 때문입니다. 아래를, 또는 위를 보살피고, 우러른다는 것은 이해를 통하여 사랑으로 말미암아 그와 같이 합니다. 따라서 진리와 선에 속한 지식들을 가리키는 이해를 형성하고, 완성하는 것들을 통하여 그와 같이 합니다.

[3] 에베소 교회의 천사에게 써 보낸 것들 안에는 진리나 선에 속한 지식들 안에 있는 교회에 속한 사람들과 그렇지 않은 사람들이 기술되어 있습니다. 따라서 자연적인 근원에서 비롯된 진리에 속한 정동 안에 있는 사람들이 기술되었습니다. 그러나 지금 서머나 교회의 천사에게 써 보낸 것 안에는, 진리나 선에 속한 지식들 안에 있고, 그리고 그것들에 일치하는 삶 안에 있는 사람, 따라서 영적인 근원에서 비롯된 진리에 속한 정동 안에 있는 사람들이 기술되었습니다. 그 이유는 전자는 교회의 처음상태(the first state)이고, 후자는 교회의 둘째 상태(the second state)이기 때문입니다. 왜냐하면 성언에서 비롯된 지식들을 통하지 않고서는 어느 누구도 교회에 입문(시끠)할 수도 없고, 그리고 주님나라를 형성할 수도 없기 때문입니다. 이런 것들이 없다면 사람은 주님나라에 가는 길도 알지 못하고, 그리고 이런 것들이 결여(缺如)되었다면 주님께서는 그 사람과 함께 사실 수도 없습니다. 선에서 비롯된 진리나 선에 속한 지식들이 없다면 어느 누구도 주님에 관해서 아무것도 알 수 없고, 천사적인 천계나, 또는 인애나 믿음에 관해서도 아무것도 알 수 없다는 것은 자명(自明)한 것입니다. 그리고 이런 지식들이 없다면 사람이 알지도 못하고, 생각할 수도 없고, 따라서 의도할 수도 없으며, 결과적으로 믿을 수도, 사랑할 수도 없다는 것 역시 자명합니다. 그러므로 명확한 것은 이런 지식들에 의하여 사람은 주님나라에 가는 길

을 배운다는 것입니다. 성언에서 비롯된 진리나 선에 속한 지식들이 없다면 주님께서 사람과 함께 사실 수 없다는 것 역시 자명합니다. 왜냐하면 사람이, 주님에 관해서, 그리고 주님나라에 관해서, 그리고 믿음에 관해서, 아무것도 알지 못할 때, 보다 높은 마음(the higher mind)을 가리키는 그의 영적인 마음이 천계에 속한 빛을 통하여 사물을 보려고 한다면, 그의 마음은 공허(空虛)한 것이고, 그 마음 안에는 신령존재에게서 비롯된 것은 전무(全無)하기 때문입니다. 그러나 주님께서 사람과 더불어 주님 자신의 고유속성(固有屬性·His own) 안에 있지 않다면, 다시 말하면 그분에게서 비롯된 것 안에 있지 않다면, 주님께서는 사람과 함께 하실 수 없습니다. 이런 이유 때문에, 만약에 사람이 성언에서 비롯된 진리나 선에 속한 지식들 안에 있지 않다면, 그리고 그것에 속한 삶 안에 있지 않다면, 주님께서는 그 사람과 함께 사실 수 없다고 언급한 것입니다. 이런 내용에서, 그리고 이런 내용들을 취합할 때, 얻는 결론은, 자연적인 사람은, 성언에서 비롯된 선이나 진리에 속한 지식들이 없다면, 결코 영적인 존재가 될 수 없다는 것입니다.

[4] "서머나 교회의 천사"는 성언을 바르게 이해하기를 열망하지만, 그러나 아직은 이해하지 못하는, 그러므로 진리나 선에 속한 진리 안에는 아직은 거의 있지 못하지만, 그럼에도 불구하고 그들이 영적인 정동 안에 있기 때문에, 그들이 그것을 열망하는, 교회 안에 있는 사람들을 뜻합니다. 그리고 진리에 속한 영적인 정동 안에 있는 사람들은 인애에 속한 삶 안에 있습니다. 왜냐하면 그것으로 말미암아 그들은 영적인 정동을 가지고 있기 때문입니다. 영적인 정동은 인애 이외의 다른 근원에서 사람에게 오는 것은 없습니다. 영적인 정동 안에 있는 사람들은 성언에 깊은 관심을 가지고 있고, 그리고 성언을 바르게 이해하고, 깨닫는 것 이외의 것에는 거의 아무것도 열망하지 않습니다. 그러나 그것 안에는 그들이 이해하지 못하는 헤아릴 수 없는 것들이 존재해 있기 때문에, 그러므로 사람이 이 세상

에서 사는 일생 동안, 그리고 그 때 그는 자연적인 사람으로부터 보는 관계로, 그는 진리나 선에 속한 지식들 안에는 거의 있을 수 없고, 그리고 단지 일반적인 것들 가운데 지내지만, 그럼에도 불구하고 그가 영계나, 또는 천계, 즉 주님나라에 들어가게 되면 헤아릴 수 없이 많은 것들은 그 일반적인 것들에 심어지게 됩니다. 그 이유는 내부 깊숙한 곳에 존재하는 성언은 영적이고, 그리고 영적인 것은 무한한 비의(秘義)들을 품고 있기 때문입니다.

[5] 영적인 근원에서 비롯된 진리에 속한 정동 안에 있는 사람은 그가 종전에 알고 있었던 것에 비하여 매우 많은 것들을 압니다. 왜냐하면 그가 가지고 있는 일반적인 지식들은 수많은 것들로 채워질 수 있는 그릇들과 꼭 같기 때문입니다. 그리고 그런 것들은, 그가 천계에 들어가게 되면, 역시 실제적으로 채워집니다. 이런 내용들이 사실이다는 것은 단순한 이런 사실에서도 잘 알 수 있는데, 즉 그것은, 천계에 있는 모든 천사들은 우리 인류(人類·the human race)에게서 비롯되었다는 것, 그럼에도 불구하고 그들은, 우리가 알고 있듯이, 말로 표현할 수도 없고, 헤아릴 수도 없는 수많은 것들에 의하여 기술될 수 있는 지혜(智慧·wisdom)를 가지고 있다는 것 등등이 되겠습니다. 천계의 천사들이 인류 이외의 다른 근원에서 존재하지 않는다는 것은 《천계와 지옥》 311-317항을 참조하시고, 그리고 《최후심판》 14-22항을 참조하십시오. 총명이나, 이해의 충만은 누가복음서의 주님의 말씀이 뜻하는 내용입니다. 누가복음서의 말씀입니다.

> 하나님께서도 너희에게 주실 것이니, 되를 누르고 흔들어서, 넘치도록 후하게 되어, 너희 품에 안겨 주실 것이다.
> (누가 6 : 38)

마태복음서의 말씀입니다.

가진 사람은 더 받아서 차고 남을 것이며, 가지지 못한 사람은 가진 것마
저 빼앗길 것이다.
(마태 13 : 12 ; 25 : 29)

또 누가복음서의 말씀입니다.

첫째가 와서 말하기를 "주인님, 나는 주인의 한 므나로 열 므나를 벌었습
니다" 하였다. 주인이 그에게 말하였다. "착한 종아, 잘 했다. 네가 가장
작은 일에 신실하였으니, 열 고을을 다스리는 권세를 차지하여라."
(누가 19 : 16, 17)

여기서 "열"(10)은 많고, 충만한 것을 뜻합니다. 그리고 "고을
들"(cities)은 총명과 지혜를 뜻합니다. "열"(10)이 많고, 충만한 것
을 뜻한다는 것은 A.C. 1988・3107・4638항을 참조하시고, "고을
들"(=성읍들・cities)이 총명과 지혜에 속한 것들을 뜻한다는 것은
A.C. 2449・2712・2943・3216・3584・4492・4493・5297항을
참조하십시오.

113. 처음이며 마지막이신 분이 이렇게 말씀하셨다(=말씀하신 것
들).
이 말씀은, 궁극적인 것들에 의하여 처음 것들로부터 신령인성에게
서 비롯된 모든 것들을 다스리시는 분이 주님이시다는 것을 뜻합니
다. 이러한 내용은, 주님에 관해서 언급할 때에는, 궁극적인 것들에
의하여 처음 것들로부터 모든 것들을 다스리시는 그분의 통치(統治
・His ruling)를 가리키는 "처음이요, 마지막이다"(=처음 존재요, 마지
막 존재・the First and the Last)는 말의 뜻에서 잘 알 수 있습니다
(본서 41항 참조). 여기서, 그리고 아래에서 교회들의 천사들에게 말
씀하시는 존재가 신령인성(=신령인간・the Divine Human)의 측면에서
주님을 가리킨다는 것은, 앞 장에서 "사람의 아들"(人ㅏ・the Son of

man)에 관해서 언급한 비슷한 내용에서, 그리고 "사람의 아들"이 신령인성의 측면에서 주님이시다는 내용에서, 잘 알 수 있습니다(본서 63항 참조). 예를 들면, "사람의 아들"(人 f · the Son of man)은, 우리가 보았듯이, 앞 장에 이렇게 기술되었습니다.

> 오른손에 일곱 별을 쥐고 있는, "인자와 같은 이"가 촛대들 한가운데 계셨다.
> (묵시록 1 : 13, 16)

우리의 본문장(=2장) 1절에서, 꼭 같은 말, 즉 "오른손에 일곱 별들을 쥐시고, 일곱 금 촛대 사이를 거니시는 이가 말씀하신 것들"이라고 에베소 교회의 천사에게 써 보낸 것이다 라고 소개하고 있습니다. [2] 앞 장에서 "사람의 아들"(人 f)은 이렇게 기술되고 있습니다.

> "나는 처음이며 마지막이요, 살아 있는 자다. 나는 한 번 죽었으나, 보아라, 영원무궁하도록 살아 있다."
> (묵시록 1 : 17, 18)

여기서의 이 말, 즉 "처음이며 마지막이요, 죽으셨다가 살아 나신 분이 말씀하신 것들"(2 : 8)이 서머나 교회의 천사에게 써 보낸다고 소개하고 있습니다. 앞 장에서 "사람의 아들"은 우리가 읽고 있듯이, 이렇게 기술되었습니다.

> (그의) 입에서는 날카로운 양날 칼이 뻗어 나왔다.
> (묵시록 1 : 16)

이 말씀, 즉 "날카로운 양날 칼을 가지신 이가 말씀하신 것들"(2 : 12)이 버가모 교회의 천사에게 써 보낸다고 소개하고 있습니다. 앞 장에서 "사람의 아들"은, 보이는 그분이 이러한 것을 가지고 있다고 기술되었습니다. 즉—.

(그분은) 눈은 불꽃과 같고, 발은 화덕에서 달구어 낸 놋쇠와 같았다.
(묵시록 1 : 14, 15)

두아디라 교회의 천사에게 써 보낸다는 것은 이런 말들, 즉 "그 눈이 불꽃같고, 그 발이 놋쇠와 같으신 분, 곧 하나님의 아들이 이렇게 말씀하신 것들"(2 : 18)이다는 말이 소개하고 있습니다.
[3] 동일한 내용들이, 다음 장의 나머지 세 교회의 천사들에게 써 보낸다는 것을, 소개하고 있습니다. 이상에서 밝히 알 수 있는 것은, 교회들에게 써 보낸 것들을 말씀하신 분이 "사람의 아들"이시다는 것과, 그리고 앞에서 설명하였듯이(본서 63항 참조), "사람의 아들"은, 신령인성의 측면에서 주님을 뜻한다는 것 등입니다. 또한 이런 내용에서 얻는 결론은, 신령인성(神蘂人性・神蘂人間・the Divine Human)은, 그것이 천계에 속한 모든 것들 안에 존재하는 모든 것(the All)이듯이, 교회에 속한 모든 것들 안에 계시는 모든 것(the All in all things of the church)이시다는 것입니다. 그러므로 여기서 "처음이시고 마지막이신 분"(the First and the Last)은, 그분의 신령인성으로 말미암아 궁극적인 것들에 의하여 처음 것들로부터 모든 것들을 다스리시는 주님을 뜻합니다. 신령인성의 측면에서 주님께서 천계의 모든 것들 안에 계신 모든 것(the All)이시다는 내용은 ≪천계와 지옥≫ 7-12항이나, 78-86항, 그리고 거기에 기술된 나머지 것들에서 읽을 수 있습니다. 이렇기 때문에, 나는, 교회 안에 있지만, 그분의 인성 안에 있는 주님의 신성(the Divine of the Lord)을 시인하지 않는 사람은 어느 누구도 천계에 들어갈 수 없다는 것을 주장할 수 있습니다. 그분의 인성 안에 주님의 신성이 있다는 것을 시인한다는 것은, 그분의 인성에 관해서 생각할 때, 그분의 신성을 생각하는 것입니다. 그와 같이 반드시 동시에 생각한다는 것은 온

천계(全 天界)가 그분의 신령인성(His Divine Human)으로 말미암아 존재하기 때문입니다. 이러한 내용은 ≪천계와 지옥≫ 처음부터 마지막까지의 전부에서 볼 수 있고, 본서 10·49·52·82항에서 읽을 수 있습니다.

114. "죽으셨다가 살아나신 분이 (이렇게 말씀하신다)."
이 말씀은 그분은 배척되었다는 것, 그럼에도 불구하고 영원한 생명(永生·eternal life)은 그분으로 말미암아 존재한다는 것을 뜻합니다. 이러한 내용은, 주님에 관해서 언급된 경우, 배척(排斥)되는 것을 가리키는 "죽었다"(dead)는 말의 뜻에서(본서 83항 참조), 그리고 영원한 생명(永生)은 그분으로 말미암아 존재한다는 것을 가리키는 "살아 있다"(being alive)는 말의 뜻에서(본서 84항 참조), 잘 알 수 있습니다. 주님께서 배척되었다고 말하는 것은, 사람이 그분에게 가까이 나아가지도 않고, 그분을 예배하지 않을 때, 그리고 또한 단순히 그분의 인성의 측면에서는 가까이 나아가고 예배하지만, 동시에 신령인성의 측면에서는 가까이 나아가지도 않고 예배하지도 않을 때를 가리킵니다. 그러므로 주님께서는, 그분에게 가까이 나아가지도 않고 예배하지 않지만, 그러나 하나님 아버지(聖父·the Father)에게 아들(聖子·the Son)의 목적인 불쌍히 여기는 마음(同情·compassion)을 기도하는 사람들에 의하여, 오늘날 교회 안에서 배척당하고 있으십니다. 그럼에도 불구하고 그 때 사람이나, 또는 천사는 아버지(聖父)에게 가까이 갈 수도 없고, 그분에게 직접 예배할 수도 없습니다. 왜냐하면 신령존재는 비가시적(非可視的) 존재이시고, 그리고 그 존재와는 어느 누구도 믿음이나 사랑에 의하여 결합될 수 없기 때문입니다. 비가시적 존재는 생각의 개념 속에 들어올 수 없기 때문에, 결과적으로 역시 의지의 정동 속에도 들어올 수 없습니다. 생각의 개념 속에 들어올 수 없는 존재는, 믿음 안에 들어올 수 없습니다. 왜냐하면 믿음에 속한 것들은 반드시 생각에 속한 것이어야 하기 때문입니다. 그러므로 의지에 속한 정동 안에 들어올 수 없는 것은 사랑 속에 역시 들어오지 못합니다. 왜냐하면 사랑에 속한 것은 반드시 사람의 의지를 감화 감동시켜야 하기 때문입니다. 그 이유는 사람이 가지고 있는 모든 사랑은 그의 의지 안에 주거(住居)하기 때문입니다(≪새 예루살렘의 교리≫ 28-35항 참조).
[2] 그러나 주님의 신령인성은 생각에 속한 개념 속에 들어올 수 있고, 따라서 사랑 안에 들어올 수 있습니다. 그리고 이것으로 말미암아 주님의 신령인성은 의지에 속한 정동에 들어올 수 있고, 따라서 사랑 안에 들어올 수 있습니다. 이런 사실에서 얻는 것은 주님으로 말미암지 않고서는, 또는 주님 안에서가 아니면 어느 누구도 아버지(聖父·the Father)와 결합할 수 없다는 것입니다. 왜냐하면 주님께서는 복음서에서 매우 분명하게 가르치시고 있기 때문입니다. 요한복음서의 말씀입니다.

> 일찍이 하나님을 본 사람이 없으나, 아버지의 품 속에 계시는 독생자이신 하나님이 그분을 나타내 보이셨다.
> (요한 1 : 18)

같은 책의 말씀입니다.

> 너희는 그의 음성을 들은 일도 없고, 그의 모습을 본 일도 없다.
> (요한 5 : 37)

마태복음서의 말씀입니다.

> 아버지 밖에는 아들을 아는 이가 없으며, 아들과 또 아들이 계시하여 주고자 하는 사람 밖에는 아버지를 아는 이가 없다.
> (마태 11 : 27)

또 요한복음서의 말씀입니다.

예수께서 대답하셨다. "내가 곧 길이요 진리요 생명이다. 나로 말미암지 않고서는, 아무도 아버지께로 올 사람이 없다.
(요한 14 : 6)

같은 책의 말씀입니다.

너희가 나를 알았더라면, 내 아버지도 알았을 것이다. 이제 너희는 내 아버지를 알고 있으며, 그분을 이미 보았다. 빌립이 예수께 말하였다. "주님, 우리에게 아버지를 보여 주십시오. 그러면 좋겠습니다." 예수께서 대답하셨다. "빌립아, 내가 이렇게 오랫동안 너희와 함께 지냈는데도, 너희는 나를 알지 못하느냐? 나를 본 사람은 아버지를 본 사람이다.……내가 아버지 안에 있고, 아버지께서 내 안에 계심을 네가 믿지 않느냐?……내가 아버지 안에 있고, 아버지께서 내 안에 계심을 믿어라."
(요한 14 : 7-11)
나와 아버지는 하나다.
(요한 10 : 30)

또 같은 책의 말씀입니다.

나는 포도나무요, 너희는 가지다.……너희는 나를 떠나서는 아무것도 할 수 없다.
(요한 15 : 5)

[3] 이상에서 우리가 밝히 이해할 수 있는 것은, 주님께서 하나님 아버지(聖父・the Father)에게 직접 가까이 나아가고, 그리고 하나님 아들(聖子・the Son)의 목적인 불쌍히 여기는 마음(同情・compassion)을 기도하는 교회 안에 있는 사람들에 의하여 배척당하고 있다는 것입니다. 왜냐하면 이런 부류의 사람들은, 그들이 다른 사람의 인간적인 것을 생각하는 것과 같이, 주님의 인성에 관해서 생각하는

것을 그 이상으로 달리 생각할 수 없기 때문입니다. 따라서 그들은 그의 인성 안에 존재하는 그분의 신성(His Divine)을 동시에 생각할 수 없기 때문입니다. 하물며 그들이 어떻게, 보편적인 기독교계에 철두철미하게 수용된 교리에 따라서, 영혼이 그 육체와 결합해 있는 것과 같이 그분의 인성(His Human)과 결합된 그분의 신성(His Divine)을 생각할 수 있겠습니까!(본서 10·26항 참조). 기독교계에 그분의 인성 밖에 주님의 신성을 두기를 원하는 자들 그 누구가 우리 주님의 신성(神性·the Divinity)을 시인하겠습니까? 그럼에도 불구하고 그 때 단순히 인성(人性·the Human)만을 생각하고, 동시에 그의 인성 안에 있는 그분의 신성(神性·His Divine)에 관해서 생각하지 않는다는 것은 분리된 두 존재(the two as separated)로서 간주(看做)하는 것입니다. 그와 같은 생각이나 관점은 주님을 두루 생각하는 것도 아닐 뿐만 아니라, 한 인격을 두 존재로 생각하는 것도 아닙니다. 그럼에도 불구하고 기독교계에 깊숙이 수용된 교리는, 주님의 신성과 인성(the Divine and Human of the Lord)은 두 인격(two persons)이 아니고 단일 인격(a simple person)이라는 것입니다.

[4] 오늘날 교회에 속한 사람들은, 그들이 교회의 교리에 따라서 말을 할 때에는 그분의 인성 안에 있는 주님의 신성에 관해서 생각하지만, 그러나 그들이 교리로부터 떠나서 자신들 스스로 생각하고 말할 때에는, 전적으로 다르다는 것은 참된 사실입니다. 그러나 주지하여야 할 것은, 사람이 교리로부터 생각하고 말할 때에 있는 상태와 사람이 교리를 떠나서 생각하고 말할 때에 있는 상태가 서로 다르다는 것입니다. 사람이 교리로부터 생각하고 말할 때에, 그의 생각이나 언어는 그의 자연적인 사람에 속한 기억에서 비롯된 것이지만, 그러나 그가 교리를 떠나서 생각하고 말할 때에, 그의 생각이나 언어는 그의 영(his spirit)에서 비롯됩니다. 왜냐하면 영으로 말미암아 생각하고, 말한다는 것은 자기 자신의 마음에 속한 내면적인 것들로부터 생각하는 것이고, 말하는 것이기 때문입니다. 그리고 그

의 진정한 믿음은 바로 여기에서 나오는 것이기 때문입니다. 더욱이 사후(死後) 사람의 상태는, 교리에서 떠난 자기 자신에 의한 그의 생각이나 언어에 속한 것들로 이루어지기 때문입니다. 그리고 만약에 후자가 전자와 더불어 하나가 아니라면 교리에서 비롯된 그것들은 그와 같은 것은 아니기 때문입니다.
[5] 일반적으로 사람은 믿음과 사랑의 측면에서 두 상태를 가지고 있다는 것을 알지 못합니다. 다시 말하면, 교리 안에 있을 때의 상태와 교리에서 떠났을 때의 또다른 상태가 있다는 것을 알지 못합니다. 그럼에도 불구하고, 후자의 상태가 전자의 상태에 결합하여 하나의 상태를 이루지 못한다면, 교리에서 떠난 그의 믿음과 사랑의 상태가 그 사람 자신을 구원하는 것이지, 교리에서 비롯된 믿음이나, 사랑에 관한 그의 언어의 상태가 그 사람 자신을 구원하는 것은 아닙니다. 그러나 믿음이나 사랑에 관해서 교리로 말미암아 생각하고, 말한다는 것은 자연적인 사람이나 그의 단순한 기억으로 말미암아 말하는 것뿐입니다. 이러한 사실은 이러한 단순한 것에서 잘 알 수 있는데, 예컨대, 악한 사람도, 그가 다른 사람과 함께 있을 경우에는, 선한 사람과 꼭 같이 이와 같은 것을 생각할 수도 있고, 말할 수도 있다는 것입니다. 꼭 같은 이유 때문에, 역시 악한 설교자들도 선한 설교자들과 꼭 같이, 또는 믿음을 전혀 가지고 있지 않는 설교자들도 믿음을 가지고 있는 설교자와 꼭 같이 복음을 전파할 수 있고, 그리고 겉보기(外現)에는 역시 비슷한 정열과 애정을 가지고 그렇게 할 수 있습니다. 이와 같은 것은, 앞에서 언급한 것과 같이, 사람은 그 때 자연적인 사람으로 말미암아, 그리고 그것의 기억에서 생각하고, 말하기 때문입니다. 그러나 그 사람 자신의 영(靈)으로 말미암아 생각한다는 것은 자연적인 사람이나 그것의 기억으로 말미암아 생각하는 것이 아니고, 오히려 영적인 사람으로 말미암아, 그리고 그것의 믿음이나 정동으로 말미암아 생각하는 것입니다. 단순한 이러한 것에서 얻는 명확한 사실은 사람은 두 상태를 가지고 있

다는 것이고, 그리고 그 사람을 구원하는 것은 전자가 아니고, 후자이다는 것 등입니다. 왜냐하면 사후(死後) 사람은 하나의 영(靈·a spirit)이기 때문입니다. 그러므로 그 사람은 그의 영(靈)의 측면에서 보면 이 세상에 있을 때의 그 사람인 것이고, 그리고 사람은 이 세상으로부터 떠난 뒤에도 그런 존재로 남기 때문입니다.

[6] 더욱이 수많은 경험으로 이런 사실을 내가 알 수 있도록 주어진 것은 교회에 속한 사람은 이와 같은 두 상태를 가지고 있다는 것입니다. 왜냐하면 사후 사람은, 한쪽의 상태에만 들어갈 수도 있고, 그리고 또한 실제적으로는 양쪽의 상태에 들어갈 수 있기 때문입니다. 이들 중의 대부분은, 그들이 전자의 상태에 들어가게 되면, 기독교인들과 꼭 같이 말을 하며, 그리고 그가 하는 말에서는 다른 사람들이 그가 기독교인이다고 믿게 하지만, 그러나 그들의 영에 속한 진정한 상태를 가리키는 후자의 상태에 보내지면, 그 즉시 그들은 악마적인 영들(devilish spirits)과 꼭 같이 말하고, 그리고 종전에 그들이 말하던 것과는 전적으로 상반되게 말합니다(H.H. 491-498·499-511항 참조).

[7] 이상에서 주님께서 이 세상에 계실 때 교회 안에 있는 자들에 의하여 배척되었다는 명제(命題·statement)를 어떻게 이해하여야 할 것인지 명확하게 되었습니다. 다시 말하면, 비록 주님의 신성은 아버지의 신성(聖父神性·the Divine of the Father)과 꼭 같은 계도에서 반드시 시인되고 믿어야 한다는 교리로부터 판정되고 있지만, 주님께서 교회 안에 있는 사람들에 의하여 배척되었다는 명제를 어떻게 이해하여야 할 것인지 명확하게 되었습니다. 왜냐하면 교회에 속한 교리는 "아버지와 꼭 같이 아들도 비창조적 존재이시고, 무한존재이시고, 영원하시고, 전능한 존재로서 계시고, 그분 중에서 어느 분도 더 위대하지도, 덜 위대하지도 않으시고, 그리고 다른 존재에 비하여 앞서지도, 뒤떨어지지도 않는 존재이시다"(아타나시우스 신조 참조)고 가르치고 있기 때문입니다. 그럼에도 불구하고 그들은 주님에

게 가까이 나아가지도 않고, 그리고 그분의 신성을 예배하지도 않고, 오히려 성부의 신성(聖父神性)만을 예배합니다. 왜냐하면 그들은, 그들이 아드님(聖子·the Son)의 목적인 자비를 얻기 위하여 아버지(聖父·the Father)에게 기도할 때, 이런 일들을 하기 때문입니다. 그리고 그들이 이것을 말할 때 그들은 주님의 신성에 관해서는 전혀 생각하지 않고, 오히려 그들은 신령존재에서 분리된 존재로서의 그분의 인성(His Human)에 관해서 생각합니다. 따라서 그들은 다른 사람의 인성과 꼭 같이 그분의 인성을 생각합니다. 그 때 그들은 역시 한 분의 하나님을 생각하지 않고, 두 분의 하나님, 또는 세 존재의 하나님으로 생각합니다. 이런 식으로 주님을 생각한다는 것은 곧 그분을 배척하는 것입니다. 왜냐하면 그들이 그분의 인성을 생각하면서 동시에 그분의 신성을 생각하지 않는다는 것은 분리하는 것을 통하여, 그들이 신령존재를 밀어 내쫓는 것이기 때문입니다. 그럼에도 불구하고 그분의 인성과 그분의 신성은, 마치 육신과 영혼이 한 몸(一體)을 이루듯이, 두 존재가 아니고, 한 인격(one person)입니다.

[8] 나는, 이 세상에서 살았을 때 천주교회(天主敎會·the popish)에 속했던 영들과 이야기를 나눈 적이 있습니다. 나는 그 때 이 세상에 있을 때 주님의 신성(the Divine of the Lord)을 그들이 진지하게 생각했는지 여부에 대해서 물었습니다. 그들은 그들이 교리에 따라서 볼 때에는 언제나 그것에 관해서 생각하였다는 것과, 그리고 그 때 그들은 아버지(聖父)의 신성과 꼭 같이 그분의 신성(His Divine)을 시인하였지만, 그러나 교리를 떠나서는 그들은 오직 그분의 인성(His Human)만 생각했지, 그분의 신성(His Divine)은 생각하지 않았다는 것 등을 그들은 대답하였습니다. 그분의 신성(His Divine)은 아버지의 신성과 동일하다고 시인하면서, 그분의 인성(His Human)이 가지고 있는 능력은 아버지에 의하여 그분의 인성에 주어진 것이라고 말하는 이유를 그들에게 물었습니다. 그 때 그들은 아무런 대답이 없이, 자리를 피하였습니다. 그러나 그들에게 일러진 것은, 그것

은 그들이 모든 그분의 신령능력(all His Divine power)을 자신들에게 이양(移讓)하려는 것 때문이고, 그리고 만약에 그들이 인성(人性)에서 신성(神性)을 분리시키지 않으면, 그들은 이와 같은 일을 행할 수 없기 때문이다는 것 등이었습니다. 그들에게서 주님께서 배척당하셨다는 것은, 이런 사실에서, 즉 그들이 주님 대신에 교황(教皇·the pope)을 예배하고, 그리고 그들은 더 이상 어떤 능력도 주님의 공로로 돌리지 않는다는 사실에서 어느 누구도 쉽게 결론을 지을 수 있겠습니다.

[9] 나는 여기서 베네딕트 14세(Benedict XIV)라고 불리는 교황에게서 들은 매우 큰 스캔들을 소개하겠습니다. 그가 공공연하게 천명한 것은, 그가 이 세상에 살 때 자기가 믿은 것은 주님께서는 아무런 권능을 가지고 있지 않다는 것이었습니다. 그 이유는 주님께서는 그것을 이미 베드로에게 이양하였고, 그리고 그 뒤에는 그의 계승자들에게 이양되었기 때문입니다. 이에 더 자신의 신념을 부연시켰습니다. 그들은 성인들(聖人·the saints)은 주님에 비하여 보다 큰 권능을 가지고 있다는 것입니다. 그 이유는 성인들은 하나님 아버지(God the Father)에게서 그것을 차지하였지만, 이에 반하여 주님께서는 그것을 모두 교황들에게 맡기셨고, 그리고 주었기 때문입니다. 그럼에도 불구하고 주님께서는 변함없이 예배를 받으셔야 한다는 것입니다. 그 이유는 그렇지 않다면 교황이 존엄성(尊嚴性·sanctity)으로 예배 받지 못하기 때문입니다. 그러나 이 교황은 죽은 뒤에도 자기 자신에 대한 신성존재(神性存在·the Divine for himself)를 요구하였지만, 며칠 뒤에 그는 지옥으로 쫓겨났습니다.

115. 주님께서는 이 교회의 천사들에게, "나는 처음이며 마지막이요, 죽었다가 다시 살아난 존재"라고 말씀하셨습니다. 그 이유는 이 교회 안에 있는 진리에 속한 영적인 정동 안에 있는 사람들이 여기서 다루어지고 있기 때문입니다. 이들은 성언에서 진리들을 찾아낸(撝鑿) 사람들이고, 그리고 그들은 그것을 찾아냈을 때, 무척 마

음에서 기뻐하였습니다. 그 이유는 그것들이 다만 진리들이었기 때문입니다. 진리에 속한 단순한 자연적인 정동 안에 있는 사람들도 여기서 다루어지고 있습니다. 이런 부류의 사람은 진리를 탐구하는 그런 성품이 아니고, 그것들이 진리이기 때문에, 진리들 안에서 즐거워하지도 않는 성품입니다. 그러나 그들은 그것들이 참이든 거짓이든 살피지 않고, 자신들의 교회의 교리적인 것들 안에서 단순하게 추종(追從)할 뿐입니다. 그들은 이런 것들을 단순한 기억으로서 배웠고, 그리고 그것들을 성언의 문자적인 뜻으로 확증하였습니다. 그리고 그들은 이런 일을 오로지 명성·영예·재물 따위를 취하는 목적에서 행할 뿐입니다. 그들에게서 주님은 "죽은 것"입니다. 다시 말하면 주님께서는 배척당하신 것입니다. 진리이기 때문에 진리를 사랑하는 것을 가리키는 진리에 속한 영적인 정동은, 인성 안에 있는 그분의 신성을 시인하는 것에 의하여, 그리고 그것을 믿는 믿음에 의하여 주님에게 결합된 사람들에게만 존재합니다. 그 이유는 천계에 속한 모든 진리들은, 그리고 교회에 속한 모든 진리들은 주님의 신령인성(the Lord's Divine Human) 이외의 다른 근원에서는 결코 존재할 수 없기 때문입니다. 왜냐하면 이것에서 발출한 신령진리가 바로 "진리의 영"(the Spirit of Truth) 또는 "성령"(聖靈·the Holy Spirit)이라고 불리는 것이기 때문입니다. 여기에서 천계에 속한 모든 천사들은 진리에 속한 자신들의 모든 정동과 자신들의 모든 지혜를 가지고 있습니다(이러한 내용은 H.H. 126-140·265-275·346-356항을 참조하십시오). 이들에게서 주님은 살아 있는 존재입니다.

116. 9절. "**나는 네가 당한 환난과 궁핍을 알고 있다**(=나는 너의 행위들을 안다).
이 말씀은 사랑을 뜻합니다. 이러한 뜻은 "행위들"(=일들·業績·works)이 그것들에게서 비롯되기 때문에, 의지 또는 사랑에 속한 것들을 가리키는 "행위들"의 뜻에서, 그리고 그것에서 발출한 것들은, 원인이 결과 안에서 이루어지는 것과 같이, 발출한 것 안에 있는 모든 것들을 형성한다는 것에서 잘 알 수 있겠습니다. 왜냐하면 원인이 제거되거나, 소멸하게 되면, 결과도 소멸하기 때문입니다. 따라서 사람의 의지나, 그것에서 비롯된 행위들도 그와 같습니다. 의지는 원인이고, 행위들은 결과입니다. 그리고 의지가 소멸할 때 행위가 소멸한다는 것 역시 잘 알려진 사실입니다. 이상에서 밝히 알 수 있는 것은, 원인과의 관계에서 "행위들"은 곧 의지를 가리킵니다. 사람의 의지는 영적이지만, 그러나 거기에서 비롯된 행위들은 자연적입니다. 그러므로 여기서 영적인 뜻으로 "행위들"(=일들・업적들)은 의지를 뜻합니다. 또한 "행위들"은 사랑을 뜻합니다. 그 이유는 사랑이 사랑하는 것은 그가 뜻하고, 원하는 것이며, 그리고 그가 마음 속에서 원하는 것은 그가 사랑하는 것이기 때문입니다. 만약에 여러분들이 보다 깊이 찾고 살핀다면, 여러분은 사람의 내면적인 의지에 속한 모든 것들은 그의 사랑에 속한 것이다는 사실을 밝히 이해할 것입니다. 그러나 일반적인 대화 가운데서, 우리는 사람의 사랑에 관해서는 말하지만, 그의 의지에 관해서는 말하지 않습니다. 그 이유는 온갖 사랑들은 매우 다양(多樣)하고, 한 사람 안에는 수많은 것이 존재하고, 그 모든 것들은 모두가 의지 안에 존재하기 때문입니다. 그것은, 사람이 의지와 이해 사이를 분명하게 분별하기 때문에, 마치 하나로서(as a one) 사람에 의하여 지각되기 때문입니다. 그러므로 의지는 그 사람의 영적인 것 자체입니다. 그 이유는 사랑이 영적이기 때문입니다. 성경에는 "행위들"(=일들)이 기술되었으나, 의지나 사랑은 언급되지 않고 있습니다. 예컨대, 여기서나 아래에 이어지는 것에서와 같이, 여러 교회들의 천사들에게 "나는 너의 의지나 사랑을 안다고 하지 않고, 나는 너의 행위들을 안다"고 하였습니다. 그 이유는 성언의 문자적인 뜻 안에 있는 모든 것들은 자연적이기 때문이고, 그리고 그것들 안에는 영적인 것들을 담고 있기 때문입니다. 그러므로 자연적인 것 안에 있는, 또는 자연적인 것이 발출한 근원을 가리키는 성언의 영적인 뜻이나, 영적인 것을 명백하게 밝힌다는 것은 깊이 연구하고, 탐구하여야만 합니다.
117. "(나는) 네가 당한 환난을 안다."
이 말씀은 진리들을 알고자 하는 열망(熱望)에서 비롯된 불안이나 근심을 뜻합니다. 이러한 내용은 진리들을 알고자 하는 열망에서 비롯된 마음의 불안이나 근심 따위를 가리키는 "환난"의 뜻에서 잘 알 수 있습니다. 왜냐하면 성경말씀을 바르게 이해하기를 원하지만, 아직까지 잘 이해하지 못한 사람들이 여기에서 다루어지고 있기 때문입니다(본서 112항 참조). 그리고 그들이 이해하지 못하였을 때 영(靈)의 측면에서 이들은 불안한 상태에 처해 있기 때문입니다. 그들이 이해하지 못하였을 때 그들이 이와 같은 불안이나 근심을 가지고 있다는 것은, 진리의 목적 때문에 진리에 속한 정동 안에 있는 사람들을 제외하면, 다시 말하면 영적인 정동 안에 있는 사람들을 제외하면 어느 누구도 알 수 없기 때문입니다. 그리고 영적인 정동 안에 있는 사람들이 누구인지는 위의 설명에서 알 수 있겠습니다(본서 115항 참조). 그 이유는, 이런 성품의 사람들은 천계의 천사들과 결합하고, 그리고 천사들은 계속해서 진리들을 열망하기 때문입니다. 그 이유는 그들이 총명과 지혜를 열망하기 때문입니다. 그들은 이것들을, 마치 배고픈 사람이 음식물을 열망하는 것과 같이, 열망합니다. 이런 이유 때문에 역시 총명이나 지혜를 영적인 먹거리(=영적인 양식)라고 부릅니다. 사람은 유아기부터 이런 열망을 가지고 있습니다. 왜냐하면 사람이 젖먹이일 때, 그리고 그 뒤 어린 아이일 때, 그는 천계에 결합하기 때문입니다. 그리고 이 열망은 천계로 말미암아 존재하기 때문입니다. 그러나 자기 스스로 이 세상을 향하고 있는 사람들에게서는 그것은 소멸해 버립니다. 이상에서 여기서 "환난"이 뜻하는 바, 마음에 속한 불안이나 근심이나, 영적인 불안이나 근심이 무엇인지를 잘 알 수 있겠습니다.
[2] 그들은 성경말씀을 읽을 때, 그것을 올바르게 이해하지 못하게 되면, 이런 불안이나 근심 따위를 가지게 되는데, 그 이유는 천계에

속한 모든 진리들이나, 교회에 속한 모든 진리들은 성언으로 말미암아 존재하고, 그리고 그것의 영적인 뜻 안에 숨겨져 있고, 그리고 성언의 영적인 뜻은 천계에 있기 때문에, 천계에 결합된 존재가 아니면 어느 누구에게도 열려 있지 않기 때문입니다. 그럼에도 불구하고 성언의 영적인 뜻 자체는 천계로부터 사람에게 입류하지 않고, 오히려 그것은 그의 정동에 입류하고, 그리고 이것을 통해서 그가 가지고 있는 지식들에 입류하고, 그리고 따라서 그것은 그의 열망을 불태우고, 그리고 그 때 그 사람은, 그가 성언의 문자적인 뜻에서 그것들을 이해할 수 있는 것에 비례하여 교회에 속한 순수한 진리들을 영접, 수용합니다. 진리에 속한 영적인 정동 안에 있는 사람은 모두 자기가 알고 있는 것들은 거의 없고, 자기가 알지 못하는 것들은 무한(無限)하다는 것을, 잘 알고 있습니다. 더욱이 그는, 이것을 알고, 그리고 시인하는 것이 지혜를 향한 첫 계단이다는 것을 잘 알고 있습니다. 그리고 자기가 알고 있는 것들에 대하여 자만(自慢)하고, 그리고 이런 것들 때문에 스스로 가장 총명하다고 믿는 사람들은 이와 같은 첫 단계에도 이르지 못한다는 것도 그는 잘 알고 있습니다. 이런 부류의 사람들은 역시 진리들 보다는 거짓들로 인하여 더 자랑스러워합니다. 왜냐하면 그들은 자기 자신들의 명성에 더 관심을 가지고 있고, 그리고 그들은 오직 그것에 의해서만 감화 감동되지만, 진리 자체에 의해서는 그렇지 않기 때문입니다. 이런 인물들이 바로 자연적인 정동 안에 있는 자들이고, 또한 그것에서 비롯된 열망 가운데 있는 자들입니다(본서 115항 참조).

118. "(나는 네가) **궁핍하다는 것을 알고 있다. 그런데 사실 너는 부요하다.**"

이 말씀은, 그들은 자기들 자신들로 말미암아서는 아무것도 알지 못한다는 것을 시인한다는 것을, 뜻합니다. 이러한 내용은, 그것에 관해서 곧 설명하겠지만, 그들이 자신들로 인해서는 아무것도 알지 못한다는 것을 마음 속으로 시인하는 것을 가리키는 "궁핍"(窮乏·

poverty)의 뜻에서, 그리고 역시 이것에 관해서도 곧 설명하겠지만, 영적인 진리의 정동을 가리키는 "그런데 사실 너는 부요하다"는 말의 뜻에서, 잘 알 수 있습니다. "궁핍"(=가난)이 여기서는 영적인 궁핍을 뜻한다는 것, 그리고 "너는 부요하다"는 말 또한 영적인 부요(富饒)를 뜻한다는 것 등은 아주 명백합니다. 그 이유는 이러한 내용들은 교회에 대하여 언급하고 있기 때문입니다. 영적으로는 가난하지만, 그럼에도 불구하고 부요하다는 것은, 자신이 자기 자신으로 말미암아서는 결코 지식도, 이해도, 지혜도 가질 수 없고, 다만 전적으로 주님으로 말미암아서만 그는 알고, 이해하고, 그리고 지혜롭게 된다는 것을 마음 속에서 시인(是認)하는 것을 가리킵니다. 이와 같은 시인 안에는 천계의 모든 천사들이 존재하고, 그러므로 그들은 총명스럽고, 지혜스럽습니다. 그리고 이러한 일은, 이것이 사실이다는 것을 그들이 시인하고, 지각하는 것 안에 있는 계도 안에 있습니다. 왜냐하면 그들은, 이런 모든 것들이 주님으로 말미암지 않고서, 자신들로 인해서는 믿음에 속한 진리라고 부르는 진리에 관해서, 그리고 사랑에 속한 선이라고 부르는 선에 관해서 아무것도 알지도 못하고, 지각하지도 못하기 때문입니다. 그들은 역시, 그들이 이해한다는 모든 것들이나, 그들이 그것들 안에서 지혜롭다고 하는 모든 것들은 믿음에 속한 진리와, 그리고 사랑에 속한 선에 관계를 가지고 있다는 것을 알고, 그리고 지각하기 때문입니다. 그리고 이것으로부터 역시 그들은 자신들의 모든 총명이나 지혜는 주님에게서 비롯된다는 것을 잘 알기 때문입니다. 그들이 이 사실을 알고, 그리고 시인하기 때문에, 그리고 또한 그와 같이 존재한다는 것을 바라고 있고, 사랑하기 때문에, 모든 총명이나 지혜의 원천인 신령진리는 계속해서 주님으로부터 입류합니다. 그 이유는 그들은, 자신들이 그것에 의하여 감동되었다는 것, 다시 말하면 그것을 애지중지한다는 것을 어느 정도 영접, 수용하고 있기 때문입니다. 그러나 다른 한편에서 보면, 지옥에 속한 영들은, 그들이 생각하고, 의도하고, 그리고 그것으로 인하여 말하고 행동하는 모든 것들은 자기 자신들로 말미암은 것이지, 주님에게서 비롯된 것은 전무(全無)하다고 철석같이 믿고 있습니다. 왜냐하면 그들은 신령존재의 존재를 믿지 않기 때문입니다. 결과적으로 총명이나 지혜 대신에 그들은 광기(狂氣)나 어리석음만 가지고 있기 때문입니다. 왜냐하면 그들은 진리에 반대해서 생각하고, 선에 반대해서 의도하기 때문입니다. 이것이 바로 그들을 미치게 하는 것이고, 바보스럽게 만드는 것이기 때문입니다. 자아애(自我愛) 안에 있는 사람은 모두가 꼭 같은 짓을 합니다. 그는 모든 것들을 자기 자신의 공(功)으로 돌리는 이외의 일을 할 수가 없습니다. 그 이유는 그 사람은 자아(自我)만을 우러르기 때문입니다. 그리고 그가 이런 짓을 행하기 때문에 그는 모든 총명이나 지혜가 주님에게서 비롯된다는 시인 안에 있을 수 없습니다. 결과적으로 이런 부류의 사람들이 자기 자신에게서 생각할 경우, 그들이 비록 사람들과 같이 말을 할 때에 자신들의 명성에 대한 상실(喪失)의 두려움 때문에, 달리 말을 한다고 해도, 그들은 교회나 주님나라에 속한 진리들이나 선들에 거슬러서 생각합니다.

[2] 이상에서 영적인 뜻으로 "궁핍"이 무엇을 뜻하는지 밝히 알 수 있겠습니다. 영적으로 가난한 사람은 그럼에도 불구하고 부유한 사람입니다. 그 이유는 그 사람은 진리에 속한 영적인 정동 안에 있기 때문입니다. 왜냐하면 주님에게서 발출하는 총명이나 지혜는 바로 이 정동 안에 입류하기 때문입니다. 그 이유는, 스폰지(海綿)가 물을 빨아들이는 것과 같이, 모든 사람의 정동은 그것에 알맞게 그런 것들을 영접하고, 흡수하기 때문입니다. 그러므로 진리에 속한 영적인 정동은 성언에서 비롯된 교회에 속한 진리들을 가리키는 영적인 진리들을 영접하고 흡수합니다. 진리에 속한 영적인 정동은, 주님께서 주님나라와 교회 안에 있는 신령진리이시기 때문에, 주님 이외의 다른 근원은 결코 가지고 있을 수가 없습니다. 왜냐하면 신령진리는 주님에게서 발출하기 때문입니다. 그리고 주님께서 모두를 주님 자

신에게 인도하시기를 무척 좋아하시고, 그리고 그 사람을 구원하시기를 무척 애지중지하시기 때문에, 그리고 이와 같은 일을 성언에서 비롯된 선이나 진리에 속한 지식들을 통하여 주님께서 행하기 때문에, 따라서 주님께서 사람에게 이런 것들을 주시기를 사랑하시고, 그리고 그것들이 그 사람의 생명이 되게 하십니다. 왜냐하면 이런 식으로, 그리고 그 이외의 방법으로 결코 주님께서는 주님자신에게 그들을 인도하실 수 없고, 그리고 그 사람을 구원하실 수 없기 때문입니다. 이렇게 볼 때 진리에 속한 모든 영적인 정동은 주님에게서 온다는 것과, 그리고 만약에 사람이 주님의 인성 안에 있는 주님의 신성을 시인하지 않는다면 어느 누구도 그와 같은 정동 안에 있을 수 없다는 것 등을 명확하게 알 수 있겠습니다. 왜냐하면 이런 시인에 의하여 거기에는 결합이 있고, 그리고 그 결합에 일치하는 영접과 수용이 있기 때문입니다. 이에 관한 더 상세한 내용은 '천계의 천사들의 지혜'를 다룬 ≪천계와 지옥≫ 265-275항을 참조하시고, 그리고 '천계에 있는 지혜스러운 사람이나 소박한 사람'을 다룬 전게서 346-356항을 참조하십시오. 그리고 전게서 13·19·25·26·133·139·140·205·297·422·523·603항을 참조하십시오. 그리고 ≪새 예루살렘의 교리≫ 11-27항과 본서 6·59·121·115·117항을 참조하십시오.

[3] 성경에서 "가난하고, 빈곤한 사람"은 여기저기에 언급되어 있고, 그리고 또한 "배고프고 목마른 사람"도 역시 여기저기에 언급되고 있습니다. "가난하고, 빈곤한 사람"은 자기 자신으로 말미암아서는 아무것도 알 수 없다고 믿는 사람들을 뜻하고, 그리고 또한 그들은 성언을 가지고 있지 않기 때문에 지식이 없는 자들을 뜻합니다. 그리고 "배고프고, 목마른 사람"은 계속해서 진리들을 열망하고, 그리고 그 진리들에 의하여 완전한 사람이 되기를 열망하는 사람을 뜻합니다. "가난한 사람" "빈곤한 사람" "배고픈 사람" "목마른 사람"은 아래의 장절들에서는 두 종류를 뜻합니다.

마음이 가난한 사람은 복이 있다.
하늘 나라가 그들의 것이다.……
의에 주리고 목마른 사람은 복이 있다.
그들이 배부를 것이다.
(마태 5 : 3, 6)
너희 가난한 사람은 복이 있다.
하나님의 나라가 너희의 것이다.
너희 지금 굶주리는 사람은 복이 있다.
너희가 배부르게 될 것이다.
(누가 6 : 20, 21)
가난한 사람에게 복음이 전파되고,
가난한 사람이 복음을 듣는다.
(누가 7 : 22 ; 마태 11 : 5)
집주인이 노하여 종더러 말하기를 "어서 시내 거리와 골목으로 나가서 가난한 사람과……데려오너라."
(누가 14 : 21)
가난한 사람들이 배불리 먹고, 불쌍한 사람들이 평안히 누워 쉴 것이다.
(이사야 14 : 30)
너희는, 내가 주렸을 때에 내게 먹을 것을 주었고, 목말랐을 때에 마실 것을 주었고,……
(마태 25 : 35)
가련하고 빈궁한 사람들이
물을 찾지 못하여
갈증으로 그들의 혀가 탈 때에,
나 주가 그들의 기도에 응답하겠고,……
내가 메마른 산에서
강물이 터져 나오게 하며
골짜기 가운데서 샘물이 솟아나게 하겠다.
(이사야 41 : 17, 18)

인용된 마지막 절에서 밝히 알 수 있는 것은 "가난하고, 빈궁(=빈곤)한 사람"은 선과 진리에 속한 지식을 열망하는 사람들을 뜻한다는 것입니다. 왜냐하면 이런 사람들이 찾는 "물"은 진리를 가리키기 때문입니다. "물"이 믿음에 속한 진리를 가리킨다는 것은 본서 71항을 참조하십시오. 여기서 그들의 열망이 "갈증으로 타는 그들의 혀"에 의하여 기술되었고, 그들이 반드시 받게 될 넉넉함(豊富)은 "메마른 산에서 터져 나온 강물"과 "골짜기 가운데서 솟아난 샘물"에 의하여 기술되었습니다.

[4] "부자"(富者)가 성언을 가지고 있고, 그리고 그것으로부터 진리나 선에 속한 지식들 안에 있는 사람들을 뜻한다는 것과, 그리고 "가난한 사람"(貧者)이 성언을 가지고 있지 않고, 그럼에도 불구하고 진리들을 열망하는 사람들을 뜻한다는 것 등을 모르는 사람들은 누가복음서(16 : 19-31)에서 "자색 옷과 고운 베옷을 입은 부자"가 이 세상에 있는 부자를 뜻한다는 것과, 그리고 "헌데 투성이 몸으로 그 부자의 상에서 떨어지는 부스러기로 배를 채우려고 한 그 집 대문 앞에 누워 있는 가난한 사람"이 이 세상에 있는 가난한 사람을 뜻한다는 것 이외에는 전혀 알지 못합니다. 그러나 거기에서 "부자"는 성언을 가지고 있고, 그리고 그것으로 말미암아 진리나 선에 속한 지식들을 알 수 있었던 유대 민족을 뜻하고, 그리고 거기에서 "가난한 사람"(貧者)은, 성언을 가지고 있지 않으며, 그럼에도 불구하고 진리나 선에 속한 지식들을 열망하는 이방 사람들을 뜻합니다. 부자가 "자색 옷과 고운 베옷"을 입은 것으로 기술되었는데, 그 이유는 "자색"이 순수한 선을 뜻하고(A.C. 9467항 참조), "고운 베"는 순수한 진리를 뜻하고(A.C. 5319 · 9469 · 9596 · 9744항 참조), 이들 양자는 모두가 성언에서 비롯된 것이기 때문입니다. 가난한 사람이 "그 부자의 식탁에서 덜어지는 부스러기로 배를 채우려고 그 집 대문에 누워 있다"고 기술된 것은, "대문에 누워 있다"는 말은 배척당한 것을 뜻하고, 그리고 성언을 읽고 이해할 수 있는 기회가 박탈당하는

것을 뜻하기 때문입니다. 그리고 "부자의 상에서 떨어지는 부스러기로 배를 채우려고 한다"는 말은 성언에서 비롯된 진리들을 열망한다는 것을 뜻합니다. 왜냐하면 "음식"(=먹거리·food)은, 지식·총명·지혜에 속한 것들을 뜻하고, 일반적으로는 선과 진리를 뜻하고(A.C. 3114·4459·4792·5147·5293·5340·5342·5410·5426·5576·5582·5588·5655·8562·9003항 참조), 그리고 "식탁"(=밥상)은 이런 것들의 수용그릇들을 뜻하기(A.C. 9527항 참조) 때문입니다. 가난한 사람이 진리에 속한 영적인 정동과 꼭 같은 것을 가리키는 그 열망 안에 있기 때문에, 그에 관해서 "그는 천사들에게 이끌려 가서 아브라함의 품에 안겼다"라고 언급되었는데, 이 말은 총명이나 진리의 측면에서 천사적인 상태에 소생되었다는 것을 뜻합니다. 그리고 "아브라함의 품"은 천계에 있는 신령진리를 뜻합니다. 왜냐하면 그 품 안에 있는 사람들은 주님과 함께 있기 때문입니다. 성경에서 "아브라함"이 주님을 표징한다는 것은 A.C. 2010·2833·2836·3245·3251·3305·3439·3703·6098·6185·6276·6804·6847항을 참조하십시오.

[5] 여기서 "부자"와 "배고픈 가난한 사람"이 뜻하는 동일한 내용이 누가복음서에서 "부자"와 "배고픈 사람"에 의하여 뜻하여졌습니다. 누가복음서의 말씀입니다.

> 주린 사람들을 좋은 것으로 배부르게 하시고,
> 부한 사람들을 빈손으로 떠나보내셨습니다.
> (누가 1 : 53)

성경에서 "부자"는 영적인 재물들을 뜻하는데, 그것들은 성언에서 비롯된 진리나 선에 속한 지식들을 가리킵니다(A.C. 1694·4508·10227항 ; H.H. 365항 참조). 그리고 반대의 뜻으로는 성언의 문자적인 뜻으로 확증한 거짓이나 악에 속한 지식들을 가리킵니다(A.C.

1694항 참조). 성경에서 "재물"(財物・富・riches)은 진리나 선에 속한 지식들을 뜻하고, 그리고 그것에서 비롯된 총명이나 지혜를 뜻한다는 것은, 대응에서 비롯되었습니다. 왜냐하면 천계에 있는 천사들에게 그 모든 것들은 마치 금・은・보석과 같이 빛나는 것으로 보이기 때문입니다. 더욱이 이러한 일은 그들이 진리에 속한 총명이나 선에 속한 지혜 안에 있는 것에 비례합니다. 천계 아래에 있는 영들에게 거기에 있는 재물들은 그들에게 있는 주님에게서 비롯된 진리와 선의 수용에 일치한 외현(外現) 가운데 있습니다.

119. "또 자칭 유대 사람이라는 자들에게서 네가 비방을 당하고 있다는 것도, 나는 알고 있다. 그러나 그들은 유대 사람이 아니다." 이 말씀은, 그들이 성언을 가지고 있지 않기 때문에, 그럼에도 불구하고 그들은 성언을 가지고 있지 않으면서, 선이나 진리에 속한 지식들 안에 있다고 스스로 생각하는 사람들에 의한 비난이나 협박을 뜻합니다. 이러한 내용은, 욕설을 퍼붓고, 비방하고, 협박하는 것을 가리키는 "비방"(誹謗・blasphemy)의 뜻에서, 그리고 성언에서 비롯된 선이나 진리에 속한 지식들 안에 있는 자들을 가리키는 "유대 사람"의 뜻에서 잘 알 수 있습니다. 왜냐하면 성언의 최고의 뜻으로 "유대 사람"은 천적인 사람의 측면에서 주님을 뜻하고, 속뜻으로는 주님의 천적인 왕국이나 성언을 뜻하고, 그리고 겉뜻으로는 천적인 교회에 속한 성언에서 비롯된 교리를 뜻하기 때문입니다(A.C. 3881・6363항 참조). 이상에서 밝히 알 수 있는 것은 "유대 사람이 아니면서 자칭 유대 사람이라는 그들의 비방"은 자신들이 주님을 시인한다고 말하고, 그리고 주님의 나라에, 또는 주님의 나라 참된 교리 안에 있다고 말하는 자들에 의한 비난이나 협박을 뜻한다는 것입니다. 그 이유는 그들은 성언을 가지고 있다고 하지만, 그러나 그들은 그것을 가지고 있지 않기 때문이고, 그리고 일반적으로 그들은 성언에서 비롯된 선이나 진리에 속한 지식들 안에 있다고 말하지만, 그러나 온갖 거짓들과 악들 안에 있기 때문입니다.

[2] 성언의 속뜻에 관해서 아무것도 알지 못하는 사람들은 역사서에서 "유다"나 "유대 사람"이 사람 유다나 유대 사람을 뜻한다는 것 이외의 다른 뜻을 알 수 없습니다. 그러나 그들의 이름들은 거기에 있는 사람들을 뜻하지 않고, 오히려 교회에 속한 참된 교리 안에 있는 자들을 뜻하고, 따라서 성언에서 비롯된 선이나 진리에 속한 지식들 안에 있는 사람들을 뜻합니다. 유다나 유대 사람이 그런 이름을 지닌 사람을 뜻하지 않는다는 것은 단순한 이런 사실에서도 잘 알 수 있습니다. 즉, 성언에 속한 모든 개별적인 것 안에는 속뜻이 있다는 것이나, 그리고 역시 인명(人名)들이나 지명(地名)들 안에는 속뜻이 있다는 것에서 잘 알 수 있습니다. 그리고 천계나 교회에 관계되는 것을 제외하면 이 속뜻으로 취급되고 있는 것은 전무(全無)하다는 것에서도 알 수 있습니다. 그러므로 이런 것들을 이름 "유다"나 "유대 사람"이 반드시 뜻한다는 것입니다. 그들에게는 천계적인 것들에 속한 표징(表徵・representation)과 표의(表意・signification)를 가리키는 모든 것들 가운데 제정된 교회가 있었기 때문에, 따라서 그들의 이름들은 근본적으로 교회를 형성하는 것들을 뜻합니다. 다시 말하면 최고의 뜻으로는 주님 자신을 뜻하고, 속뜻으로는 주님의 성언을 뜻하고, 겉뜻으로는 성언에서 비롯된 교리를 뜻합니다. 이러한 내용은 위에서 설명되었습니다. 이렇게 볼 때, 문자적인 뜻에 일치하여 유대 사람은 가나안 땅에 옮겨질 것이고, 그리고 그들은 다른 사람들에 비하여 우선 천계에 대하여 선택되었고, 그리고 천국에 가도록 정해졌다고 믿는 것이 얼마나 큰 오류를 범하는 것인지를 잘 알 수 있겠습니다. 그럼에도 불구하고 그 민족으로부터 구원받은 사람은 거의 없다는 것입니다. 그 이유는 주님을 바르게 믿는 사람들을 제외하면, 어느 누구도 구원받지 못하기 때문입니다. 그리고 이 세상에 있을 때 주님을 바르게 믿는 사람은 사후에도 그는 주님을 잘 믿기 때문입니다. 그러나 그 민족은 자신들의 믿음으로 말미암아 주님을 전적으로 배척하였기 때문입니다.

[3] "유다"가 주님의 나라 성언의 측면에서 주님을 뜻한다는 것은 그의 아들들에 관한 이스라엘의 예언에서 잘 알 수 있습니다. 이것이 속뜻으로 밝혀질 때 그 각각의 지파는 교회 안에 있는 것들을 표징한다는 것은 명확합니다. 이러한 사실은 유다 지파가 성언에 기술되어 있는 주님의 나라 교회를 표징한다는 것은 명확합니다. 왜냐하면 유다에 관해서 이렇게 언급하였기 때문입니다. 창세기서의 말씀입니다.

> 유다야, 너는 사자 새끼 같을 것이다.
> 나의 아들아,
> 너는 움킨 것을 찢어 먹고,
> 굴로 되돌아갈 것이다.
> 엎드리고 웅크리는 모양이
> 수사자 같기도 하고,
> 암사자 같기도 하니,
> 누가 감히 범할 수 있으랴!
> 임금의 지휘봉이 유다를 떠나지 않고,
> 통치자의 지휘봉이
> 자손 만대에까지 이를 것이다.
> 권능으로 그 자리에 앉을 분이 오시면,
> 만민이 그에게 순종할 것이다.
> 그는 나귀를 포도나무에 매며,
> 그 암나귀 새끼를
> 가장 좋은 포도나무 가지에 맬 것이다.
> 그는 옷을 포도주에 빨며,
> 그 겉옷은 포도의 붉은 즙으로 빨 것이다.
> (창세기 49 : 8-11)

이 구절의 개별적인 것들이 주님의 나라, 또는 주님의 교회를 뜻하고 있다는 사실은 그런 것들이 상세하게 설명되어 있는 ≪천계비의≫

에서 잘 알 읽을 수 있습니다.*
[4] "유다"가 최고의 뜻으로는 주님을 뜻하고, 속뜻으로는 주님의 나라와 성언을 뜻하고, 겉뜻으로는 성언에서 비롯된 교리를 뜻한다는 것과, 그리고 반대의 뜻으로는 주님을 부인하는 자들이나 성언을 모독(冒瀆)하는 자들을 뜻한다는 것을 아는 사람은, 아래의 인용 장절에서와 같이, 성경의 수많은 장절에 등장하는 "유다"가 뜻하는 것이 무엇인지 잘 알 수 있습니다. 이사야서의 말씀입니다.

> 야곱의 집안아,
> 이스라엘이라 일컬음을 받는
> 유다의 자손아,
> 주의 이름을 두고 맹세를 하고
> 이스라엘의 하나님을 섬긴다고는 하지만,
> 진실이나 공의라고는 전혀 없는 자들아,
> 이 말을 들어라(=야곱의 집안아, 이 말을 들어라. 너희는 이스라엘 이름으로 불리우고, 유다의 물에서 나왔다는 야곱의 집안아, 이 말을 들어라).
> (이사야 48 : 1)

이 구절에서 "야곱의 집안"이나 "이스라엘"은 교회를 가리킵니다. 그리고 "유다의 물에서 나왔다"는 말은 성언에서 나온 교리를 뜻합니다. 왜냐하면 교회는 그것으로 말미암아 존재하기 때문입니다. "물"(waters)이 성언에서 비롯된 교리의 진리를 뜻한다는 것은 본서 71항을 참조하십시오. 요엘서의 말씀입니다.

> 유다 백성과 예루살렘 시민을
> 그리스 사람에게 팔아 넘기며,
> 나라 밖 먼 곳으로 보냈다.……

---
* 이 구절에 관한 설명은 도서출판 <예수인>에서 발간한 표징적교회[15]권을 참조하십시오. (역자 주)

> 그 날이 오면,
> 산마다 새 포도주가 넘쳐 흐를 것이다.
> 언덕마다 젖이 흐를 것이다.
> 유다 개울마다 물이 가득 차고
> 주의 성전(=주의 집)에서 샘물이 흘러 나와……
> 유다 땅은 영원히 있겠고,
> 예루살렘도 대대로 그러할 것이다.
> (요엘 3 : 6, 18, 20)

이 구절에서 "유다 백성과 예루살렘 시민을 그리스 사람에게 판다"는 것은 교회에 속한 선들이나 진리들을 위화(僞化)하는 것을 가리킵니다. 그리고 "그 날"은 그 교회의 마지막 때와 그리고 이방 사람들에게 새로운 교회가 세워졌다는 때를 뜻합니다. "유다 개울마다 물이 가득 찼다"(=물이 흐른다)는 말은 그들은 새로운 교회에 있는 사람들을 위한 성언으로 말미암아 진리와 선이 풍부하다는 것을 뜻합니다. 왜냐하면 이러한 내용이 성언에서 비롯된 것이라는 것은 "주의 성전에서 샘물이 흘러 나온다"는 말이 뜻합니다. 이상에서 밝히 알 수 있는 것은 "영원히 있을 유다"는 유다나 유대 민족을 뜻하지 않고, 오히려 성언에서 비롯된 진리들에 의한 선 안에 있는 자들 모두를 뜻합니다.

[5] 아래의 장절들에서 "유다"는 역시 같은 내용을 뜻합니다.

> 유다 족속은 내가 불쌍히 여기겠다. 그들의 주님인 나 하나님이 직접 나서서 그들을 구출하겠다.……
> 그 때가 되면,
> 유다 자손과 이스라엘 자손이
> 통일을 이룩하여,
> 한 통치자를 세우고,
> 땅에서 번성할 것이다.
> 그렇다.

이스르엘의 날이 크게 번창할 것이다.
(호세아 1 : 7, 11)
그 날에, 많은 이방 백성들이 주께 와서
그의 백성이 될 것이며,
주께서 예루살렘에 머무르시면서,
너희와 함께 사실 것이다.
그 때에야 너희는,
만군의 주께서
나를 너희에게 보내셨음을 알게 될 것이다.
주께서는 그 거룩한 땅에서
유다를 특별한 소유로 삼으실 것이며,
예루살렘을
가장 사랑하는 도성으로 선택할 것이다.
(스가랴 2 : 11, 12)
만군의 주께서
그의 양 무리인 유다 백성을 돌보시고,
전쟁터를 달리는
날랜 말같이 만드실 것이다.······
내가 유다 족속을 강하게 하고······.
(스가랴 10 : 3, 6)
하나님께서 시온을 구원하시고,
유다의 성읍들을 다시 세우실 것이니,
그들이 거기에 머무르면서,
그 곳을 그들의 소유로 삼으실 것이다.
주의 종들의 자손이 그 땅을 물려받고,
주의 이름을 사랑하는 사람들이
거기에서 살게 될 것이다.
(시편 69 : 35, 36)
내가 야곱으로부터 자손이 나오게 하며,
유다로부터
내 산을 유업으로 얻을 자들이

나오게 하겠다.
내가 택한 사람들이
그것을 유업으로 얻으며,
내 종들이 거기에 살 것이다.
(이사야 65 : 9)

이 밖에도 여러 장절들이 있습니다. 유대 민족이 이 장절이나, 성경의 다른 여러 장절에서 유대 민족을 뜻하지 않고, 그들이 "선택된 백성"이나 "상속자들"로 불리워졌다는 것은, ≪새 예루살렘의 교리≫ (248항)에 ≪천계비의≫에서 그 민족에 관해 인용된 장절들에서 잘 알 수 있겠습니다. 이상에서 "사실은 유대 사람이 아니면서, 자칭 유대 사람이라고 하는 그들의 비방"이 뜻하는 내용이 무엇인지 잘 알 수 있겠습니다.

120. "그러나 (그들은) **사탄의 무리이다**(=사탄의 회당이다)."
이 말씀은 이런 자들에게 있는 모든 거짓들에 속한 교리를 뜻합니다. 이러한 내용은, 곧 설명하게 될 교리를 가리키는 "회당"(會堂·synagogue)의 뜻에서, 그리고 모든 거짓들이 비롯된 원천인 지옥을 가리키는 "사탄"(Satan)의 뜻에서, 잘 알 수 있습니다. 지옥은 두 종류로 되어 있습니다. 하나는 악들 안에 있는 자들이 있는 곳이고, 다른 하나는 악에 속한 거짓들 안에 있는 자들이 있는 곳입니다. 악들 안에 있는 자들이 있는 지옥은 한마디로 악마(惡魔·Devil)라고 부르고, 악에 속한 거짓들 안에 있는 자들이 있는 지옥을 한마디로 "사탄"(Satan)이라고 부릅니다. 이와 같이 명명된 지옥들에 관해서 전혀 아무것도 알지 못하고, 오히려 악마는 빛의 천사(an angel of light)로 창조되었으나, 그가 반역하였기 때문에, 그의 무리와 함께 쫓겨났고, 그리고 이와 같이 지옥이 만들어졌다고 하는 그릇된 신념을 차용(借用)한 사람들에게는 전적으로 알려져 있지 않습니다. 지옥들이 "악마"와 "사탄"이라고 호칭된다는 것은 ≪천계와 지옥≫ 311

·544·553항과, 인류로부터 '천계와 지옥'이 존재한다고 설명한 ≪최후심판≫이라는 책의 내용(전게서 14-22항 참조)을 참조하십시오.
[2] 더욱이 밝히 주지하여야 할 것은, 모든 선들이나 진리들이 주님으로부터 천계들을 거쳐서 나오듯이, 모든 악들과 거짓들은 지옥들로부터 온다는 것입니다. 온갖 선들이나 진리들이 주님으로부터 천계들을 통하여 온다는 그 이외의 다른 근원을 가지고 있는 사람은, 또는 온갖 악들이나 거짓들이 지옥들에서 온다는 그 이외의 다른 근원을 가지고 있는 사람은 매우 크게 속고 있는 것입니다. 사람은 이런 것들을 수용하는 단순한 그릇일 뿐이고, 그리고 사람이 어떤 것을 향하든 그는 그것의 수용그릇일 뿐입니다. 만약에 그가 자신을 천국에 향하게 하였다면, 그와 같은 일은 사랑에 속한 선들이나, 믿음에 속한 진리들에 의하여 이루어진 것이지만, 그 사람은 주님으로부터 선들이나 진리들을 받습니다. 그러나 만약에 그 사람 자신이 지옥을 향한다면, 그와 같은 일은 애욕에 속한 악들(evil of love)이나 종지(宗旨)에 속한 거짓들(falsities of faith)에 의하여 이루어진 것이지만, 그 사람은 지옥들로부터 온갖 악들과 거짓들을 수용할 것입니다. 모든 악들이나 거짓들이 지옥들에게서 오기 때문에, 그리고 그 지옥들을 한마디로 "악마"나 "사탄"이라고 부르기 때문에 뒤이어지는 사실은, 악마(Devil)는 모든 악들을 뜻하고, 사탄(Satan)은 모든 거짓들을 뜻한다는 것입니다. 이렇게 볼 때 "사탄의 회당"(=무리)이 온갖 거짓들에 속한 가르침(宗旨)을 뜻한다는 것을 잘 알 수 있겠습니다.
[3] "회당"(synagogue)이 교리를 뜻한다는 것은, 회당에서는 가르침(敎育·instruction)이 있고, 그리고 교리의 사안에 대한 차이의 조정이 거기에서 있기 때문입니다. 회당에서 교육이 있었다는 사실은 복음서의 여러 장절들에서 명확합니다(마태 4：23 ; 9：35 ; 13：54 ; 마가 1：21, 22, 29, 39 ; 6：2 ; 누가 4：15, 16, 44 ; 13：10, 14 ; 요한 18：20). 회당에서 교리의 사안에 대한 차이의 조정이 있었다

는 것 역시 복음서에서 능히 추측할 수 있겠습니다(마태 10 : 17 ; 마가 13 : 9 ; 누가 12 : 11 ; 21 : 12 ; 요한 9 : 22 ; 12 : 42 ; 16 : 2, 3). 유대 민족에게 모든 거짓들에 속한 교리가 있었다는 것은 그 민족에 관해서 알고 있는 많은 것들에서 능히 알 수 있습니다. 다시 말하면 그들이 주님을 부인하였다는 것, 이 땅에 그분의 나라가 있을 것이다는 메시아를 그들이 갈망한다는 것, 그리고 그분께서 이 세상에 있는 다른 민족에 비하여 그들을 높일 것이다는 것, 그리고 그들은 모든 예배를 외적인 것에는 두었지만, 주님을 믿는 믿음이나, 주님을 사랑하는 예배에 속한 내적인 것들을 부인한다는 것, 그들은 성경에 있는 모든 것들을 자기 자신들에게 아전인수(我田引水) 적으로 적용한다는 것, 그리고 그들은 자기들 자신이 날조(捏造)한 이른바 전통(傳統)들이나 관습(慣習)들에 의하여 성언을 위화(僞化)한 다는 것 등등에서 잘 알 수 있습니다(마태 15 : 6-9 ; 마가 7 : 1-13). 다시 말하면 그들의 내면적인 것의 측면에서 그 민족의 성품 (性稟)이 어떤 것인지는 모세의 가사(歌詞)에서(신명기 32장), 그리고 ≪천계비의≫에 인용한 수많은 장절들에서(≪새 예루살렘의 교리≫ 248항 참조), 잘 알 수 있습니다.

121. 10절. "네가 장차 받을 고난을 두려워하지 말아라."
그들은, 이런 부류의 사람들이 그들을 박해(迫害)하기 때문에, 근심 걱정 따위를 염려하지 않는다는 것을 뜻합니다. 이러한 내용은, 그들이 마음 속에서 슬퍼하지 않는 것을 가리키는, 장차 일어날 온갖 박해들에 관해서 그것들이 그들에게 관계되는 것을 가리키는 "두려워하지 말라"는 말의 뜻에서 잘 알 수 있습니다. 왜냐하면 이런 자들에게 있는 두려움은 역시 매우 슬픈 고뇌(苦惱)이기 때문입니다. 그리고 또한 "네가 장차 받을 것들"의 뜻에서, 다시 말하면, 이런 부류의 사람들이 박해할 것이다는 것을 가리키는 온갖 거짓들에 속한 교리 안에 있는 자들에게서 당하게 될 그런 것들의 뜻에서 잘 알 수 있습니다. 온갖 거짓들 안에 있는 자들이 행하는 진리에 속한 영적인 정동 안에 있는 자들의 박해가 지금 여기서 다루고 있습니다. 이러한 사실은 영들의 세계(the World of spirits)에 있는 이런 성격의 무리들에게서 아주 잘 알 수 있겠습니다(H.H. 421-535항 참조). 왜냐하면 사상이나, 의도에 속한 것들인 그의 내면적인 것의 측면에서 거기에 있는 모두의 됨됨이가 명료하게 드러나기 때문입니다. 왜냐하면 거기에 있는 각자는 영이고, 그리고 영은 그가 생각하고, 의도하는 바로 그것이기 때문에, 거기에 있는 각자는 그 자신 자체로 존재하기 때문입니다. 거기, 즉 영들의 세계에 있는 모든 영들은 지옥들이나, 아니면 천계와 결합합니다. 지옥들과 결합한 자들은 어느 누구가 진리에 속한 영적인 정동 안에 있다는 것을 지각하게 되면, 그 즉시 증오(憎惡)로 불태우기 시작하고, 그리고 그 사람을 멸망시키려고 안달을 부리고, 그리고 그들은 그 사람을 눈으로 보는 것조차 참고 볼 수가 없습니다. 그들의 대부분은, 만약에 그들이 천계에 속한 기쁨 자체인 진리에 속한 영적인 정동의 기쁨을 일순간이나마 지각한다면, 마치 미치광이 같이 될 것이고, 그리고 그들에게는 그 기쁨을 파괴하는 것 이상으로 더욱 더 쾌락을 느끼는 것은 전무(全無)합니다. 이상에서 볼 때 명확한 것은, 모든 지옥들은 진리에 속한 영적인 정동에 반대된다는 것과 그리고 모든 천계는 진리에 속한 정동 안에 존재한다는 것 등입니다. 지상에 있는 사람들 가운데서, 만약에 그들이 영들이 있는 그 지각 안에 있다면, 앞서와 꼭 같은 일이 그들 가운데 있을 것입니다. 그러나 그들이 이런 지각의 상태에 있지 않기 때문에, 그러므로 그 영적인 정동 안에 있는 사람들을 모르기 때문에, 그들은 이 세상에 속한 쾌락들에 일치하여 다른 모든 사람들에게 다만 조용히 머물러 있기도 하고, 그리고 우정(友情)적인 자세로 행동하기도 합니다. 그러나 이러한 기질(氣質)이나 성품은 교회들 안에 있는 종교적인 사안들에 열정을 가진 자들 가운데 드러나는 것입니다. 이런 식으로 그 영적인 정동 안에 있는 사람들에게서 명확한 것으로 온갖 거짓들은, 영적인 것에서 비롯된 그들의 열망이나 기쁨을 소멸시키려는 그들의 생각들에 온 갖 거짓들이 침입하는데, 익숙해 있다는 것입니다. 그 때의 그들의 생각들에 익숙해 들어와 있는 이런 거짓들은 지옥에서 비롯된 것입 니다. 왜냐하면 사람이 생각하는 것은 지옥에서 아니면, 천계에서 비롯되기 때문입니다(본서 120항 참조).

122. "보아라, 악마가 너희 가운데서 몇 사람을 감옥에다 집어 넣으려고 한다."

이 말씀은 악에서 비롯된 온갖 거짓들 안에 있는 사람들이 그들에 게서 성언에서 비롯된 모든 진리를 박탈하려고 한다는 것을 뜻합니 다. 이러한 내용은, 진리에 속한 영적인 정동 안에 있는 사람들에 관하여서는, 아래에 곧 설명하게 될 성언에서 비롯된 진리들을 그들 에게서 박탈하려고 무척 애를 쓰는 것을 가리키는 "감옥에다 집어 넣는다"는 말의 뜻에서, 그리고 악과 그것에서 비롯된 거짓들 안에 있는 지옥들을 가리키는 "악마"의 뜻에서(본서 120항 참조), 잘 알 수 있습니다. 진리에 속한 영적인 정동 안에 있는 사람들에 관하여 서, "감옥에다 집어 넣는다"는 말은 성언에서 비롯된 진리들을 그들 에게서 박탈하려고 애쓰는 것을 가리킵니다. 왜냐하면, 온갖 거짓들 이 침입, 훼방할 때, 진리들은, 말하자면, 감옥 안에 갇혀 있는 것이 고, 또한 감금(監禁) 상태에 있는 것이기 때문입니다. 그리고 온갖 거짓들이 이런 견해에 있는 한 진리들은 자신을 드러낼 수 없으며, 더욱이 진리들은 자유의 상태에 있을 수 없기 때문입니다. 진리들이 기 때문에 진리들을 애지중지하는 진리에 속한 영적인 정동 안에 있는 사람들은, 그들이 성언을 이해하지 못하지만, 그럼에도 불구하 고 그것을 이해하려고 열망할 때, 이와 같은 감금상태에 있는 것입 니다. 그리고 자아애나 세간애에 속한 쾌락이 그 사람 안에서 통치 할 때, 지옥에서 비롯된 온갖 거짓들이 자연적인 사람에게 들어와 그 사람을 감옥에 처넣습니다. 왜냐하면 이와 같은 쾌락들은 온갖 악들의 근원들이고, 그리고 그것에서 비롯된 거짓들의 근원들이기 때문입니다(≪새 예루살렘의 교리≫ 65-83항 참조).

[2] 이러한 내용이, 속뜻으로 "악마가 감옥에다 넣는다"는 말이 뜻하는 것입니다. 왜냐하면 악마가 곧 지옥이기 때문에, 그리고 모든 악마는 지옥에서 생겨나오기 때문에, 그리고 지옥에서 비롯된 유입(流入·influx)이 자연적인 사람에게는 유입하지만, 영적인 사람에게는 유입하지 못하기 때문에, 따라서 악마는 자아애나 세간애에 속한 쾌락들 안에 있는 사람들을 감동시키고, 그들을 자기 자신에게 복종, 예속시키고, 그리고 그들을 자신의 패거리로 만들어 버리기 때문입니다. 그 이유는 지옥계(地獄界·hells)에 있는 자들은 모두가 자아애나 세간애에서 비롯된 온갖 악들이나, 그것에서 비롯된 거짓들 안에 있기 때문입니다(H.H. 551-565항 참조). 그러나 이런 애욕들에 속한 쾌락들은 대응으로 바뀐다는 그것의 내용이나 성질에 관해서는 전게서 485-490항을 참조하십시오. 성경에 악마에 의하여 감옥에 쳐넣는다는 말은 자주 기술되고 있는데, 거기에서의 경우는, 유대 사람이나 악한 사람이 주님의 제자들을 박해할 것이라는 것과, 그리고 고약하게 다룰 것이고, 종국에 그들을 살해할 것이라는 내용이 언급되고 있습니다. 왜냐하면 "주님의 제자들"은 선에서 비롯된 진리들 안에 있는 사람들을 뜻하고, 따라서 주님에게서 온 진리들 안에 있는 사람들을 뜻하기 때문입니다. 주님의 제자가 이런 사람들을 뜻하기 때문에, 따라서 사람에게서 분리된 추상적인 뜻인 성언에 속한 영적인 뜻으로는 주님으로부터 성언을 통해서 온 진리들이나 선들 자체를 뜻합니다. 주님의 열두 제자들이 총체적으로 믿음과 사랑에 속한 전부(수部·all)를 뜻하고, 따라서 교회에 속한 모든 진리들과 모든 선들을 뜻합니다(A.C. 2129·3354·3488·3858·6397항 참조). 천계에서 성언은 추상적인 뜻에서 이해됩니다(본서 99·100항 참조).

[3] "주님의 제자들"이 주님에게서 온 선들에서 비롯된 진리들 안에 있는 사람들을 뜻한다는 것과, 그리고 추상적인 뜻으로는 선에서

비롯된 진리들 자체를 뜻한다는 것을 알게 되었을 때, 그리고 "악마에 의하여 감옥에다 집어 넣는다"는 말이, 악에서 비롯된 거짓들 안에 있는 자들이 그들에게서 진리들을 박탈하려고 하는 그들의 애씀(勞力)과 그리고 추상적인 뜻으로는, 위에서 언급한 것과 같이, 거짓들에 의한 진리들의 감금이나, 투옥(投獄)을 뜻한다는 것을 알게 되면, 그 사람은 아래의 장절들이 이런 뜻으로 무엇을 뜻하는지 이해할 수 있을 것입니다. 누가복음서의 말씀입니다.

사람들이 너희에게 손을 대어 박해하고, 너희를 회당과 감옥에 넘겨 줄 것이다. 너희는 내 이름 때문에 왕들과 총독들 앞에 끌려갈 것이다.
(누가 21 : 12)

"내 이름"(=주님의 이름) 때문에라는 말씀은 주님에게서 비롯된 사랑에 속한 선들이나, 믿음에 속한 진리들의 목적 때문이다는 것을 뜻합니다(본서 102항 참조). 다른 복음서의 장절들입니다.

그 때에 사람들이 너희를 환난에 넘겨 줄 것이며, 너희를 죽일 것이다. 너희는 내 이름 때문에 모든 민족에게 미움을 받을 것이다.……또 거짓 예언자들이 많이 일어나서, 많은 사람을 홀릴 것이다.
(마태 24 : 9, 11)
사람들을 조심하여라. 그들이 너희를 법정에 넘겨 주고, 그들의 회당에서 매질을 할 것이다. 또 너희는 나(=내 이름) 때문에 총독들과 임금들 앞에 끌려 나가서, 그들과 이방 사람 앞에서 증언할 것이다.
(마태 10 : 17, 18 ; 마가 13 : 9)
그러므로 내가 예언자들과 지혜 있는 자들과 율법학자들을 너희에게 보낸다. 너희는 그 가운데서 더러는 죽이고, 더러는 십자가에 못박고, 더러는 회당에서 채찍질하고, 이 동네 저 동네로 뒤쫓으며 박해할 것이다.
(마태 23 : 34)
"어떤 집주인이 있었는데, 그가 포도원을 일구고,……그리고 그것을 농부들에게 세로 주고, 멀리 떠났다. 열매를 거두어들일 철이 가까이 왔을 때에, 그는 그 소출을 받으려고 자기 종들을 농부들에게 보냈다. 그런데 농부들은 그의 종들을 잡아서, 하나는 때리고, 하나는 죽이고, 또 하나는 돌로 쳤다. 주인이 다시 다른 종들을 처음보다 더 많이 보냈다. 그랬더니, 그들은 그 종들에게도 똑같이 하였다. 마침내 그는 자기 아들을 그들에게 보내며 말하기를 '그들이 내 아들이야 존중하겠지' 하였다. 그러나 농부들은 그 아들을 보고 그들끼리 말하였다. '이 사람은 상속자다. 그를 죽이고, 그의 유산을 우리가 차지하자.' 그러면서 그들은 그를 잡아서, 포도원 바깥으로 쫓아내어 죽였다.
(마태 21 : 33-44)
하나님의 지혜도 말하기를 "내가 예언자들과 사도들을 그들에게 보내겠는데, 그들은 그 가운데서 더러는 죽이고, 더러는 박해할 것이다" 하였다.
(누가 11 : 49)

성경말씀에서 "예언자들"(預言者·prophets)이 진리들을 가르치는 사람들을 뜻하고, 추상적인 뜻으로는 진리에 속한 교리를 뜻합니다 (A.C. 2534·7269항 참조). 그리고 "사도들"(使徒·apostles)도 비슷한 뜻을 가지고 있습니다(본서 100항 참조). 복음서의 말씀입니다.

의를 위하여 박해를 받는 사람은 복이 있다.
하늘 나라가 그들의 것이다.
너희가 나 때문에 모욕을 당하고, 박해를 받고, 터무니없는 말로 온갖 비난을 받으면, 너희에게 복이 있다. 너희는 기뻐하고 즐거워하여라. 하늘에서 받을 너희의 상이 크기 때문이다. 너희보다 먼저 온 예언자들도 이와 같이 박해를 받았다.
(마태 5 : 10-12)
사람들이 너희를 미워하고, 인자 때문에 너희를 배척하고, 욕하고, 누명을 씌울 때에 너희는 복이 있다. 그 날에 기뻐하고 뛰놀아라. 보아라, 하늘에서 받을 너희의 상이 크다. 그들의 조상이 예언자들에게 이와 같이 행하였다.
(누가 6 : 22, 23)

[4] 아래의 장절들과 같이, 주님께서 그분을 따라 오는 사람은 자기 십자가를 져야 한다는 말씀의 뜻도 이와 같습니다. 마태복음서의 말씀입니다.

> 예수께서는 제자들에게 말씀하셨습니다. "누구든지 나를 따라오려거든, 자기를 부인하고 제 십자가를 지고 나를 따라오라."
> (마태 16 : 24 ; 마가 8 : 34)

"자기 자신을 부인한다"는 것은 고유속성(固有屬性・自我・*proprium*)에서, 즉 자아적인 삶(the self-life)에서 비롯된 온갖 악들을 버리는 것을 뜻합니다.

> 누구든지 자기 십자가를 지고 나를 따라오지 않으면, 내 제자가 될 수 없다.
> (누가 14 : 27)
> 예수께서 (부자 청년에게) 말씀하셨다. "너에게는 한 가지 부족한 것이 있다. 가서, 네가 가진 것을 다 팔아서, 가난한 사람들에게 주어라. 그리하면, 네가 하늘에서 보화를 차지하게 될 것이다. 그리고 와서, 나를 따라라."
> (마가 10 : 21)

이 말씀은, 속뜻으로 유대 교회의 교리에 속한 거짓들을 버리고, 주님에게서 비롯된 진리에 속한 교리를 받아야 한다는 것을 뜻하고, 그리고 거짓들에서 비롯된 온갖 공격들과 시험들을 겪을 것을 뜻합니다. 그러므로 주님을 따르기를 갈망하는 사람들은 자신들의 재물을 팔 것이고, 그리고 십자가를 질 것이라고 믿는 사람들은 스스로 속고 있는 것입니다. 주님께서는 요한복음서 1장 1-3절과 14절에서 "성언"(=말씀・the Word)이라고 불리우는 신령진리 자체이시기 때문에 주님께서 직접 겪으신 채찍으로 매를 맞는 일이나, 십자가에 서의 처형은 성경말씀 안에 존재하는 신령진리가 유대 사람에 의하여 그와 같이 다루어졌다는 것을 뜻합니다. 복음서들에 나타난 주님의 고난(the Lord's passion)에 관계되는 것들은 유대 사람이 신령진리를 그와 같이 취급하고, 다루었다는 것을 뜻합니다(본서 83항 참조). 그러므로 주님께서 이렇게 말씀하십니다.

> 내가……한 말을 기억하여라. 사람들이 나를 박해했으면 너희도 박해할 것이요, 또 그들이 내 말을 지켰으면 너희의 말도 지킬 것이다.
> (요한 15 : 20)

[5] 개별적으로는 주님의 제자들을 감옥에 처넣을 것이다는 "악마"는 유대 사람들을 뜻하고, 일반적으로는 자칭 "유대 사람"이라고 하지만, 유대 사람이 아니고, 본서 119·120항에 인용된 장절들에 따라서, 오히려 사탄의 무리를 뜻한다는 것은 요한복음서의 주님말씀에서 아주 명확합니다.

> 어찌하여 너희는 내가 말하는 것을 깨닫지 못하느냐? 그것은 너희가 내 말을 들을 줄 모르기 때문이다. 너희는 너희의 아버지인 악마에게서 났고, 또 그 아버지의 욕망대로 하려고 한다. 그는 처음부터 살인자였다. 또 그는 진리 편에 서 있지 않다. 그것은 그 속에 진리가 없기 때문이다. 그가 거짓말을 할 때에는 본성에서 그렇게 하는 것이다. 그는 거짓말쟁이요, 거짓의 아버지이기 때문이다.
> (요한 8 : 43, 44)

이 말씀에서 "그들의 아버지는 처음부터 살인자이다"는 것과, 그리고 "그 속에 진리가 없고 거짓말을 하는 거짓말쟁이다"는 것은 처음부터 그들은 진리들에 반항하였고, 그리고 악에서 비롯된 거짓들 안에 있었다는 것을 뜻합니다. 왜냐하면 "살인자"(殺人者·murderer)

는 교회에 속한 진리의 파괴자(破壞者)를 가리키고, 그리고 "그 아버지"는 그 선조(先祖)들을 뜻하기 때문입니다. 과거나, 지금의 유대 민족의 성품에 관해서는 ≪새 예루살렘의 교리≫ 248항을 참조하시고, "감옥에 갇힌 자"가 악에서 비롯된 거짓들 안에 있는 자들을 뜻한다는 것은 A.C. 4958·5096항을 참조하시고, "감옥에서 승리한 자"는 감금되고, 그리고 진리들로부터 분리되는 것을 뜻한다는 것은 A.C. 5037·5038·5083·5086·5096항을 참조하시고, 시험을 당한다는 것을 뜻한다는 것은 A.C. 5037·5038항을 참조하십시오.

[6] 유대 민족이 다른 민족에 비하여 자기사랑(自我愛)과 세상사랑(世間愛) 안에 치우쳐 있기 때문에 유대 사람은 여기서 기술된 그런 부류를 가리킵니다. 그리고 그런 성품의 인물이 성경을 읽을 때 그들은 성언에 속한 모든 것들을 자신들의 그와 같은 자아애나 세간애에 적용합니다. 그리고 특히 유대 사람이 자주 언급된 것은 그와 같은 성품 때문입니다. 이러한 사실은 그와 같은 자아애나 세간애에 빠져 있는 다른 사람들에게서도 꼭 같습니다. 왜냐하면 지배하는 사랑(支配愛)은 성경을 읽고 있는 사람의 마음을 그 사랑들이 선호(選好)하는 것들에 향하도록 바꾸기 때문입니다. 왜냐하면 사랑은 불꽃과 같아서, 그것은 그것이 선호하는 것들에게 빛을 비추고, 그리고 반면에 나머지 것들은, 마치 보이지 않는 것과 같이 지나쳐 버리거나, 아니면 왜곡된 설명에 의하여 그 사람의 다른 쪽으로 밀쳐 내거나, 아니면, 그와 같이 위화시키기 때문입니다. "악마"나, 주님의 교회에 속한 자들을 "감옥에 넣는 자"는 진리에 속한 영적인 정동 안에 있는 자들을 괴롭히는 자들을 뜻합니다. 사실, 영계에서 비롯된 모든 거짓들은 그런 자들로부터 진리들을 열망하는 사람들에게 유입하는 것이고, 그리고 마치 감금하여 결박하듯이, 그들을 사로잡습니다. 주님께서 그들에 관해서 언급한 말씀도 동일한 내용을 뜻합니다.

    내가, 감옥에 갇혔을 때에 찾아 주지 않았다.

(마태 25 : 43)

123. "보아라, 악마가 너희를 시험하여 넘어뜨리려고 한다."
이 말씀은 결과적으로 진리에 대한 열망의 증대를 뜻합니다. 이러한 내용은, 온갖 거짓들에 의하여 괴롭힘을 당하는 것을 가리키는 "시험한다"는 말의 뜻에서 잘 알 수 있습니다(≪새 예루살렘의 교리≫ 197·198항 참조). 그러나 여기서는 "악마가 너희를 감옥에다 집어넣으려고 한다"고 언급되었고, 그리고 그 말이 이와 같은 괴롭힘 (=고통)을 뜻하기 때문에, 따라서 "시험한다"는 말은 열망의 증대를 뜻하고, 결과적으로는, 시험이 이런 결과를 가져왔기 때문에, 진리의 증대를 뜻합니다. 온갖 시험의 상태에서 이기는 사람은, 그 시험을 통하여 진리와 선에 속한 명료한 예증(例證)이나, 지각을 얻습니다(A.C. 8367·8370항 참조). 그리고 그것으로 말미암아 총명이나 지혜가 존재하고(A.C. 8966·8967항 참조), 진리들은 시험을 거친 뒤에 무한히 증대합니다(A.C. 6663항 참조). 그것들과 관계되는 그 밖의 다른 것들은 ≪새 예루살렘의 교리≫ 187-201항을 참조하십시오.

124. "너희는 열흘 동안 환난을 당할 것이다."
이 말씀은 그것에서 비롯된 괴롭힘(來襲)과 시험이 한동안 계속될 것이다는 것을 뜻합니다. 이러한 내용은, 온갖 거짓들 안에 있는 자들에 의한 진리에 속한 영적인 정동 안에 있는 사람들의 괴롭힘과 시험을 가리키는 "환난"의 뜻에서, 그리고 한동안의 기간을 가리키는 "열흘"(10)의 뜻에서 잘 알 수 있습니다. "환난"이 이러한 내용을 뜻한다는 것은 이런 것들에 관해서 언급하고 있기 때문입니다. 한 동안의 기간을 "열흘"(10)이 뜻한다는 것은 "사십 일"(40 days)이 괴롭힘이나 시험의 전 기간(全 期間)을 뜻하기 때문입니다(A.C. 2959·7985·7986항 참조). 그리고 "열흘"은 그것의 일부분을 뜻하기 때문입니다. 왜냐하면 성경의 모든 숫자들(數字·numbers)은, 다른 숫자들과의 관계에 일치하는 다양함과 더불어, 사물들(事物·

things)이나 상태들(狀態 · states)을 뜻하기 때문입니다. 다른 숫자들과 관계 없이 숫자 "열"(10)은 충분함(full)이나, 많음(much)을 뜻하지만(A.C. 3107 · 4638항 참조), 그러나 보다 큰 숫자와 관계했을 때, 그 숫자는 선용들(善用 · uses)을 위해 필요한 것을 뜻합니다(A.C. 9757항 참조). 그러므로 여기서 "열"(10)은 한동안의 기간을 뜻하고, 따라서 선용이 필요로 하는 기간을 뜻합니다. 성경의 모든 숫자들이 사물들이나 상태들을 뜻한다는 것은 A.C. 482 · 487 · 647 · 755 · 813 · 1963 · 1988 · 2075 · 2252 · 3252 · 4264 · 4495 · 4670 · 5265 · 6175 · 9488 · 9695 · 10217 · 10253항을 참조하십시오. 열흘 동안의 환난이라는 말이 반드시 어떤 의미를 가지고 있을 것이라고 깊이 생각하는 사람은 악마에 의하여 그들이 감옥에 집어 넣어져 있어야 하는 여기의 "열흘 동안의 환난"이 뜻하는 내용을 잘 알 수 있습니다.

125. **"죽도록 충성하여라"**(=죽기까지 신실하여라).
이 말씀은 마지막까지 진리들 안에 있는 부동(不動 · 확고함 · steadfastness)을 뜻합니다. 이러한 내용은 부연설명이 없이도 명확합니다. "죽도록"(=죽기까지)이라고 언급되었는데, 그것은 사람이 죽을 때의 그 사람이 영원까지 남아 있기 때문입니다. 종전까지 산 삶은 그의 영의 형성기간 동안의 삶(=생명)에 지나지 않습니다(H.H. 470-484항 참조).

126. **"그러면 내가 생명의 면류관을 너에게 주겠다."**
이 말씀은 거기에서 비롯된 지혜나 영원한 행복(永福)을 뜻합니다. 이러한 내용은, 아래에서 더 상세하게 설명하겠지만, 진리나 선의 지식들에 속한 영적인 정동 안에 있는 자들에 관해서는 지혜를 가리키는 "면류관"(crown)의 뜻에서, 그리고 역시 영생(永生 · eternal life)이라고 부르는 영원한 행복(永福 · eternal happiness)을 가리키는 "생명"(生命 · life)의 뜻에서, 잘 알 수 있습니다. 여기서 다루고 있는 진리나 선에 속한 영적인 정동 안에 있는 사람들은 영복(永福)을 차지하는데, 그 이유는, 그 사람에게 있는 주님나라가 성언에서 비롯된 진리나 선에 속한 지식들에 의하여 활착(活着)되기 때문입니다. 주님나라가 그 밖의 다른 것에 의하여 활착된다고 믿는 사람은 크게 속고 있는 것입니다. 왜냐하면 사람은 영적인 존재가 되는 기능(機能·faculty)을 가지고 단순한 자연적인 존재로 태어났고, 그리고 성언에서 비롯된 진리들에 의하여, 그리고 그것들에 일치하는 삶에 의하여 그 사람은 영적인 존재가 되기 때문입니다. 만약에 사람이 주님에 관해서, 천계에 관해서, 사후(死後)의 생명에 관해서, 믿음이나 사랑에 관해서, 그리고 구원의 수단들인 그 밖의 다른 것들에 관해서 어떤 지식을 가지고 있지 않다면, 어느 누구가 영적인 존재가 될 수 있겠습니까? 만약에 사람이 이런 것들에 속한 지식을 전혀 가지고 있지 않다면, 그 사람은 자연적인 존재로 머물러 있을 것입니다. 그리고 이와 같은 단순한 자연적인 사람은, 영적인 존재인 천계의 천사들과 공통한 것은 아무것도 가질 수 없습니다. 사람은 두 마음(two minds)을 가지고 있는데, 하나는 외면적인 것이고, 다른 하나는 내면적인 것입니다. 외면적인 마음(the exterior mind)을 자연적인 마음(the natural mind)이라고 부르지만, 내면적인 마음(the interior mind)은 영적인 마음(the spiritual mind)이라고 부릅니다. 전자, 즉 자연적인 마음은 이 세상에 있는 사물들에 속한 지식들에 의하여 열리지만, 그러나 후자, 즉 영적인 마음은, 성경말씀이 가르치고, 그리고 성언으로부터 교회가 가르치는, 천계에 있는 사물들에 속한 지식들에 의하여 개방(開放)됩니다. 그리고 사람은, 이런 것들을 알고, 그리고 일치하는 삶을 살 때, 이런 것들에 의하여, 영적인 존재가 됩니다.

[2] 요한복음서의 주님의 말씀은 이러한 내용을 뜻하고 있습니다.

> 예수께서 대답하셨다. "내가 진정으로 진정으로 너에게 말한다. 누구든지 물과 성령으로 나지 않으면, 하나님 나라에 들어갈 수 없다."

(요한 3 : 5)

이 말씀에서 "물"(water)은 믿음에 속한 진리를 뜻하고, "성령"(聖·spirit)은 그 진리들에 일치하는 삶을 뜻합니다(본서 71항 ; 그리고 ≪새 예루살렘의 교리≫ 202-209항 참조). 오늘날 대부분의 사람은, 여러 성전들에서의 거룩한 예배나, 경모들(敬慕·adorations)이나 기도의 미덕(美德)에 의하여 자신들이 주님나라에 들어갈 것이다고 믿고 있지만, 그러나 그들의 대부분은 성언에서 비롯된 진리나 선에 속한 지식들에 대해서는 전혀 염두에 두지 않고 있고, 그리고 삶에 이런 지식들로 고취(鼓吹)하는 일에 실패하고, 그저 단순히 기억 안에 머물러 있기 때문에, 그전과 꼭 같이 자연적인 존재로 남아 있을 뿐이고, 따라서 영적인 존재가 되지 않았습니다. 왜냐하면 그들의 거룩한 예배나, 경모들이나 기도들은 영적인 근원에서 발출된 것이 아니기 때문입니다. 그들의 영적인 마음은 영적인 것들에 속한 지식들에 의하여, 그리고 그것들에 일치하는 삶에 의하여 개방(開放)되지 않고, 오히려 텅 비어 있기 때문입니다. 텅 빈 것에서 발출한 예배는, 그것 안에 영적인 것이 전무(全無)한 자연적인 몸동작(=제스처)일 뿐이기 때문입니다. 만약에 이런 부류의 사람들이 도덕적인 삶이나, 시민법적인 삶의 측면에서 성실하지도, 진실하지도, 정직하지도 않다면, 그들의 거룩한 예배·경모들·기도들 등은, 그들이 믿고 있는 것과 같이, 그들에게 천계를 여는 것을 대신해서 그들에게서 천계를 단절하고 내쫓는 것이 그것들 안에 있는 것입니다. 왜냐하면 그들의 거룩한 예배는 고약한 냄새가 나고, 더러운 것들이 새어 나오는 하나의 그릇(容器)과 같고, 궤양 따위로 전신이 더럽혀진 몸을 감싸고 있는 찬란한 옷가지에 지나지 않습니다. 이런 부류의 수천의 인물들이 지옥에 떨어지는 것을 나는 보았습니다. 그럼에도 불구하고 진리나 선에 속한 지식들 안에 있으면서, 그리고 그것들에 일치하는 삶 안에 있는 자들의 거룩한 예배나 경모나 기도는 전적으로 다릅니다.

이런 사람들에게서의 그와 같은 행위들은 주님을 기쁘게 하는 것입니다. 왜냐하면 그런 것들은 몸 안에 있는 그들의 영에 의하여 성취한 결과들이고, 또한 그들의 믿음이나 사랑에 속한 결과들이기 때문입니다. 따라서 그것들은 단순한 자연적인 몸동작들이 아니고, 영적인 행위들이기 때문입니다 이상에서 밝히 알 수 있는 것은, 성언에서 비롯된 진리나 선에 속한 지식들이나, 그것들에 일치하는 삶만이 오직 사람을 영적인 존재로 만든다는 것입니다. 그리고 그것에 의하여 영적인 존재가 된 그 사람 안에는 주님에게서 비롯된 천사적인 지혜가 영복(永福)과 더불어 활착(活着)될 수 있다는 것입니다. 천사들은 지혜에서 비롯되지 않은 다른 근원에서는 결코 행복을 취하지 않습니다.

[3] "면류관"(crown · 冕旒冠)이 지혜를 뜻하는데, 그것은 사람이 옷 입혀져 있고, 그리고 분별되는 그런 모든 것들은 그것들의 뜻을 그것들이 옷 입히고, 분별되는 사람의 부분들에서 취하기 때문입니다 (A.C. 9827항 참조). "면류관"이 지혜를 뜻한다는 것은, 그것이 머리 위에 있는 증표(證票 · sign)이기 때문이고, 그리고 "머리"(head)가 성경에서 지혜를 뜻하기 때문입니다. 왜냐하면 지혜는 거기에 머무르기 때문입니다. 에스겔서의 말씀도 그러합니다.

> 내가 온갖 보물로 너를 장식하여, 두 팔에는 팔찌를 끼워 주고, 목에는 목걸이를 걸어 주고, 코에는 코걸이를 걸어 주고, 두 귀에는 귀고리를 달아 주고, 머리에는 화려한 면류관을 씌워 주었다.
> (에스겔 16 : 11, 12)

여기서 다루고 있는 것은, 교회를 뜻하는 예루살렘입니다. 교회를 주님께서 설시하셨을 때 그와 같을 것이다는 뜻입니다. 이와 같이 다양한 장식물들(=표지들)은, 영적인 뜻으로, 교회에 속한 그런 것들을 뜻합니다. 그리고 그 각각의 것은 그것이 적용되는 역할에서 그것의 뜻을 취합니다. 그리고 여기서 "화려한 면류관"은 지혜를 뜻합니다. 그러나 "장신구"(裝身具)가 뜻하는 것이 무엇인지는 A.C. 10536·10540항을 참조하시고, "팔찌"가 뜻하는 것이 무엇인지는 A.C. 3103·3105항을 참조하시고, "목걸이"가 뜻하는 것은 A.C. 5320항을, "코걸이"가 뜻하는 것은 A.C. 4551항을, 그리고 "귀고리"가 뜻하는 것은 A.C. 4551·10402항을 각각 참조하십시오. 성언에서 비롯된 진리나 선에 속한 지식들의 원천이고, 그것들에 일치하는 삶의 원천인 지혜는 성경의 수많은 장절에 등장하는 "면류관"이 뜻합니다(이사야 28 : 5 ; 예레미야 13 : 18 ; 애가 5 : 15, 16 ; 에스겔 21 : 25, 26 ; 23 : 42 ; 스가랴 6 : 11-14 ; 시편 89 : 38, 39 ; 132 : 17, 18 ; 욥기 19 : 9 ; 묵시록 3 : 11 ; 4 : 4). 왕들의 대관(戴冠·the crowning of kings)은 표징이나 표의에 익숙했던 고대에서부터 존재해 왔습니다. 그리고 밝히 알 수 있는 것은, "왕들"(kings)이 신령진리의 측면에서 주님을 표징(表徵)한다는 것입니다(A.C. 1672·2015·2069·3009·4581·4966·5068·6148항 참조). 그리고 진리들 안에 있는 자들이 "왕들"이나 "왕자들"이라고 호칭되었다는 것은 본서 31항을 참조하십시오. 이들이 성경에서 "왕들"로 불리워졌고, 그리고 왕들이 왕관들을 쓰고 있기 때문에, 그러므로 이런 사람들이 다루어지고 있는 여기서 "그들이 생명의 면류관을 받을 것이다"고 언급되었습니다.

127. 11절. **"귀가 있는 사람은, 성령이 교회들에게 하시는 말씀을 들어라."**
이 말씀은, 이해하는 사람은 주님에게서 발출한 신령진리가 주님의 교회에 속한 자들을 가르치고, 그리고 말씀하시는 것에 경청한다는 것을 뜻합니다. 이러한 내용은, 비슷한 구절의 설명들이 있는 본서 108항에서 잘 알 수 있습니다.

128. **"이기는 사람은 둘째 사망의 해를 받지 않을 것이다."**
이 말씀은 이 세상에서의 그의 생애의 마지막까지 진리에 속한 순수한 정동 안에 흔들림 없이 머물러 있는 사람은 새로운 천계(the new heaven)에 들어갈 것이다는 것을 뜻합니다. 이러한 내용은 이 세상의 생애의 마지막까지 진리에 속한 순수한 정동 안에 머물러 있기 위하여 성언에서 비롯된 진리나 선에 속한 지식들을 열망하는 사람에 관한 것을 가리키는 "이긴다"(=승리한다·정복한다·overcoming)는 말의 뜻에서 잘 알 수 있습니다. "이기는 사람"이라고 언급하고 있는 것은, 이들이 온갖 악들이나 거짓들에게서 생겨난 영적인 시험을 참고 이겨낸 자들이고, 그것에 대항하여 싸운 자들이기 때문입니다. 그리고 "이긴다"(=정복한다)는 말은 온갖 악들이나, 거짓들에 저항하는 것을 가리키고, 자신의 원수나 적군으로서 그것들을 꺾어서 굴복시키고, 정복하는 것을 가리킵니다. 그러나 만약에 그 사람이 이 세상에서의 마지막 생애에까지 진리에 속한 영적인 정동 안에 흔들림 없이 머물러 있지 않다면 그 누구도 이길 사람은 아무도 없습니다. 그리고 그 때 그 일은 끝이 납니다. 왜냐하면 사람은 그 때 그의 됨됨이가 영원히 남아 있기 때문입니다. 다시 말하면 정점(頂点)에 이른 그의 삶의 상태로 계속 남아 있기 때문입니다. 그 일을 마감하는 것은 죽음입니다. 그러나 주님을 제외하면 어느 누구도 이길 수 있는 자는 아무도 없습니다. 이길 수 있는 분은 그 사람과 같이 하는 주님일 뿐이고, 자기 스스로 이길 수 있다고 생각하는 사람은 이기지 못할 뿐만 아니라, 오히려 굴복될 것입니다. 왜냐하면 싸워 이기는 것은 영적인 믿음이고, 그리고 사람에게서 영적인 믿음에 속한 것은 아무것도 나오지 않지만, 영적인 믿음에 속한 전부는 주님에게서 비롯되기 때문입니다. 영적인 믿음이 무엇인지는 ≪최후심판≫ 33-39항과 ≪새 예루살렘의 교리≫ 108-120항을 참조하시고, 그리고 영적인 시험(spiritual temptation)이 무엇인지는 전게서 187-201항을 참조하십시오. "둘째 사망의 해를 받지 않을 것이다"는 말이 새로운 천계(the new heaven)에 들어가는 것을 가리킨다는 것은, 묵시록 21장에서 언급되고 있는 "이전의 하늘"(the former heaven)이 무엇이고, 그리고 "새 하늘"(the new heaven)이 무엇인지를 알지 못하면, 전혀 알 수 없는 내용입니다. "이전의 하늘"에 관해서는 ≪최후심판≫ 65-72항을 참조하시고, "새 하늘"에 관해서는 ≪새 예루살렘의 교리≫ 1-7항을 참조하십시오. 그러나 "첫째 사망"(the first death)과 "둘째 사망"(the second death)이 무엇을 뜻하는지는, 아래의 구절이 기술된 묵시록 20장과 21장의 설명에서 언급되겠습니다.

> 그 나머지 죽은 사람들은 천 년이 끝날 때까지 살아나지 못하였습니다. 이것이 첫째 부활입니다. 이 첫째 부활에 참여하는 사람은 복이 있고, 거룩합니다. 이 사람들에게는 둘째 사망이 아무런 세력도 부리지 못합니다. 이 사람들은 하나님과 그리스도의 제사장이 되어서, 천 년 동안 그와 함께 다스릴 것이다.
> (묵시록 20 : 5, 6)
> 그들이 차지할 몫은 불과 유황이 타오르는 바다뿐이다. 이것이 둘째 사망이다.
> (묵시록 21 : 8)

이상에서 명료한 것은 "둘째 사망"이 영벌(永罰·damnation)을 가리키고, 그러므로 "둘째 사망에 의한 해를 받는다"는 말은 저주를 받는 것, 또는 영벌을 받는 것을 뜻합니다. 이에 반하여 그것에 의한 해를 받지 않는다는 말은 구원을 받는 것을 뜻합니다. 구원받은 자는 모두가 새로운 천계(the new heaven)에 들어가기 때문에, 새로운 천계에 들어간다는 것은 "둘째 사망의 해를 받지 않는다"는 말이 뜻합니다. 새로운 천계와 그 천계를 구성하는 사람들에 관해서는 ≪새 예루살렘의 교리≫ 2-6항을 참조하십시오.

129. 12-17절. "버가모 교회의 천사에게 이렇게 써 보내어라. '날카로운 양날 칼을 가지신 분이 이렇게 말씀하신다, 나는 네가 어디에 거주하는지를 알고 있다. 그 곳은 사탄의 왕좌가 있는 곳이다.

그렇지만 너는 내 이름을 굳게 붙잡고, 또 내 신실한 증인인 안디바가 너희 곁, 곧 사탄이 살고 있는 그 곳에서 죽임을 당할 때에도, 나를 믿는 믿음을 저버리지 않았다. 그러나 나는 네게 몇 가지 나무랄 것이 있다. 너희 가운데는 발람의 가르침을 따르는 자들이 있다. 발람은 발락을 시켜서, 이스라엘 자손 앞에 올무를 놓게 하고, 우상의 제물을 먹게 하고, 음란한 일을 하게 한 자다. 이와 같이, 네게도 니골라 당의 가르침을 따르는 자들이 있다. 그러니 회개하여라. 만일 회개하지 않으면, 내가 속히 네게로 가서, 내 입에서 나오는 칼을 가지고 그들과 싸우겠다. 귀가 있는 사람은, 성령이 교회들에게 하시는 말씀을 들어라. 이기는 사람에게는, 내가 감추어 둔 만나를 주겠고, 흰 돌도 주겠다. 그 돌 위에는 새 이름이 적혀 있는데, 그 돌을 받는 사람 밖에는 아무도 그것을 알지 못한다.'"

[12절] :
"버가모 교회의 천사에게 이렇게 써 보내어라"는 말씀은 온갖 시험들 안에 있는 교회 안에 있는 자들에 대한 기억을 위한 것을 뜻합니다(본서 130항 참조). "날카로운 양날 칼을 가지신 분이 말씀하신 것들"은 그 시험들 가운데서 오직 홀로 싸우시는 주님을 뜻합니다(본서 131항 참조).

[13절] :
"나는 너의 일들을 안다"는 말씀은 사랑이나 믿음을 뜻합니다(본서 132항 참조). "네가 어디에 거주하는지를 알고 있다"는 말씀은 그가 지금 어떤 사람들 사이에 있는가를 뜻합니다(본서 133항 참조). "그 곳은 사탄의 왕좌가 있는 곳이다"는 말씀은 모든 거짓들이 지배하는 곳이다는 것을 뜻합니다(본서 134항 참조). "너는 내 이름을 굳게 붙잡았다"는 말씀은 그분의 인성 안에 존재하는 신령존재의 시인을 뜻합니다(본서 135항 참조). "너는 나를 믿는 믿음을 저버리지 않았다"는 말씀은 진리들 안에 있는 불변성(不變性)을 뜻합니다(본서 136항 참조). "내 신실한 증인인 안디바가 너희 곁, 곧 그 곳에서 죽임

을 당할 때에도"라는 말씀은 공개적으로 주님의 신령인성을 시인하는 자들이 모두 미움을 받고 있는 그 때(time)와 상태(狀態)를 뜻합니다(본서 137항 참조). "사탄이 살고 있는 그 곳"은 모든 거짓들에 속한 교리 안에 있는 자들에 의한다는 것을 뜻합니다(본서 138항 참조).
[14절] :
"그러나 나는 네게 몇 가지 나무랄 것이 있다"는 말씀은 반드시 조심하여야 할 것을 뜻합니다(본서 139항 참조). "너희 가운데는 발람의 가르침을 따르는 자들이 있다. 발람은 발락을 시켜서, 이스라엘 자손 앞에 올무를 놓게 하였다"는 말씀은 이해의 측면에서 밝히 알고 있고, 그리고 진리들을 가르치고 있지만, 그럼에도 불구하고 교회에 속한 사람들을 교활한 술책(術策·craft)에 의하여 멸망시키는 것을 좋아하는 자들을 뜻합니다(본서 140항 참조). "우상의 제물을 먹게 하고, 음란한 일을 하게 한다"는 말씀은 그들이 온갖 악들과 그것에서 비롯된 온갖 거짓들로 물들게 되었다는 것을 뜻합니다(본서 141항 참조).
[15절] :
"이와 같이, 네게도 (내가 싫어하는) 니골라 당의 가르침을 따르는 자들이 있다"는 말씀은, 신령질서에 어긋나는 것인 진리에서 선을, 또는 믿음에서 인애를 분리시키는 자들을 뜻합니다(본서 142항 참조).
[16절] :
"그러니 회개하여라"는 말씀은 이런 자들로부터의 분리(分離·dissociation)를 뜻합니다(본서 143항 참조). "그렇지 않으면, 내가 속히 너에게로 가서, 내 입에서 나오는 칼을 가지고 그들과 싸우겠다"는 말씀은, 만약에 회개하지 않는다면, 재난(災難·visitation)이 닥칠 때, 그들은 사라질 것이다는 것을 뜻합니다(본서 144항 참조).
[17절] :
"귀가 있는 사람은, 성령이 교회들에게 하시는 말씀을 들어라"라는

말씀은 이해하는 사람은 주님에게서 발출한 신령진리가 주님의 교회에 속한 자들을 가르치고, 그들에게 말하는 것을 경청할 것이다는 것을 뜻합니다(본서 145항 참조). "이기는 사람에게는, 내가 감추어 둔 만나를 주겠다"는 말씀은 온갖 시험들에서 승리한 사람들은 주님의 신령인성에서 비롯된 천계적인 사랑에 속한 기쁨(喜悅 · delight)을 취할 것이다는 것을 뜻합니다(본서 146항 참조). "(내가 그 사람에게) 흰 돌을 주겠다"는 말씀은 지혜와 총명을 뜻합니다(본서 147항 참조). "그 돌 위에는 새 이름이 적혀 있는데, 그 돌을 받는 사람 밖에는 아무도 그것을 알지 못한다"는 말씀은 그것 안에 있는 자들을 제외하면 누구에게도 알려져 있지 않은 내면적인 삶의 상태를 뜻합니다(본서 148항 참조).

130[A]. 12절. **"버가모 교회의 천사에게 이렇게 써 보내어라."** 이 말씀은 온갖 시험들 안에 있는 교회 안에 있는 사람들에 대한 기억을 위한 것이다는 것을 뜻합니다. 이러한 내용은 기억을 위한 것을 가리키는 "쓴다"(=기록한다 · writing)는 말의 뜻에서(A.C. 8620항 참조), 그리고 신령진리의 수용그릇을 가리키는, 그리고 그것에 대해서 아래에서 더 설명할 것인 최고의 뜻으로는 주님에게서 발출하는 신령진리 자체를 가리키는, "천사"의 뜻에서, 그리고 시험들 안에 있는 교회 안에 있는 자들을 가리키는 "버가모 교회"의 뜻에서, 잘 알 수 있습니다. "버가모 교회"가 이런 것들을 뜻한다는 것은, 아래에서와 같이, 그 교회에 써 보낸 것들에서 명확합니다. "일곱 교회들"이 뜻하는 각각의 내용이 무엇인지는 다른 근원에서는 결코 알 수가 없습니다. 왜냐하면 앞에서 언급한 것과 같이, 뜻하는 것도 에베소 · 서머나 · 버가모 · 두아디라 · 사데 · 빌라델비아 · 라오디게아에 있는 교회가 아니고, 오히려 주님의 교회에 속한 모든 사람을 뜻하기 때문입니다. 그리고 이들 교회들의 각각은 사람으로서의 교회를 구성하고 있는 어떤 것들을 뜻하기 때문입니다. 교회에 속한 첫 번째 것들은 진리와 선에 속한 지식들이고, 그리고 영적인

진리에 속한 정동들이기 때문에, 먼저 이런 것들이 언급되었습니다. 다시 말하면, 에베소 교회와 서머나 교회의 천사에게 써 보낸 것들이 언급되었습니다. 에베소 교회의 천사에게는 진리와 선에 속한 지식들에 관해서, 그리고 서머나 교회의 천사에게는 진리에 속한 영적인 정동에 관해서 언급되었습니다. 그리고 만약에 그가 시험들을 겪지 않는다면, 어느 누구도 삶의 측면에서 진리와 선에 속한 지식들로 고취(鼓吹)될 수 없고, 진리에 속한 영적인 정동 안에 흔들림 없이 있을 수 없기 때문에, 그러므로 온갖 시험들이 버가모 교회의 천사에게 써 보낸 편지에서 지금 다루어지고 있습니다. 이렇게 볼 때 일곱 교회의 이름들 아래에 가르쳐진 것들이 뒤이어져 순서 가운데 나타나 있습니다.

[2] 교회에게 써 보내라 라고 하지 않고, "교회의 천사에게 써 보내라"고 언급되었는데, 그것은 "천사"가 교회를 이루는 신령진리를 뜻하기 때문입니다. 왜냐하면 신령진리는, 사람이 교회가 되기 위해서 그가 어떻게 살아야 하는지를 가르치고 있기 때문입니다. 성경의 "천사"는, 영적인 뜻으로, 어느 천사도 뜻하지 않고, 오히려 최고의 뜻으로는 주님에게서 발출하는 신령진리를 뜻하고, 상대적인 뜻으로는 그것을 받는 사람을 뜻한다는 것은, 이런 사실에서 잘 알 수 있겠습니다. 즉 모든 천사들은 주님에게서 비롯된 신령진리의 그릇이다는 것과, 그리고 어느 누구도 자기 자신으로 말미암아 천사인 자는 아무도 없고, 오히려 그는 신령진리를 받는 것에 비례하여 천사이다는 것 등의 사실에서 잘 알 수 있습니다. 왜냐하면 사람들에 비하여 뛰어난 천사들은, 사랑에 속한 모든 선이나, 믿음에 속한 모든 진리가 자신들에게서 비롯되지 않고, 주님에게서 비롯된다는 것을 잘 알고 있고, 그리고 지각하고 있기 때문입니다. 그리고 사랑에 속한 선과 믿음에 속한 진리가 자신들의 지혜와 총명을 이루고 있기 때문에, 그리고 이런 것들이 전 천사를 형성하기 때문에, 그들은, 그들이 주님에게서 발출하는 신령존재의 수용그릇이다는 것과, 따라

서 그들이 그것을 수용하는 정도에서 천사들이다는 것 등을 알고 있고, 그와 같이 고백합니다. 이런 이유 때문에 그들은, "천사"라는 낱말이 영적으로, 다시 말하면 추상적인 뜻으로 이해되기를 바라고, 그리고 신령진리들이라고 의미되고 있는 것으로 이해되기를 바랍니다. 신령진리는 동시에 신령선을 뜻합니다. 그 이유는 이것들은 주님으로부터 합일해서 발출하고 있기 때문입니다(H.H. 13·140 ; [133·140]항 참조).

[3] 주님에게서 발출한 신령진리가 천사를 이루기 때문에, 성경에서 "천사"는 최고의 뜻으로는, 주님 자신을 뜻합니다. 이사야서의 말씀입니다.

> 주께서는, 그들이 고난을 받을 때에
> 사자나 천사를 보내셔서
> 그들을 구하게 하시지 않고,
> 주께서 친히 사랑과 긍휼로
> 그들을 구하여 주시고,
> 옛적 오랜 세월 동안
> 그들을 치켜들고 안아 주셨습니다.
> (이사야 63 : 9)

창세기서의 말씀입니다.

> 온갖 어려움에서 나를 건져 주신 천사께서,
> 이 아이들에게 복을 내려 주시기를 빕니다.
> (창세기 48 : 16)

출애굽기서의 말씀입니다.

> "이제 내가 너희 앞에 한 천사를 보내어 길에서 너희를 지켜 주며, 내가 예비하여 둔 곳으로 너희를 데려가겠다.……나의 이름이 그와 함께

있으므로, 그가 너희의 반역을 용서하지 않을 것이다.
(출애굽 23 : 20, 21)

[4] 신령진리의 측면에서 주님은 "천사"로 호칭되었기 때문에, 그러므로 영적인 뜻으로 "천사들"은 아래의 장절들과 같이, 신령진리들을 뜻합니다. 복음서의 말씀입니다.

> 인자가 천사들을 보낼 터인데, 그들은 죄짓게 하는 자들과 불법한 일을 하는 자들을 모조리 그 나라에서 모아다가,……세상 끝 날에도 이렇게 할 것이다. 천사들이 와서, 의인들 사이에서 악한 자들을 가려낼 것이다.
> (마태 13 : 41, 49)
> 세상 끝 날에……그는 자기 천사들을 큰 나팔 소리와 함께 보낼 것인데, 그들은 하늘 이 끝에서 저 끝까지, 사방에서 선택된 사람들을 모을 것이다.
> (마태 24 : 3, 31)
> 인자가 모든 천사와 더불어 영광에 들러 싸여서 올 때에, 그는 자기의 영광스러운 보좌에 앉을 것이다.
> (마태 25 : 31)
> 예수께서 그에게 말씀하셨다. "너희는, 하늘이 열리고, 하나님의 천사들이 인자 위에 오르락 내리락 하는 것을, 보게 될 것이다.
> (요한 1 : 51)

이들 장절들에서 영적인 뜻으로 "천사들"은, 천사들을 뜻하지 않고, 신령진리를 뜻합니다. 그러므로 세상 끝 날에 "천사들은 죄짓게 하는 자들과 불법한 일을 하는 자들을 모조리 모을 것이다." "천사들이 와서, 의인들 사이에서 악한 자들을 가려낼 것이다" "천사들은 큰 나팔 소리와 함께……사방에서 선택된 사람들을 모을 것이다" "인자가 모든 천사와 더불어 영광에 둘러 싸여서 올 때에, 그는 자기의 영광스러운 보좌에 앉을 것이다"고 언급되었습니다. 그것은 주님과 함께 이런 일들을 할 것이다는 천사들을 뜻하지 않고, 오히려 주님께서 홀로 자신의 신령진리들에 의하여 그런 일들을 할 것이다는 것을 뜻합니다. 왜냐하면 천사들은 자신들에 속한 능력은 전혀 없고, 다만 모든 능력은 주님의 신령진리를 통하여 존재하는 주님의 것이기 때문입니다(H.H. 230-233항 참조). "너희는, 하나님의 천사들이 인자 위에 오르락 내리락 하는 것을 볼 것이다"는 구절도 같은 뜻을 뜻합니다. 다시 말하면 신령진리는 그분(Him) 안에 존재할 것이고, 그분으로 말미암아 존재할 것이다는 것을 뜻합니다.

130[B]. [5] 더욱이 여러 다른 곳에서도 역시 "천사들"은 주님에게서 비롯된 신령진리들을 뜻합니다. 결과적으로는 신령진리들의 측면에서 주님을 뜻합니다. 그와 같은 구절입니다.

> 나는 하나님 앞에 서 있는 일곱 천사를 보았습니다. 그들은 나팔을 하나씩 가지고 있었습니다.
> (묵시록 8 : 2, 6-8, 10, 12, 13 ; 9 : 1, 13, 14)

천사들에게 나팔들이 주어졌고, 그들이 나팔을 불었다고 언급되었는데, 그것은 "나팔들"과 "그것들의 소리"가 계시되는 신령진리를 뜻하기 때문입니다(본서 55항 참조). 아래의 정절들에서도 같은 내용들을 뜻합니다.

> 그 때에 하늘에서 전쟁이 일어났습니다.……천사들은 용과 맞서서 싸웠습니다.
> (묵시록 12 : 7, 9)
> 나는 또 다른 천사가, 영원한 복음을 가지고, 하늘 한가운데서 날아다니는 것을 보았습니다.
> (묵시록 14 : 6)
> 하나님의 진노가 담긴 일곱 대접을 땅에다가 쏟는 일곱 천사들.
> (묵시록 16 : 1-4, 8, 10, 12)
> 새 예루살렘의 열두 대문에 있는 열두 천사들.

(묵시록 21 : 12)

이들이 그러한 것들을 뜻한다는 것은 아래의 설명에서 잘 알 수 있을 것입니다.
[6] "천사들"이 주님에게서 비롯된 신령진리들을 뜻한다는 것은 시편서의 말씀에서 아주 명확합니다.

주님은,
바람을 심부름꾼(=천사들)으로 삼으시고,
번개불을 시종(=주님의 종들)으로 삼으셨습니다.
(시편 104 : 4)

이 구절의 말들은 신령진리와 신령선을 뜻합니다. 왜냐하면 성경에서 "여호와"(=주님)의 바람(the wind of Jehovah)은 신령진리를 뜻하고, 그분의 "불"(His fire)은 선을 뜻하기 때문입니다. 이러한 내용은 ≪천계비의≫에 설명된 내용에서 잘 알 수 있습니다. 예를 들면, 여호와의 "콧바람"은 신령진리를 가리키고(A.C. 8286항 참조), "사방의 바람"(the four winds)은 진리나 선에 속한 모든 것들을 가리킵니다(A.C. 3708 · 9642 · 9668항 참조). 결과적으로 성경에서 "숨을 쉰다"(=호흡한다 · to breath)는 말은 믿음에 속한 삶의 상태를 뜻합니다(A.C. 9281항 참조). 이상에서 볼 때 아담의 코에 불어넣으신 "여호와의 숨"(=주님의 생명의 기운)(창세기 2 : 7)이 무엇을 뜻하는지 잘 알 수 있겠습니다. 그리고 제자들에게 내뿜으신 "주님의 숨"(요한 20 : 22)이 무엇을 뜻하는지, 그리고 "바람은 불고 싶은 대로 분다. 너는 그 소리만 들지만, 어디에서 와서 어디로 가는지는 모른다"(요한 3 : 8)는 말씀이 뜻하는 것도 잘 알 수 있겠습니다. 이런 내용에 관해서는 A.C. 96 · 97 · 9229 · 9281항이나, 1119 · 3886 · 3887 · 3889 · 3892 · 3893항을 참조하십시오. "타오르는 불꽃"(=화염 · 火焰)은 신령사랑을 뜻하고, 그러므로 신령선을 뜻합니다(H.H. 130-140 ·

566-568항과 본서 68항 참조).
[7] "천사"가 주님에게서 발출하는 신령진리를 뜻한다는 것은 묵시록의 여러 구절들에서 아주 명확합니다.

> 그가 성벽(=새 예루살렘의 성벽)을 재어 보니, 사람의 치수로 백사십사 규빗이었는데, 그것은 천사의 치수이기도 합니다.
> (묵시록 21 : 17)

새 예루살렘의 성벽을 어느 천사에 의하여 측량되지 않았다는 것은 누구나 알 수 있습니다. 그러나 우리가 잘 알 수 있는 것은 거기에 있는 모든 보호하는 진리들(all protecting truths)을 "천사"가 뜻한다는 것은, "예루살렘의 성벽"(the wall of Jerusalem)의 뜻에서, 그리고 숫자 "백사십사"(144)의 뜻에서 잘 알 수 있습니다. "벽"(=성벽·wall)이 보호하는 진리들(protecting truths)을 뜻한다는 것은 A.C. 6419항을 참조하시고, 숫자 "백사십사"(144)가 총체적으로 진리에 속한 모든 것들을 뜻한다는 것은 A.C. 7973항을 참조하십시오. "측량"(=잰다·測量·measure)은 진리나 선의 측면에서 한 사물(事物)의 성질(=본성)을 뜻합니다(A.C. 3104·9603·10262항 참조). 이러한 내용들은 영적인 뜻에 관해서 설명된 것에서 볼 수 있을 것입니다(≪새 예루살렘의 교리≫ 1항 참조).
[8] 성경의 "천사들"이 신령진리들을 뜻하기 때문에, 그러므로 신령진리들이 그들을 통해서 온 사람들을 성경에서 가끔 "천사들"이라고 불리웠습니다. 말라기서의 말씀입니다.

> 제사장의 입술은 지식을 지켜야 하겠고,
> 사람들이 그의 입에서
> 율법을 구하게 되어야 할 것이다.
> 제사장이야 말로
> 만군의 주 나의 특사이기 때문이다.

(말라기 2 : 7)

"제사장"이 "만군의 주 나의 특사"(特使·the angel of Jehovah)라고 언급되었는데, 그것은, 그가 신령진리를 가르치기 때문입니다. 그리고 그는, 그가 가르치는 신령진리일 뿐이지, 주님의 특사는 결코 아닙니다. 더욱이 교회에 잘 알려져 있는 것은, 자기 자신으로부터 신령진리를 가지고 있는 자는 아무도 없다는 것입니다. 여기서 "입술들"(lips)은 진리에 속한 교리(the doctrine of truth)를 뜻하고, "율법"은 신령진리 자체를 뜻합니다. "입술"이 진리에 속한 교리를 뜻한다는 것은 A.C. 1286·1288항을 참조하시고, "율법"(律法·law)이 신령진리 자체를 뜻한다는 것은 A.C. 3382·7463항을 참조하십시오.

[9] 이런 내용으로 말미암아, 세례자 요한 역시 천사라고 호칭되고 있습니다. 누가복음서의 말씀입니다.

> (예수께서 요한에 대하여 무리에게 말씀하셨다.) "이 사람에 대하여 성경에 기록하기를,
> '보아라,
> 내가 내 심부름꾼(=천사)을 너보다 먼저 보낸다.
> 그가 네 앞에서 네 길을 닦을 것이다'
> 하였다."
> (누가 7 : 27)

요한이 "천사"(=심부름꾼·angel)라고 불리웠는데, 그것은 영적인 뜻으로 그가, 엘리야와 꼭 같이, 신령진리를 가리키는 성언(聖言·the Word)을 뜻하기 때문입니다(A.C. 7643·9372항 참조). 성경에 나오는 사람들(人物)이 뜻하는 것이 이런 내용이다는 것은 A.C. 665·1097·1361·3147·3670·3881·4208·4281·4288·4292·4307·4500·6304·7048·7439·8588·8788·8806·9229항을 참조

하십시오.

[10] 성경에서 "천사들"이 영적인 뜻으로 주님에게서 발출하는 신령진리를 뜻한다고 언급되었는데, 그것은 이런 것들이 천사들을 형성하고 있기 때문입니다. 천사들이 이런 진리들을 발설(發說)할 때, 그들은 자기 자신으로 말미암아 하는 것이 아니고, 주님으로 말미암아 말하기 때문입니다. 천사들은 이것이 사실이다는 것을 알 뿐만 아니라, 그들은 역시 그것을 지각하고 있습니다. 믿음에 속한 것은 사람 자신에게서 비롯된 것은 전무(全無)하고, 모든 믿음은 하나님으로 말미암는다는 것을 믿는 사람은 이 사실은 알지만, 사실 그 사람은 그것을 지각하지는 못합니다. 믿음에 속한 것은 아무것도 사람에게서 결코 비롯되지 않고, 다만 모든 믿음은 하나님에게서 온다는 말은, 생명을 지닌 진리에 속한 것은 결코 사람에게서 비롯되지 않고, 모든 진리는 하나님에게서 온다고 말하는 것과 꼭 같습니다. 왜냐하면 진리는 믿음에 속한 것이고, 그리고 믿음은 진리에 속한 것이기 때문입니다.

    131[A]. "날카로운 양날 칼을 가지신 분이 이렇게 말씀하신다." 이 말씀은, 시험에서 홀로 싸우시는 주님을 뜻합니다. 이러한 내용은, 좋은 뜻으로는 거짓에 대항하여 싸우는 진리를 가리키는, 그리고 나쁜 뜻으로는 진리에 대항하여 싸우는 거짓을 가리키는, "큰 칼"(long sword)이나 "칼"(劍·sword)의 뜻에서, 잘 알 수 있습니다. "날카로운 양날"이라고 언급되었는데, 그 이유는 그것이 양쪽을 꿰찌르기 때문입니다. 큰 칼(長劍·the long sword)이 이런 내용을 뜻하고 있기 때문에, 이 칼이 온갖 거짓들의 소산(消散)을 뜻하고 있고, 그리고 또한 시험의 소멸을 뜻하고 있습니다. 그것이 거짓들의 소산이나 소멸을 뜻한다는 것은 위에서 언급하였습니다(본서 73항 참조). 그것이 시험을 뜻한다는 것은, 그 교회의 천사에게 써 보낸 것에 온갖 시험들이 다루어지고 있기 때문입니다. 더욱이 "큰 칼" 역시 시험들을 뜻하는데, 그 이유는 시험이 거짓에 대항하는 진리의

싸움이고, 또한 진리에 대항하는 거짓의 싸움이기 때문입니다. 영적인 시험이 바로 이런 부류의 싸움이다는 것은 ≪새 예루살렘의 교리≫ 187-201항을 참조하십시오. "날카로운 양날 칼을 가지신 분이 말씀하신 것들"은 주님께서 온갖 시험들 가운데서 홀로 싸우신다는 것을 뜻합니다. 그 이유는 앞장(1 : 16)에서 이렇게 언급되고 있기 때문입니다. 즉—.

> 일곱 금 촛대 한가운데 거닐고 계시는 인자의 입에서는 날카로운 양날 칼이 뻗어 나왔다.
> (묵시록 1 : 16)

여기서 "인자"(=사람의 아들·the Son of man)는, 위에서 설명한 것과 같이(본서 63항 참조), 신령진리의 측면에서 주님을 뜻합니다. 사람은 전혀 싸우지 않고, 오직 주님 홀로 온갖 시험들 가운데서 싸우신다는 것은 ≪새 예루살렘의 교리≫ 195-200항을 참조하십시오. "큰 칼"이나 "칼"(劍·sword)이, 거짓에 대항하여 싸우는 진리의 투쟁(=싸움)이나, 진리에 대항하여 싸우는 거짓의 투쟁을 뜻하는데, 그것은 성경에서 온갖 "전쟁들"(wars)이 영적인 전쟁들(the spiritual wars)을 뜻하고, 그리고 영적인 전쟁들은 거짓들에 대항하는 진리들의 싸움이고, 진리들에 대항하는 거짓들의 싸움이기 때문입니다. 성경에서 "온갖 싸움들"이 이런 내용의 뜻을 가지고 있기 때문에, 전쟁의 모든 무기들, 예를 들면, "칼"·"창"(槍)·"활"·"화살"·"방패"나 그 밖의 다른 수많은 것들은 영적인 투쟁에 관계되는 어떤 특별한 것들을 뜻합니다. 특히 "칼"은 전쟁에서 사람들이 "칼들"을 가지고 싸우기 때문입니다. "전쟁들"이 영적인 싸움을 뜻한다는 것은 A.C. 1659·1664·8295·10455항을 참조하십시오. 결과적으로 전쟁에 동원되는 개별적인 무기는 영적인 전쟁에 관계되는 어떤 것을 뜻합니다(A.C. 1788·2686항 참조).

[2] 성경에서 "칼"(劍・sword)은 거짓에 대항하여 싸우는 진리나, 진리에 대항하여 싸우는 거짓을 뜻한다는 것, 그러므로 온갖 거짓들의 소멸이나, 또한 영적인 시험의 소멸을 뜻한다는 것은 수많은 장절들에서 밝히 볼 수 있는데, 그것에 관해서 나는 확증하는 목적으로 여기에 몇 구절을 소개하겠습니다. 마태복음서의 말씀입니다.

> 예수께서 말씀하셨다. "너희는 내가 땅 위에 평화를 주러 온 줄로 생각하지 말아라. 평화가 아니라 칼을 주러 왔다."
> (마태 10 : 34)

여기서 "칼"(sword)은 시험에 속한 투쟁을 뜻합니다. 그와 같이 언급된 것은, 그 당시의 사람들이 온갖 거짓들 안에 있었고, 그리고 주님께서는 내면적인 진리들을 밝히셨으며, 그리고 이런 진리들로 말미암은 싸움들에 의하여서만 온갖 거짓들은 쫓겨났기 때문입니다.
[3] 누가복음서의 말씀입니다.

> 예수께서 제자들에게 말씀하셨다.······"이제는 돈주머니가 있는 사람은 그것을 챙겨라. 또 자루도 그렇게 하여라. 그리고 칼이 없는 사람은, 옷을 팔아서 칼을 사거라."
> (누가 22 : 35-38)

여기서 "돈주머니"(=지갑)나 "자루"는 영적인 지식들, 따라서 진리들을 뜻합니다. "옷들"(garments)이 그것들의 고유속성(固有屬性・own)을 뜻하고, "칼"은 싸움을 뜻합니다.
[4] 예레미야서의 말씀입니다.

> "나 주의 말이다.
> 칼이 바빌로니아 사람(=갈대아 사람)을 친다.
> 바빌로니아 주민을 친다.

그 땅의 고관들과 지혜 있는 자들을 친다.
칼이 점쟁이들을 치니,
그들이 어리석은 자들이 된다.
칼이 그 땅의 용사들을 치니,
그들이 공포에 떤다.
칼이 그들의 말과 병거와
그들 가운데 있는 모든 외국 군대를 치니,
그들이 모두 무기력해진다.
칼이 그 땅의 보물 창고를 치니,
보물이 모두 약탈을 당한다.
가뭄(=칼)이 땅의 물을 치니,
물이 말라 버린다.
(예레미야 50 : 35-38)

여기서 "칼"은 진리의 소멸이나 박탈을 뜻합니다. "칼"이 치는 개별적인 것들의 각각들, 예를 들면, "갈대아 사람" "바빌로니아 주민" "그 땅의 고관들" "지혜 있는 자들" "점쟁이들" "용사들" "말들" "병거들" "보물들"은 멸망하거나, 박탈될 사람들이나 사물들을 뜻합니다. 예를 들면, "말들"은 총명을, "병거들"은 교리적인 것들을, "보물들"은 지식들을 각각 뜻합니다. 그러므로 "가뭄이 땅의 물을 치니, 물이 말라 버린다"고 언급되었습니다. 왜냐하면 "물"(waters)은 교회에 속한 진리들을 뜻하고, 그것들이 말라 버린 가뭄은 진리들의 박탈을 가리키기 때문입니다. "가뭄"이나 "물이 말라 버린다"는 말은 진리가 전혀 존재하지 않는 곳을 뜻합니다(A.C. 8185항 참조). "물"(waters)이 교회에 속한 진리들을 뜻합니다(본서 71항 참조). 그리고 "보물들"은 지식들을 뜻하고(A.C. 1694·4508·10227항을 참조), "말들"은 총명적인 것들을, "병거들"은 교리적인 것들을 뜻합니다(《백마론》(the white Horse) 2-5장 참조).

[5] 이사야서의 말씀입니다.

주께서 불로 온 세상을 심판하시며,
주의 칼로 모든 사람을 심판하실 것이니,
주께 죽음을 당할 자가 많을 것이다.
(이사야 66 : 16)

예레미야서의 말씀입니다.

강도 떼가
사막의 모든 언덕을 넘어서 몰려왔다.
내가, 땅 이 끝에서 저 끝까지 칼로 휩쓸어,
어느 누구도 평온하게 살 수 없게 하였다.
(예레미야 12 : 12)

에스겔서의 말씀입니다.

"사람아, 예언을 전하여라.……
칼이다!
칼에 날을 세웠다.
칼이 번쩍거린다.
사정없이 죽이려고 칼에 날을 세웠으며,
번개처럼 휘두르려고 칼에 광을 냈다.……
살육자의 손에 넘겨 주려고
그렇게 시퍼렇게 날을 세우고 광을 냈다.……
그 칼이 두세 번 휘둘릴 것이다.
그것은 사람을 죽이는 칼이요,
큰 무리를 학살하는 칼이다.……
사람들의 간담이 녹고
많은 사람이 쓰러져 죽을 것이다.……
칼이다, 칼이 뽑혔다.
무찔러 죽이려고 뽑혔다.

다 없애 버리고,
번개처럼 휘두르려고 광을 냈다.
(에스겔 21 : 9-15, 28)

또 이사야서의 말씀입니다.

목마른 피난민들에게 마실 물을 주어라.……
피난민들에게
먹을거리를 가져다 주어라.
그들은
칼을 피하여 도망다니는 사람들이다.
칼이 그들을 치려 하고,
화살이 그들을 꿰뚫으려 하고,
전쟁이 그들의 목숨을 노리므로,
도망다니는 신세가 되었다.
(이사야 21 : 14, 15)

또 에스겔서의 말씀입니다.

많은 백성이 보는 앞에서
내가 칼을 휘둘러 너를 치면,……
또 내가 그들의 왕 앞에서
나의 칼을 휘둘러 너를 치면
네가 받는 형벌을 보고
모두 벌벌 떨 것이며,……
내가 용사들의 칼로
너의 무리를 쓰러뜨리겠다.
(에스겔 32 : 10-12)

시편서의 말씀입니다.

성도들아, 이 영광을 크게 기뻐하여라.
잠자리에 들어서도 기뻐하며 노래하여라.
성도들의 입에는
하나님께 드릴 찬양이 가득하고,
그 손에는
두 날을 가진 칼이 들려 있다.
(시편 149 : 5, 6)

같은 책의 말씀입니다.

용사이신 임금님,
칼을 허리에 차고,
위엄과 광영을 보여 주십시오.……
진리와 겸손과 정의를 세우셔야 하니,
전차에 오르십시오.
임금님의 오른손이
놀라운 일들을 임금님께 가르칠 것입니다.
임금님의 화살이 날카로워서,
원수들의 심장을 꿰뚫으니,……
(시편 45 : 3-5)

묵시록서의 말씀입니다.

그 위에 탄 사람은 땅에서 평화를 걷어 버리고, 사람들이 서로 죽이게 하는 권세를 받아 가졌고, 또 그는 큰 칼을 받아 가지고 있었습니다.
(묵시록 6 : 4)

같은 책의 말씀입니다.

그분의 입에서 날카로운 칼이 나오는데, 그분은 그것으로 모든 민족을 치실 것입니다.……그리고 남은 자들은 말 타신 분의 입에서 나오는 칼에 맞아 죽었고,…….
(묵시록 19 : 15, 21)

이 장절들에서 "칼"(劍·sword)은 투쟁하는 진리(truth combating)나, 그리고 파괴하는 진리(truth destorying)를 뜻합니다. 이 파괴는 특히 영계(靈界)에서 잘 드러납니다. 거기에서 거짓들 안에 있는 자들은 진리를 감당, 보존할 수 없습니다. 그들이 빛의 영기(靈氣·the sphere of light)에 들어오면, 다시 말하면 신령진리가 존재하는 곳에 이르게 되면 그들은 몹시 괴로운 상태에 빠지고, 마치 그들은 죽음에 대항하여 싸우는 자들과 같습니다. 따라서 그들은 모두 진리들을 빼앗기고, 박탈당합니다.

131[B]. [6] 성경에서 대부분의 표현들은 상반되는 뜻을 가지고 있기 때문에, "칼" 역시 반대되는 뜻을 가지고 있습니다. 반대되는 뜻으로 "칼"은 진리에 대항하여 싸우고, 그리고 그것을 파괴하는 거짓을 뜻합니다. 교회에 더 이상의 진리가 존재하지 않고, 오직 거짓들만이 존재할 때 일어나는 교회에 속한 박탈들(剝奪·vastations)은, 아래의 장절들에서와 같이, "칼"에 의하여 성경에 기술되어 있습니다. 누가복음서의 말씀입니다.

그들은 칼날에 쓰러지고, 뭇 이방 나라에 포로로 잡혀 갈 것이요, 예루살렘은 이방 사람들의 때가 차기까지, 이방 사람들에게 짓밟힐 것이다.
(누가 21 : 24)

이 구절에서 다루고 있는 것은 시대의 종말(時代終末·the consummation of the age)은, 거짓들이 널리 만연(蔓延)해 있는 때를 가리키는, 교회의 마지막 때를 뜻합니다. "칼날에 쓰러진다"는 말은 진리가 거짓에 의하여 파괴될 것이다는 내용을 뜻합니다. 그리고 여기서 "이방 사람들"(=민족들)은 온갖 악들을 가리키고, "예루살렘"은 교회를 가리킵니다.

[7] 이사야서의 말씀입니다.

> 내가 사람들의
> 수를 순금보다 희귀하게 만들고,……
> 그러나 눈에 띄는 자마다
> 모두 창에 찔리고,
> 잡히는 자마다
> 모두 칼에 쓰러질 것이다.
> (이사야 13 : 12, 15)

"사람들의 수가 희귀하다"는 것은 그들이 진리들 안에 있기 때문이고, "창에 찔리고, 칼에 쓰러진다"는 것은 거짓에 의해 멸망할 것이다는 것을 뜻합니다.
[8] 같은 책의 말씀입니다.

> 너희 각 사람이 너희 손으로 직접
> 은 우상과 금 우상을 만들어 죄를 지었으나,
> 그 날이 오면,
> 그 우상을 다 내던져야 할 것이다.
> "앗시리아가 칼에 쓰러지겠으나,
> 사람의 칼에 쓰러지는 것이 아니고,
> 칼에 멸망하겠으나,
> 인간의 칼에 멸망하는 것이 아니다.
> 그가 칼 앞에서 도망할 것이요.
> 그 장정들이
> 강제노동을 하는 신세가 될 것이다."
> (이사야 31 : 7, 8)

"손들로 만든 우상들"은 자아적인 총명(self-intelligence)에서 비롯된 온갖 거짓들을 뜻하고, "앗시리아"는 그것에 의한 합리적인 것을 가리킵니다. "사람의 칼에 쓰러지지 않는다"는 말이나, "인간의 칼에 멸망하지 않는다"는 말은 거짓에 대항하여 싸우는 진리가 그 어떤 투쟁에 의하여 멸망하지 않는다는 것을 뜻합니다. "칼 앞에서 도망하는 장정들은 강제노동을 하는 신세가 될 것이다"(=조공을 바치는 신세)는 말은 멸망하지 않는 진리가 온갖 거짓들에게 예속(隷屬)적인 신세가 될 것이다는 것을 뜻합니다. 이와 같은 이 구절의 뜻이 문자적인 뜻에는 나타나지 않는데, 그것은 영적인 뜻이 문자적인 뜻에서 얼마나 멀리 떨어져 있는지를 잘 보여 주고 있습니다.
[9] 예레미야서의 말씀입니다.

> 내가 너희 자녀들을 때렸으나 헛수고였다.
> 그들은 옳게 가르치는 것을
> 받아들이지 않았다.
> 너희의 칼은 사람을 잡아먹는 사자처럼,
> 너희의 예언자들을 죽였다.
> (예레미야 2 : 30)

같은 책의 말씀입니다.

> "그렇지만 주 하나님, 저 예언자들이 이 백성에게 주님의 말씀이라고 하면서, '전쟁(=칼)이 일어나지 않는다. 기근이 오지 않는다. 오히려 주께서 이 곳에서 너희에게 확실한 평화를 주신다' 합니다."……'이 땅에는 전쟁(=칼)이나 기근이 없을 것이다'고 말한 예언자들은 전쟁(=칼)과 기근으로 죽을 것이다.……
> "들녘으로 나가보면,
> 거기에는 칼에 찔려 죽은 사람이 있고,
> 도성으로 들어가 보면,
> 거기에는 기근으로 고통받는 사람들뿐이다."
> (예레미야 14 : 13-18)

위의 구절들은 진리의 측면에서의 교회의 황폐(荒弊)를 다루고 있습니다. "예언자들"은 진리들을 가르치는 사람을 뜻하고, "그들을 죽일 칼"은 싸우고, 파괴시키는 거짓을 가리킵니다. "들녘"(field)은 교회를 가리키고, "도성"(都城·city)은 교리를 가리키고, "들녘에 있는 칼에 찔려 죽은 사람"은 파괴된 진리들을 지니고 있는 교회에 있는 자들을 가리키고, 그 도성에 있는 "기근"은 교리 안에 있는 모든 진리의 결핍(缺乏)을 가리킵니다.

[10] 또 같은 책의 말씀입니다.

> 이 백성이 주님을 부인하며 이르기를
> "그는 아무것도 아니다.
> 어떤 재앙도 우리를 덮치지 않을 것이다.
> 우리는 전란이나 기근을
> 당하지 않을 것이다"
> 하였습니다.
> (예레미야 5:12)

또 같은 책의 말씀입니다.

> 만군의 주가 이렇게 말한다. 내가 그들을 벌할 것이니, 그들의 장정들은 칼에 찔려 죽고, 그들의 아들들과 딸들은 굶어 죽을 것이다.
> (예레미야 11:22)

"장정들"(=젊은 사람들)은 진리들 안에 있는 사람들을 뜻하고, 추상적인 뜻으로는, 진리들 자체를 뜻합니다. "칼에 찔려 죽는다"는 것은 온갖 거짓들에 의하여 파괴되는 것을 가리킵니다. "아들들과 딸들"은 진리나 선에 속한 진리들을 가리키고, "기근"은 이것들의 결핍(缺乏)을 가리킵니다.

[11] 애가서의 말씀입니다.

> (우리들은) 먹을거리를 얻으려고,
> 쫓는 자의 칼날에 목숨을 내겁니다(=광야에는 칼이 있기 때문에 우리 영혼들이 위험을 무릅쓰고, 우리의 먹을거리를 얻습니다).
> (애가 5 : 9)

이 말씀에서 "광야"는, 거기에 진리가 전혀 없기 때문에, 선이 전혀 존재하지 않는 곳을 뜻하고, "그 곳에 있는 칼"은 진리의 파괴를 뜻하고, "먹을거리"(=빵·bread)는 목숨을 내걸고 얻는 선을 뜻하는데, 그 이유는 모든 선은 진리에 의하여 사람 안에 활착되기 때문입니다.

[12] 에스겔서의 말씀입니다.

> 거리에는 전쟁(=칼)이 있고,
> 집 안에는 전염병과 기근이 있다.
> 들녘에 있는 사람은 칼에 찔려 죽고,
> 성읍 안에 있는 사람은
> 기근과 전염병으로 죽는다.
> (에스겔 7 : 15)

이 말씀에서 "칼"은 진리의 파괴를 가리키고, "전염병"은 그것에서 비롯된 진리의 박멸(撲滅)을 가리키고, "기근"은 완전한 결핍을 뜻합니다. 그 밖의 다른 곳에서도 같은 뜻을 가리킵니다(예레미야 21 : 7 ; 29 : 17, 18 ; 34 : 17).

[13] 스가랴서의 말씀입니다.

> 양 떼를 버리는 쓸모 없는 목자에게
> 재앙이 닥칠 것이다.
> 칼이 그의 팔과 오른 눈을
> 상하게 할 것이니,
> 팔은 바싹 마르고,

오른 눈은 아주 멀어 버릴 것이다.
(스가랴 11 : 17)

"팔을 상하게 할 칼"은 선의 측면에서 의지적인 것의 파괴를 가리키고, "오른 눈을 상하게 할 칼"은 진리의 측면에서 총명적인 것의 파괴를 가리킵니다. 모든 선과 모든 진리가 멸망할 것이다는 것은 "팔은 바싹 마르고, 오른 눈은 아주 멀어 버릴 것이다"는 말이 뜻합니다.

[14] 이사야서의 말씀입니다.

이사야가 그들에게 대답하였다. "그대들의 왕에게 이렇게 전하십시오. 주께서 이렇게 말씀하십니다. '앗시리아 왕의 부하들이 나를 모욕하는 말을 네가 들었다고 하여, 그렇게 두려워하지 말아라. 내가 그에게 한 영을 내려 보내어, 그가 뜬소문을 듣고 자기 나라로 돌아가게 할 것이며, 거기에서 칼에 맞아 죽게 할 것이다.'"……앗시리아 왕 산헤립은 그곳을 떠나, 니느웨 도성으로 돌아가서 머물렀다. 그러던 어느 날, 그가 자기 신 니스록의 신전에서 예배하고 있을 때에, 그의 아들 둘이 그를 칼로 쳐죽이었다.
(이사야 37 : 6, 7, 37, 38)

신령존재를 시인하고, 또는 부인하는 것은 합리적인 것이기 때문에, 그리고 그것이 부인하고 진리 대신에 모든 거짓을 사로잡고 있고, 따라서 사멸하고 있을 때, 거기에는 이와 같은 표징적인 사건이 일어나는데, 다시 말하면, 그가 여호와를 모독하였기 때문에, 앗시리아 왕은 자기의 신 니스록의 신전에서 자기 아들들에 의하여 칼에 맞아 죽는 일이 발생하였습니다. "앗시리아"는 양쪽의 뜻에서 합리적인 것을 뜻합니다(A.C. 119 · 1186항 참조). 그 왕의 "아들들"은 거짓들을 가리키고, "칼"은 거짓들에 의한 파괴를 뜻합니다.

[15] 모세의 글입니다.

> (너희는 내가 너희에게 명한 이 모든 것을 지켜라.)……너희 가운데서 불량한 사람들이 나타나서, 그 성읍의 주민을 유혹하여 이르기를 "가서 다른 신들을 섬기자" 하면서 너희가 알지 못하던 신을 섬기게 하여 주민들로 배교자가 되게 하면, 너희는 그 일을 자세히 조사하고,……너희 안에서 그런 역겨운 일이 있었다는 것이 사실로 드러나면, 너희는 그 성읍에 사는 주민을 칼로 쳐서 모두 죽이고, 그 성읍과 그 안에 있는 모든 것과 집짐승도 칼로 쳐서 죽여라.……온 성읍과 그 전리품을 함께 불살라라…….
> (신명기 13 : 12-16)

이런 내용이 선포된 것은, 그 때의 모든 것들은 모두가 표징적인 것이기 때문입니다. "다른 신들을 예배한다"(=섬긴다)는 말은 거짓들에서 비롯된 예배를 뜻하고, "칼로 쳐서 죽인다"는 말은 거짓에 의하여 멸망하는 것을 가리키고, "불로 사른다"는 것은 거짓에 속한 악에 의하여 멸망하는 것을 가리킵니다.

[16] 민수기서의 말씀입니다.

> 들판에 있다가 칼에 맞아 죽은 사람의 몸에 닿은 사람은 누구나 부정하다.
> (민수기 19 : 16, 18, 19)

"들판에 있는 칼에 맞아 죽은 사람"은, 자기 자신에게 있는 진리들을 파괴시킨 교회 안에 있는 자들을 뜻합니다. 그리고 여기서 "들판"은 교회를 가리킵니다.

[17] "칼"이 진리를 파괴하는 거짓을 뜻한다는 것은 시편서에서 명확합니다. 시편서의 말씀입니다.

> 내가 사람을 잡아먹는
> 사자들 한가운데 누워 있어 보니(=내가 불붙은 자들, 곧 사람들의 아들

들 가운데 누워 있으니),
그들의 이빨은 창끝과 같고,
화살촉과도 같고,
그들의 혀는 날카로운 칼과도 같았습니다.
(시편 57 : 4)
그들은 입에 악독을 머금고,
입술에는 칼을 물고서…….
(시편 59 : 7)
그들은 칼날처럼 날카롭게 혀를 벼려
화살처럼 독설을 뽑아 냅니다.
(시편 64 : 3)

이상에서 우리는 주님께서 베드로에게 하신 말씀이 무엇을 뜻하는지 밝히 알 수 있겠습니다. 마태복음서의 말씀입니다.

"칼을 쓰는 사람은 모두 칼로 망한다."
(마태 26 : 51, 52)

다시 말하면 온갖 거짓들을 믿는 사람들은 거짓들에 의하여 멸망할 것이다라는 것을 뜻합니다.
[18] 이상에서 성경은 "큰 칼"(長劍)・"짧은 칼"(短劍)이나 또는 "칼"이 양쪽의 뜻에서 무엇을 뜻하는지 밝히 알 수 있겠습니다. "칼"이 이러한 내용들을 뜻한다는 것은 영계에서 보여지는 외현(外現) 때문입니다. 거짓들에 대항하는 진리에 속한 싸움들이나, 진리들에 대항하는 거짓에 속한 싸움들을 가리키는, 이른바 영적인 전쟁이 일어났을 때, 전쟁에 사용되는 여러 종류의 무기들, 예를 들면 칼들・창들・방패들이나 이와 비슷한 것들이 나타나 보입니다. 그 싸움들이 이런 무기들로 계속되는 것이 아니고, 그것들은 영적인 전쟁의 표징인 단순한 외현들일 뿐입니다. 거짓들이 불꽃을 튀기며 진

리들에 대항하여 싸울 때, 가끔 천계로부터 모든 방법을 뒤흔드는 칼의 번쩍임과 섬광(閃光)이 나타나서, 매우 큰 공포를 일으키는데, 거짓으로 말미암아 싸우는 자들은 그것에 의하여 섬멸(殲滅)됩니다. [19] 이러한 내용은 에스겔서의 말씀이 뜻하는 것이 무엇인지 명확하게 합니다.

> 많은 백성이 보는 앞에서
> 내가 칼을 휘둘러 너를 치면,
> 그들은 소스라쳐 놀라고,
> 또 내가 그들의 왕 앞에서
> 나의 칼을 휘둘러 너를 치면,
> 네가 받은 형벌을 보고
> 모두 벌벌 떨 것이며,
> 네가 쓰러지는 그 날에는,
> 왕들마다 목숨을 잃을까봐 떨 것이다.
> (에스겔 32 : 10-12)

같은 책의 말씀입니다.

> 주께서 나에게 말씀하셨다.
> "사람아, 예언을 전하여라. '나 주가 말한다.
> 칼이다!
> 칼에 날을 세웠다.
> 칼이 번쩍거린다.
> 사정없이 죽이려고 칼에 날을 세웠으며,
> 번개처럼 휘두르려고 칼에 광을 냈다.……
> 내가 성문마다
> 살육하는 칼을 세워 놓았다.
> 번개처럼 번쩍이는 칼,
> 사람을 죽이려고 날카롭게 간 칼이다."

(에스겔 21 : 9, 10, 15)

"칼"이 매우 큰 공포와 두려움을 야기시키는 것은, 칼을 만드는 재료 "철"(鐵·iron)이 궁극적인 것 안에 있는 진리를 뜻하기 때문입니다. 그리고 번쩍임이나 섬광(閃光)은 천계의 빛에서, 그리고 그 칼에서 일어나는 이 빛의 변화(=진동·震動·vibration)에서 생기기 때문입니다. 천계의 빛은 주님에게서 발출하는 신령진리입니다. 따라서 온갖 거짓들 안에 빠져 있는 사람에게 임하는 신령진리는 공포를 일으키기 때문입니다.

[20] 아래 말씀이 뜻하는 내용은 이러한 사실을 명확하게 하고 있습니다. 창세기서의 말씀입니다.

> 그(=아담)를 쫓아내신 다음에, 에덴 동산의 동쪽에 그룹들을 세우시고, 빙빙 도는 불칼을 두셔서, 생명나무에 이르는 길을 지키게 하셨다.
> (창세기 3 : 24)

이 말씀에서 "생명나무"(the tree of life)는 주님을 사랑하는 천적인 사랑을 가리키고, "그룹들"은 파수꾼(guard)을 가리키고, "빙빙 도는 불칼"은 온갖 거짓들 안에 있는 자들을 맹렬하게 쫓아내는 추방(追放)이나 배척(排斥)을 가리키고, "에덴의 동쪽"은 천적인 사랑 안에 계신 주님의 현존(現存)이 있는 곳을 가리킵니다. 그러므로 이 구절의 말씀들은, 주님께서는 오직 주님만을 시인하는 사람 누구에게나 가까이 가지만, 사랑에 속한 삶을 살지 않는 그 사람에게 주님의 근접은 단절되어 있다는 것을 뜻합니다. "칼"이 거짓을 뜻한다는 것은 두로 왕에 대해서 언급한 에스겔서에서 명확합니다. 에스겔서의 말씀입니다.

> 그들이 칼을 빼서
> 네 지혜로 성취한

아름다운 상품을 파괴하고,
네 영화를 더럽힐 것이다.
(에스겔 28 : 7)

"두로 왕"은 진리에 속한 지식들에서 비롯된 총명을 뜻합니다. 그것이 거짓들에 의하여 소멸되었기 때문에, 그들은 "지혜에 대하여" 그들의 칼을 칼집에서 빼었다고 언급되었는데, 그와 같은 표현은, 만약에 "칼들"이 거짓들을 뜻하지 않는다면, 언급될 수 없습니다.

132. 13절. "나는 너의 일들을 알고 있다."
이 말씀은 사랑과 믿음을 뜻하는데, 이러한 내용은 위에서 설명한 내용에서(본서 98·116항 참조), 명확합니다.

133. (나는)네가 어디에 거하는지를 (알고 있다)(=네가 사는 곳……).
이 말씀은 그가 지금 어느 누구와 섞여서 살고 있다는 것을 뜻합니다. 이러한 내용은 산다는 것을 가리키는 "거한다"(dwelling)는 말의 뜻에서 잘 알 수 있습니다. 영적인 뜻으로 "거한다"(to dwell)는 것은 산다는 것을 가리키는데, 그 이유는 영계에서 "주거들"(住居·dwellings)은 모두가 삶들(lives)이나, 생명의 등차(等次·difference)에 따라서 분별되기 때문입니다. 이러한 사실은 ≪천계와 지옥≫의 '천계에 있는 사회들'에 관한 41-50·205항에 설명된 내용에서 잘 알 수 있는데, 거기에는 성경에서 "주거"(住居·dwelling)가 산다는 것을 뜻하는 이유들이 언급되었습니다. "주거한다"는 말이 산다는 것을 뜻한다는 것은 A.C. 1293·3384·3613·4451·6051항을 참조하십시오. "함께 거한다"(dwelling together)는 말은 일치된 삶(agreement of life) 안에 있는 것을 가리킵니다(A.C. 6729항 참조). 성경에서 "거한다"는 말은 마음에 속한 것들을, 따라서 그 사람이 가지고 있는 생명의 원천을 가리키는 총명이나 지혜에 속한 것들을 뜻합니다(A.C. 7719·7910항 참조). "성읍들"(=도시들·cities)은 교리에 속한 진리들을 서술하고, "주거자들"은 삶에 속한 선을 서술하니다(A.C. 2268 · 2451 · 2712항 참조). "그들 가운데 거한다"는 말이, 주님에 관해서 언급되었을 때, 주님의 임재(臨在 · 現存 · His presence)나, 사랑과 믿음에 속한 삶의 입류를 뜻합니다(A.C. 10153항 참조). "주님에게 속한 주거지"(住居地 · place of the Lord)는 천계를 가리킵니다(A.C.8269 · 8309항 참조). 이스라엘 후손들에게 있었던 "천막의 주거지"(the dwelling place of the tent)는 주님나라, 즉 천계를 표징하고, 표의합니다(A.C. 9481 · 9594 · 9632항 참조).

134. "그 곳은 사탄의 왕좌가 있는 곳이다."

이 말씀은 모든 거짓들이 지배하는 곳을 뜻합니다. 이러한 내용은 지배하는 곳을 가리키는 "왕좌가 있는 곳"의 뜻에서 잘 알 수 있습니다. 왜냐하면 "왕좌"(王座 · throne)는 통치권(統治權 · sovereignty)을 뜻하기 때문입니다. 그리고 또한 모든 거짓들이 존재하고, 그리고 거짓들이 비롯된 곳을 가리키는 "지옥들"(hells · 지옥계)을 가리키는, "사탄"의 뜻에서(본서 120항 참조), 잘 알 수 있습니다. "왕좌들"(王座 · 寶座)은 성경의 수많은 장절들에 언급되어 있고, 그리고 영적인 뜻으로 그것들은 신령진리에게서 비롯된 심판(審判 · 公義 · judgment)을 뜻하고, 최고의 뜻으로는, 주님의 신령선에 비하여 주님의 신령진리가 더 많이 수용되고 있는 주님의 영적 왕국(the Lord's spiritual kingdom)을 뜻합니다(A.C. 2129 · 5313 · 5315 · 6397 · 8625항 참조). 그러나 여기서는 "왕좌"가 반대의 뜻으로 언급되고 있지만, 성경의 여러 장절들에 의한 이것의 입증은 여기서는 생략하고, 아래의 적절한 곳에서 설명하겠습니다.

135. "그렇지만 너는 내 이름을 굳게 붙잡았다."

이 말씀은 주님을 사랑하는 사랑과 주님을 믿는 믿음에 속한 모든 것들뿐만 아니라, 거기에 더하여, 주님의 인성에 내재해 있는 신령 존재의 시인(是認 · the acknowledgement of the Divine)을 뜻합니다. 이러한 내용은 여호와 · 주님 · 예수 그리스도의 "이름"(name)의 뜻에 관하여 위에 설명된 내용에서 잘 알 수 있습니다(본서 102항 참조). 성경에서 "주님의 이름"(the Lord's name)은 근본적으로 그분의 인성 안에 내재해 있는 신령존재의 시인을 뜻하는데, 그 이유는 사랑이나 믿음에 속한 모든 것들은 그것으로 말미암아 존재하기 때문입니다. 왜냐하면 사랑에 속한 신령선들이나, 믿음에 속한 신령진리들은 오직 주님 이외에는 그 어떤 다른 근원에서 발출되지 않기 때문입니다. 이러한 것들, 즉, 신령선들과 신령진리들은, 사람이 주님의 인성(the Lord's Human)을 생각할 때 동시에 주님의 신성(the Lord's Divine)을 생각하지 않는다면, 사람에게 입류될 수 없기 때문입니다. 또한 주님의 신성은 그분의 인성에서 분리될 수 없으며, 오히려 신성은 인성 안에 존재하시기 때문입니다(본서 10·26·49·52 ·77·97·113·114항 참조). 영계에서의 수많은 경험들로부터 내가 단언할 수 있는 사실은, 사람은 어느 누구나 주님의 인성을 생각할 때 동시에 주님의 신성을 생각하는 사람을 제외하면, 믿음에 속한 진리들이나, 사랑에 속한 선들 안에 있을 수 없다는 것입니다. 그와 같이 어느 누구도 이 세상에서 그와 같은 생각 안에 있지 않았고, 그리고 결과적으로 그 시인 안에 있지 않는다면, 그는 영적인 존재도 아니고, 그리고 하나의 천사도 아닙니다. 사람은 반드시 구원받기 위하여 자기 자신의 믿음과 사랑에 의하여 신령존재와 결합하여야 합니다. 그리고 주님과의 모든 결합은 그것들에 의하여 존재합니다. 다만 주님의 인성과는 결합하고, 동시에 주님의 신성과 결합하지 않았다면 그것은 진정한 결합이 아닙니다. 왜냐하면 신령존재는 구원하지만, 신령존재에서 분리된 인성은 구원하지 못하기 때문입니다. 주님의 인성이 신령한 것이다는 것은 ≪새 예루살렘의 교리≫ 280-310항을 참조하십시오.

136. "나를 믿는 믿음을 저버리지 않았다."

이 말씀은 진리들 안에 있는 불변성(不變性·constancy)을 뜻합니다. 이러한 내용은, 믿음에 관련해서는, 한결같은 불변함을 가리키는 "저버리지 않는다"(not denying)는 말의 뜻에서, 잘 알 수 있습니다.

왜냐하면 한결같은 사람은 부인하지 않기 때문입니다. 그리고 진리가 믿음에 속한 것이고, 믿음이 진리에 속한 것이기 때문에, 모든 진리들을 가리키는 "믿음"(faith)의 뜻에서 잘 알 수 있습니다. 사람의 영적인 생명을 구성하는 데는 두 요소가 있는데, 하나는 사랑(love)이고, 다른 하나는 믿음(faith)입니다. 모든 선은 사랑과 관계를 가지고 있고, 모든 진리는 믿음과 관계를 가지고 있습니다. 그러나 사람에게 있는 진리는, 사랑에 속한 선에서 파생된 것에 비례하여, 믿음일 뿐입니다. 그 이유는 모든 진리는 선으로 말미암아 존재하기 때문입니다. 왜냐하면 그것, 즉 진리는 선에 속한 형체(形體·그릇·form)이기 때문이고, 그리고 모든 선은 진리에 속한 본질(本質·내용·esse)이기 때문입니다. 왜냐하면 선이 사람의 모습을 드러내기 위하여, 그리고 마음을 통하여 언어 가운데 그와 같이 형성될 때, 선은 진리라고 호칭되기 때문입니다. 그러므로 선은 진리의 본질(本質·the esse of truth)이라고 할 수 있겠습니다. 그러나 이 내용에 관한 더 많은 것들은 ≪새 예루살렘의 교리≫ 11-27항, 28-35항, 54-64항, 108-122항을 각각 참조하십시오.

137. "내 신실한 증인인 안디바가 너희 곁, 그 곳에서 죽임을 당할 때에도……."

이 말씀은 주님의 인성을 공공연하게 시인하는 사람들이 미움과 저주를 받고 있는 그 때와 상태를 뜻합니다. 이러한 내용은 때와 상태(time and state)를 가리키는 "때"(날·day)의 뜻에서(A.C. 23·488·493·893·2788·3462·3785·4850·10656항 참조), 결과적으로 "죽임을 당할 때"가 때(time)와 상태(state)를 뜻한다는 것에서, 그리고 이것에 관해서는 아래에서 더 설명할 것이지만, 주님의 신령인성을 공공연하게 시인하는 사람들을 가리키는 "신실한 증인인 안디바"의 뜻에서, 그리고 미움을 받고, 배척을 당하는 것을 가리키는 "죽임을 당한다"는 말의 뜻에서, 잘 알 수 있습니다. "죽임을 당한다"는 말이 미움 받고, 배척당하는 것을 가리킨다는 것은 미워하고, 배척하는 사람은 끊임없이 살해하고 있기 때문입니다. 그리고 그 사람은 사람을 살해하는 것 이외에는 자신의 생각이나 목적에서 소중하게 여기는 것은 아무것도 없기 때문이고, 또한 그 사람은, 만약에 온갖 법들이 제재하지 않는다면, 역시 사람을 살해할 것이기 때문입니다. 이러한 것은 미움(憎惡) 속에 깊숙이 감추어져 있습니다. 그러므로 이웃을 미워하고, 배척하는 사람은 저 세상에서 만약에 외적인 구속들(外的 拘束)이 그 사람에게서 제거된다면, 어느 누군가를 죽이는 살인을 계속해서 저지를 것입니다. 이러한 사실은 수많은 경험을 통하여 나에게는 입증되었습니다.

[2] "신실한 증인 안디바"는 주님의 신령인성(the Lord's Divine Human)의 시인(是認) 때문에 미움과 배척을 당하는 자들을 뜻합니다. 왜냐하면 그런 이유 때문에 그 때 어떤 안디바(Antipas)가 살해되었기 때문입니다. 그러므로 "안디바"(Antipas)는 그런 이유 때문에 미움 받고 배척당하는 모든 사람들을 뜻합니다. 이와 같은 일은 마치 부자의 대문에 앉아서 그의 식탁에서 떨어지는 부스러기들로 주린 배를 채우려는 "나사로"가 영적인 정동으로 인하여 진리들을 열망하기 때문에 주님을 열렬히 사랑하는 사람들을 뜻하는 것과 꼭 같습니다(본서 118항 참조). 주님께서 죽음에서 다시 살리셨던 나사로라고 불리우는 어떤 사람을 사랑하셨다는 것은 요한복음서에서 명확합니다(요한 11 : 3, 5, 36). 그리고 그가 식탁에서 주님에게 기대었다는 것도 명확합니다(요한 12장). 이런 이유 때문에 주님께서는 부자의 식탁에서 떨어지는 빵 부스러기로 주린 배를 채우기를 열망하는 사람을 "나사로"라고 부르셨는데, 그것은, 앞에서 언급한 것과 같이(본서 118항 참조), 영적인 정동으로부터 진리들을 열망하는 것을 뜻합니다. "나사로"가 그런 이유 때문에 그와 같이 명명(命名)되었듯이, "안디바" 역시 그와 같이 명명되었는데, 그 이유는 그가 주님의 이름을 위한 순교자(殉敎者·martyr), 다시 말하면 주님의 신령인성의 시인을 위한 순교자가 되었기 때문입니다.

[3] 주님의 신성과 동시에 그분의 인성을 생각하지 않는 자들에 의하여 미움 받고, 배척당하는 그런 사람은 이 세상에 있는 그런 부류의 작자들로부터는 잘 알 수 없지만, 그러나 저 세상에 있는 동일한 작자들로부터는 잘 알 수 있습니다. 왜냐하면 저 세상에서 그들은 모두가, 몇 마디 말로 표현될 수 없지만, 주님에게 가까이 나아가는 자들에 대한 증오와 미움으로 불사르고 있기 때문입니다. 그리고 그들은 그들을 살해하는 것 이외에는 열렬히 열망하는 것은 전무(全無)하기 때문입니다. 그 이유는, 지옥에 있는 자들은 모두가 주님에게 반항하는 자들이고, 그리고 천계에 있는 자들은 모두가 주님과 함께 있는 자들이기 때문입니다. 그리고 교회에 속해 있지만, 그분의 인성 안에 있는 주님의 신성을 시인하지 않는 자들은 지옥과 하나가 되어서 행동하기 때문에, 그들이 이와 같은 미움이나 증오를 가지고 있다는 것은 그것이 지옥으로 말미암아 존재하기 때문입니다. 그들이 성경에서부터 아래의 사실을 알고 있기 때문에, 그들에게 자주 일러진 사실은 그들이 사악(邪惡)한 짓을 자행하고 있다는 것입니다. 마태복음서의 말씀입니다.

> 예수께서 다가와서, 그들에게 말씀하셨다. "나는 하늘과 땅의 모든 권세를 받았다."
> (마태 28 : 18)

따라서 그분께서는 천계나, 이 땅의 하나님(=주님)이십니다. 아래에서도 마찬가지입니다. 요한복음서의 말씀입니다.

> 예수께서 대답하셨다. "내가 곧 길이요 진리요 생명이다. 나로 말미암지 않고서는, 아무도 아버지께로 올 사람이 없다.
> (요한 14 : 6)
> "나를 본 사람은 아버지를 본 사람이다.······내가 아버지 안에 있고, 아버지께서 내 안에 계시기 때문이다."

(요한 14 : 7-11)
일찍이 하나님을 본 사람이 없으나, 아버지의 품 속에 계시는 독생자이신 하나님이 그분을 나타내 보이셨다.
(요한 1 : 18)
또 나를 보내신 아버지께서 친히 나를 위하여 증언해 주신다. 너희는 그의 음성을 들은 일도 없고, 그의 모습을 본 일도 없다.
(요한 5 : 37)
(그 밖에 여러 장절들이 있다.)

그들은 이와 같은 진리들을 들으면 외면하였습니다. 왜냐하면 그들은 그런 진리들을 부인할 수밖에 없기 때문입니다. 그러나 그들은 분노하였고, 그리고 앞에서 언급한 것과 같이, 증오나 미움이 그들 안에 뿌리를 박고 있기 때문에(본서 114항 참조), 공공연하게 주님을 시인하는 사람들을 죽이는 살인을 계속해서 이어갑니다.
[4] 그들은 주님 때문에 이런 사람들을 미워할 것이다는 사실을 주님께서는, 마태복음서에서와 같이, 여러 장절에 예고하고 있습니다. 마태복음서의 말씀입니다.

그 때(=마지막 때)에 사람들이 너희를 환난에 넘겨 줄 것이며, 너희를 죽일 것이다. 너희는 내 이름 때문에 모든 민족에게 미움을 받을 것이다. 또 많은 사람이 걸려 넘어질 것이요, 서로 넘겨 주고 서로 미워할 것이다.
(마태 24 : 9, 10)

요한복음서의 말씀입니다.

(예수께서 말씀하셨습니다.) "세상이 너희를 미워하거든, 세상이 너희보다 먼저 나를 미워하였다는 것을 알아라.……사람들이 나를 박해했으면, 너희도 박해할 것이요.……그들은, 너희가 내 이름을 믿는다고 해서, 이런 모든 일을 너희에게 할 것이다.

(요한 15 : 18-25)

성경에서 인용한 그 밖의 장절들을 참조하십시오(본서 122항 참조). 이런 내용들이 언급된 것은, "너희들 가운데서 죽임을 당한 내 신실한 증인인 안디바"가 그들이 주님의 신령인성을 공공연하게 시인하기 때문에 미움을 받고, 배척을 당하는 자들을 뜻한다는 것을 알게 하기 위해서 입니다.

138. "사탄이 살고 있는 곳."

이 말씀은 모든 거짓들에 속한 교리 안에 있는 자들에 의한 것을 뜻합니다. 이러한 내용은 위에서 설명하고, 인용된 것에서 잘 알 수 있습니다(본서 120·134항 참조). 앞에서 온갖 시험들에 처해 있는 자들이 어떤 자들과 교제하고 있는지를 언급하였습니다. 다시 말하면 그들은 온갖 종류의 거짓들 안에 있는 자들과 함께 있다는 것이 언급되었습니다. 왜냐하면 육체의 측면에서 사람은 자연계에 있는 사람들과 함께 있지만, 그러나 생각들이나 목적들의 측면에서 그 사람은 영계에 있는 영들과 함께 있기 때문입니다. 사람이 영적인 시험에 빠지게 되면, 그는 거짓들 안에 있는 그런 영들과 함께 있으며, 이와 같은 거짓들은 그의 생각들을 얽어매고, 그리고 말하자면 감옥에 그것들을 구속하고서, 계속해서 믿음에 속한 거짓들에 대한 온갖 비방이나 악담을 쏟아내고, 그 사람의 삶에 속한 악들을 유발(誘發)시킵니다. 그러나 주님께서 내면적인 것에서 비롯된 입류에 의하여 사람을 계속해서 지켜주시고, 그리고 사람으로 하여금 그런 것에 저항하는 지조(志操)의 불변함 가운데 있게 하십니다. 이런 내용이 바로 영적인 시험들입니다. 시험들 가운데 있는 사람이 거짓들 안에 있는 영들과 함께 있다는 것은 우리의 본문절에 있는 말씀, 즉 "나는 네가 어디에 거주하는지를 알고 있다, 그 곳은 사탄의 왕좌가 있는 곳이다"는 말과, 그리고 "내 신실한 증인인 안디바가 너희 곁, 곧 사탄이 살고 있는 그 곳에서 죽임을 당할 때에도"라는 말의 뜻에서, 그리고 이 말씀, 즉 "너는 내 이름을 굳게 붙잡고, 나를 믿는 믿음을 저버리지 않았다"는 말이 저항하는 지조의 불변함 가운데 있다는 것을 이해한다는 것에서, 잘 알 수 있습니다. 그러나 주님의 신성이 그분의 인성 안에 있다는 것을 시인하는 사람들이나, 진리에 속한 영적인 정동 안에 있는 사람들을 제외하면, 어느 누구도 영적인 시험들에 빠지지 않습니다. 그리고 나머지 자연적인 사람들은 시험에 들 수 없습니다. 시험들에 관해서는 ≪새 예루살렘의 교리≫ 187-201항을 참조하십시오.

139. 14절. **"그러나 나는 네게 몇 가지 나무랄 것이 있다."**
이 말씀은 장차 취하여야 할 조심이나 주의를 뜻합니다. 이러한 사실은 아래에서 잘 알 수 있는데, 거기에서는 조심하고 주의하여야 할 사람에 관해서 언급되었기 때문입니다.

140. "너희 가운데는 발람의 가르침을 따르는 자들이 있다. 발람은 발락을 시켜서, 이스라엘 자손 앞에 올무를 놓게 하였다."
이 말씀은 이해의 측면에서 확고하게 알고 있으며, 그리고 진리들을 가르치고 있지만, 그럼에도 불구하고 간계(奸計)나 술책(術策)에 의하여 교회에 속한 사람들을 파괴하는 것을 좋아하는 사람들을 뜻합니다. 이러한 내용은, 영적인 뜻으로 이해되는 발람과 발락에 관한 역사서의 언급에서 아주 명확합니다. 그것이 어떤 내용인지 필히 먼저 설명하여야 하겠습니다. 발람(Ballam)은 메소포타미아의 브돌 출신의 점쟁이였으며, 모압 왕 발락에 의하여 초청되었는데, 그것은 이스라엘 백성을 저주하기 위해서였었습니다. 그러나 그와 같은 일을 여호와께서 미리 막으셔서, 그로 하여금 예언적으로 예언을 하게 하셨습니다. 그럼에도 불구하고 그 뒤 그는, 그 백성을 여호와의 예배로부터 바알브올(Baal-peor)의 예배에 끌어들이는 간계와 술책에 의한 그 백성을 파멸하는 방법을 발락과 모의(謀議)하였습니다. 그러므로 "발람"은, 이해의 측면에서 확고하게 알고 있으며, 그리고 진리들을 가르치는 사람들을 뜻하는데, 그러나 여기서는 교회에 속한 사람들을 간계와 술책으로 파멸하기를 고대하는 자들을 뜻합니다. 발람이 점쟁이(soothsayer)였다는 것은 모세의 글에서 잘 알 수 있습니다. 민수기서의 말씀입니다.

> 모압 장로들과 미디안 장로들은 복채를 가지고 발람에게 가려고 길을 떠나갔다.
> (민수기 22 : 7)

같은 책의 말씀입니다.

> 발람은 자기가 이스라엘에게 복을 빌어 주는 것이 주의 눈에 좋게 보였다는 것을 알고는, 매번 으레 하던 것처럼 마술을 쓰려 하지 않고, 대신 광야 쪽으로 얼굴만 돌렸다.
> (민수기 24 : 1)

여호수아서의 말씀입니다.

> 이스라엘 자손이 그들을 살육할 때에, 브올의 아들인 점쟁이 발람도 다른 여러 사람과 함께 칼에 맞아 죽었다.
> (여호수아 13 : 22)

그가 모압 왕 발락에 의하여 이스라엘 백성을 저주하기 위하여 초청되었다는 것은 민수기서 22장 5, 6, 16, 17절과 신명기서 23장 3, 4절에서 잘 볼 수 있습니다. 그러나 여호와께서 이 짓을 하지 못하도록 막으셨고, 그로 하여금 예언을 말하게 하셨습니다(민수기 23 : 7-15, 18-24 ; 24 : 5-9, 16-19, 20-24). 그 일들이 모두가 진리들이다는 것은 이렇게 언급되고 있기 때문입니다. 민수기서의 말씀입니다.

> 주께서는 발람의 입에 말씀을 넣어 주시면서, 발락에게로 돌아가서 그

대로 말하라고 하셨다.
(민수기 23 : 5, 12, 16)

[2] 그 뒤 그가, 여호와의 예배(=제사)에서 그들의 신인 바알브올의 예배(=제사)에 이스라엘 백성을 끌어들이는 짓인 간계와 술책에 의하여 이스라엘 백성을 멸망시키기 위하여 발락과 모의(謀議)하였다는 것은 모세의 여러 글에서 아주 명백합니다. 민수기서의 말씀입니다.

> 이스라엘이 싯딤에 머무는 동안에, 백성들이 모압 사람의 딸들과 음행을 하기 시작하였다. 모압 사람의 딸들이 자기 신들에게 바치는 제사에 이스라엘 백성을 초대하였고, 이스라엘 백성은 거기에 가서 먹고, 그 신들에게 머리를 숙였다. 그래서 이스라엘은 바알브올과 결합하였다.······ 그러나 그 염병으로 이미 죽은 사람이 이만사천 명이었다.
> (민수기 25 : 1-3, 9)
> 그들은 군인들만 죽였을 뿐 아니라, 미디안의 왕들도 죽였다.······그들은 브올의 아들 발람도 칼로 쳐 죽였다. 이스라엘 자손은 미디안 여인들과 그 아이들을 사로잡고,······이 여자들이야말로 브올에서의 그 사건 때에, 발람의 말을 듣고 이스라엘 자손을 꾀어, 주를 배신하게 하고, 주의 회중에 염병이 이러나게 한, 바로 그 사람들이다.
> (민수기 31 : 8, 9, 16)

"발람"이 이해의 측면에서 확고하게 알고 있으며, 그리고 진리들을 가르치는 사람들을 뜻한다는 것은 아래에 설명된 내용에서 잘 알 수 있습니다. 왜냐하면 이스라엘 자손들에 관해서, 그리고 주님에 관해서 예언적인 사실들을 말하였기 때문입니다. 그가 주님에 관하여 진리들을 말하였다는 것은 그의 예언에서 익히 알 수 있습니다 (민수기 24 : 17). 이스라엘에 관해서 예언적인 말을 하였다는 것은 이스라엘 백성에 관해서 말한 것이 아니고, 오히려 "이스라엘"이 뜻하는 주님의 교회에 관해서 말한 것을 가리킵니다. 그의 이해에 속한 확고한 앎은 그 자신이 이런 말로 기술하였기 때문입니다. 민수기서의 말씀입니다.

> 그는 예언을 선포하였다.
> 브올의 아들 발람의 말이다.
> 하나님의 말씀을 듣는 사람의 말이다.
> 환상으로 전능자(=샤다이)를 뵙고 넘어졌으나,
> 오히려 두 눈을 밝히 뜬 사람의 말이다.
> (민수기 24 : 3, 4, 15, 16)

이 말씀에서 "뜬 눈(the eyes opened)을 가졌다"는 말은 이해의 측면에서 확고하게 알고 있다는 것을 가리킵니다. 성경에서 "눈"(||·eyes)은 이해를 뜻하기 때문입니다(A.C. 2701·4410-4421·4523-4534·9051·10569항 참조).

[3] 역시 "발람"이 교회에 속한 사람들을 간계와 술책으로 멸망시키기를 고대하는 자들을 뜻한다는 것은, 앞에 설명된 내용에서 아주 명백합니다. 더욱이 그가 나귀에 탔을 때, 그는 계속해서 이스라엘 자손의 멸망에 대한 마법들에 속한 방법을 생각하였기 때문입니다. 그리고 그가 온갖 저주들을 통하여 이 일을 할 수 없게 되었을 때, 그는 그들의 신들에 속한 제물들에 그들을 초청하여 먹게 하고, 그리고 모압의 딸들과의 음행을 저지르는 짓을 하게 하여, 그들을 멸망시키는 짓을 발락에게 제안하였기 때문입니다. 그가 멸망시키기를 원하는 "이스라엘 자손들"은 교회를 뜻하는데, 그 이유는 교회가 그들 가운데 설시되었기 때문입니다(A.C. 6426·8805·9340항 참조).

[4] 칼을 뽑아 든 천사를 보고서 가던 길을 세 번씩이나 비켜났던 발람이 탔던 암나귀와, 그리고 발람에게 한 그것의 말에 관한 비의(秘義)를 나는 여기서 간략하게 설명하고자 합니다. 발람은 그 나귀를 타고 갈 때, 그는 계속해서 이스라엘의 자손들에 대한 온갖 저주들을 생각하고 있었습니다. 그가 영예를 얻은 재물들은 그의 마음에

자리잡고 있었습니다. 이러한 사실은 그에 관해서 언급된 사실에서 명백합니다. 민수기서의 말씀입니다.

발람은, 매번 으레 하던 것처럼 마술을 쓰려 하지 않았다.
(민수기 24 : 1)

그는 마음 속에서는, 여전히 점쟁이(soothsayer)이었습니다. 그러므로 그가 자유스러운 상태가 되었을 때 그는 다른 것은 전혀 생각하지 않았습니다. 그가 탄 "암나귀"(she-ass)는, 성경의 영적인 뜻으로 교화(敎化)된 총명적인 것을 뜻하고, 결과적으로 암나귀나, 또는 노새(mule)를 탄다는 것은 수석 재판관이나, 왕의 명성(名聲)을 가리킵니다(본서 31[B]항이나, A.C. 2781 · 5741 · 9212항 참조). 칼을 뽑아든 천사는 거짓의 도전에 대항하여 싸우는 확고한 진리를 뜻합니다(본서 131[A]항 참조). 그러므로 "나귀가 가는 길을 세 번씩 빗켜섰다"는 것은 확고하게 된 이해가 점쟁이의 생각과 일치하지 않는다는 것을 뜻합니다. 이러한 내용은 역시 천사가 발람에게 말한 것이 뜻합니다. 민수기서의 말씀입니다.

주의 천사가 그에게 물었다. "너는 왜 너의 나귀를 이렇게 세 번씩이나 때리느냐? 네가 가서는 안 될 길이기에 너를 막으려고 이렇게 왔다."
(민수기 22 : 32)

이 구절에서 "길"(way)은 성언의 영적인 뜻으로 사람이 생각하는 원천인 의도(意圖 · intention)를 뜻합니다(H.H. 479 · 534 · 590항 ; ≪최후심판≫ 48항 참조). 그가 죽음의 공포에 의하여 저주를 쓰려고 했던 생각이나, 의도에서 물러섰다는 것은 천사가 그에게 한 말의 내용에서 명백합니다. 민수기서의 말씀입니다.

나귀는 나를 보고, 나에게서 세 번이나 비켜섰다. 다행히 나귀가 비켜

섰기에 망정이지, 그렇지 않았더라면 내가, 나귀는 살렸겠지만, 너는 분명히 죽였을 것이다.
(민수기 22 : 33)

[5] 발람에게는, 마치 나귀가 그에게 말한 것처럼 들렸지만, 그러나 나귀가 말한 것이 아니고, 오히려 말(言語)이 마치 나귀에게서 비롯된 것처럼 들렸습니다. 이런 일이 실제로 있다는 것은, 생생한 경험을 통해서 보았습니다. 내가 경험한 것은, 말(馬)들이 겉보기에 말하는 것과 같이 들렸지만, 그러나 그 때 그 말(言語)은 말(馬)들에게서 비롯된 것이 아니고, 다만 겉보기에 그들에게서 비롯된 것일 뿐입니다. 이와 같은 일은 실제로 발람의 경우에서도 일어났습니다. 그 이야기가 성경에 그와 같이 언급된 것은 성언에 속한 모든 개별적인 것 안에 있는 속뜻의 목적 때문입니다. 그 뜻은 주님께서 모든 진리들이나 선들 안에 있는 사람들을 어떻게 보호하시는지를 표현하고 있습니다. 다시 말하면 겉보기에 확신에서 말하지만, 그러나 잘못된 길로 인도하려는 경향이나 의도에서 말하는 사람에 의하여 그들이 해를 입지 않게 하기 위하여 어떻게 보호하는지를 기술하고 있습니다. 발람이 저주에 의하여 이스라엘의 후손들을 해칠 수 있다고 믿는 사람은 엄청 크게 속고 있습니다. 왜냐하면 저주나 주문 따위는 그들에게 아무것도 해칠 수 없기 때문입니다. 왜냐하면 발람은 스스로 그가 말할 때 이렇게 고백하였기 때문입니다. 민수기서의 말씀입니다.

야곱에게 맞설 마술은 없다.
이스라엘에게 맞설 술법은 없다.
(민수기 23 : 23)

발람은 그 백성들을 간계와 술책에 의하여 사악한 길로 인도할 수 있었습니다. 그 이유는 그 백성은 마음 속에 이런 것들을 품고 있었기 때문이고, 그리고 그들은 입술로는 여호와를 예배하였지만, 그들은 마음 속으로는 바알브올을 예배하고 있었기 때문입니다. 그리고 그들이 이런 성품이었기 때문에 이런 일을 용납, 허용하였기 때문입니다.

[6] 더욱이 주지하여야 할 것은, 사람은 이해의 측면에서는 확고한 확증(illustration) 안에 있을 수 있지만, 그럼에도 불구하고 의지의 측면에서 악(evil) 안에 있을 수 있다는 것입니다. 그리고 총명적인 기능(機能·faculty)은 중생하지 못한 자들이 가지고 있는 자유의지 (自由意志) 기능에서는 능히 분리될 수 있고, 다만 중생한 사람들에게서만 그것들은 한 몸(一體)처럼 활동할 수 있다는 것입니다. 왜냐하면 진리들을 알고, 생각하고, 말하는 것은 이해의 임무이고, 그리고 이해된 것들을 원한다는 것과, 그리고 의지로 말미암아, 또는 사랑으로부터 그것들을 행한다는 것은 의지의 임무이기 때문입니다. 이 둘의 분리(分離)는 악령들에게서는 아주 명료합니다. 이들 스스로 선한 영들을 향하게 되면 그들은 역시 진리들을 이해합니다. 그리고 그들은 마치 거의 확고한 상태에 있는 것과 같이 그것들을 시인합니다. 그러나 그들이 스스로 선한 영들에게서 고개를 돌리게 되면, 그 즉시 그들은 자신들의 의지에 속한 정욕(情慾)에 되돌아가고, 그리고 진리에 속한 것은 아무것도 보지 못하고, 심지어는 그들은 그들이 지금까지 들어온 것들마저도 부인합니다(H.H. 153·424·455항 참조).

[7] 명확한 이해를 가질 수 있는 것은 개혁(改革·바로잡음·reformation)의 목적을 위해서 사람에게 부여된 축복입니다. 왜냐하면 사람의 의지 안에는 모든 악이 둥지를 틀고 있고, 그리고 그가 태어난 악이나, 그 자신이 자초(自招)한 악 양자가 그의 의지 안에 있기 때문입니다. 만약에 사람이 이해에 의하여 진리들이나, 선들을 알고, 시인하지 않는다면, 그리고 거짓들이나 악들을 알고, 시인하지 않는다면, 사람의 의지는 바르게 교정(矯正)될 수 없습니다. 그리고 사람은, 그 밖의 다른 방법으로, 후자들에게서 방향을 바꿀 수도

없고, 그리고 전자들을 사랑할 수도 없습니다(의지와 이해에 관한 더 많은 내용에 관해서는 ≪새 예루살렘의 교리≫ 28-35항을 참조하십시오).

141[A]. "(발람은) 우상의 제물을 먹게 하고, 음란한 일을 하게 한 자다."

이 말씀은 온갖 악들로, 그리고 그것에서 비롯된 온갖 거짓들로 물들었다는 것을 뜻합니다. 이러한 내용은 자기 자신에게 전유(專有)하는 것을 가리키는, 그리고 그런 것과 제휴(提携)하는 것을 가리키는, 그러므로 그런 것으로 고취(鼓吹)되고, 물든 것을 가리키는, "먹는다"(eating)는 말의 뜻에서(A.C. 2187・2343・3168・3513・5643・8001항 참조), 그리고 아래에서 더 설명하게 될, 모든 종류의 악들을 가리키는 우상들에게 바쳐졌던(奉獻) 것들인 "우상의 제물"의 뜻에서, 그리고 곧 자세하게 설명하게 될, 온갖 진리들을 위화(僞化)하는 것을 가리키는 "음란을 저지른다"는 말의 뜻에서, 잘 알 수 있습니다. 발람이 발락의 신들의 제사들에 이스라엘의 자손들을 초대하도록 발락을 조언하였다는 것은, 앞절의 설명에서 설명한 내용에, 그리고 모세의 글에 잘 나타나고 있습니다. 민수기서의 말씀입니다.

> 이스라엘이 싯딤에 머무는 동안, 백성들이 모압 사람의 딸들과 음행을 하기 시작하였다. 모압 사람의 딸들이 자기 신들에게 바치는 제사에 이스라엘 백성을 초대하였고, 이스라엘 백성은 거기에 가서 먹고, 그 신들에게 머리를 숙였다. 그래서 이스라엘은 바알브올과 결합하였다. 주께서는 이스라엘에게 크게 진노하셨다.……그러나 염병으로 이미 죽은 사람이 이만사천 명이었다.
> (민수기 25 : 1-3, 9)

제물들에 관해서 제정된 규례들 가운데는, 제물들의 어떤 것들, 특히 감사의 공물들(感謝供物・thank-offerings) 중에서 어떤 것은 제단(祭壇) 앞에서 반드시 소각(燒却)하여야 하고, 어떤 것은 거룩한 곳(聖所)에서 반드시 먹어야 한다고 규정하고 있습니다. "제물들"(祭物

· sacrifices) 자체는 사랑과 믿음에서 비롯된 예배를 뜻하고, "제물들을 먹는다"는 것은 그것에 속한 선을 자기 것으로 만드는 전유(專有·appropriation)를 뜻합니다. "제물들"이 사랑에 속한 선이나, 믿음에 속한 선에서 비롯된 예배의 모든 것들을 뜻한다는 것은 A.C. 923·6905·8680·8936·10042항을 참조하시고, "먹는다"(eating)는 것이 선들의 전유를 뜻한다는 것은 A.C. 10109항을 참조하십시오. 여호와께 축성(祝聖·sanctified)된 음식들을 먹는다는 것이 선의 전유(善 專有)를 뜻하기 때문에, 그 민족들에 속한 신들(gods)에게 봉헌되었던 제물들, 다시 말하면 "우상의 제물"(idol-sacrifices)을 먹는다는 것은 악의 전유(惡 專有)를 뜻합니다.

[2] "음행을 저지른다"(=음행한 일)는 말은 영적인 뜻으로 온갖 거짓들로 고취되고, 물드는 것을 뜻하고, 따라서 진리들을 위화(僞化)하는 것을 뜻한다는 것은 성경의 수많은 장절들에서 잘 알 수 있습니다. 이스라엘의 자손들과 모압의 딸들이 범한 음행들은 동일한 내용을 뜻합니다. 왜냐하면 성경의 역사서들의 어떤 부분들은 영적인 것들을 내포하고 있고, 또한 영적인 것들을 뜻하기 때문입니다. 이러한 사실은 《천계비의》(天界秘義·Arcana Celestia)라고 일컫는 창세기서와 출애굽기서의 영해(靈解)들에서 잘 알 수 있습니다. 어떤 것들을 내포하고 있는 것은 어떤 사물(事物)을 뜻하고 있기 때문에, 이스라엘 자손들이 우상의 제물을 먹는 일이나, 모압의 딸들과 저지른 그들의 음행은 이러한 내용들을 담고 있기 때문에, 그러므로 그들에게 엄명된 것은 그 백성의 우두머리들(首長)은 대낮에 여호와 앞에서 교수(絞首)되어야 한다는 것이었습니다. 그리고 동일한 이유 때문에, 엘르아살의 아들인 제사장 비느하스는, 그들의 욕정의 곳에 있는 이스라엘 남자와 미디안 여자의 배를 창으로 꿰뚫었습니다. 그리고 그 일로 인해서 그는 축복을 받았습니다. 그리고 꼭 같은 이유 때문에 이스라엘 사람들이 이만사천 명이나 죽었습니다(민수기 25 : 1-18). 단순한 우상의 제물을 먹었다는 것이나, 다른 민족의 여인들

과 저지른 음행 때문에 일어난 이와 같은 형벌(刑罰)들이나 역병들(=재앙·疫病·染病·plagues)은, 성경의 문자적인 뜻에는 나타나지 않고, 성경의 영적인 뜻으로, 그것들이 주님나라와 교회에 대한 가증스러운 범죄들을 뜻하지 않는다면, 이와 같이 행하도록 결코 엄명되지는 않았을 것입니다. 가증스러운 범죄들은, 교회에 속한 선들이나, 진리들에 대한 온갖 모독들이나 섞음질을 뜻하는데, 앞에서 언급한 것과 같이, 이러한 내용은 곧 악이나 거짓의 전유를 뜻합니다.

141[B]. [3] 간음들이나 음행들이 이러한 것들을 뜻한다는 것은 성경의 수많은 장절들에서 아주 명확한데, 성경에 열거된 장절들은, 아래에서와 같이 간음들이나 음행들이 선의 섞음질들(=덤濆·adulterations)이나, 진리들의 위화들(僞化·falsifications)을 뜻한다는 것을 잘 보여주고 있습니다. 에스겔서의 말씀입니다.

> 너(=예루살렘)는 네 아름다움을 믿고, 네 명성을 의지하여, 음행을 하였다. 지나가는 남자가 원하기만 하면, 누구 하고나 음행을 하여, 네 이름을 그의 것이 되게 하였다.……너는, 이집트 남자들, 곧 하체가 큰 이웃나라 남자들과 음행을 하였다. 너는 수도 없이, 아주 음란하게 음행을 하여, 내 분노를 터뜨렸다.……그런데도 너는 음욕이 차지 않아서, 앗시리아 남자들과 음행을 하였다. 그들과 음행을 한 다음에도 네 음욕이 차지 않아서, 너는 저 장사하는 나라 바빌로니아(=갈대아) 남자들과 더 많이 음행하였다. 그래도 너의 음욕은 차지 않았다.……너는 제 남편이 아닌 다른 남자들과 간통하는 음란한 유부녀로구나. 창녀들은 화대를 받는 법이다. 그러나 너는 네 모든 정부에게 선물을 주어 가며 사방에서 불러다가, 너와 음행을 하자고, 남자들에게 돈까지 주었다.……그러므로 너 창녀야, 너는 나 주의 말을 들어라.
> (에스겔 16 : 15, 26, 28, 29, 32, 33, 35)

어느 누구가 여기서 "음행"이 일상적인 뜻으로 음행들을 뜻하지 않는다는 것을 알 수 있겠습니까? 왜냐하면 거기에 있는 성언에 속한 모든 진리들이 위화되어 버린 교회가 다루어졌기 때문입니다. 이 위화가 바로 "음행들"이 뜻하는 것이기 때문입니다. 왜냐하면 영적인 뜻으로 "음행들"은, 또는 영적인 음행들은 진리의 위화들 이외의 아무것도 아니기 때문입니다. 여기서 "예루살렘"은 교회를 가리킵니다. 그리고 그녀가 함께 음행을 저지른 "이집트 남자들"은 거짓들을 확증하기 위하여 그릇되게 적용된 온갖 종류의 과학적인 것들이나, 지식들을 가리킵니다. 그리고 "앗시리아 남자들"은 거짓들에서 비롯된 추론(推論)들을 가리키고, 장사하는 나라 "갈대아"(=바빌로니아)는 진리의 모독을 가리키고, 그녀가 정부(情夫)들에게 준 "화대"(花代·해웃값·reward)는 거짓들을 장사하는 것을 가리킵니다. 그리고 진리에 속한 위화들을 통한 선의 섞음질(=冒瀆) 때문에, 그 교회가 "그녀의 남편이라는 조건 하에서 외간 남자와 간음한 여인"이라고 불리웠습니다.

[4] 같은 책의 말씀입니다.

> "두 여인이 있는데, 그들은 한 어머니의 딸들이다. 그들은 이집트에서부터 이미 음행하였다. 젊은 시절에 벌써 음행을 하였다.……오홀라는 나에게 속한 여인이었으면서도, 이웃에 있는 앗시리아의 연인들에게 홀려서 음행하였다.……오홀라가 그들과 음행을 하였으며,……오홀라는 이집트에서부터 음란한 행실을 버리지 않았다.……그의 동생 오홀리바는,……자기 언니의 음란한 행실보다 더 음란하여, 자기 언니보다 더 많이 홀리고 타락하였다. 오홀리바는 갈대아(=바빌로니아) 사람들을 좋아하였다. 그들이 그에게 와서, 연애하는 침실로 들어가, 음행하여 그를 더럽혔다.
> (에스겔 23 : 2, 3, 5-8, 11, 14, 16, 마지막 절까지)

이 구절에서 "음행들"은 마찬가지로 영적인 음행을 뜻합니다. 이러한 사실은 이 구절들의 개별적인 것들에서 잘 알 수 있겠습니다. "두 여인이 있는데, 한 어머니의 딸들이다"는 말은 두 교회들, 즉 이스라엘 교회와 유대 교회를 뜻합니다. "이집트 사람" "앗시리아 사람" "갈대아 사람"(=바빌로니아 사람)과 저지른 음행들은 위의 설명 내용과 같습니다. "바빌로니아 사람들과 같이 들어간 연애하는 침실"은 선의 모독(=섞음질)을 가리킵니다.

[5] 예레미야서의 말씀입니다.

> "너는 수많은 남자들과 음행을 하고서도, 나에게로 다시 돌아오려고 하느냐?"……
> "네가 음행을 하여서 더럽히지 않은 곳이
> 어디에 있느냐?……
> 너는 이렇게 네 음행과 악행으로
> 이 땅을 더럽혀 놓았다."……
> "너는 저 배신한 이스라엘의 한 일을 보았느냐? 그가 높은 산마다 올라가서 음행을 하였고, 또 푸른 나무가 있는 곳마다, 그 밑에서 음행을 하였다.……이스라엘이 나를 배신하고 음행을 하다가, 바로 그것 때문에 내쫓기고……그는 음행하는 것을 가벼운 일로 여겨, 그 땅을 더럽히고, 심지어 돌과 나무를 음란하게 섬겼다.
> (예레미야 3 : 1, 2, 6, 8, 9)

"이스라엘"은 진리 안에 있는 교회를 가리키고, "유다"는 선 안에 있는 교회를 가리킵니다. 왜냐하면 그들은 이 두 교회들을 표징하기 때문입니다. "이스라엘의 음행"은 진리의 위화(僞化)들을 뜻하고, 선의 모독들(=섞음질들)은 "유다의 음행"이 뜻합니다. "모든 높은 산에서, 푸른 나무 아래에서 음행을 하고, 쫓겨났다"는 말은, 심지어 성경에서 선의 지식들이나, 진리의 지식들을 찾은 뒤에 그것들을 위화하는 것을 가리키고, "돌이나 나무와 음행을 저질렀다"는 말은 모든 진리나 선을 왜곡하고, 모독하는 것을 가리킵니다. 왜냐하면 "돌"(stone)은 진리를 뜻하고, "나무"(wood)는 선을 뜻하기 때문입니다.

[6] 같은 책의 말씀입니다.

"예루살렘에 사는 사람들아,
예루살렘의 모든 거리를 두루 돌아다니며,
들러보고 찾아보아라.
예루살렘의 모든 광장을
샅샅이 뒤져 보아라.
너희가 그 곳에서,
바르게 일하고 진실하게 살려고 하는 사람을
하나라도 찾는다면,
내가 이 도성을 용서하겠다."……
"예루살렘아, 내가 너를
어떻게 용서하여 줄 수가 있느냐?……
내가 그들을 배불리 먹여 놓았더니,
그들은 창녀의 집으로 몰려가서,
모두가 음행을 하였다.
(예레미야 5 : 1, 7)

"예루살렘의 모든 거리를 두루 돌아다니고, 예루살렘의 모든 광장을 샅샅이 뒤져 본다"는 말은 그 교회에 속한 교리적인 것들을 살펴보고, 상세하게 조사하는 것을 가리킵니다. 왜냐하면 "예루살렘"은 교회를 가리키고, 그리고 "거리들"이나 "광장들"(=넓은 곳들)은 교리적인 것들을 가리키기 때문입니다. "만약에 너희가 그 곳에서, 바르게 일하고, 진실하게 살려고 하는 사람을 하나라도 찾는다면……"이라는 말은, 교회 안 어디에 진리가 있는지 여부(與否)를 뜻합니다. "내가 너희를 배불리 먹여 놓았더니, 그들은 모두가 음행을 하였다"는 말씀은 진리가 그들에게 계시되었을 때 그들은 진리들을 위화(僞化)하였다는 것을 뜻합니다. 교리의 측면에서 이런 부류의 교회는 "창녀의 집"을 가리키고, 거기로 그들의 "떼거리"(=무리를 지어)가 몰려

갔습니다.
[7] 또 같은 책의 말씀입니다.

> 너는 음란하게 소리를 지르며 간음하고,
> 부끄러운 일들을 하였다.
> 나는 언덕과 들녘에서,
> 네가 저지른 역겨운 일들을 보았다.
> 부정한 예루살렘아,
> 너에게 화가 미칠 것이다.
> 언제까지 네가 그렇게 지내려느냐?
> (예레미야 13 : 27)

"음란하게 지르는 소리"(=말의 울음소리·neighings)는 진리의 모독들을 가리킵니다. 그 이유는 "말"(馬·horse)이 진리가 있는 총명적인 것을 뜻하기 때문입니다. "들녘에 있는 언덕들"은 교회 안에 있는 진리에 속한 선들을 가리키는데, 그것들은 이미 왜곡되었습니다.
[8] 또 같은 책의 말씀입니다.

> 내가 예루살렘의 예언자들에게서
> 끔찍한 일들을 보았다.
> 그들은 간음을 하고 거짓말을 한다.
> (예레미야 23 : 14)

또 같은 책의 말씀입니다.

> 그들이 이스라엘 사람으로서 절대로 해서는 안 될 망측한 일을 하였기 때문이다. 그들은 자기 이웃의 아내들과 간음하였고, 나의 이름을 팔아, 내가 시키지도 않은 거짓말을 하였다.
> (예레미야 29 : 23)

이 구절에서 "간음한다" 또는 "간음을 저질렀다"는 말은 명확하게 진리들을 왜곡(歪曲)하는 것을 뜻하고, "예언자들"은 성언으로 말미암아 진리들을 가르치는 자들을 뜻합니다. 왜냐하면 "간음을 하였고, 그리고 거짓말을 하였다"고 언급하였고, "내가 시키지도 않은 거짓말을 하였다"고 언급하고 있기 때문입니다. 성경말씀에서 "거짓말"(a lie)은 거짓을 뜻합니다.
[9] 민수기서의 말씀입니다.

> 너희 자식들은 사십 년 동안 광야에서 양을 치면서(=방황하면서), 너희 시체가 썩어 없어질 때까지, 너희가 저지른 죄(=그들의 음행들)를 대신 짊어질 것이다.
> (민수기 14 : 33)

이스라엘 자손들은 간음죄를 짊어지지 않았고, 그런 이유 때문에 광야에서 소멸하지도 않았지만, 오히려 그들이 천계적인 진리들을 냉대하고, 일축(一蹴)하였기 때문입니다. 이러한 사실은 바로 그들이 가나안 땅에 들어가기를 원하지 않고, 오히려 이집트로 돌아가기를 원하였다고 그들에게 언급된 내용에서 잘 알 수 있습니다. "가나안 땅"은 주님나라 교회를 뜻합니다. 그리고 그것에 속한 진리들을 뜻합니다. 그리고 "이집트"는 위화된 진리들이나, 마술(=마법·魔術·magic)로 변한 진리들이 아닌 거짓들을 뜻합니다.
[10] 미가서의 말씀입니다.

> 새겨서 만든 우상을 모두 박살내고,
> 몸을 팔아서 모은 재물을 모두 불에 태우고,
> 우상을 모두 부수어서
> 쓰레기 더미로 만들겠다.
> 몸을 팔아서 화대로 긁어 모았으니,
> 이제, 모든 것이

다시 창녀의 몸값으로 나갈 것이다.
(미가 1 : 7)

"새겨 만든 초상"이나 "우상들"은 자기 총명(self-intelligence)에서 나온 거짓들을 뜻하고, "간음의 보상"(=화대・花代・해웃값)은, 그들이 온갖 거짓들이나 악에 적용한, 따라서 왜곡시킨 진리나 선에 속한 모든 지식들을 뜻합니다.
[11] 호세아서의 말씀입니다.

주께서는 호세아에게 다음과 같이 말씀하셨다.
"너는 가서 음란한 여인과 결혼하여,
음란한 자식들을 낳아라!
이 나라가 주를 버리고 떠나서,
음란하게 살고 있기 때문이다."
(호세아 1 : 2)

이 구절은 그 교회의 됨됨이(性質)가 어떠한지를 드러내 보여 주고 있습니다. 다시 말하면 그것이 전적으로 온갖 거짓들에 빠져 있다는 것을 뜻합니다.
[12] 같은 책의 말씀입니다.

제사장이 많아지면 많아질수록,
나에게 짓는 죄도 더 많아지니,
내가 그들의 영광을 수치로 바꾸겠다.……
아무리 음행을 하여도
자손이 불어나지 않을 것이다.
이 백성이 다른 신들을 섬기려고
나 주를 버렸기 때문이다.
나의 백성은
음행하는 일에 정신을 빼앗기고,

묵은 포도주와 새 포도주에
마음을 빼앗겼다.……
너희의 딸들이 음행을 하고,
너희의 며느리들이 간음을 한다.
(호세아 4 : 7, 10, 11, 13)

이 구절에서 "음행·묵은 포도주·새 포도주"들은 위화된 진리들을 뜻하고, "간음"은 위화 그 자체를 뜻합니다. "묵은 포도주"(wine)는 내면적인 거짓을 가리키고 "새 포도주"(new wine)는 외면적인 거짓을, 그리고 "음행을 한 딸들"은 왜곡된 진리에 속한 선들을 가리키고, "간음을 한 며느리들"은 그 악들에서 비롯된 거짓들과 결합된 악들을 뜻합니다.
[13] 이사야서의 말씀입니다.

칠십 년이 지나가면,
주께서 두로를 돌보아 주셔서
옛날처럼
다시 해상무역을 하게 하실 것이다.
그 때에 두로는 다시 제 몸을 팔아서,
땅 위에 있는
세상의 모든 나라의 돈을 끌어들일 것이다.
그러나 두로가 장사를 해서 벌어들인 소득은
주의 몫이 될 것이다.
(이사야 23 : 17, 18)

성경에서 "두로"는 진리와 선에 속한 지식들의 측면에서 교회를 뜻합니다. "겉만 번지르르한 고용"(=해상무역·meretricious hire)은 온갖 악들이나 거짓들에 적용한 동일한 지식들이나, 그것들을 왜곡시키는 동일한 지식들을 뜻합니다. "그의 장사"는 이런 것들의 판매를 뜻합니다. "땅에 있는 모든 나라들과 간음을 저지른다"(=두로가 다시 제 몸을 판다)는 말은 그 교회의 모든 진리들을 가리킵니다. "두로가 장사를 해서 벌어들인 소득이나 해상무역을 해서 끌어들인 돈은 주의 몫이 될 것이다"는 말은 그것들이, 그들에 의하여 온갖 악들이나 거짓들에게 적용한 진리나 선에 속한 지식들을 뜻하기 때문에, 그 지식들 자체에 의하여 자기 자신을 살피는 것으로 사람은 지혜를 터득할 수 있습니다. 왜냐하면 지식들은 지혜롭게 되는 수단들이기 때문이고, 그리고 또한 미치광이가 되는 수단들이기도 하기 때문입니다. 그것들은, 그들이 온갖 악들이나 거짓들에 적용하는 것을 통해서 그것들이 위화될 때, 미치광이가 되는 수단들이 됩니다. 이와 같은 내용이 아래와 같이 언급된 곳에서 뜻하는 것입니다. 누가복음서의 말씀입니다.

> 불의한 재물로 친구를 사귀어라.
> (누가 16 : 9)

그리고 다른 곳에서는 이와 같이 엄명되기도 하였습니다. 출애굽기서의 말씀입니다.

> 여인들은 각각, 이웃에 살거나 자기 집에 함께 사는 이집트 여인들에게서 은붙이와 금붙이와 의복을 달라고 하여,…… 너희는 이렇게 이집트 사람의 물건을 빼앗아 가지고 떠나갈 것이다.
> (출애굽 3 : 22 ; 12 : 35, 36)

여기서 "이집트 사람들"(=이집트 여인들)은 그들이 진리들을 위화하기 위하여 사용한 온갖 종류의 과학적인 것들을 뜻합니다.
[14] 레위기서의 말씀입니다.

> 내가 직접 그와 그의 가문에 진노를 부어서 그는 물론이고, 그를 따라 몰렉을 섬기며 음란한 짓을 한 자들을 모조리 자기 백성에게서 끊어지

게 하겠다.……그들을 따라 음란한 짓을 하면, 나는 바로 그자에게 진
노하여 그를 자기 백성에게서 끊어지게 하겠다.
(레위기 20 : 5, 6)

이사야서의 말씀입니다.

> 그는 평화로운 곳으로 들어가는 것이다.
> 바른길을 걷는 사람은
> 자기 침상 위에 편히 누울 것이다.
> 너희 점쟁이의 자식들아,
> 간통하는 자와 창녀의 씨들아,
> 이리 가까이 오너라.
> (이사야 57 : 2, 3)

나훔서의 말씀입니다.

> 너는 망한다! 피의 도성!
> 거짓말과 강포가 가득하며
> 노략질을 그치지 않는 도성!……
> 기병대가 습격하여 온다.
> 칼에 불이 난다.
> 창은 번개처럼 번쩍인다.
> 떼죽음, 높게 쌓인 시체 더미,
> 셀 수 없는 시체,
> 사람이 시체 더미에 걸려서 넘어진다.
> 이것은 네가,
> 창녀가 되어서 음행을 일삼고,
> 마술을 써서 사람을 홀린 탓이다.
> 음행으로 뭇 나라를 홀리고,
> 마술로 뭇 민족을 꾀었기 때문이다.
> (나훔 3 : 1, 3, 4)

출애굽기서의 말씀입니다.

> 너희는 그 땅에 사는 사람들과 언약을 세우지 말아라.……또 너희가 너희 아들들을 그들의 딸들과 결혼시키면, 그들의 딸들은 저희 신들을 음란하게 따르면서, 너희의 아들들을 꾀어, 자기들처럼 음란하게 그 신들을 따르게 만들 것이다.
> (출애굽 34 : 15, 16)

민수기서의 말씀입니다.

> 그래야만 너희는 주의 명령을 기억하고, 그것들을 실천할 것이다, 그래야만 너희는, 마음 내키는 대로 따라가거나 너희 눈에 좋은 대로 따라가지 아니할 것이고, 스스로 색욕에 빠지는 일이 없을 것이다.
> (민수기 15 : 39)

묵시록서의 말씀입니다.

> 무너졌다. 무너졌다. 큰 도시 바빌론이 무너졌다. 바빌론은 자기 음행으로 빚은 진노의 포도주를 모든 민족에게 마시게 한 도시다.
> (묵시록 14 : 8)
>
> 천사가 와서, 나에게 "이리로 오너라. 큰 바다 물 위에 앉은 큰 창녀가 받을 심판을 보여 주겠다. 세상의 왕들이 그 여자와 더불어 음행하였고, 땅에 사는 사람들이 그 여자의 음행의 포도주에 취하였다" 하고 말하였습니다.
> (묵시록 17 : 1, 2)
>
> "이는, 모든 민족이
> 그 여자의 음행에서 비롯된
> 분노의 포도주를 마시고,
> 세상의 왕들이 그 여자로 더불어 음행하고,
> 세상의 상인들이

그 여자의 사치 바람에
치부하였기 때문이다."
(묵시록 18 : 3)
그분의 심판은 참되고 의로우시다.
음행으로 세상을 망친
그 큰 창녀를 심판하셨다.
자기 종들의 피를 흘리게 한
그 여자를 멸하셨습니다.
(묵시록 19 : 2)

이 장절들에서 명확한 것은 "음행들"이 진리의 위화(僞化)를 뜻한다는 사실입니다.
[15] "음행들"이나 "간음들"이 이러한 것들을 뜻하고 있기 때문에, 그리고 또한 천계에서도 이와 꼭 같은 뜻을 가지고 있기 때문에, 그러므로 표징적 교회이었고, 그리고 그 교회에 있는 것들은 모두가 표의적인 것이었던 이스라엘 교회에게는 아래와 같은 명령들이 주어졌습니다. 모세의 글들입니다.

이스라엘의 딸은 창녀가 될 수 없다. 또 이스라엘의 아들들도 창남이 될 수 없다.
(신명기 23 : 17)
남자가 다른 아내, 곧 자기의 이웃집 아내와 간통하면, 간음한 두 남녀는 함께 사형에 처해야 한다.
(레위기 20 : 10)
창녀가 번 돈이나 남창이 번 돈(=개의 소득)은, 주 너희의 하나님의 성전에 서원을 갚는 헌금으로 드릴 수 없다. 이 두 가지가 다 주 너희의 하나님이 미워하시는 것이다.
(신명기 23 : 18)
제사장은 창녀나, 이미 몸을 버린 여자와 결혼해서는 안 된다. 이혼한 여자와도 결혼하지 않아야 한다.……제사장의 딸이 창녀짓을 하여 제

몸을 더럽히면, 제 아버지를 더럽히는 것이나 마찬가지이므로, 그 여자는 불태워 죽여야 한다.……대제사장은 처녀를 아내로 맞이하여야 한다. 과부나 이혼한 여자나 이미 몸을 버린 여자나 창녀와 결혼해서는 안 된다. 그는 다만 자기 백성 가운데서 숫처녀를 아내로 맞이하여야 한다. (레위기 21 : 7, 9, 13, 14)

그 밖에 여러 장절들이 있습니다.
[16] "음행들"이나 "간음들"이 이러한 내용을 담고 있다는 것은 저 세상에서의 수많은 경험들로부터 나에게는 명확하게 입증되었습니다. 이런 성품을 지닌 영들에게서 비롯된 영기들(靈氣·spheres)은 이런 사실들을 밝혀 주었던 것입니다. 온갖 거짓들을 확증하기 위하여 성경말씀의 문자적인 뜻으로 진리들을 적용한 자들이나, 그리고 자기 스스로 온갖 거짓들을 확증한 영들의 나타남으로 인하여 거기에는 음행의 추악한 기운(氣運·sphere)이 피어나기 시작하였습니다. 이러한 기운들은 금지된 모든 계도들에 대응합니다(레위기 20 : 11-21 참조). 거기에는 거짓들에 진리들의 적용에 따른 등차의 차이나, 악들과 거짓들의 결합에 따른 등차의 차이, 특히 자아애(自我愛)에서 내뿜는 온갖 악들과의 결합에 따른 등차의 차이를 보게 되는데, 이러한 것은 H.H. 384-386항을 참조하십시오.

142. 15절. **"이와 같이, 네게도 (내가 싫어하는) 니골라 당의 가르침을 따르는 자들이 있다."**
이 말씀은, 신령질서에 맞지 않게 진리에서 선을 떼어 놓는 자들, 또는 믿음에서 인애를 분리시키는 자들을 뜻합니다. 이러한 내용은 꼭 같은 말이 나오는 장절에서 언급하고, 설명된 내용에서 아주 명백합니다(본서 107항 참조). 그러한 것에 이러한 내용을 더 부연하겠습니다. 선에서 진리를, 인애에서 믿음을 갈라놓고, 분리시키는 사람들은 그들이 실천한 선행들 안에 들어오는 주님나라의 모든 입류를 자기 자신에게서부터 내쫓아 버린다는 것, 그것의 결과로 그들의 선행들이 선이 아니라는 것입니다. 왜냐하면 주님나라, 다시 말하면 주님께서는 천계를 통하여 사람의 사랑에 속한 선 안에 입류하기 때문입니다. 그러므로 교회에 속한 교리로 말미암아 인애에 속한 선을 배척하고, 그것 대신에 믿음에 속한 것들이라고 부르는 것들을 오직 영접, 수용하는 사람은 주님나라의 문이 닫혀지기 때문입니다. 이런 사람들이 가지고 있는 진리들은 결코 생명을 가지고 있지 않습니다. 그리고 선을 가리키는 진리에 속한 생명은 결합하지만, 그러나 생명이 없는 진리는 진리가 아니고, 또한 인애가 없는 믿음 또한 믿음이 아닙니다. 이 주제에 관한 더 많은 내용은 인애에 관해서 다루고 있는 ≪새 예루살렘의 교리≫ 84-107항과, 믿음에 관해서 언급하고 있는 같은 책 108-122항을 참조하십시오.

143. 16절. "그러니 회개하여라. 회개하지 않으면……."
이 말씀은 이런 것들로부터의 분리(分離)를 뜻합니다. 이러한 내용은 "발람의 가르침"(the doctrine of Ballam)이나, "니골라 당의 가르침"(the doctrine of the Nicolaitans)이 뜻하는 것들에 관해서 사용된 그것들로부터 분리하는 것을 가리키는 "회개한다"(悔改·repent)는 말의 뜻에서 잘 알 수 있습니다. 회개한다는 말은 이런 내용 이외의 아무것도 아닙니다. 왜냐하면 어느 누구나 그 사람 자신이 회개한 것들에서 자기 자신을 실제적으로 떼어 놓는 것(分離) 없이는 어느 누구도 회개하는 것이 아니기 때문입니다. 그리고 그 사람이 그것들을 멀리 피하고, 그리고 그것들로부터 멀리 비켜갈 때만이 그 사람은 자기 자신을 그것들에게서 분리시키는 것이기 때문입니다. 이것이 회개(悔改) 또는 참회(懺悔·penitence)의 뜻이다는 것은 ≪새 예루살렘의 교리≫ 159-172항을 참조하십시오.

144. "만일 회개하지 않으면, 내가 속히 너에게로 가서, 내 입에서 나오는 칼을 가지고 그들과 싸우겠다."
이 말씀은, 만약에 회개하지 않는다면, 재난(災難·visitation)이 닥칠 때 그들은 모두 흩어지게 되고, 소멸될 것이다는 것을 뜻합니다. 이러한 내용은, 아래에서 그것에 관해서 설명하겠지만, 주님에 관해서 언급할 경우, 재난(災難·visitation)을 가리키는 "너에게 속히 온다"(coming to thee quickly)는 말의 뜻에서, 그리고 또한 거짓에 대항하여 싸우는 진리를 가리키는, 그리고 결과적으로 초래되는 거짓들의 소산(消散)이나 소멸(消滅)을 가리키는, "내 입에서 나오는 칼"(=내 입의 칼)의 뜻에서(본서 73·131[A]항 참조), 잘 알 수 있습니다. 그러나 여기서는 그것은 "발람의 가르침"이나 "니골라 당의 가르침"을 따르는 자들의 소멸을 뜻합니다. 다시 말하면 이해의 측면에서 확고하게 되었고, 그리고 진리들을 가르치지만, 그럼에도 불구하고 간계와 술책으로 교회에 속한 사람들을 파멸시키기를 좋아하는 자들의 소멸이나 소산을 뜻합니다. 또 다른 말로는, 진리에서 선을 분리시키고, 또는 믿음에서 인애를 분리시키는 자들의 멸망을 뜻합니다(본서 140·142항 참조). "속히 온다"(coming quickly)는 말은 재난(災難·visitation)을 뜻하는데, 그 이유는 성경에서 주님의 강림은 재난을 뜻하기 때문입니다(A.C. 6895항 참조). 재난은, 죽은 뒤 심판받기 전에 사람의 성품에 관한 검증(檢證·exploration)을 가리킵니다.

145. 17절. "귀가 있는 사람은, 성령이 교회들에게 하시는 말씀을 들어라."
이 말씀은 이해하는 사람은 반드시 주님의 몸된 교회에 속한 사람들에게 가르치고, 말씀하신 주님에게서 발출한 신령진리에 경청(傾聽)하고, 순종할 것이다는 것을 뜻합니다. 이러한 내용은, 이와 꼭 같은 말씀이 등장하는 곳에서 설명한 내용에서, 잘 알 수 있습니다(본서 14·108항 참조).

146. "이기는 사람에게는, 내가 감추어 둔 만나를 주겠다."
이 말씀은 온갖 시험들에서 승리하는 사람들은 주님의 신령인성(the Lord's Divine Human)에서 비롯된 천계적인 사랑에 속한 기쁨(the delight of heavenly love)을 누릴 것이다는 것을 뜻합니다. 이러한 내용은 온갖 시험들에서 승리(勝利)하는 자들을 가리키는 "이긴다"(overcoming)는 말의 뜻에서, 왜냐하면 그것은 바로 이 교회의 천사에게 써 보낸 글에서 다루어진 것이 그런 내용이기 때문이고(본서 130항 참조), 그리고 사랑이나 인애에 의하여 전유(專有)되고 결합되는 것을 가리키는 "먹을 것을 준다"(giving to eat)는 말의 뜻에서 (A.C. 2187 · 2343 · 3168 · 3513 · 5643항 참조), 그리고 또한 주님의 신령인성의 측면에서는 주님을 뜻하는 "감추어 둔 만나"라고 언급되었기 때문에, 여기서 이것을 "먹는다"는 말은 천계적인 사랑의 기쁨을 뜻한다는 것에서, 왜냐하면 이것은 사랑이나 믿음 안에서 주님을 영접, 수용한 사람들에게 주님의 신령인성에 의하여 전유되기 때문이고, 그리고 또한 주님의 신령인성의 측면에서 주님을 가리키는 "감추어 둔 만나"(the hidden manna)의 뜻에서, 잘 알 수 있습니다. "만나"(manna)가 이러한 것을 가리킨다는 것은 요한복음서에서 하신 주님의 말씀에서 아주 명백합니다. 요한복음서의 말씀입니다.

"'그가 하늘로부터 빵을 내려서, 그들에게 먹게 하셨다' 한 성경 말씀대로, 우리 조상은 광야에서 만나를 먹었습니다.……하나님의 빵은 하늘로부터 내려오는 것인데, 그것은 세상에 생명을 준다"……예수께서 그들에게 말씀하셨다. "나는 생명의 빵이다.……너희의 조상은 광야에서 만나를 먹었어도 죽었다. 그러나 하늘로부터 내려오는 빵은 이러하니, 누구든지 그것을 먹으면 죽지 않는다. 나는 하늘로부터 내려온 살아 있는 빵이다. 이 빵을 먹는 사람은 누구나 영원히 살 것이다. 내가 줄 빵은 나의 살이다. 그것은 세상에 생명을 준다."
(요한 6 : 31-58)

"만나"나 "빵"이 주님 자신을 뜻한다는 것은 그분께서 명백하게 친히 가르치셨습니다. 왜냐하면 주님께서는 "나는 하늘로부터 내려온 생명의 빵(the bread of life)이다"라고 말씀하셨기 때문입니다. 그것이 신령인성(the Divine Human)의 측면에서 주님을 가리킨다는 것은, 그분께서 말씀하실 때 "내가 줄 빵은 나의 살이다"고 가르치셨기 때문입니다.
[2] 주님께서 "성만찬"(聖晩餐·the Holy Supper)을 제정하실 때에도, 주님은 꼭 같은 것을 가르치셨습니다. 복음서의 말씀입니다.

> 예수께서 빵을 들어 축복하신 다음에, 떼어서 제자들에게 주시고 말씀하셨다. "받아서 먹어라. 이것은 내 몸이다."
> (마태 26 : 26 ; 마가 14 : 22 ; 누가 22 : 19)

"이 빵을 먹는다"는 것은 사랑을 통하여 주님에게 결합하는 것을 가리킵니다. 왜냐하면 "먹는다"(to eat)는 것은, 바로 위에서 설명한 것과 같이, 전유(專有)되는 것이나 결합되는 것을 가리키고, 그리고 사랑은 영적인 결합(spiritual conjunction)을 뜻하기 때문입니다. 누가복음서에서 "하나님의 나라에서 먹는다"는 말씀도 꼭 같은 것을 뜻합니다. 누가복음서의 말씀입니다.

> "하나님의 나라에서 음식을 먹는 사람은 복이 있습니다" 하고 예수께서 말하였다.
> (누가 14 : 15)

같은 책의 말씀입니다.

> 너희로 하여금 내 나라에 있으면서 내 밥상에서 먹고 마시게 하겠다.
> (누가 22 : 30)

마태복음서의 말씀입니다.

> 내가 너희에게 말한다. 많은 사람이 동과 서에서 와서, 하늘 나라에서 아브라함과 이삭과 야곱과 함께 잔치 자리에 앉을 것이다.
> (마태 8 : 11)

이 구절에서 "아브라함 · 이삭 · 야곱"은 주님을 뜻합니다(A.C. 1893 · 4615 · 6098 · 6185 · 6276 · 6804 · 6847항 참조). 요한복음서의 말씀입니다.

> 너희는 썩을 양식을 얻으려고 일하지 말고, 영원한 생명에 이르게 하는 양식을 위하여 일하여라. 그 양식은, 인자가 너희에게 줄 것이다.
> (요한 6 : 27)

이 구절에서 "인자"(=사람의 아들 · 人子 · the Son of man)가 신령인성(=신령인간 · the Divine Human)의 측면에서 주님을 가리킨다는 것은 본서 63항을 참조하십시오.

[3] "감추어 둔 만나"(hidden manna)라고 호칭된 것이, 사랑을 통해서 주님에게 결합된 사람들이 받는 천계적인 사랑에 속한 기쁨(喜悅)을 뜻하기 때문에, 천계적인 사랑 안에 있지 않는 사람들에게는 전적으로 알려져 있지 않습니다. 그리고 이 기쁨은, 주님의 신령인성을 시인하는 사람을 제외하면, 어느 누구도 영접, 수용할 수 없습니다. 왜냐하면 그 기쁨은 이것에서 발출하기 때문입니다. 이 기쁨이 광야에 있었던 이스라엘 자손들에게 알려지지 않았기 때문에 그들은 그것을 "만나"(manna)라고 불렀습니다. 이러한 사실은 모세의 글에 잘 나타나 있습니다. 출애굽기서의 말씀입니다.

> 주께서 모세에게 말씀하셨다. "내가 하늘에서, 너희가 먹을 것을 비처럼 내려 줄 터이니, 백성이 날마다 나가서, 그날 그날 먹을 만큼 거두어들이게 하여라.……아침에는 진 친 곳 둘레에 안개(=이슬)가 자욱하였다. 안개가 걷히고 나니, 이럴 수가! 광야 지면에, 마치 땅 위의 서리처럼 보이는, 가는 싸라기 같은 것이 덮여 있는 것이 아닌가! 이스라엘 자손이 그것을 보고, 그것이 무엇인지 몰라서, 서로 "이게 무엇이냐?" 하고 물었다. 모세가 그들에게 말하였다. "이것은 주께서 너희에게 먹으라고 주신 양식이다."……이스라엘의 집이 그것의 이름을 만나라고

불렀다.*
(출애굽 16 : 3-36)

신명기서의 말씀입니다.

주께서,……너희도 알지 못하고 너희 조상도 알지 못하는 만나를 먹이셨는데, 이것은, 사람이 먹는 것으로만 사는 것이 아니라, 주의 입에서 나오는 모든 말씀으로 산다는 것을, 너희에게 알려 주시려는 것이다.
(신명기 8 : 3)

"만나"가 뜻하는 이 기쁨(喜悅)은 이스라엘 자손에게 알려지지 않았는데, 그것은 그들이 다른 민족에 비하여 더 관능(官能)적인 쾌락에 빠져 있었기 때문이고, 그리고 이런 관능적인 쾌락에 빠져 있는 사람들은 천계적인 기쁨에 속한 어떤 것을 안다는 것은 전적으로 불가능하기 때문입니다. 이스라엘 자손들이 이런 부류의 사람들이었다는 것은 ≪새 예루살렘의 교리≫ 248항을 참조하십시오. 언급된 기쁨(喜悅·delight)이라는 낱말은 사랑에 속한 기쁨(the delight of love)을 뜻합니다. 왜냐하면 삶에 속한 모든 기쁨은 사랑에 속한 것이기 때문입니다.
[4] 천계적인 사랑에 속한 기쁨을 "감추어 둔 만나를 먹는다"는 말이 뜻하기 때문에, 그러므로 다윗의 글에는 그것이 "하늘 양식"(=천계의 빵)이라고 불리웠습니다. 시편서의 말씀입니다.

> 하나님은
> 위의 하늘에서 명하셔서
> 하늘 문을 여시고,
> 만나를 비처럼 내리시어

---

* 원문으로 삼고 있는 ≪표준 새번역 성경전서≫에는 이 말이 없지만, 저자의 인용구절을 따라서, 직역하였다. (역자 주)

하늘 양식(the corn of the heavens)을 주셨다.
(시편 78 : 23, 24)

같은 책의 말씀입니다.

그들이 먹을거리를 찾을 때에,
그가 메추라기를 몰아다 주시며,
하늘 양식(the bread of the heavens)으로 배부르게 하셨다.
(시편 105 : 40)

그것이 "하늘 양식"(=천계의 빵·the bread of the heavens)이라고 불리웠는데, 그것은 안개(=이슬·dew)와 함께 하늘에서 비같이 내려왔기 때문이지만, 그러나 영적인 뜻으로, 그것이 주님으로부터 천사적인 천계를 통하여 내려왔기 때문에, "천계의 양식"(=천계의 빵)이라고 하였습니다. 이 경우 또 다른 천계를 의미하는 것은 전무(全無)하고, 그리고 사람의 영혼을 양육(養育·nourish)하는 빵 이외의 다른 것을 뜻하는 것 역시 전혀 없습니다. 여기서 "빵"을 이런 뜻으로 이해해야 한다는 것은 주님께서 친히 요한복음서에서 말씀하신 말씀에서 명확합니다. 주님께서는 "하늘에서 내려온 만나이시고, 빵이시다"고 말씀하셨습니다(요한 6 : 31-58). 신명기서의 말씀입니다.

주께서……너희도 알지 못하고 너희의 조상도 알지 못하는 만나를 먹이셨는데, 이것은, 사람이 먹는 것으로만 사는 것이 아니라, 주의 입에서 나오는 모든 말씀으로 산다는 것을, 너희에게 알려 주시려는 것이다.
(신명기 8 : 3)

"주의 입에서 나오는 것"은 주님께서 발출하는 모든 것을 가리킵니다. 특별한 뜻으로 이것은 신령선과 하나가 된 신령진리를 가리킵니다(H.H. 13·133·139·140·284-290항 참조).

[5] 이 기쁨이 모세의 책에서 대응(對應)에 의하여 기술되었습니다. 출애굽기서의 말씀입니다.

　이스라엘 사람은 그것을 만나라고 하였다. 그것은 고수 씨처럼 하얗고, 그 맛은 꿀 섞은 과자와 같다.
　(출애굽기 16 : 31)

민수기서의 말씀입니다.

　만나의 모양은 깟 씨와 같고,……백성이 그것으로……과자를 만들었다. 그 맛은 기름에 반죽하여 만든 과자 맛과 같았다.
　(민수기 11 : 7, 8)

만나의 모양(外現)과 맛이 그와 같다는 것은, "고수 씨(coriander seed) 같이 하얗다"는 것이 천계적인 근원에서 비롯된 진리를 뜻하기 때문입니다. 그리고 "과자"는 천계적인 사랑에 속한 선을 뜻하고, "꿀"은 그것의 외적인 기쁨을 뜻하고, "기름"은 그 사랑 자체를 뜻하고, "그것의 즙"은 그 맛의 근원인 그것의 내적인 기쁨을 뜻하고, 만나가 그것 안에 있는 "안개(=이슬)와 같이 내리는 비"는 그 기쁨이 내재해 있는 신령진리에 속한 입류를 뜻하기 때문입니다. "씨"가 천계적인 근원에서 비롯된 진리를 뜻하고(A.C. 3038・3373・10248・10249항 참조), "희다"(i'i色)가 진리에 관해서 서술한다는 것 (A.C. 3301・3993・4007・5319항 참조), "과자"가 천계적인 사랑에 속한 선을 뜻한다는 것(A.C. 7978・9992・9993항 참조), "기름"이 사랑 자체를 뜻한다는 것(A.C. 886・3728・9780・9954・10261・10269항 참조), "그것의 즙"(=기름으로 만든 반죽)은, 그러므로 그 사랑에 속한 기쁨을 뜻하는데, 그 이유는 맛이 그것에서 비롯되고, 그리고 맛은 기쁨이나 즐거움을 가리키기 때문입니다(A.C. 3502・4791-4805항 참조). 그러나 이러한 사안들이나, 내용에 관해서 더 많은 것들은

≪천계비의≫(the Arcana Celestial)의 출애굽기 16장의 설명에서 잘 알 수 있습니다.

[6] 천계적인 사랑에 속한 기쁨은 "감추어 둔 만나"가 뜻하는데, 그럼에도 불구하고 그 때 "감추어 둔 만나"는 신령인성의 측면에서 주님을 뜻합니다. 그 이유는, 여러분들이 주님의 신령인성을 말하든, 또는 신령사랑을 말하든, 그것이 동일한 것이기 때문입니다. 왜냐하면 주님께서는 신령사랑 자체를 가리키고, 그분에게서 발출한 것은 무엇이든 신령진리에 합일된 신령선이기 때문입니다. 이 양자는, 사랑에 속한 것이고, 역시 천계에서는 주님을 가리키기 때문입니다. 결과적으로 "그분에 속한 것을 먹는다"는 것은 그분에게 결합하는 것을 가리키고, 그리고 이와 같은 결합은 그분에게서 비롯된 사랑에 의한 것이기 때문입니다. 그러나 이러한 내용은 ≪천계와 지옥≫ 13-19・116-125・126-140항에서, 그리고 ≪새 예루살렘의 교리≫ 210-222・307항에서, 설명한 것들에서 더 잘 이해할 수 있습니다.

147. "(이기는 사람에게는) **흰 돌도 주겠다.**"

이 말씀은 지혜(智慧・wisdom)와 총명(聰明・intelligence)을 뜻합니다. 이러한 내용은, 그것이 주님에 의하여 주어졌을 경우, 그분에게서 비롯된 수용(受容・reception)이나 입류(入流・influx)를 가리키는 "흰 돌"(白石・a white stone)의 뜻에서 잘 알 수 있습니다. 그리고 그것이 주님에게서 비롯된 수용과 입류를 뜻하기 때문에, 그것은 곧 주님에게서 온 것을 수용한 사람들이나, 주님께서 입류하신 사람들은 지혜나 총명 안에 있기 때문입니다. "흰 돌을 준다"는 것은 이런 내용들을 뜻하는데, 그 이유는 전에 공식적인 결정들에서 돌들에 의하여 그 투표(投票・votes)들이 행하여졌기 때문입니다. 흰 돌(白石)은 긍정적인 의견들을 가리키고, 검은 돌(黑石・black stone)은 부정적인 의견들을 가리킵니다. 그러므로 여기서 "흰 돌"은 지혜나, 총명의 수용을 뜻합니다.

148. "그 돌 위에는 새 이름이 적혀 있는데, 그 돌을 받는 사람

밖에는 아무도 그것을 알지 못한다."
이 말씀은, 그것 안에 존재하는 사람들을 제외하면 모두에게 알려지지 않은 내면적인 생명의 상태(a state of interior life)를 뜻합니다. 이러한 내용은, 상태의 성질(性質・本質)을 가리키는(이것에 관해서는 A.C. 1754・1896・2009・3237・3421항을 참조하십시오), 그리고 여기서는 내면적인 생명의 상태의 성질을 가리키는 "이름"(姓名・name)의 뜻에서, 잘 알 수 있습니다. 그 이유는 "그것을 받은 사람이 아니면 누구도 알지 못하는 새로운 이름"이 언급되었기 때문입니다. 왜냐하면 내면적인 생명의 상태의 본성(本性・quality)은 내면적인 생명 안에 있지 않는 사람들에게는 전적으로 알려지지 않기 때문입니다. 주님사랑 안에 있는 사람들은 내면적인 생명 안에 있고, 그리고 주님의 인성 안에 있는 신령존재를 시인하는 사람들을 제외하면 어느 누구도 주님사랑 안에 있지 않습니다. 주님사랑이 그분의 계율들에 일치하여 사는 것을 가리킨다는 것은 A.C. 10143・10153・10578・10645・10829항을 참조하십시오. 영적인 삶(the spiritual life)이 내면적인 생명 안에 있으며, 그것 안에 천계의 천사들은 존재합니다. 그러나 외면적인 삶(the exterior life)은 자연적인 생명이고, 그것 안에 천계에 존재하지 않는 자들 모두가 있습니다. 더욱이 주님의 계율들에 일치하는 삶을 살고, 그분의 인성 안에 있는 신령존재를 시인하는 사람들이 가지고 있는 내면적인 마음(the interior mind)은 열리며, 그리고 그 때 그 사람은 영적인 존재가 됩니다. 그러나 그와 같이 살지 않는 사람들이나, 주님을 시인하지 않는 사람들은 자연적인 존재 그대로 남아 있습니다. 내면적인 삶이나, 영적인 삶의 상태가 천계적인 사랑 안에 있지 않는 사람들에게 알려지지 않는다는 것은 H.H. 395-414항과 ≪새 예루살렘의 교리≫ 105・238항을 참조하십시오.

[2] 성경에 나오는 "이름"(姓名・name)이 상태의 성질(狀態性質・quality of state)을 뜻한다는 것은, 수많은 장절들에서 명백한데, 나

는 확증의 뜻에서 그 장절들의 몇몇을 인용하고자 합니다. 이사야서의 말씀입니다.

> 너희는 고개를 들어서,
> 저 위를 바라보아라.
> 누가 이 모든 별을 창조하였느냐?
> 바로 그분께서 천체를
> 군대처럼 불러내신다.
> 그는 능력이 많으시고 힘이 세셔서,
> 하나하나, 이름을 불러 나오게 하시니,
> 하나도 빠지는 일이 없다.
> (이사야 40 : 26)

"하나하나 이름을 부른다"는 말은 모든 것의 성품을 알고 있다는 것을 가리키고, 그리고 그들이 가지고 있는 사랑과 믿음의 상태에 일치하여 그들에게 이름을 부여하는 것을 가리킵니다. 요한복음서에도 이와 같은 뜻이 있습니다.

> 문으로 들어가는 사람은 양의 목자다. 문지기는 목자에게 문을 열어 주고, 양들은 그의 음성을 듣는다. 그리고 목자는 자기 양의 이름을 하나하나 불러서 이끌고 나간다.
> (요한 10 : 2, 3)

이사야서의 말씀입니다.

> 야곱아,
> 너를 창조하신 주께서 말씀하신다.
> 이스라엘아,
> 너를 지으신 주께서 말씀하신다.
> "내가 너를 속량하였으니,

> 두려워하지 말아라.
> 내가 너를 지명하여 불렀으니,
> 너는 나의 것이다."
> (이사야 43 : 1)

같은 책의 말씀입니다.

> 그 때에 너는,
> 내가 주인 줄을 알게 될 것이고,
> 이스라엘의 하나님이
> 너를 지명하여 불렀다는 것을
> 알게 될 것이다.
> 내가 너를 지명하여 부른 것은,
> 나의 종 야곱, 내가 택한 이스라엘을
> 도우려고 함이었다.
> 네가 비록 나를 알지 못하였으나,
> 내가 너에게 영예로운 이름을 준 까닭이
> 바로 여기에 있다.
> (이사야 45 : 3, 4)

"내가 너를 지명하여 부른다"는 말은 그분께서 그 교회의 상태의 성질을 아시고 계신다는 것을 뜻합니다. 왜냐하면 "야곱"과 "이스라엘"은 교회를 가리키고, "야곱"은 외적인 교회를, "이스라엘"은 내적인 교회를, 각각 가리키기 때문입니다.

[3] 또 같은 책의 말씀입니다.

> "네가 나의 명령에
> 귀를 기울이기만 하였어도,……
> 그 이름이 절대로 내 앞에서 끊어지거나,
> 없어지지 않았을 것이다."

(이사야 48 : 18, 19)

"절대로 내(=주님) 앞에서 끊어지거나, 없어지지 않을 이름"은 결합이 이루어진 상태의 성질을 뜻하는데, 그 상태는 "이스라엘"이 뜻하는 교회에 속한 사람의 영적인 상태를 가리킵니다. 또 같은 책의 말씀입니다.

>주께서 이미 모태에서부터 너를 부르셨고,
>내 어머니의 태 속에서부터
>내 이름을 기억하셨다.
>(이사야 49 : 1)

여기서 "이름을 기억한다"(=이름을 언급한다)는 말은 그 성품(性稟·됨됨이)을 알고 있다는 것을 가리킵니다. 또 같은 책의 말씀입니다.

>시온의 공의가 빛처럼 드러나고,
>예루살렘의 구원이 횃불처럼 나타날 때까지,
>시온을 격려해야 하므로,
>내가 잠잠하지 않겠고,
>예루살렘이 구원받기까지 내가 쉬지 않겠다.
>이방 나라들이 네게서
>공의가 이루어지는 것을 볼 것이다.
>뭇 왕이 네가 받은 영광을 볼 것이다.
>사람들이 너를 부를 때에,
>주께서 네게 지어 주신
>새 이름으로 부를 것이다.
>(이사야 62 : 1, 2)

또 같은 책의 말씀입니다.

주께서 주의 종들은
다른 이름으로 부르실 것이다.
(이사야 65 : 15)

여기서 "새 이름으로 부른다"는 말이나, "다른 이름으로 부른다"는 말은 생명의 다른 상태를 부여한다는 것, 다시 말하면 영적인 생명의 상태를 준다는 것을 뜻합니다. 에스겔서의 말씀입니다.

많은 백성을 죽이고, 우상들을 만들어서 스스로를 더럽힌 성읍아,……
이미 이름을 더럽혔다.
(에스겔 22 : 3, 5)

"피들의 성읍"(=많은 백성을 죽인 성읍·the city of bloods)은 인애에 속한 선에 폭행을 가하는 교리를 가리킵니다. 그리고 그것의 됨됨이를 이루고 있는 온갖 거짓들이나 거기에서 비롯된 악들로 넘쳐날 때, "이름이 더럽혀졌다"고 언급되었습니다.
[4] 출애굽기서의 말씀입니다.

모세가 주께 아뢰었다.……"주께서는 저에게……말씀하셨습니다.…… 주께서는 저에게, 저를 이름으로 불러 주실 만큼 저를 잘 아시며……." 주께서 모세에게 말씀하셨다. "내가 너를 잘 알고, 또 너에게 은총을 베풀어서, 네가 요청한 이 모든 것을 다 들어 주마."
(출애굽기 33 : 12, 17)

"그분께서 모세를 이름으로 알고 있다"는 말은 그의 성품을 알고 있다는 것을 가리킵니다. 묵시록서의 말씀입니다.

"사데에는 자기 옷을 더럽히지 않은 사람 몇이 있다(=몇몇 이름들이 있다).……이기는 사람은 이와 같이 흰 옷을 입을 것인데, 나는 그 이름을 생명책에서 지워 버리지 않을 것이며, 내 아버지 앞에서, 그리고 아버지의 천사들 앞에서 그의 이름을 시인할 것이다.……이기는 사람은, 내가 내 하나님의 성전에 기둥이 되게 하겠다.……나는 내 하나님의 이름과 내 하나님의 도시 곧 하늘에서 내 하나님께로부터 내려오는 새 예루살렘의 이름과 또 나의 새 이름을 그 사람 위에 써 두겠다."
(묵시록 3 : 4, 5, 12)

여기서 밝히 알 수 있는 것은, "이름"이 사랑에 속한 선의 측면에서, 그리고 믿음에 속한 진리의 측면에서, 상태의 성질(性質·quality)을 뜻한다는 것입니다. 같은 책의 말씀입니다.

> 어린 양의 생명책에 창세 때부터 이름이 기록되어 있지 않은 사람들의 이름들……
> (묵시록 13 : 8 ; 17 : 8)

"생명책에 기록된 이름들"은 사람의 사랑과 믿음에 속한 모든 것들의 성질을 가리킵니다. 다시 말하면 사람의 영적인 삶에 속한 모든 것들을 가리킵니다. 또 같은 책의 말씀입니다.

> 그들은 하나님의 얼굴과 어린 양을 볼 것입니다. 그들의 이마에는 그분의 이름이 적혀 있고…….
> (묵시록 22 : 4)

"그들의 이마에 있는 그분의 이름"은 사랑의 상태를 뜻합니다. 왜냐하면 "이마"(forehead)는 사랑에 대응하고, 따라서 사랑을 뜻하기 때문입니다.

[5] 성경에서 "이름"(姓名·name)은 사람의 상태의 됨됨이를 뜻합니다. 그 이유는 영계(靈界)에서 그 사람이 처해 있는 생명의 상태에 일치하여 서로 다양하게 각각 이름이 불리워지고 있기 때문입니다. 왜냐하면 영적인 언어(spiritual speech)는 인간적인 언어와 전혀 다

르기 때문입니다. 거기에 있는 모든 것들은 사물들의 개념들이나, 인물들의 개념들에 일치하여 표현되기 때문입니다. 그리고 이 모든 개념들이 낱말들 속에 담겨지기 때문입니다. 이러한 내용들은 ≪천계와 지옥≫ '천계에 있는 천사들의 언어'의 장에 설명된 것에서 잘 알 수 있고(H.H. 234-245항 참조), 그리고 "여호와의 이름" "주님의 이름" "예수 그리스도의 이름"이 성경에서 뜻하는 내용이 무엇인지 설명한 것에서(본서 102·135항 참조) 잘 알 수 있습니다.

149. 18-29절. "두아디라 교회의 천사에게 이렇게 써 보내어라. '그 눈이 불꽃과 같고, 그 발이 놋쇠와 같으신 분, 곧 하나님의 아들이 이렇게 말씀하신다. 나는 네 행위와 네 사랑과 믿음과 섬김과 오래 참음을 알고, 또 네 나중 행위가 처음 행위보다 더 훌륭하다는 것을 안다. 그러나 네게 나무랄 것이 있다. 너는 이세벨이라는 여자를 용납하고 있다. 그는 스스로를 예언자로 자처하면서, 내 종들을 가르치고, 그들을 미혹시켜서 간음하게 하고, 우상의 제물을 먹게 하는 자다. 내가 그에게 회개할 기회를 주었으나, 그는 자기 음행을 회개하려 하지 않았다. 보아라, 나는 그를 병상에다가 던지겠다. 그와 더불어 간음하는 자들도, 그와의 행위를 회개하지 않으면, 큰 환난을 당하게 하겠다. 그리고 나는 그의 자녀들을 반드시 죽게 하겠다. 그러면 모든 교회는 내가 사람의 생각과 마음을 살피는 이라는 것을 알게 될 것이다. 나는 너희 각 사람에게 그 행위대로 갚아 주겠다. 그러나 두아디라에 있는 사람들 가운데서 그의 가르침을 받아들이지 않은 사람들, 곧 사탄의 깊은 흉계에 물들지 않은 사람들인 너희 남은 사람들에게 내가 말한다. 나는 너희에게 다른 짐을 지우지 않겠다. 다만 내가 올 때까지, 너희가 가지고 있는 그것을 굳게 붙잡고 있어라. 이기는 사람, 곧 내 일을 끝까지 지키는 사람에게는, 민족들을 다스리는 권세를 주겠다.

「그는 쇠막대기로 그들을 다스릴 것이고, 민족들은 마치 질그릇이 부수어지듯 할 것이다.」 이것은 마치, 내가 나의 아버지께로부터 권세를 받아서 다스리는 것과 같다. 나는 그 사람에게 샛별을 주겠다. 귀가 있는 사람은, 성령이 교회들에게 하시는 말씀을 들어라.'"

[18절] :
"두아디라 교회의 천사에게 이렇게 써 보내어라"는 말씀은 속사람과 겉사람이, 또는 영적인 사람과 자연적인 사람이 하나 된 사람에게 있는 교회에 속한 사람들을 뜻합니다(본서 150항 참조). "하나님의 아들이 이렇게 말씀하신다"(=사람의 아들이 말씀하신 이것들)는 말씀은 교회에 속한 본질적인 것의 근원인 신령인간(神靈人間·神靈人性·the Divine Human)의 측면에서 주님을 뜻합니다(본서 151항 참조). "그 눈이 불꽃과 같다"(=그는 불꽃과 같은 그분의 눈을 가지셨다)는 말씀은, 그분을 향한 사랑 안에 있는 자들에게, 그리고 그분을 믿는 믿음 안에 있는 자들에게 교류하는 그분의 신령사랑과 신령지혜나 신령총명에서 비롯된 신령섭리(神靈攝理·the Divine Providence)를 뜻합니다(본서 152항 참조). "그의 발은 놋쇠와 같다"는 말씀은 자연적인 것을 가리키는 신령질서(神靈秩序·the Divine order)에 속한 궁극적인 것이 신령사랑으로 가득 채워졌다는 것을 뜻합니다(본서 153항 참조).

[19절] :
"나는 네 행위와 네 사랑(=인애·charity)을 안다"는 말씀은 교회에 속한 사람들의 내적인 것을 뜻합니다(본서 154항 참조). "나는 네 믿음과 섬김을 안다"는 말씀은 그것 안에 있는 선과 진리를 뜻합니다(본서 155항 참조). "나는 너의 오래 참음을 안다"는 말씀은 외적인 것과의 결합, 그리고 결과적인 다툼(=싸움·combat)을 뜻합니다(본서 156항 참조). "또 나는 네 나중 행위가 처음 행위보다 더 훌륭하다는 것을 안다"는 말씀은 거기에서 비롯된 외적인 것들을 뜻합니다(본서 157항 참조).

[20절] :
"그러나 네게 나무랄 것이 있다"는 말씀은 반드시 지켜야 할 주의(注意 · heed)를 뜻합니다(본서 158항 참조). "너는 이세벨이라는 여자를 용납하고 있다"는 말씀은 자아애(自我愛 · 자기사랑 · love of self)와 세간애(世間愛 · 세상사랑 · love of the world)를 뜻합니다(본서 159항 참조). "그는 스스로를 예언자로 자처하면서, 내 종들을 가르치고, 그들을 미혹시켰다"는 말씀은 모든 거짓들에 속한 교리가 그것에서 비롯되었다는 것을 뜻합니다(본서 160항 참조). "그는 내 종들을 간음하게 하고, 우상의 제물을 먹게 하였다"는 말씀은 진리에 속한 온갖 위화들(僞化 · falsifications)과 그리고 선에 속한 온갖 섞음질들(汚濫 · adulterations)을 뜻합니다(본서 161항 참조).

[21절] :
"내가 그에게 회개할 기회를 주었으나, 그는 자기 음행을 회개하려 하지 않았다"는 말씀은 그것에서 비롯된 거짓들 안에 있는 사람들은 진리들에 의하여 자기 자신들이 진리들에게 향하지 않는다는 것을 뜻합니다(본서 162항 참조).

[22절] :
"보아라, 나는 그를 병상에다가 던지겠다"는 말씀은 그들은 그들의 자연적인 사람에게 머물러 남아 있고, 그리고 그것 안에 있는 거짓들의 교리에 남아 있다는 것을 뜻합니다(본서 163항 참조). "그와 더불어 간음한 자들도 (그와의 행위를 회개하지 않으면,) 큰 환난을 당하게 하겠다"는 말씀은 이런 부류의 온갖 거짓들에 몰두(沒頭)한 자들이 겪는 극심한 시험들을 뜻합니다(본서 164항 참조). "그들이 그와의 행위를 회개하지 않으면……"이라는 말씀은 만약에 그들에게서 자신들을 분리시키지 않는다면을 뜻합니다(본서 165항 참조).

[23절] :
"그리고 나는 그의 자녀들을 반드시 죽게 하겠다"는 말씀은 이와 같은 거짓들은 소멸(消滅)될 것이다는 것을 뜻합니다(본서 166항 참

조). "그러면 모든 교회는 내가 사람의 생각과 마음을 살피는 이라는 것을 알게 될 것이다"는 말씀은, 주님께서 홀로 외면적인 것과 내면적인 것들을 알고 있고, 조사한다는 것과, 그리고 주님께서 홀로 믿음에 속한 것들이나 사랑에 속한 것들을 알고 있고, 답사(踏査)하고 있다는 것에 대한 교회에 속한 사람들의 모든 시인(是認)을 뜻합니다(본서 167항 참조). "나는 너희 각 사람에게 그 행위대로 갚아 주겠다"는 말씀은 사람의 외적인 것 안에 내재해 있는 내적인 것에 일치하는 영원한 축복(永福·eternal blessedness)을 뜻합니다(본서 168항 참조).

[24절] :
"그러나 나는 두아디라에 있는 너희 남은 사람들에게 내가 말한다"는 말씀은 내적인 것이 외적인 것에 결합된 모두나, 각자에게 말한다는 것을 뜻합니다(본서 169항 참조). "그의 가르침을 받아들이지 않은 많은 사람들"이라는 말씀은 자아애(=자기사랑·love of self)나 세간애(=세상사랑·love of the world)에 속한 쾌락인 외적인 쾌락이 지배하지 못하는 자들을 뜻합니다(본서 170항 참조). "곧 사탄의 깊은 흉계에 물들지 않은 사람들"이라는 말씀은 이런 것들과의 얽힘을 뜻합니다(본서 171항 참조). "나는 너희에게 다른 짐을 지우지 않겠다"는 말씀은 이것은 오직 방어(防禦)되어야 한다는 것을 뜻합니다(본서 172항 참조).

[25절] :
"다만 내가 올 때까지, 너희가 가지고 있는 그것을 굳게 붙잡고 있어라"는 말씀은 사랑이나 믿음에 속한 상태 안에 있는 확고함(=不變·steadfastness)을 뜻하고, 심지어 환난 때까지의 확고함을 뜻합니다(본서 173항 참조).

[26절] :
"이기는 사람, 곧 내 일을 끝까지 지키는 사람"은 이런 사랑들(=애욕들)에 대항하여 싸운 투쟁이 있은 뒤, 사랑과 믿음 안에 있는 불

굴(不屈)의 애씀(努力)(=견인 · 堅忍 · perseverance)을 뜻하고, 그리고 가능한 한 멀리 떨어진 그들의 옮김(removal)을 뜻합니다(본서 174항 참조). "나는 민족들을 다스리는 권세를 주겠다"는 말씀은 그 사람 안에 있는 온갖 악들을 다스린다는 것을 뜻하는데, 그 때 그것들은 주님에 의하여 쫓겨날 것이고, 소산(消散)될 것이다는 것을 뜻합니다 (본서 175항 참조).

[27절] :
"그는 쇠막대기로 그들을 다스릴 것이다"는 말씀은, 자연적인 사람 안에 있는 것들을 가리키는 온갖 악들을 진리들에 의하여 그가 징벌할 것이고, 억제할 것이다는 것을 뜻합니다(본서 176항 참조). "민족들은 마치 질그릇이 부수어지듯 할 것이다"는 말씀은 온갖 거짓들에 속한 전적인 소산(消散)을 뜻합니다(본서 177항 참조). "이것은 마치, 내가 나의 아버지로부터 권세를 받아서 다스리는 것과 같다"는 말씀은 주님께서 그분의 인성(人性 · His Human)을 광영되게 하실 때, 마치 주님께서 그분의 신성(神性 · His Divine)으로 하시는 것과 같다는 것을 뜻합니다(본서 178항 참조).

[28절] :
"나는 그 사람에게 샛별(=새벽별)을 주겠다"는 말씀은 주님의 신령 인성(the Lord's Divine Human)에서 비롯된 총명과 지혜를 뜻합니다 (본서 179항 참조).

[29절] :
"귀가 있는 사람은 성령이 교회들에게 하시는 말씀을 들어라"라는 말씀은 이해하는 사람은, 주님의 교회에 속한 사람들에게 가르치고, 말하는 주님에게서 발출하는 신령진리를 경청할 것이다는 것을 뜻합니다(본서 180항 참조).

150. 18절. **"두아디라 교회의 천사에게 이렇게 써 보내어라."**
이 말씀은 내적인 사람(=속사람)과 외적인 사람(=겉사람), 또는 영적인 사람과 자연적인 사람이 한 사람을 이룬 사람들에게 있는 교회에 속한 사람들을 뜻합니다. 이러한 내용은 이 천사에게 써 보낸 것이 속뜻으로 무엇을 뜻하는지 이해되는 것에서 잘 알 수 있습니다. 그것은, 속사람 또는 영적인 사람이 겉사람 또는 자연적인 사람과의 결합을 다루고 있고, 또는 이것들이 결합된 사람 안에 있는 교회에 속한 사람들에 관해서 다루고 있습니다. 모든 사람 안에는 내적인 것과 외적인 것이 있으며, 그의 내적인 것은 영적인 사람이라고 호칭되는 것을 가리키고, 그의 외적인 것은 자연적인 사람이라고 불리우는 것을 가리킵니다. 사람이 출생하게 되면, 외적인 사람, 또는 자연적인 사람이 제일 먼저 개발되고, 발달합니다. 그리고 그 뒤에 그가 성장하고, 총명이나 지혜에서 완전하게 되는 것과 같이, 속사람이, 또는 영적인 사람이 성장하고, 완전하게 개발되고, 발달합니다. 겉사람, 또는 자연적인 사람은 사람이 이 세상에서 터득한 그런 것들에 의하여 개발되고, 성장합니다. 반면에 속사람, 또는 영적인 사람은 그가 천계에서 터득한 그런 것들에 의하여 개발되고, 성장합니다. 왜냐하면 겉사람, 또는 자연적인 사람은 이 세상에 있는 것들을 수용(收容)하기 위해 형성되었고, 그러나 속사람, 또는 영적인 사람은 천계에 있는 것들을 수용하기 위하여 형성되었기 때문입니다. 겉사람, 또는 자연적인 사람이 그것들을 수용하기 위하여 형성된 이 세상에 있는 그것들은 일반적으로 시민법적인 것이나, 도덕적인 것들에 관계를 가지고 있지만, 이에 반하여 속사람, 또는 영적인 사람이 그것들을 수용하기 위하여 형성된 천계에 있는 그것들은 일반적으로 사랑과 믿음에 속한 모든 것들에 관계를 가지고 있습니다.
[2] 사람 안에 이런 두 개의 것이 내재해 있고, 그리고 그 각각의 것은 서로 분리되어서 그것에 맞는 본연의 수단들에 의하여 반드시 개방되기 때문에, 만약에 속사람이 그것에 맞는 본연의 수단들에 의하여 개방되고, 성장되지 않는다면, 사람은 변함없이 단순한 자연적인 존재로 계속 이어질 것이고, 그리고 그와 같은 경우 그의 속사람은 닫혀질 것입니다. 그러나 속사람이 닫혀진 사람들은 교회에 속한

사람들이 아닙니다. 왜냐하면 사람에게서 교회는 천계와의 교류를 통해서 형성되기 때문입니다. 만약에 사람의 내적인 것이 그것의 본연의 수단들에 의하여 열려지지 않는다면, 거기에는 천계와의 교류가 전혀 없습니다. 위에서 언급한 것과 같이, 그 본연의 수단들은 사랑이나 믿음에 관계를 가지고 있습니다. 더욱이 주지하여야 할 것은, 교회에 속한 사람들에게는, 다시 말하면 주님에 의하여 믿음에 속한 진리들이라고 부르는 진리들의 수단들에 의하여, 그리고 그것들에 일치하는 삶의 수단들에 의하여 중생(重生)한 사람에게는 속사람과 겉사람, 또는 영적인 사람과 자연적인 사람은 결합한다는 것과, 그리고 이와 같은 결합은 대응(對應)들에 의하여 이루어졌다는 것 등입니다. 대응에 속한 내용, 그리고 그러므로 그것들에 의하여 이루어진 결합의 성질은 ≪천계비의≫에서 그것들에 관해서 설명한 내용에서 잘 알 수 있고, 그리고 ≪새 예루살렘의 교리≫에서 인용된 내용에서(전게서 261항 참조), 잘 알 수 있습니다.

[3] 그의 속사람이나, 또는 영적인 사람이 개발되고, 성장하기 전까지, 그리고 겉사람이나, 또는 자연적인 사람이 결합하여 이루어지기 전까지, 사람은 진정한 사람이 아니기 때문에, 그 사람 안에 있는 교회 안에 있는 사람에게 이루어진 이와 같은 결합들이 지금 다루어지고 있습니다. 왜냐하면 위에서 언급한 것과 같이(본서 20항 참조), "일곱 교회들"은 일곱 교회들을 뜻하지 않고, 오히려 일반적으로 주님의 교회에 속한 모두를 뜻합니다. 결과적으로 각각의 교회의 천사에게 써 보낸 것은 교회를 형성하는 그런 것들을 다루고 있습니다. 그러므로 여기서, 또는 "두어디라 교회의 천사에게 써 보낸다"는 것은 내적인 것과 외적인 것이 다루어졌고, 그리고 교회에 속한 사람들 안에 있는 둘의 결합이 다루어지고 있습니다. 그러나 이 때까지 실제적으로 사람 안에 있는 이 둘이 존재한다는 것과, 그리고 사람이 교회에 속한 사람이 되기 위해서는 반드시 그 둘이 열려야만 하고, 그리고 결합하여야 한다는 것이 알려지지 않았기 때문

에, 그리고 이런 것들이 몇 마디 말로 명료하게 할 수 없기 때문에, 그러므로 그것들이 ≪새 예루살렘의 교리≫ 36-53・179-182항에서 다루어졌습니다.

151. "곧 하나님의 아들이 이렇게 말씀하신다"(=사람의 아들이 말씀하신 것들).*
이 말씀은 교회에 속한 본질적인 것들이 비롯된 원천(源泉)을 가리키는 신령인성(神靈人性・the Divine Human)의 측면에서 주님을 뜻합니다. 이러한 내용은, 그리고 신령인성의 측면에서 신령진리가 그분에게서 발출하기 때문에(본서 63항 참조), 신령진리의 측면에서, 주님을 가리킨다는 "사람의 아들"(人子・the Son of man)의 뜻에서 잘 알 수 있고, 그리고 또한 교회의 본질적인 것들이 비롯된 원천을 가리키는, 다시 말하면 사람으로서의 교회에 속한 모든 것은 주님의 신령인성으로 말미암아 존재하기 때문에, 속사람 또는 영적인 사람의 개발과 성장, 그리고 겉사람과 그것의 결합의 근원을 가리키는 "사람의 아들"의 뜻에서, 잘 알 수 있습니다. 왜냐하면 교회를 구성하는 두 요소인 사랑과 믿음에 속한 모든 것은 주님의 신령인성에서 발출하지만, 신령존재 자체에서 직접적으로 발출하지 않기 때문입니다. 왜냐하면 그분의 신령 자체에서 직접적으로 발출하는 것은 사람의 생각이나, 정동에 직접 들어오지 못하고, 그리고 결과적으로 믿음이나 사랑에 들어오지 못하기 때문입니다. 그 이유는 신령존재 자체는 그것들에 비하여 매우 월등하게 높이 있기 때문입니다. 이러한 사실은, 만약에 사람이 자연에 관해서 생각하는 것을 제외한다면, 말하자면 지극히 작은 것들을 생각하는 것을 제외한다면, 사람이 인간적인 형태(the human form)를 떠나서, 신령존재 자체를 생각한다는 것은 불가능하다는 것에서 잘 알 수 있기 때문입니다. 어떤

---

* 성경본문은 "하나님의 아들"이라고 하였지만, 저자는 그 말 대신에 "사람의 아들"이라고 하였다. (역자 주)

형체나 모습에 종결되지 않는 생각은 모든 면에서 흩어져서, 소산(消散)하고, 그리고 그와 같이 소산된 것은 모두 소멸(消滅)합니다. 이러한 사실 역시, 아버지(聖父)만을 생각하고, 주님을 생각하지 않는 기독교계에서 온 저 세상에 있는 사람들에게서 특별하게 가장 잘 알 수 있도록 주어졌기 때문입니다. 왜냐하면 그들은 지극히 작은 부분에서 자연을 '그들의 하나님'(their God)으로 만들고, 종국에는 하나님에 관한 모든 개념으로부터 떠나고, 결과적으로는 주님이나라나 교회에 속한 개념이나, 믿음에서 떠나버렸기 때문입니다.

[2] 사람의 형체(the human form) 하에서 하나님에 속한 생각을 가지고 있는 사람들에게서는 이와 달랐습니다. 앞에서 언급했던 사람들과 같이, 신령존재에 종결된 그들의 생각은 모든 방향에서 방황하지는 않습니다. 사람의 형체 하에 있는 신령존재는 주님의 신령인성이기 때문에, 그러므로 주님께서는 그들의 생각들이나 정동들을 그분 자신에게로 향하게 하고, 그리고 그분 자신에게서 종결하십니다. 이것이 교회에 속한 중요한 진리이기 때문에, 이것은 사람으로서의 천계에서 계속해서 흘러나옵니다. 결과적으로 그것은, 말하자면, 사람의 형체 하에서 신령존재에 관해서 생각하는, 그리고 이와 같이 내적으로 자신 안에서 그분의 신령존재를 보는, 모든 사람 안에 활착되고, 그리고 그와 같이 활착된 생각을 자신들 안에서 소멸해 버린 자들에게서는 예외가 되겠습니다(H.H. 82항 참조). 이런 이유에서 이해할 수 있는 것은, 사후 모든 사람은 어떤 성품이든, 그들이 영적인 존재들이 되었을 때, 그들 자신의 사랑들로 바뀌는 이유와, 그리고 사람의 형체 하에서 신령존재를 예배하는 자들이 천계에서 하나의 태양으로 보이시는 주님에게 자신들을 향하는 이유를 잘 이해할 수 있겠습니다. 그러나 사람의 형체 하에서 신령존재를 예배하지 않는 사람들은, 자기사랑(自我愛)과 세상사랑(世間愛)에 관계되는, 그들의 자연적인 사람에 속한 모든 애욕들에게 스스로 향합니다. 그러므로 그들은 주님에게 등을 돌리고, 그리고 주님에게서 그들의 등

돌림은 지옥을 향하는 것입니다. 영계에 있는 모두는 자기 자신의 사랑들에게 스스로 향한다는 것은 H.H. 17·123·142-145·151 ·153·255·272·510·548·552·561항을 참조하십시오.
[3] 고대에 살면서, 신령존재를 예배하였던 사람들 모두는 생각 속에서 사람의 형체 하에서 신령존재를 보았습니다. 그리고 어느 누구도 보이지 않는 신령존재(an invisible Divine)는 거의 생각조차 하지 않았습니다. 그리고 그 때에도 사람의 형체 하의 신령존재는 신령인 성(神靈人性·神靈人間)이었습니다. 그러나 이 신령인간은 천계에서, 그리고 천계를 거쳐서 통과한, 주님의 신령존재이셨기 때문에, 종국에 천계가 허약하게 되었을 때, 그 이유는 천계를 형성하는 사람들이 점차적으로 내적인 것에서 외적인 것으로, 따라서 자연적인 것이 되었기 때문인데, 그러므로 신령존재 자체는 하나의 사람(a human)을 입기를 원하셨고, 그것을 영화하시기를, 또는 그것을 신령하게 하시기를 좋게 여기셨습니다. 그러므로 신령존재 자체는 자기 자신으로부터 모두에게, 즉 영계나 자연계에 존재하는 모두에게 감화 감동하게 하였고, 그리고 인성 안에 존재하는 그분의 신성을 시인하고, 예배하는 자들을 구원하실 수 있었습니다.
[4] 이러한 사실은, 복음서에서와 꼭 같이, 구약 예언서들의 수많은 장절에 아주 명료하게 언급되고 있습니다. 이런 내용들에 관해서 나는 요한복음서의 아래 구절들을 인용하고자 합니다. 요한복음서의 말씀입니다.

> 태초에 말씀이 계셨다. 그 말씀은 하나님과 함께 계셨다. 그 말씀은 하나님이셨다.……모든 것이 그로 말미암아 생겨났으니, 그가 없이 생겨난 것은 하나도 없다. 그의 안에 생명이 있었다. 그 생명은 모든 사람의 빛이었다. 그 빛이 어둠 속에서 비치니, 어둠이 그 빛을 이기지 못하였다.……그 빛이 세상에 오셨으니, 모든 사람을 비추는 참 빛이시다. 그는 세상에 계셨다.……세상은 그를 알지 못하였다.……말씀이 육신이 되어 우리 가운데 사셨다. 우리는 그의 영광을 보았다.

(요한 1 : 1-14)

여기서 우리가 밝히 알 수 있는 것은, "말씀"(聖言·the Word)이 인성의 측면에서 주님을 뜻한다는 것입니다. 왜냐하면 "말씀이 육신이 되어, 우리 가운데 사셨다. 우리는 그의 영광을 보았다"라고 언급되고 있기 때문입니다. 역시 우리가 명확하게 알 수 있는 것은 주님께서는 그분의 인성을 신령하게 성취하셨다는 것입니다. 왜냐하면 "그 말씀은 하나님과 함께 계셨다. 그 말씀은 하나님이셨다.……말씀이 육신이 되었다" 다시 말하면 사람(a man)되었다고 언급하고 있기 때문입니다. 모든 신령진리가 주님의 신령인성(the Lord's Divine Human)에서 발출하기 때문에, 그리고 이것이 천계에 있는 그분의 신성(His Divine)이기 때문에, 그러므로 "말씀"(聖言·the Word)은 역시 신령진리를 뜻합니다. 그것으로부터 그분은, "모든 사람을 비추는 이 세상에 온 참 빛이시다"고, 언급되었습니다. 더욱이 "빛"(光·light)은 신령진리를 가리킵니다. 그 이유는, 모든 사람들이 속사람의 존재에서부터 신령진리, 또는 주님을 더 이상 시인하지 못할 정도로 겉사람의 존재, 또는 자연적인 존재가 되었기 때문에, 그러므로 "어둠이 그 빛을 파악하지 못하였다"(=세상은 그를 알지 못하였다)라고 언급하고 있기 때문입니다. 성언이 신령인성의 측면에서 주님을 가리키고, 그리고 그것에서 발출한 신령진리이다는 것은 ≪새 예루살렘의 교리≫ 263·304항을 참조하십시오. "빛"(光·light)이 신령진리를 가리키고, "어둠"(黑暗·darkness)이 빛 안에 있지 않는 자들이 처해 있는 거짓들을 가리킨다는 것은 ≪천계와 지옥≫ 126-140·275항을 참조하십시오.

[5] 주님을 시인하고, 그리고 사랑과 믿음으로 말미암아 그분을 예배하고, 그리고 자기사랑(自我愛)이나 세상사랑(世間愛)에 **빠져** 있지 않은 사람들이 중생된 사람들이고, 구원받은 사람들이다는 것은 요한복음서의 아래 구절들에서 명료하게 가르치고 있습니다.

그를 맞아들인 사람들, 곧 이름을 믿는 사람들에게는, 하나님의 자녀가 되는 특권을 주셨다. 그들은 혈통으로나 육정으로나, 사람의 욕망으로 나지 않고, 하나님께로부터 났다.
(요한 1 : 12, 13)

이 구절에서 "혈통으로 나지 않았다"(=피로 태어나지 않았다)는 "피"는 사랑과 인애를 파괴하는 그런 것을 뜻합니다. "육정"(the will of the flesh)은 자기사랑이나 세상사랑에서 비롯된 모든 악을 가리키고, 그리고 "사람의 욕망"(man's will·*proprium*)은 본질적으로 악 이외의 아무것도 아닙니다. "육정"(肉情·the will of the flesh)은 그것에서 나온 거짓을 가리키는데, 그것은 사람의 자아(自我·固有屬性·*proprium*)에서 나옵니다. 이런 사랑들, 즉 자기사랑이나 세상사랑 안에 빠져 있지 않은 사람이 주님을 영접하고, 그리고 중생되고, 구원을 받는다는 것은 주님의 신령인성(the Lord's Divine Human)을 시인하는 것을 가리키고, 그리고 그분에게서 비롯된 사랑과 믿음을 영접, 수용하는 것을 가리킨다는 것은 본서 102·135항을 참조하십시오. "피"(血·bloods)가 사랑이나 인애를 파괴하는 것들을 뜻한다는 것은 A.C. 4735·5476·9127항을 참조하십시오. "살"(肉·flesh)이 사람의 의지(自我·固有屬性·man's will·*proprium*)를 가리키는데, 그것은 본질적으로 악 이외의 다른 것이 아니다는 것은 A.C. 210·215·731·874-876·987·1047·2307·2308·3518·3701·3812·4328·8480·8550·10283·10284·10286·10732항을 참조하십시오. 사람의 자아(自我·固有屬性·man's *proprium*)가 자기사랑(自我愛·the love of self)과 세상사랑(世間愛·the love of the world)을 가리킨다는 것은 A.C. 694·731·4317·5660항을 참조하십시오. "사람"(=사내·man·*vir*)이 총명을 가리키고, 그리고 총명이 진리 아니면 거짓에 속한 것이기 때문에, 따라서 진리나 거짓을 가리킨다는 것은 A.C. 3134·3309·9007항을 참조하십시오. 따라서 "사람(=사내)의 의지"는 고유속성적인 총명을 가리키는데, 그 때 그것이 본질적으로 악 이외의 아무것도 아닌 "자아"(=의지적인 고유속성)로부터 존재한다면, 그것은 거짓 이외의 아무것도 아닙니다. 왜냐하면 악이 존재하는 곳은 의지(意志·will)이고, 거짓이 존재하는 곳은 이해이기 때문입니다. "하나님께로부터 났다"는 것이 주님에 의해 중생된 것을 가리킨다는 것은 ≪새 예루살렘의 교리≫ 173-184항을 참조하십시오. 더욱이 우주에 존재하는 모든 것들이 천계에서 발출한 입류로 말미암아, 또는 계시(啓示·revelation)로 인하여 사람의 형체 안에 있는 신령존재를 예배한다는 것은 저서 ≪우주 안의 지구들≫(Earths in the universe) 98·121·141·154·158·159·169항을 참조하십시오. 보다 높은 천계의 천사들도 마찬가지이다는 것은 H.H. 78-86항을 참조하십시오.

[6] 이상에서 우리가 밝히 이해할 수 있는 것은, 교회에 속한 모든 것은 주님의 신령인성(the Lord's Divine Human)에서 비롯되었다는 것입니다. 이런 이유 때문에, 신령인성(神聖人性·神聖人間·the Divine Human)을 가리키는 "사람의 아들"(人子·the Son of man)은 묵시록서 첫 장에 다종다양한 표징(表徵)들로 기술되었습니다. 그리고 그 기술들에서 교회들 각각에게 보낸 서문(序文)적인 문구들을 볼 수 있으며(본서 113항 참조), 개별적으로 이 교회에 언급된 내용은 교회에 속한 으뜸 되는 본질적인 것을, 다시 말하면 속사람과 겉사람의 결합, 또는 교회에 속한 사람의 중생을 다루고 있습니다. 왜냐하면 "불꽃과 같은 눈을 가지고 계신 하나님의 아들이 말씀하신 것들"이라고 언급되었기 때문입니다.

152. "**그 눈이 불꽃과 같은** (하나님의 아들이 이렇게 말씀하신다)." 이 말씀은, 그분의 신령사랑에서 비롯된 신령섭리(神聖攝理·Divine Providence)를, 그리고 또한 그분을 사랑하는 사랑 안에 있는 그들에게, 그리고 그분을 믿는 믿음에서 비롯된 그들에게 교류된 신령지

혜와 신령총명을 뜻합니다. "불꽃과 같은 눈"은, 주님과 관련해서는, 그분의 신령사랑에서 비롯된 그분의 신령섭리를 뜻합니다(본서 68항 참조). 이것이 주님을 향한 사랑 안에 있는 자들에게, 그리고 그것에서 비롯된 주님을 믿는 믿음 안에 있는 자들에게, 교류된 신령지혜와 신령총명을 뜻한다는 것은, "눈"(目·eyes)이 성경에서 사람과 관련해서는 진리에 속한 이해를 뜻하고, 그리고 진리에 속한 이해는 총명이나 지혜를 가리키기 때문입니다. 결과적으로 "눈"은, 주님과 관련해서는 주님에게서 발출하는 신령지혜나 신령총명을 뜻합니다. 그리고 그분에게서 발출한 것은 천사들에게 교류되고, 그리고 그분을 향한 사랑 안에 있고, 그것에서 비롯된 그분을 믿는 믿음 안에 있는 사람들에게 교류됩니다. 천사들이나, 사람들이 가지고 있는 모든 지혜나 총명은 그들에게 있는 주님의 소유이지, 그들 자신들의 소유가 아닙니다. 그리고 이러한 사실은 교회에 잘 알려져 있습니다. 왜냐하면, 사랑에 속한 모든 선이나, 믿음에 속한 모든 진리가 하나님에게서 비롯되지만, 사람에게서 비롯된 것에 속한 것은 전무(全無)하다는 것은 주지(周知)의 사실이기 때문입니다. 그리고 내면적으로 이해되고, 시인된 진리들은 총명을 구성하고, 그리고 내면적으로 지각되고, 그리고 그것에서 이해된 선들과 결합된 이와 같은 총명은 지혜를 구성하기 때문입니다. 이렇게 볼 때, "불꽃과 같은 눈을 가지고 있다"는 말은, 사랑에 속한 선들 안에 있고, 그리고 그것으로 말미암은 주님을 믿는 믿음 안에 있는 자들에게 교류된 주님의 신령지혜와 신령총명을 뜻한다고 하겠습니다.

[2] "눈"(eyes)이 이해를 뜻하는데, 그 이유는 사람들이나 천사들이 가지고 있는 눈에 속한 모든 시각은 이해에서 비롯되기 때문입니다. 눈에 속한 모든 시각이 이해에서 비롯된다는 말은, 몸에서 드러나고 있는 원인에서 비롯된 결과인 사물들의 내면적인 원인들에 관해서 무지(無知)한 사람들에게는 어리석고, 불합리한 소리로 들릴 것입니다. 이와 같은 원인들에 관해서 무지(無知)한 사람들은, 눈은 자연히

보는 것이나, 귀가 자연히 듣는 것이나, 혀가 자연히 맛보는 것이나, 몸이 자연히 느끼는 것 등등 이외의 것은 전혀 믿지 않습니다. 그럼에도 불구하고, 그 때 그것은, 몸에 있는 많은 기관들을 통해서 이 세상에 존재하는 많은 사물들을 느끼고, 따라서 자연적으로 그것들을 지각하는 사람의 이해나 의지의 생명이고, 그리고 그의 생각과 정동의 생명을 가리키는 사람의 내면적인 생명이고, 사람의 영에 속한 생명인 것입니다. 사람의 전신(全身)은, 그것의 모든 감각기관들과 더불어, 그의 영혼에 속한 단순한 도구(道具)에 지나지 않고, 또한 그의 영에 속한 단순한 도구에 지나지 않습니다. 이것은, 사람의 영(man's spirit)이 육체에서 분리될 때 육신은 그 어떤 감각을 가지지 못하고, 다만 그 뒤에는 영(靈 · the spirit)이, 종전과 꼭 같은, 계속해서 감관을 가지고 있는 이유입니다. 사람의 영은, 육체에서 분리된 후에도 육체 안에서 전에 하던 것과 꼭 같이, 보고, 듣고, 느낀다는 것은 ≪천계와 지옥≫ 461-469항을 참조하시고, 그리고 이해가 눈의 시각에 대응한다는 것은 A.C. 4403-4421 · 4523-4534항을 참조하십시오. 더욱이 짐승들에게서 이른바 그것들의 영혼이라고 부르는 그것들의 내면적인 생명은 그것들의 몸에 속한 외적인 조직체들을 통해서 꼭 같은 감각을 가지지만, 그러나 그 차이점은, 사람의 것과 같이 합리적이지 않고, 따라서 그것은 사람이 가지고 있는 그런 것과 같은, 이해와 의지에서부터 형성되지 않았다는 것입니다(H.H. 108항과 ≪최후심판≫ 25항을 참조하십시오).

[3] 그러므로 이상에서 알 수 있는 것은 성경에서 "눈"(eye)이 진리에 속한 이해, 또는 총명과 지혜를 뜻한다는 것입니다. 이러한 사실은 아래의 여러 장절들에서 잘 알 수 있겠습니다. 이사야서의 말씀입니다.

주께서 말씀하셨다.
"너는 가서, 이 백성에게,

'너희가 듣기는 늘 들어라.
그러나 깨닫지는 못한다.
너희가 보기는 늘 보아라.
그러나 알지는 못한다'
하고 일러라.
너는 이 백성의 마음을 둔하게 하여라.
그 귀가 막히고,
그 눈이 감기게 하여라.
그리하여 그들이 볼 수 없고, 들을 수 없고
또 마음으로 깨달을 수 없게 하여라."
(이사야 6:9, 10 ; 요한 12:40)

"그들이 자신들의 눈으로 보지 못하게 눈을 감기게 한다"는 말은 그들이 이해하지 못하도록 이해를 어둡게 한다는 것을 뜻합니다.
[4] 같은 책의 말씀입니다.

주께서는 너희에게 잠드는 영을 보내셔서,
너희를 깊은 잠에 빠지게 하셨다.
너희의 예언자로
너희의 눈 구실을 못하게 하셨으니,
너희의 눈을 멀게 하신 것이요,
너희의 선견자로
앞을 내다보지 못하게 하셨으니,
너희의 얼굴을 가려서
눈을 못 보게 하신 것이다.
(이사야 29:10)

이 구절에서 "주께서 눈을 감기셨다"(=깊은 잠에 빠지게 하셨다), "예언자들과 선견자들을 주께서 눈 멀게 하고, 내다보지 못하게 하셨다"는 말은 진리에 속한 이해를 가리킵니다. 그리고 "예언자들"은 진리를 가르치는 자들을 가리키는데, 머리가 총명을 뜻하기 때문에 "우두머리들"이라고 불리웠습니다. 그리고 또한 그들에게 있는 신령 진리의 계시 때문에 "선견자들"(先見者·seers)이라고 불리웠습니다.
[5] 또 같은 책의 말씀입니다.

> 백성을 돌보는 통치자의 눈이
> 멀지 않을 것이며,
> 백성의 요구를 듣는 통치자의 귀가
> 막히지 않을 것이다.
> (이사야 32 : 3)

"그들(=통치자)의 눈이 본다"는 말은 진리들을 이해하는 자들을 뜻합니다. 또 같은 책의 말씀입니다.

> 악을 꾀하는 것을 보지 않으려고
> 눈을 감은 사람,……
> 왕의 장엄한 모습을 볼 것이다.
> (이사야 33 : 15, 17)

"악을 보지 않으려고 눈을 감는다"(=악을 보는 것에서 눈을 닫는다)는 말은 악이 생각에 들어오는 것을 허락하지 않는다는 것을 뜻합니다. 그리고 "그들의 눈이 왕의 장엄함 모습을 본다"는 말은 그들이 즐거움과 더불어 그것의 빛 가운데서 진리를 이해한다는 것을 뜻합니다. 왜냐하면 여기서 "왕"(king)은 임금을 뜻하지 않고, 진리를 뜻하기 때문입니다(본서 31[A]항 참조).
[6] 예레미야서의 말씀입니다.

> 이 어리석고 깨달을 줄 모르는 백성아,
> 눈이 있어도 볼 수가 없고,

> 귀가 있어도 들을 수가 없는 백성아,
> 너희는 이제 내가 하는 말을 잘 들어라.
> (예레미야 5 : 21 ; 에스겔 12 : 2)

애가서의 말씀입니다.

> 머리에서 면류관이 떨어졌으니,
> 슬프게도 이것은
> 우리가 죄를 지었기 때문입니다.
> 바로 이것 때문에 우리의 가슴이 아프고,
> 바로 이것 때문에
> 우리의 눈이 어두워집니다.
> (애가 5 : 16, 17)

"머리의 면류관"은 지혜를 가리킵니다(본서 126항 참조). "아픈 가슴"(=기절할 것 같은 마음·the faint heart)은 선에 속한 의지가 더 이상 존재하지 않는다는 것을 뜻합니다. "마음"(=가슴·heart)이 의지나 사랑을 가리킨다는 것은 H.H. 95항을 참조하십시오. "눈"(eyes)이 진리에 속한 이해를 가리킵니다. 그래서 진리가 더 이상 이해되지 않을 때, 눈이 어두워졌다고 언급되었습니다.

[7] 스가랴서의 말씀입니다.

> 양 떼를 버리는 쓸모 없는 목자에게
> 재앙이 닥칠 것이다.
> 칼이 그의 팔과 오른 눈을
> 상하게 할 것이니,
> 팔은 바싹 마르고,
> 오른 눈은 아주 멀어 버릴 것이다.
> (스가랴 11 : 17)

여기서 "오른 눈을 상하게 할 칼"이나 "오른 눈은 아주 멀어 버릴 것이다"는 말은 이해에 있는 모든 진리는 거짓을 통하여 소멸할 것이다는 것을 뜻합니다. "칼"이 거짓에 의한 진리의 파괴를 가리키는 것은 본서 131[B]항을 참조하십시오.

[8] 같은 책의 말씀입니다.

> 예루살렘을 치러 오는 모든 민족을, 주께서 다음과 같은 재앙으로 치실 것이다. 그들이 제 발로 서 있는 동안에 살이 썩고, 눈동자가 눈구멍 속에서 썩으며, 혀가 입 안에서 썩을 것이다.
> (스가랴 14 : 12)

"예루살렘을 치러 오는 모든 민족"(=백성들)은 교회에 대항하여 싸우는 자들을 가리키고, "예루살렘"은 교회를 가리킵니다. "그들의 눈이 썩어 버린다"는 말은, 그들이 진리들에 대항, 거짓들을 통하여 싸우기 때문에 총명이 소멸할 것이다는 것을 뜻합니다.

[9] 또한 스가랴서의 말씀입니다.

> 그 날에, 내가 모든 말을 쳐서 놀라게 하며,……모든 이방 민족이 부리는 말들은 쳐서 눈이 멀게 하겠다.
> (스가랴 12 : 4)

여기서는 교회의 황폐(荒弊·剝奪·vastation)가 다루어졌습니다. "말"(馬)은 총명을 뜻하고, 그러므로 말이 놀람(驚愕)과 눈멈(盲目)으로 매를 맞을 것이라고 언급될 때에는 이해(理解)를 뜻합니다. "말"(馬)이 총명을 뜻한다는 것은 ≪백마론≫(the White Horse) 1-5항을 참조하십시오.

[10] 시편서의 말씀입니다.

> 나를 굽어 살펴 주십시오.

나에게 응답하여 주십시오.
주, 나의 하나님, 내가
죽음의 잠에 빠지지 않게
나의 두 눈에 불을 밝혀 주십시오.
(시편 13 : 3)

"두 눈을 밝힌다"는 말은 이해를 뜻합니다. 신명기서의 말씀입니다.

재판관이 뇌물을 받아서도 안 된다. 뇌물은 지혜 있는 사람의 눈을 어둡게 하고, 죄 없는 사람을 죄인으로 만든다.
(신명기 16 : 19)

"지혜 있는 사람의 눈을 어둡게 한다"는 말은 그들이 진리를 볼 수 없고, 이해할 수 없다는 것을 뜻합니다.
[11] 마태복음서의 말씀입니다.

눈은 몸의 등불이다. 그러므로 네 눈이 성하면 네 온몸이 밝을 것이요, 네 눈이 성하지 못하면 네 온몸이 어두울 것이다. 그러므로 네 속에 빛이 어두우면, 그 어둠이 얼마나 심하겠느냐?
(마태 6 : 22, 23 ; 누가 11 : 34)

여기서 "눈"(目·eyes)은 신체의 기관 눈을 뜻하지 않고, 오히려 이해(理解·understanding)를 뜻하고, "성한 눈"(=올바른 눈·the eye single)은 진리에 속한 이해를 뜻하고, "성하지 못한 눈"(=올바르지 못한 눈·the eye evil)은 거짓에 속한 이해를 뜻합니다. "어둠"(黑暗·darkness)은 온갖 거짓들을 가리키고, "온몸"은 온 영을 가리키는데, 그것은 의지와 그것에서 비롯된 이해 전체를 가리킵니다. 그러나 영이 선에 속한 의지로부터 진리에 속한 이해를 갖는다면, 그것은 빛의 천사이지만, 그러나 만약에 거짓에 속한 이해를 갖는다면,

그것은 어둠의 영(a spirit of darkness)입니다. 이런 말이 언급, 기술된 것은 사람의 중생(重生)은 진리의 이해를 통해서 이루어지기 때문입니다. 이상에서 밝히 알 수 있는 것은 "눈"이 뜻하는 것이 무엇인지를 아는 사람은 이런 낱말들이 가지고 있는 비의(秘義)를 알 수 있습니다. 사람이 이해 안에 있는 진리들에 의하여 개혁(改革·바로 잡음)된다는 것은 본서 112·126항을 참조하십시오.

[12] 마태복음서의 말씀입니다.

> 네 오른 눈이 너로 죄를 짓게 하거든, 그것을 빼어서 내버려라. 신체의 한 부분을 잃는 것이, 온몸이 지옥에 던져지는 것보다 더 낫다.
> (마태 5:29 ; 18:9 ; 마가 9:47)

여기서도 역시 "눈"은 눈을 뜻하지 않고, 생각하는 이해를 뜻합니다. "오른 눈이 죄를 짓게 한다"(=넘어지게 한다)는 말은 악을 생각하는 이해를 뜻하고, "그것을 빼어서 내버린다"는 것은 이런 악을 용납하지 않고, 그것을 배척하는 것을 뜻합니다. "한 눈을 갖는다"는 말은 악을 생각하지 않고, 오히려 진리만을 생각하는 이해를 뜻합니다. 왜냐하면 이해만이 진리를 생각할 수 있기 때문입니다. 만약에 이해가 악을 생각한다면, 그것은 악에 속한 의지에서 온 것입니다. "오른 눈"(the right eye)이라고 언급된 것은, "오른 눈"(the right eye)이 선에 속한 이해를 뜻하고, "왼 눈"(the left eye)은 진리에 속한 이해를 뜻하기 때문입니다(A.C. 4410·6923항 참조).

[13] 이사야서의 말씀입니다.

> 그 날이 오면,
> 듣지 못하는 사람이
> 두루마리의 글을 읽는 소리를 듣고,
> 어둠과 흑암에 싸인 눈 먼 사람이
> 눈을 떠서 볼 것이다.

(이사야 29 : 18)

같은 책의 말씀입니다.

> 그 때에 눈 먼 사람의 눈이 밝아지고,
> 귀먹은 사람의 귀가 열릴 것이다.
> (이사야 35 : 5)

또 같은 책의 말씀입니다.

> 너를 백성의 언약과 이방의 빛이
> 되게 할 것이니,
> 네가 눈 먼 사람의 눈을 뜨게 하고,
> 감옥에 갇힌 사람을 이끌어 내고,
> 어두운 영창에 갇힌 이를 풀어 줄 것이다.
> (이사야 42 : 6, 7)

또 역시 같은 책의 말씀입니다.

> 눈이 있어도 눈이 먼 자요,
> 귀가 있어도 귀가 먹은 자다!
> (이사야 43 : 8)

"장님의 눈을 뜨게 한다"는 것은 아직까지 진리들에 관해서 무지(無知)하지만, 그럼에도 불구하고 진리들을 열망하는 사람들, 다시 말하면 이방 사람들을 가르치는 것(敎育)을 뜻합니다. 이와 같은 내용이 "주님의 소경의 치유(治癒)"(마태 9 : 27-29 ; 20 : 29-마지막 절 ; 21 : 14 ; 마가 8 : 23, 25 ; 누가 18 : 35-마지막 절 ; 요한 9 : 1-21)가 뜻합니다. 왜냐하면 주님의 모든 기적들은 교회와 주님나라와 관계되는 그런 것들을 담고 있기 때문에, 따라서 그것들은 신령한 것이기 때문입니다.

[14] "눈"(日·eye)이 이해를 뜻하기 때문에 그것은 이스라엘 자손들에게 속해 있는 법령들(法令·statutes) 전체에 걸쳐 있었습니다. 레위기서의 말씀입니다.

> 몸에 흠이 있어서 하나님께 가까이 나아갈 수 없는 사람은, 곧 눈이 먼 사람이나, 다리를 저는 사람이나, 얼굴이 일그러진 사람이나, 몸의 어느 부위가 제대로 생기지 않은 사람이나,……제사장 아론의 자손 가운데서 이처럼 몸에 흠이 있는 사람은, 누구든지 주께 가까이 나아와 살라 바치는 제사를 드릴 수 없다……몸에 흠이 있으므로, 그는 휘장 안으로 들어가는 일만은 삼가야 한다.
> (레위기 21 : 18-23)
> 눈이 먼 것이나, 다리를 저는 것이나, 어떤 부위가 잘린 것이나, 고름을 흘리는 것이나, 옴이 난 것이나, 종기가 난 것을 주에게 바쳐서는 안 된다.
> (레위기 22 : 22 ; 말라기 1 : 8)

그러므로 이러한 것들은 저주들 가운데 있었습니다. 레위기서의 말씀입니다.

> 갑작스러운 재앙 곧 폐병과 열병을 너희에게 보내서, 너희의 눈을 어둡게 하고…….
> (레위기 26 : 16)

이상에서 볼 때 지금 우리는 "불꽃과 같은 하나님의 아들의 눈"이 뜻하는 것이 무엇인지, 다시 말하면 주님을 향한 사랑 안에 있고, 그것에서 비롯된 그분을 믿는 믿음 안에 있는 자들에게 내통한 신령지혜나 신령총명을 뜻한다는 것을 명확하게 알 수 있겠습니다.

[15] 주님의 신령섭리가 뜻하는 것 역시, 위에서의 설명에서(본서 68항 참조) 잘 알 수 있겠습니다. 여기에 에스겔서의 그룹에 관해서,

그리고 묵시록서의 보좌 주위에 있는 네 생물들에 관해서 언급된 것을 부연하겠습니다. 그것들은 모두가 주님의 신령섭리를 뜻하고, 개별적으로는 선을 통한 것이 아니면 주님에게 근접(近接)하지 못하게 하는 파수꾼(a guard)을 뜻합니다. 에스겔서의 말씀입니다.

> 내가 또 보니, 네 바퀴가 그룹들 곁에 있는데……그들의 등과 손과 날개 할 것 없이, 그들의 온몸과 네 바퀴의 온 둘레에 눈이 가득 차 있었다.
> (에스겔 10 : 9, 12)

묵시록서의 말씀입니다.

> 그 보좌 가운데와 그 둘레에는, 앞 뒤에 눈이 가득달린 네 생물이 있었습니다.……이 네 생물은 각각 날개 여섯 개씩 가졌는데, 날개 둘레와 그 안쪽에는 눈이 가득 달려 있었습니다.
> (묵시록 4 : 6, 8)

여기의 "네 생물들"은 역시 그룹(=케르빔)들입니다. 왜냐하면 그것들에 관한 기술은 에스겔서의 그룹의 기술과 거의 꼭 같기 때문입니다. 그렇게 많은 "눈들"이 그것들의 성질의 것으로 생각되는 것은, "그룹"(=케르빔)이 뜻하는 주님의 신령섭리가 신령지혜에 의하여 천계에, 그리고 지상에 있는 모든 것들의 주님의 통치를 가리키기 때문입니다. 주님께서는 신령섭리를 통하여 모든 것들을 관찰하시고, 모든 것들을 처리하시고, 또한 모든 것들을 돌보시기 때문입니다. "그룹"(=케르빔)이 주님의 산령섭리를 뜻하고, 개별적으로는 선을 통한 것이 아니면 주님에게 근접하지 못하게 하는 파수꾼을 뜻한다는 것은 A.C. 9277・9509・9673항을 참조하십시오.

153. "그 발이 놋쇠와 같으신 분……."

이 말씀은, 자연적이지만, 신령사랑으로 넘치는 것을 가리키는 신령질서(神靈秩序·Divine order)에 속한 궁극적인 것을 뜻합니다. 이러한 뜻은, 꼭 같은 말이 등장하는 위의 설명에서(본서 69항 참조), 잘 알 수 있습니다. 이 교회의 천사에게 써 보낸 내용이, 영적인 것을 가리키는 교회의 내적인 것과, 자연적인 것을 가리키는 교회의 외적인 것을 다루고 있으며, 그리고 위에서 언급한 것과 같이(본서 150항 참조), 그것들은 반드시 한 몸(軆)을 이루어야 하기 때문에, 그러므로 교회에 속한 모든 것들의 원천이 되시는 주님에 관한 이런 것들에 의하여 즉, "그 눈이 불꽃과 같고, 그 발이 놋쇠와 같으신 분, 곧 하나님의 아들이 이렇게 말씀하신다"는 말이 그 머리말로 쓰여졌습니다. 왜냐하면 사람의 측면에서 "눈"은 영적인 것을 가리키는 내적인 것을 뜻하고, 그리고 "발"(feet)은 자연적인 것을 가리키는 외적인 것을 뜻하지만, 그러나 주님의 측면에서 "눈"과 "발"은 사람이 가지고 있는 내적인 것과 외적인 것이 비롯된 원천인 신령한 것들을 뜻하기 때문입니다.

154. 19절. **"나는 네 행위와 네 사랑(=인애)을 안다."**
이 말씀은 그 교회에 속한 사람들의 내적인 것을 뜻합니다. 이러한 내용은, 위에서 언급한 것과 같이(본서 98항 참조), 의지에 속한 것들, 또는 천적인 사랑에 속한 것들을 가리키는 "행위"(=일들·업적·works)의 뜻에서, 그리고 영적인 사랑에 속한 것들을 가리키는 "사랑"(=인애·仁愛·charity)의 뜻에서, 잘 알 수 있습니다. "행위와 인애"(works and charity)는 교회의 내적인 것을 뜻하는데, 그 이유는 교회의 내적인 것은 의지(will), 또는 사랑(love)에 속한 것들로 이루어지고, 교회의 외적인 것은 이해와 믿음(the understanding and faith)에 속한 것들로 이루어지기 때문입니다. 주님나라나 교회를 구성하는 것은 두 종류의 사랑이 있는데, 하나는 주님을 사랑하는 주님사랑이고, 다른 하나는 이웃을 향한 사랑, 즉 인애(仁愛·charity)입니다. 주님사랑을 천적인 사랑(celestial love)라고 부르고, 이웃을 향한 사랑, 즉 인애를 영적인 사랑(spiritual love)이라고 부릅니다.

그것들이 그와 같이 불리워지는 것을 주님나라(=천계)가, 천적인 왕국(the celestial kingdom)이라고 부르는 왕국과, 영적인 왕국(the spiritual kingdom)이라고 부르는 왕국 둘로 나누어지기 때문입니다. 결과적으로 거기를 다스리는 사랑들(loves)이 그와 같이 불리워지기 때문입니다(H.H. 13-19·20-28항과 ≪새 예루살렘의 교리≫ 54-62·84-100항을 참조하십시오). 여기에는 역시 천적인 사랑이 무엇인지, 영적인 사랑이 무엇인지를 잘 보여 주고 있습니다. 다시 말하면 천적인 사랑은 의지에 속한 정동(the affection of the will)으로 말미암아 주님의 명령들(=계명들)을 행하고, 영적인 사랑은 이해에 속한 정동(the affection of the understanding)으로 말미암아 주님의 계명을 행합니다. 사람에게는 주님나라, 또는 교회를 형성하는 것 둘이 있는데, 다시 말하면 사랑(love)과 믿음(faith)입니다. 사랑은 사람의 의지 안에 존재합니다. 왜냐하면 사람이 사랑하는 것을 그가 원하기(will) 때문입니다. 그러나 믿음은 사람의 이해 안에 존재하는데, 그 이유는 사람이 믿는 것은 그 사람이 역시 생각하고, 그리고 생각(思想·thought)은 이해에 속한 것이기 때문입니다.

[2] 그러므로 천적인 교회(the celestial church)에 속한 내적인 것은 의지에 속한 정동으로 말미암아, 결과적으로 선에 속한 사랑으로 말미암아, 주님의 계명들을 실천하는 것입니다. 이에 반하여 영적인 교회(the spiritual church)에 속한 내적인 것은 이해에 속한 정동으로 말미암아, 결과적으로 진리에 속한 사랑으로 말미암아, 주님의 계명들을 실천하는 것입니다. 주님의 계명들을 실천한다는 것은 주님을 사랑한다는 것인데, 그것은 주님께서 친히 요한복음서에서 가르치셨습니다(요한 14 : 21, 23). 천적인 교회의 내적인 것은 "행위"(=일들·業績·works)가 뜻하는 것이고, 영적인 교회의 내적인 것은 "인애"(=사랑·charity)가 뜻하는 것입니다. 그러나 이러한 것들은 몇 마디 말로 설명될 수 없기 때문에, 따라서 명확하게 깨달을 수 없기 때문에, ≪새 예루살렘의 교리≫에서 그런 것들에 관해서 설명

한 '의지와 이해'에 관해서는 28-36항을, 그리고 '속사람과 겉사람'(the internal man and the external man)에 관해서는 36-53항을, 그리고 '일반적인 사랑'에 관해서는 54-64항을, 그리고 '이웃사랑, 즉 인애'에 관해서는 84-107항을, 그리고 '믿음'에 관해서는 108-122항을, 각각 참조하시고, 그리고 '천적인 사랑과 영적인 사랑'이 언급된 ≪천계와 지옥≫ 13-19항을 참조하십시오.

155. **"나는 네 믿음과 섬김을 안다"**(=나는 네 섬김과 믿음을 안다). 이 말씀은 거기에 있는 선과 진리를 뜻합니다. 이러한 내용은, 곧 설명하게 될 선을 가리키는 "섬김"(ministry)의 뜻에서, 그리고 진리를 가리키는 "믿음"(faith)의 뜻에서 잘 알 수 있습니다. 믿음이 진리를 뜻하는데, 그것은 진리가 믿음에 속하고, 그리고 믿음이 진리에 속하기 때문입니다. "섬김"(=봉사·ministry)이 선을 뜻하는데, 그것은 성경에서 "섬김"(=봉사·ministry)은 선에 관해서 서술하기 때문입니다. 이런 이유 때문에 아론과, 그의 아들들과, 레위 족속의 직분(職分·任務·function)이나, 일반적으로 사제적인 직분을 "섬김"(=봉사·ministry)이라고 불렀습니다. 그리고 꼭 같은 이유 때문에 여호와를 "섬기는 것"이나, 주님을 섬기는 일는 사랑에 속한 선으로부터 그분을 예배하는 것을 뜻합니다. 이상에서 볼 때, "나는 네 행위와 네 사랑(=인애)을 안다"는 말에 대한 바로 위에서 설명한 내용에서 알 수 있듯이, "섬김"은 행위(=일들·業績·works)에 관계를 가지고 있고, "믿음"은 인애(=사랑·charity)에 관계를 가지고 있다는 것을 잘 알 수 있겠습니다. 왜냐하면 믿음과 인애(faith and charity)는 하나(一體·one)를 이루기 때문입니다. 그 이유는 인애가 없는 곳에 믿음이 존재할 수 없기 때문입니다(≪새 예루살렘의 교리≫ 108-122항과, ≪최후심판≫ 33-40항을 각각 참조하십시오).

[2] 성경에서 "섬김"(ministry)이나 "섬기는 일"(ministering)이 사랑에 속한 선을 서술한다는 것은 아래의 여러 장절들에서 잘 알 수 있습니다. 시편서의 말씀입니다.

(주께서는)
바람을 심부름꾼으로 삼으시고(=주의 천사들을 영들로 삼으시고),
번개불을 시종으로 삼으셨습니다(=주의 사역자들을 불꽃으로 삼았다).
(시편 104 : 4)

"주님께서 주의 천사들을 영들로 삼으셨다"(=바람을 심부름꾼으로 삼으셨다)는 말은 그들이 신령진리의 수용그릇들이다는 것을 뜻합니다(본서 130[A]항 참조). "주의 사역자들을 불꽃으로 삼으셨다"(=번개불을 시종으로 삼으셨다)는 말은, "불꽃"(flaming fire)이 사랑에 속한 선을 뜻하기 때문에(본서 68항 참조), 그들이 신령선의 수용그릇들이다는 것을 뜻합니다. 이상에서 볼 때, "섬기는 자들"(ministers)은 사랑에 속한 선 안에 있는 사람들을 뜻한다는 것을 잘 알 수 있겠습니다.
[3] 같은 책의 말씀입니다.

주의 군대들아(=그의 기쁨을 행하는 그의 모든 군대들아),
그의 뜻을 행하는 종들아(=그의 수종자들아).
주님을 찬양하여라.
(시편 103 : 21)

진리들 안에 있는 자들을 "주의 군대들"(=hosts of Jehovah)이라고 불리웠고(A.C. 3448·7236·7988·8019항 참조), 그리고 선들 안에 있는 자들을 "종들"(=수종자들·ministers)이라고 하였습니다. 그러므로 "그분의 뜻을 행한다"고 언급되었습니다. 주님의 뜻을 행한다는 것은 사랑에 속한 선으로부터 실행(實行)하는 것입니다. 왜냐하면 모든 선은, 마치 모든 진리가 이해에 관계를 가지고 있듯이, 의지에 관계를 가지고 있기 때문입니다.
[4] 이사야서의 말씀입니다.

사람들은 너희를
"주의 제사장"(the priests of Jehovah)이라고 부를 것이며,
"우리 하나님의 봉사자"(the ministers of our God)라고 부를 것이다.
(이사야 61 : 6)

제사장들이 "봉사자들"(ministers)이라고 불리웠는데, 그것은 그들이 사랑에 속한 선의 측면에서 주님을 표징(表徵)하기 때문입니다. 그러므로 사랑에 속한 선 안에 있는 자들을 성경에서 "제사장들"(祭司長 · 司祭 · priests)이라고 하였습니다(A.C. 2015 · 6148 · 9809 · 10017항 참조). 꼭 같은 경우 때문에 그들은 역시 "하나님의 봉사자"(ministers of God)라고 불리웠습니다. 이런 이유 때문에 아론과 그의 아들들의 직분(職分 · 任務)이 "섬기는 자"(=성직자의 임무 · a ministry)라고 하였고, 레위 족속의 직분 또한 "섬기는 자"(=성직자의 임무)라고 불리웠습니다. 회막(會幕 · the tent of meeting)에 들어가는 일과 거기에서 사제의 직무를 행하는 것, 그리고 또한 제단에 나아가고, 거기에서 사제의 직무를 수행하는 것 등을 가리켜 "섬김"(=직무수행 · ministering)이라고 하였습니다(출애굽기 28 : 35 ; 30 : 20 ; 민수기 8 : 15, 19, 24-26). 예레미야서의 말씀입니다.

그런 일이 있을 수 없다면,······나를 섬기는 레위 지파의 제사장들에게 세운 나의 언약도 깨지는 일이 없을 것이다.
(예레미야 33 : 21)

"아론"이 사랑에 속한 선의 측면에서 주님을 표징한다는 것은 A.C. 9806 · 9946 · 10017항을 참조하시고, 제사장들은 일반적으로 그와 마찬가지이다는 것은 A.C. 2015 · 6148항을 참조하시고, 결과적으로 성경에서 "제사장 직분"은 주님의 신령사랑에 속한 신령선을 뜻한다는 것은 A.C. 9806 · 9809항을 참조하십시오.

[5] 전 천계는 두 왕국으로 나뉘어지는데, 그것 중 하나에는 천적

인 사랑의 선 안에 있는 천사들이 있고, 다른 하나에는 영적인 사랑의 선, 또는 인애 안에 있는 천사들이 있습니다. 주님의 천적인 왕국은 주님의 사제(His priesthood)라고 부르고, 주님의 영적인 왕국은 주님의 왕권(His royalty)이라고 부릅니다(H.H. 24·226항 참조). "섬김"(ministry)은 천적인 왕국에 있는 자들을 서술하고, "봉사"(奉仕·service)는 영적인 왕국에 있는 자들을 서술합니다. 이상에서, 아래의 장절에서 "섬김"(ministering)이나, "섬기는 자"(minister)가, 그리고 "봉사하는 것"이나 "종"(servant)이 뜻하는 것이 무엇인지 잘 알 수 있겠습니다. 복음서의 말씀입니다.

> 예수께서 제자들에게 말씀하셨다. "너희 사이에서 위대하게 되고자 하는 사람은 누구든지 너희를 섬기는 사람이 되어야 하고, 너희 가운데서 으뜸이 되고자 하는 사람은 너희의 종이 되어야 한다. 인자는 섬김을 받으러 온 것이 아니라 섬기러 왔으며,······."
> (마태 20 : 26-28 ; 23 : 11, 12 ; 마가 9 : 35 ; 누가 22 : 24-27)
> 예수께서 말씀하셨다. "나를 섬기려고 하는 사람은, 누구든지 나를 따라오너라. 내가 있는 곳에는, 나를 섬기는 사람도 나와 함께 있을 것이다. 누구든지 나를 섬기면, 나의 아버지께서 그를 높여 주실 것이다.
> (요한 12 : 26)
> 주인이 와서 종들이 깨어 있는 것을 보면, 그 종들은 복되다. 내가 진정으로 너희에게 말한다. 그 주인이 허리를 동이고, 그들을 식탁에 앉히고, 곁에 와서 시중을 들 것이다.
> (누가 12 : 37)

이사야서의 말씀입니다.

> 주를 섬기려고 하는 이방 사람들은,
> 주의 이름을 사랑하여 주의 종이 되어라.
> (이사야 56 : 6)

"섬기는 일"(ministering)이 사랑에 속한 선에 관해서 서술하기 때문에 "이방 사람의 자식들"은 "주를 섬긴다" "주를 사랑한다"라고 언급되었습니다. 그리고 주님 자신에 관해서는 "그는 섬길 것이다"라고 언급되었습니다. 이상에서 "섬김"(=섬기는 일)이 사랑에 속한 선으로 말미암아 행한 모든 것, 따라서 사랑에 속한 선을 뜻한다는 것이 명확하게 되겠습니다.

156. "나는 네 오래 참음을 안다."

이 말씀은 외적인 것과의 결합을 뜻합니다. 그리고 결과적으로는 다툼(=싸움·combat)을 뜻합니다. 이러한 내용은, 여기서 다루고 있는 교회에 속한 내적인 것과, 외적인 것 안에 있는 사람들에 관한, 내적인 것과 외적인 것의 결합, 결과적으로 다툼(combat) 안에 있는 사람들에 관한 것을 가리키는 "참음"(忍耐·endurance)의 뜻에서 잘 알 수 있습니다. "오래 참음"(忍耐)이 그러한 것을 뜻하는데, 그것은 내적인 것과 외적인 것의 결합, 또는 영적인 사람과 자연적인 사람의 결합은 온갖 시험들을 통해서 이루어지기 때문인데, 이와 같은 시험이 없다면, 둘의 결합은 이루어지지 않기 때문입니다. 그러므로 그 때 사람이 견디고 참아야 하기 때문에, "오래 참음"(=인내)은 결합이 이루어지는 수단인 다툼(=싸움·combat)을 뜻합니다. 속사람이, 영적인 다툼들(spiritual combats)이 가리키는 온갖 시험들에 의하여, 겉사람과 결합한다는 것은 A.C. 10685항과 ≪새 예루살렘의 교리≫ 190·194·199항을 참조하십시오.

157. "네 나중 행위가 처음 행위보다 더 훌륭하다는 것을 안다."

이 말씀은 그것에서 비롯된 외적인 것들을 뜻합니다. 이러한 내용은 내적인 것이 존재해 있는 외적인 것을 가리키는 "행위"(works)의 뜻에서 잘 알 수 있습니다. 왜냐하면 "행위"는 가장 궁극적인 결과들을 가리키고, 그것 안에 있는 내적인 것은 외적인 것과 함께 드러내고 있고, 그리고 그것 안에서 하나의 연속적인 것(a series)으로 존재하기 때문입니다. 외적인 것에서 내적인 것은 자신들의 궁극적인 것을 형성하고, 그리고 충만한 것을 형성하기 때문입니다. 생각이나 의지에 속한 것들은, 영적으로 말한다면, 내적인 것들이라고 하는, 사랑이나 믿음에 속한 것들입니다. 이러한 것들은 행위들 안에 존재하고, 결과적으로 "행위들"은 궁극적인 것들입니다. 마음에 속한 내면적인 것들은 계속해서 외적인 것에 입류하며, 심지어 가장 외적인 것, 또는 궁극적인 것에 입류한다는 것과, 그리고 그것들은 그것 안에서 존재를 취하고, 그리고 존속을 취한다는 것 등은 A.C. 634・6239・6465・9215・9216항을 참조하십시오. 그리고 그것들은 궁극적인 것 안에서 동시적인 것(同時的・simultaneous)을 형성하고, 연속적인 것 안에서 그것들을 형성한다는 것은 A.C. 5897・6451・8603・10099항을 참조하십시오, 그리고 전체적으로 사람은 자신의 행동들(deeds)이나 행위들(=일들・works) 안에 존재한다는 것, 그리고 사람이 실행할 수 있을 때, 단순히 원하기만 하고, 실행하지 않는 것은 여전히 존재하지 않는다는 것은 H.H. 475・476항을 참조하십시오.

[2] 나는 여기에 지금까지 알려지지 않은 비의(祕義)를 부연하고자 합니다. 사후(死後) 사람의 영(man's spirit)은 이 세상에 있을 때의 자신의 정동에 속한 생명에 일치하여 하나의 사람의 형체(a human form)로 나타납니다. 만약에 그가 천계적인 사랑에 속한 삶을 살았다면 아름다운 형체로 나타나지만, 이 세상적인 사랑(=애욕)에 속한 삶을 살았다면 아주 추악한 형체로 나타납니다. 이러한 사실은 천사들이 사랑이나 인애의 형체들이다는 것에서 비롯되었습니다. 그럼에도 불구하고 그들의 형체는, 행동이나 일들에 표현된 이것들의 정동에서 비롯된 것만큼 생각이나 의지에 속한 정동에서 비롯된 것은 아름답지 않은 모습이었습니다. 왜냐하면 의지와 생각에 속한 정동에서 나온 행동들이나, 일들(=행위들), 또는 사랑과 믿음에 속한 정동에서 나온 그것들은 그 영의 겉모습(外現・the outward aspect), 따라서 그의 얼굴・몸매・언어의 아름다움을 형성하는 것들이기 때문

입니다. 이와 같은 이유는, 내면적인 것은, 그것들의 가장 외적인 것에 종결되듯이, 행위들이나 일들 안에 종결되기 때문에, 따라서 그것들은 인체의 외적인 형체(the outward form) 안에 종결되기 때문입니다. 왜냐하면 주지하고 있듯이, 사람의 의지에 속한 모든 것은 그의 몸에 속한 가장 외적인 것 안에서 종결되기 때문입니다. 의지가 그것 안에 종결되지 않은 인체의 부위는 그 어떤 것도 인체의 부위가 아닙니다. 이러한 사실은 인체의 여러 행위들에서, 심지어 그것들의 지극히 작은 것에서도 잘 알 수 있습니다. 왜냐하면 이런 모든 행동들은 의지에 속한 영향(=고무・자극・影響・鼓舞・刺戟・impulse)에서 흘러들고(入流), 인체의 가장 외적인 것에서 자신을 드러내기 때문입니다(H.H. 59・60항과 ≪최후의 심판≫ 30・31항 참조).

[3] 꼭 같은 내용이 이러한 것에서도 아주 명확합니다. 다시 말하면 사람의 영(man's spirit)은 그의 의지의 됨됨이와 전적으로 같다는 것입니다. 의지가 행동할 수 있을 때 행위 속으로 나가지 않았다면 그것은 그의 의지가 아닙니다. 왜냐하면 이런 의지는 원하는 것의 외현(外現)이 존재하는 생각 이외의 아무것도 아니기 때문입니다. 그럼에도 불구하고 행동하는 것 이외의 다른 바람을 가지고 있지 않는 실제적인 의지가 존재하기 때문입니다. 이 의지는 사람의 사랑(man's love)과 동일하고, 이것에 따라서 전영(全靈・the whole spirit)이나, 그것의 사람 형체는 존재합니다. 의지 또는 사랑이 영 자체라는 것은 본서 105항이나, H.H. 479항을 각각 참조하십시오. 이런 이유 때문에 성경에는, "사람은 반드시 주님의 계명들을 행하여야 한다" 또는 "사람은 그의 행위들에 따라서 상급을 받는다" 다시 말하면, 어떤 행위가 가능한 경우, 행위들이 결여된 사랑에 일치하는 것이 아니고, 행위들 안에 있는 사랑에 일치하여 상급을 받는다고 아주 자주 언급하고 있습니다.

[4] "나는 네 행위를 알고 있고, 또 네 나중 행위가 처음 행위보다 더 훌륭하다는 것을 안다"고 언급되어 있는데, "나중 행위가 처음

행위보다 더 훌륭하다"는 말은, 그 행위들이, 속사람과 겉사람의 결합 뒤에, 사랑으로 더욱 충만하다는 것을 뜻합니다. 왜냐하면 내적인 것이 외적인 것과 결합하면 할수록 외적인 것 안에는 내적인 것으로 더욱 충만하기 때문입니다. 결과적으로 행위들이나 일들 안에 더욱 충만하기 때문입니다. 왜냐하면 외적인 것들, 또는 일들(=행위들)은 그것에서 비롯된 의지나, 생각에 속한 내면적인 것들의 결과들(結果・effects) 이외의 아무것도 아니기 때문입니다. 그리고 결과들은 마치 행동(=움직임・motion)이 그것의 시도(=계획・試圖・conatus)에서 움직이듯이, 그것들의 모든 것들을 그것이 존재하는 근원인 내적인 것들에서 끄집어내기 때문입니다. 사람 안에 있는 코나투스(conatus)는 의지이고, 거기에서 비롯된 운동이 행동인 것입니다.

[5] 이 구절에서 설명한 내용에서 보면, 교회에 속한 사람 안에서 내적인 것과 외적인 것의 결합이 어떤 순서에서 기술되었는지를 잘 알 수 있겠습니다. 다시 말하면 "나는 너의 행위와 인애(=사랑)를 안다"는 말은 내적인 것을, 그리고 "섬김과 믿음"은 내적인 것에 속한 선과 그것의 진리를 뜻한다는 것을, 그리고 "오래 참음"은 내적인 것과 외적인 것의 결합을, 그리고 "나는 네 행위를 안다. 또 네 나중의 행위가 처음 행위보다 더 훌륭하다는 것을 안다"는 말은 그것에서 비롯된 외적인 것들을 뜻하는 것에 의하여 그 순서가 기술되었습니다. 이러한 내용들이 이런 말들에 포함되어 있다는 것을 어느 누구도 문자적인 뜻으로는 알 수 없지만, 그러나 문자적인 뜻 안에 내재해 있는 영적인 뜻에서는 잘 알 수 있습니다.

158. 20절. **"그러나 네게 나무랄 것이 있다."**
이 말씀은 반드시 지켜야 할 주의사항(注意事項・heed)을 뜻하는데, 그러한 내용은 아래의 기술에서 명확합니다. 왜냐하면 거기에는 반드시 지켜야 할 것들이 무엇인지 언급되었기 때문입니다.

159. **"너는 이세벨이라는 여자를 용납하고 있다."**
이 말씀은 자기사랑(自我愛)과 세상사랑(世間愛)에 속한 쾌락을 뜻합니다. 이러한 내용은, 전적으로 변질된 교회를 가리키는 "여자 이세벨"의 뜻에서 잘 알 수 있습니다. 왜냐하면 성경에서 "여자"(女子·女人·woman)는 교회를 뜻하고(A.C. 252·253·749·770·6014·7337·8994항 참조), 여기서는 변질된 교회(the church perverted)를 뜻하기 때문입니다. 교회에 속한 모든 변질이나 왜곡은, 두 종류의 사랑들(=애욕들·loves)에서, 다시 말하면 자기사랑과 세상사랑에서 발생되고, "이세벨"은 이런 사랑들(=애욕들)에 속한 쾌락을 뜻하기 때문입니다. 이런 사랑들이 지배하는 것에 빠져 있는 교회가 "여자 이세벨"이라고 불리웠는데, 그 이유는 아합의 부인 이세벨은 성경에서는 이들 애욕들에 속한 쾌락을 표징하고, 그리고 그것에 의한 교회에 속한 모든 변질이나 왜곡을 표징하기 때문입니다. 왜냐하면 성경에 기술된 모든 것들, 심지어 역사서에 기술된 것들까지도 교회에 속한 그런 부류의 것들을 표징하고 있기 때문입니다(《새 예루살렘의 교리》249-266항 참조). 교회에 속한 모든 변질과 왜곡은, 자기사랑과 세상사랑이 천계적인 사랑들을 지배하려고 할 때, 그런 사랑에서 발생하는데, 그 이유는 전자 즉, 자기사랑과 세상사랑은, 후자, 즉 천계적 사랑들인 주님나라와 교회를 형성하는 주님사랑과 이웃사랑에 전적으로 반대되기 때문입니다. 그 이유는 자기사랑과 세상사랑에서부터 온갖 악들이 생성되고 그리고 그것에서부터 온갖 거짓들이 발생하기 때문입니다(《새 예루살렘의 교리》 59·61·65-82항, 그리고 H.H. 252·396·399·400·486·551-565·566-575항 참조).
[2] 아합의 아내 이세벨이 위에 언급된 내용을 표징한다는 것에 관해서 곧 이해하게 될 것이지만, 그러나 먼저 그 사랑들에 속한 쾌락들에 관해서 몇 가지를 설명하겠습니다. 모든 사람은 바로 그의 사랑 그것과 같고, 그리고 그의 삶에 속한 모든 기쁨이나 쾌락은 그의 사랑에서 비롯됩니다. 왜냐하면 자신의 사랑을 선호하는 것은 무엇이나 그 사람이 즐거운 것으로 지각하는 것이고, 그리고 자신의 사랑에 반대되는 것은 무엇이나 그 사람은 불쾌한 것으로 지각하기

때문입니다. 결과적으로 사람은 그의 사랑과 같다, 또는 사람은 그의 삶의 기쁨 바로 그것과 같다고 말하는 것은 꼭 같은 말입니다. 그러므로 자기사랑이나 세상사랑을 애지중지하는 자들은, 다시 말하면 이런 사랑들이 지배하는 사람들은 지옥적인 삶 이외의 다른 삶의 쾌락이나 또는 다른 삶을 결코 가지고 있지 않습니다. 왜냐하면 이런 사랑들(=애욕들), 또는 그런 애욕들에서 비롯된 불변의 것이 되어 버린 삶의 쾌락들은 그들의 모든 생각들이나 의도들을 자아(自我)나 세상에 의존, 그쪽으로 굽게 하기 때문입니다. 그리고 그들이 그것들을 자아나 세상 쪽을 향해 굽게 하는 것에 비례하여 그들은 그것들을 유전(遺傳)에 의하여 가지고 있고, 동시에 온갖 종류의 악들 가운데 있는 사람의 자아(=사람의 고유속성·man's *proprium*)에 처넣습니다. 그리고 사람의 생각들이나 의도들이 본질적으로 악 이외에 아무것도 아닌 그의 유전적인 자아(=고유속성) 쪽으로 굽게 하는 것에 비례하여 생각들이나, 의도들은 주님나라로부터 멀리 추방(追放)됩니다. 왜냐하면 사람의 마음에 속한 사람의 내면적인 것들은, 다시 말하면 그의 생각이나 의도에 속한, 또는 그의 이해나 의지에 속한 사람의 내면적인 것들은 실제적으로 자기 자신의 사랑들 쪽으로 향하기 때문입니다. 다시 말하면, 아래로는 자기사랑과 그것의 쾌락이 지배하고 있는 자아(自我·self)를 향하게 하고, 겉으로는 주님나라에서 멀리 떠난 세상사랑이나 그것의 쾌락이 지배하는 세상을 향하게 하기 때문입니다. 그러나 사람이, 모든 것들보다 더 하나님을 사랑하고, 자기 자신처럼 이웃을 사랑한다면, 이와는 전혀 다릅니다. 그 때 주님께서는, 사람의 마음에 속한, 또는 그의 생각이나 의도에 속한 그의 내면적인 것들을 주님 자신에게 향하게 하시고, 따라서 주님께서는 사람의 자아(=사람의 고유속성)에서부터 그것들을 옮기게 하고, 그리고 그것들을 고양(高揚)시키십니다. 그럼에도 불구하고 주님께서는 이런 일에 관해서 사람이 알지 못하게 하십니다. 이상에서 우리가 알 수 있는 것은 그 사람 자신을 가리키는 사람의 영(man's spirit)이 육체에서 떠나게 된 뒤, 사람의 영은 실제적으로 그 자신의 사랑들 쪽으로 향합니다. 그 이유는 그것이 그의 삶의 기쁨, 다시 말하면, 그의 생명을 형성하기 때문입니다. 모든 영들이 실제적으로 그들 자신의 사랑들 쪽으로 향한다는 것은 H.H. 17・123・142-145・151・153・272・510・548・552・561항과 본서 41항을 참조하십시오.

[3] 이러한 내용은, 육체의 지극히 작은 부분들까지도 중력(重力)의 중심이라고 하는, 우리 지구의 공통적인 중심 쪽으로 스스로 향한다는 사실에서 입증될 수 있겠습니다. 그리고 이러한 사실에서 밝히 알 수 있는 것은, 사람들이 어디에 있든지, 심지어 지구의 어떤 지점에서 정반대의 지점(=대척지・對蹠地・antipodes)에 있는, 이른바 정반대의 위치에 있는 사람들까지도 모두 자신들의 발(足)로 서 있다는 사실입니다. 그럼에도 불구하고 이 중력(重力)의 중심은 단순한 자연적인 중력의 중심(nature's center of gravity)에 지나지 않습니다. 그러나 영계(靈界)에는 또다른 중력의 중심이 있습니다. 이것은 거기에 있는 사람으로서는 그가 처해 있는 그 사랑에 의하여 결정되기 때문입니다. 만약에 그의 사랑이 지옥적인 것이라면 그는 아래쪽을 향해 결정되지만, 그러나 만약에 그의 사랑이 천계적인 것이라면 위쪽을 향해 결정되기 때문입니다. 어느 쪽이든 그의 사랑이 결정되면, 동일한 방향으로 그의 생각들이나 의도들 역시 결정됩니다. 왜냐하면 이러한 것들은 영계에 존재해 있고, 그리고 이런 것들은 거기에 있는 세력들에 의하여 추진(推進)되고 있기 때문입니다.

[4] 이상에서 볼 때, 우리가 지금 밝히 알 수 있는 것은, "여자 이세벨"이 뜻하는 사람들에게 있는 교회의 변질이나 왜곡은 오직 자기사랑(自我愛)과 세상사랑(世間愛)에서 비롯된다는 것입니다. 그 이유는 이런 것들이, 사람의 마음에 속한 것들을 가리키는 사람의 내면적인 것들을 아래쪽으로 향하게 한다는 것, 따라서 그것들을 천계로부터 멀리 내쫓아버리기 때문입니다. "사람으로서의 교회의 변질

이나 왜곡"이라고 언급하였는데, 그것은, 마치 천계가 천사 안에 있 듯이, 교회가 사람 안에 존재하기 때문입니다. 그리고 모든 교회는, 그들이 교회가 존재하는 곳에서 출생하였다고 해도, 다른 어떤 사람들로 이루어지지 않고, 다만 교회에 속한 사람들로 이루어지기 때문입니다. 이러한 사실은, 바로 사랑과 믿음이 교회를 형성한다는 것, 그리고 사랑과 믿음이 반드시 사람 안에 있어야 한다는 것, 결과적으로 교회는 반드시 사람 안에 있어야 한다는 것 등등의 사실에서 밝히 알 수 있습니다. 천계가 천사 안에, 교회가 사람 안에 존재한다는 것은 H.H. 33·53·54·57·454항과 ≪새 예루살렘의 교리≫ 232·233·241·245·246항을 참조하십시오.

160. "그(=이세벨)는 스스로를 예언자로 자처하면서, 내 종들을 가르치고, 그들을 미혹시키는 자다."

이 말씀은 거기에서 비롯된 모든 거짓들에 속한 가르침(敎빼)을 뜻합니다. 이러한 내용은, 진리를 가르치는 사람을 가리키는, 그리고 사람들에게서 추상(抽象)해서는 진리에 속한 가르침(敎빼)을 가리키는, "예언자"(預言者·prophet)의 뜻에서(A.C. 2534·7269항 참조), 잘 알 수 있고, 그러므로 반대의 뜻으로 "예언자"가 거짓을 가르치는 사람이나, 추상적으로는 거짓들에 속한 가르침을 뜻한다는 것에서 잘 알 수 있습니다. 그리고 여기서 "여자 예언자"(prophetess)는 같은 내용을 뜻합니다. 여기서 "여자 예언자"가 거짓들을 가르치는 사람을 뜻하고, 그리고 모든 거짓들에 속한 가르침을 뜻하기 때문에, 따라서 "그 여자는 주님의 종들을 가르치고, 그들을 미혹시킨다"는 말이 첨언되었습니다. "가르친다, 미혹시킨다"는 말이 언급된 것은, "가르치는 것"(to teach)이 진리들이나, 거짓들에 관해서 서술하고, 그리고 "미혹시킨다는 것"(to seduce)이 선들이나, 악들에 관해서 서술하기 때문입니다. 그리고 진리들 안에 있는 사람들은 성경에서 "주님의 종들"(servants of the Lord)이라고 불리웠고, 선 안에 있는 자들은 성경에서 "섬기는 자들"(ministers)이라고 하였습니다(본서

155항 참조). 이세벨에 관해서 "그녀는 스스로 예언자(=여자 예언자)로 자처한다"고 언급하고 있는데, 아합 왕의 아내 이세벨은 스스로 여자 예언자로 자처하지 않았지만, 그러나 그와 같이 언급되었는데, 그것은 "이세벨"(Jezebel)이 자기사랑과 세상사랑을 뜻하기 때문이고, 이에 속한 쾌락은 진리들 안에 있는 자들을 가르치고, 미혹시키기 때문입니다. 왜냐하면 모든 사람은 자기 자신으로 말미암아 스스로 생각하게 되면, 그는 자기 고유의 사랑으로부터 생각하고, 따라서 온갖 거짓들로 자기 자신을 물들게 하기 때문입니다. 이러한 것이 바로 "가르치고, 미혹시킨다"는 것입니다. 성경에서 우리가 이세벨에 관해서 읽을 수 있는 장절입니다. 열왕기서의 말씀입니다.

> 이스라엘의 왕 아합은 시돈 왕 엣바알의 딸인 이세벨을 아내로 삼았으며, 더 나아가서 바알을 섬기고 예배하였다. 또 그는 사마리아에 세운 바알의 신전에다가, 바알을 섬기는 제단을 세우고, 아세라 목상도 만들어 세웠다.
> (열왕기 상 16 : 31- 33)
> 이세벨이 주의 예언자들을 학살하였다.
> (열왕기 상 18 : 4, 13)
> 이세벨은 엘리야를 죽이고자 하였다.
> (열왕기 상 19 : 1, 2와 그 이하)
> 이세벨은 간계를 통하여 위증자를 세워서, 나봇의 포도원을 빼앗고, 그를 죽였다.
> (열왕기 상 21 : 6, 7, 그 이하)
> (그러므로 엘리야에 의하여) 주께서는 이세벨을 놓고서 "개들이 이스르엘 성 밖에서 이세벨의 주검을 찢어 먹을 것이다" 하고 말씀하셨습니다.
> (열왕기 상 21 : 23 ; 열왕기 하 9 : 10)
> 예후가 그들에게 명령하였다. "그 여자를 (창문) 아래로 던져라." 그들이 그 여자를 아래로 내던지니, 피가 벽과 말에게까지 튀었다. 예후가 탄 말이 그 여자의 주검을 밟고 지나갔다.
> (열왕기 하 9 : 32-34)

[2] 이러한 것들을 통하여 자기사랑과 세상사랑에 속한 쾌락에 의하여, 그리고 온갖 악들과 그것에서 비롯된 거짓들에 의하여 벌어진 교회의 변질이나 왜곡을 그려 보여주고 있습니다. 왜냐하면, 예언서와 꼭 같이, 성경의 역사서들은 교회에 속한 그런 것들의 표징이기 때문입니다. 아합이 섬기고, 그리고 그가 그에게 제단을 세웠던 "바알"은 자기사랑과 세상사랑에 속한 모든 악들에서 비롯된 예배를 뜻합니다. 그리고 그가 만든 "사당"(=숲·祠堂·grove)은 거기에서 나온 거짓들에서 비롯된 예배(=제사)를 뜻합니다. "이세벨이 주의 예언자들을 학살하였다"는 말은 진리의 측면에서 교회의 파괴를 뜻하고, "그녀가 역시 엘리야를 죽이고자 하였다"는 말은 성언(聖言·the Word)을 섬멸(殲滅)하고자 하는 바람을 뜻합니다. 왜냐하면 엘리야는 성언을 표징하기 때문입니다. "위증자를 세워서 그녀가 나봇에게서 빼앗은 포도원"은 진리의 위화(僞化)와 선의 모독(冒瀆·섞음질)을 뜻하고, "개들이 이세벨의 주검을 찢어 먹을 것이다"는 엘리야의 예언은 불결함과 모독을 뜻합니다. "그녀가 창 밖으로 내던져졌다"는 것과, 그녀의 피가 벽과, 그녀를 짓밟고 지나가는 예후의 말에게 튀었다는 말은 그런 성품에 속한 많은 사람들을 뜻하고, 그런 부류의 사람들이 어떤 사람인지는 그것의 개별적인 것의 영적인 뜻에서 잘 알 수 있겠습니다. 이상에서 밝히 알 수 있는 것은 "스스로를 예언자로 자처하는 여자 이세벨"은 성경에 언급된 아합 왕의 아내 이세벨 이외의 다른 이세벨을 뜻하지 않는다는 것과, 그리고 "그녀"는 자기사랑과 세상사랑에 속한 온갖 쾌락들에서 비롯된 모든 거짓들에 속한 교리 안에 있는 자들을 뜻한다는 것 등등입니다.

161. "그는 내 종들을 간음하게 하고, 우상의 제물을 먹게 하는 자다."
이 말씀은 진리의 위화(僞化)와 선의 모독(冒瀆)을 뜻합니다. 이러한 내용은, 위에서 설명하였듯이(본서 141항 참조), 진리들을 위화하는 것을 가리키는 "간음하게 한다"(=간음을 저질렀다)는 말의 뜻에서, 그리고 위에서 설명하였듯이(본서 141[A]항 참조), 악을 전유(專有)하는 것을 가리키는 "우상의 제물을 먹게 한다"는 말의 뜻에서, 잘 알 수 있습니다. 그 말은 역시 선을 섞음질하는 것(=선을 모독하는 것)을 뜻하는데, 그 이유는 악의 전유(專有)들은 교회에 속한 것들에서는 선의 섞음질들이기 때문입니다. 왜냐하면 그것은 교회의 선들을 악들에의 적용을 가리키고, 따라서 그것들을 섞음질하는 것을 가리키기 때문입니다. 예를 들면, 이스라엘 교회에 속한 선들은 제단, 희생제물들, 그리고 제물로 바쳐진 것들을 함께 먹는다는 것들이 뜻합니다. 이러한 것들이 "바알"에게 바쳐졌다는 것은 선들을 악들에 적용하였다는 것을 뜻합니다. 이밖에 이와 비슷한 예들이 여럿 있습니다. 이러한 사실은, 이른바 표징적인 것을 가지고 있지 않은 교회 안에서도 꼭 같습니다. 그것은 성언이 자아에 속한 온갖 악들을 확증하기 위하여 적용하는 경우가 되겠는데, 그와 같은 일은, 보편적인 천계를 지배하는 주권을 쥐기 위하여 교황의 집단(the papal body)에 의하여 저질러지고 있습니다. "간음을 범하게 하고, 우상의 제물을 먹게 한다"는 말이 진리들을 위화하고, 선들을 모독, 섞음질하는 것을 뜻한다는 것은 이런 사실에서, 다시 말하면 이세벨의 행위들이, 한마디의 표현으로, 열왕기 하서에서 "음행들"(淫行·whoredoms)과 "마술"(魔術·witchcrafts)이라고 일러졌다는 것에서, 명확합니다. 열왕기 하서의 말씀입니다.

    요람이 예후를 보고 "예후 장군, 평화의 소식이오?" 하고 물었다. 예후는 "당신의 어머니 이세벨이 저지른 음행과 마술 행위가 극에 달하였는데, 무슨 평화가 있겠소?" 하고 대답하였다.
    (열왕기 하 9 : 22)

162. 21절. "내가 그에게 회개할 기회를 주었으나, 그는 자기 음

행을 회개하려 하지 않았다."
이 말씀은 그것에서 비롯된 거짓들 안에 있는 자들이, 자기 스스로 진리들을 향하지 않고, 또한 진리들에 속한 수단들에 의해서도 진리들 쪽으로 돌아서지 않는다는 것을 뜻합니다. 이러한 내용은 자기 자신을 온갖 거짓들에게서 진리들 쪽으로 향하게 하는 것을 가리키는 "음행을 회개한다"는 말의 뜻에서 잘 알 수 있습니다. 왜냐하면 "음행"(淫行·whoredom)은 진리의 위화(falsification of truth)를 가리키고, "회개한다"는 것은 자기 자신을 거짓들에게서부터 내쫓는 것을 가리키기 때문입니다. 왜냐하면 회개(悔改·repentance)는 온갖 거짓들에게서부터 진리들 쪽으로 향하는 실제적인 방향 바꿈(an actual turning)을 가리키고, 그리고 온갖 거짓들로부터의 분리(分離·dissociation)나 분열(分裂·separation)을 뜻하기 때문입니다(본서 143항 참조). 그리고 또한 그들이 자기 자신들을 온갖 악들에서부터 온갖 진리들을 향하게 하지 못하였다는 것을 가리키는 "그녀가 회개하지 않았다"는 말의 뜻에서도 잘 알 수 있습니다. "이세벨"에 관해서 언급된 것들이 이런 것들이지만, 그러나 그러한 것들은 사실 자기사랑이나 세상사랑에 속한 쾌락으로 말미암아 진리들을 위화하고, 선들을 모독, 섞음질하는 자들을 뜻합니다. 왜냐하면 성경의 예언들 가운데 명명된 한 인물이나 인물들은 그런 성품(性稟)에 속한 모두를 뜻하기 때문입니다.

[2] 자신들이 가지고 있는 진리들을 자기사랑(自我愛)에 속한 쾌락들에 그것을 적용하는 것을 통하여 진리들을 위화시키는 작자들이 그 뒤에도 자신들을 진리들에게 향하게 하지 않는다는 명제(命題)에 관해서 몇 가지를 간략하게 여기서 부연하고자 합니다. 사람은, 성언에서부터 영적인 사람, 또는 속사람에게서, 그리고 그것의 총명에게서 교회에 속한 진리들(truths of the church)을 알고, 이해하지만, 그러나 진리들을 행하기를 원할 만큼 그 사람이 진리들을 애지중지 하는 정도까지가 아니면, 그 사람은 그것들을 자신 안에 영접, 수용

하지 않은 것입니다. 사람이 그와 같이 원하고, 의도할 때, 그의 속사람, 또는 영적인 사람은, 자연적인 사람이나 그의 기억에서부터 거기에 있는 진리들을 호출하고, 그것 자체에 고양(高揚)하여, 그것들을 자신의 의지에 속한 사랑에게 결합시킵니다. 따라서 사람의 내면적인 것이나 보다 높은 마음이 존재하는 내적 영적인 사람(the internal spiritual man)은 열리게 되고, 계속해서 채워지고, 종국에 완전하게 됩니다. 그러나 만약에 사람이, 통치권을 쥐기 위하여 자기사랑이나 세상사랑에 속한 쾌락을 가리키는 자연적인 쾌락(the natural delight)을 허용한다면, 그 때 그 사람은 모든 사물들을 그 쾌락에서 생각하고, 판단할 것입니다. 그리고 그 때 그 사람이 진리들을 본다면, 그는 그것들을 자기 자신의 사랑(=애욕)에 적용할 것이고, 그것들을 위화할 것입니다. 이런 일이 일어나면, 내적 영적인 사람(the internal spiritual man)은 닫혀질 것입니다. 왜냐하면 내적 영적인 사람은 주님나라에 존재하는 것들의 영접에 적합하기 때문에, 내적 영적인 사람은 진리들이 위화되는 것을 참아낼 수 없기 때문이고, 결과적으로 진리들이 위화되면 내적 영적인 사람은 마치 모근(毛根)이 가시에 찔리게 되면 움츠리듯이, 그 사람은 자기 자신을 위축(萎縮)시키고, 굳게 닫아버리기 때문입니다. 내적인 것이 한번 닫히게 되면, 자기사랑이나 세상사랑이, 또는 이 양자가 서로 합하여서 통치권을 쥐게 됩니다. 그리고 그것들은, 내적인 사람, 즉 영적인 사람에게 전적으로 반대되는 겉사람, 즉 자연적인 사람을 형성합니다. 이런 이유 때문에 진리들을 자기사랑이나 세상사랑에 속한 쾌락들에 적용하는 것을 통해서 진리들을 위화하는 사람들은 그 뒤에 자신들을 진리들에게 향하게 할 수 없습니다. 이러한 내용이 여기서 "내가 그에게 회개할 기회를 주었으나, 그는 자기 음행을 회개하려 하지 않았다"는 우리의 본문구절이 뜻하는 것입니다.

163. 22절. **"보아라, 나는 그를 병상(=침대)에다가 던지겠다."**
이 말씀은 그들이 자신들의 자연적인 사람에게 방치(放置)되어 있고,

그리고 그것 안에 있는 온갖 거짓들의 가르침(敎理)에 방임(放任)되어 있다는 것을 뜻합니다. 이러한 내용은, 자연적인 사람을 가리키는, 그리고 곧 설명하게 될, 거짓들의 가르침을 가리키는 "침상"(=침대 · bed)의 뜻에서 잘 알 수 있습니다. 아래에 언급된 내용은, 위에서 언급한 것과 같이, 이세벨이 뜻하는 사람들을 가리키는, 자기사랑과 세상사랑에 속한 쾌락에서 비롯된 온갖 거짓들에 속한 가르침(敎理)에 빠져 있는 자들에 의하여 스스로 미혹된 자들을 다루고 있습니다. 스스로 미혹된 자들은, 이런 사랑들에 속한 쾌락으로 말미암아 진리들을 위화하고, 선들을 모독, 섞음질한 사람들과 꼭 같지는 않습니다. 왜냐하면 이런 부류의 사람들은 진리들을 알게 되면, 그것들을 자신들의 쾌락을 선호하도록 적용하고, 따라서 종국에는 그것들을 왜곡시키기 때문입니다. 그리고 그 뒤에 가서 그들은 자신들이 진리들에 돌아갈 수 없고, 그리고 그것들을 시인할 수 없게 됩니다. 앞절에서 이런 부류의 사람들이 언급되었습니다(본서 162항 참조). 그러나 이런 일을 행하지는 않았지만, 그러나 그와 같은 일을 행한 자들에 의하여 맹종(盲從)한 사람들은 자신들에게 있는 속사람, 또는 영적인 사람을 그와 같이 닫아버리지는 않았습니다. 왜냐하면 그들은 스스로 진리들을 위화하지 않았지만, 그러나 그런 거짓들이 참된 진리들 같이 생각되었기 때문에, 진리들을 위화한 사람들을 믿는 신념을 가졌기 때문입니다. 왜냐하면 이런 부류의 사람들은, 자신들의 지도자들은 총명스럽고, 현명하기 때문에, 그들을 반드시 믿어도 된다는 것 이외에는 더 이상 깊은 생각을 하지 않기 때문입니다. 따라서 그들은 선생의 입술에 사로잡혀 있을 뿐입니다. 오늘의 기독교계에는 이런 부류의 사람들이 꽤 많이 있는데, 특히 교황의 종교가 널리 보급되어 있는 나라들에서 태어난 사람들 중에 많이 있습니다. 이런 부류의 사람들이 바로 침실에서 이세벨과 더불어 음행을 저지른 사람들이 뜻하는 작자들입니다.

[2] "병상"(=침상 · 침실 · bed)은, 온갖 거짓들에 관한 교리를 뜻하

고, 동시에 자연적인 사람을 뜻합니다. 그 이유는 거짓들의 교리는 영적인 것에서 분리된 자연적인 사람 이외의 다른 근원을 가지고 있지 않기 때문입니다. 그리고 영적인 것에서 분리된 자연적인 사람은 빛 가운데서는 이 세상적인 것들만을 보지만, 짙은 흑암에서는 천계적인 것을 보기 때문입니다. 그러므로 자연적인 사람은 진리 대신에는 거짓만을 보고, 선 대신에는 악만을 보기 때문입니다. 더욱이 자연적인 사람이 진리를 본다면 그는 그것을 위화합니다. 그리고 만약에 선을 본다면 그는 역시 그것을 모독할 것입니다. 왜냐하면 천계는, 영적인 사람, 또는 속사람을 통하여 자연적인 사람, 또는 겉사람에 입류하지만, 그러나 직접적으로 자연적인 사람, 또는 겉사람에게 입류하지 않기 때문입니다. 그러나 이 세상은 직접 그것들 속으로 유입합니다. 사람으로서의 자연계가 영계에 의하여 통치되지 않는다면, 천계와의 결속(結束·bond)은 깨지고 맙니다. 이 결속이 깨지면 사람은 그 세계를 자신의 모든 것으로 만들고, 그리고 주님의 나라 따위는 지극히 아무것도 아닌 것이나, 무가치(無價値)한 것으로 여기고 맙니다. 그러므로 그 사람은 자아(自我)가 모든 것이고, 하나님은 아무것도 아니고, 무가치한 것으로 여깁니다. 겉사람, 또는 자연적인 사람이 이런 상태에 몰입해 있으면, 그 존재는, 자기사랑과 세상사랑에서 솟아나는 온갖 악들에서 비롯된 거짓들 안에, 빠져 있습니다. 그러므로 "침상"(=침대·bed)이 자연적인 사람을 뜻하기 때문에, 그것은 역시 거짓들에 속한 교리를 뜻합니다.

[3] "침상"(bed)이 자연적인 사람을 뜻합니다. 그 이유는 자연적인 사람은 영적인 것을 떠받쳐주고 있고, 따라서 영적인 것은 자연적인 것 위에 있고, 그리고 그것의 침상에 있듯이, 영적인 것들은 자연적인 것 위에 있기 때문입니다. "침상"(bed)이 자연적인 사람을, 그리고 역시 자연적인 사람 안에 있는 교리적인 것들을 뜻한다는 것은, 아래와 같이, "침상"이 언급된 성경의 여러 장절들에서 잘 알 수 있습니다. 아모스서의 말씀입니다.

나 주가 선고한다.
목자가 사자 입에서
양의 두 다리나
귀 조각 하나를 건져내듯이,
사마리아에 사는 이스라엘 자손도
구출되기는 하지만
침대 모서리와 안락의자의 다리 조각만
겨우 남는 것과 같을 것이다.
(아모스 3 : 12)

이 구절에서 "사자"(lion)는 교회를 뜻하고, 여기서는 선들과 진리들을 파괴하는 거기에 있는 자들을 뜻합니다. "두 다리와 귀 조각 하나"는 자연적인 사람 안에 있는 선들을 가리키고, 거기에서 비롯된 진리의 지각(知覺)에 관한 어떤 것을 뜻합니다. "사마리아에 사는 이스라엘 자손"은 교회에 속한 사람들을 뜻하고, "침대 모서리나 안락의자의 다리 조각"은 영적인 것에서 비롯된 아주 적은 자연적인 빛 안에, 그리고 그것에서 비롯된 약간의 진리들 안에 있는 자들을 뜻합니다.
[4] 같은 책의 말씀입니다.

너희는 망한다.
시온이 안전하다고 생각하고,
거기에서 사는 자들아,
사마리아의 요새만 믿고서
안심하고 사는 자들아,……
너희는 망한다!
상아 침대에 누우며
안락의자에서 기지개 켜며
양 떼에서 골라 잡은 어린 양 요리를 먹고,

우리에서 송아지를 골라 잡아먹는 자들,
거문고 소리에 맞추어서
헛된 노래를 흥얼대며,……
악기들을 만들어 내는 자들,
대접으로 포도주를 퍼마시며,
가장 좋은 향유를 몸에 바르면서도
요셉의 집이 망하는 것은
걱정하지 않는 자들……
너희는 망할 것이다.
(아모스 6 : 1, 4-6)

"사마리아의 요새(=산들)만 믿는다"는 것은, 자기 자신만을 신뢰하고, 그리고 자기 총명에서 교리들을 양산(量產)하는 자들을 가리킵니다. "사마리아"는 타락한 영적 교회(the perverted spiritual church)를 뜻하고, "상아로 만든 침대"는 교리가 세워져 있는 감관에 속한 미망(迷妄)들을 뜻합니다. "안락의자에서 기지개를 켠다"는 것은 거기에서 비롯된 거짓들을 확증하고, 증대시키는 것을 뜻합니다. "양 떼에서 골라 잡은 어린 양 요리를 먹고, 우리에서 송아지를 골라 잡아먹고, 대접으로 포도주를 퍼마시고, 가장 좋은 향유를 몸에 바른다"는 말은 성언의 문자적인 뜻으로 성언에 속한 진리들이나 선들을 끌어내어서, 그것들을 응용하고, 위화하는 것을 가리킵니다. "요셉의 집이 망하는 것을 걱정하지 않는다"는 말은 영적인 교회가 멸망하고 있다는 것을 염두에 두지 않는다는 것을 뜻하고, 그리고 그것의 진리들이 침해를 당하고 있다는 것을 걱정하지 않는다는 것을 뜻합니다. "요셉"이, 최고의 뜻으로는 신령영적인 것의 측면에서 주님을 표징한다는 것, 속뜻으로는 주님의 영적 왕국을, 따라서 영적인 교회를 뜻한다는 것, 그리고 문자적인 뜻(=겉뜻)으로는 선의 생육(生育)과 진리의 증대(增大・번성)를 뜻한다는 것 등은 A.C. 3969・3971・4669・6417・6526항을 참조하십시오.

[5] 창세기서의 말씀입니다.

> 너의 아버지가 받은 복은
> 태고적 산맥이 받은 복보다 더 크며,
> 영원한 언덕이 받은 풍성함보다도 더 크다.
> 이 모든 복이 요셉에게로 돌아가며,
> 형제들 가운데서 으뜸이 된 사람(the head of the bed))에게
> 돌아갈 것이다.
> (창세기 49 : 26)

앞에서 언급하였듯이, "요셉"은 주님의 영적인 교회를 뜻합니다. "형제들 가운데서 으뜸이 된 사람"(the head of the bed)은 그 교회에 속한 모든 진리들이나 선들에 입류하는 영적인 것들을 가리킵니다. 왜냐하면 이스라엘의 열두 아들들이나 지파들은 총제적으로 교회에 속한 모든 진리들이나 선들을 뜻하기 때문입니다(A.C. 3858·3926·4060·6335항 참조).

[6] 누가복음서의 말씀입니다.

> 내가 너희에게 말한다. 그 날 밤에 두 사람이 한 잠자리(=침대)에 누워 있을 터이나, 하나는 데려가고, 다른 하나는 버려 둘 것이다. 또 두 여자가 함께 맷돌질을 하고 있을 터이나, 하나는 데려가고, 다른 하나는 버려 둘 것이다. 또 두 사람이 밭에 있을 터이나, 하나는 데려가고, 하나는 버려 둘 것이다.
> (누가 17 : 34-36)

이 말씀은, 심판이 일어날 때인 교회의 마지막 때를 가리키는 시대의 마지막을 다루고 있습니다. "한 잠자리(=한 침대)에 있다"는 것은 교회에 속한 동일한 교리 안에 있다는 것을 뜻하고, "맷돌질을 하는 두 여인들"은 믿음에 대하여 도움이 되는 것을 수집하고 배우는 사

람들을 뜻하고, "밭에 있는 두 사람"은 선들이나 진리들을 자신들에게 응용하려고 하는 교회 안에 있는 사람들을 가리킵니다. "맷돌질을 하는 사람들"이 믿음에 대하여 도움이 되는 것들을 수집하고, 배우는 자들을 가리킨다는 것은 A.C. 4335・7780・9995항을 참조하시고, "밭"(field)이 진리나 선의 영접이나 수용을 뜻한다는 것은 A.C. 368・3310・9141・9295항을 참조하십시오.
[7] 요한복음서의 말씀입니다.

> 예수께서 베데스다라는 못에 있는 병자 한 사람에게 말씀하셨다. 예수께서 그에게 "일어나서 네 자리(=침대・bed)를 걷어 가지고 걸어가거라" 하시니, 그 사람은 곧 나아서, 자리(=침상・bed)를 걷어 가지고 걸어갔다.……그 뒤에 예수께서 그 사람을 성전에서 만나서 말씀하셨다. "이제 네가 말끔히 나았다. 다시는 죄를 짓지 말아라. 그렇지 않으면 심한 병으로 고생할지도 모른다."
> (요한 5 : 1-14)

마가복음서의 말씀입니다.

> 무리 때문에 예수께로 데리고 갈 수 없어서, 예수께서 계신 곳의 위의 지붕을 걷어 내고, 구멍을 뚫어서, 중풍병 환자가 누어 있는 자리(=침대)를 달아 내렸다.……예수께서 중풍병 환자에게 "네 죄가 용서함을 받았다" 하고 말하는 것과 "일어나서 네 자리(=침대)를 거두어 가지고 걸어가거라" 하고 말하는 것 가운데서, 어느 쪽이 더 말하기가 쉬우냐?"……"내가 네게 말한다. 일어나서 네 자리(=침대)를 거두어 가지고 집으로 가거라." 그러자 중풍병 환자가 일어나서, 곧바로 모든 사람이 보는 앞에서 자리를 거두어 가지고 나갔다.
> (마가 2 : 4, 9, 11, 12)

주님께서 환자들에게 "일어나서 네 자리를 거두어 가지고, 걸어가거라"라고 하신 말씀은 교리를 뜻하고, 그리고 그것에 일치하는 삶을 뜻합니다. "자리"(침대·bed)가 교리를 뜻하고, "걸어간다"(to walk)는 말이 삶을 뜻하고, 그리고 "걷는 것"(walking)이 살아가는 것(living)을 뜻합니다(본서 97항 참조). "병자"(the sick man)는 계율을 어기고, 죄를 짓는 것을 뜻합니다. 결과적으로 주님께서는 베데스다 못가에 있는 병자에게 "보아라, 네가 말끔히 나았다. 다시는 죄를 짓지 말아라. 그렇지 않으면 심한 병으로 고생할지도 모른다"고 말씀하셨고, 지붕을 뚫고 달아 내린 자리에 있는 중풍병 환자에게 "네 죄가 용서함을 받았다 하고 말하는 것과 일어나서 네 자리를 거두어 가지고 걸어가거라 하고 말하는 가운데서 어느 쪽이 더 말하기가 쉬우냐?"라고 말씀하셨습니다. 성언의 속뜻을 알지 못하는 사람은, 주님께서 하신 말씀들이 문자적인 뜻으로 아는 것 이상 더 많은 것을 뜻하지 않는다고 믿을 것입니다. 그럼에도 불구하고 그 때 주님께서 말씀하신 모든 개별적인 것은 영적으로 뜻하는 것을 가지고 있습니다. 왜냐하면 주님께서는 신령존재로 말미암아 말씀하셨기 때문입니다(A.C. 2533·4637·4807·9048·9063·9086·10126·10276항 참조).

[8] 모세의 글에는 바산 왕 옥에 관해서 이렇게 기술되었습니다. 신명기서의 말씀입니다.

> 르바임 족속 가운데서 살아 남은 사람은 오직 바산 왕 옥뿐이었다. 쇠로 만든 그의 침대는, 지금도 암몬 자손이 사는 랍바에 있다. 그것은, 보통 자로 재어서, 길이가 아홉 자요, 너비가 넉 자나 된다.
> (신명기 3 : 11)

여기에 바산 왕 옥의 침대가 기술되었습니다. 그것은 르바임 족속 가운데서 살아 남은 사람이기 때문이고, 그리고 그가 바산의 왕이기 때문입니다. 왜냐하면 "르바임"은 다른 자들에 비하여 자기사랑에 빠져 있는 자들을 뜻하고, 그리고 그러므로 다른 모든 자들에 비하여 자연적이었기 때문입니다. 그리고 그들은 다른 사람들에 비하여 자신들의 월등감에 속한 종지(宗旨)에서 비롯된 온갖 종류의 거짓들 속에 **빠져** 있었기 때문입니다(A.C. 581 · 1268 · 1270 · 1271 · 1673 · 7686항 참조). 그리고 "바산"은 교회에 속한 외적인 것, 따라서 자연적인 것을 뜻합니다. 왜냐하면 바산은, 교회가 있었던 가나안 땅 밖에 있었기 때문입니다. 이런 이유 때문에 옥 왕의 침대가 기술되었지만, 만약에 "옥"이 뜻하는 내용들이 없다면, 그것은 기술되지 않을 것입니다. 왜냐하면 성경에 언급된 것은, 심지어 역사서에 언급된 것까지도, 언급된 모든 것은 모든 표현에 관해서 표의(表意)적이기 때문입니다. 이상에서 볼 때, 성언(聖言)은 각각의 것에서, 그리고 모든 개별적인 것에서 영적인 것이다는 것을 알 수 있겠습니다. 따라서 극내적인 것에서부터 궁극적인 것에 이르기까지 신령한 것이다는 것도 알 수 있겠습니다. 이런 이유 때문에, "그 침대가 쇠로 만든 것"이라고 언급되었고, 그리고 "암몬의 자손이 사는 랍바에 있다"고 하였고, "보통의 자로 재어서 길이가 아홉 자요, 너비가 넉 자가 된다"고 언급되었습니다. 왜냐하면 "쇠"(鐵 · iron)는 자연적인 것을 뜻하고(본서 176항 참조), "암몬의 자손이 사는 랍바"는 진리의 위화들을 뜻하기 때문입니다(A.C. 2468항 참조). "그 침대의 길이 아홉 자와 그것의 너비 넉 자"는 악과 거짓의 결합을 뜻합니다.

[9] 이상에서 성언의 깊은 곳에 있는 뜻이 무엇인지 알 수 있겠습니다. "침대"가 교리를 뜻하기 때문에, 그것은 이스라엘 자손들에게 있었던 교회의 계율들 가운데 있었습니다. 레위기서의 말씀입니다.

> 고름을 흘리는 남자가 눕는 자리는 모두 부정하다. 그가 앉는 자리도 모두 부정하다. 그의 잠자리(=침대)에 닿는 사람은 모두 그 옷을 빨고, 물로 목욕을 하여야 한다.
> (레위기 15 : 4, 5)

"고름을 흘린다"는 것은 영적인 사랑에서 분리된 자연적인 사랑 안에 있는 자들을 뜻하고, "옷을 빨고, 물로 목욕을 한다"는 것은 믿음에 속한 진리들에 의한 정화(淨化·purification)를 뜻합니다(≪새 예루살렘의 교리≫ 202-209항 참조). 성경에서 "야곱"이 외적인 교회를 뜻하고, 그리고 그 교회는 자연적인 빛 안에 있는 자들에게, 그리고 비록 내적인 정동에서 비롯된 것은 아니고, 믿음에 속한 복종에서 도덕적인 삶을 사는 자들에게 존재하기 때문에, "야곱"에 관해서 성경에서 언급되었을 때, 영계에서는, 오른쪽 위, 침대에 누워 있는 사람의 외현이 있습니다. 그러므로 성경에서 그가 죽을 때에 그에 관해서 이렇게 언급되었습니다. 창세기서의 말씀입니다.

> 야곱은 자기 아들에게 이렇게 이르고 나서, 침상에 똑바로 누워 숨을 거두고, 조상에게로 돌아갔다.
> (창세기 49 : 33)

"야곱이 똑바로 누웠다"(=야곱이 침상에서 그의 발을 모았다)고 언급되었는데, 그것은 "발"(feet)이 자연적인 것을 뜻하기 때문입니다(A.C. 2162·3147·3761·3986·4280·4938-4952항 참조).

164. "그와 더불어 간음한 자들도 (그와의 행위를 회개하지 않으면), 큰 환난을 당하게 하겠다."

이 말씀은 이런 부류의 거짓들에게 자기 자신들을 내맡기는 자들에 대한 매우 극심한 시험들을 뜻합니다. 이러한 내용은, 진리들을 위화하는 것을 가리키는 "간음을 범한다"는 말의 뜻에서 잘 알 수 있습니다(본서 141항 참조). 그러므로 "이세벨과 더불어 간음을 범한다"는 것은, "이세벨"이 뜻하는 자들에게 속한 온갖 거짓들에게 자기 자신을 내맡기는 것을 가리킵니다. 그리고 거짓들에 의한 진리에 대한 공격(infestation)을 가리키는, 여기서는 시험을 가리키는, "환난"의 뜻에서(본서 47항 참조), 잘 알 수 있습니다. 그 이유는 사람에게 있는 시험은 거짓들에 의한 진리에의 공격(=습격·괴롭힘) 이외에 아무것도 아니기 때문입니다(≪새 예루살렘의 교리≫ 188·196·197항 참조). 그러므로 "그와 더불어 간음하는 자들은 큰 환난을 당하게 하겠다"(=큰 환난 가운데 던지겠다)는 말은 이런 것들의 거짓들에게 자신들을 내맡긴 사람들이 겪는 매우 비참한 시험들을 뜻합니다. 여기서는 영적인 사람, 또는 속사람이 어느 정도는 닫혀지지 않은 자들을 다루고 있는데, 그 이유는 그들이 다소나마 진리에 속한 영적인 정동 안에 있지만, 그럼에도 불구하고 그들은 온갖 거짓들에 속한 교리 안에 있는 자들에 의하여 유혹받는 것을 당하고 있기 때문입니다(본서 162항 참조). 이들은 그들의 자연적인 사람의 기억에 거짓들을 수용하지만, 그리고 내적 영적인 사람이 진리들 이외에는 영접하지 않기 때문에, 그리고 내적 영적인 사람이 동의할 수 없기 때문에, 내적 영적인 사람과 자연적인 사람 사이에 다툼(戰爭)이 일어납니다. 이 다툼이 바로 시험이고, 그리고 "큰 환난"이 뜻하는 것입니다. 시험이 영적인 사람과 자연적인 사람 사이의 다툼이라는 것은 ≪새 예루살렘의 교리≫ 190·194·197·199항을 참조하십시오.

165. "그와의 행위를 회개하지 않으면······."

이 말씀은 그들이 자신들을 그것들로부터 분리시키지 않는다면을 뜻합니다. 이러한 내용은, 위에서 설명한 것과 같이(본서 143항 참조), 온갖 거짓들에서 자기 자신을 떼어 놓고, 분리하는 것을 가리키는 "회개한다"(repenting)는 말의 뜻에서, 그리고 여기서는 거짓들의 영접, 수용을 뜻하는, 이세벨과의 간음들을 가리키는 "행위"의 뜻에서(본서 163항 참조) 잘 알 수 있습니다. 이런 거짓들에게서 자기 자신을 갈라 세우는 것이 회개하는 것이고, 그리고 회개하는 것이 온갖 악들이나 거짓들을 삼가고, 억제하는 것이고, 그리고 그 뒤에는 그것들을 기피(忌避)하고, 그것들에 대하여 몹시 싫어하여 혐오감(嫌惡感)을 갖는 것을 가리킵니다(≪새 예루살렘의 교리≫ 161·165·169항과 그 이하 참조).

166. 23절. "그리고 나는 그의 자녀들을 반드시 죽게 하겠다."
이 말씀은, 따라서 이와 같은 거짓들은 반드시 소멸된다는 것을 뜻합니다. 이러한 내용은 성언에서 비롯된 교회에 속한 진리들을 가리키는 "자녀들"(=아들들·sons)의 뜻에서, 그리고 반대의 뜻으로는, 아래에서 곧 설명하겠지만, 온갖 거짓들을 가리키는 "자녀들"(=아들들)의 뜻에서, 그리고 또한 소멸(消滅)시키는 것을 가리키는 "반드시 죽게 하겠다"(=사망으로 죽는다)는 말의 뜻에서, 잘 알 수 있습니다. 왜냐하면 거짓들은, 온갖 시험들에 의하여, 그리고 그것들로부터 사람이 삼가는 일에 의하여, 그리고 그것들을 기피하고, 그리고 그것들에 대하여 혐오감을 가지는 것에 의하여 분리되고, 이른바 소멸되기 때문입니다. 성경에서 "아들들"(=자녀들·sons)은 진리들을 뜻하고, 반대의 뜻으로는 거짓들을 뜻합니다. 그 이유는 성언의 영적인 뜻은 교회와 주님나라에 관계되는 것들만을 오직 다루고 있기 때문입니다. 그리고 교회나 주님나라에 속한 것들은 사랑에 속한 선들이나, 믿음에 속한 진리들과의 관계를 가지고 있기 때문입니다. 이상에서 볼 때 혈족관계나 친척관계의 이름들, 예를 들면 남편·아내·아들·딸·형제·자매·며느리·사위나 그 밖의 이름들은 중생(重生)을 가리키는 영적인 출생(spiritual birth)과, 그리고 선과 진리의 혼인을 가리키는 천계적인 혼인(the heavenly marriage)과 관계를 가지는 영적인 것들을 뜻합니다. 이 혼인으로 태어난 것들은 마찬가지로 선들이나 진리들입니다. 이상에서 알 수 있는 것은, 성경에서 "딸들"은 선들을, "아들들"은 진리들을 뜻하고, 이들 양자는 모두 "아버지"가 뜻하는 선과, "어머니"가 뜻하는 진리에서 파생된다는 것입니다. 중생한 사람에게 있는 모든 진리들이나, 선들이 영적인 친척관계에 일치하여, 질서에 따라서 결합된다는 것은 A.C. 2508·3815·4121항을 참조하십시오. 주님나라에 있는 모든 자는 영적인 친척관계에 일치하여 제휴(提携)한다는 것은 H.H. 205항을 참조하십시오. "아들들"이 진리들이나, 진리들의 정동을 뜻한다는 것은

A.C. 489 · 491 · 533 · 2623 · 3373 · 4257 · 8649 · 9807항에 설명되었고, "아들들의 아들들"(孫子)이 계속적인 계도 안에서의 진리들을 뜻한다는 것은 A.C. 6583 · 6584항에 설명되었고, "아버지" · "어머니" · "형제" · "어린 아이들"이 사람들이 가지고 있는 선들이나 진리들을, 또는 악들이나 거짓들을 뜻한다는 것은 A.C. 10490항에 설명되었습니다. "아들에 대하여 어머니를 매질한다"는 것이 교회에 속한 모든 것들을 파괴하는 것들을 가리킨다는 것은 A.C. 4257항에 설명되었습니다. 주님께서 자기 자신을 "사람의 아들"(人子 · the Son of man)이라고 불렀는데, 그 이유는 그분이 신령진리이시고, 주님나라, 교회에 속한 모든 진리는 그분에게서 발출하기 때문입니다(본서 63항 참조).

167. "그러면 모든 교회는 내가 사람의 생각과 마음을 살피는 이라는 것을 알게 될 것이다."

이 말씀은, 주님께서는 홀로 외면적인 것들이나, 내면적인 것들을, 그리고 믿음이나 사랑에 속한 것들을 알고 계시고, 검색(檢索)하신다는 교회에 속한 모두의 시인을 뜻합니다. 이러한 내용은, 주님에게 관련해서는, 그분만이 홀로 아시고, 검색하신다는 것을 가리키는 "살핀다"(searching)는 말의 뜻에서, 그리고 아래에 곧 설명하겠지만, 믿음에 속한 진리나 그리고 온갖 거짓들로부터의 그들의 정화(淨化)를 가리키는 "생각"(=신장 · 콩팥 · 감정 · reins)의 뜻에서, 그리고 사랑에 속한 선들을 가리키는 "마음"(=심장 · hearts)의 뜻에서, 잘 알 수 있습니다. "마음"(=심장 · heart)이 사랑에 속한 선을 뜻하는데, 그 이유는 사람 안에 다스리는 것은 두 존재가 있고, 그의 몸의 전 삶은 이 둘에서 비롯되기 때문인데, 이름 하여 하나는 심장(the heart)이고, 다른 하나는 폐장(the lungs)입니다. 사람의 육체 안에 있는 것들은 모두 그의 마음 안에 있는 것과 대응(對應)하기 때문에, 거기를 다스리는 두 존재들은 말하자면 의지와 이해에 대응합니다. 마음에 속한 이들 두 왕국은 육체에 속한 두 왕국에 대응합니다. 다시 말하면 의지는, 심장과 그것의 맥박(脈搏)에 대응하고, 이해는 폐장과 그것의 호흡작용(呼吸作用)에 대응합니다. 이와 같은 대응이 없다면 육체는 살 수 없고, 심지어 육체의 지극히 작은 세포까지도 살 수 없을 것입니다. 심장이 의지에 대응되기 때문에, 그것은 역시 사랑에 속한 선에 대응합니다. 그리고 폐장이 이해에 대응하기 때문에 그것들 역시 믿음에 속한 진리들에 대응합니다. 이러한 사실은 "마음"(heart)이 사랑을 뜻하고, "영혼"(soul)이 믿음을 뜻한다는 대응에서 비롯된 것입니다. 성경에서 "마음과 영혼에서"(from the heart and soul)라는 표현이 자주 사용되고 있는데, 그 표현은 곧 사랑과 믿음에서라는 것을 뜻한다는 것 역시 이 대응에서 비롯된 것입니다. 이 대응이 ≪천계비의≫(the Arcana Celestia)에서 수도 없이 다루어지고 있기 때문에, 이러한 내용들은 거기에 설명된 것에서 더 많은 것을 알 수 있겠습니다. 다시 말하면 성경에서 "심장"(=마음·heart)은 사랑을 뜻하고, 그리고 그것이 사랑을 뜻하기 때문에, 그것은 역시 의지를 뜻합니다(A.C. 2930·3313·7542·8910·9050·9113·10336항 참조). 심장(=마음·heart)이 사람에게 있는 사랑에 속한 것들에 대응한다는 것, 그리고 폐장이 그 사람에게 있는 믿음에 속한 것들에 대응한다는 것 등은 A.C. 3883-3896항을 참조하십시오. 천계에도 심장에 속한 것과 같은 그런 맥박(脈搏·pulse)이 있다는 것과, 폐장에 속한 호흡(呼吸·respiration)이 있다는 것 등은 A.C. 3884·3885·3887항을 참조하십시오. 거기에 있는 심장의 맥박이 사랑의 상태와 일치한다는 것이나, 폐장의 호흡이 믿음의 상태와 일치한다는 것은 A.C. 3886-3889항을 참조하십시오. 심장에서 폐장으로의 유입(流入)은 선이 진리에의 유입과 같고, 이해에 유입하는 의지의 유입과 같다는 것이나, 그리고 그것은 믿음에의 사랑의 유입과 일치하고, 그리고 거기에는 교류들(交流·communications)이나 결합들(結合·conjunctions)이 존재합니다(A.C. 3884·3887-3889·9300·9495항 참조). 경험에서 터득한 심장에, 그리고 폐장에 유입하는 천계의 입류에 관해서는 A.C. 3884항을 참조하십시오, 성경에서의 대응은 이런 입류의 사실에서 비롯된 것이다는 것과, "마음과 영혼(from the heart and soul)에서"라는 말은 사랑과 믿음에서 비롯된 것을 뜻한다는 것은 A.C. 2930·9050항을 참조하십시오. 사람의 영과 육체의 결합(the conjunction of man's spirit with his body)이 폐장의 호흡과 심장의 맥박에 의하여 일어난다는 것, 그리고 따라서 이런 것들이 멈출 때 사람은 육체의 측면에서 죽는 것이지만, 그러나 영의 측면에서는 산다는 것 등등은 저서 《천계와 지옥》에서 읽을 수 있습니다. 그리고 심장의 맥박이 멈출 때, 영은 육체에서 분리되는데, 그 이유는 심장이, 생동하는 열기(the vital heat)를 가리키는, 사랑에 대응하기 때문이다는 것은 전게서 447항을 참조하십시오. 그리고 이 대응에 관한 그 밖의 수많은 것들은 H.H. 95항을 참조하십시오. "신장"(reins·腎臟·생각)이 믿음에 속한 진리들이나, 거짓들로부터 그들의 정화(淨化·purification)를 뜻하는데, 그 이유는 피(血)의 정화가 신장에서 이루어지고, 그리고 성경에서 "피"(血·blood)가 진리를 뜻하기 때문입니다(A.C. 4735·9127항 참조). 인체의 정화하는 다른 기관들도 같은 뜻을 뜻합니다. 그리고 거짓들로부터의 모든 정화는 진리들에 의하여 이루어집니다. 성경에서, 여호와 즉, 주님께서는 "마음과 생각(=심장과 신장)을 살피신다"는 표현이, 다시 말하면 주님께서 사랑에 속한 선들과, 믿음에 속한 진리들을 검색하시고, 그리고 그것들을 온갖 악들과 거짓들에서 떼어내어, 분리시키신다는 표현이 뜻하는 것이 무엇인지, 밝히 알 수 있겠습니다.
[2] 아래의 장절에서는 "신장"(reins)이 뜻하는 내용이 되겠습니다. 예레미야서의 말씀입니다.

만군의 주님,
주님은 의로운 재판관이시오,
사람의 생각(=신장·reins)과 마음(=심장·heart)을 감찰하시는 분이십니다.
(예레미야 11 : 20)

같은 책의 말씀입니다.

주께서 그들을,
나무를 심듯이 심으셨으므로,
뿌리를 내리고 자라며, 열매도 맺으나,
말로만 주님과 가까울 뿐,
속으로는 주님과 멀리 떨어져 있습니다.
그러나 주님, 주께서는 나를 아십니다.
주님은 나의 속을 들여다보시고,
나의 마음이 주님과 함께 있음을
감찰하여 알고 계십니다.
(예레미야 12 : 2, 3)

"말로만 주님과 가까이 있고, 속으로는 주님과 멀리 떨어져 있다" (=심장에서 멀리 떨어져 있다)는 말은 오직 기억 안에 있는 진리를 가리키고, 그리고 사람이 말을 할 때 거기에서 비롯된 어떤 생각에는 있지만, 의지나, 그것에서 비롯된 행위 안에 있지 않은 진리를 가리킵니다. 의지 안에, 그리고 그것에서 비롯된 행위 안에 있는 진리는 거짓에서 분리된 것이나, 거짓들이 소멸된 것을 가리킵니다. 그리고 의지 안에 있는 진리나, 그것에서 비롯된 행위 안에 있는 진리는 사람이 참된 것이다 라고 알고, 생각하는 것을 도모하고, 행하는 것을 가리킵니다. 이러한 진리가 특별히 "신장"(reins)이 뜻하는 진리를 가리킵니다.
[3] 또 같은 책의 말씀입니다.

각 사람의 마음(=심장·heart)을 살피고,
신장(reins)을 감찰하며,

각 사람의 행실과 행동에 따라 보상하는 이는
바로 나 주다.
(예레미야 17 : 10)

"사람의 마음(=심장·heart)을 살핀다"는 것을 그것에서부터 악을 분리하는 것에 의하여 선을 정화(淨化)하는 것을 가리킵니다. "신장(reins)을 감찰한다"는 것은 그것에서부터 거짓을 분리하는 것에 의하여 진리를 정화하는 것을 가리킵니다. 그러므로 "각 사람의 행실(=his ways)과 행동(=the fruit of works)에 따라 보상한다"고 언급되었습니다. 왜냐하면 "길"(=ways)은 진리를 가리키고, "행동"(=일의 결과·일의 열매·the fruit of works)은 사랑에 속한 선들을 가리키기 때문입니다. "길"(ways)이 믿음에 속한 진리를 가리킨다는 것은 본서 97항을 참조하시고, "일의 열매"(the fruit of works)가 사랑에 속한 선들을 가리킨다는 것은 본서 98·109·116항을 참조하십시오.
[4] 또 같은 책의 말씀입니다.

만군의 주님,
주님은 의로운 사람을 시험(=감찰)하시고,
생각(=신장)과 마음(=심장)을 감찰하시는 분이십니다.
(예레미야 20 : 12)

시편서의 말씀입니다.

악한 자의 악행을 뿌리 뽑아 주시고
의인에게는 마땅한 보상을 해주십시오.
주님은 의로우신 하나님,
사람의 마음 속(=heart)과 뱃속(=신장·reins)까지 낱낱이
살피시는 분이십니다.
(시편 7 : 9)

"의인"(義人)은 참되고, 선한 것을 행하기를 애지중지하는 사람들을 가리키고, 그들의 선들이나 진리들은 주님에 의하여 정화되었는데, 그것은 "마음과 뱃속"을 "보는 것(seeing)과 살핀다"는 말이 뜻합니다. 또 시편서의 말씀입니다.

주님, 나를 달아 보시고,
시험하여 보십시오.
나의 속 깊은 곳(=신장·reins)과 마음(=심장·heart)을
단련하여 보십시오.
(시편 26 : 2)

시험들에 의하여 진리들은 거짓들에게서, 선들은 악들에게서 분리되기 때문에 "나를 시험하여 보십시오"라고 언급되었습니다. 같은 책의 말씀입니다.

나의 가슴(=심장·heart)이 쓰리고
심장(=신장·reins)이 찔린 듯이 아파도
나는 우둔하여 아무것도 몰랐습니다.
나는 다만,
주님 앞에 있는 한 마리 짐승이었습니다.
(시편 73 : 21, 22)

이런 말들을 통하여 악에 의한 선의 괴롭힘과 거짓에 의한 진리의 괴롭힘이 기술되고 있습니다. 또 같은 책의 말씀입니다.

마음 속의 성실과 진실을 기뻐하시는 주님,
제 마음을 주의 지혜로
가득 채워 주십시오.
(=보소서, 주께서는 마음(=신장·reins)에 있는 진실을 원하시오니, 주께서는 감추어진 곳에서 나로 지혜를 알게 하시리이다).

(시편 51 : 6)

이 구절에서는 원어에서의 "신장"(腎臟·reins) 대신에 다른 낱말이 사용되었는데, 그것은 진리들에서 거짓들이, 선들에서 악들의 분리를 뜻하고 있습니다. 이러한 사실은 "신장"(reins)이 정화(淨化)와 분리(分離)를 뜻한다는 것을 보여주고 있습니다.
[5] 또 같은 책의 말씀입니다.

 주께서 날마다 좋은 생각을 주시며,
 밤마다 나의 마음에 교훈을 주시니,
 내가 그를 찬양한다.
 (=나를 권고하신 주를 내가 송축하리니, 내 속마음(=신장·reins)도 밤이면 나를 가르치나이다.)
 (시편 16 : 7)

이 구절에서 "밤"(night)은 거짓들이 기승을 부릴 때의 사람의 상태를 뜻하고, 결과적으로는 거짓들에 대한 진리들의 싸움이 "나의 신장이 나를 가르친다"(=매질을 한다)는 말이 뜻하고 있습니다. 또 같은 책의 말씀입니다.

 주님 앞에서는 어둠도 어둠이 아니며,
 밤도 대낮처럼 밝으니,
 주님 앞에서는 어둠과 빛이 다 같습니다.
 주께서 내 속 내장(=신장·reins)을 창조하시고(=소유하시고)………
 은밀한 곳에서 나를 지으셨고,……
 내 뼈 하나하나도,
 주님 앞에서는 숨길 수 없습니다.
 (시편 139 : 12, 13, 15)

이 구절에서 "어둠"은 거짓들을 뜻하고, "빛"은 진리들을 뜻하고,

"신장을 소유한다"는 것은 사람에게 있는 거짓들이나 진리들을 안다는 것을 가리킵니다. 그러므로 "내가 은밀한 곳에서 지음을 받을 때, 내 뼈 하나하나도 주님 앞에서는 숨길 수 없다"고 언급되었는데, 그것은 만들어진 거짓이 결코 하나도 숨길 수 없다는 것을 뜻합니다. "어둠"(=흑암)이 거짓을 뜻하고 "밝음"(=빛)이 진리를 뜻한다는 것은 H.H. 126-140항을 참조하시고, "뼈"(bone)가 질서의 궁극적인 것 안에 있는 진리를, 그리고 반대의 뜻으로는 거짓을 뜻한다는 것은 A.C. 3812 · 5560 · 5565 · 6592 · 8005항을 참조하십시오. [6] "신장"(reins)이 온갖 거짓들로부터 정화된 진리들을 뜻하기 때문에 이렇게 기술되었습니다.

> 내장을 덮은 모든 기름기와 간에 붙은 기름 덩어리와 두 콩팥과 거기에 붙은 기름기를 떼어 내서 제단 위에서 살라 바쳐라.
> (출애굽기 29 : 13 ; 레위기 3 : 4, 10, 15 ; 4 : 9 ; 그 밖의 여러 곳)

기름기와 신장들(=콩팥)은 떼어 내어 제단 위에 바쳐야 한다고 한 것은 "기름기"(fats)가 사랑에 속한 선을 뜻하고 "콩팥"(=신장)은 믿음에 속한 진리를 뜻하기 때문입니다. "기름기"나 "살찐 것"이 사랑에 속한 선들을 뜻한다는 것은 A.C. 353 · 5943 · 6409 · 10033항을 참조하십시오. "신장"(=콩팥)이 점검되고, 정화되고, 그리고 거짓들에게서 배척된 믿음에 속한 진리들을 뜻한다는 것은 대응에서 비롯되었습니다. 왜냐하면 인체에 속한 각각의 것들은 모두가 대응하고 있기 때문입니다. 이러한 사실은, ≪천계와 지옥≫의 '사람에 속한 모든 것들과 천계의 모든 것들의 대응'이라고 명명된 장(H.H. 87-102항 참조), 그리고 '신장에 관한 대응'의 장(H.H. 96 · 97항 참조)에서 설명되었습니다. 만약에 거기에 이와 같은 대응이 있다는 것을 알지 못한다면, 아마도 그 사람은 성경에서 여호와, 즉 주님에 관해서 자주 언급된 "주님께서는 콩팥(=신장)과 심장을 살피시고,

시험하신다"는 그 이유를 알지 못할 것입니다. 신장·요관·방광의 대응에 관한 상세한 것은 A.C. 5380-5386항을 참조하십시오. "신장과 심장을 살핀다"는 것은 사람의 외면적인 것이나 내면적인 것들을 검색한다는 것을 가리키는데, 그 이유는 진리는 밖에, 선은 안에 있기 때문입니다. 영적인 선은 본질적으로는 진리이고, 개별적으로는 "신장"이 뜻하는 외면적인 선입니다. 이에 반하여 천적인 선은 개별적으로는 "심장"이 뜻하는, 내면적인 선을 가리킵니다. 이러한 내용은 ≪천계와 지옥≫의 '영적인 왕국과 천적인 왕국'에 관한 설명에서 더 많은 것을 읽을 수 있습니다(H.H. 20-26항 참조).

168. "나는 너희 각 사람에게 그 행위대로 갚아 주겠다."
이 말씀은 외적인 것 안에 있는 각자의 내적인 것에 일치하는 영복(永福·eternal blessedness)을 뜻합니다. 이러한 내용은, 위에서 설명한 것과 같이(본서 98·116항 참조), 그것에서 비롯된 사랑이나 믿음에 속한 것들을 가리키는, 그리고 마찬가지로 "행위"(行爲·deeds)나 업적(業績)을 가리키는(본서 157항 참조), "행위"(=일들·works)의 뜻에서, 그리고 영원한 축복(永福·the eternal blessedness)을 가리키는 "각 사람에게 그 행위대로 갚아준다"는 말의 뜻에서 잘 알 수 있습니다. 왜냐하면 모든 축복된 것이나 기쁜 것들은 사랑에 속한 것이고, 사랑에 일치하는 것이기 때문입니다. 이러한 내용은 본서 146항을 참조하십시오. 본문절에서 "각 사람에게 그 행위대로 갚아 주겠다"는 것은 외적인 것에 있는 내적인 것에 일치하는 영원한 축복(永福)을 뜻합니다. 그 이유는 여기서 다루고 있는 사람은 내적인 것과 외적인 것이 동시에 있고, 이 둘의 결합에 속한 사람이기 때문입니다(본서 150항 참조). "내적인 것과 외적인 것에 일치하는 영원한 축복"(=永福)이라고 언급하였는데, 그 이유는 사람·영·천사에게 있는 모든 천계적인 축복(all heavenly blessedness)은 내적인 것을 통해서 그들의 외적인 것 안에 입류(入流)하기 때문입니다. 왜냐하면 그들의 내적인 것은 천계의 모든 것들을 위해 형성된 것이고, 그들의 외적인 것은 이 세상의 모든 것들을 위해 형성된 것이기 때문입니다. 그러므로 천계적인 축복은, 주님나라의 형상(image of heaven)에 따라서 내적인 것이 열리고, 그리고 형성된 사람에게만 존재합니다. 그리고 내적인 것이 닫혀진 사람에게 천계적인 축복은 존재하지 않습니다. 이런 사람들에게 속한 영복은 영예·광영·재물에 속한 기쁨인데, 이 기쁨은 사람이 이 세상에 사는 동안에 취할 수 있는 것입니다. 그러나 사후, 그 사람이 영이 되었을 때 이것은 더럽고, 처참한 쾌락의 대응에 따라서 변합니다(H.H. 485-490항 참조). 천계적인 기쁨이라고 하는 주님나라의 축복은, 내적인 것 안에, 그리고 그것에서 비롯된 외적인 것 안에 있는 자들만이 얻을 수 있습니다(H.H. 395-414항 참조). 내적인 것과 외적인 것이 무엇인지는 ≪새예루살렘의 교리≫ 36-53항을 참조하십시오.

169. 24절. "그러나 두아디라에 있는 사람들 가운데서······너희 남은 사람들에게 내가 말한다."
이 말씀은 외적인 것에 내적인 것이 결합된 사람 안에 있는 전체적인 것이나, 개별적인 것을 뜻합니다. 이러한 내용은 위에서 설명한 것에서 잘 알 수 있습니다(본서 150항 참조). 다시 말하면 두아디라 교회의 천사에게 보낸 편지에는, 내적인 것 안에, 그리고 그것에서 비롯된 외적인 것 안에 있는 자들, 따라서 내적인 것이 외적인 것에 결합된 사람들에 대해서 기술되고 있습니다.

170. "그의 가르침을 받아들이지 않는 사람들······."
이 말씀은, 자기사랑과 세상사랑에 속한 쾌락이 지배하지 않는 사람에게 있는 외적인 기쁨(external delight)을 뜻합니다. 이러한 내용은, 위에서 언급한 것과 같이(본서159-161항 참조), 자기사랑과 세상사랑에 속한 쾌락을 가리키는, "스스로를 예언자로 자처하는 이세벨"이 가르치고, 그것에 의하여 사람들을 미혹했던, 그 "가르침"(敎理· doctrine)의 뜻에서 잘 알 수 있습니다. 여기서 "교리"(=가르침· doctrine)는 삶을 뜻합니다. 그러므로 "그의 가르침을 받지 않았다"

는 말은 그것에 따라서 살지 않았다는 것을 뜻합니다. 왜냐하면 그 말이 뜻하는 내용은 자신 안에 그 가르침을 가지고 있다는 것이고, 그리고 자신 안에 그 가르침을 가지고 있다는 것은 그 삶 속에 그것을 가지고 있다는 것이기 때문입니다. 이상에서 볼 때, "이세벨의 가르침"(the doctrine of Jezebel)은 자기사랑(自我愛)나 세상사랑(世間愛)에 속한 생명이나 삶을 뜻한다는 것이 명확합니다.

171. "그들이 말하는, 사탄의 깊은 흉계에 물들지 않은 사람들······"(=깊은 것들을 알지 못하는 사람들······).

이 말씀은 이들이 가지고 있는 얽힘이나 함정(entanglement)을 뜻합니다. 이러한 내용은 이런 사실에서, 다시 말하면, 지옥에서 주권을 쥐고 통치하는 사랑들은 자기사랑과 세상사랑이라는 것, 그리고 이런 사랑들(=애욕들)은, 천계에서 주권을 쥐고 다스리는, 주님사랑과 이웃사랑에 전적으로 반대된다는 것 등에서, 잘 알 수 있습니다. 지옥을 뜻하는 "사탄"(Satan)은 끊임없이 자기사랑과 세상사랑을 주입시키고 있습니다(본서 120항 참조). 그리고 사람은 이런 사랑(=애욕·욕망)을 쾌락으로 영접, 수용하는데, 그 이유는 그것들은 사람 안에 유전적으로 뿌리를 틀고 있고, 그러므로 그것들은 그 사람의 자아(自我·his own), 즉 그의 고유속성(固有屬性·his *proprium*)이기 때문입니다. 따라서 지옥은 그 자체를 사람에게 침투(浸透)시키고, 그리고 그 사람을 그 속에 빠지게 합니다. 이러한 내용이 "사탄의 깊은 흉계" (=사탄의 깊은 것들·the depth of Satan)가 뜻하는 것입니다. 하지만, 이것을 아는 자들은 많지 않고, 드뭅니다. 그 이유는 이런 사랑들(=애욕들)은 유전(遺傳)에 의한 사람의 자아(自我·固有屬性·*proprium*)이기 때문에, 이런 사랑들(=애욕들)은, 심지어 자신이 주님 나라의 기쁨이 무엇인지 알 수 없을 때까지, 자신의 마음을 유혹에 의하여 그 기쁨에서 끌어내고, 따라서 천계적인 사랑들에 속한 기쁨들에게서 사람을 끌어냅니다. 자기사랑과 세상사랑에 속한 쾌락들은 속사람을 닫아버리고, 겉사람을 여는 그런 것입니다. 그리고 겉사람이 열리는 데까지 이르게 되면 속사람은 꽉 닫혀버립니다. 따라서 종국에 사람은, 비록 자아나 세상에 속한 측면에서 빛 가운데 있다고 해도, 천계와 교회에 속한 것들의 측면에서는 전적으로 칠흑 같은 흑암 속에 있게 됩니다. 이러한 내용들은 ≪천계와 지옥≫의 '천계의 주님의 신령적인 것은 주님사랑과 이웃사랑'이다는 장(章)에서 충분하게 설명된 것에서(H.H. 13-19항 참조) 잘 알 수 있고, 그리고 '지옥에 있는 자는 모두 자기사랑과 세상사랑이 비롯된 온갖 악들 안에, 그리고 그것에서 비롯된 온갖 거짓들 안에 있다'는 장에서 충분하게 설명된 것에서 잘 알 수 있습니다. 그리고 이런 사랑들(=애욕들)은 지옥적인 불꽃입니다(H.H. 551-565・566-575항과 그리고 이들 두 사랑이 다루어진 ≪새 예루살렘의 교리≫ 65-83항을 참조).

172. **"나는 너희에게 다른 짐을 지우지 않겠다."**
이 말씀은 오직 이것만은 경계하여야 할 것이다는 것을 뜻합니다. 이러한 내용은, 이 두 사랑(=애욕)에 속한 쾌락들이 천계를 우러르는 사람의 내적인 것을 닫아버리는 유일한 원인이기 때문에, 그것들은 반드시 주의해서 조심하고, 경계해야 하는 것을 가리키는 내적인 것이 외적인 것과 결합된 사람에게 "짐을 지운다"는 말의 뜻에서 잘 알 수 있습니다. 사람의 내적인 것이 닫혀지게 되면, 내적인 것과 이 세상을 우러르는 외적인 것과의 결합은 결코 존재하지 않습니다. 그리고 또한 천계에서 비롯되는 어떤 입류도 없을 것입니다. 하나님 보다 자신을 더 사랑하고, 주님나라 보다는 이 세상을 더 사랑하는 사람의 자아(自我・man's own), 즉 사람의 고유속성(固有屬性・man's *proprium*)은 저항(=반항)을 보일 것이기 때문에 "짐"(burden)이라고 언급되었습니다.

173. 25절. **"다만 내가 올 때까지, 너희가 가지고 있는 그것을 굳게 붙잡고 있어라."**
이 말씀은, 방문(=재앙・visitation)이 있을 때까지 사랑과 믿음에 속한 상태에 있는 굳건함(=불변함・확고함)을 뜻합니다. 이러한 내용은,

사랑과 믿음에 속한 상태 안에 있는 불변하는 것을 가리키는, 따라서 그들이 자기사랑과 세상사랑에 속한 쾌락들을 저항하는 것만큼 그들이 그것 안에 머물 수 있는 내적인 것과 외적인 것의 결합의 상태에 있는 불변하는 것을 가리키는 "너희가 가지고 있는 그것을 굳게 잡는다"는 말의 뜻에서, 잘 알 수 있습니다. 왜냐하면 사람이 그런 기쁨들을 자기 자신에게서 옮기는 것에 비례하여 내적인 것은 외적인 것과 결합하고, 따라서 어떤 사람에게서 더 완전하게 결합하고, 어떤 사람에게는 더욱 불완전하게 결합되기 때문입니다. 이러한 사실은, 위에서 언급한 것과 같이(본서 144항 참조), 방문(=재앙·visitation)을 뜻하는 "내가 올 때까지"라는 말의 뜻에서 잘 알 수 있습니다.

174. 26절. **"이기는 사람, 곧 내 일을 끝까지 지키는 사람……."** 이 말씀은 자기사랑과 세상사랑에 대항하는 싸움과 가능한 한 그것들의 물리침이 있은 뒤에 사랑과 믿음 안에 있는 불굴의 노력(不屈努力·perseverance)을 뜻합니다. 이러한 내용은 자기사랑과 세상사랑에 속한 쾌락들에 대항하여 싸우는 것을, 그리고 그것들을 물리치는 것을 가리키는 "이긴다"(=정복한다·overcoming)는 말의 뜻에서 잘 알 수 있습니다. 이러한 내용이 이 구절의 영적인 뜻이라는 것은 전후의 문맥에서 얻을 수 있겠습니다. 그러한 것은, 죽을 때까지의 불굴의 노력을 가리키는 "끝까지 지킨다"는 말의 뜻에서 역시 명백합니다. 왜냐하면 사랑과 믿음을 죽기까지 지키는 사람은 구원을 받기 때문입니다. 그 때 그의 삶의 측면에서 그러한 사람은 그 이후에도 영원까지 그런 삶의 상태에 머물기 때문입니다(본서 125항 참조). 역시 그와 같은 사실은 원인과 결과에서, 그리고 그것은 내적인 것들과 외적인 것들에 존재하기 때문에, 사랑과 믿음에 속한 것들을 가리키는 "내 일"(=주님의 일·My work)의 뜻에서 잘 알 수 있습니다. 그러한 것들이 여기서 "일들"(works)이 뜻하는데, 그 이유는 이런 것들이 이 교회의 천사에게 써 보낸 것에서 다루어진 것들이기

때문입니다(본서 150항 참조). "내 일을 지킨다"고 언급된 것은, 사랑과 믿음에 속한 모든 것이나, 내적인 것을 여는 모든 것이나, 외적인 것과 내적인 것의 결합 등은 모두가 오직 주님에게서만 비롯되기 때문입니다. 그러므로 이러한 것들을 뜻하고 있는 "일"(works)은 사람의 것이 아니고, 사람에게 있는 주님의 것입니다. 결과적으로 "내 일"(My work·주님의 일)이라고 언급된 것입니다.

175[A]. "민족들을 다스리는 권세를 주겠다."
이 말씀은 그 사람 안에 있는 온갖 악들을 다스린다는 것을 뜻합니다. 그렇지만 그 때 그 악들은 주님에 의하여 소멸될 것입니다. 이러한 내용은, 곧 설명하게 될, 온갖 악들을 가리키는 "민족들"(民族·nations)의 뜻에서, 그리고 그 때 주님에 의하여 소멸하게 될 악들을 가리키는 "그들을 다스리는 권세를 준다"는 말의 뜻에서, 잘 알 수 있습니다. "민족들을 다스린다"는 말에 관련해서 "권세를 쥔다"는 것은 악들을 소멸시키는 것을 뜻합니다. 따라서 그들의 주제들에 대한 이 말의 응용이 있겠습니다. 그것은, 악들이 주님에 의하여 소멸될 것이다고 언급하는 것인데, 왜냐하면 주님만이 진리들에 의하여 온갖 악들을 소멸하시기 때문입니다. 주님께서 제일 먼저 진리들에 의하여 사람이 온갖 악들을 깨닫게 해주시고(discover), 그리고 사람이 온갖 악들을 시인하게 되면, 주님께서는 그것들을 소멸하십니다. 주님께서 홀로 이 일을 행하신다는 것은 ≪새 예루살렘의 교리≫ 200항을 참조하십시오. 성경에는 "민족들과 백성들"이라는 말이 아주 자주 언급되고 있는데, 성언의 영적인 뜻이나, 속뜻을 알지 못하는 사람들은, 그 백성들이나 민족들은 그 낱말대로 이해되어야 한다고 믿고 있습니다. 그럼에도 불구하고 "백성들"(peoples)은, 진리들 안에 있는 사람들, 또는 반대의 뜻으로는 거짓들 안에 있는 사람들을 뜻합니다. 그리고 "민족들"(nations) 은 선들 안에 있는 사람들을, 그리고 반대의 뜻으로는 악들 안에 있는 사람들을 뜻합니다. "백성들"과 "민족들"이 이런 부류의 사람들을 뜻하기 때문에, 그러므로 사람들에게서 떼어낸 추상(抽象)적인 뜻으로는 "백성들"은 진리들이나 거짓들을, 그리고 "민족들"은 선들이나 악들을 뜻합니다. 왜냐하면 참된 영적인 뜻(the true spiritual sense)은, 자연에게 맞는 본연의 것들을 가리키는, 사람들·공간들·시간들이나 이와 유사한 것들에서 추출(抽出)된 뜻이기 때문입니다.
[2] 성언의 문자적인 뜻을 가리키는 성언의 자연적인 뜻(the natural sense of the Word)은 이런 것들과 협력하여 존재합니다. 이런 것들과 협력하여 존재하는 그 뜻은 그것들에서 동떨어진 그 뜻에 대한 기초(基礎)로서 섬기고 있습니다. 왜냐하면 자연 안에 있는 모든 것들은 신령질서에 속한 궁극적인 것이고, 그리고 신령한 것은 중간적인 것에 머물지 못하고, 오히려 그것의 궁극적인 것에까지 유입하고, 거기에서 존재하고, 존속하기 때문입니다. 이렇게 볼 때 문자 안에 있는 성언은 이런 것이다는 사실입니다. 그리고 성언이 그런 것이 아니라면, 그것은 영적인 존재인 천사들의 지혜를 위한 기초로서 별 도움이 되지 않을 것입니다. 이런 사실에서부터 성언의 문체(文體) 때문에 성언을 깔보는 사람들이 얼마나 큰 오류를 범하고 있는지 잘 알 수 있겠습니다. "민족들"이 선 안에 있는 사람들을, 그리고 추상적으로는 선들을 뜻합니다. 그 이유는 고대에 살았던 사람들은 민족들, 부족들, 가문들로 나뉘었고, 그리고 그들은 그 때 상호적으로 서로서로 사랑하였기 때문입니다. 한 민족의 조상은 그 조상에서 나온 전 민족을 사랑하였습니다. 그리고 사랑에 속한 선은 그들을 전부 지배하였습니다. 이런 이유 때문에 "민족들"은 선들을 뜻합니다. 그러나 제국(帝國)들이 건국되고, 그 뒤에 이어지는 여러 세기 동안에 생겨난 그와 반대되는 상태에 사람들이 빠져 들게 되면서 그 때 "민족들"은 악들을 뜻하였습니다. 이 주제에 관한 더 상세한 내용은 《우주 안의 지구들》 49·90·173·174항을 참조하십시오.
[3] 성경에서 "민족들"이 선들이나, 또는 악들을 뜻한다는 것, 그리

고 역시 "백성들"이 진리들이나, 거짓들을 뜻한다는 것 등은 아래의 장절들에서 잘 알 수 있겠습니다. 이사야서의 말씀입니다.

> 이방 나라(=민족)들이 너의 빛을 보고 찾아오고,
> 뭇 왕이 떠오르는 너의 광명을 보고,
> 너에게로 올 것이다.……
> 그 때에
> 네가 보고 함께 휩쓸려
> 네 마음이 두려워하고 커지리니,
> 이는 바다의 풍성함이 네게로 전향할 것이요,
> 이방 민족의 군대가 네게로 올 것임이니라.……
> 너의 성문은 언제나 열려 있어서,
> 밤낮으로 닫히지 않을 것이다.
> 사람들이 이방인의 군대를 네게로 데려오고,
> 그들의 왕들을 데려올 것이다.
> 너를 섬기지 않는 민족과 나라는 망하고,
> 그런 이방 사람들은 반드시 전멸할 것이다.……
> 네가 이방 나라(=민족)들의 젖을 빨며,
> 뭇 왕의 젖(=왕의 가슴)을 빨아먹을 것이다.
> 이것으로써, 너는 나 주가 너의 구원자이며,
> 너의 속량자요,
> 야곱의 전능자임을 알게 될 것이다.……
> 작은 자가
> 한 민족의 조상(=일천)이 될 것이며,
> 약한 자가 강한 민족(=나라)을 이룰 것이다.
> (이사야 60 : 3, 5, 11, 12, 16, 22)*

여기의 말씀은 주님에 관해서 다루고 있습니다. "민족들"(民族 · nations · 나라)은 주님을 사랑하는 사랑에 속한 선 안에 있는 자들을

---

* 저자의 인용구절을 직역하였다. (역자 주)

뜻하고 "왕들"(kings)은 주님을 믿는 믿음에 속한 진리들 안에 있는 자들을 뜻합니다. 이상에서 "너의 빛을 보고 찾아오는 민족"이 누구를 뜻하는지, 그리고 "너에게로 올 이방 민족의 군대"가 누구를 뜻하는지, 그리고 "떠오르는 너의 광명을 보고 네게로 오는 뭇 왕들"이 누구를 뜻하는지 명확합니다. 그리고 역시 "네가 이방 민족들의 젖을 빨고, 뭇 왕의 젖을 빨아먹을 것이다"는 말이 무엇을 뜻하는지도 명확합니다. "젖"은 사랑에 속한 선의 기쁨을 가리키고, "가슴"(breast)도 같은 뜻인데, 그 이유는 젖이 가슴에서 나오기 때문입니다. 진리의 증대나 선의 생육(=열매 맺음)이 "작은 자가 일천(=조상)이 될 것이고, 약한 자가 강한 민족을 이룰 것이다"는 말에 의하여 기술되었습니다. 그러나 "전멸하게 될 민족"(=나라)은 악 안에 있는 자들을, 그리고 역시 악들 자체를 뜻합니다.

[4] 같은 책의 말씀입니다.

> 주께서 말씀하신다.
> "내가 뭇 민족에게 손짓하여 부르고,
> 뭇 백성에게 신호를 보낼 터이니,
> 그들이 네 아들을 안고 오며,
> 네 딸을 업고 올 것이다.
> 왕들이 네 아비(=양아버지)처럼 될 것이며,
> 왕비들이 네 어머니(=양어머니)처럼 될 것이다.
> 그들이 얼굴을 땅에 대고
> 네게 엎드릴 것이며……(=네게 절하며……)."
> (이사야 49 : 22, 23)

여기서도 역시 주님이 언급되었고, 그리고 주님을 예배하고, 주님을 숭상하는 자들이 언급되었습니다. "뭇 민족을 손짓하여 부르고, 뭇 백성에게 신호를 보낸다"는 것은 사랑에 속한 선 안에 있는 자들 모두와 그것에서 비롯된 진리들 안에 있는 자들 모두가 그분에게 결합할 것이다는 것을 뜻합니다. 이러한 것에 관해서 "그들이 네 아들들을 그들 품에 안고 데려올 것이며, 네 딸들을 그들의 어깨 위에 메고 올 것이다"라고 언급되었습니다. 여기서 "아들들"은 진리에 속한 정동을 가리키고, "딸들"은 선에 속한 정동을 뜻합니다(본서 166항 참조). 이러한 것에 관해서 "그들의 왕들은 네 양아버지들이 되며, 그들의 여왕들은 네 양어머니들이 될 것이다"라고 언급되었습니다. 여기서 "왕들"은 진리 자체들을 가리키고, "여왕들"은 그것에 속한 선들을 뜻합니다. 그리고 사람은 이 양자, 즉 진리들과 선들에 의하여 중생되고, 그리고 양육되기 때문에, 그들은 "양아버지들"(nourishers), "양어머니들"(suckers)이 될 것이다고 언급되었습니다. 사람은 진리들과 그것들에 일치하는 삶에 의하여 중생된다는 것은 ≪새 예루살렘의 교리≫ 23·24·27·186항을 참조하십시오. 이 뜻이 없다면 어느 누구가 그것들을 이해할 수 있겠습니까?

[5] 또 같은 책의 말씀입니다.

  주께서 이렇게 말씀하신다.
  "내가 예루살렘에
  평화가 강물처럼 넘치게 하며,
  뭇 나라(=민족)의 부귀영화(=광영)가
  시냇물처럼 넘쳐서 흘러 오게 하겠다."
  너희는 예루살렘의 젖을 빨며,……
  때가 되면
  내가 모든 민족과 언어들(=방언들)을 모을 것이니,
  그들이 와서 나의 광영을 볼 것이다.……
  그들이 나의 광영을
  모든 민족에게 알릴 것이다.……
  그들이 또한 모든 민족들로부터
  너희의 모든 형제를
  주께 바치는 선물로

말과 수레와 가마와 노새와 낙타에 태워서,
나의 거룩한 산 예루살렘으로
데려 올 것이다.
(이사야 66 : 12, 18-20)

여기서 "예루살렘"은 천계와 지상에 있는 주님의 교회를 가리킵니다. 천계(天界·heavens)에 있는 교회라고 언급하였는데, 그것은 거기에도 역시 교회가 있기 때문입니다(H.H. 221-227항 참조). "민족들과 언어들"(=방언들·tongues)은 사랑에 속한 선 안에, 그리고 그것에서 비롯된 진리들 안에 있는 자들을 뜻합니다. "그들이 모든 민족으로부터 주께 바치는 선물로 말들과 수레들에 태워서 데려온다"고 언급하였는데, "주께 바칠 선물"은 사랑에 속한 선에서 비롯된 예배를 가리키고, "말들과 수레들"(=병거들·chariots)은 총명적인 것들과 교리적인 것들을 가리킵니다. 왜냐하면 이런 것들은 예배의 원천(源泉)이고, 기초(基礎)이기 때문입니다. "말들과 수레들"이 뜻하는 것이 이런 것이다는 것은 ≪백마론≫(the White Horse) 1-5항을 참조하십시오.

[6] 또 같은 책의 말씀입니다.

그 날이 오면, 이새의 뿌리에서 한 싹이 나서, 만민의 깃발로 세워질 것이며, 민족들이 그를 찾아 모여들어서, 그가 있는 곳이 광영스럽게 될 것이다.
(이사야 11 : 10)

이 구절에서 "이새의 뿌리"는 주님을 가리킵니다. "만민의 깃발로 세워질 것이다"는 말은 진리들 안에 있는 자들이 깨닫게 될 것이다는 것을 뜻합니다. "그를 찾아 모여든 민족들"은 사랑에 속한 선 안에 있는 사람들을 뜻합니다. 여기서 "민족들"은 주님에게 가까이 나아가고, 그리고 주님을 시인하는 민족들을 뜻하고, 이것으로 말미암아 교회가 온전한 교회가 되기 때문에, 그것이 이방인들의 교회라고 불리운다고 믿지만, 그러나 이들이 "민족"이 뜻하는 자들이 아니고, 오히려 그들이 교회 안에 있든 교회 밖에 있든, 주님을 사랑하는 사랑과 주님을 믿는 믿음 안에 있는 자들 모두를 뜻합니다(H.H. 308 · 318-328항 참조).
[7] 또 같은 책의 말씀입니다.

> 강한 민족이
> 주님을 영화롭게 할 것이며,
> 포악한 민족들의 성읍이
> 주님을 경외할 것입니다.
> (이사야 25 : 3)

역시 같은 책의 말씀입니다.

> 성문들을 열어라.
> 의로운 나라(=민족)가 들어오게 하여라.······
> 주님, 주께서 이 민족을
> 큰 민족으로 만드셨습니다.
> 주께서 이 나라를 큰 나라로 만드셨습니다.······
> 이 일로 주께서는 광영을 받으셨습니다.
> (이사야 26 : 2, 15)

또 같은 책의 말씀입니다.

> 민족들아, 가까이 와서 들어라.
> 백성들아, 귀를 기울여라.
> 땅과 거기에 사는 것들아,
> 세상과 그 안에 사는 모든 것들아,
> 들어라.

(이사야 34 : 1)

역시 같은 책의 말씀입니다.

> 나 주가 의를 이루려고 너를 불렀다.……
> 너를 지켜 주어서,
> 너를 백성의 언약과 이방(=민족)의 빛이
> 되게 할 것이다.
> (이사야 42 : 6)

예레미야서의 말씀입니다.

> 세계 만민(=민족)이 주의 복을 받고,
> 그들도 주를 자랑할 것이다.
> (예레미야 4 : 2)

같은 책의 말씀입니다.

> 세계 만민(=민족)의 임금님,
> 누가 주님을
> 두려워하지 않을 수가 있겠습니까?……
> 모든 나라의 왕들 가운데도,
> 주님과 같으신 분은
> 아무도 없기 때문입니다.
> (예레미야 10 : 7)

다니엘서의 말씀입니다.

> 내가 밤에 이러한 환상을 보고 있을 때에
> 인자 같은 이가 오는데,

하늘 구름을 타고 와서,
옛적부터 계신 분에게로 나아가,
그 앞에 섰다.
옛적부터 계신 분이
그에게 권세와 광영과 나라를 주셔서,
민족과 언어가 다른 뭇 백성이
그를 경배하게 하셨다.
(다니엘 7 : 13, 14)

시편서의 말씀입니다.

하나님,
민족들이 주님을 찬송하게 하시며
모든 민족들이 주님을 찬송하게 하십시오.
주께서 온 백성을 공의로 심판하시며,
세상의 온 나라를 인도하시니,
온 나라가 기뻐하며,
큰소리로 외치면서 노래합니다.
(시편 67 : 3, 4)

같은 책의 말씀입니다.

주께서 택하신 사람의 번영을
보게 해주시며,
주님 나라의 기쁨을
함께 기뻐하게 해주시며,…….
(시편 106 : 5)

묵시록서의 말씀입니다.

사람들은 민족들의 광영과 명예를 그 도시(=새 예루살렘)로 들여올 것입니다.
(묵시록 21 : 26)

또 이사야서의 말씀입니다.

사람들은 너희를
'주의 제사장'이라고 부를 것이며,
'우리 하나님의 봉사자'라고 일컬을 것이다.
열방(=민족들)의 재물이 너희 것이 되어
너희가 마음껏 쓸 것이고,
그들의 부귀영화가 바로 너의 것임을
너희가 자랑할 것이다.
(이사야 61 : 6)

예레미야 애가서의 말씀입니다.

우리의 힘(=우리 콧구멍의 호흡이신)
곧 주께서 기름 부어 세우신 이가
그들의 함정에 빠졌다.
그는 바로,
"뭇 민족 가운데서,
우리가 그의 보호를 받으며 살 것이다."
하고 우리가 말한 사람이 아니던가!
(애가 4 : 20)

이 장절들에서 "민족들"(=나라들)은, 성언이 교회 안에 있든, 있지 않든, 주님을 사랑하는 사랑 안에 있는 자들을 뜻합니다.

175[B]. [8] "민족들"은 반대의 뜻으로는 악들 안에 있는 자들을 뜻하고, 추상적인 뜻으로는 악들 자체들을 뜻한다는 것은 아래의 장절들에서 잘 알 수 있겠습니다. 예레미야서의 말씀입니다.

이스라엘 백성아,
내가 먼 곳에서 한 민족을 데려다가,
너희를 치도록 하겠다.……
그 민족은 강하며,
옛적부터 내려온 민족이다.
그 민족의 언어를 네가 알지 못하며,
그들이 말을 하여도
너는 알아듣지 못한다.……
네가 거둔 곡식과 너의 양식을
그들이 먹어 치우고,
너의 아들과 딸들도 그들이 죽이고,
너의 양 떼와 소 떼도 그들이 잡아먹고,
너의 포도와 무화과도
그들이 모두 먹어 치울 것이다.
네가 의지하고 있는 견고한 성들도
그들이 모두 무너뜨릴 것이다.
(예레미야 5 : 15, 17)

여기서는 교회의 황폐(荒弊·vastation)가 다루어지고 있습니다. 이 구절에서 "민족"은 그것을 소멸시킬 악을 뜻하고, 그러므로 "네가 거둔 곡식과 너의 양식(=빵)을 먹을 것이다" "너의 아들과 딸들도 그들이 죽이고," "너의 포도와 무화과도 모두 먹어 치우고," "견고한 성들도 칼로 무너뜨릴 것이다"고 언급되었습니다. 이러한 것들은 사랑에 속한 모든 선들과 믿음에 속한 모든 진리들을 뜻합니다. "거둔 곡식"은 선에서 비롯된 진리의 수용(受容)의 상태를 뜻하고(A.C. 9295항 참조), "양식"(=빵)은 사랑에 속한 선을 뜻하고(《새 예루살렘의 교리》 218항 참조), "아들들과 딸들"은 진리의 정동과 선의 정동을 뜻하고(본서 166항 참조), "포도"는 내적인 교회를, 따라서 교회에 속한 내적인 것들을 뜻하고(A.C. 1069·5113·6376·9277항 참조), "무화과"는 외적인 교회를, 따라서 교회에 속한 외적인 것들을 뜻하고(A.C. 5113항 참조), "성들"은 교리들을 뜻하고(A.C. 402・2449・2712・2943・3216・4492・4493항 참조), "칼"은 파괴하는 거짓을 뜻합니다(본서 73・131[B]항 참조). 이상에서 밝히 알 수 있는 것은 "민족들"(民族・nations)이 모든 선들을 파괴시키는 악을 뜻한다는 것입니다.
[9] 같은 책의 말씀입니다.

> 나 주가 이렇게 말한다.
> "내가 이 백성 앞에 걸림돌들을 숨겨 좋아서,
> 모두 돌에 걸려 넘어지게 하겠다.
> 아버지와 아들이 다 함께 넘어지고,
> 이웃과 그 친구가 다 함께 멸망할 것이다.······
> 큰 나라(=민족들)가 온다.
> 저 먼 땅에서 떨치고 일어났다.
> 그들은 활과 창으로 무장하였다.
> 난폭하고 잔인하다.
> 그들은 바다처럼 요란한 소리를 내며,
> 군마를 타고 달려온다."
> (예레미야 6 : 21-23)

여기서도 역시 "민족"은 악을 뜻하고 "백성들"은 거짓들을 뜻하고, "아버지와 아들이 다 함께 넘어질 걸림돌"은 선의 악용들과 진리의 곡해를 뜻하고, 좋은 뜻으로 "아버지들"은 선들을, "아들들"은 그것에서 비롯된 진리들을 뜻합니다. "한 백성이 북녘 땅에서 오고, 먼 땅(=땅 끝)에서 큰 나라(=민족)가 온다"고 언급되었는데, 그것은 "북녘"이 악에서 비롯된 거짓을 뜻하고, "땅 끝"(=먼 땅)은 교회 밖에 있는 것, 따라서 교회에 속한 선에서 멀리 떨어져 있는 악들을 뜻하기 때문입니다. "바다처럼 요란한 소리를 낸다" "군마를 타고 온다"

는 말은 감관에 속한 온갖 오류들이나 미망들에 의한 설득이나, 그 것에서 비롯된 추론에 의한 설득을 가리킵니다.
[10] 에스겔서의 말씀입니다.

> 너는 쇠사슬을 만들어라.
> 이 땅에 살육(=피 흘리는 범죄들)이 가득 차 있고,
> 이 도성에는 폭력이 가득 차 있기 때문이다.
> 나는 이 세상에서 가장 악한
> 이방 사람들(=민족들)을 데려다가
> 그들의 집을 차지하게 하겠다.……
> 왕은 통곡하고,
> 지도자들은 절망에 빠지고
> 이 땅의 백성은 무서워서 벌벌 떨 것이다.
> (에스겔 7 : 23, 24, 27)

이 구절에서 "땅"은 교회를 가리키고, "살육"(=피 흘리는 범죄들·the judgment of bloods)은 선들을 파괴하는 거짓들 안에 있다는 것을 가리키고, "도성"(=성읍)은 교리를 가리키고, "폭력이 가득 차 있다"는 것은 인애에 속한 선에 거슬러서 폭력을 사용하는 것을 가리키고, "세상에서 가장 악한 이방 사람들"(=민족들)은 악에서 비롯된 무 사무시한 거짓들을 가리키고, "그들의 집을 차지한다"는 것은 그들의 마음을 점유하는 것을 가리키고, "통곡할 왕"은 교회에 속한 진리를 가리키고, "절망에 빠진 지도자들"은 종속적인 진리를 가리킵니다. "땅"(land)이 교회를 가리킨다는 것은 A.C. 662·1066·1068·1262·1413·1607·2928·3355·4447·4535·5577·8011·9325·9643항을 참조하시고, "피"가 선을 파괴하는 거짓들을 가리킨다는 것은 A.C. 374·1005·4735·5476·9127항을 참조하시고, "도성"(=성읍·도시·city)이 교리를 가리킨다는 것은 A.C. 2268·2449·2451·2712·2943·3216·4492·4493항을 참조

하시고, "폭력"(=폭행·violence)은 인애에 속한 선에 대하여 완력(腕力)을 사용하는 것을 가리킨다는 것은 A.C. 6353항을 참조하시고, "집"(house)이 그의 마음에 속한 사람에 속한 것들을 가리킨다는 것은 A.C. 710·2231·2233·2559·3128·3538·4973·5023·6690·7353·7848·7910·7929·9150항을 참조하시고, "통곡할 왕"은 교회에 속한 진리를 가리킨다는 것은 본서 31[A]항을 참조하십시오.

[11] 시편서의 말씀입니다.

> 주님은, 나라(=민족들·이방)의 도모를 흩으시고,
> 민족들(=백성들)의 계획을 무효로 돌리신다.
> (시편 33 : 10)

이 구절에서도 "민족들"(=이방 사람들·nations)은 악들 안에 빠져 있는 자들을 뜻하고, "백성들"(peoples)은 거짓들 안에 빠져 있는 자들을 뜻합니다. 양자들이 이와 같이 뜻해지고 있기 때문에, "주께서 이방의 계략(=도모)을 좌절시키시고, 백성들의 계책(=계획)을 무효로 만드신다"고 언급되었지만, 이 둘의 표현은 이른바 하나에 속한 것을 뜻하지만, 그럼에도 불구하고 두 표현은 속뜻으로는 엄연히 다릅니다. 속뜻으로 "민족들"(=이방 사람들·nations)은 전자를 뜻하고 "백성들"은 후자를 뜻합니다.

[12] 누가복음서의 말씀입니다.

> (그 날에는) 그들은 칼날에 쓰러지고, 뭇 이방 나라(all nations)에 포로로 잡혀 갈 것이요, 예루살렘은 이방 사람들(nations)의 때가 차기까지, 이방 사람들(nations)에게 짓밟힐 것이다. 그리고 해와 달과 별들에서 징조들이 나타나고, 땅에서는 민족들(nations)이 바다의 태풍 소리와 성난 파도 때문에 어쩔 줄을 몰라서 괴로워할 것이다.
> (누가 21 : 24, 25)

여기서는 시대의 종말이 다루어지고 있는데, 그것은 곧 교회의 마지막 때(the last time of the church)를 가리킵니다. 그 때 거기에는, 인애가 전혀 존재하지 않기 때문에, 믿음이 더 이상 존재하지 않으며, 또한 선이 전혀 존재하지 않기 때문에, 진리가 더 이상 존재하지 않습니다. 여기의 이러한 내용은 대응(對應)에 의하여 기술된 것입니다. 다시 말하면, "칼날에 쓰러질 것이다"는 말은 거짓들에 의하여 파괴될 것이라는 것을 가리키고, "뭇 이방 민족(=나라)에 포로로 사로잡혀 갈 것이다"는 말은 온갖 종류의 악들에 의하여 점령되고, 지배받는 것을, "짓밟힐 예루살렘"은 교회를 가리킵니다. "해"(太陽·sun)는 주님을 사랑하는 사랑을 가리키고, "달"(月·moon)은 주님을 믿는 믿음을 가리키고, "별들"(stars)은 선과 진리에 속한 지식들을 가리킵니다. 그것 가운데 있을 "징조들"(=표적들)은 이것들이 소멸할 것이라는 것을 가리키고, "노호(怒號)하는 바다와 파도들"은 오류들과 미망들, 그리고 그것에서 비롯된 추론들을 가리킵니다.

[13] 마태복음서의 말씀입니다.

> 민족이 민족을 거슬러 일어나고, 나라가 나라를 거슬러 일어날 것이며, 곳곳에 기근과 지진이 있을 것이다.……그 때에 사람들이 너희를 환난에 넘겨 줄 것이며, 너희를 죽일 것이다. 너희는 내 이름 때문에 모든 민족에게 미움을 받을 것이다.
> (마태 24 : 7, 9 ; 누가 21 : 10, 11)

여기에 기술된 이러한 것들은 교회의 마지막 때에 관해서 주님께서 말씀하신 것들입니다. "민족이 민족을 거슬러 일어나고, 나라가 나라를 거슬러 일어날 것이다"는 말은 거기에 온갖 악들과 거짓들 사이에 있을 충돌들과 싸움들을 뜻하고, "기근과 질병"(=역병)은 진리들의 감퇴(減退·failure)와 폐허화되는 것(wasting)을 뜻하고, "지진"은 교회의 변절(變節·perversion)을 뜻합니다. "모든 민족에게 미움을 받는다"는 것은 악에 빠져 있는 자들에 의하여 미움을 받는 것을 뜻합니다. 그들이 미움을 받는 이유인 "주님의 이름"은 주님을 예배하는 수단인 사랑과 믿음에 속한 모든 것들을 뜻합니다(본서 102·135항 참조).

[14] 에스겔서의 말씀입니다.

> 앗시리아는 한 때
> 레바논의 백향목이었다.
> 그 가지가 아름답고,
> 그 그늘도 숲의 그늘과 같았다.
> 그 나무의 키가 크고,
> 그 꼭대기는 구름 속으로 뻗어 있었다.……
> 굵은 가지도 무수하게 많아지고,
> 가는 가지도 길게 뻗어 나갔다.
> 너의 큰 가지 속에서는
> 공중의 모든 새가 보금자리를 만들고,
> 가는 가지 밑에서는
> 들의 모든 짐승이 새끼를 낳고,
> 그 나무의 그늘 밑에
> 모든 큰 민족이 자리잡았다.……
> 그러나 그 나무의 마음이 교만해졌다. 그러므로 나는 그 나무를 민족들의 통치자에게 넘겨 주고, 그는 그 나무가 저지른 악에 맞는 마땅한 처벌을 할 것이다. 나는 그 나무를 내버렸다. 그래서 먼 민족(=이방 민족) 가운데서 잔인한 다른 백성들이 그 나무를 베어서 버렸다.……세상의 모든 백성이 그 나무의 그늘에서 도망쳐 버렸다. 사람들이 이렇게 그 나무를 떠나 버렸다.
> (에스겔 31 : 3, 5, 6, 10-12)

만약에 성경말씀의 영적인 뜻, 또는 속뜻의 지식을 가지고 있지 않다면 이것들이 무엇을 뜻하는지 이해하는 사람은 아무도 없을 것입니다. 그는 그런 것들 안에 영적인 뜻(靈的 表意)이 전혀 없는 그저 단순한 비유이다고 그것들을 믿을 것입니다. 그럼에도 불구하고 그 때 거기에 있는 개별적인 것들 모두는 천계와 교회에 속한 것들을 뜻합니다. 그러므로 그것들에 관해서 간략하게 설명하고자 합니다. 여기서 "앗시리아"는 敎化(교화)된 교회에 속한 사람의 합리적인 것을 뜻합니다. 이것이 "레바논의 백향목"이다고 불리운 것은 "백향목"이, 앗시리아와 꼭 같은 뜻, 특히 합리적인 것 안에 있는 선에서 비롯된 진리를 가지고 있기 때문입니다. 그리고 "레바논"은 합리적인 것이 살고 있는 마음(the mind)을 가리키는데, 그 이유는 레바논에 백향목이 있기 때문입니다. "무수하게 많아진 굵은 가지"는 그것에서 비롯된 진리들을 뜻합니다. "그의 가지들 속에 보금자리를 만드는 공중의 모든 새"는 진리에 속한 모든 정동들을 뜻합니다. "그의 가지들 밑에 새끼를 낳는 들의 짐승"은 선에 속한 정동들을 뜻합니다. "그 나무의 그늘 밑에 자리잡은 큰 민족"은 사랑에 속한 선들을 가리키고, "그 나무의 마음이 교만해졌다"(=그의 마음이 그의 키 안에서 높아졌다)는 말은 자기사랑(自我愛)을 뜻합니다. "그러므로 나는 그 나무를 민족들의 통치자에게 넘겨 주었다"(=내가 그를 이방의 막강한 자의 손에 넘겨 주었다), 그리고 "그래서 먼 민족 가운데서 잔인한 다른 백성들이 그 나무를 베어서 버렸다"는 말은 그 사랑 (=자기사랑)에서 비롯된 악들이 선들이나 진리들을 파괴할 것이다는 것을 뜻합니다. "그 나무의 그늘에서 도망쳐 버렸고, 그리고 그 나무를 떠난 세상의 모든 백성"은 교회에 속한 모든 진리들을 가리킵니다. 이상에서 명확하게 알 수 있는 것은 "민족"이 좋은 뜻으로는 선들을, 그리고 나쁜 뜻으로는 악들을 뜻한다는 것이고, "그의 그늘에 자리잡은 민족"은 선을 뜻하고, "그 나무를 베어 버려린 민족"은 악들을 뜻합니다. ≪천계비의≫에서 민족에 관하여 언급한 것이나, 그들의 뜻에 관해서 더 많은 것, 다시 말하면 성경에서 "민족들"이 선들 안에 있는 사람들이나, 결과적으로는 선들 자체를 뜻한다는 것은 A.C. 1059 · 1159 · 1258 · 1260 · 1416 · 1849 · 6005항을 참조하십시오. "민족들의 모임"은 진리들과 선들을 뜻하고(A.C. 4574 · 7830항 참조), "거룩한 민족"은 영적인 왕국을 뜻하고(A.C. 9255 · 9256항 참조), 그리고 "민족과 백성"(nation and people)이 언급될 경우, "민족"(nation)은 천적인 선 안에 있는 사람들을 뜻하고, "백성"(people)은 영적인 선 안에 있는 사람들을 뜻합니다(A.C. 10288항 참조). "민족"이, 특히 가나안 땅에 있는 민족들이 온갖 종류의 악들이나 거짓들을 뜻한다는 것은 A.C. 1059 · 1205 · 1868 · 6306 · 8054 · 8317 · 9320 · 9327항을 참조하십시오.

176. 27절. "그는 쇠막대기로 그들을 다스릴 것이다."
이 말씀은 그분께서 자연적인 사람 안에 있는 진리들에 의하여 온갖 악들을 징벌할 것이다는 것을 뜻합니다. 이러한 내용은 징벌하고, 혼내주는 것을 가리키는 "다스린다"(ruling)는 말의 뜻에서 잘 알 수 있습니다. 왜냐하면 "그는 민족들을 마치 질그릇이 부수어지듯 할 것이다"고 언급되었는데, 그것은 진리들에 의하여 처벌되는 온갖 악들을 뜻하기 때문입니다. 이러한 내용은 자연적인 사람 안에 있는 진리들을 가리키는 "쇠막대기"(鐵杖 · an iron rod)의 뜻에서 명확합니다. "막대기"(rod) 또는 "지팡이"(staff)는 능력(能力 · 힘 · power)을 가리킵니다(A.C. 4013 · 4015 · 4876 · 4936 · 6947 · 7011 · 7026 · 7568 · 7572항 참조). 그것은 임금들이 짧은 지팡이(a short staff)인 홀(笏 · scepter)을 가지고 있는 이유이기도 합니다(A.C. 4581 · 4876항 참조). "철"(鐵 · iron)이 자연적인 사람 안에 있는 진리들을 가리키는데, 그 이유는, 땅 위에 있는 다른 것들과 꼭 같이, 금속(金屬)들은, 그것이 진리들이나 선들과 관계를 가지는 경우, 대응에 의하여 영적인 것들이나, 천적인 것들을 뜻하기 때문입니다. 그리고 "금"(金 · gold)은 속사람에게 속한 선을 뜻하고, "은"(銀 · silver)은 그것의 진리를, "구리"(copper), 또는 "놋쇠"(brass)는 겉사람, 또는 자연적인 사람의 선을 뜻합니다. "철"은 그것의 진리를 뜻합니다.

이런 이유 때문에 고대 사람들은 시대들을 금속들의 이름에서 명명하였는데, 다시 말하면, 그들은 황금시대·은시대·동시대·철시대라고 불렀습니다. 황금시대는 사랑에 속한 선 안에 살았던 태고시대 사람들로부터 명명되었고, 은시대는 그들 뒤에 이어진 그 선에서 비롯된 진리들 안에 살았던 고대 사람들로부터 명명되었고, 동시대는 외적인 선, 또는 자연적인 선 안에서 살았던 그들의 후손들로부터 명명되었고, 철시대는 선이 결여된 자연적인 진리 안에만 살았던 그들의 후손들로부터 명명되었습니다. 자연적인 진리는 기억적인 것 안에 있는 진리이지, 선을 가리키는 삶에 속한 선을 가리키는 삶 안에 있는 진리는 아닙니다. 그러나 이 대응에 관한 더 많은 내용은 H.H. 104·115항을 참조하십시오.

[2] 주님의 강림 때까지 이어진 교회의 상태들 역시 "금"·"은"·"놋쇠"·"철"에 의하여 뜻하여졌는데, 그것은 느브갓네살이 꿈에 본 신상(神像)을 구성한 것들입니다. 이 신상에 관해서는 다니엘서에 이렇게 기술되고 있습니다.

> 그 신상의 머리는 순금이고, 가슴과 팔은 은이고, 배와 넓적다리는 놋쇠이고, 그 무릎 아래는 쇠이고, 발은 일부는 쇠이고, 일부는 진흙이었습니다.······돌 하나가 난데없이 날아들어 와서, 쇠와 진흙으로 된 그 신상의 발을 쳐서 부서뜨렸습니다.······임금님이 보신 발과 발가락의 일부는 토기장이의 진흙이고, 일부는 쇠였던 것과 같이, 그 나라는 나누어질 것입니다.······그 나라의 일부는 강하고 일부는 쉽게 부서질 것입니다. 임금님께서 진흙과 쇠가 함께 있는 것을 보신 것 같이, 그들이 다른 인종과 함께 살 것이지만, 쇠와 진흙이 서로 결합되지 못하는 것처럼, 그들이 결합되지 못할 것입니다.
> (다니엘 2 : 32-34 ; 41-43)

이 장절에서 "순금이었던 머리"는 교회의 처음 상태를 뜻하는데, 그 때 사람들은 주님을 사랑하는 사랑에 속한 선 안에 있었습니다.

"은이었던 가슴과 팔"은 교회의 두 번째 상태를 뜻하는데, 그 때 사람들은 그 선에서 비롯된 진리들 안에 있었습니다. "놋쇠이었던 배와 넓적다리"는 계속되는 그 교회의 셋째 상태를 뜻하는데, 그 때 사람들은 더 이상 영적인 선 안에 있지 않고, 자연적인 선 안에 있었습니다. "쇠로 만든 무릎"은 교회의 넷째 상태인데, 그 때 자연적인 선은 더 이상 존재하지 않고, 다만 진리만 존재하였습니다. "일부는 쇠이고, 일부는 진흙인 다리"는 진리와 거짓 모두가 존재해 있는, 즉 성언으로는 진리가, 교리로는 거짓이 있는, 교회의 마지막 상태를 뜻합니다. 성언의 진리들은 위화되었고, 그리고 교리들은 위화된 진리들에서 이끌어내었을 때, 그 교회의 상태는 "일부는 쇠이고, 일부는 진흙"이었습니다. 따라서 그 나라는 "일부는 강하고, 일부는 쉽게 부서진 나라"였습니다. 여기서 "나라"(=왕국·kingdom)는 교회를 가리킵니다. 그러므로 그것은 역시 "하나님의 나라"(=왕국)라고 불리웠습니다. 따라서 진리들은 거짓들과 뒤섞여 있었지만, 그럼에도 불구하고 그것들은 밀착되어 있지 않았다는 것은 그 아래의 말, 즉 "임금님께서 진흙과 쇠가 함께 있는 것을 보신 것과 같이, 그들이 다른 인종과 함께 살 것이지만(=그들은 사람의 씨(the seed of man)와 섞일 것이다), 쇠와 진흙이 서로 결합되지 못하는 것처럼, 그들이 결합되지 못할 것이다"는 말이 뜻합니다. 여기서 "사람의 씨"(the seed of man)는, 성언 안에 존재하는, 신령진리를 가리킵니다. "씨"가 이것을 뜻한다는 것은 A.C. 3038·3373·10248·10249항을 참조하시고, "사람"이 성언이 비롯된 주님을 뜻하고, 또한 교회를 뜻한다는 것 역시 A.C. 768·4287·7424·7523·8547·9276항을 참조하십시오. "토기장이의 진흙"이 자연적인 사람 안에 있는 거짓들을 뜻한다는 것은 아래의 단락(본서 177항)에서 볼 수 있겠습니다. "그 발의 신상을 친" "바위에서 떠낸 돌 하나"는 신령진리에 의하여 주님을 뜻하고, 그리고 성언에서 비롯된 진리들과 밀착되지 않는 거짓들의 파괴(the destruction of falsities)를 뜻합니다. "돌"(fi·stone)이 진리를 가리키고, "이스라엘의 돌"(the stone of Israel)이 신령진리의 측면에서 주님을 가리킨다는 것은 A.C. 643·1298·3720·6426·8609·10376항을 참조하시고, "바위"(=반석·弊fi·rock) 역시 그와 같이 주님을 뜻한다는 것은 A.C. 8581·10580항과 ≪최후심판≫ 57항을 각각 참조하십시오. "쇠"(iron)가 자연적인 사람 안에 있는 진리들을 뜻하기 때문에 "신상의 발들"이 "쇠"로 만들어졌다는 것을 볼 수 있습니다. 왜냐하면 "발들"(足·feet)은 자연적인 것을 뜻하기 때문입니다(A.C. 2162·3147·3761·3986·4280·4938-4952항 참조).

[3] 이사야서에서의 "금"·"은"·"놋쇠"·"쇠"(=철)도 이와 비슷한 것들을 뜻하고 있습니다.

> 내가 놋쇠 대신 금을 가져 오며,
> 철 대신 은을 가져 오며,
> 나무 대신 놋쇠를 가져 오며,
> 돌 대신 철을 가져 오겠다.
> (이사야 60：17)

"놋쇠 대신 금을 가져 온다"는 것은 자연적인 선(natural good)을 대신하는 천적인 선(celestial good)을 뜻하고 "철을 대신한 은"은 자연적인 진리를 대신한 천적인 진리를 뜻하고, "나무를 대신한 놋쇠와, 돌을 대신한 철"은 나무와 돌이 뜻하는 것과 같은, 매우 충분한 자연적인 선과 자연적인 진리를 뜻합니다. 여기서 다루어진 것은 천적인 교회(the celestial church)의 상태입니다. "쇠"(=철)가 자연적인 사람 안에 있는 진리를 뜻한다는 것은 A.C. 425·426항을 참조하십시오.

[4] 여기에 인용된 장절들은 "쇠막대기"(鐵杖·iron rod)가 뜻하는 것이 무엇인지, 다시 말하면, 주님께서 자연적인 사람 안에 있는 온

갖 악들을 징벌하고, 온갖 거짓들을 섬멸하시는데 사용되는 능력(能力·힘·power)을 뜻한다는 것을 밝히 알게 하기 위해서 입니다. 왜냐하면, 위에서 언급한 것과 같이, "막대기" 또는 "지팡이"(=자막대기·staff)가 능력(能力)을 뜻하기 때문이고, 그리고 "쇠"(=철·iron)가 자연적인 사람 안에 있는 진리들을 뜻하기 때문입니다. 주님께서는 진리에 의하여 자연적인 사람 안에 있는 온갖 악들이나, 그것에서 비롯된 거짓들을 섬멸하시는데, 그 이유는 온갖 악들이나 그것에서 비롯된 모든 거짓들은 자연적인 사람 안에서 자신들의 자리를 잡지만, 그러나 영적인 사람이나 속사람은 악들이나 거짓들을 영접, 수용하지 못하고, 오히려 그것들에 대하여 폐쇄(閉鎖)적입니다. 모든 악들이나 거짓들이 자연적인 사람 안에서 자신들의 거처를 취하기 때문에, 그것들은, 자연적인 사람 안에 있는 진리들을 가리키는, 그런 것들에 의하여 반드시 징벌되고, 소멸될 수밖에 없습니다. 자연적인 사람 안에 있는 진리들은 지식들이고, 앎(=인식·認識·cognition)인데, 사람은, 교회에 속한 진리들이나 선들에 관해서, 그리고 이것들에 반대되는 거짓들이나 악들에 관해서 그것들로 말미암아 생각할 수 있고, 추론할 수 있고, 그리고 자연적인 결론을 지을 수 있고, 결과적으로는 사람이 성경말씀을 읽을 때 그 어떤 자연적인 예증(例證·some natural illustration)에 있을 수 있습니다. 왜냐하면 문자 안에 존재하는 성경말씀(聖言·the Word)은 이와 같은 예증이 없으면 이해되지 않기 때문입니다. 그리고 이 예증은 영적일 수도 있고, 자연적일 수도 있기 때문입니다. 영적인 예증은 영적인 사람에게만 존재하고, 그리고 영적인 사람은 사랑이나 믿음에 속한 선 안에, 그리고 그것에서 비롯된 진리들 안에 있는 사람들입니다. 이에 반하여 단순한 자연적인 예증은 지연적인 사람에게 존재합니다(H.H. 153·425·455항과 본서 140항 참조). 더욱이 영적인 사람들은, 이 세상에 사는 동안에 자연적인 것 안에 있는 예증을 가지지만, 그러나 이와 같은 일은 영적인 것 안에 있는 예증에서 생겨나는 것일 뿐입니다.

왜냐하면 그들에게서 주님께서는 영적인 사람, 또는 속사람을 통하여 자연적인 사람, 또는 겉사람에게 입류하시고, 따라서 그것을 밝히시고, 해설하시기 때문입니다. 그리고 이 조요(照耀 · enlightenment)나, 교화(敎化)로부터 사람은 참된 것이나 선한 것이 무엇인지, 그리고 거짓된 것이나 악한 것이 무엇인지, 알 수 있고, 그리고 그가 그것을 밝히 보았을 때 주님께서 자연적인 사람 안에 있는 온갖 악들과 거짓들을 역시 자연적인 사람 안에 있는 진리들이나 선들에 의하여 소산(消散)시키시고, 그리고 자연적인 사람 안에 있는 선들과 진리들을 영적인 사람이나, 속사람 안에 있는 선들이나 진리들과 하나가 되게 하십니다. ≪새 예루살렘의 교리≫에서 다룬 '과학과 지식' 그리고 그것의 결과에 관한 설명(전게서 51항 참조)과 "입류"에 관한 설명(전게서 277 · 278항 참조)을 참조하십시오.

[5] 이상에서 볼 때 지금 여기서 우리가 밝히 알 수 있는 사실은, "쇠막대기"가 뜻하는 것은 주님께서 그것을 가지고 여러 민족들을 다스리신다는 것, 다시 말하면 자연적인 사람 안에 있는 온갖 악들을 징벌하시는 도구로 사용된다는 것입니다. 이 교회의 천사에게 언급한 것은 이런 내용이 되겠습니다. 그 이유는 이 교회의 천사에게서 보낸 것은 속사람과 겉사람, 그리고 그들의 결합이 다루어졌기 때문입니다. 왜냐하면 속사람과 겉사람, 또는 영적인 사람과 자연적인 사람이 결합할 때 주님께서 자연적인 사람 안에 있는 온갖 악들이나 거짓들을 징벌하시기 때문인데, 주님께서는 이 일을 진리와 선에 속한 지식들에 의하여 행하십니다. 그러나 속사람과 겉사람이 결합되지 않는 사람에게서 악들이나 거짓들은 징벌될 수도 없고, 소산될 수도 없습니다. 그 이유는 그들이 천계로부터 영적인 사람을 통하여 아무것도 받지 못하지만, 그러나 그들이 받은 모든 것들은 이 세상에서 비롯된 것들이기 때문입니다. 그리고 이런 것들은 그들의 합리성이 선호한 것이고, 그리고 온갖 확증들을 제공한 것입니다. 여기서 "쇠막대기"가 뜻하는 것들에 비슷한 것들이 아래의 장절들

에서 역시 뜻해지고 있습니다. 시편서의 말씀입니다.

"네가 그들을 철퇴로 부술 때에(=철 홀로 다스릴 때에)
질그릇 부수듯이 부술 것이다" 하셨다.
(시편 2 : 9)

이사야서의 말씀입니다.

그가 하는 말은 몽둥이가 되어
잔인한 자를 치고(=그는 그의 입의 막대기로 세상(=땅)을 치고)
그가 내리는 선고는
사악한 자를 사형에 처한다(=자기 입술의 호흡으로 악인을 죽일 것이다).
(이사야 11 : 4)

묵시록서의 말씀입니다.

마침내 그 여자는 아들을 낳았습니다. 그 아기는 장차 쇠지팡이로 만국을 다스리실 분이었습니다.
(묵시록 12 : 5)
그분(=흰 말을 타신 분)의 입에서 날카로운 칼이 나오는데, 그분은 그것으로 모든 민족을 치실 것입니다. 그는 친히 쇠지팡이를 가지고 모든 민족을 다스릴 것입니다.
(묵시록 19 : 15)

미가서의 말씀입니다.

도성 시온아,
너의 원수에게 가서, 그들을 쳐라!
내가 네 뿔을 쇠 같게 하고
네 굽을 놋쇠 같게 할 것이니,

너는 많은 민족을 짓밟고……
(미가 4 : 13)

이 구절에서 "시온의 딸"은 천적인 교회를 가리키고, "뿔"(horn)은 자연적인 사람 안에 있는 능력을 가리키고, "굽"(=발굽·hoofs)은, 감관적인 과학적인 것이라고 하는, 거기에 있는 궁극적인 것을 가리킵니다. 그러므로 "뿔을 쇠로 만들고, 굽을 놋쇠로 만드는 것"이 무엇을 뜻하는지 확실하게 알 수 있겠습니다. "시온의 딸"이 천적인 교회를 가리킨다는 것은 A.C. 2362·9055항을 참조하시고, "뿔"이 자연적인 사람 안에 있는 선에서 비롯된 진리의 능력을 가리킨다는 것은 A.C. 2832·9081·9719·9720·9721·10182·10186항을 참조하시고, "발굽"(hoofs)이 궁극적인 질서 안에 있는 진리들인 감관적인 사람의 지식들을 가리킨다는 것은 A.C. 7729항을 참조하십시오.

177. **"민족들은 마치 질그릇 부수어지듯 할 것이다"**(=그들이 질그릇 같이 산산조각으로 부서질 것이다).
이 말씀은 거짓들의 전적인 소멸을 뜻합니다. 이러한 내용은, 자기총명(自己聰明·self-intelligence)에서 비롯된 자연적인 사람 안에 있는 것들을 가리키는 "질그릇"(=흙으로 만든 그릇·earthen vessels)의 뜻에서 잘 알 수 있습니다. 그리고 이것에 관해서는 곧 설명하겠지만, 자연적인 사람 안에 있는 것들은 천계나, 교회에 속한 것들과 관계를 가지고 있고, 그리고 자기총명에서 비롯된 것은 모두가 거짓들을 가리키기 때문입니다. 그리고 그것은 쫓겨나고, 소멸되는 것을 가리키는 "부수어질 것이다"(shivered)는 말의 뜻에서도 잘 알 수 있습니다. 여기서 "산산조각으로 부수다"(to shiver)는 말이 질그릇에 관해서 언급하였듯이, "소멸시킨다"(to disperse)는 말은 거짓들에 관해서 언급하고 있습니다. "질그릇"(=토기)이 천계나 교회에 관한 사안에서 자기총명에서 비롯된 자연적인 사람 안에 있는 것들을 뜻한다는 것, 그리고 그것들이 하나 같이 거짓들이다는 것 등은 아래의 설명에서 잘 밝혀질 것입니다. 제일 먼저 반드시 설명하여야 할 것은 자기총명에 의하여 출입을 획득한 천계나 교회에 관련을 가지고 있는 것들은 모두가 거짓들이다는 사실입니다. 자기총명으로 생각하는 사람들은 오직 이 세상으로부터 생각합니다. 왜냐하면 자기 자신의 고유속성(固有屬性·proprium)을 가리키는 자아(自我·own)로부터 생각하는 사람은 세상에 속한 것들이나, 자기 자신에 속한 것들만을 애지중지하기 때문이고, 그리고 그 사람이 애지중지하는 것은 역시 그가 이해하고 지각한 것이기 때문입니다. 그 사람이 애지중지한 것들을 그는 선들이라고 부르고, 그것으로 말미암아 그가 이해하고 지각한 것들을 그는 진리들이라고 합니다. 그럼에도 불구하고 그 사랑으로 말미암아 그가 그와 같이 부른 선들은 모두가 악들이고, 그 사람이 그 사랑으로부터 이해한 진리들은 모두가 거짓들입니다. 그 이유는 그것들이, 주님사랑과 이웃사랑인 천계에 속한 사랑들에 정반대가 되는 사랑, 즉 애욕들을 가리키는 자기사랑이나 세상사랑에서 생겨나기 때문입니다. 그리고 반대되는 것들에서 솟아난 것들은 역시 반대되는 것들이기 때문입니다.

[2] 그러므로 오직 박학(博學)의 명성(名聲)을 목적해서, 또는 그들이 온갖 영예(榮譽)에 대하여 뛰어나기 위한, 또는 재물을 터득하기 위한 평판(評判)을 얻고자 하는 목적을 위해서 성경을 읽는 사람은 결코 진리들 대신에 오직 거짓들만을 이해하고, 지각할 뿐입니다. 성경에서 그들 눈 앞에 펼쳐지는 진리들을 그들은 마치 보이지 않는 것처럼 지나쳐 버리거나, 아니면 그들은 그것들을 위화시켜 버립니다. 그들이 오직 박학의 명성이나 평판 따위만을 목적해서 성경을 읽고, 그리고 그들이 존경을 한 몸에 받고, 재물을 취득하기 위하여 성경을 읽는 이유는 목적들로서 자기사랑이나 세상사랑에서 비롯된 목적 때문입니다. 이런 사람들(=애욕들)은 사람의 고유속성(=자아)에 속한 것들이기 때문에 그러므로 그것들로부터 그 사람이 이해하고

지각한 것들은 자기총명으로 말미암은 것들입니다.
[3] 그러나 진리이기 때문에 진리를 알고자 하는 일념(一念)인 정동, 즉 진리에 속한 영적인 정동으로 말미암아 성경말씀을 읽는 사람들은 성경에서 진리들을 보게 되고, 그리고 그들은 그것들을 볼 때에 심중에서 기쁨을 만끽(滿喫)합니다. 이것은 그들이 주님에게서 비롯된 예증(例證)과 실증(實證) 안에 있기 때문입니다. 예증이나 실증은 주님으로부터 천계를 거쳐 거기에 있는 빛으로 내려오는데(下降), 그 빛은 바로 신령진리입니다. 그러므로 그들에게는 진리에 속한 빛으로부터 진리들을 보고, 이해하는 것이 주어지는데, 이 빛은 성언 안에 존재합니다. 그 이유는 성언은 신령진리이고, 성언 안에 있는 신령진리에는 천계에 속한 모든 진리들이 그것 안에 담겨져 있기 때문입니다. 그러나 그들은 주님을 사랑하는 주님사랑과 이웃을 사랑하는 이웃사랑인 천계의 양대 사랑들 안에 있는 사람들만 오직 이 예증이나, 실증 안에 있습니다. 왜냐하면 이 양대 사랑은 속내를 열고, 또한 보다 높은 마음을 열기 때문인데, 이와 같은 속내(inner mind)나 높은 마음(the higher mind)은 천계의 빛을 영접, 수용하기 위해 형성되었고, 그리고 그 마음을 통하여 천계의 빛은 그들 안에 입류하고, 분명하게 일러주고 있기 때문입니다. 그러나 그들이 이 세상에서 살고 있는 동안 그들은 그 마음 안에 있는 진리들을 지각하지 못하고, 다만 보다 낮은 마음(the lower mind), 즉 겉사람의 마음, 또는 자연적인 사람의 마음 안에 있는 진리들을 지각할 뿐입니다. 이러한 사람들은 성경을 읽을 때 자기총명(自己聰明·self-intelligence)에서부터 생각하지 않습니다. 그들이 성경을 읽을 때 자기총명에서 생각하지 않는 특별한 이유는, 그들의 내면적인 마음, 즉 그들의 영적인 마음은 주님을 우러러 보기(仰見) 때문이고, 그리고 그 때 주님께서는 그 마음을 당신 자신에게 고양(高揚)시키시고, 그리고 그에게 있었던 낮은 마음, 또는 자연적인 마음을 주님에게 고양시키는데, 따라서 주님께서는, 그들이 자기 자신들이나 이

세상을 제일 먼저 고려하고, 제일 으뜸으로 생각할 수밖에 없었던 사람의 자아(自我・man's self)인 사람의 고유속성(固有屬性・man's proprium)에서부터, 그것을 이끌어내어, 빼어버리시기 때문입니다.
[4] 이상에서 우리가 밝히 알 수 있는 것은 사람은 자기총명으로 말미암아서는 악들 이외에는 아무것도 지각할 수 없고, 그리고 거짓들 이외에는 아무것도 이해할 수도, 볼 수도 없다는 것 등입니다. 그러나 주님나라나 교회에 속한 모든 선들이나 진리들을 사람은 주님으로 말미암아 지각하고, 이해하고, 또 볼 수 있다는 사실입니다. 지금 우리가 언급한 내적인 마음이나 영적인 마음이 존재하는 속사람, 또는 영적인 사람이 열릴 때, 주님께서는 그 때 겉사람, 또는 자연적인 사람 안에 있는 온갖 악들을 정복하시고, 온갖 거짓들을 소멸하십니다. 그 때 이러한 역사(役事)들은, 영적인 뜻으로 이 말씀, 즉 우리의 본문인 인자(人子・사람의 아들・the Son of man)께서 "이기는 사람에게, 민족들을 다스리는 권세를 주시고, 그리고 그(=주님・He)는 쇠막대기로 그들을 다스릴 것이고, 민족들을 마치 질그릇이 부수어지듯이 할 것이다"는 말이 뜻하는 내용입니다.
[5] "질그릇"(=토기그릇・earthen vessels)이 자기총명에서 비롯된 것들, 따라서 자연적인 사람 안에 자리잡고 있는 거짓들을 뜻한다는 것은 성경의 여러 장절들에서 명확한데, 나는 확증으로서 그 장절에 속한 것들 중 몇 구절을 아래에 인용하겠습니다. 시편서의 말씀입니다.

> 네가 그들을 철퇴로 부술 때에(=철 홀(笏)로 다스릴 때에) 질그릇(=토기장이의 그릇) 부수듯이 부술 것이다 하셨다.
> (시편 2:9)

이 구절에서 "철 홀(an iron scepter・鐵笏)로 민족들을 부술 것이다"는 말은 자연적인 사람 안에 있는 온갖 악들을 징벌하고, 정복하는 것을 가리킵니다. 여기서 "홀"(笏・scepter)은 지팡이(staff)나 "막대기"(rod)와 꼭 같은 뜻을 가지고 있습니다. "토기장이의 그릇"(as a potters vessel)이라는 말이 부연되었는데, 그것은 그것이 자기총명에서 비롯된 거짓들을 뜻하기 때문입니다. 문자적인 뜻에서 이것은 하나의 비유입니다. 왜냐하면 "토기장이의 그릇처럼"(as a potters vessel) 또는 "질그릇처럼"(as earthen vessel)이라는 말이 언급되었기 때문입니다. 그러나 속뜻으로는 비유들이 비유들로 지각되지 않는데, 그것은 비유들이 비유적인 내용들에게서 동일하게 존재하기 때문입니다(A.C. 3579・8989항 참조). "토기장이의 그릇" 또는 "질그릇"은 거짓된 것들을 뜻하는데, 그 이유는 토기장이(potter)는 무엇을 형성하고, 만드는 사람을 가리키고, 그릇은 형성된 것을 가리키며, 그리고 사람이 그릇을 만들 때, 그것은 하나의 거짓이기 때문입니다. 그러나 주님께서 사람과 더불어 그것을 만드실 때 그것은 하나의 진리이기 때문입니다. 결과적으로 성경에서 "토기장이의 그릇"은 거짓된 것이나, 아니면 참된 것을 뜻하고, "토기장이"(a potter)는 만들고, 형성하는 사람을 뜻합니다.

[6] 성경에서 주님 자신이 "토기장이"(potter)라고 호칭되었는데, 그것은 진리들에 의하여 그분께서 사람을 완성하시는 그분의 역사(役事・His forming)에서 비롯된 것입니다. 이사야서의 말씀입니다.

그러나 주님,
주님은 우리의 아버지이십니다.
우리는 진흙이요,
주님은 우리를 빚으신 분이십니다.
우리 모두가,
주님이 손수 지으신 피조물입니다.
(이사야 64 : 8)

같은 책의 말씀입니다.

질그릇 가운데서도
작은 한 조각에 지나지 않으면서,
자기를 지은 이(the Former)와 다투는 자에게는
화가 미칠 것이다.
진흙이 토기장이에게
"너는 도대체 무엇을 만들고 있는 것이냐?"
하고 말할 수 있겠으며,
네가 만든 것이 너에게
"그에게는 손이 있으나마나다!"
하고 말할 수 있겠느냐?
(이사야 45 : 9)

또 같은 책의 말씀입니다.

진흙으로 옹기를 만드는 사람과
옹기장이가 주무르는 진흙을
어찌 같이 생각할 수 있느냐?
만들어진 물건이 자기를 만든 사람(its Former)을 두고
"그가 나를 만들지 않았다"
하고 말할 수 있느냐?
빚어진 것이 자기를 빚은 사람을 두고
"그는 기술이 없어!"(=그는 명철이 없어!)
라고 말할 수 있느냐?
(이사야 29 : 16)

[7] 유대 사람이나 이스라엘이, 이 세상에 있는 모든 민족이나 백성들에 비하여 자기 자신들에게, 그리고 자기 자신들의 기고만장(氣高萬丈 · exaltation)에 성경말씀을 적용하는 짓들에 의하여 성언에 속한 진리들을 모두 위화(僞化)하였기 때문에, 따라서 그들의 거짓들이 토기장이의 "흠 있는 그릇들"(marred vessels)이라고 불리웠습니다.

이사야서의 말씀입니다.

> 선견자들에게 이르기를,
> "환상을 보지 말아라" 하며,
> 예언자들에게 이르기를
> "옳은 것을 보이지 말아라.
> 부드러운 말을 하여라.
> 거짓된 것을 보여라.
> 정도를 버려라.
> 바른 길에서 벗어나거라.
> 이스라엘의 거룩하신 분의 이야기를
> 우리 앞에서 그쳐라" 하고 말한다.……
> 이 죄로,
> 너희가 붕괴될 성벽처럼 될 것이다.
> 높은 성벽이 금이 가고,
> 배가, 불룩 튀어나왔으니,
> 순식간에 갑자기 무너져 내릴 것이다.
> 항아리(=토기장이의 병)가 깨져서 산산조각이 나듯이,
> 너희가 그렇게 무너져 내릴 것이다.
> (이사야 30 : 10, 11, 13, 14)

그들이 스스로 진리들을 전적으로 허용하지 않았고, 자신들을 온갖 거짓들 안에 푹 쑤셔 넣었다는 것은 이 말씀에 의하여 기술되고 있습니다. 즉, "선견자에게 이르기를 '환상을 보지 말아라' 하고, 예언자들에게 이르기를 '옳은 것을 보이지 말아라. 부드러운 말을 하여라. 거짓된 것을 보여라. 정도를 버리고, 바른 길에서 벗어나거라' 말한다"는 구절의 말씀에 의하여 기술되었습니다. 그들이, 전혀 진리가 남아 있지 않는, 온갖 거짓들 속에 자신들을 쑤셔 박았다는 것은 "항아리(=토기장이의 병)가 깨져서 산산조각이 나듯이, 너희가 그렇게 무너져 내릴 것이다"(=토기장이의 그릇이 산산이 부서짐 같이, 그

러므로 부서진 것들에서 화덕 가운데서 불을 담는 그릇이나, 웅덩이에서 물을 뜰 수 있는 깨진 파편 하나도 얻지 못할 것이다)는 말에 의하여 기술되고 있습니다. 이 말씀이 뜻하는 것은, 그들이 성언에서부터 선이나 진리를 지각할 수 있는 진리가 그들에게 전혀 남아 있지 않다는 것을 뜻합니다. 왜냐하면 "불"은 선을 뜻하고, "물"은 진리를 뜻하고, "화덕"(=아궁이·爐床·hearth)이 선의 측면에서 성언(聖言·the Word)을 뜻하고, "물통"(水槽·cistern)이나 "웅덩이"(=샘·fountain)는 진리의 측면에서 성언(聖言)을 뜻하기 때문입니다.
[8] 예레미야서의 말씀입니다.

> 너는 어서 토기장이의 집으로 내려가거라.……내가 토기장이의 집으로 내려갔더니, 토기장이가 마침 물레를 돌리며(=작업대·table), 일을 하고 있었습니다. 그런데 그 토기장이는 진흙으로 그릇을 빚다가 잘 되지 않으면, 그 흙으로 다른 그릇을 빚었다(=그가 진흙으로 만든 그 그릇이 그 토기장의 손에서 손상을 입었으니, 그 토기장이가 그것을 만들기에 좋게 보이는 대로 그것으로 다른 그릇을 다시 만들었다).
> (예레미야 18 : 1-4)

이 구절 역시 유대 민족에게는 거짓 이외에는 아무것도 없다는 것을 뜻합니다. "토기장이의 집에서 손상된 그릇"은 그 거짓을 뜻합니다. 그리고 "토기장이의 집"은 그들이 처해 있는 상태를 뜻합니다. 교회에 속한 진리들이 그들에게서 반드시 제거되었다는 것이고, 그것들이 다른 민족들에게 주어질 것이다는 내용이 "그 토기장이가 그가 좋게 보이는 대로, 그것으로 다른 그릇을 다시 만들었다"는 말이 뜻합니다.
[9] 같은 책의 말씀입니다.

> 주께서 나에게 말씀하셨다. "너는 토기장이를 찾아가서 항아리를 하나 산 다음에, 백성을 대표하는 장로 몇 사람과 나이든 제사장 몇 사람을

데리고, '질그릇 조각의 문' 어귀 곁에 있는 '힌놈의 아들 골짜기'로 나아가서, 내가 너에게 일러주는 말을 거기에서 선포하여라."……이렇게 말하고 나서 너는 데리고 간 사람들이 보는 앞에서 그 항아리를 깨뜨리고 그들에게 이렇게 전하여라. "만군의 주가 이렇게 말한다. 토기 그릇은 한번 깨지면 다시 원상태로 쓸 수 없다. 나도 이 백성과 이 도성을 토기 그릇처럼 깨뜨려 버리겠다. 그러면 더 이상 시체를 묻을 자리가 없어서, 사람들이 도벳에까지 시체를 묻을 것이다."
(예레미야 19 : 1, 2, 10, 11)

"토기장이의 병, 또는 그릇과 백성을 대표하는 장로 몇 사람과 나이 든 제사장 몇 사람들"(=백성의 장로들이나, 나이든 제사장들에게서 산 토기장이의 질그릇이나 병)은 여기서는 그 민족이 처해 있는 거짓을 뜻합니다. 이 거짓은 진리에 의하여 소멸될 수밖에 없는 그런 성질의 거짓이라는 것은 이런 말, 즉 "그가, 그와 같이 간 사람들이 보는 앞에서 그 항아리를 깨뜨리고," 그리고 "토기 그릇은 한번 깨뜨리면 다시 원상태로 쓸 수 없다" 그리고 모든 진리들과 선들이 파괴될 곳을 뜻하는 "그러면 시체를 더 이상 묻을 자리가 없어서, 사람들이 도벳에까지 시체를 묻을 것이다"는 등의 말이 뜻합니다.
[10] 나훔서의 말씀입니다.

이제 에워싸일 터이니,
물이나 길어 두려무나.
너의 요새를 탄탄하게 해 두어야 할 것이니,
수렁 속으로 들어가서 진흙을 짓이기고,
벽돌을 찍어 내려무나.……
거기에서 불이 너를 삼킬 것이고,
칼이 너를 벨 것이다.
(나훔 3 : 14, 15)

"에워싸일(=포위) 터이니, 물을 길어 두고, 요새를 탄탄하게 해 둔

다"는 말은 진리들에 대항하는 여러 수단들을 통하여 거짓들을 강화하는 것을 뜻하고, "수렁(=진흙) 속으로 들어가서 진흙을 짓이기고, 벽돌을 찍는다"는 말은, 꾸며낸 이야기들(小說)이나 망상들 따위를 가지고 거짓들을 확증하는 것을 가리킵니다. 그러므로 그것에서 비롯된 가르침을 "벽돌"(=벽돌가마·a brick-kiln)이라고 불렀습니다. 지옥적인 사랑(=애욕·infernal love)은 온갖 위화들에 의하여 더욱 힘을 얻기 때문에, 따라서 "불이 너를 삼킬 것이고, 칼이 너를 벨 것이다"고 언급되었습니다. 여기서 "불"은 지옥적인 사랑을 가리키고, "칼"은 진리에 대항하여 싸우고, 진리를 파괴하는 거짓을 뜻합니다. "토기장이의 항아리"(=그릇) 또는 "질그릇"은 거짓을 뜻하는데, 그 이유는 그것이 날조(捏造)한 어떤 것들에 대응하기 때문이고, 날조된 것은 사람의 자기총명에 속한 산물(産物)이기 때문입니다. 그리고 예언자들이, 위에서 언급된 것들을 행하도록 명령을 받은 것은 이 대응에서 기인(起서)된 것입니다.

178. "이것은 마치, 내가 나의 아버지께로부터 (권세를 받아서) **다스리는 것과 같다.**"

이 말씀은 비교해서 언급하면, 주님께서 그분의 인성을 영화하실 때, 다시 말하면 어머니에게서 받은 인간(=모계적 인간)에서 야기되는 모든 악들이나 거짓들을 소멸시킬 때, 주님께서는 신령인성(His Divine Human)으로 말미암아 그 일을 행하셨다는 것을 뜻합니다. 여기서 아버지(聖父·the Father)는 그분 자신 안에 계신, 또는 그분께서 수태(受胎)에서부터 가지셨던, 신령존재(神靈存在·the Divine)를 뜻합니다. 왜냐하면 이분 신령존재는, 그분께서 선언하셨듯이, 아버지와 한 분 존재이시기 때문입니다(요한 10 : 30). 비교해서 언급한다면, 왜냐하면 주님께서 신령인성을 영화하셨듯이, 주님께서는 사람을 중생시키는 것과 같기 때문입니다. 다시 말하면 주님은 자신의 신성을 신령인성에 합일하시고, 그리고 인성을 신성에 합일하셨듯이, 주님께서는 사람에게 있는 내적인 것을 외적인 것에, 외적인 것을 내적인 것에 결합하셨기 때문입니다. 그러니 이 비의(秘義)의 이해는 몇 마디 말로 설명될 수 없기 때문에 그 내용에 관해서는 ≪새 예루살렘의 교리≫에 설명된 것을 참조하시고(전게서 280-297항 참조), 그리고 충분하게 설명된 ≪천계비의≫에서 인용한 전게서 185·298-307항을 참조하십시오.

179. 28절. "나는 그 사람에게 샛별을 주겠다."
이 말씀은 주님의 신령인성에게서 비롯된 총명과 지혜를 뜻합니다. 이러한 내용은 선이나 진리에 속한 지식들을 가리키는 "별들"(stars)의 뜻에서 잘 알 수 있습니다(본서 72항 참조). 그리고 별들이 선이나 진리에 속한 지식들을 뜻하기 때문에 역시 그것들은 총명이나 지혜를 뜻합니다. 왜냐하면 모든 총명이나 지혜는 선이나 진리에 속한 지식들에 의하여 생성, 존재하기 때문입니다. 이러한 내용은 역시 주님의 신령인성의 측면에서 주님을 가리키는 "아침"(朝·morning)의 뜻에서 잘 알 수 있고, 따라서 "샛별"(=새벽 별·the morning star)은 그분에게서 비롯된 총명이나 지혜를 뜻합니다. 성경에 "아침"(朝·morning)이 자주 언급되고 있고, 그리고 그것의 뜻은 속뜻 안에 있는 문맥이나 관계에 따라서 다양합니다. 최고의 뜻으로 그것은 주님이나, 주님의 강림(降臨·His coming)을 뜻하고, 속뜻으로 그것은 주님의 나라나 교회를, 그리고 그것들의 평화의 상태(state of peace)를 뜻합니다. 더욱이 그것은, 새로운 교회(a new church)의 처음 상태를, 또한 사랑의 상태를, 그리고 교화(敎化)의 상태를, 각각 뜻합니다. 결과적으로 그것은 총명이나 지혜에 속한 상태를 뜻하고, 또한 속사람이 겉사람에게 결합한 상태인 선과 진리의 결합의 상태를 각각 뜻합니다. "아침"(朝·morning)이 이와 같이 다양한 뜻을 가지고 있는 것은, 최고의 뜻으로 그것은 주님의 신령인성을 뜻하고, 그러므로 그것은 신령인성에게서 발출한 모든 것들을 뜻하기 때문입니다. 왜냐하면 주님께서는 그분에게서 발출한 그런 것들 안에 존재하시기 때문이고, 그러므로 그것은 거기에 존재하는 그분(He)이시기 때문입니다.

[2] 최고의 뜻으로 "아침"은 주님의 신령인성(the Divine Human of the Lord)을 뜻한다는 것은, 주님께서는 천사적인 천계(the angelic heaven)의 태양이시기 때문이고, 그리고 그 천계의 태양은, 이 세상의 태양이 외현적으로 하는 것과 같이, 아침에서부터 저녁(evening)으로, 또는 일출(日出)에서 일몰(日沒)로 진전하지 않고, 오히려 천계의 상단 전면 그 곳에 변함없이 머물러 있기 때문입니다. 결과적으로 태양은 거기의 아침에 항상 존재해 있고, 그리고 저녁에 결코 머물러 있지는 않습니다. 천사들이 가지고 있는 모든 총명이나 지혜는 그들의 태양이신 주님에게서 비롯됩니다. 그들의 사랑의 상태, 그리고 지혜와 총명의 상태, 그리고 일반적으로 그들의 교화(敎化)의 상태 등은 "아침"이 뜻하는 것들입니다. 왜냐하면 이런 것들은 태양이신 주님에게서 발출하고, 그리고 그분에게서 발출한 것은 그분 자신 안에 존재하기 때문입니다. 왜냐하면 신령존재로부터 신령한 것 이외는 아무것도 생성되지 않기 때문이고, 그리고 모든 신령한 것은 그분 자신(Himself)을 가리키기 때문입니다. 주님께서 천사적인 천계의 태양이시다는 것, 거기에 있는 태양이신 그분으로 말미암아 모든 사랑, 지혜, 총명 따위가 존재하고, 그리고 일반적으로는 지혜의 원천인 신령진리의 측면에서 모든 교화(敎化)・illustration・예증・例證) 등이 존재한다는 것 등은 H.H. 116-125・126-143・155・156항을 참조하십시오.

[3] 이렇게 볼 때, 여호와 즉 주님, 그분의 강림, 그분의 나라와 교회, 그리고 그것의 선들이 성경에서 다루어질 때에, "아침"이 그와 같이 자주 거론되는 이유가 무엇인지 밝히 알 수 있겠습니다. 이러한 사실들은 예증의 방법에 의하여 내가 인용하려고 하는 아래의 장절들에서 잘 알 수 있습니다. 사무엘 하서의 말씀입니다.

이스라엘의 하나님이 말씀하셨다.

이스라엘의 반석께서 나에게 이르셨다.
모든 사람을 공의로 다스리는 왕은,
하나님을 두려워하며 다스리는 왕은,
구름이 끼지 않은 아침에 떠오르는
맑은 아침 햇살과 같다고 하시고
비가 온 뒤에 땅에서 새싹을 돋게 하는
햇빛과도 같다고 하셨다.
(사무엘 하 23 : 3, 4)

"이스라엘의 하나님" "이스라엘의 반석"은 신령인성의 측면에서 주님을 가리키고, 그리고 그것에서 발출한 신령진리를 가리킵니다. "이스라엘의 하나님"은 이스라엘이 그분의 영적인 교회이기 때문에, 그리고 "이스라엘의 반석"은 그의 신성이 영적인 교회에 있기 때문에, 신령진리를 가리킵니다(A.C. 3720 · 6426 · 8581 · 10580항 참조). 천사적인 천계에서 주님은 태양이시기 때문에, 그리고 천사들이 가지고 있는 모든 빛(光)은 그것에서 비롯되기 때문에, 그리고 거기에 있는 태양은 그것의 아침에 변함없이 존재하기 때문에 "그분은 아침에 떠오르는 맑은 아침 햇살, 떠오르는 태양, 구름이 없는 아침이다"고 언급되었습니다.

[4] 시편서의 말씀입니다.

아침 동이 틀 때에 새벽 이슬이 맺히듯이(=당신의 젊음의 이슬이),
젊은이들이 임금님에게 모여들 것입니다.
주께서 맹세하시기를
"너는 멜기세덱을 따른
영원한 제사장이다" 하셨으니,
변하지 않으실 것입니다.
(시편 110 : 3, 4)

이 말씀은 이 세상 강림에 관한 주님에 관해서 언급되었습니다. "아침 동이 틀 때, 새벽 이슬이 맺히듯이 젊은이들이 임금님께 모여들 것이다"는 것은 신령존재 자체에서 비롯된 수태(受胎 · conception)를 가리키고, 그리고 그것에 의한 그분의 인성의 영화(the glorification of His Human)를 가리킵니다. "멜기세덱을 따른 영원한 제사장이다"는 말은 신령선과 신령진리는 주님에게서 발출되었다는 것을 뜻합니다. 왜냐하면 제사장으로서의 주님은 신령선이고, "멜기세덱"이 가리키는 거룩한 왕으로서의 주님은 신령진리이시기 때문입니다 (A.C. 1725항 참조).

[5] 에스겔서의 말씀입니다.

> 그룹들은 주의 성전으로 들어가는 동문에 머무르고, 이스라엘 하나님의 영광이 그들 위에 머물렀다.
> (에스겔 10 : 19)

"그룹"이 섭리의 측면에서, 그리고 사랑에 속한 선에 의한 것 이외의 다른 것으로는 주님에게 가까이 오지 못하게 막는 것(警護)의 측면에서, 주님을 뜻합니다. "주의 성전(=주님의 집)으로 들어가는 동문"은 가까이 하는 것(近接)을 뜻하고, "하나님의 집"(=성전 · the house of God)은 주님나라와 교회를 뜻합니다. "동쪽"(東 · east)은 주님께서 태양처럼 나타나는 곳, 따라서 주님께서 아침으로 계속해서 계시는 곳을 뜻합니다. 그러므로 "이스라엘 하나님의 영광이 그들 위에 머물렀다"고 언급되었습니다.

[6] 같은 책의 말씀입니다.

> 그 뒤에 그(=천사)가 나를 데리고 동쪽으로 난 문으로 갔다. 그런데 놀랍게도 이스라엘 하나님의 영광이 동쪽에서부터 오는데,……땅은 그의 영광의 광채로 환해졌다.……주께서 영광에 싸여서(=주의 광영이) 동쪽으로 난 문을 지나 성전 안으로 들어가셨다.
> (에스겔 43 : 1, 2, 4)

이 구절에서도 역시 속뜻으로 주님의 나라나 교회에 있는 사람들에게 들어오는 주님의 입류(人流・the influx of the Lord)가 기술되었습니다. "이스라엘의 하나님"은 신령인성의 측면에서 주님을 가리키고, 그리고 그것에서 발출하는 신령진리를 뜻합니다. "하나님의 집"(=성전・the house of God)은 주님의 나라와 교회를 뜻하고, "광영"(榮光・glory)은 천계에 있는 신령진리를 뜻하고, "동쪽으로 난 문을 지나 성전 안으로 들어갔다"는 말은 태양으로부터, 다시 말하면 태양이 언제나 변함없이 그것의 아침 안에 있는 곳에서 비롯되었다는 것을 뜻합니다. "광영"(榮光)이 천계에 있는 신령진리를 가리킨다는 것은 A.C. 4809・5922・8267・8427・9429항을 참조하시고. "하나님의 집"(the house of God)은 선의 측면에서 천계와 교회를 뜻하고, "성전"(聖殿・temple)이 진리의 측면에서 천계와 교회를 뜻한다는 것은 A.C. 3720항을 참조하십시오. "동쪽"(東・east)이, 최고의 뜻으로는 주님을 가리키는데, 그 이유는, 주님께서는 언제나 변함없이 그것의 일출(日出・its rising)과 아침(朝) 안에 계시는 천계의 태양이시기 때문입니다. 결과적으로 "동쪽"은 주님에게서 비롯된 사랑에 속한 선이기 때문입니다(A.C. 3708・5097・9668항 참조).

[7] 또 같은 책의 말씀입니다.

> 그 뒤에, 그(=천사)가 나를 데리고 다시 성전 문으로 갔는데, 보니, 성전 정면이 동쪽을 향하여 있었는데, 문지방 밑에서 물이 솟아나와, 동쪽으로 흐르다가, 성전의 오른쪽에서 밑으로 흘러 내려가서, 제단의 남쪽으로 지나갔다.……그가 나에게 일러주었다. "이 물은 동쪽 지역으로 흘러 나가서 아라바(=요단 계곡)로 내려갔다가, 바다로 들어갈 것이다. 이 물이 바다로 흘러 들어가면, 죽은 물이 살아날 것이다. 이 강물이 흘러가는 모든 곳에서는, 온갖 생물이 번성하여 살게 될 것이다."
> (에스겔 47 : 1, 8, 9)

여기서도 역시 주님의 나라나 교회에 속한 사람들에게 있는 주님의 신령인성에게서 비롯된 주님의 입류(入流·the influx of the Lord)가 순수한 대응들에 의하여 기술되었습니다. "동쪽을 향한 성전의 문지방 밑에서 솟아나는 물"은 주님에게서부터 발출하는, 그리고 동쪽에 있는 사람들에게, 다시 말하면 주님을 사랑하는 사랑에 속한 선 안에 있는 자들에게 입류하는, 신령진리가 기술되었습니다. "이 물이 아라바(=요단 들판·요단 계곡)로 내려간다" "바다로 들어간다" 그리고 "이 물이 바다의 물을 치유할 것이다"는 등등의 말은 자연적인 사람에게 들어온 입류나, 그 사람 안에 있는 지식들에게 유입한 입류(入流)를 뜻합니다. "그것으로 말미암아 번성할 물고기들"(fishes)은 자연적인 사람 안에 있는 수많은 과학적인 진리들을 뜻합니다. "강물이 흘러가는 곳이면 어디에서나 모든 것이 살 것이다"는 말은 그것들이 신령진리에서 비롯된 삶(=生命·life)을 가질 것이다는 것을 뜻합니다. 거기에 있는 것에 의하여 이러한 내용이 뜻하여 졌다는 것은 성언의 속뜻을 제외하고서는, 어느 누구도 알 수 없습니다. 그럼에도 불구하고 모든 개개의 표현에는 주님에 의한 사람의 중생(重生·man's regeneration)의 비의(秘義·arcana)가 내포되었습니다. 그러나 여기의 그 각각의 표현 안에 있는 것이 무엇인지는, 동일한 말이 언급되어 있는 ≪묵시록≫ 22장의 1과 2절의 설명에서 상세하게 설명되겠습니다.
[8] 시편서의 말씀입니다.

> 내가 주님을 기다린다.
> 내 영혼이 주님을 기다리며,
> 내가 주의 말씀만을 바란다.
> 내 영혼이 주님을 기다림이
> 파수꾼이 아침을 기다림보다 더 간절하다.
> 파수꾼이 아침을 기다림보다 더 간절하다.
> 이스라엘아,

주님만을 의지하여라.
주님께만 인자하심이 있고,
속량하시는 큰 능력은 그에게만 있다.
오직, 주님만이 이스라엘을
모든 죄에서 속량하신다.
(시편 130 : 5-8)

여기서는 이 세상에 오시는 주님의 강림(降臨)과 그리고 사랑에 속한 사람들에 의한 주님의 영접(迎接・His reception)이 다루어지고 있습니다. 주님의 강림은 "내가 주님을 기다린다. 내 영혼이 주님을 기다린다. 속량하시는 큰 능력은 그에게만 있다. 오직 주님만이 이스라엘을 모든 죄에서 속량하신다"는 말씀이 뜻합니다. 그리고 사랑에 속한 선 안에 있는 자들에 의한 주님의 영접은 "주님을 기다림이 파수꾼이 아침을 기다림보다 더 간절하다. 파수꾼이 아침을 기다림보다 더 간절하다"는 말씀이 뜻합니다. 여기서 "아침"은 가장 높은 뜻으로는 주님을 뜻하고, 속뜻으로는 주님의 나라(His kingdom)와 교회를 뜻합니다. 그리고 "아침을 기다리는 파수꾼"은 주님의 강림을 기다리는 사람들, 그리고 주님께서는 그들에게 "강림하시기" 때문에, 사랑에 속한 선 안에 있는 자들을 뜻합니다.

[9] "아침"(morning)이, 이 세상에 오시는 주님의 강림(降臨・His coming)을 뜻하고, 그리고 그 때의 새로운 교회(a new church)를 뜻한다는 것은 아래의 장절들에서 아주 명확합니다. 다니엘서의 말씀입니다.

다른 천사가 나에게 말하였다. "밤낮(evening and morning) 이천삼백 일이 지나야 성소가 깨끗하게 될 것이다.……
내가 너에게 설명한
아침과 저녁 제사 환상은,
반드시 이루어진다(=그것은 진리이다).

(다니엘 8 : 14, 26)

여기서 "밤"(=저녁·evening)은 종전 교회(=옛 교회·the former church)의 마지막 때를 뜻하고, "아침"(morning)은 새로운 교회의 시작의 때, 다시 말하면 주님의 강림(the Lord's coming)을 뜻합니다. 이사야서의 말씀입니다.

> 세일에서 누가 나를 부른다.
> "파수꾼아, 밤이 얼마나 지났느냐?
> 파수꾼아, 날이 새려면
> 얼마나 더 남았느냐?"
> 파수꾼이 대답한다.
> "곧 아침이 온다.
> 그러나 또다시 밤이 온다."
> (이사야 21 : 11, 12)

여기서도 역시 주님의 강림이 언급되었습니다. "밤"(night)은 종전 교회(=옛 교회·the former church)의 마지막 때를 가리키고, "아침"(morning)은 새로운 교회의 시작의 때를 뜻합니다. "세일에서의 외침"이 무엇을 뜻하는지는 A.C. 4240·4384항을 참조하십시오. 에스겔서의 말씀입니다.

> 끝이 왔다.
> 너희를 덮치려고 일어났다.
> 이미 다가왔다.
> 이 땅에 사는 사람들아,……
> 그 시각이 왔고, 그 날이 다가왔다(=그 아침이 왔다).……
> 그 날이다.
> 보아라, 아침이 들이닥쳤다.
> (에스겔 7 : 6, 7, 10)

여기서도 꼭 같이 주님의 강림과 종전 교회의 마지막, 그리고 새로운 교회의 시작이 언급되었습니다. 스바냐서에서도 같은 내용이 뜻해지고 있습니다. 스바냐서의 말씀입니다.

> 주께서는……
> 아침마다 바른 판결을 내려 주신다.
> 아침마다 어김없이
> 공의를 나타내신다.
> 그래도 악한 자는
> 부끄러운 줄을 모르는구나!
> (스바냐 3 : 5)

[10] "아침"이 주님, 주님의 강림, 또는 주님의 나라와 교회를 뜻하기 때문에, 그리고 또한 주님에게서 비롯된 사랑에 속한 선을 뜻하기 때문에, "아침"이 뜻하는 것이 무엇인지는 아래의 장절들에서 잘 알 수 있습니다. 시편서의 말씀입니다.

> 내가 주님을 의지하니.
> 아침마다 주의 변함없는 사랑(=자비)의 말씀을
> 듣게 해주십시오.
> 내 영혼이 주님께 의지하니,
> 내가 가야 할 길을 알려 주십시오.
> (시편 143 : 8)

같은 책의 말씀입니다.

> 아침마다
> 주의 한결같은 사랑(=자비)을 크게 노래하렵니다.
> (시편 59 : 16)

또 같은 책의 말씀입니다.

> 우리가 평생토록 기뻐하고 즐거워하도록,
> 아침에는,
> 주의 사랑(=자비)으로 만족하게 해주십시오.
> (시편 90 : 14)

또 같은 책의 말씀입니다.

> 주님, 새벽에 드리는 나의 기도를
> 들어주십시오.
> 새벽에 내가 주님께
> 사정을 아뢸 준비를 하고 기다리겠습니다.
> (시편 5 : 3)

또 같은 책의 말씀입니다.

> 하나님이 그 성 안에 계시니,
> 그 성이 흔들리지 않는다.
> 동틀 녘(=암 새벽)에 하나님이 도와주신다.
> (시편 46 : 5)

또 다시 같은 책의 말씀입니다.

> 하나님,……
> 목마른 사람이 물을 찾듯이,
> 내가 아침에 주님을 찾습니다.
> (시편 63 : 1)

이사야서의 말씀입니다.

> 나무를 심는 그 날로,
> 네가 울타리를 두르고,
> 그 다음날 아침에
> 네가 심은 씨에서 싹이 났다.
> (이사야 17 : 11)

같은 책의 말씀입니다.

> 주님,……
> 아침마다 우리의 능력이 되어 주시고,
> 어려울 때에 우리의 구원이 되어 주십시오.
> (이사야 33 : 2)

또 같은 책의 말씀입니다.

> 주 하나님께서 나를
> 학자처럼 말할 수 있게 하셔서,
> 지친 사람을 말로 격려할 수 있게 하신다.
> 아침마다 나를 깨우쳐 주신다.
> 내 귀를 깨우치시어
> 학자처럼 알아듣게 하신다.
> (이사야 50 : 4)

예레미야서의 말씀입니다.

> 나는 아침마다 너희에게 경고하였다(=내가 너희에게 서둘러서 경고하였
> 으나, 너희는 듣지 않았다).
> (예레미야 7 : 13 ; 11 : 7 ; 25 : 3, 4)

"아침"의 뜻에서 볼 때, 아래의 장절이 무엇을 뜻하는지 잘 알 수 있겠습니다.

그 만나가 아침마다 내려왔다.
(출애굽기 16 : 12, 13, 21)
주께서 아침에 시내 산으로부터 내려오셨다.
(출애굽기 19 : 16)
제사장은 아침마다 제단 위에 장작을 지피고, 거기에 번제물을 벌려 놓고, 그 위에다 화목제물의 기름기를 불살라야 한다.
(레위기 6 : 12)

역시 유월절(逾越節 · the passover)의 제물에 관한 명령 안에 뜻하는 것이 무엇인지 알 수 있겠습니다. 신명기서의 말씀입니다.

유월절 제물로 드릴 것은, 너희의 주께서 당신의 이름을 두려고 택하신 곳에서만 잡을 수 있으며, 잡는 때는, 너희가 이집트를 떠난 바로 그 시각, 곧 초저녁 해 질 무렵이다. 주 너희의 하나님이 택하신 곳에서 고기를 구워서 먹고, 아침이 되면 너희의 장막으로 돌아가거라.
(신명기 16 : 6, 7)

"그들이 초저녁 해가 질 무렵에, 유월절 제물을 잡는다"는 말은 "해가 진다"(日沒 · the setting of the sun)는 말이 교회의 마지막 때를 뜻하기 때문입니다. "그들이 아침에 장막으로 돌아간다"는 말은 새로운 교회의 설시(設始), 따라서 주님의 강림을 뜻하기 때문입니다. 이러한 것들이 인용된 것은 인자(人子 · the Son of man)가 주겠다는 "새벽별"(the morning star)이 뜻하는 것, 다시 말하면 주님의 신령 인성에서 비롯된 지혜나 총명을 뜻한다는 것을 알게 하기 위해서입니다. 주님에게서 비롯된 지혜나 총명을 영접, 수용한 사람들은 역시 주님을 영접합니다. 왜냐하면 주님께서는 그분 자신에게서 비롯된 지혜나 총명 안에 계시기 때문입니다. 그러므로 주님은 그들에게 있는 지혜요, 총명이십니다. 그래서 주님께서는 자기 자신을 묵시록서에서 "새벽별"(the Morning Star)라고 하셨습니다. 묵시록의 말씀입니다.

나는 빛나는 새벽별이다.
(묵시록 22 : 16)

민수기서의 말씀입니다.

한 별이 야곱에게서 나올 것이다[=그는 하나의 별(a star)이라고 불릴 것이다].
(민수기 24 : 17)

180. 29절. "귀가 있는 사람은, 성령이 교회들에게 하시는 말씀을 들어라."
이 말씀은, 이해하는 사람은, 주님께서 주님의 교회에 속한 사람들에게 가르치시고, 말씀하신 주님에게서 발출한 신령진리에 경청할 것이다는 것을 뜻합니다. 이러한 내용은 같은 말이 등장한 곳에서 설명한 내용에서(본서 108항 참조), 잘 알 수 있습니다.

≪묵시록 해설 [1]≫ 끝

◇ 예수인의 책들 ◇

순정기독교(상·하)
스베덴보리 지음 · 이모세 · 이영근 옮김 각권 값 20,000원

혼인애
스베덴보리 지음 · 이영근 옮김 값 35,000원

천계와 지옥(상·하)
스베덴보리 지음 · 번역위원회 옮김 각권 값 11,000원

신령사랑과 신령지혜
스베덴보리 지음 · 이모세 · 이영근 옮김 값 11,000원

최후심판과 말세
스베덴보리 지음 · 이영근 옮김 값 9,000원

천계비의 ① 아담교회
—창세기 1-5장 영해—
스베덴보리 지음 · 이영근 옮김 값 11,000원

천계비의 ②③ 노아교회 [1]·[2]
—창세기 6-8장 / 9-11장 영해—
스베덴보리 지음 · 이영근 옮김 각권 값 11,000원

천계비의 ④-⑱ 표징적 교회
[1]·[2]·[3]·[4]·[5]·[6]·[7]·[8]·[9]·[10]·[11]·[12]·[13]·[14]·[15]
—창세기12-14/15-17/8-19/20-21/22-23/24-25/26-27/28-29/30-31/32-34/
35-37/38-40/41-42/43-46/47-50장 영해—
스베덴보리 지음 · 이영근 옮김 각권 값 11,000원

새로운 교회·새로운 말씀
스베덴보리 지음 · 이영근 · 최준호 옮김 값 11,000원

스베덴보리 신학총서 개요 (상·하)
스베덴보리 지음 · M. 왈렌 엮음 · 이영근 옮김 각권 값 45,000원

영계 일기[1]·[2]
스베덴보리 지음 · 안곡 · 박예숙 옮김 각권 값 8,000원

새로운 교회의 사대교리
스베덴보리 지음 · 이영근 옮김 값 40,000원

이대로 가면 기독교 또 망한다
이영근 지음 값 12,000원

성서영해에 기초한 설교집 《와서 보아라》[1]·[2]·[3]
이영근 지음 각권 값 9,000원

*이 책들은 영풍문고·교보문고·《예수인》본사에서 구입할 수 있습니다.

□ 옮긴이 약력

이 영 근 서강대학교 경상대학 경제학과, 중앙대학교 사회개발 대학원 사회복지학과, 한국 새교회 신학원에서 공부하였으며, 예수교회 목사로 임직한 이후 예수교회 공의회 의장을 역임하였고, 월간「비지네스」편집장, 월간「산업훈련」편집장, 한국 IBM(주) 업무관리부장을 역임하였다. 현재 예수+교회 제일예배당 담임목사이고,「예수＋교회」발행인 겸 편집인, 도서출판〈예수인〉대표이다. 역서로는 스베덴보리 지음〈창세기1·2·3장 영해〉(1993),〈순정기독교 상·하〉(공역·1995),〈최후심판과 말세〉(1995), 우스터 지음〈마태복음 영해〉(1994), 스베덴보리 지음〈천계비의1권〉아담교회·2권 노아교회[1]·3권 노아교회[2]·4권 표징적 교회[1]·5권 표징적 교회[2]·6권 표징적 교회[3]·7권 표징적 교회[4]·8권 표징적 교회[5]·9권 표징적 교회[6]·10권 표징적 교회[7]·11권 표징적 교회[8]·12권 표징적 교회[9]와 13권 표징적 교회[10]·14권 표징적 교회[11]·15권 표징적 교회[12]·16권 표징적 교회[13]·17권 표징적 교회[14]·18권 표징적 교회[15],〈천계와 지옥(上·下)〉(공역·1998),〈신령사랑과 신령지혜〉(공역·1999),〈혼인애〉(2000)〈새로운 교회·새로운 말씀〉(공역·2001),〈스베덴보리 신학 총서(上·下)〉(2002),〈영계일기[1]〉(공역·2003)·영계일기[2]〉(공역·2006),〈새로운 교회의 시대교리〉(2003)와 저서로는〈이대로 가면 기독교 또 망한다〉(2001), 성서영해에 기초한 설교집〈와서 보아라〉[1]·[2](2004)와 [3](2005)이 있다.
박 예 숙 스베덴보리 신학을 연구하는 사람으로 그의 저서 영계일기[1]·[2]를 공역하였다.

묵시록 해설 [1]
―묵시록 1·2장 해설―

2007년 11월 28일 인쇄
2007년 12월 5일 발행
지 은 이 임마누엘 스베덴보리
옮 긴 이 이 영 근·박 예 숙
펴 낸 이 이 영 근
펴 낸 곳 예 수 인

　1994년 12월 28일 등록 제 11-101호
　(우) 157-014
　연락처·예수교회 제일예배당·서울 강서구 화곡 4동 488-49
　전　화·0505-516-8771·2649-8771·2644-2188
　대금송금·국민은행 848-21-0070-108 (이영근)
　　　　　　우리은행 143-095057-12-008 (이영근)
　　　　　　우 체 국 012427-02-016134 (이영근)

ISBN 97889-88992-29-6 04230(set)　　　　　　값 15,000원
ISBN 97889-88992-30-2 04230